中国语言文学
一流学科建设文库

复句问题新探

朱斌 ◎ 主编

中国社会科学出版社

图书在版编目(CIP)数据

复句问题新探／朱斌主编．—北京：中国社会科学出版社，2020.6
ISBN 978-7-5203-6813-1

Ⅰ.①复… Ⅱ.①朱… Ⅲ.①汉语—复句—研究 Ⅳ.①H14

中国版本图书馆CIP数据核字(2020)第127469号

出 版 人	赵剑英
责任编辑	任　明
责任校对	周　昊
责任印制	郝美娜

出　　版	中国社会科学出版社
社　　址	北京鼓楼西大街甲158号
邮　　编	100720
网　　址	http://www.csspw.cn
发 行 部	010-84083685
门 市 部	010-84029450
经　　销	新华书店及其他书店

印刷装订	北京君升印刷有限公司
版　　次	2020年6月第1版
印　　次	2020年6月第1次印刷

开　　本	710×1000　1/16
印　　张	40
插　　页	2
字　　数	699千字
定　　价	198.00元

凡购买中国社会科学出版社图书，如有质量问题请与本社营销中心联系调换
电话：010-84083683
版权所有　侵权必究

目　录

《复句研究丛书》前言 ………………………………………………… （1）

汉语中假设与举例功能兼具现象考察 …………………… 陈明富（1）
从普-方-古的角度看湖北英山方言的转折复句 …………… 陈淑梅（13）
主次策略和汉语复句 ………………………………… 陈振宇（21）
试论不易充当分句的小句 …………………………… 储泽祥（39）
基于深度学习的汉语复句层次结构分析方法的应用
　　研究 ………………… 邓沌华　李　源　李　妙　李　洋（48）
湖南隆回湘语多功能虚词"吃"：从被动标记到因果标记 …… 丁加勇（56）
汉语复句"三分"系统的学术价值 …………… 冯广艺　贺逍遥（66）
《拉丁语历史句法新视角》第四卷《复句、语法化、类型学》
　　述评 ……………………………………………… 冯　莉（83）
古汉语假设复句研究概况 …………………… 龚　波　雷　颖（95）
《复句习得》述评 …………………………………… 郭晓群（109）
马建忠与周时经的句法思想比较 …………………… 金海锦（116）
愿望表达的反事实意义与复句形式 …………… 鞠　晨　袁毓林（126）
Clause Linkage in Discourse and Syntactic Categories in
　　Spanish ………………………… María Victoria Pavón Lucero（145）
普什图语人称范畴的依附形式 ………………… 缪　敏　金　鑫（157）
《类型学视角下的示证研究》述评 …………… 潘家荣　潘　奥（171）
《引述语：新趋势及社会语言学意义》述评 …… 潘家荣　姚桂林（202）
《英国英语方言的对比语法》述评 …………… 阮桂君　崔自欣（226）
鄂西北方言"不唠"假设复句 ………………………… 苏俊波（242）
基于参照点模型理论的日语让步复句初探 ……………… 孙宇雷（257）
《状语从句：欧洲语言中状语性从属连词的类型与历史》
　　述评 …………………………………… 万光荣　黄　蓉（272）

20世纪前的西人汉语复句观
　　——以《汉文经纬》为核心 …………………… 万晓丽（282）
《非洲语言述导结构的历时与共时调查》介评 ………… 王宇婷（295）
假设条件句连词的限制分析和非真实性等级 ……… 王宇婷　刘明娅（313）
汉语复句的类别和结构 ………………………… 魏　玮　李艳惠（330）
《论述与修辞：英语史上的连接副词》述评 ……………… 邬　忠（346）
汉语"三标四句式"复句句法语义关系判定 ……………… 吴锋文（364）
因果句套然否对照句 …………………………… 伍依兰　朱　斌（381）
浅谈汉日两语因果复句关联词使用异同 ………………… 新田小雨子（400）
《澳洲语言中的复句结构》述评 ………………………… 杨丰榕（416）
《交互语法：美式英语会话中的状语从句》述评 …… 杨　勇　朱　斌（428）
非构造性解读和复句中回指的消解 ……………………… 袁陈杰（434）
语义极性特征及映射机制 ………………………………… 云兴华（463）
谈社论标题复句的适应性 ………………………………… 曾常红（475）
推断句群的分类 …………………………………………… 曾常年（495）
Turkic Participial Relative Pattern in Bukharan Arabic?
　　——A reassessment of the contact influence
　　　　…………………………… Hongwei Zhang（张泓玮）（512）
《补足语结构：跨语言类型学》述评 ……………………… 张泓玮（529）
目的从句的界定与特征研究综述 ………………… 张　祺　魏一璞（551）
南美洲原住民语言的复句研究
　　——《南美洲原住民语言中的从句》述评 …………… 赵晓丽（563）
复句的变形和缩合
　　——王应伟《实用国语文法》复句分析例说 …… 朱　斌　魏瑞瑞（579）
复句制图初探 …………………………………… 庄会彬　马宝鹏（598）

后　　记 ……………………………………………………………（633）

《复句研究丛书》前言

随着当代语言学的繁荣与发展，语言学研究从静态研究向动态研究转向，由单一研究向多元和交叉研究发展。复句，是最大的语法单位和基本的篇章单位，是语形、语义、语用、韵律、语篇、逻辑、认知和文化等多层面综合体。复句，是句型的一个大类，复句问题解决不好，语法体系就会不稳当。

汉语的复句研究，是从模仿和套用印欧语传统句子结构理论开始的，即基于 clause（小句）构成三类句子：独立的 clause 构成 simple sentence（简单句）；coordinate clause（并列分句）构成 compound sentence（联合句），小句彼此之间不作句法构成成分；main clause（主句）和 subordinate clause（从句）构成狭义的 complex sentence（复合句），从句是主句的句法构成成分，如主语从句、宾语从句、定语从句、状语从句、同位语从句等。广义的 complex sentence 包括并列句和主从句。马建忠《马氏文通》（1898）是汉语语法学的奠基之作，虽然没用"单句""复句"等术语，但是"句读"论应该是借鉴了拉丁语、英语等印欧语句子理论。"读"大体相当于"从句"，"句"包括三类：一是"与读相连者"，相当于"主句"；二是"舍读独立者"，相当于"并列分句"；三是"不需读惟需顿与转词者"，相当于"单句"。较早使用"复句"概念的是刘复《中国文法通论》（1919），按是否有端句和加句的分别把复句分为衡分复句（Co-Complex）和主从复句（Sub-Complex）。王应伟《实用国语文法》下编（1921）是第一部系统研究现代汉语复句的专著，该书把复句划分为并立句、合体句和包孕句三类，并指出包孕句是广义的单句。黎锦熙《新著国语文法》（1924）也采取复句三分说。易作霖《国语文法四讲》（1924）认为包孕句是单句，复句分为并列句和主从句。王力《中国现代语法》（1943）也主张包孕句是单句，复合句分为等立句和主从句。黎锦熙、刘世儒（1962）用"成分划定法"区分单式句和复式句（简称复句），按"逻辑和语法范畴"，把复式句分为等立复句和主从复句，包孕句已不在复句范围之内。赵元任（1968）把复句（composite sentence）分为复合句（并列句）和复杂句（主从句），并从停顿有无、连词有无、子句是否母句的一个成分三个方面区分了复杂句和包孕句。

并列和主从的复句结构二分，不一定完全适合汉语。因为印欧语是"结构优先"，复句结构区分并列和主从，两者不容混杂。像英语的连词具有标示结构的功能，并列连词只能用于后置小句，从属连词可用于前置或后置小句。比如"but"标示并列分句，构成并列句，"although"标示让步状语从句，构成主从句，两者不能同时使用，否则会造成并列句和主从句的混杂。再如"because"标示原因状语从句，可用于前从句或后从句，"for""so that"标示并列分句，只能用于后分句。汉语则有所不同，比如"虽然"标示让步，"但是"标示转折，但两者能共用。"因为"和"所以"都可居前分句或后分句，两者既能单用又可共用，构成的因果句比较复杂。因此，汉语复句的结构，不宜直接套用并列和主从二分。汉语复句的分句与分句彼此不充当句法结构成分，复句结构关系不是由单个分句的句法功能来管制，而是由分句与分句相互联结来形成。

汉语单复句的划分，是汉语语法体系的难题，围绕这个论题，20世纪50—80年代语法学界展开过深入讨论，所涉及的内容，邵敬敏（2009：157）总结为五个方面的问题：（1）单句与复句划界标准；（2）包孕句的处理；（3）复句系统的建立；（4）复句内部关系分析；（5）紧缩复句研究。

汉语复句的分类，从20世纪50、60年代发生了变革，其中转折句的复句类属的判定变化，是个标志。并列、主从二分时，转折句归入并列，联合和偏正两分后，转折句归入偏正句。杨伯峻《文言语法》（1955）复句分为联合句和偏正句，联合句分连贯式和并列式，偏正句分因果式、转折式和条件式。黎锦熙、刘世儒《联合词组和联合复句》（1958）联合复句包括"并列""递进""选择"，不包括"转折"。林裕文《偏正复句》（1962）偏正复句包括因果句、转折句、条件句、让步句。此后，联合和偏正的复句划分为大多数语法教材所吸纳，但转折句和让步句的分合及其类属归化，仍有不同意见。

联合和偏正的复句划分，基本是依据分句的语意轻重和能否同层扩展的能力划分出来的。不过，复句的联合和偏正之分也存在一些问题。首先，联合和偏正有兼用现象，如并列兼转折"既/又……却又"，递进兼转折"不但不……反而"，连贯兼因果等。其次，分句轻重难辨，如递进句"不但……而且"中似乎承递句更重，因果句两式"因为……所以""（之）所以……（是）因为"中因句和果句孰轻孰重难断。再次，联合句不一定能同层扩展，偏正句不一定不能同层扩展，如"不是……而是""不是……就是"等都不能同层扩展，条件句是偏正句，但像"越……越……越"倚变条件句、"……才……才"连锁必备条件句，都能同层扩展。所以，复句在同层扩展能力上有可同层扩展和不可同层扩展之分，但与联合句和偏正句并不完全对等。

汉语没有严格意义上的形态标志和形态变化，语序和虚词是汉语的重要语法手段，句序和关联词语是复句的重要语法手段，历来受到复句研究的重视。虚词研究，在汉语研究中有着悠久的历史，汉语复句研究中，则主要研究连词和关联副词，基本根据连词和关联副词等关联词语来分析复句关系和句式。汉语复句的句序研究，较早就引起了学者的重视，比如马建忠（1898）区分"读先乎句""读在句中""读后乎句"，王应伟（1921）分析复句的移位变形。汉语变异句序的来源，比较通行的一种观点认为，汉语主从复句的变序是欧化现象或外来结构。复句句序的研究，大致经历了修辞表达到句法语义，再到功能认知和类型比较的发展。

汉语重语义，复句运用的首务是复句语义关系的有效表达。汉语复句的语义关系，不是由单一分句的语义内容就能决定的，而是由分句与分句的语义角色相互配合，共同来合成。汉语复句语义关系的系统分析，较早的有王应伟（1921）、黎锦熙（1924）、易作霖（1924）等。吕叔湘《中国文法要略》（1942—1944）"表达论·关系"系统分析了六类关系。20世纪80、90年代，以邢福义、王维贤为代表对汉语复句的语义关系进行了探索。邢福义（1985，1996）根据分句与分句之间的关系把复句分为三类：因果类、并列类和转折类，其中转折类以因果类和并列类为逻辑基础。王维贤等（1994）主要根据关联词语和逻辑关系，采取二分法逐层划分复句，先分意合句和形合句，形合句分单纯形合和非单纯形合，单纯形合分条件句和非条件句，再逐层二分。

21世纪初，邢福义先生《汉语复句研究》（2001）为新世纪的复句研究拉开帷幕，序言强调复句研究的"五重视"：重视语法事实的发掘；重视逻辑基础的考察；重视"语表-语里-语值"的三角验证；重视句法格局对语词运用的制约；重视若干问题的理论思考。20年来，汉语复句研究在多方面取得进展：（1）"普-方-古"复句的"表-里-值"研究；（2）复句语义范畴研究；（3）复句关联标记研究；（4）复句句序研究；（5）复句时体、情态、语气等功能范畴研究；（6）复句话题和焦点信息结构研究；（7）紧缩句、多重复句、流水句研究；（8）复句篇章话语功能研究；（9）复句认知语法和构式语法研究；（10）复句生成语法研究；（11）复句历时演变和语法化研究；

（12）复句语音、韵律和心理实验研究；（13）"汉-民-外"复句对比和类型学研究；（14）复句母语和二语教学研究；（15）复句信息处理研究；（16）复句学史和思想史研究，等等。

复句学天地宽，愿复句研究的园地，有更辛勤的耕耘，有更丰实的收获。

朱　斌

2020 年 1 月 1 日

汉语中假设与举例功能
兼具现象考察*

陈明富

提　要　考察发现，汉语中存在一些兼具假设连词与举例动词功能的词语，主要有"如""假如""设如""借如""且如""若"等，另外还有一些接近于举例功能，有"若如""有如""假若""设若""假似""比似""把似"，两类词主要集中于"如""若""似"三个系列。其中，第一类词的特点有：复音词构成语素独立成词时均具有假设连词的功能，即"假设连词+假设连词"结构，然后发展出举例功能；"如""若"系列假设举例功能兼具词语中，虽"如""若"对称，但其他分布并不对称；如果就"如""若"单音词而言，正常演变顺序是先举例后假设；如果是"假设连词+假设连词"式复音词而言，情况则相反，假设连词功能在先，举例功能在后。另外，从现代汉语及其方言来看，假设与举例功能词语的词形分化明显；从发展来看，应是既有词形分化，也有兼具现象，但分化是主流，分化中也可能会出现一定的兼具现象。

关键词　汉语　假设　举例　兼具　分化

词语产生后，常通过引申、比喻等途径，形成一词多义或词性兼类现象，从而使语义或功能更加丰富。本文主要考察汉语中具有假设连词功能同时又具有举例动词功能的语法、词汇现象及其特点与成因①。汉语古今假设连词较多，如仅杨伯峻、何乐士（2001：952）合著的《古汉语语法及其发展》

---

* 本文亦曾在第一届"汉语史研究的发展与展望"学术研讨会上进行过汇报交流，此次进行了一定修改，感谢各位专家的宝贵意见，凡错误与不足之处，皆由本人负责。

① 关于举例类词语，如"例如"，中国社会科学院语言研究所词典编辑室编《现代汉语词典》（第7版）（2016：805）与吕叔湘《现代汉语八百词》（增订本）（1999：362）均标为动词，也有学者认为是连词等其他类别的，本文当动词看待。当然，举例类词语，也可看成一种话语标记。

就列举了"若、如、若使、假令、向使、脱若、脱若万一、脱其、当、苟或、当使、如令、如果、假如、假若、弟令、如其、万一、若万一、自、自非、所、为、云、犹、乃、且、微、还、者、也、则、必、斯、即、而、便、之、亦、其、假、尚、使、但"等词①。其中兼具举例动词功能的假设连词有"如""假如""设如""借如""且如""若"等,另外还有一些接近于举例功能,有"若如""有如""假若""设若""假似""比似""把似"等,两类词主要集中于"如""若""似"三个系列。具体有以下几个方面。

一　具有假设功能，同时具有举例功能的词

如上，这类词主要为"如""假如""设如""借如""且如""若"等。

（一）如

1. 假设功能

"如"可表示一致关系的假设，可理解为"若果""假如"等，如:《诗经·秦风·黄鸟》:"如可赎兮，人百其身。"《史记·李将军列传》:"惜乎，子不遇时！如令子当高帝时，万户侯岂足道哉！"《资治通鉴·汉元帝永光五年》:"如当亲者疏，当尊者卑，则佞巧之奸因时而动，以乱国家。"②

2. 举例功能

"如"又可作动词，表举例，义为"譬如""例如"，如:张载《张子语录·语录上》:"今日月之明，神也，谁有不见者？又如殒石于宋，是昔无今有，分明在地上皆见之，此是理也。"李调元《雨村词话》卷二:"李之仪姑溪词，妙于炼意。如'步懒恰寻床。卧看游丝到地长'，又如'时时浸手心头熨，受尽无人知处凉'，又'拟学画眉张内史，略借工夫'。"龚自珍《通明观科判》:"下根觉大觉，又为三，如左。"

（二）若

1. 假设功能

"若"表示一致关系的假设，如:《国语·鲁语下》:"若我往，晋必患

---

① 关于复句的综合研究，可参见邢福义《汉语复句研究》，商务印书馆2001年版。
② 文中用例，部分来自《汉语大词典》，为行文方便，不一一注明。

我，谁为之贰。"《文心雕龙·史传》："若任情失正，文其殆哉！"《儒林外史》第十六回："若做了官就不得见面，这官就不做他也罢！"老舍《黑白李》："这个人若没有好朋友，是一天也活不了的。"

2. 举例功能

"若"作动词，表举例，如：高濂《遵生八笺·清修妙论笺》："人心思火则体热，思水则体寒。……言喜则笑，言哀则哭。笑则貌妍，哭则貌嫲。又若日有所见，夜必梦扰；日有所思，夜必谵语。"又《四时调摄笺》："又若患积劳、五痔、消渴等病，不宜吃干饭炙煿并自死牛肉、生鲙、鸡、猪、浊酒、陈臭咸醋、粘滑难消之物，及生菜、瓜果、鲊酱之类。"

（三）假如

1. 假设功能

一类是表示一致关系的假设，如：韩愈《与凤翔邢尚书书》："假如愚者至，阁下以千金与之；贤者至，亦以千金与之；则愚者莫不至，而贤者日远矣。"《初刻拍案惊奇》卷十："假如当日小姐贪了上大夫的声势，嫁着公孙黑，后来做了叛臣之妻，不免守几十年之寡。"《儿女英雄传》第十二回："母亲请想，假如那时候竟无救星，此时又当如何？"

一类是表示相背关系的假设，可理解为"即使""纵使"等，如：白居易《座中戏呈诸少年》："纵有风情应淡薄，假如老健莫夸张。"高明《琵琶记·一门旌奖》："假如大舜、曾参之孝，亦是人子当尽之事，何足旌表。"徐士鸾《宋艳·丛杂》："假如一笑得千金，何如嫁作良人妇。"

2. 举例功能

"假如"又可作动词，表举例，如：曾巩《答蔡正言》："夫古之以道事君者，不可则去之，假如于鲁，则去而之卫，于卫则去而之晋、之秦无不可也，不去其国则归焉可也。"《初刻拍案惊奇》卷三二："假如楚霸王，汉高祖分争天下，何等英雄，一个临死不忘虞姬，一个酒后不忍戚夫人。"

（四）设如

1. 假设功能

"设如"作一致关系假设连词，如：王符《潜夫论·考绩》："设如家人有五子十孙，父母不察精惰，则勤力者懈弛，而惰慢者遂非也，耗业破家之道也。"张子和《子和医集·儒门事亲》："设如伤饮，止可逐饮；设如伤食，止可逐食。"《元代奏议集录·赵天麟》："设如年丰，则一年辛苦而一时欢乐，鸡豚社酒，击壤讴谣，尚可道也。"丁曰健《治台必告录》卷三："设如嘉庆十一年县治仍在兴隆，则距海更近，蔡逆上岸，势必先犯兴隆，能保其不失乎？"

2. 举例功能

"设如"又可表举例，如：白居易《与元九书》："噫，风雪花草之物，三百篇中岂舍之乎！顾所用何如耳。设如'北风其凉'，假风以刺威虐也；'雨雪霏霏'，因雪以愍征役也。"《姚际恒著作集·礼记通论辑本·王制》："设如夏时封建之国至商革命之后，不成地多者却其国以予少者，如此则彼必不服，或以生乱。又如周王以原田与晋文，其民不服至于伐之，盖世守其地不肯遽从他人。"

（五）借如

1. 假设功能

"借如"作一致关系假设连词，如：王符《潜夫论·梦列》："借如使梦吉事而己意大喜乐，发于心精，则真吉矣。"元稹《决绝词》其一："借如死生别，安得长苦悲。"王明清《挥麈三录》卷二："（王禀）曰：'……借如汝等辈流中有言降者，当如何？'群卒举刀曰：'愿以此戮之！'"

2. 举例功能

"借如"又可表举例，如：陈子昂《麈尾赋》："借如天道之用，莫神于龙；受戮为醢，不知其凶。"《湘山野录》卷上："借如伊尹，三就桀而三就汤，非历君之多乎？"王谠《唐语林·补遗三》："王起知举，将入贡院，请德裕所欲。德裕曰：'安问所欲？借如卢肇、丁棱、姚颉，不可在去流内也。'"

（六）且如

1. 假设功能

"且如"作一致关系假设连词，如：《公羊传·隐公元年》："且如桓立，则恐诸大夫之不能相幼君也。"何休注："且如，假设之辞。"《水浒传》第九回："众兄长如此指教。且如要使钱，把多少与他！"《西游记》第八二回："八戒道：'哥啊，且如我变了，却怎么问么？'"

2. 举例功能

"且如"可表举例，如：《西游记》第七十回："只一味铺皮盖毯，或者就有些宝贝，你因外我，也不教我看见，也不与我收着。且如闻得你有三个铃铛，想就是件宝贝，你怎么走也带着，坐也带着？你就拿与我收着，待你用时取出，未为不可。"《王阳明集·传习录下》："<u>且如</u>出外见人相斗，其不是的，我心亦怒。"

二 具有假设功能，同时具有接近于或准举例功能的词

如本文开头介绍，这类词主要有"若如""有如""假若""设若""假似""比似""把似"等。之所以称这类词具有接近于或准举例功能，是因为这类词不直接表示举例，但可以表示"好像""如同""比喻"等比较、类推或比拟（本文统一用"比拟"概括）等含义，而比拟说明两者具备相似性，而举例则具有总体相同的性质，这样两者之间容易发展变化。

（一）有些词同时兼具比拟与举例的功能，即说明了相似和相同之间的变化关系

"如"，上文介绍过有举例功能，它也有比拟功能，义为"像""如同"，如：《诗经·王风·采葛》："一日不见，<u>如</u>三秋兮。"王十朋《题湖边庄》："十里青山荫碧湖，湖边风物画难<u>如</u>。"陈毅《赠缅甸友人》诗："不老<u>如</u>青山，不断似流水。"

"若"上文介绍过有举例功能，它也有比拟功能，义为"像""如"，如：《孟子·公孙丑上》："凡有四端于我者，知皆扩而充之矣，<u>若</u>火之始然，泉之始达。"顾况《弃妇词》："相思<u>若</u>循环，枕席生流泉。"朱自清《"海阔天空"与"古今中外"》："在这样的天地的全局里，地球已<u>若</u>一微尘，人更数不上了，只好算微尘之微尘吧！"

"比如"作动词，即可表比拟，又可表举例：

1. 表比拟，义为"如同""好像"，如：《三国志·魏志·东夷传》："（倭人）对应声曰'噫'，<u>比如</u>'然'、'诺'。"《儿女英雄传》第十六回："这种人有个极粗的譬喻，<u>比如</u>那鹰师养鹰一般。"

2. 表举例，如：《史记·游侠列传》："<u>比如</u>顺风而呼，声非加疾，其执激也。"元无名氏《鸳鸯被》第三折："<u>比如</u>你见我时节，难道好歹也不问一声。"冰心《我的学生》："<u>比如</u>说，他说：'系的，系的，萨天常常萨雨。'你猜是什么意思？"

再如"譬若",作动词,即可表比拟,又可表举例:

1. 表比拟,义为"譬如",如:《逸周书·皇门》:"譬若畋犬,骄用逐禽,其犹不克有获。"《史记·郦生陆贾》:"今王众不过数十万,皆蛮夷,崎岖山海间,譬若汉一郡,王何乃比于汉!"强至《诚言》:"言之于一身,譬若户藉枢;尔枢苟不慎,彼户将谁扶。"曹禺《原野》第二幕:"以前就譬若我错了,我待你不好。"

2. 表举例,如:《墨子·贵义》:"譬若药然,天子食之以顺其疾,岂曰'一草之本'而不食哉?"《新论·祛蔽》:"钩吻不兴人相宜,故食则死,非为杀人生也。譬若巴豆毒鱼,石贼鼠,桂害獭,杏核杀狗,天非故为作也。"《抱朴子外篇》卷之三十二:"譬若锦绣之因素地,珠玉之居蚌、石,云雨生于肤寸,江河始于咫尺。"《通玄真经·微明》:"老子曰:道无正而可以为正,譬若山林而可以为材,材不及山林,山林不及云雨,云雨不及阴阳,阴阳不及和,和不及道。"

同样,"譬如"作动词,即可表比拟,又可表举例:

1. 表比拟,义为"如同""好像",如:《北齐书·方伎列传·皇甫玉》:"闻刘桃枝之声,曰:'有所系属,然当大富贵,王侯将相多死其手,譬如鹰犬为人所使。'"

2. 表举例,如:《周礼·考工记·弓人》:"恒角而达,譬如终绁,非弓之利也。"姜采《和陶荣木》之四:"譬如驽马,愧彼良骥。黾勉及时,为善期至。"夏敬渠《野叟曝言》卷一:"听他说,他们祝由科以术治病,譬如病在何人身上受来,就要移到那人身上去。"

(二) 兼具假设和准举例功能的词

1. 若如

(1) 假设功能

"若如"作一致关系假设连词,如:东鲁古狂生《醉醒石》第十三回:"若如遇着那圣上精明,监库留心办验,假不能作真,就不能上纳了。"邓传安《蠡测汇钞·明鲁王渡台辨》:"若如阮夕阳集王薨于内地金门、岁在庚子,犹有形迹可疑,必易其年月、移其薨葬之地,斯群疑胥释;何幸有海外异闻之证实也。"

(2) 准举例功能

"若如"表比拟,如:《搜神记》卷十六:"若如节下言,阿之愿也。不知贤子欲得何职?"《北齐书·列传第一》:"神武悦,以告于后,后曰:'若如其言，岂有还理，得獭失景，亦有何利。'"王若虚《孟子辩惑》："若如朱氏之言，自非尧舜，举皆徒劳而无益，谁复可进哉？"

2. 有如

（1）假设功能

"若如"作一致关系假设连词，如：《史记·商君列传》："公叔病有如不可讳，将奈社稷何？"《资治通鉴·后晋齐王开运二年》："今唐兵不出数千，将军拥众万余，不乘其未定而击之，有如唐兵惧而自退，将军何面目以见陛下乎！"顾炎武《义士行》："有如不幸先朝露，此恨悠悠谁与诉？"

（2）准举例功能

"若如"表比拟，如：《诗经·大雅·召旻》："昔先王受命，有如召公，日辟国百里，今也日蹙国百里。"韩愈《寄三学士》："归舍不能食，有如鱼中钩。"和邦额《夜谭随录·崔秀才》："吾闻人心不同，有如其面。"曹禺《北京人》第一幕："她来自田间，心直口快，待曾家的子女，有如自己的骨肉。"

3. 假若

（1）假设功能

一类是表示一致关系的假设，如：袁宏《后汉纪·桓帝纪下》："假若上之所为而民亦为之，向其化也，又何诛焉？"《金史·武仙传》："谏之不从，去之未可，事至今日，正欠蔡州一死耳，假若不得到蔡州，死于道中犹胜死于仙也。"酌元亭主人《照世杯》卷二："假若剜出己财，为众朋友做个大施主，这便成得古今真豪杰了。"老舍《茶馆》第一幕："假若真打起来，非出人命不可。"

一类是表示相背关系的假设，如：元无名氏《村乐堂》第一折："休休休，人到中年万事休……假若我便得些自由，没揣的两鬓秋，争如我便且修身闲袖手。"刘庭信《寨儿令·戒嫖荡》曲："假若你便铜脊梁，者莫你是铁肩膀，也磨擦成风月担儿疮。"

（2）准举例功能

"假若"又作动词，表比拟，如：高文秀《遇上皇》第二折："假若韩退之蓝关外不前骏马，孟浩然灞陵桥不肯骑驴，冻的我战兢兢手脚难停住。"

4. 设若

（1）假设功能

"设若"作一致关系假设连词，如：《旧五代史·晋书·皇甫遇传》："审琦曰：'成败命也，设若不济，则与之俱死。'"《医方类聚》卷之五十六引

《朱氏集验方》："若感六气之邪，而为诸利者，须此为主治，微加辛热佐之。设若势恶频并，窘疼，或久利不愈者，当下以开除湿热。"老舍《赶集·黑白李》："你想想吧，设若真是专为分家产，为什么不来跟我明说？"

（2）准举例功能

又可作动词，表比拟，如：老舍《樱海集·牺牲》："设若他的苦闷使人不表同情，他的笑脸看起来也有点多余。"何其芳《扇上的烟云》："设若少女妆台间没有镜子，成天凝望悬在壁上的宫扇。"

5. 假似

（1）假设功能

"假似"作一致关系假设连词，如：元无名氏《陈州粜米》楔子："假似那陈州百姓每不伏我呵，我可怎么整治他？"刘唐卿《降桑椹蔡顺奉母》第二折："俺两个说的明白。假似你一服药，着老人家吃将下去，医杀了这右半边呵呢？"高文秀《黑旋风》第一折："哥也，假似有人骂您兄弟呢？忍了。"

（2）准举例功能

"假似"又可作动词，表比拟，义为"譬如"，如：《二刻拍案惊奇》卷二四："假似缪千户欺心混赖，负我多金，反致得无聊如此，他日岂无报应？"

6. 比似

（1）假设功能

"比似"作一致关系假设连词，如：董解元《西厢记诸宫调》卷六："比似他时再相逢也，这的般愁，兀的般闷，终做话儿说。"蒋士铨《临川梦·了梦》："比似我文章折福，余辜可饶；比似你聪明损寿，前衍可销。我与你来踪去迹，可有人知道？"

（2）准举例功能

"比似"作动词，表比拟，如：沈禧《踏莎行》词："滔滔比似西江水，无情日夜向东流。"刘铉《乌夜啼》词："暮雨急，晓霞湿，绿玲珑，比似茜裙初染一般同。"《水浒传》第六十回："宋江见晁盖死了，比似丧考妣一般，哭得发昏。"

7. 把似

（1）假设功能

"把似"作一致关系假设连词，如：辛弃疾《浪淘沙·送吴子似县尉》："来岁菊花开，记我清杯。西风雁过瑱山台。把似倩他书不到，好与同来。"

刘克庄《贺新郎·端午》："把似而今醒到了，料当年、醉死差无苦。"岳伯川《铁拐李》第三折："怎生腿瘸，师父也，把似你与我个完全尸首，怕做什么呢！"

（2）准举例功能

"把似"又可作动词，义为"譬作"，如：刘辰翁《永遇乐》："而今无奈，月正元夕，把似月朝十五。"

三 假设举例功能兼具词语的特点及成因

从第一类即假设与举例功能兼具词语来看，总体具有以下特点。

（一）这类词主要为"如""若"或"～如""～若"式并列结构，后者如"假如""有如""设如""借如""且如"等。

"如""若"系列的词之所以能成为假设举例功能兼具词语的可能，与"如""若"具有比拟功能有很大关系，如上文所述，比拟代表了相似性，而举例代表了相同性，两者容易发展变化，主要由相似向相同方向发展。

从第二类假设功能与准举例功能词语来看，一部分由"如""若"构成，如"若如""假若""设若"等词；一部分由其他表假设或比拟的语素构成，如"假似""比似""把似"等，后者由"似"语素构成，不过"似"本身似乎无假设功能。

（二）这类词中，其中复音词的构成语素在独立成词时均具有假设连词的功能，即"假设连词+假设连词"结构，然后发展出举例功能。

除上文说过的"如""若"外，"有""设""假""借""且"等均具有假设连词功能，如：《诗经·大雅·抑》："借曰未知，亦既抱子。"《吕氏春秋·知士》："且静郭君听辨而为之也，必无今日之患也。"刘向《新序·杂事四》："田子方虽贤人，然而非有土之君也，君常与之齐礼，假有贤于子方者，君又何以加之？"柳宗元《桐叶封弟辩》："凡王者之德，在行之何若，设未得其当，虽不易之不为病。"《续资治通鉴·宋徽宗宣和二年》："良嗣曰：'今日约定，不可与契丹复和也。'金主曰：'有与契丹乞和，亦须以燕京与尔家方和。'"

第二类准举例词语中，部分为"假设连词+假设连词"结构，如"若如""假若""设若"等；部分为"假设连词+非假设连词"结构，如"假似"等；部分为"非假设连词+非假设连词"结构，如"比似""把似"等。

（三）从实际考察来看，"如""若"系列假设与举例功能兼具词语中，虽"如""若"对称，但其他分布并不对称。如"假如""设如"为第一类，"假若""设若"为第二类；又如"借如""且如"等在第一类中，而"若如"在第二类中；等等。

（四）就"如""若"单音词或"假设连词+假设连词"式复音词而言，假设功能与举例功能有一个先后发展顺序的问题。如果就"如""若"单音词而言，按照语法化的一般过程，正常演变顺序是先有实词功能，再有虚词功能，即举例动词功能在前，假设连词功能在后。如果是"假设连词+假设连词"式复音词而言，情况则相反，一般假设连词功能在先，举例功能在后。因为两个假设功能语素结合成一个新的词语，首先极可能表示假设功能，而假设的事情既可以是现实的，也可以是非现实的，无论是现实的还是非现实的，都与某个或某些具体事例相关，因而由假设语气是可以演变出举例功能的，这也是第一类词中为何具有举例功能的原因。

如果本身不是"假设连词+假设连词"式结构复音词，情况可能就不一样，如"比方"一词，就是先具备举例功能，再发展出某种假设功能。其举例功能，如：《三宝太监西洋记》第七十六回："比方我如今在中国，春秋祭礼，这不是嘴上病么？比方你如今在这木骨都束国，要求人祭祀，这不是嘴上病么？"《二十年目睹之怪现状》第十三回："比方这一天公事回的多，或者上头问话多，那就不能不耽搁时候了。"《万花楼》第八回："你岂不晓得家无二犯，罪不重科？比方前日有许多人在那里饮酒，难道俱要偿他的命么？"叶紫《杨七公公过年》："上海有着各式各样的谋生方法，比方说，就是讨铜板吧，凭他这几根雪白的头发，一天三两千（文）是可以稳拿的！"其表假设功能时，用于委婉其辞的场合，如魏巍《东方》第六部第二章："比方说，晌午水暖了你再来洗，是不是更好一些？"这里的"比方（说）"还不能看作假设连词，尽管此处有假设的味道。如果将"比方"类举例词看作话语标记的话，其后接假设性话题也是可以的，故从话语标记的角度而言，由举例功能发展出假设功能也是可能的。但这种假设功能主要是从句子的语气角度而言的，是语篇中话语所赋予的，主要是语用的因素起作用，而不是假设连词本身所具备的。

第二类词，目前还没有找到明显有举例功能的例子，但它们均具有比拟的功能。前面说过，比拟功能有向举例功能演化的可能，本文虽没发现其举例功能的用例，不排除其存在的可能，只是或语料没有记录，或本文考察不足，也可能某些方言中存在，只是普通话里没有而已。当然，语言是约定俗成的，理论上存在的可能，语言现实中，也可能没有约定而成，当然不排除在历史的某个阶段会出现这一用法。

四 假设与举例功能兼具词语在现代汉语及方言中的使用情况，以及未来的发展趋势

本文通过对许宝华、宫田一郎主编的《汉语方言大词典》与李荣主编的《现代汉语方言大词典》考察发现，以上两类词的两种功能在方言中总体而言不太常见，但也发现了部分存在。如"假比"即具有比拟功能和假设功能，前者如冀鲁官话中的天津话、西南官话中的成都话，后者如冀鲁官话中的天津话、西南官话中的成都话与贵州沿河话（1999：5568）；又如"假如"偶尔也可表示举例或比拟，如忻州方言（1995：207）[①]。可见，兼具现象在方言中是存在的，只是不普遍而已，又如在河南罗山话里，表假设的"假如"也可表示举例，如："南边的人，咱们叫蛮子，假如说贵州，在咱们南边，咱们就叫他们蛮子。"但也不常用，且主要见于某些中老年人群。

从现代汉语及其方言情况来看，表假设连词与举例动词功能词语的词形分化明显，目前表假设主要由"如果""假设""即使"等词承担，表举例功能主要由"例如""比如""比方（说）"等词充当。在有些方言，如乌鲁木齐方言（1995：19）、罗山方言，表举例的"比方（说）"也可含有假设意味，又如忻州方言、罗山方言，表假设的"假如"偶尔也可表示举例，但均不是主要用法。所以，尽管方言中会存在一些假设与举例功能兼具的现象，但因功能分化，由不同的词语分别承担还是较为明显的。当然，这与汉语词汇的逐渐丰富及表义分工的更加明晰有较大关系。

从假设举例功能兼具词语的发展来看，应是既有词形分化，也有兼具现象，但分化是主流，分化中也可能会出现一定的兼具现象，如类似"比方（说）"一类的由举例或比拟的功能，在特定话题和语气的赋予下，从而具备某种特定的语用层面的假设功能，只不过尚不具备假设连词的功能而已。

---

① 见《忻州方言词典》207页词条"相比"的释义，该条释义为"假如"，并注明说"含有比方的意思"。

五　结语

总之，通过考察发现，汉语中存在一些兼具假设连词与举例动词功能的词语，主要有"如""假如""设如""借如""且如""若"等，另外还有一些接近于举例功能，有"若如""有如""假若""设若""假似""比似""把似"，两类词主要集中于"如""若""似"三个系列。其中，第一类词的特点有：复音词构成语素独立成词时均具有假设连词的功能，即"假设连词+假设连词"结构，然后发展出举例功能；"如""若"系列假设举例功能兼具词语中，虽"如""若"对称，但其他分布并不对称；如果就"如""若"单音词而言，正常演变顺序是先举例后假设；如果是"假设连词+假设连词"式复音词而言，情况则相反，假设连词功能在先，举例功能在后。另外，从现代汉语及其方言来看，假设与举例功能词语的词形分化明显；从发展来看，应是既有词形分化，也有兼具现象，但分化是主流，分化中也可能会出现一定的兼具现象。

参考文献

吕叔湘：《现代汉语八百词》（增订本），商务印书馆1999年版。

温端政、张光明：《忻州方言词典》，李荣主编《现代汉语方言大词典》，江苏教育出版社1995年版。

许宝华、宫田一郎：《汉语方言大词典》，中华书局1999年版。

杨伯峻、何乐士：《古汉语语法及其发展》（修订本），语文出版社2001年版。

中国社会科学院语言研究所词典编辑室编：《现代汉语词典》（第7版），商务印书馆2016年版。

周磊：《乌鲁木齐方言词典》，李荣主编《现代汉语方言大词典》，江苏教育出版社1995年版。

（作者单位：南京工业大学文学与文化研究所）

从普-方-古的角度看湖北英山方言的转折复句

陈淑梅

提 要 本文从普-方-古的角度分析英山方言的转折复句的特点。英山方言的转折复句有两种表现格式，一种是有转折标记的形式，一种是意合转折的形式。"V也V得"是英山方言中一种特殊的转折隐含复句格式。

关键词 普-方-古　英山方言　转折复句

英山位于湖北的东部，古属楚地。1948年，赵元任、丁声树合著的《湖北方言调查报告》将英山、黄冈、罗田、蕲春、麻城、浠水、黄梅、广济、红安、新洲、鄂州、黄陂、应山、安陆、应城、孝感、广水、云梦、大悟（礼山）以及西北角的竹山、竹溪共21个县市的方言划在第二区，指出："这第二区可算作典型的楚语，——如果要独立一种楚语的名目的话。"1987年《中国语言地图集》将英山划归江淮官话黄孝片。英山方言与楚语地区的其他方言有相似之处，但也有特色。其中转折复句很值得研究。

邢福义先生（1997）说："普通话即现代汉语共同语里的一个语法事实，往往可以在方言或古代近代汉语里找到印证的材料。研究现代汉语共同语语法，为了对一个语法事实作出更加令人信服的解释，有时可以以'普'为基角，撑开'方'角和'古'角，从而形成语法事实验证的一个'大三角'。"英山方言的转折复句与共同语语法有联系，也可以从古代近代汉语里找到印证的材料。本文以"方"为基角，撑开"普"角和"古"角分析英山方言的转折复句。英山方言的转折复句有两种表现格式，一种是有转折标记的形式，一种是意合转折的形式。

一 英山方言有转折标记的转折复句

（一）广义转折

广义转折复句是排除让步、假转等的差异，AB 两事之间只要有所逆转，都属于转折关系。这就是广义转折关系。例如：

（1）S+VP，调转来还+VP：你不劳慰（谢谢）我，调转来还怪我。
（2）S+VP，也+VP：你哭死了 我也不答应。
（3）虽说+VP，还+VP：她虽说穷，还硬气。
（4）不过+VP：他一向儿懒，不过让她老子打了一顿变了点。
（5）VP，就是+VP：他对管哪个都细索（小气），就是对他女儿大方点。
（6）VP，也要+VP：哪怕自家打饿肚子，也要让伢儿读书。

（二）让步转折

让步式复句是先让步后转折的复句，通常简称为让步句。语表形式上，前分句用让步标，预示后边将有转折。最典型的代表句式是"不管……都……""再……也……"和"宁可……也……"例如：

（7）不管+VP，都+VP：不管你几穷，我都不嫌弃。
（8）再+VP，也 VP：他再不好，你也不能打他。
（9）宁可+VP，也+VP。他宁可自家不吃不喝，也要把伢儿读书。
（10）（不管）VP+都 VP：（不管）你去也好不去也好，我都随你。

二 英山方言中意合转折复句

（一）转折意合复句

所谓意合转折复句，主要指句与句之间起连接作用的成分省略的一个复句句式，从前后分句之间的关系看是逆转的，但是没有转折标记。可以补出转折标记。例如：

（11）我冇吃猪娘肉，看到猪娘走路。
（12）她自家打饿肚子，把饭把得（给）她婆婆吃。

例（11）可以补出"虽然……但是"；例（12）可以补出"宁可……也……"

（二）转折隐含复句

在有些顺列复句中，如果把客观实际和句式上标明的关系联系起来考察，也可以发现，隐含着转折关系。例如：

（13）他不去看，还骂她。
（14）他又爱她，又怕她。

例（13）表面看起来是递进关系的顺列复句，实际上却隐含着逆转关系。例（14）句式上标示为并列关系，实际上却隐含逆转句式，可以加上"但、却"之类转折标。

三 转折隐含复句的特殊格式"V也V得"

（一）"V也V得"的格式结构特征

1. 基本式。在湖北英山方言中，"V也V得"是表示某人或某物可以实施某种动作，但是不如意。隐含有转折之意。从形式上看，又不同于普通话转折复句，因为普通话的转折复句，是由两个分句构成，前一个分句说了一个意思，后一个分句作了一个转折，说出同前一个分句意义相反的意思。而"V也V得"是由动词隔叠形式构成的单句，一般出现在对话中的答语中，无须后分句。试比较：

（15）他能走，但是走得不快。

（16）他走得得不？——他走也走得。

在这种句式中，两个 V 是以特殊的重叠形式出现的，V 一般是单音节动词，也可以是双音节的动词。两个 V 的中间插入了副词"也"，在句式中表示程度浅，并伴有不太满意的色彩的程度副词，有程度副词"还"的功能。"得"是表可能的助词，主要功能是帮助表意。

2. 扩展式。"V 也 V 得"可以在中间或后边添加或替换一些成分，构成扩展式。有以下几种形式：

1）V 也 V 得 L。例如：

（17）细伢儿丢也丢得落（小孩也能丢得下。）
（18）牛骨头炖也炖得烂（牛骨头也可以炖烂。）

2）V 也 V 得 O。例如：

（19）说也说得话（能说话，说得不清楚。）
（20）喝也喝得酒（能喝酒，喝得不多。）

3）V 也能 V 得。例如：

（21）他吃也能吃得。
（22）电视看也能看得。

3. "V 也 V 得"也不是紧缩句，普通话紧缩句是由两个分句紧缩而成，可以拆分为两个分句，而"V 也 V 得"不是由两个分句紧缩而成，其内部结构紧密结合，不能拆分为两个分句。比较：

（23）他吃得动不得——他吃得，但是动不得。
（24）他吃也吃得—/—他吃得，但是吃不得。

我们认为"V 也 V 得"这种句式是用单句的形式表示复句的意思，所以称之为转折隐含式的复句。对转折复句的讨论，一般都要涉及语意重心的问题。对转折复句语意重心，语言学界存在着明显的分歧：第一，认为转折复句属于偏正复句，胡裕树（1979：406）"表意的重心总放在正句上"；第二，认为转折复句属于"等立复句"，黎锦熙（1992：198）"等立句可不分主从、正副"，无语意重心；那么，对于"V也V得"这种隐含式转折复句的格式本身就将隐含的意思作为表达的重点了，无需用补出后续分句。如果将这种转折关系凸显出来，就要在后分句前面加上"就是""不过"等转折标记，这种转折属于轻微的转折句。对于轻微的转折，邢福义（2001：296—300）认为："就是"和"不过"是表示轻微的转折，即"后分句从某个方面、某个角度对前分句作有限度的修补。""'就是'在表示轻微转折的同时，又比较强调后分句所说的事情是问题关键之所在。""V也V得"正是强调未出现的后分句所说的事情是问题关键之所在。例如：

（25）橘子吃也吃得。（就是不箇甜）
（26）嗯件衣服穿也穿得。（不过大了一点儿）

（二）"V也V得"格式在其他方言的使用情况

笔者查过《现代汉语方言大词典》和其他方言，发现安徽绩溪方言中有这种格式："用在'施事+动词'后头，表示施事在施行动词所表示的动作方面能力一般或不擅长。"例如：

（27）渠做都做得，就是不能坐吃力事（他做也能做，就是不能做重活。）
（28）喫都喫得，就是喫不脱多少（吃也能吃，就是吃不了多少。）

"能力一般或不擅长"即是本文前边所说的表示勉强施行某种动作。另据王志方（1984）研究，在鄂东北的孝感方言也同样存在这种格式。例如：

（29）干还干得。（就是不想干。）
（30）写还写得。（就是有时有点刮纸。）

他分析说"这种说法表示某人、某物勉强可以怎么样，但并不理想，往往包含转折的意思。"以上两处方言只是将"也"换了"都"和"还"，与"V也V得"格式结构相同，表意相同。

(三) 转折隐含特征在古代近代汉语中的情况

在古代汉语中有很多转折隐含式。例如《论语》：欲速则不达。内省不疚。古诗词中转折隐含式用得更多。例如：

(31) 抽刀断水水更流，举杯浇愁愁更愁。(李白《宣州谢朓楼饯别校书叔云》)
(32) 有意栽花花不发，无心插柳柳成荫。(《增广贤文》)
(33) 国破山河在。(杜甫《春望》)
(34) 儿童相见不相识。(贺知章《回乡偶书二首》)
(35) 出师未捷身先死。(杜甫《蜀相》)
(36) 举酒欲饮无管弦。(白居易《琵琶行》)

这些诗句都有意思的转折，是转折隐含式诗句。在近代汉语中，转折复句中也可以是转折隐含式。例如：

(37) 再着两个来也不惧他。(《水浒传》三十回)

(四) "V也V得"格式的语用功能

1. 主观低满意量功能。李宇明 (2000：111) 认为："语言世界的量范畴中可以有客观量和主观量的区分"。"人们在对量的表述时，往往会带有对量的主观评价，或认为这个量是'大量'，或认为这个量是'小量'"。我们认为主观量除表示主观大量和主观小量外，主观量还有另一个认知方式或表述方式，即说话人在表达量范畴的同时还带有一定的情感色彩：在说话人看来是满意的或是不满意的。表示满意的称为"满意度量"，表示不满意的称为"不满意度量"。

由于量的满意度是以人的情感和心理为标准，所以满意量或不满意量具有主观性特点，称为"主观满意量"和"主观不满意量"。"主观满意量"又隐含着说话人对相关量的参照依据或标准，根据这个依据和标准的高低，又可以分为"高满意量""中满意量"和"低满意量"。"高满意量"是说话人预先设定的、并被认为是十分理想的量；"中满意量"是说话人认为符合预先设定的、比较理想的量；"低满意量"是说话人认为不太符合预先设定的，勉强满意的量。在英山方言中，表示这三种不同的量用三种不同的格式表示：

（38）这个菜很好吃。
（39）这个菜吃得得。
（40）这个菜吃也吃得。

例（38）中用了"很好"，表示对这个菜非常满意，称为"高满意量"；例（39）中用了"V 得得"，"得得"表示"能够"的意思。表示对这个菜比较满意，称为"中满意量"；例（40）中用"V 也 V 得"的格式，表示对这个菜勉强满意，称为"低满意量"。所以"V 也 V 得"的格式是低满意量。

2. 委婉的表达功能

"V 也 V 得"对某种人或某事先进行肯定，将说话人所要强调的重心表达出来，一般不说出"异感"因素，而是将真正要表达的意思隐藏起来。这种表达方式，可以起到委婉、含蓄的语用效果，给听者一个想象的空间。例如：

（41）我这件衣裳好看不？——看也看得
（42）我炒的菜好吃不？——吃也吃得

这样回答问题的方式，既表达了说话者所要表达的意思，又不伤害对方的感情。做到"言欲尽而意未止"，起到了极好的表达效果。

参考文献

陈淑梅：《鄂东方言语法研究》，江苏教育出版社 2001 年版。
陈淑梅：《鄂东方言量范畴研究》，中国社会科学出版社 2012 年版。
陈小荷：《主观量问题初探——兼谈副词"就"、"才"、"都"》，《世界汉语教学》1994 年第 4 期。
方梅：《宾语与动量词语的次序问题》，《中国语文》1993 年第 1 期。
李荣等：《绩溪方言词典》，江苏教育出版社 2002 年版。
李宇明：《汉语量范畴研究》，华中师范大学出版社 2000 年版。
麦耘：《广州话的后补式形容词》，《广州话研究与教学》1995 年第 2 辑。
沈明：《安徽宣城（雁翅）方言》，中国社会科学出版社 2016 年版。

王志方：《湖北方言中的几种语法形式》，《孝感师专学报》1984年版第2期。

邢福义：《汉语复句研究》，商务印书馆2001年版。

中国社会科学院、澳大利亚人文科学院：《中国语言地图集》，朗文出版（远东）有限公司1987年版。

（作者单位：黄冈师范学院）

主次策略和汉语复句

陈振宇

提　要　世界语言复杂句呈现不同的类型学类别，主要看遵循哪种构造策略。汉语主要以并列和主次策略为主，因此形成的"复句"系统与"单句"有着结构上的本质差异，呈现"复句-单句"两分的格局，其中单句包括简单句和主从句。英语更偏向主从策略，因此并列句非常简单，并且绝大多数主次关系都被处理为主从句，这样形成了"简单句-主从句-并列句"三分的格局。英语和汉语中表示原因的because小句和"因为"小句属于完全不同的句法层次，前者是从句，后者为复句中的分句，我们用"否定测试"来证明这一点。

关键词　复杂句　复句　主从　主次　并列　because小句　"因为"小句

一　理论背景

从小句到句子①，是一个实现的过程，但实现方式不同。

---

①　本文是从类型学的观点出发进行的讨论，文中所说的小句指clause，句子指sentence。按照类型学，小句是在逻辑上具有"真值"(truth value)的语言单位，即它所表示的事件、事件论元的指称、事件的时间、肯定或否定、程度或可能性等性质都已经得到了解释。"得到解释"是指，这些要素要么已经在小句中用相关符号表示，要么可以通过说话的语境、上下文及一些语法语义语用规则推导出来。得到解释的小句，不再只指抽象的概念，而是指听说双方言谈的"可能世界"中的事物，只要限定在此世界之内，从理论上讲，就有判断该小句内容为真或为假的可能，因此称它具有"真值"。而句子，既是最大的语法结构单位，即它能集成所有特定的、语法化了的、稳定的语法结构；但更为重要的，它也是最小的言语单位，即它能独立担任言语活动中的一个话轮。因此句子与小句最大的不同是，句子才具有语气和言语活动功能，而小句只具有命题功能，没有言语活动功能，小句只有实现为句子，才会进入言语活动中。这一定义与"小句中枢说"的"小句"并不是一个概念，请读者详查。

1）简单句（simple sentence），由一个小句直接实现而成的句子。它也许会在小句基础上，加上一些与言语活动有关的成分，构成陈述句、疑问句、祈使句等不同的句类，并表达各种语气意义。

2）复杂句（complex sentence），由两个或两个以上小句共同实现而成的句子。除了加上一些与言语活动有关的成分外，更重要的是如何处理这些小句之间的关系。

根据小句在句子中的不同地位，它们可分为以下三种。

1）独立小句（independent clause，也译为"非依存小句"），实现为句子主干的那个小句，包括实现为简单句的那个小句，也包括在多小句中起支配、主导地位的那个小句（如主次关系中的主要小句，主从关系中的主句）。

2）非独立小句（dependent clause，也译为"依存小句"），有时，一个小句由于缺乏某种要素，或者被加上了某种限制，或者受制于某种语用目的，无法直接实现为句子。它们必须依附在独立小句上作为该独立小句的一个部分，或者由若干非独立小句结合在一起，成为一个整体后再实现为句子。

Payne（1997）认为，独立小句在形态发达的语言中就是小句在句法上具备完备的屈折（fully inflected）形式并且能够独立进入语篇，实际上就是论元结构、定式项等小句层次的语法项目完整的小句；而非独立的小句，是缺少某些小句层次的信息，不能独立进入语篇，必须依靠其他小句才能得到阐释的小句。范继淹（1985）提出自足句段、不自足句段，胡明扬、劲松（1989）提出"独立句段"、"非独立句段"。

请注意，完全的独立与完全的依存之间是一个连续统，存在着各种中间状态的半独立小句，这是因为一个具体语言往往不是只有两种小句表达形式，而是常会采用各种独立或去独立的语法手段，每种手段的独立性程度并不一致。因为西方研究者们最先研究的是完全独立的小句（简单句），所以把这些手段称为"去句化"（desententialization），或称为"取消小句独立性"的语法操作。有关理论参看 Lehmann（1988）、Haboud（1997）的研究，以及高增霞（2003，2006）及朱庆祥（2012）的介绍。

3）残留小句（residual clause，"残句"或"崩塌小句"），非独立小句进一步弱化，最终完全失去了独立的谓词地位，从"降阶"（reduce）到最终被完全融合（integrated）到一个简单句中，仅在简单句中还残留有原来小句的某种痕迹。

汉语中，上述语法类型都具有，并且也都比较发达，但与世界上大多数语言比较，在策略选择上仍然存在较大的差异，因此语法化方向和进程并不一致。

在多小句表达过程中，有四种基本策略：并列、主次、主从、合并。前三种策略，在语法书中多有提及，参看 Whaley（1997/2009 第 15、16 章）、Robert（2007）以及方梅（2008：291—292）的介绍①；但最后一种"合并"一般是在简单句中讨论。

Foley 和 Van Valin（1984）用依存和嵌入两个特征来定义前三种类型：主从关系是［+依存，+嵌入］，并列关系是［-依存，-嵌入］，而主次关系是［+依存，-嵌入］。我们认为，还应引入一个特征是［合并］，"并列、主次、主从"都没有发生合并，仍可以清楚地看到每个小句的谓词，所以可以从形式上把各个小句分开。但第四种中一个小句只剩下残句，所以从形式上讲，它已是简单句的一个成分，连小句也不是了。

世界语言复杂句语法化循环的总趋势如下，其中主从、主次和并列都可能进一步发生合并，从而向简单句转移：

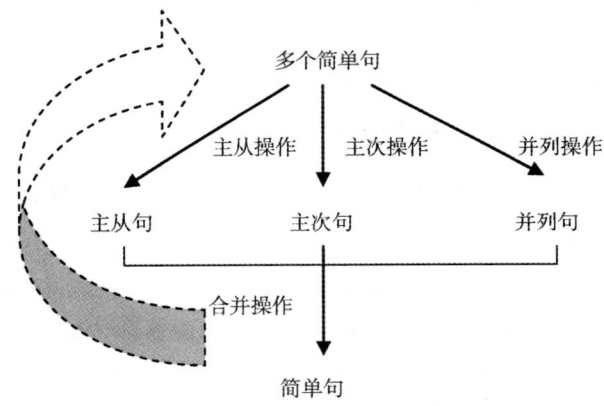

图 1　复杂句循环

二　不同语言的策略不同

每种语言语法化的阶段并不一致，趋向也有所差异。可以大致分为两种。第一种，尽可能或趋向于快速语法化，多小句结构以"主从"为主，并

---

① 并列为 coordination，主从为 subordination，主次为 cosubordination，因此王玉红、朱斌（2018）把本文的"主次"译为"并附"，表明这种类型具有并列和附属两方面性质。

存在较丰富的"小小句"（minor clause），以及形态标记（即已经语缀化、词缀化乃至曲折化的成分）等。小小句，指小句成分极大缩小、完全丧失独立性的小句，但其谓词仍保留下来，故尚未合并，如英语不定式、过去分词与现在分词等结构。印欧语言即是如此。

第二种，尽可能或趋向于慢速语法化，多小句结构以并列与主次为主，小小句、形态标记都不发达。汉语即是如此。

不同语法化阶段的语言，在处理同样或相似的命题语义内容时，会采用不同的策略。以英语和汉语为例：①

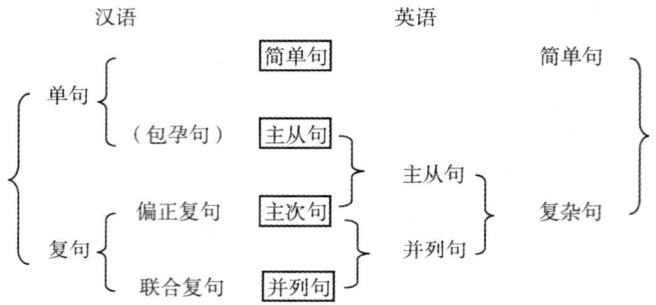

图 2 汉语、英语不同的语法化策略

加框的"简单句"等，代表着从世界语言的功能与策略角度对句子结构类型的区分。而左、右为汉语与英语语法中句子结构的区分。可以看到，一个具体语言的语法系统，并不与功能与策略类型完全一致，这是由该语言的具体表现决定的。如英语中，主次中的转折关系用连词"but"表达，并列关系用连词"and、or"表达，所以把它们归为一类；主次中的大多数关系用介词、动词分词等表达，而主从关系也多用介词、动词分词等表达，所以也把它们归为一类。可以看到，英语汉语最大的区别，是对"主次句"的处理不同。

左列的"单句"与"复句"划分，是中国结构主义的理论思考，它的理据是：汉语母语者的感觉中，主从关系与非主从关系（主次、并列）存在较大的差异，前者在汉语口语中并不发达，汉语口语中的单句尽可能的字数少、层次少（大多是独立句或只有一层主从结构），而后者才是汉语构造复杂句子时常用的策略。所以中国结构主义不但在主从与非主从之间做了重大的区

---

① 另参看王春晖（2009：14）的"国际范式"，本文与这一范式有一定的差异，但基本认识有相似之处。

分（即单句与复句的区别所在），而且诞生了发达的复句研究，并将复句内部的两个层次（偏正与联合）做出较为明晰的分化。另外，有些汉语研究者也将主从句称为"包孕复句"，并将它与一般的单句（简单句）及复句区分开来。作者个人认为，汉语的这种划分比英语的划分更合乎四大策略的本质，因为英语的"主从句"这一形式，既包括主从策略，也包括大部分主次策略，所以实际上是一个相当庞杂的系统。

"主次"策略中，两个或多个小句共同构成一个整体，其中一个较重要，具有更多的独立小句特征，称为"主要小句"，另一个称为"次要小句"。但次要小句对主要小句的依附性并不很强，甚至次要小句完全是"非独立性压制"（即加上非独立的标记）的结果，所以完全有可能稍加改造，就成为了独立小句。如"因为［生病］，（所以）［小张没去］"中次要小句为"生病"，主要小句为"小张没去"。

在汉语中，主次关系有一个优势的线性序列策略，即"偏（次）+正（主）"语序，在常规上将主要小句放在后面，作为表述的强调的部分（带焦点的部分）。但在世界语言中，可以有相反的顺序。

在主次小句结构中，常有表示两个小句关系的联结性成分，如连词或联结副词，即是在句中没用，也可根据语义而补出，只不过补出时根据语境可能会有歧解，如"卫星上天红旗落地"，可以补为"卫星上天然后红旗落地"（时间先后）、"因为苏联卫星上天所以红旗落地"（因果）、"卫星上天同时红旗落地"（同时）等。大多数主次关系都涉及两个小句，它们共同构成一个"语义对子"，作为一个语义整体，其语义内容是较为固定的。

主次小句之间，大多数可以自由或较自由地互换小句的位置，不过一旦互换就会颠倒原有的主次格局，如"［小张没去］，因为［生病了］"中原因小句成为了表述的强调的部分，而"小张没去"反倒成了背景与偏（次）句。

另外，并列和主次区分的根本之处不在于是否平等，而是在于开放与封闭。并列关系从理论上讲是开放的，可以有多个并列小句，它们的地位是大致平等的，或顺次递进的；而主次关系一般是一主一次，形成封闭的"框式结构"，不论有几个小句，都需要把它们分为两个部分，分别担任主要部分与次要部分。

汉语并列、主次（偏正）两种复杂句结构十分发达，并且内部也划分出不同的小类。中国结构主义把它们统称为"复句"，这是完全基于汉语特点、自主思考的结果，合乎汉语的实际情况。下面是对这一系统的总结（见

表1）。

表1　　　　　　　　汉语"复句"系统

策略	类型	语义关系	标记
联合复句（并列［广义］结构）	并列［狭义］	说明或描写几件事情或同一事物的几个方面	和、跟、与、同、及、以及、而、且
			同时
			既……又/也、一方面……一方面/另一方面
	连贯	事件有时间前后	又、再、就、便、才、刚
			首先、然后、接着、跟着、而后、后来、于是、继而、终于
	补充*	追补更多的信息	也、又、还、另外、此外、反之
			（也/亦）即、（例）如、":"、"——"
	选择［任选］	选择结果不确定	或（者）……或（者）、要么……要么、是……还是
			抑或
既有并列性质，又有主次性质	选择［限选］	限定范围内选择	不是……就是、要么……要么
	选择［取舍］	已做出选择	与其……不如/宁/宁可/宁愿/宁肯、毋宁、宁/宁可/宁愿/宁肯……也/决不/也不
			不（是）……而（是），（是）……（而）不（是）
	递进	后续分句在数量、程度、范围、时间、功能或者其他方面更推进一层	不但/不仅/不只/不光/不独/不单/非但…而且/并且/还/也/更/反而/反倒/甚至（于）、尚且……何况
			并
			况且、而况、再说、相反
偏正复句（主次结构）	转折	前后分句存在语义矛盾	虽然/虽说/虽则/尽管……但是/可/可是/然而/却、然而……却、而……则/却、固然……但是
			不过、只是、诚然、自然
	让步	指出在极端条件下也是同样的结果	（别说……）即使/就算/就是/纵使/纵然/哪怕/尽管/固然/再……也/还/总（是）/但（是）/却/然而
			也、还
			……别说
	因果	原因与结果关系	因为……所以/就/才、由于……所以/因而/因此、因此、因而、以致、以至（于）、从而
			既然……那么/就/则/也/便、既是……就、可见**
	假设	虚拟的条件或可真可假的条件	如果/如/假如/假使/倘若/若是/要是/万一……那么/那/就/便/则/也/果然/果真……那
			不然/要不（然）/否则/（的话）

续表

策略	类型	语义关系	标记
偏正复句（主次结构）	条件***	一般性的条件	只有……才、只要……就/便/都、除非……才/否则
			不论/不管/无论/任凭……也/都/还/总/就****、无论……还是、别管
	目的	目标或动力来源	为（了）……
			以便、以免、……好

* 有的语法书把"补充"放入"递进"中，因为补充是提供更多的信息，而递进［狭义］是提供更多的、语义程度上更进一步的信息。

** 本大类的两个小类，前一个也称为"说明因果"，后一个也称为"推论因果"。

*** 有的语法书把"条件"与"假设"，甚至"让步"合并为一类，统称为"条件"(conditional)。

**** 该小类有的语法书称为"无条件的条件关系"。

表中"选择"复句具有两面性。当选择不定时，选择肢是开放的，故是并列结构关系；但当选择已定或必须在限定范围内选时，面临"取舍"境况，这时已经有了一定的封闭性，所以又具有主次关系的性质。"递进"复句也是如此，按道理讲，可以无限地递进，如"不但……而且……而且……"，但实际上，几乎所有递进句都是两个小句，或三个小句（如"不但……而且……甚至……"），这样其扩展性便很有限。除此之外，递进句往往强调后一小句，说明其出人预期（反预期），如"况且、而况、再说、相反"都是如此，故递进又具有很强的主次关系的性质。

这一划分吸取了邢福义先生（2001：38—55）的"复句三分"说，但不同的是将邢先生所说的"转折"类与"因果"类都放在主次关系之中，而把"并列"分出完全开放的一类和部分封闭的一类。这是因为我们主要以开放和封闭作为判断标准。

另外，细微的区分仍有所不同，如"否则"我们算作条件关系，邢先生算作"转折类"。

在中国结构主义研究中发展出十分发达的多重复句分析：（请注意其中的主题链，或论元共享关系）：

（1）尽管他i是一个古人，‖（并列）ei也不知道什么叫唯物主义，｜（转折）但他i既然是立足于现实，‖‖（因果）他i的思想中就不能不带有唯物主义的成分，‖（因果）因而ei能够从现实中发现"实践"这一真理。

　　ei 不但要看到它 j 的正面，‖（递进）ei 也要看到它 j 的反面，‖（递进）ei 还要了解该事物 j 与他事物的联系，‖（递进）尤其是对该事物 j 在一个大系统中的地位、价值与限制条件 ei 要有清醒的认识，｜（假设）否则 ei 就不能有比较完全和正确的认识。

　　他 i 还没到家，‖（转折）老婆已先一步告诉了婆婆，｜（因果）所以 ei 一进屋，‖（连贯）ei 就看见婆媳俩的脸色都不好。

　　可以看到，在这里并列或主次的区分并不那么重要，每一个小句都是独立的，但又都不是完全独立的，所谓开放与封闭大约只是程度上的区别。这正是汉语语法中把它们全都归入"复句"这一上位范畴中的根本原因。多重复句是汉语构造长大句子的主要方式之一。

三　连接词的差异

　　汉语主次策略所用的连接词与并列有很大差异（见表2）。

表2　　　　　　　汉语并列和主次策略中连接词的位置

		在小句句首	在小句句尾	只能在小句句中
并列关系	附于前一小句	首先		既
	附于后一小句	而、且、同时、然后、接着、接下来、完了［轻读］、跟着、而后、后来、于是、继而、终于、而且、并且、反而、反倒、甚至（于）、并、况且、而况、再说、相反、另外、此外、反之、抑或、还是、另一方面、and、or、then		也、又、再、就、才、便、刚、还、更
	两可	或（者）、要么、是、一方面、一边	也好	又、边、且
主次关系	附于前一小句	不是、是、与其、宁、宁可、宁愿、宁肯、不但、不仅、不只、不光、不独、不单、非但、虽然、虽说、虽则、尽管、固然、因为、由于、既然、既是、如果、如、假如、假使、倘若、若是、要是、万一、果然、果真、只要、除非、不论、别管、即使、就算、就是、纵使、纵然、哪怕、尽管、为（了）	的话	再

续表

		在小句句首	在小句句尾	只能在小句句中
主次关系	附于后一小句	就是、（而）是/不是、不如、宁、宁可、宁愿、宁肯、毋宁、而且、并且、甚至、并（于）、况且、而况、再说、相反、但是、可/可是、然而、不过、只是、诚然、自然、所以、因此、因而、以致、以至（于）、从而、那么、那、可见、不然、要不（然）、否则（的话）、别说、以便、以免		也、决不、也不、还、还是、更、反而、反倒、则、却、就、才、便、都、总、总是、好
	两可			

1）并列连接词大多居于所连接成分之间，如英语的 and、or、then 都是如此。按朱斌、伍依兰（2014），世界语言（单用的）并列关系标记的四种类型中，汉语和英语都是"A　co-B"型，这符合汉语的实际。如果小句 A 有关联词，如"既"，后面也一定有与之搭配的标记，如"他既害怕，<u>又</u>不安，还舍不得离开这个安乐窝"。

2）汉语主次连接词中，附于前一小句的连接词，尤其是句首连接词数量极大地增长。这从"连接词"特性来说是有一些问题的，因为前一小句的句首连接词不居于两个小句之间，但汉语有补救之道，即除少数情况外，这些连接词都要与后一小句的连词或联接副词搭配使用，形成"因为…所以…"这样的框式结构。它的好处是不但表明了联接功能，而且更准确地限定了联接的范围，表明了其特定的语义内容，突出了焦点（在后小句中），从而实现了很强的封闭性。

按朱斌、伍依兰（2014），世界语言（配用的）并列关系标记的四种类型中，汉语和英语都是"co-A　co-B"型，这也符合汉语的实际。不过这里他们没有区分并列与主次，统称为"并列"。实际上，汉语主要是在主次关系中使用这一模式，如"<u>既然</u>已经来了，那<u>就</u>看看再说吧"。

在汉语中还存在少量的例外，如在 A 句末尾的"的话"。据报道，老上海话的语气词"咾"也具有连接功能，可出现在并列与因果等复句中，也是这一类。

并列和主次还有一个较大的区别：并列允许存在可用于前后小句，甚至可以同时用于前后小句的标记，如"你要么别做，<u>要么</u>就埋头好好干，<u>要么</u>和上司协调好，总之你得自己解决问题"。而在主次关系中，这种"两可"的情况一般是不允许的。

在主次框架中的前小句，从属性质已大大增强，所以已允许前小句的句首部分省略，如"因为 ei 生病，小王 i 没来上课"。① 而在并列框架中，汉语省略的基本原则是允许后小句中的成分省略，如"我们 i 希望他能好好养病，ei 祝愿他尽快康复""小玉 i 悄悄走到他身后，ei 用手遮住他的眼睛，ei 轻笑着问'猜猜我是谁？'"

四　英语"状语从句"的两种类型

英语"主从结构"较为复杂，"主语从句、宾语从句、定语从句"是更为典型的主从结构，但所谓"状语从句"因为实际上包括主从关系（与主句有论元关系）与大部分主次关系（与主句无论元关系）两类，所以也呈现出两种类型（见表3）。

表3　　　　　　　英语"状语从句"系统

主从关系	时间从句	When he told me how much money he lost, I had a fit.（当他告诉我他丢了多少钱时，我大吃一惊。） Befor he ever went to UCSD, he had heard of "space grammar".（在他去加州大学圣迭戈分校之前，已经听说了"空间语法"。）
	处所从句	The police were digging where Jeffrey had planted a garden.（警察在挖 Jeffrey 新种的花园。）② I'll meet you where the statue used to be.（我会在雕像那儿等你。）
	原因从句	Because John won the lottery, he gave his professor a generous gift to say thanks.（因为 John 赢得了彩票，他给了他的老师一个慷慨的礼物以示感谢。）
	方式从句	She talks like she has a cold.（她像得了感冒一样地说话。） Carry this as I told you to.（带上这个，像我告诉你那样。） He got into the army by lying about his age.（他通过在年龄上撒谎参了军。）
	目的从句	Yesterday I went to the school early to meet an old friend.（昨天我一大早去学校去见一位老朋友。）

---

①　刘丹青编著（2008：156）认为，"假如他参加了那个会议的话，张三是不会投票反对那个动议的"这一汉语句子中，"他"不能指"张三"，这一意义应表达为"假如张三参加了那个会议的话，他是不会投票反对那个动议的"。但英语的正常表达则是"If he attended the meeting, John would not vote against this act"。据此他认为汉语必须遵循前后关系（后句回指前句），而英语必须遵循主从关系（从句回指主句）。但我们的调查显示汉语两个句子中其实"他"既可指其他人，也可指"张三"，也就是说，汉语既可遵循前后关系，也可遵循主次关系。

②　Whaley（1997/2009：252）说很少有语言有成熟的一系列处所从属连词。语言更倾向于使用其他的结构，如介词短语（如 in Jeffrey's newly planted garden）或者关系小句。

续表

主次关系	一般条件从句	If Bill is still at the office, he can finish the report. （如果Bill还在办公室里，他就可以完成这个报告了。）
	虚拟条件从句	If I were a rich man, I would fiddly all day long. （如果我是有钱人，我会整天胡混。）
	否定条件从句	Unless it rains, we'll have our picnic. （除非下雨，我们都会去野餐。）
	让步从句	Even if it rains we'll have our picnic. （即使下雨，我们也去野餐。）
	无条件从句	No matter what he said, she still refused to go out with him. （不管他怎么说，她也不和他一起出去。）
	时间连贯从句	Having told a few jokes, Harvey proceeded to introduce the speaker. （说了一下笑话之后，Harvey继续介绍演讲人。）
	伴随事件从句	While eating, we heard a noise outside the window. （正吃着呢，我们听到窗外传来一阵嘈杂声。） She carried the punch into the living room without spilling a drop. （她把汲桶拿进起居室，没有洒出一滴。）
	转折从句	Except that we ran out of money, we had a great vacation. （除了把钱花完了，我们的假期还不错。） Although she hates Bartók, she agreed to go to the concert. （虽然她恨Bartók，她还是同意去音乐会。）
	替换（选择）从句	We barbecued chicken instead of going out to eat. （我们烧烤鸡，而没有出去吃。） Harry decided to eat the salad rather than send it back to the kitchen. （Harry决定吃掉沙拉，而不是把它送回厨房。）
	追加（递进）从句	Besides missing my bus, I got my feet all wet. （不但没赶上车，而且我的鞋也全湿了。）

从表中可以看到，实际上，英语状语中，大量的"主从句"实际上是主次关系，真正的主从关系只有几种。那么为什么在英语语法上它们都算在"主从句"中，而与and、or、but相区别呢？这是出于形式上的原因。表中例句，不论是何种语义关系，都采用了英语中显著的去句化手段：加标句词、介词，以及采取动词分词、不定式等手段，而且这些手段与语义分布并无必然的联系，故在英语中，把它们看成同一深度的去句化层级，把它们统统称为"从句"，才是一个更符合英语实际的做法。

可见对一个具体语言而言，分类必须照顾到该语言的具体表现，而不能完全照搬功能分类，汉语如此，英语也如此，都只代表一定的人类语言普遍性，而普遍性理论唯有将不同类型的语言做深入对比后才能看出。当然，将汉语的体系搬到英语中，与将英语的体系搬到汉语中一样，都是很荒诞的事。

与前面汉语复句表对比可以看到，大部分英语状语从句在汉语中都是偏正复句。不过，英语和汉语在主从关系的标记上也存在很大的差异，如李晓琪（1991）根据汉语关联词的句法位置分了四类，不过只是看每个关联词的使用，而汉语关联词存在大量的搭配使用情况；朱斌、伍依兰（2014）分了单独使用和搭配使用两种情况，但认为汉语、英语是同种类型。实际上，英语多是主从结构，因此多是在从句上加上标记，主句不加，在英语语篇中，绝大多数情况下表3中的复杂句只有一个关联词，就是在从句上的那个标记，或者让从句采用非独立小句的方式（如分词、不定式）；而汉语中多是主次结构，主次结构相当松散，可以在主要小句加，也可以在次要小句加，在汉语语篇中，有大量的例子是两个小句同时加，形成框式结构，如"不但……而且""因为……所以""只要……就"等，即朱斌（2015）所介绍的"双项双标结构"①。这一本质区别，可以概括为"英语（主从）倾向于单一标记、汉语（主次）则自由允准前后标记搭配"。

最后，汉语中也存在着形式上与主次结构（偏正复句）大不相同的状语从句，即使在汉语中，它们也是真正的主从关系，不过种类并不多（见表4）。

表 4　　　　　　　　汉语状语从句系统

主从关系	时间从句	(当) 他告诉我他丢了多少钱时，我大吃一惊。 在他去加州大学圣迭戈分校之前，已经听说过"空间语法"。 回乡之后，他开办了好几个小工厂。 随着开放的进一步深入，矛盾与问题也逐渐突出出来。
	方式从句	她像得了大奖一样笑个不停。 他战战兢兢、如履薄冰地往前走。 他依靠撒谎骗取了大家的信任。

五　Because 小句和"因为"小句——否定测试

最后看一个颇有争议的问题，为什么英语"because"引导的是原因从句，而汉语"因为"则被视为连词，引导的是一个主次复句关系中的原因分句？除了前面已讨论的内容，以及前人已经给出的种种解释之外，这里再补充一个重要的证据："紧密度的否定测试"。

在SVO语言中，设XP为待测试成分，现在有结构"neg+VP+XP"，其

---

① 根据朱斌（2015），汉语主要有以下类型：1)"cowA, B（cow）B"（不但……，……也……）、"A（cow）A, cowB"（……不但……，而且……）、"A（cow）A, B（cow）B"（……不但……，……还/也……）。2)"cow A, cow B"（或者……，或者……）"A cow, B cow"（……也好，……也好）。

中 VP 为谓语核心部分，neg 为加在小句上的否定词，且从结构上看，VP 和 XP 都有在否定词的辖域内的可能。请注意，这里"neg+VP"仅仅是说否定词与谓语核心形成一个整体，并不考虑其语序。在实际的语言中，否定词在谓语核心前后的例子都有，如英语的 not 是加在助动词的右边的，但法语的否定词 ne 是在动词的左边的。

1）当这一结构中 neg 只能否定 VP 而不能否定 XP 时，说明 XP 并不是该小句的一部分，而是与其松散连接的外在东西，即"［［neg+VP］+XP］"结构，XP 在否定词语义作用范围之外。

2）当 neg 既可能否定 VP，也可能否定 XP 时，说明 XP 就是该小句的一部分，是与 VP 紧密连接的内在的东西，即是"［neg+［VP+XP］］"结构，即 XP 在否定词的语义作用范围之内。

在英语中，not 黏附在小句核心助动词上，并以整个小句，包括主语、谓词、宾语及在谓词后的副词状语、介词状语为其作用的语义范围，调查发现，否定的语义可以落在其中任何一个成分上，只要这个成分带上特别重音，即成分否定。① 当小句无特别重音时，即默认时，才会简单地否定命题为真，② 即命题否定：（以下两组例句都引自 Givón 2001：380-382）。

（1）a. John didn't kill the goat.（John 没杀那只山羊。）（命题否定）

b. ⌐John⌐ didn't kill the goat.

It's not ⌐John⌐ who killed the goat.

⌐John⌐ didn't kill the goat, ⌐Bill⌐ did.

（有人杀了那只山羊，但不是 John（而是 Bill）。）（成分否定主语）

c. John didn't kill the ⌐goat⌐.

It's not the ⌐goat⌐ that John killed.

---

① 成分否定（negation of elements/constituent），即不对小句所表示的命题的真值进行反转，而是对命题的某一特定部分的合适性进行否定，又称为"焦点否定"（focused negation）、"局部否定"（local negation）等，如"他没买红酒"，指他一定买了某种事物，这一买卖事件的真值不变，只不过说买的这种事物不是红酒而已。

② 命题否定（negation of proposition），即对小句所表示的命题的真值进行反转，原句命题为真，则反转后为假；反之亦然。这又称为"全句否定""句子否定""小句否定""VP 否定"（VP Neg，因为小句所说的事件的主体由 VP 部分表示）"真值否定"（negation of truth value）"标准否定"（standard negation）等，如"他没买红酒"，其真值与"他买了红酒"相反，指买红酒这一事件没有发生。

(John 杀了什么，但不是那只山羊。) （成分否定宾语）

d. John didn't $\boxed{\text{kill}}$ the goat.

(John 对那只山羊做了什么，但不是"杀"。) （成分否定动词）

下面是对状语的否定，不过条件稍微严格一点，即状语必须在句尾，在否定词后，且必须有特别重音；放到句首做主题时不能否认，因为主题是小句以外的松散成分，不是小句核心管辖的成分：

（2）a. She didn't write the book $\boxed{\text{for her father}}$.

（她写了那本书，但不是为她父亲写的。）（成分否定受益者）

b. She didn't write the book $\boxed{\text{with her sister}}$.

（她写了那本书，但不是和她姐姐一起写的。）（成分否定合作者）

c. She didn't shoot him $\boxed{\text{with the gun}}$.

（她打了他一枪，但不是用那只枪。）（成分否定工具）

d. She didn't flunk $\boxed{\text{on purpose}}$.

（她没考及格，但不是有意地。）（成分否定目的）

e. She didn't come $\boxed{\text{Saturday}}$.

（她来了，但不是周六。）（成分否定时间）

f. She doesn't visit $\boxed{\text{often}}$.

（她去拜访过，但不是经常去。）（成分否定频次）

g. She didn't kick the ball $\boxed{\text{out of the park}}$.

（她踢了球，但没踢出公园。）（成分否定处所）

英语原因从句也是这种紧密的小句内成分：

（3）a. I didn't come because I was afraid. （我因为害怕所以没来。）（命题否定）

b. I didn't come $\boxed{\text{because}}$ I was afraid. （我不是因为害怕才来的。）（成分否定原因从句）

有时，句子的语义内容会帮助我们做出选择，如下例中"想避开她"那么一般就没有来拜访，而"想见她"那么一般就会来拜访：（例引自 Jespersen 1924/2012：513）。

（4）I didn't call because I wanted to see her.（我不是因为想见她而来拜访的。）
I didn't call because I wanted to avoid her.（我因为想避开她所以没来拜访。）

上述紧密度否定测试证明英语 because 原因小句是小句内的从句，与其他状语处于同一地位。不过，当英语原因小句主题化到句首之后，它便不再能被句中的否定词否定了，如：

（5）Because I was afraid, I didn't come.（我因为害怕所以没来。）

实际上，否定测试也证明英语的主语是小句之内的紧密成分，在否定词的语义作用范围之内，因为它也可否定：

（6）a. Everyone didn't get his money. 命题否定
b. Everyone didn't get $\boxed{his}$ money. 成分否定（虽然得到钱，但不是他的）
c. $\boxed{Everyone}$ didn't get his money. 成分否定
（不是每个人都得到了，而是有的人得到了，有的人没得到。）

再如下面的谚语：（例引自 Jespersen 1924/2010：507-508）。

（7）a. All that glisters is not gold.（不是所有闪光的都是金子。）
b. All is not lost.（不是所有的都失去了。）
c. For each man kills the thing he loves, Yet each man does not die.（不是每个杀死他所心爱的东西的人都要为之死去。）

但上述句子在汉语中，主语都无法被否定：

（8） a. 每天没有一分空闲。

b. 他所有比赛没得过前三名。

这是因为汉语主语实际上有很强的主题性质，在小句之外，结构松散，其实不但主语，汉语中在否定词前的所有成分（包括状语）都是主题，都只和小句有松散的语义关系，所以所有汉语副词或谓语前的介词结构，要否定只有一个办法，即在自己前面加上否定词，而不能直接由谓语上的否定词来进行否定：

（9） 他为了自己而不写作。——他不为了自己而写作。
他和她不一起写。——他不和她一起写。
他用这把枪不打鸟（打兔子）。——他不用这把枪打鸟。
他有意没去惹她。——他没有意去惹她。
他周六不来。——他不周六来。
他经常不来。——他不经常来。
她完全没明白这个道理。——她没完全明白这个道理。
他们都不来。——他们不都来。

同样，汉语的"因为"小句不论是在前面还是在后面，都无法被结果小句的否定词所否定，如下面例 a，只有在原因小句上自己加上否定词，才能对原因小句进行否定，如例 b：

（10） a. 他因为生病了不/没来上课。
他不/没来上课因为生病了。
b. 他不是因为生病了不/没来上课。
他不/没来上课，不是因为生病了。

这证明汉语中"因为"小句不是结果小句内部的成分，两个小句在句法上是相互独立的，因此只能是主次结构关系，而不是主从关系。

最后要说明的是，英语还不是最强调主从策略的语言。从世界语言看，SOV 语言（如日语、维吾尔语等）比 SVO 语言更强调主从策略，更为排斥并列策略，这一点我们将另文讨论。

参考文献

范继淹：《汉语句段结构》，《中国语文》1985 年第 1 期。

方梅：《由背景化触发的两种句法结构——主语零形反指和描写性关系从句》，《中国语文》2008 年第 4 期。

高增霞：《现代汉语连动式的语法化视角》，博士学位论文，中国社会科学院研究生院，2003 年。

高增霞：《现代汉语连动式的语法化视角》，中国档案出版社 2006 年版。

胡明扬、劲松：《流水句初探》，《语言教学与研究》1989 年第 4 期。

李晓琪：《现代汉语复句中关联词的位置》，《语言教学与研究》1991 年第 2 期。

黎锦熙：《新著国语文法》，商务印书馆 1924 年版。

刘丹青编著：《语法调查研究手册》，上海教育出版社 2008 年版。

王春晖：《汉语条件句的结构与功能》，博士学位论文，中国社会科学院研究生院，2009 年。

王玉红、朱斌：《范瓦林的子句联结理论述评》，朱斌主编《复句研究评论集》，汕头大学出版社 2018 年版。

邢福义：《汉语复句研究》，商务印书馆 2001 年版。

朱斌：《并列句关联标记模式的类型学问题》，《语言研究》2015 年第 1 期。

朱斌、伍依兰：《复句关系标记基于小句发生关联》，《华中学术》2014 年第 2 期。

朱庆祥：《现代汉语小句的依存性与关联性——基于分语体语料库的研究》，博士学位论文，中国社会科学院研究生院，2012 年。

Foley, William A. and Robert D. Van Valin. Jr., 1984. *Functional Syntax and Universal Grammar*. Cambridge: Cambridge University Press.

Givón, Talmy, 2001, Syntax: *An Introduction* (Volume Ⅰ). Amstrdam/Philadlphia: John Benjamins Publishing Company.

Haboud, Marleen, 1997, Grammaticalization, clause union and grammatical relations in Ecuadorian Highland Spanish. In Talmy, Givón (ed.), *Grammatical Relations: A Functionalist Perspective*. Amsterdan; Philadelphia: J. Benjamins. 199-227.

Jespersen, Otto, 1924, *The Philosophy of Grammar*. New York: Norton. 廖

序东主持翻译《语法哲学》，商务印书馆 2010 年版。

Lehmann, Christian, 1988, Towards a typology of clause linkage. In John Haiman and Sandra A. Thompson (eds.), *Clause Combining in Grammar and Discourse*. Amsterdan: J. Benjamins. 181-225.

Longacre Robert, E., 2007, Sentences as combinations of clauses. In Timothy Shopen (ed.), *Language Typology and Syntactic Description* (2nd edition) Volume II: *Complex Constructions*. Cambridge: Cambridge University Press. 372-420.

Payne, Thomas, 1997, *Describing Morphosyntax: A Guide for Field Linguistics*. Cambridge University Press.

Whaley, Lindsay J., 1997, *Introduction to Typology: The Unity and Diversity of Language*. 《类型学导论——语言的共性和差异》，世界图书出版公司 2009 年版。

（作者单位：复旦大学中国语言文学系）

试论不易充当分句的小句

储泽祥

提　要　某种小句"不易充当分句",不是说绝对不能充当分句,而是跟容易充当分句的小句比起来,充当分句的概率很小。本文简单地探讨了不易充当分句的小句类别,包括定名结构小句、副词小句、叹词小句、拟声词小句以及"大V双"小句等。它们不是以动词或形容词为组构核心,充当分句时或者常连用或对举(如定名结构小句),或者语义关系类别比较单一甚至有些模糊(如叹词小句),一般不使用也不好添加关联词语。

关键词　小句　分句　不易

一　引言

以邢福义(2001)为代表的汉语复句研究,已经达到非常高的水平。我们这些后辈要想对汉语复句进行描写和分析,除了理论方法的突破外,恐怕只能从深度和广度上作些探索。本文打算从广度上作些思考,不揣浅陋,以就教于大方之家。

我们思考的问题是哪些小句不易充当分句。首先要对小句和分句做出界定。邢福义(1996)认为,汉语语法以小句为中枢,小句是最小的具有独立性和表述性的语法单位,包括单句和结构上相当于或大体上相当于单句的分句,每个小句都有特定的语气。分句是个相对的概念:a. 分句是相对于复句来说的;b. 甲分句是相对于乙分句来说的。我们依据邢福义(2001:1-6)的论述,对分句作出如下的界定:

分句是具有相对独立性和相互依存性的两个或几个小句充当的复句大部件。

邢福义(2001:1—6)指出,复句是包含两个或两个以上分句的句子。

复句里的各个分句具有相对独立和相互依存的特征。所谓相对独立，是指甲分句不是乙分句里的一个成分，乙分句也不是甲分句里的一个成分。所谓相互依存，主要包括以下几个方面：（一）甲分句与乙分句处在一定的逻辑语义关系之中；（二）甲分句和乙分句往往由特定的关系词语联系起来；（三）甲乙两个分句可以相互依赖而有所简省。储泽祥（2019）在邢福义先生论述的基础上再补充一点：（四）甲分句和乙分句还必须处在同一个层次。例如：

（1）尽管内心十分不快，但（因为）校长毕竟是校长，（所以）应付这种场面对他还是不难的。

在这个句子中，"内心十分不快"与"校长毕竟是校长"不在同一个层次，没有依存关系。

本文基于分句的上述属性，考察不易充当分句的小句有哪些。典型的分句是以动词、形容词为组构核心的小句，因此，李琼（2008）根据"小句核心词"和"动词中心说"理论，利用标注的词性信息对一部分不包含动词的非分句进行了自动识别。而不典型的分句，大体上就是不易充当分句的小句，组构核心不是动词或形容词。

有两个方面需要作出说明。

第一，某种小句"不易充当分句"，不是说绝对不能充当分句，而是跟容易充当分句的小句比起来，充当分句的概率很小，或必须连用、对举，或与别的分句的逻辑语义关系类别比较单一甚至有些模糊，分析起来比较困难，不好添加特定的关系词语。通过比较，不易充当分句的小句，其特征可以归结为下表：

类别＼特征	以动词或形容词为组构核心	常连用或对举	分句间的语义关系类别比较单一	不好添加关联词语
不易充当分句的小句	−	＋	＋	＋
易于充当分句的小句	＋	−	−	−

第二，依据上下文而有所简省的某些小句，组构核心还是动词或形容词时，不属于"不易充当分句"的小句。例如：

（2）"你有笔吗？""（我）有（笔）。"

（3）"还有馒头吗？""有（馒头），有（馒头），馒头什么时候来都有，我给你们拿去。"

（4）（下得）好，这两只过河卒子形成掎角之势，（下得）好！

例（2）（3）"有"的后边省略了宾语；例（4）省略了述语中心语。

二 定名结构小句

从认知角度看，动词或形容词为组构核心的小句容易充当分句，会形成心理定势，容易导致组构核心不是动词或形容词的小句充当分句的情况考察被忽视。例如：

（5）长江两岸，无数的彩旗，巨幅的标语，欢呼的人群，呈现出一片无比欢腾的节日景象。

以前一般认为，例中的"长江两岸"是状语，"无数的彩旗，巨幅的标语，欢呼的人群"是联合短语做"呈现"的主语。邢福义（1979）从中发现了问题，揭示出定名结构具有充当分句的语法功能。邢福义先生认为，"无数的彩旗""巨幅的标语""欢呼的人群"都是定名结构充当的分句，三者一起与"呈现出一片无比欢腾的节日景象"构成分合关系的复句。

邢先生还敏锐地观察到定名结构充当分句时，一般不能是单个的定名结构，必须连用或对举两个或两个以上的定名结构，如例中"无数的彩旗""巨幅的标语""欢呼的人群"就是三个连用。

为什么定名结构可以充当分句在邢福义（1979）以前被忽视了？为什么定名结构充当分句必须连用或对举？除了说明邢福义先生观察敏锐之外，也说明了定名结构不易充当分句。

定名结构充当分句，与主谓结构、动宾结构组成复句，虽然它们之间可以发生平列、分合、申说、连贯、因果、转折等多种关系（邢福义1979），但主要是联合关系（包括平列、分合、申说、连贯），因果、转折关系比较少见。

张春燕（2011）受到邢福义（1979）的启发，专门考察了"程度形（的）名"结构充当分句的现象。例如：

（6）我接过茶，喝了一口，多么香甜的罗汉茶啊！

上例可以说是连贯关系的复句，只不过"我接过茶"与"喝了一口"是动作上的连贯，是典型的连贯关系，而"喝了一口"与"多么香甜的罗汉茶啊"是动作与感受的连贯，不是典型的连贯关系。

张春燕（2011）认为"多么香甜的罗汉茶啊"这类分句是隐省过程动词的关系过程小句，其言语功能是提供信息，表达说话人的主观态度，语法形式上体现为感叹语气，体现了语篇发展需要。这些特定的功用和不典型的逻辑语义关系，都说明它不易充当分句。

三　副词小句

副词是数量较多的一类虚词，《现代汉语词典》第 7 版就收有 1231 个副词。有些副词也可以单独构成小句，陆俭明（1982，1983），罗耀华、齐春红（2007），罗耀华（2010）都在这方面作了深入的研究。罗耀华（2010）认为，现代汉语中有 77 个表示语气、时间、否定、程度、范围、情状方式等的副词可单独成句，并详细地论证了副词句的独立性、表述性特征和语境依赖性、语气求伴性要求。

请看下面"的确"的用法：

（7）当时的确情况紧急。

（8）打发假日的方式，大多是"睡觉"和"看电视"。的确，在电视机前睡觉，很容易无所事事地度过一天。

（9）甲："越是在乎，越是会失去。不是人人都可以等你。"乙："的确。"

例（7）的"的确"是状语，例（9）的"的确"是单句。例（8）的"的确"呢？是分句吗？例（8）的"的确"有相对独立性，与"在电视机前睡觉，很容易无所事事地度过一天"处于同一个层次，有依存关系。只是逻辑语义关系上不好认定，是因果关系还是并列关系？这至少说明副词句不易构成分句，例（8）的"的确"还是可以看作状语，可以挪到"很容易"的前边，说成"在电视机前睡觉，的确很容易无所事事地度过一天"。

否定副词"不"经常可以充当小句。如：

(10) "你来吗？""不，不来。"
(11) （日复一日，孟春来也看出来了，）郑铁柱还是原来的郑铁柱，不，比原来的还要好！

例（10）的"不"，实际上是"不来"的省略，首先单说"不"是为了强调，"不"和"不来"可以看作语用上的重复。例（11）的"不"表示修正看法，相当于"不（完全）是这样"，能把前后的分句衔接起来，形成转进关系。跟"不"处在同一个层次的分句是"比原来的还要好"，二者构成申说关系。简单分析如下：

郑铁柱还是原来的郑铁柱，｜　　不，‖　　比原来的还要好！
　　　　　　　　　　　　（转进）　　（申说）

例（11）是"不"充当分句时最常见的情况，与后分句的语义关系比较单一。"不"充当小句时本身的意思比较抽象，包含了后边分句的情况，后边分句的意思比较具体，因此可以把两者之间看作申说关系。

四　叹词小句和拟声词小句

邢福义（1991）认为，叹词、拟声词是不跟别的词发生结构关系的。当它们进入到句子之中跟别的词发生结构关系时，它们已不再是叹词、拟声词，而是活用作名词、动词或形容词了。根据这种看法，我们只观察叹词、拟声词充当小句的情形。关于叹词小句或拟声词小句的研究成果很多，如陈群（2003），黄晓东（2007），黄弋桓、李步军（2016），邓文靖、石锋（2017），黄弋桓（2016，2018）等，但都没有重视叹词、拟声词充当分句的情况。比较：

(12) 啊！这不是我二十年来时时记得的故乡！（鲁迅《故乡》）
(13) 啊，那太巧了。
(14) 唉！别闹了好不好？

（15）每次去逛街，都有很多人给我发小广告、小传单，唉，这就是我，美得令人发纸。

例中叹词充当单句和分句可以形成对比。例（12）（14）中，叹词"啊""唉"充当单句，而例（13）（15）中的"啊""唉"充当分句。除了充当单句时感叹程度深一些、可以重读之外，我们找不出多少理由把例（13）（15）中的叹词看作句子成分，如看作独立语（这主要是人们在分析句子遇到困难时的一种处理策略）。问题的关键是，无论是单句还是分句，与后边的小句都应该有逻辑语义联系，例（12）（14）是句群，句群也应该分析单句之间的语义关系。应该看作什么样的语义关系呢？叹词和后边的小句都是表示感叹，只不过后者是感叹的具体内容，似乎也只能看作申说关系。因此，叹词充当小句，与后边或前边小句的语义关系比较单一。

拟声词充当小句，与后边或前边小句的语义关系也比较单一。例如：

（16）啪嗒！窗外炸雷声里，有人急急地走进乡政府院子。
（17）噗，噗，两口气吹灭三支蜡烛了。
（18）咯喳，车把断了。
（19）风呼啸着，朝大地猛扑过来，哗啦啦，大风甩出一片沙砾，狠狠朝房子砸来。

例（16）中"啪嗒"是单句，与后边的句子形成平列关系。例（17）—（19）中的拟声词都是分句，与后边或前边的分句也构成平列关系。

虽然叹词和拟声词都可以充当分句，但与别的分句之间的语义关系比较单一。二十世纪后期的《现代汉语》教材把充当分句的叹词和拟声词分析为独立语，也能说明叹词和拟声词充当分句是不好接受的。

五 "大$V_{双}$"小句

形容词"大"修饰双音动词构成的偏正结构"大$V_{双}$"可以充当小句，由"大$V_{双}$"做谓语的主谓结构也可以充当小句。例如：

（20）大爆料！官方发布，很有权威哦！

(21) 没节操！全场大降价！

例中，偏正结构的"大爆料"和主谓结构的"全场大降价"都是单句。但两者构成分句的能力不一样。主谓结构"N+大 $V_双$"构成分句的能力比偏正结构"大 $V_双$"要强得多。先看"大 $V_双$"充当分句的情况：

(22) 我要演女主角，好多台词啊！大混战啊，乱啊，我惊啊。
(23) 坡道，大塞车，慢慢斜坡起步，死火一次。
(24) 今天就是我们的聚会了，全科二三百人，大聚会啊！
(25) 大堵车，今天有的迟到了。

"大 $V_双$"很少充当分句，即使充当分句，其语义关系类别也受到限制。例(22)(23)中，"大混战啊，乱啊，我惊啊""坡道，大塞车，慢慢斜坡起步，死火一次"内部的分句之间都是平列关系。例(24)"全科二三百人，大聚会啊"，例(25)"大堵车，今天有的迟到了"主体上还是平列关系，但包含着因果关系，硬加上关联词语把因果关系突出出来的话，可以说成："全科二三百人，（因此是）大聚会啊！""（因为）大堵车，（所以）今天有的迟到了。"

"大 $V_双$"充当分句，通常与前边或后边的分句构成平列关系，语义关系比较单一。"N+大 $V_双$"就不一样了，充当分句比较自由。例如：

(26) 前些时鬼子大扫荡，又有顽军配合，还是不行。
(27) 由于红卫兵"大串联"，铁路运输秩序混乱，盐的运输严重受阻，市场告急。
(28) 包产到户和包干到户冲破了"人民公社"体制，农村经济大翻身。

例(26)中"前些时鬼子大扫荡，又有顽军配合"是并列关系，还使用了关联副词"又"。例(27)(28)都是因果关系，例(27)还使用了关联词语"由于"。

"大 $V_双$"里，"大"减弱了"$V_双$"的陈述性，增强了"$V_双$"的指称性。动词的指称性增强，首先就体现在动词的宾语上。如"我喜欢唱歌"里，如果"唱歌"表示活动，那就带有指称性，"唱"的宾语"歌"是无指的，不能受"三支"这样的数量词修饰。"大+V$_双$"的指称性比较强，一般不能带宾语，也不能带补语，甚至"了、着、过"都不能带，这就大大限制了"大V$_双$"成为小句特别是成为分句的能力。

"大+V$_双$"经常用来命名。如诨号"大忽悠""大咋呼"，去掉"大"就不能成立。值得注意的是，作品名称也偏爱"大+V$_双$"形式，如《大作战》《大追捕》《大营救》等影视剧名称，不仅仅是表示大规模的事件，或主观上喜欢言"大"，还包括"大+V$_双$"的指称性在里边，加上"大"更像个名称。

六　结语

本文简单地探讨了不易充当分句的小句类别，包括定名结构小句、副词小句、叹词小句、拟声词小句以及"大 V$_双$"小句等。它们不是以动词或形容词为组构核心，充当分句时或者常连用或对举（如定名结构小句），或者语义关系类别比较单一甚至有些模糊（如叹词小句），一般不使用也不好添加关联词语，充当分句的概率很小。

说某类小句不易充当分句，是相对而言的，是倾向性的情况。其实，分句语气组配也有一定的倾向。万光荣、储泽祥（2011）认为，现代汉语二合复句内分句语气同类组配是主体，异类组配是次要的。"陈述+陈述"是最常见的语气组配。前后分句语气异类组配的使用频率具有一定的倾向性：陈述与疑问/祈使/感叹的组配>疑问/祈使/感叹之间的两两组配。

不易充当分句的小句，如本文涉及的定名结构小句、副词小句、叹词小句以及"大 V$_双$"小句等，主观性比较突出，其情感、意义及意图如何（黄弋桓2018），值得作进一步的研究。

参考文献

陈群：《象声词的语法功能和表达作用》，《湛江师范学院学报》2003年第1期。

储泽祥：《辩证性："毕竟"的使用基础》，《当代修辞学》2019年第2期。

邓文靖、石锋：《叹词句语调对后续句语调的启发作用》，《汉字文化》2017年第1期。

黄晓东：《也谈现代汉语叹词和象声词》，《乌鲁木齐成人教育学院学报》

2007 年第 4 期。

黄弋桓：《现代汉语独词句研究综观》，《沈阳师范大学学报》2016 年第 4 期。

黄弋桓：《独词句的情感、意义及意图研究》，《哈尔滨师范大学社会科学学报》2018 年第 1 期。

黄弋桓、李步军：《现代汉语独词句类型研究》，《沈阳大学学报》（社会科学版）2016 年第 6 期。

李琼：《汉语复句书读前后语言片段的非分句识别》，博士学位论文，华中师范大学，2008 年。

陆俭明：《现代汉语副词独用刍议》，《语言教学与研究》1982 年第 2 期。

陆俭明：《副词独用考察》，《语言研究》1983 年第 2 期。

罗耀华：《现代汉语副词性非主谓句研究：副词成句问题探索》，华中师范大学出版社 2010 年版。

罗耀华、齐春红：《副词性非主谓句的成句规约——语气副词"的确"的个案考察》，《汉语学习》2007 年第 2 期。

万光荣、储泽祥：《现代汉语二合复句中分句语气异类组配的倾向性研究》，《华文教学与研究》2011 年第 4 期。

吴戈：《分句的概念必须明确》，《逻辑与语言学习》1994 年第 1 期。

邢福义：《论定名结构充当分句》，《中国语文》1979 年第 1 期。

邢福义：《汉语语法学》，东北师范大学出版社 1996 年版。

邢福义：《汉语复句研究》，商务印书馆 2001 年版。

邢福义主编：《现代汉语》，高等教育出版社 1991 年版。

张春燕：《形名结构充当分句的功能语法分析》，《求索》2011 年第 12 期。

（作者单位：中国社会科学院语言研究所/辞书编纂研究中心）

基于深度学习的汉语复句层次结构分析方法的应用研究[*]

邓沌华[1]　李　源[2]　李　妙[2]　李　洋[2]

提　要　中文信息处理作为自然语言处理的一个重要分支，在语义理解、文本生成等众多方面作用突出。而复句又作为汉语语法的重要实体单位，在语义表达上复杂多样，因此，具有很高的研究价值和意义。复句一方面是由单句构成，能表达出非常丰富的语义信息；另一方面，也包含了单句间的逻辑语义层次结构关系，对于段落篇章分析意义重大。本文所涉及的研究工作主要包括三部分：1. 对复句进行准确分句划分，通过分析复句依存句法，提取出句法特征，包括句内谓核依存复现分布和句间依存关系分布；2. 分句间语义关联程度是决定层次结构划分的重要因素，利用句向量 Doc2Vec 模型和词向量 Word2Vec 模型，提取基于句向量和词向量的语义特征，及句间相似度度量特征；3. 由于复句多为短文本且缺少上下文信息，这在一定程度上会造成分句的整体表示存在语义缺失或表示偏差，那么可以加入局部语义信息作为补充，因此，需要提取基于词向量 Word2Vec 与带权关键词 TextRank 相结合的抽象特征，共同计算分句加权关键词词向量用以表征其局部语义信息。

关键词　复句层次结构　句向量　深层语义特征

一　复句层次结构分析方法概要

汉语复句研究目前主要包括分句划分，关系词识别，关系类别判断，以

---

[*] 本论文受国家社科基金"大数据时代基于深度学习的汉语三句式复句层次结构自动分析方法研究"（项目编号：18BYY174）和教育部人文社会科学研究规划基金项目"现代汉语复句依存句法自动分析方法研究"（项目编号：14YJA740020）支持。

及层次结构分析等。关系词对复句层次结构识别存在直接影响，因此能够有效准确地识别出关系词十分重要，但由于关系词本身离析度不同，及存在大量缺标或无标复句，使得最高提取准确率只有76.3%。因此，就需要从句法、语义及交叉特征等多角度来综合分析复句层次结构关系。

从当前的研究现状来看，由于汉语本身语法语义的灵活性，及表达的不确定性，使得我们在对汉语复句层次分析过程中提取相关特征，如复句分句、关系词提取、关键词抽取、语义计算等时面临诸多挑战。但对于多重复句结构层次的自动分析的典型方法一般是通过关系词来实现的，而实际往往出现关系词部分或全部省略的情况，这就给层次分析带来了较大困难。除此之外，对于此任务的研究，绝大部分仍采用规则的方式，使用统计机器学习的方法来解决的并不多，利用深度学习的方法来解决的思路就更少。本文提出的主要研究工作与思路如下。

一、前期的语料库数据的预处理，包括复句内分句的准确划分、复句中关系词的提取、复句依存句法特征的准确恰当形式化表示。

复句语义的表达在很大程度上是其组成的若干个分句的语义之和，当然也包含各个分句间的逻辑语义，因此准确地获取复句中所有分句显得尤为重要。

复句划分的典型步骤为，首先利用标点符号、依存句法对复句进行初步划分，然后基于规则的伪分句再次过滤，这其中最重要的便是设定伪分句的范围了，最后使用形式化规则库得到最终的分句。

对复句来说自动分析仅限定在其本身，主要有两个任务，一个是分句之间的关系，另一个是复句的层次结构分析。复句从形式上来看，可以划分为单重复句和多重复句两种，也就是指这个复句中层次结构的多少，进一步就是说这个复句中所有的分句之间能否通过一次组合而成，如果能够一次组成，就为单重复句，否则就为多重复句，后者根据层次的具体数目，也可称之为三重或四重复句等。

复句层次结构分析的步骤可分为三步，即关系词语驱动，尽可能全的收集复句关系词语（建立关系词库），其次也要将收集分析这些关系词的搭配情况（建立搭配关系词库），再次就是要对于那些关系词出现省略、移位、嵌套、扩展的情况逐一考察，最后就是需要建立一些复句自动分析的规则，比如"前者前则优先，后者后则优先"，指合用的复句关系词省略其中一个时，位于前分句的关系词，如果在其他关系词的前面，那么其层次优先；加强数据预处理，这个过程在很大程度上决定了复句自动分析的效果，比如复句的分词、词性标注以及分句划分剔出"伪分句"等；规则与统计相结合分析，复句自动句法分析中通过研究关系词语的共现、省略、复用等情况，可以判别相当一部分层次问题，但在规则之间或之外的情况，可以通过统计的手段得以解决。如统计关系词的紧疏程度、关系词的共现情况（也称之为关系词的离析度）等。

复句内分句划分的关键算法描述：

Algorithm 2.1：复句分句切割

Input：三句式复句
Output：所有组成单句

$Step 1$：初始化 $boolean$ 数组 $flags$，其大小为复句中标记点的数量 N，值均为 $false$
// 已遍历整个复句中节点获得所有标记点
$Step2$：依次循环遍历所有标记点 K_i $(0 \leq i < N)$
　　　依次循环遍历标记点 K_i 前的节点 W_j $(m \leq j < K)$
　　　依次循环遍历标记点 K_i 后的节点 W_k $(K < k \leq z+1)$
　　　　if 节点 W_j 父节点为 W_k 且节点 W_j 与节点 W_k 间是并列关系（COO）
　　　　　　$flags [i] = true;$
　　　　　　$break;$
　　　$If flags [i]$ // 当前标记点 K_i 前后存在并列关系
　　　　　　$break;$
$Step3$：输出 $flags$ 中所有为 $true$ 的所在索引的前后分句

二，提取复句特征，浅层句法特征、深层语义特征、交叉抽象特征提取，对这三个维度的特征进行综合分析计算，特别是在对交叉抽象特征提取算法中使用了 TextRank-Word2Vec（可提取关系词）相结合的思想；这部分内容将在第二章中详细阐述。

三，对形式化特征集合采用改进的双通道卷积神经网络模型（并入 Attention 层）判断三句式复句的层次结构，并加入逻辑回归、提升算法等分析特征重要性及其意义。这部分论述内容将在第三部分中完成。

二　基于语义的复句层次结构分析方法的研究

作为复句的组成单元——分句而言，不仅在形式上需要有标点标识出一个个的语言片段，而且在句法依存上也要有一定的约束关系存在，分句作为一个平等的、独立的句法结构，在语义上不能出现包含与被包含的关系，同时也需要存在前后的逻辑关系，如因果关系、转折关系、并列关系等。

例1：宝二爷的可贵在于他毕竟天良未泯，所以他虽系有疵之玉，但仍不失其光彩。

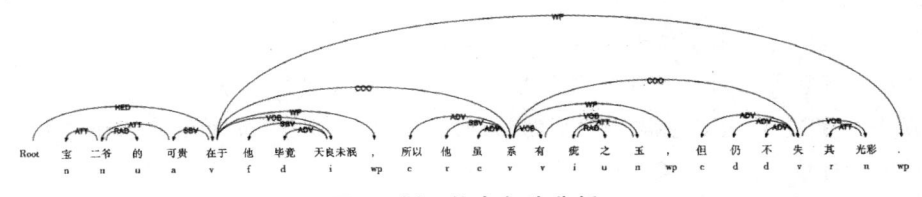

图1 例1依存句法分析

由图1对例1的依存句法分析结果可以看出，第一个语句中的中心词"在于"和第二个语句中的中心词"系"之间为并列关系（COO），且之间用标点符号（逗号）分隔，因此，"宝二爷的可贵在于他毕竟天良未泯"和"所以他虽系有疵之玉"均是分句；同样地，第二个语句的中心词"系"与第三个语句中的中心词"失"也是并列关系（COO），之间用逗号分隔，所以，"所以他虽系有疵之玉"和"但仍不失其光彩。"为分句。因此，这是三分句复句。但依存句法只能帮我们判断复句的分句数量，无法判断复句的层次结构。

复句层次结构识别实质上就是其组成分句间的聚合问题，而其聚合依据就是分句间的相关度，即分句间在语法或语义上相互关联、相互依附的程度，也就是计算出分句A与分句C在语法（或语义）上的相关度Cor_{AC}。一般地，对于分句A、分句B和分句C来说，如果要对三者进行聚层，应当满足以下原则：近邻分句相关度不小于跨越分句相关度，如某复句中存在三个分句A、B、C，且前后依次出现，则$Cor_{AB} \geq Cor_{AC}$或$Cor_{BC} \geq Cor_{AC}$。因此，对于研究对象三分句复句而言，聚层问题就等价于计算Cor_{AB}与Cor_{BC}的大小关系，从而决定聚层次序。因此，对于任何两个分句A、B来说，其相关度模型的形式化定义为：

$$Cor_{AB}(x, y, z) = \alpha Cor_{AB}(f_1(x)) + \beta Cor_{AB}(f_2(y)) + \gamma Cor_{AB}(f_3(z))$$

其中，$\alpha+\beta+\gamma = 1$，$Cor_{AB}(f_1(x))$表示语法等浅层相关度，

$Cor_{AB}(f_2(y))$ 表示语义等深层相关度，$Cor_{AB}(f_3(z))$ 表示交叉抽象特征相关度，$f_1(x)$，$f_2(y)$，$f_3(z)$ 分别表示句法向量函数，语义向量函数，交叉向量函数，x，y，z 分别为语法向量集，语义向量集，交叉向量集。

三 结合语义分析的深度学习方法研究

综上所述，本文提出的 Att-TextCNN 模型，是通过基于谓核的依存句法浅层特征提取，以及文本排序算法 TextRank，词向量算法 Word2Vec 及句向量算法 Doc2Vec。将深层语义特征向量，TextRank-Word2Vec 相结合的加权平均词向量提取的交叉抽象特征向量。通过这些整合的特征向量利用机器学习模型（线性模型，树模型）以及深度学习中改进的卷积神经网络模型进行复句层次结构分析，对比，结果如图 2 所示。

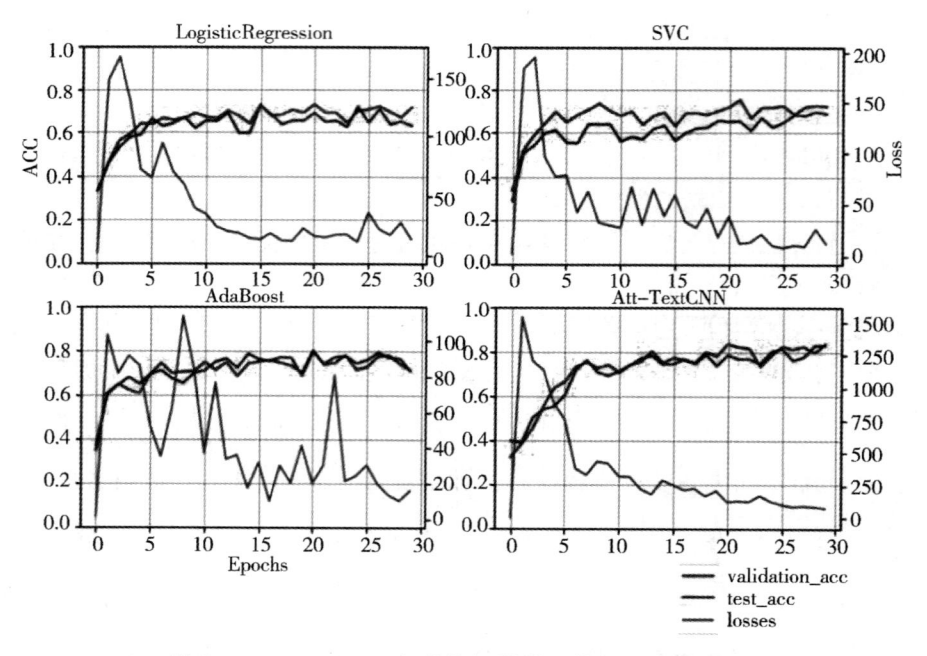

图 2　Att-TextCNN 与其他机器学习模型准确率对比

关于 Att-TextCNN 模型的具体说明如下。

通过机器学习算法对特征的综合分析，采用的是双路 Att-CNN 模型，第一通道采用词向量与三分句句向量（深层语义）数据，第二通道采用加权词向量（抽象交叉）与加权平均词向量，并入一个 Attention 层，获取当前局部信息的关键上下文信息。可以看出模型在验证集和测试集上的 acc 具有一致性，并且 Att-TextCNN 模型的效果相对最佳，Att-TextCNN 模型随着训练数据的迭代，损失值平稳下降，该模型也更加稳定。

对于机器学习算法来说，人工提取的相关特征很大程度上就会决定了任务性能的上限，而这同样也是检验人工提取特征可靠性的有效方法。对于深度学习模型来说，可以避免使用人工提取的特征，让模型自己判断提取特征，自行调整参数，提升模型性能。以卷积神经网络 CNN 为例，卷积神经网络具有局部连接、权重共享、子采样等特性，可以使得模型性能整体性提高。其结构由输入层、卷积层、池化层、全连接层及输出层 6 个部分构成。

将语料库中复句进行分句划分选取三句式复句，并由人工标记数据进行验证分析。接着通过浅层句法特征提取算法，深层语义特征提取算法，及抽象特征提取算法生成对应特征向量，最后将得到的特征向量输入 CNN 算法中训练，可直接分析训练集和测试集效果，调整模型参数，最后分析相关分类指标和特征权重，并给出特征解释。（该模型的训练集、测试集、验证集全部基于 CCCS 语料库中的 3 万多条三分句复句语料展开，篇幅所限不再赘述。）

四 研究方法与思路总结

在分词、分句划分、依存句法的基础上，对三句式复句的层次结构进行分析研究，提出了基于卷积神经网络的深度学习方法对复句层次结构的识别。

一，考虑分句间依存句法对层次结构分析的影响，提出了基于谓核的关联特征提取算法，并依此提取出复句浅层句法特征，主要包括句内谓核依存关系复现分布和句间依存关系分布两大部分。

二，仅依赖于句法层面的结构信息，无法应对复句表达上的复杂性和多样性，必须从语义层面进行补充，考虑到层次结构在划分上语义关联的强弱程度不同，提出了基于句向量的语义特征提取算法，利用中文维基百科语料数据训练 Doc2Vec 模型，并依此计算（推断）出复句中各分句的语义向量，同时加入分句相似度度量特征（余弦相似度和欧氏距离），最后将语义句向量进行降维处理（保留 90% 信息量）与相似度特征结合使用。

三，提出了基于词向量与 TextRank 相结合的加权词表示算法。由于复句多为短文本，同时也缺少上下文信息，那么对于句向量这种整体语义表达在一定程度上会存在信息缺失或表达不准确的情况，所以需要提供一些局部语义信息作为补充。利用 CCCS 语料库训练 Word2Vec 模型，计算出复句中所有词向量表示，同时通过 TextRank 提取出分句关键词及其权重，并以 Tfidf 作为补充（即一种加权技术。采用一种统计方法，根据字词在文本中出现的次数和在整个语料中出现的文档频率来计算一个字词在整个语料中的重要程度。），这样也能将复句中关系词提取出来，最终计算出各分句按加权得到的词向量并作降维处理。

四，最后将以上得出的处理后特征进行融合加工，通过机器学习算法和卷积神经网络模型（Att-TextCNN）在同一数据集上进行独立实验对比分析，及给出各主要特征的权重数据，给出相关解释，依此设定模型参数权重，优化模型结构。

参考文献

段潇雪：《现代汉语语义角色研究述评》，《文教资料》2012 年第 27 期。
房玉清：《实用汉语语法》，北京语言大学出版社 2008 年版。
洪鹿平：《基于 SVM 的汉语长句切分》，《语文学刊》2007 年第 S1 期。
鲁松、白硕、李素建、刘群：《汉语多重关系复句的关系层次分析》，《软件学报》2001 年第 7 期。
石安石：《怎样确定多重复句的层次》，《语文研究》1983 年第 2 期。
吴锋文：《基于关系标记的汉语复句分类研究》，《汉语学报》2011 年第 3 期。
吴锋文、胡金柱、肖明、肖升、舒江波：《基于规则的汉语复句层次关系自动识别研究》，《华文教学与研究》2010 年第 3 期。
张仕仁：《汉语复句的结构分析》，《中文信息学报》1994 年第 4 期。
Ding, Y., Y. Shao, W. Che, 2014, Dependency Graph Based Chinese Semantic Parsing. In M. Sun, Liu Z., Zhang M., Liu Y. (eds.), *Chinese Computational Linguistics and Natural Language Processing Based on Naturally Annotated Big Data*. Switzerland: Springer. 58–69.
Green, G., 2012, *Pragmatics and Natural Language Understanding*. London: Routledge.
Lin, D., 1998, A dependency-based method for evaluating broad-coverage parsers. *Natural Language Engineering*, 4 (2): 97–114.
Song, L. U., B. Shuo, L. S. Jian, 2001, Parsing the Logical Embedded

Complex Sentences in Chinese. *Computer Science*, 12（7）: 987-995.

　　Zheng, L., H. Wang, X. Lv, 2015, Improving Chinese Dependency Parsing with Lexical Semantic Features. In J. Li, Ji H., Zhao D., Feng Y.（eds.）, *Natural Language Processing and Chinese Computing*. Cham: Springer. 36-46.

（作者单位：1. 华中师范大学语言与语言教育研究中心；
2. 华中师范大学计算机学院）

湖南隆回湘语多功能虚词"吃"：
从被动标记到因果标记[*]

丁加勇

提　要　隆回湘语的"吃"是个多功能虚词。"吃"可以充当被动标记或表被动关系的介词。"吃"做副词，引出让人意想不到的结果，主要分布在转折复句中。"吃"还可以用作因果连词，用在因果复句引出一个表示原因或结果的分句。"吃"的语法化过程为：遭受动词→遭受义被动标记→意外副词→因果连词。

关键词　隆回湘语　"吃"　被动标记　因果标记

一　介词"吃"

在湖南隆回湘语中，表示被动关系的词是用"吃"［tʂ'ʅ⁵⁵］（伍云姬，1998；丁加勇，2005），如"吃你害_{被你害}""吃你笑_{被你笑}"。隆回湘语中的这个"吃"可能与近代汉语的"吃"有同源关系。在近代汉语中"吃"是个常见的表示被动关系的词语，"吃"又做"乞、喫"，来源于其动词"遭受"义，如"吃打"。"吃"在近代汉语中的用法，详见江蓝生（1989）、刘坚等（1992）。

隆回湘语以下的"吃"保留有遭受义：

(1) 我今日吃_被你害，饭唉没弄倒。（我今天被你害，饭都没赶上。）
(2) 你担那个穿起，有滴吃_被别个笑。（你那么穿，会被别人笑。）
(3) 做滴好事子，莫吃_被别个讲。（做点儿好事，别让别人说闲话。）
(4) 其_他今日总吃_被哪个打哩呢。（他今天一定被谁打了。）

---

[*] 基金项目：2017年度国家社科基金一般项目"汉语句子里表达话语转述的语法形式研究"（项目编号：17BYY144）。

"吃"做表示被动关系的介词，引出动作者，后接名词宾语，结构形式为：N1+吃+N2+VP，句子表示某对象遭受某事物一种动作而受到影响，句式的核心意义是"遭受影响"，遭受义是被动义的一种体现。表示被动关系的介词"吃"后一定要接名词宾语，不能与动词直接组合。不能说"吃害、吃笑、吃讲、吃打"。

"吃"做介词，引出动作者，句首主语为受影响者，结构形式为：N1+吃+N2+VP，句式意义是表示某对象遭受某人的动作而受到影响，我们把这种句式称为遭受义"吃"字句。其中的动作对说话人而言大多是不如意的或意想不到的。有两种情形：句子的主语与"吃"的宾语一般有施受关系，句子的主语与"吃"的宾语没有明显的施受关系。

（一）句子的主语与"吃"的宾语一般有施受关系。如：

（5）眯那杯水吃被其吃过哩。（那杯水被他喝了。）
（6）眯那本书吃被其担着丢过。（那本书被他给丢了。）
（7）眯那只桌子呢？——眯那只桌子好久早就吃被我甩扔过哩。（那张桌子呢？那张桌子早就被我扔了。）

（二）句子的主语与"吃"的宾语没有明显的施受关系，主语是受影响者（关涉者），动作的受事不出现或不明显。如：

（8）那把刀吃被其他切得腥个死。
（9）咯桌子高头上面吃被其刻起一滴字，刻个粉烂了。（这桌子上面被他刻了一些字，刻烂了。）
（10）那衣衫衣服高头上面吃被其滴起蛮多个油。（那衣服上面被他滴了许多油。）
（11）我今日今天吃被你烦个死。（我今天被你烦死了）
（12）我吃被其拉湿一身。（我被他（拉尿）拉湿了一身。）
（13）今日唉要交钱，明日唉要交钱，我硬吃被你交怕过哩。（今天也要交钱，明天也要交钱，我都被你交怕了。）
（14）其尽倒到眯里敲，我吃被其敲醒过哩。（他不停地在那儿敲，我被他敲醒了。）

由介词"吃"构成的"吃"字句的句式配价情况，详见丁加勇（2005）。

从感情色彩上看，这种表遭受义的"吃"字句大多表示意想不到的事或不如意的事。体现在语篇中，这种在说话人看来是意想不到的事或不如意的事总由一定的原因或条件引起，所以在语篇中，表遭受义的"吃"字句往往充当结果分句，强调事件的结果。结果分句常常出现在因果复句或转折复句中。"吃"字句分布在因果复句中，如上述例（13）（14）。又如：

（15）其今日没带伞，吃_被雨淋得该死子。（他今天没带伞，被雨淋得很厉害。）

（16）眯只桌子烂过哩，吃_被我甩_扔过哩。（那张桌子烂了，被我扔了。）

（17）其特吵哩，吃_被我就担_把其打一顿。

"吃"字句分布在转折复句中，还含有"意想不到"的感情色彩。如：

（18）眯个苹果哪家酸啊，也吃_被其吃过哩。（那个苹果好酸啊，也被他吃了。）

（19）咯个石头好重子，硬吃_被其翁_{他们}两个人抬起过。（这个石头好重啊，竟被他们两个人抬起来了。）

（20）桌子哪个牢实啊，也吃_被其打烂过。（桌子多么结实啊，也被他打烂了。）

二 副词"吃"

"吃"作副词，引出让人意想不到的结果，句中常有语气副词"也"与之同现。主要分布在转折复句中，相当于"竟然""想不到"。如：

（21）其哪家傻呢，也吃其考起大学哩。（他多么傻啊，竟然也考上大学了。）

（22）其哪个坏法子子，也吃其当倒老师哩。（他坏透了，竟然也当上了老师。）

（23）一个那样个人，也吃其入过党哩。（一个那样的人，竟然也入了党。）

（24）我一ㄨ还没回来开门，也吃其进去过哩。（我还没回来开门，他竟然也进去了。）

上述句子中的"吃"引出的均是说话人认为是意想不到的结果小句，在"吃"引出的小句中，句子的施事在动词前，而受事在动词后或者受事不出现，"吃"则位于句首，引出一个完整的主谓句，"吃"相当于一个引出小句的副词，它的被动义已不很明显。总之，"吃"前的成分与"吃"后的成分之间已不是受——施关系，而是施——施关系或同指关系，结构形式为："N 施+VP，吃+N 施+VP"，或"N 施+吃+N 施+VP"。由此可见，这种语序已不是典型的被动句的语序了。

现在从语用上分析这个"意想不到"（或者叫作"主观性反预期"）的意义是怎样产生的。这类句子往往包含着一个会话隐涵义，准确说是包含一个隐涵义（conversational implicature，详见沈家煊，1999）。如果我们把前面的条件句记作 a，把后面的结果句记作 b，那么这个隐涵义是：如果有条件 a，一般不会出现结果 b，即 a 隐涵~b。比如说话人认为"他那么傻，应该考不上大学。""他那么坏，应该不能做老师。"即：

（25）a. 他很傻。　　b. 他应该考不上大学。
（26）a. 他很坏。　　b. 他应该不能做老师。

其中 a 隐涵 b。如果 a 为真，b 一般为真。而句子的事实是正好相反，事实上出现了这个结果，这就与上述隐涵义相违背。正因为这样，说话人才感到"意想不到"，句子才会产生"意想不到"的意义。因为隐涵义具有"可取消性"和"可追加性"的特点，隐涵义在特定的情形下可以被否定，但是否定句子的隐涵义是有标记的（沈家煊，1999）。"吃"的作用就在于引出否定句子隐涵义的那个部分，由被动标记发展而来的"吃"可以看成是否定隐涵义的一个标记。我们可以把充当隐涵义的两个小句和充当否定隐涵义的那个小句组合起来，"吃"引出的是那个否定隐涵义的小句，没有这个"吃"，句子不成立，如：

（27）a. 其哪个傻呢，何考得大学起奈？后来何个也吃其考起大学哩。（他多么傻啊，怎么能考上大学呢？后来不知怎么他竟然也考上了大学。）

b. *其哪个傻呢，何考得大学起奈？后来其也考起大学哩。

（28）a. 其哪个坏法子子，何当得老师倒奈？后来也吃其当倒老师哩。（他坏透了，怎么能当上老师呢？后来竟然也当上了老师。）

b. *其哪个坏法子子，何当得老师倒奈？后来其也当倒老师哩。

下列 a 句的"吃"还可以位于句首，引出一个有"意想不到"意义的条件小句，相当于"亏"，是上述用法的进一步引申。如：

（29）a. 吃你是个男子汉，也担咯个怕噢。（亏你是个男子汉，也这么害怕。）

b. 哪担咯个怕噢，吃你是个男子汉。（怎么这么害怕呀，亏你是个男子汉。）

（30）a. 吃其穿起眯多八多衣衫，也喊冻。（亏他穿了这么多衣服，还说冷。）

b. 其穿起眯多八多衣衫，也吃其喊冻。

在这里，上述例句中的 a 句中"吃"的作用依然是否定隐涵义，只不过这个表达否定隐涵义的句子不是一个小句，而是由一个包括条件句和结果句的复杂句子。

三 连词"吃"

隆回湘语的"吃"还可以用作连词，引出一个表示原因或结果的分句。如：

（31）我和其去吃酒席，吃其吃酒特吃多哩，给别个打过一餐。（我和他去吃酒席，由于他喝酒喝太多了，把别人打了一顿。）

（32）其调皮死哩，喊一还喊唔_不倒，吃我就告诉过其翁_{他们}老师。（他太调皮了，劝又不听劝，于是我就告诉了他老师。）

前一句"吃"表原因，后一句"吃"表结果，它们都不表被动，原因是"吃"引出的部分是一个主谓齐全的分句。而被动标记的作用就是将受影响者（如动词的受事、工具、处所、材料、对象等）前置于句首；如果受事依然出现在谓语部分，则显示不出被动标记表示被动的作用。这两句动词的受事（即"酒、其翁老师"）依然出现在谓语部分充当宾语，句子依然是"施—动—受"句，"吃"就在"施—动—受"句的前面，引出原因或结果。

（一）"吃"引出结果分句

"吃"引出结果分句，强调结果，相当于"结果""于是"。"吃"前的几个分句已含有转折关系。如：

（33）我到其翁屋底_{他们家里}做客，其朝_{理睬}唉唔不朝，吃我就担行过。（我到他家做客，他理也不理，于是我就走了。）

（34）其个车子压死只鸡，停唉没停，吃我就把其个车子担拦倒过。（他的车子压死了一只鸡，停也没停，结果我就把他的车子给拦住了。）

（35）我要其翁他们两个人读书，哪晓得其翁在眯里吵，吃我就给其翁一个骂一顿。（我要他们两个人读书，谁知道他们在那儿吵，于是我就把他们每人骂了一顿。）

上述三例中的"吃"引入的均是一个小句，表示事情产生的结果。例（33）"我就担行过"是结果，用"吃"引出；例（34）"我就把其个车子担拦倒过"是结果，用"吃"引出。例（35）"我就给其翁一个骂一顿"是结果，用"吃"引出。

这类"吃"字句所反映的事件往往包括三个过程：①甲乙之间出现了某种动作；②但乙的动作未遂甲意；③于是甲施加了对乙有不利影响的动作。其中过程③是事件的焦点和结果，"吃"引出过程③，强调结果。反映在话语中，整个句子的结构形式和结构层次为：[（分句1，分句2），吃+分句3]，其中分句1和分句2有转折关系，分句2和分句3有因果关系。"吃"引出结果分句3。

有时过程②包含在过程①中，或不说自明，于是整个事件可以由两个分句充当：[原因分句，（吃+结果分句）]。如上例（34）可以说成：

（36）其个车子压死只鸡，吃我就把其个车子担拦倒过。（他的车子压死了一只鸡,于是我就把他的车子给拦住了。)

　　由于上述三个过程可以由三个分句充当,也可以由多个分句或三个句子充当,所以结构形式和结构层次可以改写为:[(语段1,语段2),吃+语段3],语段1、语段2和语段3分别代表三个过程,其结构关系和结构层次依然不变。比如上述例(33)可以扩展为:

　　(37)我到其翁屋头_{他家}做客,其朝唉唔_不朝,理唉唔_不理,吃我饭唉没吃,东西唉没要,就担行过。(我到他家做客,他理也不理,于是我饭也没吃,东西也没要,就走了。)

简单分析如下:

<u>我到其翁屋头做客,</u>‖<u>其朝唉唔_不朝,</u>　<u>理唉唔_不理,</u>｜<u>吃我饭唉没吃,</u>
　　语段1　　　(转折)　　　语段2　　　(因果)　语段3
<u>东西唉没要,就担行过。</u>

(二)"吃"引出原因分句

"吃"引出原因分句,相当于"由于"。如:

　　(38)我昨夜间咳得该死子,后来吃我吃过滴西药子,就好滴哩。(我昨晚咳得很厉害,后来由于我吃了些西药,就好些了。)
　　(39)我向其借钱,其死着_都唔_不肯,后来吃我扯个谎,才借倒过。(我向他借钱,他怎么都不肯,后来我撒了个谎,才借到了。)
　　(40)咯碗菜动手_{开始}特咸哩,后来吃我放滴水一煮一煮,还吃得哩。(这碗菜开始太咸了,后来我放了一些水反反复复煮,就能吃了。)

　　上述三例中的"吃"引入的均是一个小句,表示事情发生的原因。例(38)"就好滴哩"是结果,其原因是"我吃过滴西药子",原因小句用"吃"引出;例(39)"才借倒过"是结果,原因是"我扯个谎",原因小句用"吃"引出。例(40)"还吃得哩"是结果,原因是"我放滴水一煮一煮",原因小句用"吃"引出。

这类"吃"字句所反映的事件往往也包括三个过程：①出现了某种动作或状态；②某人对该动作或状态施加了影响；③由此产生了一种结果，这种结果可以是意想不到的，也可以是预料之中的，可以是有利的、好的结果，也可以是不利的、不好的结果。其中过程②③是事件的焦点，"吃"引出过程②，强调一种可以导致某种结果的原因。反映在话语中，整个句子的结构形式和结构层次为：〔分句1，（吃+分句2，分句3）〕。其中分句1和分句2有转折关系，分句2和分句3有因果关系，"吃"引出原因分句2。

上述三个过程也可以由多个分句或三个句子充当，所以结构形式和结构层次也可以改写为：〔语段1，（吃+语段2，语段3）〕，语段1、语段2和语段3分别代表三个过程。比如上述例（38）可以扩展为：

（41）我昨夜间咳得该死子，后来吃我到肖医生眂里，打过一针，还吃过滴西药子，就好滴哩。（我昨晚咳得很厉害，后来由于我到肖医生那里打了一针，还吃了些西药，就好些了。）

简单分析如下：

<u>我昨夜间咳得该死子</u>，‖后来吃<u>我到肖医生眂里，打过一针，还吃</u>
　　语段1　　　（转折）　　　　　　　语段2
<u>过滴西药子</u>，‖<u>就好滴哩</u>。
　　　　　（因果）语段3

上述例（39）也可以扩展为：

（42）我向其借钱，其死着唔ㄟ肯，后来吃我扯个谎，讲是你爷老子要我来借个，才借倒过。（我向他借钱，他死都不肯，后来我扯了个谎，说是你父亲要我来借的，才借到了。）

（三）近代汉语表原因和结果的"吃"

近代汉语的"吃""被"也有类似表示原因和结果的用法，不过大多表示原因。

1. "吃""被"表示原因。如：

（43）那妇人道："一言难尽！自从嫁得你哥哥，吃他忒善了，被人欺负；清河县里住不得，搬来这里。"（水浒传，24 回）

（44）乾娘，你端的智赛隋何，机强陆贾！不瞒乾娘说：我不知怎地，吃他那日叉帘子时，见了这一面，却似收了我三魂七魄的一般。（水浒传，23 回）

（45）济州城中客店内，歇着一个客人，姓叶名春，原是泗州人氏，善会造船。因来山东，路经梁山泊过，被他那里小伙头目劫了本钱，流落在济州，不能够回乡。（水浒传，80 回）

（46）那时俺便要杀这两个撮鸟，却被客店里人多，恐防救了。（水浒传，10 回）

上述三例中的"吃""被"引入的均是一个小句，表示事情发生的原因。例（43）"被人欺负"是结果，其原因是"他忒善了"，原因小句用"吃"引出；例（44）"却似收了我三魂七魄的一般"是结果，原因是"他那日叉帘子时，见了这一面"，原因小句用"吃"引出。例（45）"流落在济州，不能够回乡"是结果，原因是"他那里小伙头目劫了本钱"，原因小句用"被"引出。例（46）"恐防救了"是结果，原因是"客店里人多"，原因小句用"被"引出。

2. "被""吃"一前一后出现，其中一个表示原因，一个表示结果。如：

（47）李逵说起："柴大官人因去高唐州看亲叔叔柴皇城病症，却被本州高知府妻舅殷天锡，要夺屋宇花园，殴骂柴进，吃我打死了殷天锡那厮。"（水浒传，52 回）

例（47）"我打死了殷天锡那厮"是结果，结果小句用"吃"引出；原因是"本州高知府妻舅殷天锡，要夺屋宇花园，殴骂柴进"，原因小句用"被"引出。

刘坚等（1992：213）认为，表示原因的"吃"是从被动用法引申出来的。从逻辑上讲，被动一般表示遭受某种不幸，而这种不幸往往成为某种事态或结果的原因。"吃"表示原因和结果的用法正是循着这一逻辑关系产生的。

四　结语

　　隆回湘语的"吃"是个典型的被动标记，除了用作介词表达被动关系以外，还有副词和连词用法。"吃"做副词，引出让人意想不到的结果，相当于一个反预期标记，主要分布在转折复句中；"吃"用作连词，用在因果复句引出一个表示原因或结果的分句。隆回湘语"吃"的用法继承了近代汉语"吃""被"的用法，但比近代汉语"吃""被"的用法更丰富。"吃"的语法化过程为：遭受动词→遭受义被动标记→意外副词→因果连词。

参考文献

　　丁加勇：《隆回方言的介词》，伍云姬主编《湖南方言的介词》，湖南师范大学出版社1998年版。

　　丁加勇：《隆回湘语被动句主语的语义角色——兼论句式配价的必要性》，《中国语文》2005年第5期。

　　丁加勇：《湘方言动词句式的配价研究——以隆回方言为例》，湖南师范大学出版社2006年版。

　　丁加勇：《汉语语义角色与句式的互动研究》，世界图书出版公司2016年版。

　　江蓝生：《被动关系词"吃"的来源初探》，《中国语文》1989年第5期。

　　刘坚、曹广顺、吴福祥：《论诱发汉语词汇语法化的若干因素》，《中国语文》1995年第3期。

　　刘坚、江蓝生、白维国、曹广顺：《近代汉语虚词研究》，语文出版社1992年。

　　沈家煊：《不对称与标记论》，江西教育出版社1999年版。

　　王力：《汉语语法史》，商务印书馆1989年版。

　　伍云姬：《湖南方言中表被动之介词所引起的思索》，伍云姬主编《湖南方言的介词》，湖南师范大学出版社1998年版。

　　邢福义：《承赐型"被"字句》，《语言研究》2004年第1期。

　　邢福义主编：《汉语被动表述问题研究新拓展》，华中师范大学出版社2006年版。

（作者单位：湖南师范大学文学院）

汉语复句"三分"系统的学术价值[*]

冯广艺　贺逍遥

提　要　邢福义先生的汉语复句"三分"系统是在对中国传统的复句思想继承和发展的基础之上形成的,该系统弥补了学界当前盛行的"二分"系统的缺陷,促进了汉语语法体系的进一步完善。"小句本位"理论是该系统形成的学术背景,"两个三角"理论对该系统的形成具有方法论的指导作用,反过来,"三分"系统又充实了"小句中枢"和"两个三角"理论。另外,复句"三分"系统对于深化汉语语法理论、指导复句研究、推进对外汉语教学等都有理论意义和实用价值。

关键词　复句　三分系统　学术价值

一　引言

复句分类是构建复句系统的基础环节,一般分为关系分类和非关系分类,后者学界早有定论,而前者至今争议颇多,目前主要有如下几种看法:一是"直分法",以朱德熙和吕叔湘两位先生的《语法修辞讲话》为代表;二是"二分法",以黎锦熙先生的《新著国语文法》和张志公先生的《汉语知识》为代表,另外王维贤先生等人在《现代汉语复句新解》中提出了新的"二分法";三是"三分法",以邢福义先生的《汉语复句研究》为代表;四是"四分法",以邵敬敏先生的《建立以语义特征为标志的汉语复句教学新系统刍议》为代表。我们认为邢福义先生的"因果·并列·转折"的"三分"系统,具有其他几种分类方法所不可比拟的优势。

---

[*]　本文得到中南民族大学研究生创新基金项目"复句三分系统的学术价值"(项目编号:2019sycxjj289)支持。

邢福义先生的复句研究以《论定名结构充当分句》为起点，数十年一直秉持着"五重视"的精神在赶路，终于在2001年为新世纪献上了一份厚礼——一部约50万字的鸿篇巨制《汉语复句研究》。《汉语复句研究》是对复句"三分"系统的一个全面完备的论述，全书分为五编：第一编为概说，主要对复句的相关理论和复句"三分"系统进行了一个大致的介绍；第二、三、四编分别就广义因果复句、广义并列复句和广义转折复句进行了详细的论述；第五编主要就复句的一些语言现象进行了具体的分析。"三分"系统对于继承和发展学术理论、完善汉语语法体系、深化汉语语法理论和复句研究、推动语法应用研究等具有重大意义。

二 对学术理论的继承与发展

（一）"三分"系统的学术渊源

"三分"系统是在批判地继承前人研究的基础之上发展而来的。邢福义先生认为"因果类各种关系和并列类各种关系反映事物间最基本的最原始的联系，转折类各种关系则是在基本的原始的联系的基础上产生的异变性联系"①，并据此将复句三分为"并列·因果·转折"，但这并不是将前人所构建的复句系统简单地完全推翻，而是批判地继承。在第一层上，"三分"系统保留了"二分"系统的"并列"类，只是将"偏正"取消划分为"因果"和"转折"两大类；另外在第二层上，"并列"下划的四个小分类与"二分法"下"联合"的下位小类基本一致，虽在具体的句式划分上略有不同。"三分法"虽然将"偏正"取消划分为"因果"和"转折"，但这也并不意味着是对以往研究的全盘否定，如将目的复句细分为"求得"和"求免"等，应该视为对前人的继承。

"因果"和"转折"这两大类的划定也是有学术渊源的。早在《中国文法要略》中，吕叔湘先生就对"广义的因果复句"和"广义的转折复句"有过相关的论述，如关于"广义因果复句"，他认为假设句、推论句和因果句虽然各有各的使用功能，但是它们所表示的根本关系是相同的，并提到"广义的因果关系，包括客观的即事实的因果和主观的即行事的理由目的等

---

① 邢福义：《语法问题探讨集》，湖北教育出版社1986年版，第386页。

等"①；关于"广义转折复句"，他说到"容让句和转折句很相近，同是表示不调和或相忤逆的两件事情"②，"纵予句和容让句属于同类，通常合称为让步句；所谓让步，即姑且承认之意。但容让句所承认的实在是事实，纵予句所承认的是假设的事实。"③ 简而言之，容让句、转折句和纵予句虽各有特点，但它们根本关系是一样的，是表示转折。十分可惜的是，吕先生虽然具有了复句"三分"的意识，但是却没有对其进行系统的论证，使其上升到理论的高度。另外，他所举的例子多属文言，故而对现代汉语的复句事实解释力不足。

邢福义先生在吕叔湘先生的基础之上进一步发展，将"广义因果类复句"阐释为："事实的因果固然属于因果聚合，假定的因果也属于因果聚合；说明性的因果固然属于因果聚合，推论性的因果也属于因果聚合；已然性因果固然属于因果聚合，期盼性因果也属于因果聚合。这就是说，排除现实性和假设性、说明性和推断性、已然性和期盼性等等差异，甲乙两事之间只要存在因与果互相顺承的关系，都是广义因果关系"④，将"广义转折类复句"定义为"这一大类复句，反映各种各样的'转折聚合'，包括种种直截了当的转折、先作让步的转折和假言否定性转折的聚合。"⑤ 另外，邢先生从现代汉语中收集到了大量的语料，并以"小句本位"为学术背景、以"两个三角"为方法论指导，对现代汉语的复句现象进行了详细、系统的论述，使得复句"三分法"得以从雏形发展成为系统的、成熟的理论。

（二）"三分"系统与"小句中枢"和"两个三角"的理论互动

1. "小句中枢"和"两个三角"理论对复句"三分"系统构建的意义

邢福义先生认为，小句处于"联络中心"的位置，能够联系汉语的各级各类语法实体，同时也能够控制和约束其他所有的语法实体，作为汉语重要的语法实体之一的复句，当然也得承认小句的"中枢"位置，复句系统构建理所当然是以"小句本位"为背景的。如"三分"系统以"从关系出发，用标志控制"为分类原则，那么"标志"的控制力是如何实现的呢？其实，每

---

① 吕叔湘：《中国文法要略》，商务印书馆1982年版，第427页。
② 吕叔湘：1982《中国文法要略》，商务印书馆1982年版，第430页。
③ 吕叔湘：《中国文法要略》，商务印书馆1982年版，第434页。
④ 邢福义：《汉语复句研究》，商务印书馆2001年版，第40页。
⑤ 同上书，第45页。

个或每组标志控制力的发挥都是在句子中实现的,离开了句子的管辖,其作用就很难发挥了。如关系词语"一边"的使用。人们一般认为关系词语"一边"只能配对使用,然而语言事实并非如此。邢先生通过让其受句法格局的控制,从大量的语言现象中证明"一边"可以配对使用构成"一边 p,一边 q"句式,可以后单使用构成"∅p,一边 q"句式,可以前单使用构成"一边 p,∅q"句式,并且这三种不同的形式具有不同的语用功能。① 如果离开了句法格局单独去看关联词语"一边",是很难对其具体的情况做出正确的判断,它在复句分类中的控制力也就很难得到有效的发挥。

"两个三角"是指"表-里-值"小三角和"普-方-古"大三角。这两个三角是构建汉语复句"三分"系统的重要的方法论。如《汉语复句研究》的第十二章"转折句式总览",在考察转折句式的选用和转折句式的成立时,都是从语表和语里相结合的角度来看的。复句具有关系的二重性,一层反应客观实际,一层反应主观视点,而主观视点是使深层的语里关系映射到表层的语表形式的关键点,正是在这种映射之中完成对复句格式的选择。当然,不管如何选择,语言都是为了传递信息或表情达意,因此不得不从语值的角度去考察所选的复句格式的语用功能和语用价值。另外,"普-方-古"大三角在汉语复句三分系统的构建中也发挥着巨大的作用,比如在对因果复句的考察中,发现"因 p,因 p"是一种很特殊的句式,通过对《红楼梦》的考察,发现该句式虽然带有"古味",但属于白话叙述的语境,是古代汉语向现代汉语过渡中所形成的"混合"现象。邢先生的研究是很扎实的,正如龚千炎先生所说:"邢福义的做法是'归演结合,表里结合,求同存异'。"②

2. 复句"三分"系统对"小句中枢"和"两个三角"理论的充实

复句"三分"系统的成功构建,对"小句中枢"和"两个三角"理论而言,具有充实的作用。前面说到,"小句中枢"理论是复句"三分"系统构建的学术背景,反过来看,复句"三分"系统的成功构建,强有力地证明了小句在语法系统中的统辖力,证明了它在语法系统中的中枢地位。以往的复句分类,都是以分句间的语义关系来进行划分的,比如"二分法"的"偏正·并列",也就是强调复句的语义关系对复句格式的制约,而"三分法"不仅看到了这一点,而且还意识到复句格式对复句语义关系的反向制约性,如:"一面笑脸相迎,一面暗暗诅咒"。这个例子让"二分法"来划分就比较难办

---

① 邢福义:《汉语复句研究》,商务印书馆2001年版,第187—206页。
② 龚千炎:《中国语法学史》,语文出版社1997年版,第383页。

了，因为按照"二分法"的语义关系来分，应该将其分为偏正复句，但是"一面……一面……"又是典型的并列句式的关联词，这就会和标志发生冲突；"三分法"首先承认该例句前后分句间的语义隐含着逆转关系，但这只是反映客观实际的语义关系，而起主导作用的是反映主观视点的语义关系，例子中用了表示并列的关联词，就说明在主观视点上强调的是并列的情况而不是对立的情况，因此用并列复句的典型关键词"一边……一边……"将原来复句的关系转化为并列关系，这体现了复句格式对复句语义关系的反向制约，这种反向制约性也体现了小句在复句三分系统中的控制力，体现了其在语法系统中的核心地位。

关于复句"三分"系统对"两个三角"理论的充实主要体现在事实的验证上。作为汉语语法研究的方法论，汉语复句"三分"系统的成功构建充分说明这个方法论是具有指导意义的，是行得通的。正是在这一方法论的指导之上，邢先生的复句研究形成了独树一帜的研究风格，邵敬敏先生是这样评价的"他的研究风格是扎实、细腻、新鲜，常常以小见大，发人深思。"① 学界同仁对邢先生复句研究认可的同时，也是对其方法论即"两个三角"理论的认可。

除了上面所述之外，邢先生在复句研究中所使用的一些研究方法也是很值得我们借鉴的，比如"直断法、减除法、添加法、替代法"等。另外，邢先生对一些理论问题的创新也是值得我们学习的，如将逻辑学引进到汉语复句研究之中，用辩证的思维来思考复句研究的问题等。

三 促进汉语语法体系的进一步完善

自马建忠先生在《马氏文通》中建立以"词类"为本位的语法体系以来，各家纷纷根据自己的研究据点去探究摆脱模仿西方语法、真正符合汉语语言事实的语法体系，在20世纪30年代末40年代初，语法学界还开展了一场"文法革新讨论"，将语法体系的构建问题推向了高潮。目前，语法学界体系林立，除了"词类本位"之外，比较有代表性的还有黎锦熙先生的"句本位"，朱德熙先生的"词组本位"，徐通锵先生的"字本位"，邢福义先生的"小句本位"，马庆株先生的"词-词组"双本位和徐杰先生的"原则本

---

① 邵敬敏：《八十到九十年代的现代汉语语法研究》，《世界汉语教学》1998年第4期。

位"等。但多数语法体系都存在着一个问题，即重"词法"和"句法"，而轻句子，复句就更不用说了，从而导致整个语法体系的系统性不够完善，存在缺陷。

为了弄清汉语语法体系中复句系统的基本情况，我们有必要对学界在此方面具有代表性的著作中的主要观点有所了解（见表1）。

表1　　　　　　　　　　汉语复句系统

作者	名目	第一层	第二层
黎锦熙	新著国语文法	包孕复句	名词句、形容从句、副词句
		等立复句	平列句、选择句、承接句、转折句
		主从复句	时间句、原因句、假设句、范围句、让步句、比较句
王力	中国现代语法	等立	积累、离接式、转折式、按断式、申说式
		主从	时间修饰、条件、容许、理由、原因、目的、结果
朱德熙 吕叔湘	语法修辞讲话		并行、进一步、交替、比较得失、因果、条件、无条件、先让步后转入正意、先假设后转入正意
丁声树等	现代汉语语法讲话	并列	连贯、联合、交替、对比
		偏正	因果、让步、条件
张志公	汉语知识	联合	并列、递进、选择
		偏正	转折、假设、条件、因果、取舍、连锁
邢公畹 马庆株	现代汉语	联合	并列、连贯、递进、选择
		偏正	顺接、转接
邢福义	汉语复句研究	因果	因果、推断、假设、条件、目的
		并列	并列、连贯、递进、选择
		转折	转折、让步、假转
胡裕树	现代汉语	联合	并列、连贯、递进、选择
		偏正	因果、条件、让步、转折
黄伯荣 廖序东	现代汉语	联合	并列、顺承、解说、选择、递进
		偏正	转折、条件、假设、因果、目的
张斌	现代汉语描写语法	联合	并列、连贯、递进、选择、取舍、解注
		偏正	因果、目的、条件、假设、转折、让步
齐沪扬	现代汉语	联合	并列、连贯、递进、选择
		偏正	转折、因果、让步、条件
王维贤等	现代汉语复句新解	意合	
		形合	单纯句、非单纯句

续表

作者	名目	第一层	第二层
邵敬敏	建立以语义特征为标志的汉语复句教学新系统刍议	平等	并列、选择
		轻重	递进、选择、补充
		推理	连贯、因果、目的、条件、特定条件
		违理	事实—转折、假设—转折、前提—反转
兰宾汉 邢向东	现代汉语	并列	并列、连贯、递进、选择
		因果	因果、假设、条件、目的
		转折	转折、让步、假转

从上表可知，大多数语法体系在复句领域都是使用的"二分"系统，该系统的雏形来源于黎锦熙先生的《新著国语文法》，1957年黎锦熙和刘世儒两位先生先后合写了《汉语复句学说的源流和解决问题的方法》和《汉语复句新体系的理论》，使该系统得以完善和确立，随后"暂拟汉语教学语法系统"和张志公先生主编的《汉语》和《汉语知识》将该理论引入到语法教学中，使得该系统在接下来的几十年中，不管在语法研究还是语法教学中，都处于主流地位。

众所周知，黎锦熙先生的《新著国语文法》是仿制"纳西"文法而成，其所倡导的复句系统，自然与"纳西"文法的复句系统相连甚密，虽后来黎锦熙和刘世儒两位先生对该系统进行过改造和完善，但其根源还是来自"纳西"文法。从语言共性的角度来看，该系统有其合理性，故而"二分"系统在汉语语法研究和语法教学中都取得了一定的成功，而从语言个性的角度来看，该系统并不能完全符合汉语复句事实。

很多学者意识到了"二分"的问题，但只有少数人选择"另起炉灶"，寻找真正符合汉语事实的复句系统，如邵敬敏、王维贤、邢福义等先生。

邵敬敏先生结合认知语言学，以时间和空间为着眼点先后提出了"直分法"和"四分法"。"直分法"虽然解决了"二分法"所存在的一些问题，但该方法在一定程度上忽略了事物之间的同一性和联系性，影响了复句的系统性，不太符合语言事实，邵先生自己也说"这样的处理，实际上是回避问题，省略了一个层次或步骤，但在学理上却有所欠缺。"[①] "四分法"是在

---

① 邵敬敏:《建立以语义特征为标志的汉语复句教学新系统刍议》,《世界汉语教学》2007年第4期，第95页。

"直分法"的基础之上发展而来,将复句系统分为"平等·轻重·推理·违理"。该系统在复句命名中采用双视点的角度,将整个复句系统分为三个层次,各层次根据实际需要,在横向上可以拓展,在纵向上可以延伸,对汉语语法教学尤其是对外汉语教学大有裨益。但以语义特征为标志来对汉语复句系统进行划分,也容易产生一些问题。如:

(1) 书房里一边放着书桌,另一边放着四把椅子。
(2) 他不是张三,而是李四。①

邵先生认为这两例中的复句的语义特征都可以划分为［平等］［并列］［分布］。例（1）如是划分语义特征,可以理解,例（2）复句确实具有［平等］［并列］的语义特征,但加上［分布］这语义特征,就令人费解了。"四分"系统是邵敬敏先生在他的单篇论文《建立以语义特征为标志的汉语复句教学新系统刍议》之中提出来的,目前尚未见到邵先生对此系统做出更进一步的论述。

王维贤先生等以三个平面为观测点,坚持形式标准和逻辑意义相结合,并以此为基点提出一个崭新的"二分"系统。该系统将复句放在整个语法系统中,从句法、语义和语用的角度去观察和研究,富有启迪性。但该方法拘泥于二分,不仅使一些复句的分类跟语言事实有出入,还导致了一些没有实际句型的空层次存在。

邢福义先生的"三分"系统是在"小句本位"的语法体系之下提出的,该系统以"小句本位"为理论背景、以"两个三角"为方法论指导,坚持"从关系出发,用标志控制"的原则,是一次成功地摆脱印欧语的束缚、追寻符合汉语语言事实的探索。首先,"三分法"采用并列概念分类法,让"因果""并列""转折"三大类具有了规定性和区别性,而事物之间的联系具有多样性,复句句式和复句类别并不是一对一的关系,它们存在着一对多或多对一的情况,因此以并列概念分类法为逻辑基础,更便于对语言现象进行"表里值"的验证,更容易弄清楚类统属和跨类问题,比"二分"系统的矛盾概念分类法更容易解释清楚事实;其次,在意义和形式的结合上,从聚合的角度明确了三大类各自的"关系聚合"和"关系聚合点",使复句分句

---

① 邵敬敏:《建立以语义特征为标志的汉语复句教学新系统刍议》,《世界汉语教学》2007年第4期。

之间的关系清楚明了，同时，从静态和动态双角度去考察关系词语的作用，并在形式上明确"点标志"和"标志群"，让标志在复句中起着控制作用，做到了"从关系出发，用标志控制"，使复句研究真正在形式和意义上得以结合；然后，在复句的具体归类上，"三分"系统充分认识到了语言的模糊性，不仅考虑到了典型的复句格式，而且还考虑到了处于边缘的复句格式，通过关系上的"关系聚合"与"关系聚合点"和形式上的"点标志"与"标志群"，将所有的复句现象都囊括在了整个"三分"系统之中，另外，还充分重视人的认知在语言表达中的决定作用，提出了"双视点"的观点，使标志能够通过显示、选示、转化、强化等功能来标明复句关系，避免了句无定类、类下无句和意义与标志发生冲突等矛盾；再次，上文讲到邢福义先生的"三分"系统是在吕叔湘先生的研究之上继承、发展而来，而吕先生重在古汉语、邢先生重在现代汉语，这就从某种程度上体现了语言系统发展的一脉相承性，换个角度讲，邢福义先生的复句"三分"系统在古汉语中能够得到印证；最后，该系统在语用心理和复句演变史等方面也得到了验证。

"三分"系统的成功构建，使得"小句本位"语法体系摆脱了其他语法体系只重"词法"和"句法"而轻句子的弊端，弥补了前人的缺陷，增强了语法体系的完整性；另外，"三分"系统的成功构建，使得"小句本位"语法体系的表述框架"小句构件←小句→小句联结（复句）"得以实现，让"小句"真正处于中枢地位，从而使得"小句本位"语法体系的理论观点和表述内容一致，促进了"小句本位"语法体系的科学性，难怪范晓先生认为"小句中枢"问题的讨论有可能成为我国语法学史上的第二次汉语语法革新的讨论。①

四 推动汉语语法研究向纵深发展

（一）"三分"系统的理论指导价值

1. "三分"系统对语法理论研究的深化

"三分"系统对语法理论研究的深化，体现在语法研究的方方面面，如将逻辑学、修辞学引入到复句研究之中，不仅加固了逻辑学、修辞学与语法研

---

① 范晓：《关于构建汉语语法体系问题——"小句中枢"问题讨论的思考》，《汉语学报》2005年第2期。

究的联系，也为后人研究复句开辟了一条新的道路，如牛海燕（2011）从逻辑和修辞的角度从共时平面去考察制约关联词"虽然"在复句中使用的情况；如在"三分"体系的基础之上引进认知语言学和类型学等理论，拓展了复句研究的广度和深度，如张昀（2015）结合"三分"系统与认知语言学的"意象图式"和"语言象似性"等理论对并列复句的关系词语和语序进行了探讨，又如郭中（2013）在"三分"体系之下结合类型学的理论，对汉语复句关联标记模式与汉藏语系、中国境内的其他语系的少数民族语言及其他语系的外语等进行比较，总结出相关的类型学表征。

另外，"三分"系统也拓展了语法研究的领域，如朱斌、伍依兰（2009）在"三分"理论的指导之下，跳出复句，将眼光放在现代汉语的小句联结之上，从关系类属的角度来探讨各类句子在并列、因果、转折等联结关系中的情况。又如曾常年（2003）在"三分"理论的基础上，跳出复句，以因果句群的二句、三句、四句组合式为基点，结合语义、语形、语气等方面对因果类句群进行多级多角度研究等。

以上所述的各个方面，都促进了汉语复句研究的发展，毋庸置疑也深化了汉语语法理论研究，如认知语言学和类型学在促进复句研究深化的同时也拓展了本身的研究领域，"三分"系统在拓展研究领域的同时，也促进了汉语语法理论研究的完善。

2. "三分"系统对复句研究的指导

（1）"三分"系统与复句句式研究

通过知网检索，我们发现在"三分"系统构建以前，对复句句式的研究主要体现在一些特殊的格式和病句修改上，而"三分"系统构建之后，在该理论指导之下的复句句式研究显得更加全面深入，呈现出多点开花的局面。既有人对同一大类下不同小类的句式进行研究，如刘望冬（2018）在"三分"系统的基础之上，用"小三角"的方法来探究反转性递进复句和反逼性递进复句的异同以及二者转换的可能性，也有人进行跨大类研究，如查洁（2010）在"三分"理论的指导之下，以复句分句间的逻辑语义关系为切入点，建立起说明性因果复句和转折复句在互套时所形成的种种逻辑语义关系，从而探讨说明性因果复句和转折复句的互套能力；不仅有人在普通话领域进行复句研究，如宋晖（2012）在"三分"理论的基础之上，通过对比多家理论，将"宁可"类句式归入让步句，而且还有人将"三分"系统引入到方言研究中，如彭小球（2012）在复句三分体系之下，通过田野调查的方式，对湖南益阳方言中的有标复句进行了深入细致的研究，另外还有人将"三分"

体系引入到少数民族语言研究中,如范丽君(2011)将汉语复句"三分"系统的相关理论运用到藏缅、苗瑶、壮侗等三个语族的复句研究中,从共时、历时和类型学等角度来探索汉藏语因果类复句的特点。另外,在"三分"系统这个大背景之下进行具体句式研究,如邓天玉(2014),也是推进汉语复句向纵深发展的一个显著特点,在这方面做得最突出的是华中师范大学语言所,其次是陕西理工大学文学院,在师生共同努力之下,他们在这个领域推出了众多成果(如学位论文)。

(2)"三分"系统与复句关联词语研究

"三分"系统对复句关联方式研究的推动作用主要体现在对关系词语研究的指导上。"三分"系统之前,关系词语的研究成果不多。自从邢福义先生在"小句"本位的语法体系中重视复句研究、在复句系统中重视关系词的控制作用之后,越来越多的学者开始投入到关系词语这个领域中,在这股热潮的推动之下,关系词语的研究广度和深度,远超之前,本文只举几个代表性的点进行分析。

一是关于有标复句的研究,如罗进军(2007)在"三分"体系的基础之上,从"表里值"的角度对假设复句的关系标记进行考察,另外还与中文信息处理相结合探讨了有标假设复句层次关系的自动识别等,又如袁艳青(2015)在"三分"体系的基础之上,结合方言,考察了静乐方言在表达"因果·转折·并列"三大类复句时所使用的标记和方式,并通过与普通话横向的比较,探究了静乐方言在复句关系表达上所具有的一些特点;二是关于复句关系标记的搭配,如姚双云(2008)在"三分"体系的基础之上,结合搭配理论,利用汉语复句语料库,探讨了现代汉语在关系标记搭配方面的问题,另外他还研究了口语中的关联词语,结合"三分"体系与"主观视点"、"会话分析理论"和"浮现语法理论"等,颇具特色;三是对于相似关系词语的比较研究,如李晋霞(2015)在"三分"理论的基础之上,结合功能语法、认知语法、篇章语法的相关理念与方法,围绕语义、形式、语用等三个方面对24组近似的关系词语进行了力所能及的考察;四是对个别的关联词语进行研究,如张静(2015)在整体汉语视野之下对关联词语"既然"及其相关句式进行了"普方古"和"表里值"的考察。关系词语的研究对外汉语教学和中文信息处理等应用方面也有推动作用,这里暂且不表。

(二)"三分"系统的实际应用价值

通过对影响力较大的几个版本的对外汉语教学教材的比较,我们发现

"二分法"在对外汉语教学中也是处于主流地位的,另外,在和我校对外汉语教学教师的沟通中,他们提到,虽然教材上使用得是"二分"系统,但在实际教学中更倾向于"直分"系统,从小类作为教学的切入点。在这些理论指导之下所产生的教学情况如何呢?

通过对 HSK 语料库进行检索,我们发现汉语水平处于中、高级的外国留学生在写作过程中对逻辑关系判断失误的频率比较高,这一结论得到了我校对外汉语教师的认同。我们认为,这一问题的出现,除了受留学生本身文化背景所产生的"负迁移"的影响之外,更主要的是受我国对外汉语教学中复句系统的影响。不管是"直分"还是"二分",都是以语义关系对复句系统进行划分,这种只重视意义而忽略形式的做法,就很容易出现语义关系和标志相冲突的问题,不利于留学生对复句系统的掌握。

留学生对逻辑关系的判断失误主要是体现在关联词的选用和搭配上。

不能正确地选用关联词,一方面可能是不能正确理解复句的关系,一方面可能是不能正确辨别相似关联词间的区别。"复句语义关系具有二重性:既反映客观实际,又反映主观视点。客观实际和主观视点有时重合,有时则并不完全等同,而不管二者是否等同,在对复句格式的选用中,起主导作用的是主观视点。"[①] 如:"她( )想买首饰,( )声明没有钱",既可填表示并列的关联词,"她又想买首饰,又声明没有钱",也可填表示转折的关联词,"她想买首饰,却声明没有钱"。当选择前者时,客观实际和主观视点是不对等,但是这个时候主观上更倾向于两种情况并存,而不是转折关系;当选择后者时,客观实际和主观视点是对等,都倾向于转折。"三分"系统,坚持"从关系出发",承认语句语义关系复杂性,并且认为主观视点在复杂的关系中起主导作用,当主客观语义不一致时,那就需要关联词语来发挥控制作用,通过关联词的转化作用,使主观视点得以发挥主导性。

相似关联词语的辨别,复句"三分"系统也是有研究的。如在探究关联词"要么……要么……"时,就考察了与其比较接近的关联词"不是……就是……""要不……要不……""或者……或者……"等,通过"表里值"的考察,发现关联词语"要么……要么……"一般是配对使用,但也可以单用或连用;"要么……要么……"与"不是……就是……"都是表示限选,但是前者在组织结构上比后者要宽松,而在词语搭配上,前者比较单纯,后者比较多样,另外表意上两者的表达范围和表达重点也有区别;"要么……

---

① 邢福义:《汉语复句研究》,商务印书馆 2001 年版,第 499 页。

要么……"与"要不……要不……"在一定范围内可以互换，但是前者既可以表示析实性选择，也可以表示意欲性选择，后者一般只表示意欲性选择，另外，虽然两者在表示意欲性选择上意思基本相同，但前者显得比较硬气，后者则比较委婉；"要么……要么……"与"或者……或者……"都能表示"二者选其一"的意思，但前者在表达上比较夸张，情绪较波动，而后者偏向平叙，情绪稳定，另外前者可以加关联词"就"借以显示前后分句的推论关系，而后者不可以。通过上面的叙述，我们能够很清楚地看到这些相似关联词语之间细微的差别，也就能够更好地选用关联词语了。

另外，同一关联词标示多种语义关系也影响关联词的正确选用，如"与其……不如……"就能标示择优性和推断性两种语义关系，如果用"二分法"就不好判断了，但"三分法"强调主观视点的主导作用，就很好地化解了这一矛盾。

关联词语一般是配对使用的，而且成对的关联词语一般是固定的，但也有少部分是单用、配对不固定的，如果这种情况不重视，就容易形成关联词语杂糅现象，出现配对错误。"二分法"在复句分类中以"单视点"为主，如"假设"复句，但是"假设"既可表转折构成假转句、也可以构成因果句，这样就容易形成关联词语搭配不当的问题。"三分法"就通过使用"双视点"避免了这样的问题，如在《"但"类词和"无论p，或者q"句式》一文中，通过"双视点"来看"无论p，或者q"句式能否加"但"类词来揭示该句式在表示单面总括式、多面总括式和多面列举式时前后分句之间复杂的"顺""逆"关系。

关联词的选用和搭配，不仅留学生会犯错，我国中小学生也同样会犯，这类知识点经常出现在中小学语文试卷上的病句判定题中，而且错误率极高，这充分说明现行的复句教学理论存在着问题。另外，陕西师范大学汉语国际教育学院的硕士研究生们写了一组文章专门讨论在对外汉语教学中"三分法"的优越性。

"三分"系统对中文信息处理是有推动作用的，一些学者在"三分"系统的体系之下已经在该领域取得了一些成果，如姚双云的《面向中文信息处理的汉语语法研究》、华中师大语言所和计算机学院联合研发了"汉语复句语料库（CCCS）"等，另外还有一些学者在三分系统的基础之上对中文信息处理进行了一些思考，比如邢福义、胡金柱《复句静态本体模型初探》、邢福义、姚双云《复句语料的建设及利用》等，吴锋文（2011，2013）在这方面有较为详细的论述。

另外,"三分"系统对语文教学也是有影响的,如邢福义、汪国胜主编的《现代汉语》(华中师范大学出版社和高等教育出版社)和兰宾汉、邢向东主编的《现代汉语》等在复句分类部分都开始采用"三分"系统了,这说明"三分"系统在教学领域正在慢慢形成影响力。

五 结语

本文主要就汉语复句"三分"系统的学术渊源及其与"小句中枢"和"两个三角"理论的互动、对汉语语法体系的完善和汉语语法研究的推动等三个方面挖掘了"三分"系统的学术价值。当然除此之外,"三分"系统的学术价值还有很多方面可以挖掘,比如在学术观上,坚持实事求是,不唯书、不唯上,只求实,在《意会主语"使"字句》一文中,在学界普遍认为这是一种病句时,邢先生从大量的语料之中挖掘出真正的语言事实,判断它不是病句,而是一种意会的、潜在的主语,并且还对该类语言现象进行了深入研究,不仅对其进行了分类,而且还对其语用价值进行了探究,诸如此类的例子在《汉语复句研究》一书中还有很多。深入挖掘复句"三分"系统的学术价值,不仅有利于加深对"三分"系统的了解,推动复句研究向着更深处迈进,而且有利于完善邢福义先生的汉语语法学的学术思想,这对于我们中青年辈的语言研究者的成长而言,是十分有利的。

参考文献

邓天玉:《说"越 X,却越 Y"》,《汉语学报》2014 年第 3 期。

丁力:《复句三分系统的心理依据》,《汉语学报》2006 年第 3 期。

丁声树:《现代汉语语法讲话》,商务印书馆 1961 年版。

范晓:《关于构建汉语语法体系问题——"小句中枢"问题讨论的思考》,《汉语学报》2005 年第 2 期。

范丽君:《汉藏语因果类复句研究》,博士学位论文,中央民族大学,2011 年。

龚千炎:《中国语法学史》,语文出版社 1997 年版。

《汉语学报》编辑部:《小句中枢说》,东北师范大学出版社 2006 年版。

胡金柱、王琳、肖明、罗旋、姚双云、罗进军:《汉语复句本体模型初探》,《华中师范大学学报》2005 年第 4 期。

胡金柱、邢福义：《复句静态本体模型初探》，朱小健、张　全、陈小盟主编《第三届 HNC 与语言学研究学术研讨会论文集》，北京师范大学出版社 2006 年版。

胡裕树：《现代汉语》，上海教育出版社 2011 年版。

黄伯荣、廖序东：《现代汉语》，高等教育出版社 2011 年版。

兰宾汉、邢向东：《现代汉语》，中华书局 2014 年版。

黎锦熙：《新著国语文法》，商务印书馆 2001 年版。

黎锦熙：《黎锦熙语言文字学论著选集》，北京师范大学出版社 2002 年版。

李军：《论〈马氏文通〉的复句观》，《广西社会科学》2002 年第 1 期。

李晋霞：《相似复句关系词语对比研究》，中国社会科学出版社 2015 年版。

李晋霞、刘云：《复句类型的演变》，《汉语学习》2007 年第 2 期。

李先焜：《论语言学与逻辑学的结合》，《湖北大学学报》1994 年第 5 期。

李向农：《复句研究的启示——邢福义先生〈汉语复句研究〉评介》，《华中师范大学学报》2001 年第 5 期。

林立：《于事实中探规律——邢福义〈语法问题探讨集〉的复句研究述评》，《华中师范大学学报》1987 年第 4 期。

刘望冬：《反转性递进复句与反逼性递进复句对比研究》，硕士学位论文，华中师范大学，2018 年。

罗进军：《有标假设复句研究》，博士学位论文，华中师范大学，2007 年。

吕叔湘：《中国文法要略》，商务印书馆 1982 年版。

马建忠：《马氏文通》，商务印书馆 2010 年版。

牛海燕：《现代汉语居后"虽然"句的多角度考察》，硕士学位论文，华中师范大学，2011 年。

彭小球：《湖南益阳方言有标复句研究》，博士学位论文，华中师范大学，2012 年。

齐沪扬：《现代汉语》，商务印书馆 2007 年版。

任丽慧：《汉语复句关系分类及"三分系统"在对外汉语教学中的应用研究》，硕士学位论文，陕西师范大学，2012 年。

邵敬敏：《八十到九十年代的现代汉语语法研究》，《世界汉语教学》

1998 年第 4 期。

邵敬敏：《汉语语法学史稿》，商务印书馆 2006 年版。

邵敬敏：《建立以语义特征为标志的汉语复句教学新系统刍议》，《世界汉语教学》2007 年第 4 期。

邵敬敏：《现代汉语通论》，上海教育出版社 2007 年版。

邵敬敏、胡宗泽：《复句研究的一个新突破——评〈现代汉语复句新解〉》，《语文研究》1996 年第 2 期。

邵敬敏、周有斌：《评邢福义〈语法问题挖掘集〉》，《语言研究》1993 年第 1 期。

宋晖：《"宁可"类复句关系归属解》，《语言研究》2012 年第 2 期。

王力：《中国现代语法》，商务印书馆 2011 年版。

王维贤、张学成、卢曼云、程怀友：《现代汉语复句新解》，东北师范大学出版社 1991 年版。

吴锋文：《从信息处理看复句分类研究》，《信阳师范学院学报》2011 年第 4 期。

吴锋文：《面向信息处理的汉语复句研究现状及其展望》，《宁夏大学学报》2013 年第 4 期。

吴启主、李胜昔：《邢福义的复句研究的研究》，《湖南师范大学社会科学学报》1993 年第 5 期。

邢福义：《复句与关系词语》，黑龙江人民出版社 1985 年版。

邢福义：《语法问题探讨集》，湖北教育出版社 1986 年版。

邢福义：《汉语复句研究》，商务印书馆 2001 年版。

邢福义：《汉语语法学》，商务印书馆 2016 年版。

邢公畹、马庆株：《现代汉语》，南开大学出版社 1992 年版。

姚双云：《复句关系标记的搭配研究》，华中师范大学出版社 2008 年版。

袁艳青：《静乐方言复句关系有标记手段研究》，硕士学位论文，陕西师范大学，2015 年。

曾常年：《现代汉语因果句群研究》，博士学位论文，华中师范大学，2003 年。

查洁：《现代汉语说明性因果复句与转折复句互套研究》，硕士学位论文，华中师范大学，2010 年。

张斌：《现代汉语描写语法》，商务印书馆 2010 年版。

张静：《"既然"式推断复句研究》，博士学位论文，华中师范大学，

2015年。

张玄：《面向对外汉语教学的顺递类复句研究》，硕士学位论文，华中师范大学，2016年。

张昀：《现代汉语并列类复句的认知研究》，硕士学位论文，安庆师范学院，2015年。

张志公：《汉语知识》，人民教育出版社1979年版。

朱斌：《复句研究评论集》，汕头大学出版社2018年版。

朱斌、伍依兰：《现代汉语小句类型联结研究》，华中师范大学出版社2009年版。

朱德熙、吕叔湘：《语法修辞讲话》，辽宁教育出版社2005年版。

（作者单位：中南民族大学文学与新闻传播学院）

《拉丁语历史句法新视角》第四卷《复句、语法化、类型学》述评

冯 莉

菲利普·保迪（Philip Baldi）和皮埃尔刘吉·库佐林（Pierluigi Cuzzolin）合作编著的《拉丁语历史句法新视角》（*New Perspectives on Historical Latin Syntax*）系列丛书第四卷（最后一卷）《复句、语法化、类型学》（*Complex sentences, Grammaticalization, Typology*）是《语言学趋势：研究与专著》（*Trends in Linguistics: Studies and Monographs* 180/4）系列丛书，由柏林 De Gruyter Mouton 公司 2011 年出版。全书共 xxxiii +926 页。

本书开篇是编者所写的序言，讲述了此系列丛书背后的项目和编者观点及评价，并概述了各章内容。正文第 1 章是关于本书 2—6 章状语从句研究的全面回顾，8-9 章讨论了比较级与最高级、语法化的研究，最后第 10 章是编者评价研究方法论的结尾章。

一　本书概述

本书开篇是编者撰写的"丛书后序"（Epilegomena, pp. 1-9）——既是整个系列丛书的后序，同时也作为本卷序言，回顾了拉丁语历史句法的十多年研究历史。本系列编写目的在于从功能-类型学视角调查拉丁语的句法史，并用结构主义的方法作为补充，目的是揭示新的类型学相关现象，并得出句法演变的新结论。该系列丛书共四卷，包括 24 章，第一卷《句法》（*Syntax of the Sentence*）于 2009 年出版，第二卷《句法成分：副词性短语、副词、语气、时态》（*Constituent Syntax: Adverbial Phrases, Adverbs, Mood, Tense*）和第三卷《句法成分：量化、数词、领属、回指》（*Constituent Syntax: Quantification, Numerals, Possession, Anaphora*）于 2010 年出版。本卷是第四卷，主要研究从属句，但内容还包括关于比较级和最高级的研究、关于语法化的

广泛研究以及为此系列进行的合作调查的结论性评价。

本书目标读者群既有古典拉丁语研究者,也有普通语言学家。由于给大量的文本证据加上了英文翻译,并且避免使用技术术语,同时提供了很多精心选编的研究工具,比如每卷都有详细目录、引文索引、主题词索引等,因而大大提升了本卷丛书的可使用性。参考文献置于每章后面,考虑到很多章都长达100多页,这也很合理。

编者开篇就严肃指出,该项研究既有喜人成果,也有一定遗憾:研究发现,希腊语和闪语与拉丁语虽有广泛的文化与语言相关性,但这种相关性除了对拉丁语文学作品和翻译作品有影响之外,并未对拉丁语核心句法产生久远影响(详见卡尔玻里(Calboli),本系列第一卷;鲁比奥(Rubio),本系列第一卷)。原则上,希腊语本来应能影响拉丁语核心句法,但显然没有,拉丁语只是表面上短暂地使用了一些仿造的构式(见本卷中库佐林作品)。考虑到希腊语是与拉丁语接触的核心语言,这让编著者得出结论——借用不是拉丁句法发展史上的强效因素〔根据哈里斯和坎贝尔(Harris & Campbell,1995)判断,借用是句法演变的三大主要机制之一,其他两个是扩展和重新分析〕。

本卷研究材料的覆盖面尚有不足,最可惜的是缺少否定、非限定从属关系、语态等内容。尽管如此,编者依然敢说,这部历史句法仍然和标准的拉丁语手册具有同等地位,而且本书的成就将经得起未来多年考验。这是因为扎实的文献学与可操作的语言学相结合,将使本书成为现在以至未来的经典手册。用编者的话来说,本书是"严谨的人投入严谨的努力"创作的严谨成果。

二 各章述要

本书是本系列最后一卷,序言之后的正文共有10章。下面介绍各章内容和编者观点。

第1章是由康赛普西恩·卡布里兰娜(Concepción Cabrillana)撰写的《状语从句:导论性回顾》(Adverbial subordination: Introductory overview),全面回顾了从属结构与主从关系的概念,并介绍了本书对接下来2—6章探讨的五种状语从句的处理(即:目的与结果从句、条件与让步从句、原因从句、时间从句、比较从句)。作者指出,状语从句的分类不同于副词性短语一般以语义为分类标准,而是明显以句法作为参照。克里斯托法罗(Cristofaro, 2003:2)从功能视角提出,从属关系应理解为在两个事件之间建立一种认知关系的特定方式,其中之一缺少自主性(称做依从事件),因而是从另一个事件(主要事件)视角来构建的。从属关系事关从某种功能视角(意念、认知、语义、语用、句法等)报告以不同状语连词编码的不同功能,必然涉及语言结构与语言结构的关系问题。这些章节自然也涉及类型学及历时标准。

第2章是由康赛普西恩·卡布里兰娜撰写的《目的与结果从句》(Purpose and result clauses)。作者将接续从句和目的从句放在一起,是因为这两种从句存在形式和实质关系。作者从双重角度开始研究,因为既考虑可能为某种语言形式所表达的语义功能,又考虑可能实施某种功能的特定方式。首先进行了关于这种表达形式使用频率的历时研究,然后分析了目的小句和结果小句所呈现并得以区分的相关语义特征,其中最突显的特征与"控制"意念相关。然后,考虑到语义特征还不足以表明这两种关系的全部特征,又研究了其句法特征或者对句法层面蕴涵影响的特征。作者表明,即使是在句法层面,两种关系的区别特征只有在小句具有词形变化 paradigmatic 明显特征时才得以区分。事实上,目的小句与结果小句的区分从历时角度来看相当模糊。

第3章是由阿列桑德拉·伯托奇(Alessandra Bertocchi)和莫卡·马拉迪(Mirka Maraldi)撰写的《条件与让步从句》(Conditionals and concessives)。作者按斯威策(Sweetser, 1990)提出的"内容、认识论、言语行为"三分法框架分析了拉丁语条件句。内容条件与事物状态有关,普遍用于言说者表达预测;认识条件句允许进行溯因推理;言语行为条件句界定的条件句不是出于事实,而是出于提出结果小句(apodosis)的合法性。条件中的条件小句和结论小句未必蕴涵命题的真实性,而让步从句中的主句和从句两个小句都一定是真实的。在条件句和让步句之间,还有一种"让步条件句",其主句蕴涵命题的真实性,而从句不然。

第4章是由约斯·米古尔·巴诺斯(Jose Miguel Banos)撰写的《原因从句》(Causal clauses)。这一章开篇区分了原因小句的两种语义类型,拉丁语和很多其他语言都有这种区分。这种区分建立在两种类型的不同句法与语义性质上,同时也有其各状语从属连词的不同使用,另外还和拉丁语原因连词的描述及其相关联的语法化过程有关。语义、句法和语用特征分析能够界定和区分古代和古典拉丁语中更频繁使用且明确表达原因关系的连词 quod, quia, quoniam, and quando,这一点尤其相关。考虑到这个特点,作者指明了受晚期拉丁语原因从句系统影响的一些基本变化,有助于理解罗曼语族的种种发展演变。

第5章是由弗里德里奇·赫伯林(Friedrich Heberlein)撰写的《时间从句》(Temporal clauses),展示了时间从句如何沿着从语义极(时间指称)到语用极(解释信息或说明信息)的连续体发挥其功能。本章以科特曼(Kortmann,1998;2001)提出的"时间网络"为基础描述了时间功能——时间定位、时间-程度及其变体,以莱曼(Lehmann)1988年以来小句关联相关研究为基础,讨论了其语用功能。拉丁语时间网络的显著特征是一直呈现历时的高度多义性,这是由于古典拉丁语曾有过降低多义性的趋向(比如"cum historicum"这一构式作为背景信息标记的发展)没有摆脱保守力量,比如旧的多功能从属连词的稳定性,或者直陈语气中与说者指示相关的绝对时态。另外,后古典拉丁语时期出现了很多多义的创新表达,如将从属连词扩展为表达时间网络的相邻域,或失去了作为虚拟语气扩散结果的情态区分等。

第6章是由尤斯比亚·塔里诺(Eusebia Tarrino)撰写的《比较从句》(Comparative clauses)。这一章展示了拉丁语的两种类型的比较从句:程度比较从句和方式比较从句。两类从句都以相似性来判断一个被比对象和一个第二项(second term或标准)。后缀(-ior/-ius)或小品词(magis,plus,minus,etc.)用做程度标记。作为一个标准标记,可能或者用离格或者用小品词 quam。在方式比较从句中,一个情况运行的方式与标准相比,后者通常用连词 tamquam,ut,sicut,quomodo 等引出。作者提出了方式比较从句如何在表征或人际层面被整合起来,以及假比较结构(potius quam)如何表达了偏好或替换两个都可能的事件中的一种。

第7章是由安娜·庞培(Anna Pompei)撰写的《关系从句》(Relative clauses)。本章先概略描述了拉丁语关系从句的结果,然后详细分析了主句和关系从句的类型学问题。主句因其在实现中心性及其语义后果上不同而不同。关系从句因词汇核心与主句、关系化操作、可及性等级和关系化策略等因素而位置不同。本文提出了拉丁语关系从句的类型学分类体系,并以此为基础,提出了重构其分类体系演变的假设,并展示了关系从句在拉丁语历史发展各阶段的不同特征。

第8章是由皮埃尔刘吉·库佐林(Pierluigi Cuzzolin)撰写的《比较级和最高级》(Comparative and superlative),从一种普遍性的角度揭示了拉丁语的比较级和最高级表达如何一致性发展。他检验了世界语言中最常见的比较模式,从而说明了拉丁语最古老资料中呈现的四种模式,还有多种文献记录的变体。然而，其中两种最常用的是分别比较式和小品词比较式。从类型学角度看，最相关的发展就是标记标准的形态格综合表达式被重新分析为由核心词（pivot）和形态格构成。这个发展后来生成了罗曼语各语言表达比较的常用模式。作者的研究还表明，最高级和比较级有同样的发展路径。

第9章是由米歇尔·弗路易特（Michele Fruyt）所著的《拉丁语的语法化》（Grammaticalization in Latin）。这一章研究了拉丁语的语法化，展示了几个特别有趣的语法化案例，其语境却是构词的其他要素，特别是黏着化、词汇化、动因消极化、重新分析和类推。作者分析了语法化两个最常见类型，一是屈折词的凝固化（如副词 continuo，从属连词 quia），二是几个词黏着化为一个词素（如从一个名词性、介词性或动词的结构体，或者从一连串几个非屈折词开始）。作者还描述了当一个具有词汇价值的词素成为一个功能性（或语法性）词素，或者一个语法词素变成语法化程度更强的词素时所发生的语义变化。然后作者讨论了几个特别的语法化案例，包括否定词素（non，nihil，nemo）的形成，内指词（endophors）和直指词（deictics）的演化，词形变化形成（paradigmatization）的一些过程，habeo+ * -to-和 habeo+不定式的发展等。作者指出，某些量词如何从身体部位名称和表示小量无生命实体语法化而来，而其前缀变成了否定粘着语素，一些原来的副词变成了表示强化的语素。最后，她调查了拉丁语中循环更新过程操作的方式（如带 non 的否定，cale-facio 这类致使动词等）。

这一章长达200页，内容丰富，可单独成书。米歇尔对晚期拉丁语的描写很好，虽然某些现象其实与原始阶段相关。有时语法化现象缓慢展开，使作者能够追溯到古法语和现代法语。作者划清了语法化概念与相关的粘着化、词汇化、重新分析与类推等现象的界限。她对语法化概念的来源还进行了一个虽短却富有洞察力的调查，发现这个概念源于梅耶对拉丁语和罗曼语数据的讨论；并且还调查了围绕语法化的扩展和限制等近期争论。研究显示，梅耶在严格界定还是宽泛界定语法化之间摇摆不定，前者意指一个词汇成分转变为一个语法项目，而后者则是语法形式更普遍的演变。在数据分析中，该调查很积极的一点在于注意到了语法化过程的中间阶段，正是此时可以观察到新旧项目运用的变异。作者指出，关注句法变异使我们可以决定重新分析的"桥接语境"。

作者提出了拉丁语历史上语法化现象的一个综合性列表，根据以下四个主要标准将其排序：语法化起始点、语法化终点、语法化连续体上过程覆盖距离以及语义演变种类。后面这部分特别有价值，作者根据拉丁语的例子讨论了"语义退化"（又称"语义褪色"，bleaching）这样的概念，即去语义化，细分为整体或部分（前者如：拉丁语 mīca 'crumb' 碎屑>法语负极项 mie，后者如拉丁语 homo 'human being' 人>法语非人称代词 on 保留 [+人] 的特征）；补充机制中涉及的语义弱化，副词的语用化（如 certe 'certainly' "当然"一定来自于 cerno 'decide, fix' "决定，确定"的过去分词）。

接下来更详细地讨论了一些语法化现象，包括否定———种循环语法化的最重要例证；拉丁语的内指和直指以及动词词形变化（verbal paradigm）的形成，因为它们代表着新语法范畴的产生；还讨论了助词化和情态动词的发展，也是非限定形式、副词和从属连词的形成成分；最后讨论了量词（quantifiers）的语法化。

虽然举了很多"小"例子（例如旧的格形式如何固定化为状语，一些附加成分的产生等），该文很注重系统地阐述现象，描述出了罗曼语基本重构过程的前身。例如，讨论了一些关于冗言主语代词分布的晚期拉丁语证据，这些证据主张法语预期向主语现实化的强制化发展。而作者则认为，证据不足，过于分散，难下结论。本文用有趣的例子和对拉丁语和罗曼语近期文献的讨论证明了冠词的产生，勾画出直指系统的发展过程，包括研究较小的强化小品词领域（-pse，-ce，-met，-te，-pte）如何经历了各种语法化路径。

在动词方面，关于动词非限定形式的章节（supine，不定式与分词）揭示了相关的很多历时过程，比如失去语态区分，或者体特征的中性化，清楚阐明了从罗曼语中考查出的这些形式更新后的连续作用：作者注意到，这些去词形变化的格与新的形式化开端相符，比如-tus 中分词形式的格被重新解释为语态中性的形式。它们在独立主格结构中的出现触发了重新分析（p.777）。分析性构式的发展在该章第七节中写明，不但考察了 habeō 'have' 有，而且还颇有新意地考察了 eō 'go' "去"，coepī 'begin' "开始"，uolō 'want' "想要"，和 faciō 'do' "做"。"有" habeō 在完成体迂回说法中的作用以及其在将来时语法化中的作用都得以展现，讨论前者时还简短评估了罗曼语族各语言语法化的不同程度（就结果成分丧失而言）。将来时形式的历史是循环更新的一个非常有趣的例子，作者将其界定为"螺旋"，强调了起作用的两个因素：语法化现象的重复，以及语言材料的每一次更新。

总而言之，《拉丁语的语法化》这一章提供了对很多现象的丰富描述，这不但与拉丁语语言学相关，同时能启发语法化的后续研究。事实上，如果能补充更广泛的跨语言数据，将是非常有趣的。此文评估了拉丁语证据，推动了解释单语或跨语言历时循环语法化的再次研究。也许更多一些类型学导向的评估将会更多揭示某些顽固的趋势,需要用历时共性来解释。本章所呈现的坚实证据和分析为未来此方向的研究提供了理论基础。

第 10 章是由本书两位编者撰写的评估总结篇《拉丁语历史上的句法演变:新视角带来新结果吗?》(Syntactic change in the history of Latin: Do new perspectives lead to new results?)。该文回顾了四卷本贯穿的一些基本问题,集中讨论了词序转变的核心区域、名词性与代词性词尾的磨蚀问题、介词用法、定冠词与不定冠词的发展、迂回助词的产生、比较小品词 quam 的崛起,以及补语(dicerequod)策略的发展等问题。

此章作为结束篇,阐述了编者对拉丁语历时考察所提出的一些重大问题的评估。编者警告说,这一章未必反映了各个章节作者的观点,也不想全面彻底地论证。事实上,本章对语言现象的处理是粗线条的,也不是本论文集中高水准的实证与方法论范畴的典型代表作。这一章的主要贡献在于评估了历时考察整体法的成果水平。两位作者讨论了四组因素:结构过程、类型学因素、功能因素和语用因素。别人也经常讨论影响句法的结构过程:比如造成词尾格标记磨蚀的语音演变。在类型学层面,跨范畴的蕴涵共性应当起作用,并产生促使系统和谐的变化。分析了很多功能因素:形态句法层面的象似性(形式到意义的透明性)、图解性(形式到形式的透明性),话语层面的突显性、信息结构(已知信息—新信息的区分)、感知/回忆的容易度(ease)等,以及一个更是包打天下的经济性原则(最省力原则)。语用方面,则提及语境影响与信息包装。但其与功能因素的区分则不清楚。这些回顾使他们解决了围绕句法演变决定因素的相关问题,得出了出人意料的结论——功能是句法演变的最重要因素,其后依次是语用、形式和类型学的因素。

两位主编还主张,萨丕尔 1921 年提出来的沿流现象(drift)虽然在句法演变的讨论中忽隐忽现,也没有什么神秘。当然,拉丁语句法演变长时间研究的大问题关系到沿流,特别是萨丕尔识别出的印欧语言普遍存在的三个演变趋势(格脱落,位置因素显化,不变化词形式的固化)。沿流现象用类型学研究中词缀和谐的历时共性解释过[威恩曼(Vennemann),1975,霍金斯(Hawkins),1983,关于拉丁语的研究见鲍尔(Bauer),1995],引发了生成历时研究的强烈争议[综述见吉安诺洛(Gianollo),2008;关于拉丁语的重述见莱吉威(Ledgeway),2012],将沿流解释为参数重置操作串联(cascade of parametric resetting operations)。拉丁语在讨论中地位很重要:莱吉威(2012)提出,在基于认知的跨范畴和谐趋势(限制演变的共性)方面,他解释为核心方向性参数的逆转在从综合性语言向分析性语言的宏观转变中极其重要，从拉丁语向罗曼语的转变可见一斑。很可能会从拉丁语历史句法新考察成果而形成一批生动的争论——词序或其他一切共性研究利益相关者，无论什么研究背景，都会参与进来。

编者们一致认为，沿流不是语言演变的解释力量，而是一种待解释的事物，是结果而非原因。这已经由莱特福特（Lightfoot）在多个出版物中强有力论证过（最早见于莱特福特 1979：385—405）。他的主张不是要忽略这些效果，而是要关注作用于个体语法传递（习得）的普遍认知原理及其与特定语言（语法内部）及特定历史（比如语言接触）的局部原因的交织关系。

编者提出了另一番解释性原则，听起来也非常合理，但是却没有解释这些普遍趋势启动并从某个点开始固化的局部原因。比如编者提及的 Behaghel 定律是一种语用驱动原理，有利于将重名词短语移到动词后位置，这是从 OV 改变为 VO 语序背后的最主要因素。但是，却只字未提该定律如何在历史不同阶段与内部语法对名词短语位置的其他限制集合相互动（只考虑了代词的不同身份）。

要讨论的一个明显因素是格形态的脱落；两位编者准确地观察到，虽然可能有一个关系，但"不太可能是简单的因果关系"（p. 876），因为 SVO 语序成为主导语序的阶段，格系统仍在使用。对于其他现象，作者就采用了形态结构的解释，比如在拉丁语形容词位置的弱规则情形中，在任何阶段都没有明显的 AN 或 NA 的偏好语序是归因于拉丁语形态的强烈一致性，降低了语序上的功能负担，这与英语缺少一致性和语序严格正相反。接下来问题自然就变成了：这能解释像德语这样严格一致的系统为何不允许形容词脱离严格的 AN 语序吗？那么是什么特征真正决定一致的强度呢？是性、数还是格呢？并且这些特征对名词短语不同成分的扩散程度要多强才能算得上是"强"呢？

编者主张，在拉丁语发展过程中，历时蕴涵共性的作用很边缘，为"功能、语用、结构和类型学层面各自演变"的累积效应所取代，这已成为本系列论文的一条常用线索。这些演变后的推动力量在于交际处理机制，比如"更明晰，使用透明的结构而非隐性结构，功能机制最大化等"（p. 890）。

三　简评

本卷呈现的研究维度具有丰富的创新性，因而必会成为拉丁语句法研究文献中不可缺少的一部分。首先，本书对句法的系统性研究填补了本领域长期的空白；由于采用了以功能为导向的方法论，充分考察了语义维度，而非只考察某个形式或构式的历史演变。比如希求语气（the optative mood），本卷论文从功能角度出发研究"如何表达想要的结果"，并从共时和历时角度分别研究了其形式上的选择。本系列研究无论是研究思路还是研究方法，都值得汉语研究借鉴。另外，拉丁语对整体印欧语系的形成和演变影响巨大，本系列成果将很好地促进汉语与印欧语语言的比较。

其二，由于有创新性的文本数据和方法论意识，本系列中的论文已经表现出对拉丁语法掌握的重大进步。编者能编完如此复杂的材料，提供连贯的全面综合的研究成果，已经十分难得。本卷的显著特色是历时考察范围十分广阔，从原始印欧语到晚期拉丁语（公元六世纪）/通俗拉丁语时期（也称原始罗曼语，Proto-Romance）。在多数章节中都运用了创新的文本调查方法来进行分析，在提供传统文献与辞书常见被引例证之外增加了容易理解的实证材料。

其三，本书采用了假设—验证模式，使项目研究过程与方法带有严谨的实证主义色彩。编者与各章作者带着问题展开整体研究，其结论对传统观点提出了挑战。当编者在 20 世纪 90 年代末期启动这个项目时，其方法论初衷是功能-类型学模式，再辅之以历史语言学的常用结构主义方法，从而能够揭示出拉丁语句法的新现象及其演变规律。换句话说，他们意识到句法演变的原因不止一个，因而也没有哪一种方法能够解释所有类型学的演变。他们需要扩展框架，以容纳拉丁语历史上的所有变化。但句法对系统内部的（如语义、形态和语音）和系统外部的（如社会语言学、语用学和功能）的很多影响都很敏感，只有用一个能扫描所有语言现象的广角镜才能看到全景。正是出于这样的想法，编者最初才采用了"整体法"，即根据当代各种不同方法来分析基于文本的句法数据，特别是与功能主义和类型学相关的方法。（见第一到三卷的绪论）。

但事实上这四卷本的历史句法学成形后，编者却发现"功能—类型"的论点不足以作为拉丁语长期历史上所有不同类型的语法现象的一个分析框架，甚至补充了结构分析也无济于事。令人出乎意料的是，语用学的作用大大扩张，也即交际策略、信息包装，以及其他句法外过程，都在拉丁语句法变异和演变的解释中起到重要作用。类型学这个领域当前处于基本的方法论对话中，有望修正其理论基础。在这个意义上，类型学思路用于像拉丁语这样单一语言的历史演变时，还需要再精细化。

其四，研究结论使我们对语言演变的影响因素有了新的认识。编者发现，纯功能—类型学的论据不足以作为历时分析的工具，"从历时角度看，一个直接的类型学方法只能用来捕捉现象的一部分"（p.3，脚注4），"即使拉丁语发展有足够长的时期来勾勒出长期的类型学发展线条，在我们看来，这样的发展是否有类型学基础也还是个疑问。"（pp.3-4）在本书结尾一章里表达更明确：句法演变中功能因素起着最重要的作用，其次是语用因素，然后是结构因素，最后才是类型学要素（p.889）。对于句法演变问题采用整体（整合）方法，证明极富成效，因为各种句法演变都对系统内外的不同影响表现敏感。特别是，语用学比作者们猜想的具有更大的决定性作用（尤其是作为交际策略和信息包装的选择）。

关于这一点，威廉·克罗夫特（2009）已经指出，有两大强调语法化的语义过程的理论：比喻引申和语用推理。在比喻引申中，一个概念从某一概念域转到另一概念域。在语用推理中，意义的一个语境（语用的）属性被重新分析为这个意义的一个固有（语义属性），而一个相关的固有属性也被重新分析为一个语境属性。特拉戈特（Traugott）和考尼格（Konig）认为，连接词的发展就牵涉语用推理（1991：190）。海因（Heine）、克劳迪（Claudi）和亨尼麦尔（Hunnemeyer）却认为所有语法化过程都牵涉到语用推理，他们称之为语境诱发的再解释，甚至是比喻引申中都包括了语用推理。（1991：70）

这与编者们开始编写工作时的预测是相反的：他们本来期待功能性原理的解释力将会比较低，而类型学原理的作用是核心的。两位主编的框架似乎在各种因素之间人为地画了一条线。另外，对历时研究中的类型学作用采用了极有限（简约）的视角，而唯一的类型学发展因素却导致了历时共性。这样的概括可能预测一种演变及其对所蕴含的相关语法现象的影响，却没有被给予"演变催化剂"的地位，起码在单个语言历时演变中如此（p.889）。

其五，该研究另一项结论是：语言接触在拉丁语法形成的过程中作用有限。第一卷中关于拉丁语与希腊语（卡尔玻里，2009）和闪语（鲁比奥，2009）接触的研究认为，这些接触没有对拉丁语核心句法形成持续性影响。另外，研究再次确认，在拉丁语发展各个阶段贯穿的某种文学规范产生了巨大影响，我们现在能看到的文本中，仅有极少数不受这种统一的文体传统影响，因而给实际的持续变化提供了一个更为真实的视角。虽然本书中运用的文本数据还不足以弥补口语传达的差距，我们还困惑于看到亚标准现象，比如 habere 'have' "有"（被解释为罗曼语助动模式的前身）兴起于拉丁语早期，几个世纪后消失了，而在拉丁语晚期或早期罗曼语文本中又再次出现。

最后，有几点反思。语言学研究证明，语言现象如此复杂，想迅速找到一种能解释每个变化的基本机制，本身就是一种"冲动"。本书的编者也这样主张：如果我们讨论的一些或全部变化能够在一个规则下被整合和归纳起来，简化为一个单一的原理或者策略，那就是一个方法论的胜利（pp. 868—869）。据称像物理学这种硬科学会发生这样的事。编者事实上是否定这种单一解释的可能性和用处的，他们说：不同类型的变化需要不同类型的解释，并且欢迎摆脱"非要把所有变化纳入一个既定框架的要求"（削足适履）（p. 889）。但是，他们在个别演变的调查中又使用了简化论，试图为每个变化找一个统一的原理。这个方法论立场与历史句法学大量实证工作相冲突。本论文集的工作规模已经展现，从不同语法模块来的因素在句法演变的决定过程中深深纠结在一起，只有大量语料数据才能解读这种复杂的互动关系。如编者在序言中所述，本卷的覆盖面还有不足，还缺少关于语态、否定和非限定从属句的研究，但在丛书系列中各章中也提供了有价值的相关信息。

有关历史深度，虽然初始计划是调查从原始印欧语到晚期拉丁语的每个现象，但很多章里实际上做不到。另外，这些现象经常无法重拟，原始时期的拉丁语仍然有很多悬而未决的问题，其中，从属关系就是一个突出的例子。另一方面，晚期拉丁语的证据有时实在太分散，没法概括。然而，本系列中每篇论文都试图根据印欧语广阔图景来呈现拉丁语数据，至少调查了拉丁语在晚期的某些发展。虽然能用于晚期拉丁语的文本数据往往有限，未来要进行的晚期拉丁语句法综合性调查还很多。

总体来说，本系列丛书代表了原创研究的优秀成果，不但体现了很高的文献研究能力，而且方法多样，理论视野开阔，融入了语言学研究的前沿发展，特别是以类型学和功能为导向。正如编者所说：这些丛书的内容展现了严谨学者的严肃努力，他们的研究框架不会过时，即使是在句法理论发生下一个理论发展或定位变换阶段也会延续下去（p. 2）。

参考文献

［美］威廉·克罗夫特：《语言类型学与语言共性》，龚群虎译，复旦大学出版社2009年版。

Baldi, Philip and Pierluigi Cuzzolin (eds.), 2011, *New Perspectives on Historical Latin Syntax* (Vol. 4): *Complex Sentences, Grammaticalization, Typology*. Berlin: De Gruyter Mouton.

Gianollo, Chiara, 2014, *New Perspectives on Historical Latin Syntax* (*Vol.* 4): *Complex Sentences, Grammaticalization, Typology* by P. Baldi and P. Cuzzolin (review). *Linguistic Typology* (2): 358–369.

Heine, Bernd, Ulrike Claudi and Friederieke Hunnemeyer, 1991, *Grammaticalization: A Conceptual Framework*. Chicago: University of Chicago Press.

Traugott, Elizabeth C. and Ekkehart Konig, 1991, The Semantics-Pragmatics of grammaticalization revisited. In Elizabeth C. Traugott and Bernd Heine (eds.), *Approaches to Grammaticalization*. Amsterdam: John Benjamins. 189–218.

(作者单位：黑龙江大学应用外语学院)

古汉语假设复句研究概况

龚 波[1] 雷 颖[2]

提 要 古汉语假设复句的研究可以追溯到汉代。在以往的研究中，学者们做了大量的工作，有很多研究已经相当深入。文章从"训诂学框架下的假设复句研究""语法专著中的假设复句研究""专书研究中的假设复句研究""假设连词和假设复句专题研究"和"研究假设复句的专著"等五个方面对以往的古汉语假设复句研究做了一个简单的回顾。

关键词 古汉语 假设复句 假设连词 研究概况

复句研究是汉语语法研究中的薄弱环节，这种状况在古汉语语法研究中也不例外。迄今为止，我们能够见到的专门针对古汉语假设复句进行深入研究的成果并不多。我们只能通过一些语法史专著的相关章节和为数不多的论文以及两三本专著来了解古汉语假设复句演变的基本事实。

以往学者对古汉语假设复句的研究绝大多数并不是以假设复句本身为直接对象的。由于假设复句最重要的标记形式是假设连词，很多研究古汉语词类或句法的专著或多或少地都会涉及假设连词的问题。严格说来，这一类研究算不上真正意义上的复句研究。由于连词是复句最重要的标记形式，研究复句一般都是以连词（或"关联词"）为研究重点的。如果没有对连词的系统研究，那么所谓的复句研究也就无从开展。因此我们在梳理假设复句研究历史的时候也将假设连词的研究作为重点来考察。以下我们从"训诂学框架下的假设复句研究""语法专著中的假设复句研究""专书研究中的假设复句研究""假设连词和假设复句专题研究"和"研究假设复句的专著"等五个方面对以往的研究做一个简单的回顾。

一 训诂学框架下的假设复句研究

对假设连词进行词义训释的工作可以追溯到汉代。由于常用的假设连词"若"和"如"在典籍中的词义是比较明确的,注疏家们一般都不予注释。只有对不太常用的或者注疏家们认为其词义与"若""如"略有区别的假设连词,注疏家们才会加以训释。以连词"苟"为例,"苟"在先秦的用法与"若""如"的用法是有差别的①,汉代的注疏家一般不注"若"和"如",但却经常注"苟"。据《故训汇纂》统计,将先秦文献中的"苟"训为"诚也"的汉代注疏家就有如下几家:

  a. 韦昭,《国语·鲁语下》"苟如是"注;
  b. 孔安国,何晏集解引《论语·里仁》"苟志于仁矣"注;
  c. 赵岐,《孟子·梁惠王上》"苟为后义而先利"注,《孟子·离娄上》"苟为无本"注;
  d. 高诱,《吕氏春秋·高义》"子之师苟胥至越"注,《吕氏春秋·上农》"苟非同姓"注;
  e. 王逸,《楚辞·离骚》"苟余情其信姱以练要兮"注,《九章·涉江》"苟余心其端直兮"注。

在汉代,"若"和"如"仍然是最常用的假设连词,但上述注疏家们在训释"苟"的时候并没有用"若"或"如"来训释,而是用"诚"来训释。这说明,在这些注疏家的心目中,"苟"与"若""如"是有差别的,在他们看来,"苟"的语义与"诚"更接近,而与"若""如"相距较远,因而以"诚"释"苟"更恰当。从汉魏以降至宋代,注疏家们多以"诚"释"苟",而少用"若""如"。在皇侃、李善、孔颖达及邢昺等人的注疏中都可以见到"苟,诚也"的训释。

注疏家们的这种词义训释工作是为解经服务的,其对词义的说明和辨析隐藏于对训释词语的选择中,他们不会对连词的句法功能和位置等做出描述。

---

  ① 参看刘承慧《先秦条件句标记"苟"、"若"、"使"的功能》,《清华学报》新40卷2010年第2期;龚波:《上古汉语假设句研究》,商务印书馆2017年版。

但他们的工作透露出了他们对词义异同的理解，这可以成为我们进一步研究的基础。

除了注疏之外，很多虚词研究的专著中也有对假设连词词义和功能的描写。其中比较重要的如：

    a. 清·袁仁林《虚字说》；
    b. 清·王引之《经传释词》；
    c. 张相《诗词曲语辞汇释》（1953/2009）；
    d. 刘淇《助字辨略》（1954/2004）；
    e. 杨树达《词诠》（1954/2004）；
    f. 裴学海《古书虚字集释》（1954/2004）；
    g. 杨伯峻《古汉语虚词》（1981）；
    h. 何乐士等《古代汉语虚词通释》（1985）；
    i. 蒋礼鸿《敦煌变文字义通释》（增补定本）（1997）；
    j. 解惠全、崔永琳、郑天一《古书虚词通解》（2008）。

这些著作以解释虚词词义为主，其中会有对假设连词词义的描写和辨析，在解惠全等的《古书虚词通解》中还有对虚词词义来源和发展演变情况的一些说明。这些著作为我们提供了丰富的资料，使我们认识到这样一个基本事实：在汉语史上，假设连词不仅数量众多，而且来源复杂。据王克仲（1990）的统计，仅《经传释词》《词诠》《古书虚字集释》《古汉语虚词》四部著作中所认定的假设义类词就有 61 个。考虑到这几本著作所收的虚词都以上古汉语为主，如果将中古汉语和近代汉语也考虑在内，则汉语史上出现的假设义类词不会少于 100 个①。当然，由于训诂学著作本身的局限性，这些著作所认定的假设义类词有很多并不是严格意义上的假设连词。但对这些词语词义和用法的描写不无意义，这个工作是假设复句研究的一项重要的基础性工作。

二 语法专著中的假设复句研究

在中国的第一部汉语语法学著作《马氏文通》中，作者马建忠对汉语的

---

① 据向熹《简明汉语史》（修订本），商务印书馆 2010 年版，汉语史上曾经出现过的假设连词有 109 个。

假设连词和假设复句都有深入的思考。马氏的贡献主要体现在：一是明确地将假设复句的条件引导词划入连词（马氏称为"连字"）的范畴，《文通》连字有四类：提起连字、承接连字、转捩连字、推拓连字，条件引导词属推拓连字中的"事之未然而假设之辞"，其后的语法著作大多沿袭马氏将条件引导词归入连词的做法，只是在小类的划分和收字多少上微有差别；二是对假设复句的句法属性有独到的见解。《马氏文通》中没有设立"复句"的概念，而是将句法单位分为"字""读""句"三级，"读"是处于非谓语核心位置上的谓词性结构，是指称化的谓词性成分，虽然马氏也将"若""如""虽"等条件引导词归入连词，但马氏认为，这些连词之后的成分都是"读"而不是"句"，并且将这些连词称为"弁'读'之连字""'读'之记"，马氏的这个做法有自相矛盾之处，但也引发了很多的思考；三是对一些假设连词的用法进行了辨析。难能可贵的是，马氏还注意到一些语气词（如"也""矣""者"）等具有标记假设复句的功能。

马氏之后，伴随着复句概念的引入（黎锦熙 1924），绝大多数的古汉语语法著作都会在"复句"或"连词"的章节涉及到假设复句。其中最详尽的当属周法高（1961）和向熹（2010）。

周法高（1961）对假设复句的研究分为"加于条件子句之记号""加于后果子句之记号""不用记号之假设句"和"通说"四个部分。前三个部分是以标记理论为指导的对古汉语假设复句的细致描写。一共描写了 23 个假设复句前件标记（包括假设连词和语气词）和 7 个后件标记（包括连词和副词）。第四部分是对相关问题的讨论，从"假设句记号综述""正反假设""重复假设""若论"及"'然则''否则'等"五个方面展开。周氏的研究资料翔实、引例恰当、视野宽广，为其后的假设复句研究提供了良好的范式。但他的研究还是一种泛时研究，其研究侧重点局限于先秦两汉时期，对中古及近代汉语中的假设复句甚少涉及。

向熹（2010）分上古、中古、近代三个部分对汉语连词进行描写，搜罗详备，引证丰富。该书上古部分一共列举了 45 个假设连词，中古部分一共列举了 43 个新产生的假设连词，近代部分一共列举了 21 个新产生的假设连词。该书的研究是对古汉语假设连词的一次详尽调查，是研究假设复句较好的参照。但由于该书对假设连词的描写是在词类框架下进行的，而不是在复句框架下进行的，因此对假设复句的其他标记形式（如语气词、后件连词等）的描写散见于各章节，需要研究者自行归纳总结。

除此以外，类似的研究还包括：

a. 太田辰夫《中国语历史文法》（1958/2003）；
b. 何莫邪《古汉语语法四论》（1981）；
c. 柳士镇《魏晋南北朝历史语法》（1992）；
d. 袁斌《近代汉语概论》（1992）；
e. 董志翘、蔡镜浩《中古虚词语法例释》（1994）；
f. 祝敏彻《近代汉语句法史稿》（1996）；
g. 蒋冀骋、吴福祥《近代汉语纲要》（1997）；
h. 俞光中、植田均《近代汉语语法研究》（1999）；
i. 杨伯峻、何乐士《古汉语语法及其发展》（修订本）（2001）；
j. 李佐丰《古代汉语语法学》（2005）；
k. 席嘉《近代汉语连词》（2010）；
l. 钟兆华《近代汉语虚词研究》（2011）；
m. 梅广《上古汉语语法纲要》（2015）。

这些著作都不是专门讨论假设连词或假设复句的，讨论大多为举例性质，但也有一些研究比较深入。例如何莫邪的《古汉语语法四论》和梅广的《上古汉语语法纲要》对假设复句和假设连词就有很多独到的见解。柳士镇《魏晋南北朝历史语法》从历时发展角度对魏晋南北朝时期假设连词的产生和演变情况做了考察。董志翘、蔡镜浩《中古虚词语法例释》不仅对假设连词的用法进行描写，还对其历史来源进行了追溯。席嘉《近代汉语连词》是在其2006年博士学位论文的基础上修改而成的，这部著作比较全面地描写了近代汉语连词系统的面貌，梳理了唐五代至清末的连词，描述了各个连词的主要功能，书中还涉及一些假设连词的来源和演化过程，并将假设连词的来源归纳为四类：（一）动词演化为假设连词；（二）副词演化为假设连词；（三）跨层组合产生假设连词；（四）组合同化产生假设连词。

三 专书研究中的假设复句研究

专书语法研究是汉语语法史研究的一项重要的基础性工作。多年以来，经过几代学者孜孜不倦的努力，研究成果已蔚为大观。借助专书研究的成果，我们可以了解汉语史上各个历史时期汉语假设复句（特别是以假设连词为代表的各类假设标记）的发展演变的情况。与语法专著相比，专书语法研究中的假设复句研究更为细致。除了定性的分析之外，这类研究一般都会有定量的统计，这使得研究向着精细化的方向前进了一步。

专书语法研究涉及假设复句或假设连词的有：管燮初《西周金文语法研究》（1981）；香坂顺一《水浒词汇研究（虚词部分）》（1987）；管燮初《〈左传〉句法研究》（1994）；吴福祥《敦煌变文语法研究》（1996）；李杰群《〈商君书〉虚词研究》（2000）；白兆麟《〈盐铁论〉句法研究》（2003）；钱宗武《今文〈尚书〉语法研究》（2004）；吴福祥《敦煌变文12种语法研究》（2004）；吴福祥《〈朱子语类辑略〉语法研究》（2004）；黄珊《〈荀子〉虚词研究》（2005）；姚振武《〈晏子春秋〉词类研究》（2005）；刁晏斌《〈三朝北盟会编〉语法研究》（2007）；高育花《元刊〈全相平话五种〉语法研究》（2007）；于峻嵘《〈荀子〉语法研究》（2008）；曹炜《〈水浒传〉虚词计量研究》（2009）；杨永龙、江蓝生《〈刘知远诸宫调〉语法研究》（2010）；曹炜《〈金瓶梅词话〉虚词计量研究》（2011a）；曹炜《〈型世言〉虚词计量研究》（2011b）；曹广顺、梁银峰、龙国富《〈祖堂集〉语法研究》（2011）；李崇兴、祖生利《〈元典章·刑部〉语法研究》（2011）；李焱、孟繁杰《〈朱子语类〉语法研究》（2012）；龙国富（2013）等。

从研究成果来看，上古和近代部分的研究成果较多，中古部分的研究成果较少。

四 假设连词和假设复句专题研究

以上三类研究虽然都涉及假设复句，然而这些研究都不是专门针对古汉语假设复句的，因而无论在研究的广度还是深度上都有欠缺。

学者们对古代汉语中的假设复句展开专题研究是从20世纪80年代开始的。早期的研究涉及假设句句型、专书假设连词、假设连词的形式特征和假设连词之间的音韵关系等多个方面。代表成果如：陈克炯《论〈左传〉的假设复句》（1984）；韩陈其《古代汉语假设连词的形式特征》（1986a）；韩陈其《古汉语单音假设连词之间的音韵关系》（1986b）；董治国《古代汉语假设复句句型详析》（1988）；王克仲《意合法对假设义类词形成的作用》（1990）；赵京战《关于假设义类词的一些问题》（1994）；白兆麟《〈左传〉假设复句研究》（1998）等。这些研究早注重事实描写的同时，也有一些理论上的思考。如韩陈其（1986a）讨论古汉语的单音节假设连词在音韵上的联系，注意到了假设连词的系统性问题；董治国（1988）分析了古汉语假设复句的句型；王克仲（1990）研究了假设复句意合法的一些问题，并讨论了假设连词认定的问题。这些研究都不乏真知灼见，对后来的研究有很大的启发。

进入21世纪之后，古汉语假设复句研究向着深化和细化的方向继续发展。在这一时期，除了上文提到的语法专著和专书研究中对假设复句更为关注之外，还有一批学者开始专门研究假设复句。伴随着国外的语法化理论、标记理论、构式理论和语义地图理论等的介绍和引进，学者们在研究假设复句的时候开始自觉地运用这些理论来描写和解释汉语发展史上与假设复句相关的种种问题。例如在讨论假设标记的时候，除了关注假设连词之外，对假设助词更为关注；更加注重对各类假设标记语法化过程的描写；开始探讨假设范畴与其他范畴在语义和形式上的各种关联等等。

在假设连词的来源和语法化过程方面，学者们用力甚勤。以假设连词"使"的语法化过程为例，解惠全（1987）、洪波（1998）、邵永海（2003）、徐丹（2003）、张丽丽（2009）等都讨论过这个问题。学者们从语义、句法、语用等多个角度分析了连词"使"的产生过程和条件。张丽丽（2009）将"使"的语法化过程概括为2个步骤和7个条件：

a. 步骤1："使"字句作话题或前提时，被重新理解为条件分句
  条件1："使"字句用作话题或前提（语境上的条件）
  条件2："使"字句表非实然情境（语态上的条件）
  条件3：汉语中的条件分句不需要带条件连词（句法上的条件）
b. 步骤2：条件分句中的使役动词被重新分析为条件连词
  条件4："使"字意义空泛（语义上的条件）
  条件5："使"字前主语不出现（句法上的条件）
  条件6："使"字居复句之首（句法上的条件）
  条件7："使"字后接成分可独立成句（句法上的条件）

张丽丽（2009）对假设连词"使"的演变过程的刻画已经很细致了。她的研究还涉及"令""饶""任"的演变过程，并且将汉语与希腊语进行比较，呼应了Hopper and Traugott（2003）所提"子句连结渐变列"（a cline of clause-combining constructions）的主张：

意合连结（parataxis）＞形合连结（hypotaxis）＞从属连结（subordination）

涉及假设连词"要"的语法化过程的研究主要有马贝加（2002）、古川裕（2006）和蒋绍愚（2012）等。蒋绍愚（2012）对"要"由愿望意助动词到假设连词的演变过程和演变的条件都有详细的论述。蒋先生明确地指出了"要"由助动词演变为假设连词的两个关键条件：语义混同和语境吸收。张丽丽（2009）讨论了单音连词"但"以及双音连词"但使""但令""但是""但凡""只要"等充分条件连词的来源问题。文章认为这些连词或源自限定副词，或由限定副词所构成，显示限定副词和充分条件连词具有一定的演变关系。

假设助词也是假设复句的一种重要的标记形式。张炼强（1990）、艾皓德（1991）和曹国安（1996）最早注意到了假设助词标记假设句功能。江蓝生（2002、2004）两篇文章对假设语助词"时""後"和"的话"做了非常深入的研究。江蓝生（2002）考察了在汉语假设助词系统发展的历史中，曾有时间词加入的事实。文中分析了诱发时间词"时"与"後"语法化的句法环境和内部机制；揭示了"时"与"後"语法化的过程以及随着语法化程度的不断加深其句法功能不断扩大的事实。文章还论证了"後"虽然后来被"呵"取代，但与"呵"并无来源关系。指出由时间范畴进入假设范畴，是汉语跟其他一些语言共有的语用认知规律。江蓝生（2004）考察了跨层短语结构"的话"词汇化的过程，指出"话"的泛指代性以及由此形成的"话"与修饰语的同一性是"的话"词汇化的诱因，而省略和移位是"的话"词汇化的特殊机制。

刘承慧（2010）辨析了先秦假设复句标记"苟""若""使"的语义功能。文章认为连词"若"的功能是注记相对或不确定条件，言说者可借此将自身抽离言说情境；"苟"始于注记言说者祈愿实现的条件，延伸注记绝对条件；"使"可能始于注记言说者欲使为真的条件，又延伸注记反向推论的前提。先秦"苟""若""使"真正的功能不在注记条件关系，而在注记条件关系中的言说主观性。

对古汉语假设复句或假设连词进行专题研究的硕博士论文主要有：刘潜的《汉语假设复句的演变》（2004，硕士）、何锋兵的《中古汉语假设复句及假设连词专题研究》（2005，硕士）、连佳的《中古汉语假设复句关联词研究》（2006，硕士）、张莉的《明清时期山东方言假设连词及相关助词研究》

(2007，硕士)、龚波的《上古汉语假设句研究》(2010，博士)、崔丽丽的《上古假设复句发展演变研究》(2013，博士)和郑周永的《近代汉语有标假设复句研究》(2016，博士)等。

五 研究假设复句的专著

目前为止，就管见所及，涉及古汉语假设复句的专著有两部：一是高婉瑜的《汉语常用假设连词演变研究——兼论虚词假借说》(2011)；二是龚波的《上古汉语假设句研究》(2017)。

高婉瑜的《汉语常用假设连词演变研究——兼论虚词假借说》从假借、语法化、逻辑和认知等角度，结合语法、语义和语用，阐述汉语常用的十组假设连词的形成与发展。该书共分为十章。第一章《绪论》介绍选题缘由、基本架构、连词定义及假设连词与复句的关系等问题。第二章《文献、方法与材料》介绍以往的研究成果及该书所用的研究方法和语料。第三章到第八章是微观和中观的考察，检视假设连词的生成、竞争、兴替、消失的历时发展，厘清发展过程中的机制和动因，并逐一双音节假设连词的用法与内部结构。作者按假设连词语法化的来源分类考察：一是源自像似义的假设连词（第三章）；二是源自借设义的假设连词（第四章）；三是源自使役义的假设连词（第五章）；四是源自或然义的假设连词（第六章）；五是源自意志义的假设连词（第七章）；六是源自极微义的假设连词（第八章）。第九章《连词演变的多元思考》从宏观角度探索假设连词的一词多用与内部竞争问题，以及假设连词进一步语法化的问题。第十章为《结语》，总结全书内容并对假设连词研究进行了展望。

龚波的《上古汉语假设句研究》是在其2010年的博士论文基础上修改扩充而成的。该书是对上古汉语假设复句的一次比较全面的考察。除《绪论》和《结论》外，全书一共有五章。第一章描写上古汉语的无标记假设句；第二章按历时顺序分别描写了商代、西周、春秋战国和西汉时期假设句的面貌；第三章和第四章是对相关问题的讨论，涉及假设复句的标记形式和假设范畴与其他范畴的关系等问题；第五章讨论假设复句的语义特征和句法功能。该书从意义入手，以标记为纲，涉及假设复句研究过程中的诸多问题，既包括对上古汉语各个历史时期假设句和假设标记的详尽描写，也包括对相关问题的解释和对相关理论问题的思考。

六　小结

　　古汉语假设复句的研究可谓"既古老而又年轻"。说它古老，是因为如果我们把对假设连词的词义训释工作也囊括其中的话，这个研究可以追溯到汉代；说它年轻，是因为从汉代到今天，真正在复句框架下展开的对古汉语假设复句的研究并不多见。在以往的研究中，学者们做了大量的工作，有很多研究已经相当深入。但是遗憾的是，绝大多数的研究并非聚焦于复句，不是在复句研究的框架下展开的。它们或是在词义辨析的框架下展开的，或是在词类研究的框架展开的，或是在语法化研究的框架下展开的。这些研究对我们认识汉语假设复句的历史演变过程有重要的意义，为我们进一步的研究打下了坚实的基础。但是由于不是在复句框架下展开的研究，挂一漏万之处在所难免。无论是在研究的广度还是深度上，以往的研究都还有很大的拓展空间。

　　前修未密，后出转精。这本是学术研究的自然规律。古汉语假设复句的研究方兴未艾，有待于我们进一步探索。

参考文献

　　艾皓德：《近代汉语以"时"煞尾的从句》，《中国语文》1991年第6期。

　　白兆麟：《〈左传〉假设复句研究》，《古汉语语法论集》，语文出版社1998年版。

　　白兆麟：《〈国语〉与〈左传〉假设句句法比较》，《淮北煤师院学报》2000年第2期。

　　白兆麟：《〈盐铁论〉句法研究》，商务印书馆2003年版。

　　曹炜：《〈水浒传〉虚词计量研究》，暨南大学出版社2009年版。

　　曹炜：《〈金瓶梅词话〉虚词计量研究》，暨南大学出版社2011年版。

　　曹炜：《〈型世言〉虚词计量研究》，暨南大学出版社2011年版。

　　曹广顺、梁银峰、龙国富：《〈祖堂集〉语法研究》，河南大学出版社2011年版。

　　曹国安：《"时"可表示假设》，《古汉语研究》1996年第1期。

　　陈克炯：《论〈左传〉的假设复句》，《华中师范学院学报》1984年第

5 期。

陈丽、马贝加：《汉语假设连词研究的回顾与展望》，《中南大学学报》（社科版）2011 年第 1 期。

陈思渠：《古汉语假设复句三议》，《西藏民族学院学报》1982 年第 2 期。

楚永安：《文言复式虚词》，中国人民大学出版社 1986 年版。

崔丽丽：《上古假设复句发展演变研究》，博士学位论文，北京师范大学，2013 年。

刁晏斌：《〈三朝北盟会编〉语法研究》，河南大学出版社 2007 年版。

董志翘、蔡镜浩：《中古虚词语法例释》，吉林教育出版社 1994 年版。

董治国：《古代汉语假设复句句型详析》，《宁夏教育学院学报》1988 年第 2 期。

范崇峰：《魏晋南北朝佛教文献连词研究》，硕士学位论文，南京师范大学，2004 年。

高婉瑜：《汉语常用假设连词演变研究——兼论虚词假借说》，台湾学生书局 2011 年版。

高育花：《元刊〈全相平话五种〉语法研究》，河南大学出版社 2007 年版。

龚波：《上古汉语假设句研究》，商务印书馆 2017 年版。

古川裕：《关于"要"类词的认知解释——论"要"由动词到连词的语法化路径》，《世界汉语教学》2006 年第 1 期。

管燮初：《西周金文语法研究》，商务印书馆 1981 年版。

管燮初：《〈左传〉句法研究》，安徽教育出版社 1994 年版。

韩陈其：《古代汉语假设连词的形式特征》，《赣南师范学院学报》1986 年第 3 期。

韩陈其：《古汉语单音假设连词之间的音韵关系》，《中国语文》1986 年第 5 期。

何锋兵：《中古汉语假设复句及假设连词专题研究》，硕士学位论文，南京师范大学，2005 年。

何乐士、敖镜浩、王克仲、麦梅翘、王海棻：《古代汉语虚词通释》，北京出版社 1985 年版。

何莫邪：《古汉语语法四论》，万群译，待刊稿，1981 年。

洪波：《论汉语实词虚化的机制》，郭锡良主编《古汉语语法论集：第二届国际古汉语语法研讨会论文选编》，语文出版社1998年版。

黄珊：《〈荀子〉虚词研究》，河南大学出版社2005年版。

江蓝生：《时间词"时"和"後"的语法化》，《中国语文》2002年第4期。

江蓝生：《跨层非短语结构"的话"的词汇化》，《中国语文》2004年第5期。

蒋冀骋、吴福祥：《近代汉语纲要》，湖南教育出版社1997年版。

蒋礼鸿：《敦煌变文字义通释》（增补定本），上海古籍出版社1997年版。

蒋绍愚：《词义演变三例》，蒋绍愚《汉语词汇语法史论文续集》，商务印书馆2012年版。

解惠全：《谈实词的虚化》，《语言研究论丛》（第4辑），南开大学出版社1987年版。

解惠全、崔永琳、郑天一：《古书虚词通解》，商务印书馆2008年版。

黎锦熙：《新著国语文法》，商务印书馆1992年版。

李艳：《〈史记〉连词系统研究》，博士学位论文，吉林大学，2012年。

李焱、孟繁杰：《〈朱子语类〉语法研究》，厦门大学出版社2012年版。

李崇兴、祖生利：《〈元典章·刑部〉语法研究》，河南大学出版社2011年版。

李杰群：《〈商君书〉虚词研究》，中国文史出版社2000年版。

李佐丰：《古代汉语语法学》，商务印书馆2005年版。

连佳：《中古汉语假设复句关联词研究》，硕士学位论文，山东大学，2006年。

刘淇：《助字辨略》，中华书局2004年版。

刘潜：《汉语假设复句的演变》，硕士学位论文，吉林大学，2004年。

刘承慧：《先秦条件句标记"苟"、"若"、"使"的功能》，《清华学报》新40卷2010年第2期。

柳士镇：《魏晋南北朝历史语法》，南京大学出版社1992年版。

龙国富：《〈妙法莲花经〉语法研究》，商务印书馆2013年版。

马贝加：《"要"的语法化》，《语言研究》2002年第4期。

梅广：《上古汉语语法纲要》，三民书局2015年版。

裴学海：《古书虚字集释》，中华书局2004年版。

钱宗武：《今文〈尚书〉语法研究》，商务印书馆2004年版。

邵永海：《〈韩非子〉中的使令类递系结构》，《语言学论丛》（第27辑），商务印书馆2003年版。

太田辰夫：《中国语历史文法》，蒋绍愚、徐昌华译，北京大学出版社1987年版。

王克仲：《意合法对假设义类词形成的作用》，《中国语文》1990年第6期。

王引之：《经传释词》，上海古籍出版社2006年版。

吴福祥：《敦煌变文语法研究》，岳麓书社1996年版。

吴福祥：《〈朱子语类辑略〉语法研究》，河南大学出版社2004年版。

吴福祥：《敦煌变文12种语法研究》，河南大学出版社2004年版。

席嘉：《近代汉语连词》，中国社会科学出版社2010年版。

香坂顺一：《水浒词汇研究》，植田均译，李思明校，文津出版社1992（1987）年版。

向熹：《简明汉语史》（修订本），商务印书馆2010年版。

徐丹：《"使"字句的演变——兼谈"使"字的语法化》，吴福祥、洪波主编《语法化与语法研究（一）》，商务印书馆2003年版。

徐朝红：《中古汉译佛经连词研究》，博士学位论文，湖南师范大学，2008年。

徐朝红：《汉语连词语义演变研究》，湖南师范大学出版社2017年版。

杨伯峻：《古汉语虚词》，中华书局1981年版。

杨伯峻、何乐士：《古汉语语法及其发展》（修订本），语文出版社2001年版。

杨树达：《词诠》（1954），中华书局2004年版。

杨永龙、江蓝生：《〈刘知远诸宫调〉语法研究》，河南大学出版社2010年版。

姚振武：《〈晏子春秋〉词类研究》，河南大学出版社2005年版。

殷国光：《〈吕氏春秋〉词类研究》，华夏出版社1997年版。

于峻嵘：《〈荀子〉语法研究》，河北教育出版社2008年版。

俞光中、植田均：《近代汉语语法研究》，学林出版社1999年版。

袁斌：《近代汉语概论》，上海教育出版社1992年版。

袁仁林：《虚字说》，中华书局2004年版。

张莉：《明清时期山东方言假设连词及相关助词研究》，硕士学位论文，山西大学，2007年。

张相:《诗词曲语辞汇释》,上海古籍出版社2009年版。

张丽丽:《从使役到条件》,《台大文史哲学报》2006年第65期。

张丽丽:《从限定副词到充分条件连词》,《清华学报》第39卷2009年第3期。

张炼强:《试说以"时"或"的时候"煞尾的假设从句》,《中国语文》1990年第3期。

张志达:《假设义类词同义连用举隅》,《古汉语研究》1993年第2期。

赵京战:《关于假设义类词的一些问题》,《中国语文》1994年第4期。

郑丽:《中古汉语主从连词研究》,博士学位论文,福建师范大学,2009年。

郑周永:《近代汉语有标假设复句研究》,博士学位论文,北京大学,2016年。

钟兆华:《近代汉语虚词研究》,中国社会科学出版社2011年版。

周法高:《中国古代语法·造句编(上)》,《中研院史语所专刊》1961年第39期。

朱林清:《谈"使"字的连词用法》,《南京师院学报》1979年第1期。

祝敏彻:《近代汉语句法史稿》,中州古籍出版社1996年版。

(作者单位:1. 广州大学人文学院;2. 广州大学附属小学)

《复句习得》述评

郭晓群

一 引言

《复句习得》(*The Acquisition of Complex Sentences*) 是牛津大学出版社的"语言学系列丛书",作者为马克斯普朗克研究所心理学家 Holger Diessel。该书的突破性研究在于首次为儿童复句习得领域提供了综合性的复句产出实证研究。作者通过收集 2—5 岁说英语儿童的即时话语语料(spontaneous speech),考察非限定性及分词补语从句、限定性补语从句、限定性非限定性关系从句、状语从句以及并列从句的习得,结果发现复句的习得受限于多种因素,如语言中不同复句出现的频率、涌现构式的复杂度、复句的交际功能以及儿童社会认知发展特征等。该书不仅对现有的复句习得理论做了系统评价和有机整合,还结合儿童真实语料中的不同复句类型做了实证研究,试图建立一种综合的复句习得观:复句由小句扩展、整合而成,从简单词汇结构发展为复杂图式表征。全书共 8 个章节,第 1—2 章主要是引言和理论基础,第 3 章为复句的操作定义,第 4-7 章讨论了不同类型复句的习得,第 8 章为结论。

二 内容简介

第 1 章"引言"概述了本书的主要研究对象、核心假设以及研究方法。首先作者给出本书复句的操作定义,即包括主句、从句或者并列小句的句群。其中,从句包含补语从句(complement clause)、关系从句(relative clause)以及联合从句(conjoined clause)等类型,且都有限定性(finite)和非限定性(nonfinite)之分。补语从句是对上级小句中预测性内容进行讨论;关系从句是作名词或名词短语的定语；状语从句则是作为主句或动词短语的一种修饰。其次作者提出本书的两大研究假设。假设一：复句源于简单句。复句的发展起始于简单非嵌套式句子，然后逐渐转变为多层小句结构（multiple-clause constructions）。假设二：儿童的早期复句是基于具体词汇表达组构而成的。儿童只有在学习了大量的具体词汇构式并能生成不同的词汇结构之后，才能涌现复句更多的图式表征。最后讨论了本研究儿童复句语料库的创建方法。该 CHILDES 语料库由 5 位 2—5 岁说英语儿童在日常言语中产生的 12000 个多子句（multiple clause）组构而成，是至今儿童复句习得研究领域中最大的数据库。

第 2 章 "语法结构的动态网络模型" 主要陈述了本研究的理论基础：构式语法和基于使用的语法模型。与生成语法观不同，作者在本书里采用了 "功能-认知观"，即将构式语法和基于使用语法模型相结合。第一部分简单概述了构式语法的核心观点——把构式作为语法根基（grammatical primitives）。语法结构就如词汇，是音和义的配对结合。接着列举 "预制语块"、"低水平程式语" 和 "习语表达" 等来讨论程式语在构式语法中的重要地位，并进一步指出语法和内生词汇（lexicon inherent）可被视为一个连续统。第二部分对基于使用语法模型展开了重点讨论。该模型认为语法是基于语言使用过程中心理加工特征而不断变化的动态系统。语言使用能改变语言成分的意义、结构以及语法组构方式。本章第三部分主要讨论了生成模型与使用模型在语习得中存在的主要差异，如本能性和语法发展等。生成语法本能假说认为语言习得是普遍语法机制，且得到了心理学、神经学、语言学等实证研究结果的支持。但作者指出这些有关语言本能假说的研究讨论虽然指出语言习得涉及一些生理特征，但依然无足够的证据说明儿童具有本能的普遍语法知识。可确认的是语言习得是基于一套包含在其他认知发展中的普遍认知机制。至于语法发展问题的差异，生成语法认为语法来自半自动加工，可不断扩展。而基于使用语法模型则从不同的语法发展的社会认知基础、周围语言的影响、语法发展的时间进程以及儿童语法与成人语法间的关系等方面来详细阐释语法发展基于习得，而非扩展。

第 3 章 "复句及从句的定义"。复句是 "一种语法结构，用以表达两个以上情境（situation）的两个以上小句（clause）之间的特定关系"（p41）。作者对其中的情境和小句做了进一步的说明。"情境" 是一个概念单元，具有关系性（relational）和时间性（temporal）两个重要特征。情境与事件的区别，如同名词之于小句，情境及小句都具关系性和时间性，而事件和名词都是非关系性和非时间性的。复句分为包含并列小句和包含从属小句两种类型。并列小句包含两个功能对等、形式对称的小句；而从属小句包含主句和从句，两者在功能、形式上都是不对等的关系。然后本章着重从句法、形态、语义及加工等方面讨论从句的特征，尤其重点讨论了从句的句法语义和加工理解等内容。最后总结指出典型从句（prototypical subordinate clauses）是一个原型结构（prototype structure），语法上为嵌入句子，形态上以独立小句形式作为挂靠结构，在主句中进行语义整合，与相关主句的加工单元部分相同。

第 4 章"非限定结构和分词补语结构"首先介绍了所采集儿童复句数据中出现最早的复句类型：非限定补语结构（non-finite complement constructions）。作者从普遍语法理论、语义角色理论、阶段模型等视角对儿童非限定性从句的理解和产出进行回顾，接着讨论成人英语中各种非限定补语结构的研究现状，如语义关联与句法整合、情态动词与补语从句的关系等。其次，本章提供了一个儿童复句产出数据的全景式介绍。该数据包含补语动词、不定式、分词等形式的结构，其标记特征为：补语类型、补语动词后出现名词补语的频率。然后重点分析了早期儿童非限定补充小句的特征。数据结果显示儿童非限定性及分词补语从句的发展路径：最早的非限定动词是情态动词，用以说明语义结构；最早的非限定补语绝大多数都采用 NP-V-VP 这一构式，伴随短小的程式语主句出现；随后出现更多样的嵌入结构，如 NPs, wh-verb, wh-pronoun, wh-infinitive, know-how-to-inf 等形式。作者主张将非限定补语结构习得中出现最早的实例作为一种无嵌入的准模型（quasi-modal）。真正嵌入式的非限定补语从句在非限定补语结构之后才出现。这些结构的早期形式通常是受主语控制（subject control），其次是受宾语控制（object control）。这种发展路径得益于子句的扩展。作者认为早期的构式（constructions）构成了用以指称单一情境的各种命题，后期构式中的补语和补语动词之间的联系并不太紧密，可以被看作是两个命题。最后，本章讨论了复句习得发展的两个决定因素，如语言环境中构式出现的频率和构式的复杂度。研究数据表明，环境语言中的频率与儿童输出年龄呈显著相关，如 wanna、hafta、like、try 等词。而 know 等词频率较高却较晚出现，是受 know+wh-inf、know to-inf 等结构复杂的语义、形态特征影响。

第 5 章"补语从句"介绍儿童习得语料中出现的另外一个复句类型——限定性补语从句（finite complement clause）。第一部分回顾儿童补语从句生成与发展的实证研究，指出早期的补语从句与程式性主句（formulaic matrix clause）相伴而生。当只表达一个命题时，该阶段的补语从句是独立的非嵌入式。作者则主张该阶段的主句是非断言性的（non-assertive），可分为认知标记（epistemic markers）、道义情态标记（deontic modality markers）、言外之力（illocutionary force）等类型。第二部分列举了程式化用法（formulaic use）、断言用法（assertive use）以及施为用法（performative use）在主句功能、从句功能、主从句关系等三个方面的重要内容。其中断言用法表达事件复杂状态中的主要情境，施为用法说明说话者互动的具体方面。两者在主句及从句间的语用功能和语义关系上都有所不同。基于语料库的补语从句实证研究结果表明，最早的补语从句为 S-complements，随后出现 if-complements 和 wh-complements 等类型。作者提出了补语从句的总体发展路径：早期儿童补语从句的习得伴随着仅含单一命题的程式化结构，作为认知、获取注意或言外之意的标记。随后逐渐出现嵌入式的包含两个命题的施为用法和断言用法，两者在语义和结构上都比程式化用法更复杂。这也表明子句扩展的另一发展路径，即一个命题可逐渐扩展为两个独立的命题。最后分析了促进补语从句发展的影响因素，主要体现在环境语言中的频率、结构的复杂性以及儿童的认知能力等方面。补语从句的输入频率与产出年龄呈显著相关，而一些频率高却晚出现的动词，如 tell, pretend 等，是受其结构复杂度以及儿童所需的认知能力尚未形成等因素影响。

第 6 章 "关系从句" 首先在文献综述部分讨论了复句理解中的相关假说，如不间断假说（non-interruption hypothesis）、填充假说（filler-gap hypothesis）、NVN-图式假说（NVN-schema hypothesis）、平行功能假说（the parallel-function hypothesis）以及联合从句假说（conjoined-clause hypothesis），同时指出儿童关系从句研究结论在理解和产出方面存在不一致性现象。作者认为这种不一致性可能由理解实验中所使用的关系从句与该年龄段产出的关系从句类型不相符所致，可通过采用产出中的关系从句类型做理解实验语料的途径得以解决。此外本章从外在句法、内在句法以及非限制性分词结构等方面对语料库中的关系从句进行分析讨论，指出最早的关系从句为谓词名词性混合体（predicate nominal amalgams），依附于主句，如包含代词主语、系动词 be、谓语及关系从句间两个空位（slot）的结构。随后出现双重子句结构，用以表达两个独立的命题。关系从句有 PN 关系从句（PN-relatives）和 PN 混合结构（PN-amalgams）两种结构类型。两者在句法和形式上存在差异，前者可通过后者逐渐发展而成。作者概述了关系从句的发展路径：从简单的特定词汇结构扩展到完全成熟的更复杂的双重子句结构。如非限定性从句和补语从句，关系从句的习得也是一个渐进发展的过程，属于"子句扩展

(clause expansion)"类型。最后,本章讨论了驱动早期 PN-relatives 和 N-relatives 结构发展的重要因素:主句的程式化特征、句子的信息结构、引介从句(presentational relatives)的语用功能、周围语言环境(ambient language)以及涌现结构的复杂度。

第 7 章"状语从句和并列从句"介绍如何从形式、功能等维度来区分状语从句和并列从句,指出从句理解和产出在语义特征方面存在着差异。作者提出从句连续统(continuum)观点,认为状语从句和并列从句是由不同的句法整合(clause integration)程度产生的不同类型,可统称为"联合从句"。其中句法整合程度受联合从句间的语义联结、语用功能、语序及语调等条件的影响。作者通过对语料库中限定性联合从句的实证分析,发现最早的联合从句是两个独立子句通过语用功能衔接而成。在此语篇结构基础上,再习得由两个子句整合在一个语法结构中的复句。早期的联合从句包括两个并列小句,或一个主句带一个后状语从句(final adverbial clause)。而含前状语从句(initial adverbial clause)的复句受一些特定连词的影响,出现较晚。本书第 4—6 章的讨论已经对比了这两种从句在发展路径方面的差异:非限定性和限定性补语从句以及关系从句的发展都可通过子句扩展而成,而状语从句和并列从句则由两个独立子句的整合发展而成。正如作者所言"作为独立句子的联合从句要比作为双重子句结构整合后的联合从句出现的早"(p.170)。最后,作者讨论了影响联合从句习得顺序的因素,包括周围环境中不同联合从句类型出现的频率、前联合从句和后联合从句的不同加工复杂度以及前联合从句在特定语篇中的语用功能。

第 8 章"结论"主要概述了本书的主要内容,并深入讨论了引言中提出的假设与第 4-7 章中语料数据之间的相关性。具体表现在陈述了复句的类型、发展及与认知语法、基于使用模型之间的关系,强调了每种复句类型的发展路径以及影响因素。复句习得是一个逐渐复杂、抽象的过程,从单一命题的简单句,逐渐形成具体词汇结构,最终发展成抽象的图式网络。

三 简评

本书写作结构清晰,逻辑严谨,对语言习得的研究者、句法研究者,甚至是语言习得领域的研究生而言,既是一本较好的语言习得内容好书,又是一本学习学术论文规范写作的样例。如本书的第 4—7 章,作者采用了一致的写作分解样式，先从文献综述着手，接着是成人语法结构的概述，然后对采集语料数据的阐释，进一步对其实证分析，最后讨论总结。该写作格式是读者友好型的，有助于凸显章节之间的连贯性，使读者更容易消化每章节的内容。

此外，本书对复句研究领域的贡献主要在于它整合了不同理论框架来阐释复句的习得发展特征，突出了儿童复句习得的实证性以及采集数据的广泛性，并强调了复句习得的多元动态过程，对复句习得的研究产生了重要的影响。

首先，理论视野开阔。本书整合构式语法和基于使用的语法模型，从静态构成和动态使用两个维度对复句的复杂性进行解读。复句的习得是一个复杂的过程，单一理论框架未必能对复句习得做出透彻全面的阐释，而构式语法理论和基于使用模型理论的有机结合可提供一种更充分有力的解释。同时探究复句结构本质及其语法结构在使用中的特征，这种双管齐下、双向求证的路径，既能反映复句结构特征以及习得机制的复杂性，又能展现复句在使用中受各种因素影响而产生的变化和发展。此外，理论与实证在全文中得到了很好的呼应。第4—7章对语料的实证分析与讨论迫使读者积极调用理论阐释部分的"程式化"、"预制语块"等概念，以及复句输入频率、复句的复杂结构等内容。

其次，儿童复句语料的广度和研究的实证性是本书的一大亮点。鉴于儿童真实语料的稀缺，很多研究通常采用实验室编写语料，而本书坚持从儿童实际语料出发，采集了2—5岁的5个被试日常生活中产生的大量言语会话，转录后建成本领域实证数据最全的大型语料库。被试的年龄跨度之大，采集数据的数量之多，复句内容的真实性之高，都为该研究提供了强大的实证研究基础。值得称赞的是，作者基于所建真实语料库对所有复句类型进行了首次综合性的考察，并通过统计、分析、验证、讨论等方式对书中两个假设进行了大量的实证研究，为最终得出积极且强说服力的结论提供了严谨、客观的基础。这对于稀缺的儿童复句实证研究来说，迈出了重要的一步。

再次，强调复句习得的多元动态过程。在引言中作者就提出两个基本假设：其一，复句由扩展和整合两种不同路径发展而来；其二，早期儿童复句习得源于对具体的词汇表达进行组构。复句习得的动态性体现在不同类型的复句基于不同的发展路径逐渐形成。其多元性表现在习得受多种因素的影响，如周围语言环境中复句类型出现的频率、复句结构的复杂度、复句的交际功能、儿童的社会认知发展程度。

最后，对儿童复句习得领域具有重要的影响。一方面复句理解研究众多而复句生成研究较少，另一方面儿童复句理解的研究结论与产出的结论存在严重的不一致性。本研究通过大量采集儿童真实日常言语语料，对复句产出进行大量的实证研究，发现理解与产出之间的不一致性可能是由于理解实验中复句类型与该年龄段复句产出的类型不相符所致，同时建议匹配理解和产出研究中的复句类型来解决这一问题。这不仅为历来备受争议的理解—产出不一致性提供了可能的解释，而且大大丰富了儿童复句产出的实证研究成果。此外，本书的研究方法也为其他语言复句习得的研究设立了一个可参考的标准，如数据采集的途径、对象、大小等等。

虽然本书有丰富的理论基础，大量的真实数据，强有力的实证研究，但也存在着一些不足。构式语法和基于使用模型是如何结合，如何解释各类复句等问题并没有得到具体且充分的分析。本研究仅仅针对英语儿童复句的语料，没有其他语言数据的支持，比如汉语、法语、德语等。

参考文献

Diessel, Holger, 2004, *The Acquisition of Complex Sentences*. Cambridge University Press.

（作者单位：上海海关学院海关外语系）

马建忠与周时经的句法思想比较*

金海锦

提　要　马建忠与周时经是 19 世纪末 20 世纪初，为中韩两国构建本国的语法体系做出突出贡献的人。本文旨在系统地描写马建忠著述的《马氏文通》与周时经著述的《国语语法》的句法单位的界定、句子的认识、句子成分的划分、句子分类的认识等内容，并进行比较，考察两者的句法思想的异同。

关键词　马建忠　周时经　句法思想　异同

一　导论

马建忠与周时经是 19 世纪末 20 世纪初，为中韩两国构建本国的语法体系做出突出贡献的人，马建忠著述的《马氏文通》（下简称《文通》）与周时经著述的《国语语法》（下简称《语法》）在中韩两国的语法学史上发挥过非常重要的作用。但长期以来，中韩语法界对两本书的可比性未予以充分重视。本文基于以往研究成果，对《文通》与《语法》的句法单位的界定、句子的认识、句子成分的划分、句子分类的认识等内容对马建忠与周时经的句法思想进行探讨。

《文通》在"论句读卷之十"，《语法》在"짬듬갈"（句法论）部分探讨了句法相关的内容。《文通》"论句读卷之十"的句法内容编排分为象一到象七。象一，句读中之起词：系一，议论句读省起词；系二，命戒句省起词；系三，句前有读句无起词；系四，前有句读起词后不重见；系五，无属动字无起词；系六，公共之名可代起词本字。象二，句读中之语词：系一，咏叹语词在起词前；系二，询问代字"何"字在起词前；系三，排句中同一坐动下面可省；系四，比拟句读语词可省；系五，名代顿读为表词不用断辞。象三，句读中之止词：系一，止词弁句首后加代字；系二，止词爱动字前；系三，止词在动字前司词在介字前；系四，

---

* 本论文得到湖南省教育厅优秀青年科学研究项目（项目编号：18B362）的资助。

倒文。象四，句读中之转词：系一，记处转词之有介无介；系二，记时转词无介；系三，记价值度量里数等无介记所以所为有介。象五，顿：起词为顿、语词为顿、止词转词为顿、状语为顿、同次为顿、言容诸语为顿。象六，读之记与位：读之三记，接续代字、起语两词间之"之"字、弁读之连字；读之三位，位在句前殿以助字、为在句前有起词为联、位在句前无起词为联；读之三用，用如名字、用如静字、用如状字；句后之读。象七，句之两类：句之四式，排句、叠句、两商句、反正句；起句与结句；句之分析。

《语法》的句法论在"짬듬갈"部分展开。"짬듬갈"的内容分为"짬듬갈"的定义、句法单位、句子成分、句子分析。

二　句法单位

马建忠与周时经在各自的语法书上对句法单位进行分类解说。马建忠没有专门对句法单位进行说明，而是在给顿、读、句子下定义时涉及到句法单位，周时经对句法单位进行分类并下了定义。

（一）《文通》的句法单位

我们可以在《文通》"论句读卷之十"的引言部分和象五提到的内容了解到马建忠对句法单位的认识。如，"凡有起词、语词而辞意已全者曰句，未全者曰读。"（385页），"字分九类，凡所以为起词、语词者尽矣。至进论夫起、语两词成为句、成为读者，是则此卷之所由作也"（385页），"凡句读中，字面少长，而辞气应少住者，曰顿。顿者，所以便诵读，于句读之意无涉也。然起词、止词、转词，与凡一切加词，其长短之变，微顿将安归也"（404页）等说明马建忠的句法单位分为"顿"、"读"和"句"。另外，"凡字相配而辞意已全者，曰句"（24页）中可以知道马建忠句子构成中最小的单位是"字"。据此，我们可以认为马建忠设立的语法单位包括字、顿、读、句。这些句法单位中马建忠的研究重点放在了句和读，"读"术语相当于今天的主谓结构、主从复句的从句、包孕句的子句；"句"术语相当于今天的单句、主从复句的主句、包孕句、包孕句中子句以外的部分、并列复句、并列复句的每个分句。①

---

① 王海棻：《〈马氏文通〉与中国语法学》，安徽教育出版社1998年版，第115—139页。

(二)《语法》的句法单位

周时经在句法论的开篇对句法论的定义和句法范围的分类进行了说明。他认为句法论是研究词与词通过语法规则组合成表达完整意思的语言形式,即句子。

表 1　　　　　　　　　周时经的句法单位

말		
	기	뜻을 나타내는 소리니 낫말 곳 기나 잔말 곳 다를 다 이름이라
	다	낫말을 이름이니 한 낫 몬이나 일을 이름이라
	모	둘로 붙어 둘더 되는 기로 잔말을 다 이름이라
	드	한 잔말에 남이(뜻은 알에 말함)가 없음을 다 이름이라
	미	한 잔말에 남이가 있어 다 맞은 말을 다 이름이라
		한 일을 다 말함을 다 이름이라

表 1 中"말"是由词或词与词组合而成的表达一定意义的语言形式。其中词是最小的句法单位,词与词组合而成的语言形式分为今天学界所说的短语(모)、句子(드)。"모"是指不包含谓语的结构,相当于今天的名词短语,而"드"指的是有谓语且表达完整语义的结构,相当于现代韩国语学界认为的小句、单句、复句。"미"指的是多重复句。① 这些句法单位中周时经着重分析了"드",因此可以得出周时经的句法论部分重点探讨句子(드)的结构。除了表 1 部分整理的有关具体说明句法单位的内容以外,我们在《语法》(42页,43页)中发现周时经用"마디"术语分析句子结构,"마디"相当于偏正短语、并列复句的小句。由此可知"모"和"마디"、"마디"和"드"等术语导致句法单位层级上出现了交叉的现象。

(三)《文通》与《语法》的句法单位的异同

马建忠和周时经在各自的语法书上设定了句法单位,如词、短语、单句、小句、从句、子句、复句。解释句子结构的过程中马建忠选用"读"来界定大于词小于句子的结构,如短语、从句、子句;用"句"来界定单句、复句中的小句、复句。周时经选用"모"和"드"来界大于词和小于句子的结构,"드"来界定单句、小句、复句。"마디"术语表示名词短语,并列复句的小句。由此可知马建忠与周时经的句法单位设定基本相同。

---

① 金海锦:《周时经学派的语法研究考察》,首尔大学博士学位论文,2017 年,第 186—187 页。

三　句子的认识

　　《文通》和《语法》都对句子下了定义。马建忠认为句子是"凡字相配而辞意已全者，曰句"（24页）。"凡有起词、语词而辞意已全者，曰句"（28页）（425页）。周时经认为句子是"한 쟌말에 남이가 있어 다 맞은 말을 다 이름이라."（句子是包含终结词尾标记的谓语的结构来表达完整意思的语言形式）。"다 된다는 아무리 적어도 "임이듬" 과 "남이듬" 을 갖추어야 한다고 하였다（40页）（周时经认为句子需要具备主语和谓语）。由此可见，两者对句子的认识是相同的，都是把包含主语和谓语并表达完整的意思的语言形式叫作句子。

四　句子成分的划分

　　马建忠和周时经设立句子成分分析句子结构，《文通》选用"词"和"次"术语进行句子成分分析，《语法》选用了"이""빗""금"术语进行句子成分分析。

（一）《文通》的句子成分

　　《文通》中探讨的句子成分有主语、谓语、定语、宾语、状语、补语。《文通》中的"词"相当于现在所说的句子成分。马建忠选用起词（主语）、语词（动词谓语）、表词（名词/形容词谓语）、止词（动词的宾语成分）、司词（介词的宾语成分）、转词（主要指动词宾语中的非直接宾语，可以带介词也可以不带介词）、加词（主要充任状语和补语的介词结构以及同位语）。①马建忠在"词"里面没有设立定语，状语相关的"词"的术语，通过设立"次"来填补空白。"次"是马建忠为了分析名词和代词在句子中的功能选用的术语。"次"是指"凡名代诸字在句读中的所序之位"（27页）。"不仅如此《文通》最终把"次"的范围从名代词扩大到形容词以及句中核心动词的各种修饰成分（刘永耕，2003：181）。"次"包括主次、宾次、正次、偏次、前次、同次。"主次"是指主语，"宾次"是指动词的各种连带成分，"正次"指的是"凡在主宾次而为偏次所先者，亦曰正次"，"偏次"指的是先

---

　　① 宋绍年：《〈马氏文通〉句读论研究》，姚小平主编《〈马氏文通〉与中国语言学史：首届中国语言学史研讨会文集》，外语教学与研究出版社2003年版，第166—177页。

于"正次"的次。由此可知马建忠通过"正次"和"偏次"来说明名代词在句中的句法关系,不仅如此,"正次"和"偏次"出现在各种句子成分中表示名代词之间的句法关系。"前次"和"同次"指的是"凡名代诸字,所指同而先后并置者,则先者曰前次,后者曰同次",即,"前次"和"同次"主要表示"所指相同"的语义关系,因此,6个"次"中可以和"词"一起参与句子分析的有主次、宾次、正次、偏次。

此外,马建忠认识到句子成分之间有层次关系,如"句者,所以达心中之意。而意有两端焉,一则所意之事物也,一则事物之情或动或静也"①,可以知道马建忠把主语和谓语作为构成句子意义的重要组成部分。马建忠把"宾次"解释为动词的各种连带成分,因此,可以了解马建忠认为的主要句子成分是主语和谓语。宾语是包含在"语词"里面的,从"语词"里找出动词,那其余的都是"宾次","宾次"的内部构成可以通过"正次"和"偏次"来进行分析,通过"次"马建忠把句子成分之间线性的组合关系理解为纵向的层次关系,使得句法结构的层次性更加突出。

(二)《语法》的句子成分

周时经在《语法》里对句法单位进行说明后,对分析"드"(句子)中涉及到的术语进行一一说明。如,"임이"(主语)、"남이"(谓语)、"쏨이"(宾语)、"금이"(定语、状语),后续主语的助词,后续宾语的助词,后续谓语的终结词尾,主语和宾语的修饰语(定语),谓语的修饰语(状语),主语部(定语+主语+助词),宾语部(定语+宾语+助词),谓语部(状语+谓语+终结词尾)。这些跟句子分析相关的术语归两大类,即,原体和枝叶。主语、宾语、谓语统称为原体,附在主语、宾语、谓语的助词或终结词尾统称为关系部,修饰主语的定语、修饰宾语的定语、修饰谓语的状语统称为如何部,其中关系部和如何部归为枝叶。由此可知,周时经把主宾谓作为主要句子成分,定语和状语作为次要句子成分。

不仅如此,周时经利用图解法对句子进行了分析。把主谓宾和定语或状语用粗的黑线隔开,主宾谓在黑线的左边,定语和状语等修饰的成分放在黑线的右边,主语下面划一个横线,宾语下面划两个横线,谓语下面划三个横线来予以区分。

---

① 刘永耕:《〈马氏文通〉"次"理论对汉语语法学的贡献》,姚小平主编《〈马氏文通〉与中国语言学史:首届中国语言学史研讨会文集》,外语教学与研究出版社2003年版,第182页。

(三)《文通》和《语法》的句子成分异同

马建忠和周时经对句子成分的理解上大致相同。马建忠用"词"和"次"等术语说明了汉语的主语、宾语、谓语、状语、定语、补语等句子成分。周时经用"임이"(主语)"남이"(谓语)"씀이"(宾语)"금이"(定语、状语)等术语说明了句子成分,没有设定补语。下面运用马建忠的"词"和"次"来分析《文通》的出现的具体的例子,划横线的部分翻译成韩语,对此运用周时经的术语进行分析,展示两者对句子成分的认识。

(1) 余读孔氏书,想见其为人① 《文通》
余 主次
　　读孔氏书(语词)
　　读(语词),孔氏书(宾次)
　　　孔氏(偏次),书(主次)

　　余　　　孔氏　书　　读
저는　　공씨의　책을　읽는다.
저　　　공씨　　책　　읽-
임이　　　　　씀이　남이
主　　　　　　宾　谓　　　　　　原体
　+ 는　　　+ 의　+ 을　+ 는다.
　+ 임이빗　+ 금이빗 + 씀이빗 + 남이빗　　　形态标记
저+ 는　　공씨+ 의　책+ 을　읽 는다.
임이+ 임이빗 금이+ 금이빗 씀이+ 씀이빗 남이+ 남이빗 [主定宾谓+ 形态标记]
임이듬　　　씀이금　씀이듬　　남이듬
　　　　　　　　씀이붙이　　　　　　　　部
主语　　定语　　宾语　谓语
　　　　　저
　　　　　　　　의 공씨
　　　　을 책
　　는다 읽

---

① 刘永耕:《〈马氏文通〉"次"理论对汉语语法学的贡献》,姚小平主编《〈马氏文通〉与中国语言学史:首届中国语言学史研讨会文集》,外语教学与研究出版社 2003 年版,第 183 页。

（1）的例句分析，马建忠用不同的术语分析成分在句子中的主次关系，周时经使用统一的术语对句子成分进行了分类。另外，对主要句子成分两者有认识上的不同，马建忠认为主语和谓语是必需的句子成分，周时经认为主语、宾语、谓语是必需的句子成分。虽然对必需的句子成分的认识不同，他们都试图具体分析主要句子成分的内部构造，马建忠通过"次"，周时经通过找出主要成分、修饰成分来进行层次分析。

五　句子分类

《文通》和《语法》虽然没有明示把句子分为单句和复句，但都认识到句子分为单句和复句。两者认为包含一组主谓关系的句子为单句。马建忠在《文通》中把句分为两类，一类是与读相连之句，另一类是舍读独立之句。周时经在《语法》中没有明确给复句分类。

（一）《文通》的句子分类

马建忠在《文通》中把句子分为单句和复句。但对复句进行分类，一类是与读相连之句，另一类是舍读独立之句。前者基本与今天说的主从复句和包孕句相同，后者基本与今天说的并列复句相同，相关例句如下（428—434页）。

（2）尧舜禹汤治天下，养叔治射，庖丁治牛，……
（3）往时张旭善草书，不治他伎。
（4）孟子曰：'仁，人心也；义，人路也。舍其路而弗由，放其心而不知求，哀哉！'。
（5）庄子天运云："故曰，以敬孝易，以爱孝难；以爱孝易，以忘亲难"。
（6）公羊桓公十一年云："祭仲不从其言，则君必死，国必亡；从其言，则君可以生易死，国可以存易亡。"。
（7）考工记云："材美，工巧，然而不良，则不时，不得地气也。"

（2）与（3）是与读相连之句的例句，（4）—（7）是舍读独立之句。马建忠把主从复句的从句与主从复句的主句，包孕句的从句与其以外的部分分别用"读,句"来命名。

(二)《语法》的句子分类

周时经在《语法》中没有把句子进行分类,对单句和复句也没有进行说明,对复句理解为包含小句的句子。周时经观察的复句里面包括现代韩国语学上达成共识的并列复句、主从复句和包孕复句,相关例句如下(44,55—56,50—51)。

(8) 이 소는 누르고 저 말은 검다(这头牛黄,那匹马黑) 并列复句
(9) 바람이 불매 배가 가오(刮风,所以船前行) 因果主从复句
(10) 그 사람이 맘이 착하오(他心地善良) 包孕复句

上例(8)和(9)分别包含"이 소는 누르고","저 말은 검다","바람이 불매","배가 가오"等两组主谓关系。(10)包含"맘이 착하오"一个主谓关系。主谓关系都用"드"命名,虽然抓住典型复句,分析其语法功能和语法意义,没有言及界定单句和复句的问题。

(三)《文通》与《语法》的句子分类异同

马建忠与周时经没有对句子进行分类,马建忠对现在说的复句分两类进行解释与说明,周时经没有对复句进行分类,通过例句来表露出对复句种类的认识。通过两者给出的例释可知两者认识到复句的类型有并列复句、主从复句、包孕复句。

六 结论

本文对《马氏文通》与《国语语法》的句法单位的界定、句子的认识、句子成分的划分、句子分类的认识等内容进行了探讨。通过分析发现,句法单位的界定上,《马氏文通》的"字、顿、读、句"与《国语语法》的"기,모,드"相似,区别在于《马氏文通》设定了"顿",《国语语法》设立了大于句法单位的,即语篇的"미"。句子的认识上,两者将意义作为重要的依据,《马氏文通》强调主语和谓语是句子最基本的成分,《国语语法》

强调谓语是句子成立的基础。句子成分的划分上《马氏文通》的"词"与《国语语法》的"이"均表示句子的主要成分，不仅如此，马建忠利用"次"表示名词与代词在句中的先后关系，扩大到动词或形容词做定语/状语，这与周时经用统一术语"금"表示定语或状语的做法不同，但共同点在于都设定了特定的术语表明句子中修饰成分与被修饰成分之间的关系。句子结构的认识上，两者没有明确把"句/드"区分为单句和复句，马建忠明确区分了复句的类型，而周时经没有进行分类，但都把复句分为并列复句、包孕句和主从复句。不同的是《马氏文通》把主从复句的从句与主从复句的主句，包孕句的从句与其以外的部分分别用"读，句"来命名，相反《国语语法》都用"드"来统称。

参考文献

龚千炎：《中国语法学史稿》，语文出版社1987年版。

何容：《中国文法论》，新知识出版社1957年版。

金海锦：《周时经学派的语法研究考察》，博士学位论文，首尔大学，2017年。

刘永耕：《〈马氏文通〉"次"理论对汉语语法学的贡献》，姚小平主编《〈马氏文通〉与中国语言学史：首届中国语言学史研讨会文集》，外语教学与研究出版社2003年版。

吕叔湘、王海棻：《〈马氏文通〉读本》，上海世纪出版集团2005年版。

马建忠：《马氏文通》，商务印书馆2009年版。

朴云锡、陈榴：《中韩语法学史上的双子星座：〈马氏文通〉和〈大韩通典〉》，北京大学出版社2002年版。

宋绍年：《〈马氏文通〉句读论研究》，姚小平主编《〈马氏文通〉与中国语言学史：首届中国语言学史研讨会文集》，外语教学与研究出版社2003年版。

王海棻：《〈马氏文通〉与中国语法学》，安徽教育出版社1998年版。

고영근：《주시경 문법이론에 대한 형태·통사적 접근》，《국어학》第11辑，1982年，第25—46页。

권재일：《20세기 초기 국어의 문법》，서울：서울대학교출판부，2005年。

김민수 편：《주시경 전서》(1-6권)，서울：탑출판사，1992年。

남경완：《주시경 문법 '드' 구성 성분의 체계와 기능》，《민족문화연구》

第 51 辑，2009 年，第 131—152 页。

남경완:《주시경 문법에서 '드'의 개념과 범위》,《국어학》第 59 辑，2010 年，第 461—494 页。

(作者单位：湖南理工学院)

愿望表达的反事实意义与复句形式*

鞠 晨　袁毓林

提　要　愿望句和愿望条件句是汉语愿望表达的两种基本形式，而且两种形式都能够表达反事实意义。从历时角度观察，虚拟愿望的表达出现得很早，并且条件句从先秦开始就常用于虚拟愿望的表达；不过，反事实愿望表达是现代汉语中才开始成熟和广泛使用的。从共时层面观察，愿望条件句比愿望句能够更自如地表达反事实意义，并且汉语母语者似乎更倾向于使用愿望条件句来表达反事实愿望。这一现象的形成可能与反事实思维、汉语语言的特点及汉语的表达习惯等多种因素有关。

关键词　愿望表达　愿望（条件）句　反事实表达/思维　虚拟愿望　反事实愿望

一　现代汉语中反事实的愿望表达

反事实思维（Counterfactual thinking）是一种高级的思维活动，即人们设想一种不同于已存在的事实的情况，并据此进行推理，得出在这一条件下可能出现的结果。这种思维的表达也是语言学长期关注的课题。汉语有关反事实表达的研究主要集中在假设条件句上（陈国华，1988；蒋严，2000；袁毓林，2015等）。同时，一些非条件句的反事实表达也引起了关注（王春辉，2010；张雪平，2012；林若望，2016等）。

从形式上，典型的反事实表达可以分为两类：一种是条件句，另一种则

---

* 本课题的研究得到教育部人文社会科学重点研究基地重大研究项目"汉语意合语法框架下的词汇语义知识表示及其计算系统研究"（项目编号：18JJD740003）和国家社科基金重大项目《基于"互联网+"的国际汉语教学资源与智慧教育平台研究》（项目编号：18ZDA295）的资助，谨此致以诚挚的谢意。

是由表愿望的动词所引出的宾语从句。① 例如：②

（1）"要是早解放，早有'劳保'，我这只胳臂也许坏不了，我的孩子也不会死了。"（周而复《上海的早晨》）

（2）我真希望当时我也在场。（翻译作品《哈姆雷特》）

我们将例（1）这样的第一类句子叫反事实条件句；将例（2）这样的第二类句子叫反事实愿望句，反事实愿望句表达出的愿望叫反事实愿望。

同时，我们发现，一些结构在形式上是紧缩的假设条件句，但却固定地用来表达愿望，在语义上相当于一个由表愿望的动词作谓语的愿望句，我们将这类条件句称为愿望条件句。无论是愿望条件句还是愿望句，都既可以带有反事实意义，也可以不带有反事实意义。例如：

（3）a. 你大概在想，<u>要是</u>我在前天的事故中死了<u>就好了</u>，对吗？（翻译作品《敦厚的诈骗犯》）

=③你大概希望我在前天的事故中死了，对吗？

b. <u>要是</u>有一天我能够在这里安居<u>就好了</u>。（1995年《人民日报》文章）

=希望有一天我能够在这里安居。

（4）a. <u>要是</u>昨天下午我和你都扑了空<u>该多好</u>，你说呢？（白小易《浪漫》）

=希望昨天下午我和你都扑了空，你说呢？

b. <u>要是</u>每天都能闻到清新的玫瑰<u>该多好</u>。（刘继明《夏日里最后一朵玫瑰》）

=希望每天都能闻到清新的玫瑰。

上述两例中，各例a句都带有反事实意义，表达了一个指向过去的、不可能实现的愿望，而b句则不带有反事实意义。同时，这种结构还可以替换

---

① 参见蒋严《汉语条件句的违实解释》，《语法研究和探索（十）》，商务印书馆2000年版。

② 如果没有单独标注，本文所有汉语语料来自北京大学CCL语料库，例句出处随文注出。

③ 这里的"="表示语义上基本相同。

或省略前面的假设连词。例如：

(3') a. 要是我在前天的事故中死了就好了。
= 假如/如果/倘若我在前天的事故中死了就好了。
= 我在前天的事故中死了就好了。
b. 要是有一天我能够在这里安居就好了。
= 假如/如果/倘若有一天我能够在这里安居就好了。
= 有一天我能够在这里安居就好了。
(4') a. 要是昨天下午我和你都扑了空该多好，你说呢？
= 假如/如果/倘若昨天下午我和你都扑了空该多好，你说呢？
= 昨天下午我和你都扑了空该多好，你说呢？
b. 要是每天都能闻到清新的玫瑰该多好。
= 假如/如果/倘若每天都能闻到清新的玫瑰该多好。
= 每天都能闻到清新的玫瑰该多好。

这类结构较为简单，相关研究一般讨论其语义语用功能。李泉（1993）从对外汉语教学的角度讨论了"要是 S 就 V（好/糟）了"的语义语用功能，认为其语义关系可以分为显性的语义关系和隐性的语义关系。其中显性的语义关系是由复句句式的形式标志所显示的表层语义关系，即由假设连词"要是"和副词"就"构成的"假设和结果"的关系，由于"要是"可以不出现，因此这种显性的语义关系可以通过"意合"体现。而"要是 S 就好了"的隐性语义关系则可以分为两种：当 S 为可能实现的情况，则表示"希望有所得，担心有所失"；而当 S 为不可能实现的情况，则表示"惋惜有所失，遗憾无所得"。

张雪平（2015）进一步指出，"要是 P 就好了"已经成为一个愿望情态表达构式，并且相比于愿望句，"要是 P 就好了"通过假设评价句经语用推理间接实现的愿望义，在表达上具有含蓄性的特点，同时它跟一般假设句式一样，是一个言者视角的愿望表达式，具有强主观性的特点。张文还指出，用假设句式表达主观愿望还存在于汉语方言以及英语、德语、爱沙尼亚语等外语中。例如：①

---

① 以下三例来自张雪平《现代汉语非现实句的语义系统》，《世界汉语教学》2012 年第 4 期。

（5）我那会儿好好儿念书时价，早考上大学了。①
（6）If only John would speak tomorrow. 要是约翰明天讲就好了。
（7）If only John had spoken yesterday. 要是约翰昨天讲过就好了。

可见，用假设条件句这样的复句形式来表达愿望是一种在世界语言中较为普遍的现象，并且这种形式常常能够表达反事实愿望。

综合上面的考察，我们也可以从语义上将反事实表达分为两类：一种在语义上表达与事实违背的条件及其结果；另一种则是表达与事实违背的愿望。

值得注意的是，愿望条件句有较为显著的单句化的倾向。"要是……就好了/该多好"固定下来已经是紧缩式的复句。在使用中，还常常能够省略其中的假设连词。而"就好了"的语义也渐渐虚化，接近于一个后附成分。张新华（2013）专门讨论了"就好了"的祈愿功能及其形成机制，认为"就好了"有演化为语气助词的趋势。

虽然愿望条件句有上述单句化倾向，但是，在形式上，句子还保留了一些条件句的成分；在语义关系上，也仍然表示"假设与结果"的逻辑关系。因此，无论假设连词是否省略，我们都把"（假设连词+）P+就好了/（该）多好"统一作为愿望条件句讨论，跟由愿望动词作谓语的愿望句进行对照。

另外，在讨论反事实愿望的时候，还常常存在一种特殊情况：即人们希望某件事在未来实现，却认为这一愿望实现的可能性很低。② 例如：

（8）我是多么想和你们明天在下院议席上会晤，但是公务在身，难以如愿。（《第二次世界大战回忆录·第四卷》）
（9）要是我明天不用去就好了。（自拟）

一般来说，我们不将这种指向未来的情况算在反事实的范畴中。张文琴（2012）在讨论反事实条件句时，区分了前件与实际事实不同的条件句和前件假想未来事态的条件句，前者是虚拟条件句中特殊的一类，即反事实条件句，而后者则只是虚拟条件句。汉语虽然没有真正的虚拟语气，但这类带有

---

① 例（5）转引自邢向东《陕北晋语语法比较研究》，商务印书馆2006年版。陕北神木、佳县、绥德、清涧、延川等方言中可以使用假设句表示反事实愿望。假设分句末的语气词"时价"相当于假设助词"的话"。
② 在条件句中，也存在这种情况。在一些有形态的语言中，这种情况下动词也具有与反事实条件句相似的形态变化，一些语法著作称之为 Future less vivid conditional。

"反事实"内涵却指向未来的表达也具有一定的虚拟性。因此，我们称例（8）这样的句子为虚拟愿望句，例（9）这样的句子为虚拟愿望条件句。这类句子表达的愿望，我们称之为虚拟愿望。本文中，我们将这种表达虚拟愿望的情况也纳入考察范围，作为参照。

在下文中，我们将对愿望句和愿望条件句两种形式的愿望表达进行对比研究：从历时的角度，考察两种形式下愿望表达反事实意义的产生和发展；并从共时角度，探讨现代汉语反事实愿望表达的特点。

二 愿望表达反事实意义的产生和发展

（一）愿望句反事实意义的产生和发展

我们所说的愿望句指的是由表愿望的动词充当谓语并引出宾语小句的句子。贝罗贝、李明（2009）考察了汉语中意愿动词的发展变化。他们将意愿动词按照意愿性强弱和主体是否急切地实施某种行为分为四类（敢；肯；愿→希望→想→要），列表如下：①

	积极性	急切性
第一类：敢、肯、愿意	−	−
第二类：愿望	+	−
第三类：想	+	+
第四类：要	+	++

其中第一类包括"敢、肯、愿（包括"愿意、情愿"）"；第二类包括"希望、但愿"等；第三类包括"想"；第四类包括"要"。从第一类到第四类，主体越来越急切地意欲行动，动作实现的可能性越来越大。我们将第二类表愿望的动词叫作愿望动词，将这类动词作谓语的句子叫愿望句。由于在现代汉语中，"想"也表达了积极的意愿性，并且动作实现的可能性也处在中间的位置，符合我们对愿望的定义，因此也算入我们的考察范围。

根据贝罗贝、李明（2009）的考察，第二类动词由古至今主要有"欲、

---

① 表格引自原文。

将（只保存在《诗经》中）、愿、但愿、冀、望、承望、指望、希、希望、盼、盼望"。我们以上述动词作为检索词，选取古代汉语和近代汉语中较为接近口语的作品作为语料来源，同时参考前辈时贤的相关讨论，对反事实愿望句进行历时考察。

我们发现，在先秦时期，已经存在接近于虚拟愿望句的愿望句。例如：

（10）子谓仲弓，曰："犁牛之子，骍且角，虽欲勿用，山川其舍诸？"（《论语·雍也》）

（11）既竭吾才，如有所立卓尔。虽欲从之，末由也已。（《论语·子罕》）

上述两例都用后续小句否定了愿望实现的可能性，说明在主体看来，愿望不太可能实现。此时，愿望句接近于虚拟愿望句，但是需要上下文语境将愿望的虚拟性表达出来。

魏晋南北朝时期，除了根据语境推导的虚拟愿望句以外，还存在一些虚拟愿望句。句子表达的愿望与百科知识相违背，因此也无法实现。例如：

（12）卿居心不静，乃复强欲滓秽太清邪？（《世说新语·言语》）

凡人玷污上天是不可能发生的，因此"滓秽太清"不可能实现。不过即使可以直接推断愿望的虚拟性，原文还是使用了反问句来表达否定意义。

到中古时期，愿望动词"愿"可以表达"祝愿"（贝罗贝、李明，2009）。此时常常能产生一些与百科知识相违背的愿望句，且句子本身不带有否定意义。例如：

（13）愿圣人万岁、万万岁！（变文，《韩擒虎话本》）①

（14）一愿皇帝万寿，二愿重臣千秋。（《五灯会元》）

到清末，出现了愿望动词受副词"真"修饰的愿望句，常常表达一种虚拟愿望。例如：

---

① 例句来自贝罗贝、李明《汉语意愿动词的历史演变》，《汉语史学报》第八辑，2009 年。

（15）谁有那些功夫听你的闲话？<u>真欲立刻要你的活命！</u>爷赏脸问你的是正经话。（《施公案》）

这种用法和现代汉语已经几乎相同，副词"真"是愿望句带有虚拟性的必要条件。如果去掉副词"真"，愿望句则不带有虚拟性：

（15'）欲立刻要你的活命。

总体来看，在我们考察的范围内，① 在清末以前，并不存在指向过去或当前的愿望句。因此，不存在真正的反事实愿望句。

愿望动词的语义流变可以与上述现象相互照应。前辈时贤对许多愿望动词的语义进行了较为详尽的分析。我们发现，大部分愿望动词的语义在流变中，都具有指向未来的特征。② "欲、将"在表示意愿的基础上，发展出表将来的用法；"冀、望、盼、希"表示愿望的意义基本由"看、向高远处看"的意义引申而来。"看"这一动作的自由选择性、目的性很容易隐喻为心理上期待、期盼的意义；而空间上的"高处、远处"则很容易隐喻为时间上的"未来"义。与之类似，在英语中，look forward to 也由"向前看"的意义引申为"期望"义。

"想"和"愿"的未来指向不如上面两组显著，但也有一定指向未来的倾向。"想"作愿望义来自"希图、期望"，《说文·心部》释为"冀思也"，即"期望的想法"。这一释义中包含了"期望"所带有的未来指向。"愿"繁体作"願"，《说文·页部》释本义为"大头也。"这一本义与愿望义的关系不明确。不过，"愿"在上古时期已经可以作为愿望动词使用。后来，又发展出表"祝愿"的用法，指向"未来"的倾向更加显著。在现代汉语中，基本上只有动词"希望"能够引出指向过去的宾语从句。而根据贝罗贝、李明（2009）的考察，"希望"的大量运用是较晚的事。

另外，通过语境或百科知识来推断的虚拟愿望句则出现得很早。从先秦时期直到清末都一直在口语中广泛使用。不过，即使是可以推断出虚拟性的虚拟愿望句（除祝愿外），也常常会通过后续小句或反问等形式来明确否定

---

① 我们在CCL语料库中检索了如下文献作为语料来源：《论语》、《世说新语》、《游仙窟》、《五灯会元》、《西厢记》、《孽海花》。
② 下列具体动词的语义演变参见高亮《汉语意愿情态动词研究》，硕士学位论文，重庆师范大学，2015年。

意义。直到清末,才出现用副词推动的虚拟愿望句。

总体来看,在古代汉语中已经出现了虚拟愿望句,而反事实愿望句在古代汉语和近代汉语中还没有出现或使用极少,真正的反事实愿望句是到现代才出现的。

(二) 愿望条件句反事实意义的产生和发展

在先秦时期,已经出现了不少反事实条件句。例如①:

(16) 微君之故,胡为乎中露?(《诗经·邶风·式微》)
(17) 楚灵王若能如是,岂其辱于乾溪?(《左传·昭公十二年》)

同时,先秦时期的条件句已经可以表达愿望意义。并且,相比用愿望句直接表达愿望,条件句表达的愿望更加委婉。谷峰(2010)在讨论"其"的语义演变时提到,假设句引入的是一种概率极低的情况,先秦汉语经常用假设句引入愿望内容。例如②:

(18) 若惠顾前好,徼福于厉、宣、桓、武,不泯其社稷,使改事君,夷于九县。君之惠也,孤之愿之,非所敢望也。(《左传·宣公十二年》)
(19) 若寡人得没于地,天其以礼悔祸于许,无宁兹许公复奉其社稷,唯我郑国之有请谒焉……(《左传·隐公十一年》)

例(18)是郑伯在战败后对楚王说的话,用"若"引导的条件句来表达愿望的内容,强调了愿望的虚拟性,语气委婉。而后接的"孤之愿之,非所敢望也"则进一步表达了一种虽然有这种愿望,但不敢指望愿望实现的意思,以此来表达作为战败方恭谨的态度。这种"不奢望"的含义非常接近于虚拟愿望句。与之相似,例(19)将"不遭遇横祸,寿终正寝"的愿望用假设句表达,也表达了恭敬的态度。

不过,在古代汉语和近代汉语的研究中,有关假设条件句表达愿望的研究并不多。在我们的考察范围中,似乎也没有见到较为固定的、用于表达愿

---

① 下列例句来自袁毓林《汉语反事实表达及其思维特点》,《中国社会科学》2015年第8期。
② 例句来自谷峰《先秦汉语情态副词研究》,博士学位论文,南开大学,2010年。

望的条件句形式。绝大多数的条件句中,当前件假设一种积极的情况时,后件都会随之推理出这种情况下可能出现的结果,而这种积极的情况也可能与已成事实的情况相违背,此时条件句为反事实条件句。

有关愿望条件句的产生与发展并没有见到专门的研究,但一些相关讨论中提到了这一形式的形成与固定过程。张雪平(2015)在讨论"要是P就好了"这一结构的情态功能和语用功能时提到,这一结构"作为一个愿望情态表达式存在的时间并不长,应该是在当代汉语中才形成的。"张新华(2013)以《红楼梦》为例,结合现代用例,考察了"就好了"祈愿功能的形成过程和机制。张文认为,"就好了"祈愿功能演化的基本途径如下[①]。

句式①,"就好了"充当普通假设复句的主句,"好"是普通谓词,"就好了"指条件造成的结果。之后,"好"提升为指主体对条件小句的价值认同,分化为两种句式:句式②"只要/既然……就好了",指对条件小句主观认同的最低要求;句式③,祈愿句"要是……就好了",表示条件小句是主体的最高希望。从意义上看,"就好了"与上海话的"蛮好"有相似之处,都同时存在意义较实的"好"的用法,和意义较虚的虚拟标记的用法。[②]

我们所说的愿望条件句基本相当于句式③。根据我们在北京大学CCL语料库的检索,在明晚期已经存在一例愿望条件句的用例:

(20)长老道:"贫僧有一挂数珠儿,取水之时,用他铺在水上,咸水自开,淡水自见,取来食用,各得其宜。"

老爷道:"<u>怎么能够普济宝船就好了</u>!"

长老道:"这个不难。贫僧这个数珠儿,按周天三百六十五度之数。我和你宝船下洋,共有一千五百余号。贫僧把这个数珠儿散开来,大约以四只船为率,每四只船共一颗珠儿,各教以取水之法,俟回朝之日付还贫僧。"(罗懋登《三宝太监西洋记》)

从形式上,上例省去了假设连词,"好"的语义已经提升为对前面整个小句的主观评价。并且,从语境可以确定,这一认同不是最低要求,而是最高希望。不过,在CCL语料库明代的用例中,只有这一例属于愿望条件句。晚

[①] 详细内容及用例参照张新华《论"就好了"的祈愿功能》,《语言研究集刊》(第十一辑),上海辞书出版社2013年版。

[②] 有关上海话"蛮好"的用法及语义功能参见强星娜《上海话过去虚拟标记"蛮好"——兼论汉语方言过去虚拟表达的类型》,《中国语文》2011年第2期。

清的作品中，存在更多愿望条件句的用例。例如：

（21）怎样能再遇见一个熟人，是坐马车的，那就好了，我就不管三七二十一，喊住了他，附坐了上去了。（吴趼人《二十年目睹之怪现状》）

（22）怎得天可怜见，让他们孩子们再过几年洪武爷的日子就好了！（吴敬梓《儒林外史》）

并且，在晚清的作品中，还出现了表达反事实意义的愿望条件句。例如：

（23）原来你们几位老爷出来找周百灵，你们几位要早来一天就好了，周百灵今天早起，他打我这走的。（贪梦道人《彭公案》）

（24）那是我们艾二相公爷。此时要有他老人家可就好了！（佚名《小五义》）

可见，到了清晚期，与现代汉语相似的愿望条件句已经形成。不过，无论是否带有反事实意义，现代以前愿望条件句的用例都相当少，大量用例都是张新华（2013）定义的句式①。愿望条件句，尤其是带有反事实意义的愿望条件句应该是到现代才开始成熟的。

（三）小结

通过上述观察，我们发现，从先秦时期就有比较成熟的愿望表达形式。一般的愿望可以通过愿望动词作谓语的愿望句或特定副词修饰谓语的单句①表达，同时还可以通过假设条件句来委婉地表达愿望。不过，在古代汉语和近代汉语中，一般只表达普通的愿望或虚拟愿望，几乎很少直接表达反事实愿望。类似的反事实意义一般使用完整的假设条件句，完整地表达反事实的条件及其结果。

与现代汉语相似的愿望条件句在明代晚期已经出现，到清末用例更多；同时，还发现了表达反事实愿望的愿望条件句。不过总体来看，愿望条件句在现代以前的用例很少，真正成熟应该是在现代汉语中。

---

① 具体副词及其用例参见谷峰《先秦汉语情态副词研究》，博士学位论文，南开大学，2010年。

结合上述考察情况，我们认为，汉语中虚拟愿望的表达句式从先秦就已经存在并不断发展；而反事实的愿望表达句式最早出现于清末，以愿望条件句的形式表达，而真正成熟则是现代汉语形成以后的事了。

三 现代汉语反事实愿望的表达特点

（一）反事实愿望的表达形式

现代汉语主要通过愿望句和愿望条件句来表达愿望，而两种形式在指向过去或当前事件时，都可以表达反事实愿望；同时，在指向将来事件时，也都可以表达虚拟愿望。不过，在具体使用中，二者存在差异。

当愿望句的宾语小句指向过去和当前事件时，能够表达反事实愿望，进而表达一种遗憾、后悔的情绪。但是，这类句子也有可能只表达愿望而不带有反事实意义。例如：

（25）"<u>希望你昨天晚上睡了一个好觉</u>。"他说着开始脱下白大衣："今天门诊量肯定小不了。"（皮皮《比如女人》）

（26）"顺便问一句，你和她的关系发展到了什么程度，有没有，嗯，横的关系？"
"我不能骗您，我不能说没有，<u>希望没和您的道德观冲突</u>。……"（王朔《顽主》）

上面两例中，"希望"的宾语小句都指向已存在的事件，但愿望却有实现的可能性，并不是反事实的。因为对于愿望主体（在这两例中，就是说话人）来说，宾语小句是否为真并不能确定，而需要得到宾语小句中涉及的他者（在这两例中，就是听话人）的确认。这样，愿望句只单纯表达主观愿望，所愿望的事件在得到确认以前，对愿望主体来说还存在实现的可能。

同时，即使宾语小句中没有出现他者，指向过去或当前事件的愿望句也有可能不是反事实的。例如：

（27）希望我当时是看错了。（自拟）
（28）我希望我是第一个扮作这种样子的。（翻译作品《第十二夜》）

上面两例的宾语小句中，只涉及愿望主体自己，但是仍然不带有反事实意义，因为其中出现了需要他者确认的限定成分（看错，第一个扮作这种样子）。因此，上述两例也不带有反事实意义。

同时，同样的愿望句在不同的语境中，事实性也不同。例如：

（29）正如同你们所见的，一个已经死透了，另外一个，我相信，可能还活着。至少我们走过来的时候还有一口气。我希望他还活着，这样他就可以告诉你们今天在战场上发生了什么事情，如果你们还觉得这是场战争的话。（翻译作品《龙枪编年史03》）→他可能活着，可能没有。

（29'）我希望他还活着，这样他就能亲眼看到他可爱的儿女长大，就会看到他所热爱的祖国如今变得多么繁荣富强。（自拟）→他已经去世了。

可见，愿望句的反事实表达有较多限制，并且常常依赖语境来明确其反事实意义。然而，愿望条件句虽然在语义上相当于一个愿望句，但在表达反事实意义时却比愿望句更加自如。我们将上文例（25）的愿望句改写成如下两组对话：

（25'）a. 甲：希望你昨天晚上睡了一个好觉。
　　　　　乙：*我昨晚睡得确实不好，今天一点精神都没有。
　　　　　乙：其实我没睡好，今天一点精神都没有。
　　　　b. 甲：要是你昨天晚上睡了一个好觉就好了。
　　　　　乙：我昨晚睡得确实不好，今天一点精神都没有。
　　　　　乙：*其实我没睡好，今天一点精神都没有。

上例a中，愿望句不带有反事实意义，甲的话并不暗示乙睡得好或不好，因此乙不能用"确实"承接甲的话，但能用"其实"进行对比，否定甲的愿望。相反，b中，甲的话已经暗示甲知道乙睡得不好，愿望条件句表达的是一个反事实愿望①。因此，乙能够用"确实"承接甲的话，而不能用"其实"引出符合甲认知的"没睡好"。可见，同样的愿望内容采用不同的形式表达，

---

① 当然，也有可能乙昨晚就是睡得很好。但是，当甲说出这句话，就暗示了甲认为乙没有睡好。在甲的主观认知中，这个愿望是与事实相反的。我们所谓的"反事实"，也是与思维主体所认知的事实相反，带有主观性。

能够产生不同的事实性意义。

同样，其他单用愿望句不能表达反事实意义的用例在改写成愿望条件句以后，也产生了反事实意义。在这种情况下，愿望条件句的语义与同样内容的愿望句在事实性上不同。例如：

（26'） a. 要是这件事没和您的道德观冲突就好了。→这件事和您的道德观冲突了。

b. 希望这件事没和您的道德观冲突。→不知道这件事有没有和您的道德观冲突。

（27'） a. 要是我当时是看错了该多好。→我当时没有看错。

b. 我希望当时是看错了。→不知道我当时有没有看错。

（28'） a. 如果我是第一个扮作这种样子的就好了。→我不是第一个扮作这种样子的。

b. 希望我是第一个扮作这种样子的。→不知道我是不是第一个扮作这种样子的。

可见，判断愿望条件句的事实性一般只需要看条件从句的时间指向，对语境的依赖较小。如果相对于说话时间，条件从句是指向过去或当前，那么愿望不可能实现，愿望条件句表达了反事实意义。

愿望条件句的反事实意义也可以被语境取消，但是在语感上不如用愿望句自然，实际使用中的用例较少。例如：

（25"）我不知道你昨天睡没睡好，不过要是你昨天晚上睡了一个好觉就好了。

在实际的语言使用中，愿望条件句和愿望句也呈现出不同的特点。通过考察，我们发现，汉语母语者会不自觉地更倾向于使用愿望条件句来表达反事实愿望。我们考察了翻译作品《魔戒：魔戒同盟·卷一》（上海人民出版社2013年版，约15.8万字）中的愿望句，共发现11例反事实愿望句，但对照英语原文，我们却发现，还有5例反事实愿望句没有被翻译成愿望句，而是被翻译成了愿望条件句，占到了总数的31.25%。例如[①]：

[①] 以下例句，中文部分来自上海人民出版社汉译本，英文部分来自相对应的原著。

（30）"我<u>要是</u>等等甘道夫<u>就好了</u>，"弗罗多喃喃道，"但说不定那只会让事情变得更糟。"

"I <u>wish</u> I had waited for Gandalf," Frodo muttered. "But perhaps it would only have made matters worse."

（31）大步佬对这些发现非常感兴趣："<u>要是</u>我刚才先等等，亲自把这附近的地面都探查一遍<u>就好了</u>。"他说着，匆忙赶往泉水边去察看那些脚印。

Strider was greatly interested in these discoveries. "I <u>wish</u> I had waited and explored the ground down here myself," he said, hurrying off to the spring to examine the footprints.

一般来说，译者在翻译时会受到原文表述的影响，努力贴近原文的表达。但是在涉及反事实愿望表达时，有相当一部分脱离了原文的表达形式，被译者翻译成了愿望条件句。值得注意的是，这些反事实愿望很多都能够直接翻译为愿望句，而不改变反事实意义。例如：

（30'）我希望我当时能等等甘道夫，但说不定那只会让事情变得更糟。→我当时没等甘道夫。

（31'）我希望我刚才能先等等，亲自把这附近的地面都探查一遍。→我刚才没有先等等。

可见，将原文的愿望句译为愿望条件句并不全是因为功能的差异，这种脱离原文形式的翻译似乎是受到了译者母语习惯的影响。

同时，我们也考察了王朔的几部中篇小说作品（《顽主》、《一点正经没有》、《动物凶猛》、《一半是火焰一半是海水》，共约17.7万字），其中仅有6例虚拟愿望句，没有任何一例真正的反事实愿望句的用例，但却存在1例愿望条件句：

（32）你要会拉小提琴就好了，我爸爸他们军文工团就缺小提琴。（王朔《动物凶猛》）

虽然在我们考察的王朔小说作品中，反事实愿望的固定表达不多，但通过条件句表达的上行反事实假设（upward counterfactual）①却不算罕见。例如：

（33）要是杨重在，我哪至于遭这份荼毒。（王朔《一点正经没有》）

（34）如果生逢其时，他本来可以像德帕迪厄那样成为令妇女既崇拜又恐惧的电影明星。（王朔《动物凶猛》）

可见，汉语在表达上行假设时，更倾向于用复句将假设推理的过程表达出来，而不是仅仅表达对某种假设情况的积极评价。同时，在表达反事实愿望时，汉语也更倾向使用带有复句形式特点的愿望条件句，而不是愿望句。

不过，我们考察的范围有限，体量不大，由此得出的结论和猜想只能显示出汉语反事实愿望表达的部分特点和倾向。如果能够扩大考察范围，针对上述问题进行统计和考察，可能能够得出更加令人信服的结论。

（二）反事实意义与条件句形式

通过上面的观察，我们发现，在愿望的表达上，假设条件句的形式似乎更倾向于表达反事实意义：指向过去或当前的愿望内容通过愿望句表达时，常常需要满足一些条件才能够带有显著的反事实意义；而当它们通过愿望条件句来表达时，句子本身就能够自足地表达反事实意义。

从反事实思维出发，不难看出，反事实思维通过条件句表达比单句更加自然。Roese（1997）对反事实思维进行了较为细致的解释，提出，反事实思维就是人们改变某种事实的条件，并评估改变后结果，因此常常呈现出条件命题的形式。②可见，由于条件句能够完整地呈现反事实思维的过程，在语言表达上，反事实思维天然就与条件句联系在一起。

Iatridou（2000）对反事实的形态条件及其机制进行了考察。在讨论反事

---

① 上行反事实假设假设了一种结果比事实更加积极的情况。与之相对的是下行反事实假设，即假设一种结果比事实更加消极的情况。

② 原文如下：Then, one may alter (or mutate) some factual antecedent (e.g., her decision to marry dull Henry and his inability to court Roxanne directly) and assess the consequences of that alteration. Thus, counterfactuals are frequently conditional propositions and, as such, embrace both an antecedent and a consequent (e.g., If Madame Bovary had married a better man, she would have been happier; if Cyrano had approached Roxanne when passion first struck, his life might have been emotionally richer).

实愿望句的时候,他猜想,真正的反事实环境只有反事实条件句,而反事实愿望句之所以是反事实的,是因为反事实愿望句的意义中部分地包含了反事实条件句的意义。① 即:②

A wishes that B (CP): A thinks that if she had B, she would be happy (that she has B)

这样来看,愿望句在表达反事实思维时经历了三个步骤:假设 P 发生→情况会变得更好→主体希望 P 发生。因此,愿望句只反映了主体进行假设-推理以后产生的结果,而隐去了这种思维本身的过程。而愿望句要表达反事实意义,也需要人们推理出其中蕴含的假设,并判断这一假设与事实相反。

跟很多语言不同,汉语并没有谓词的形态变化来标记反事实表达。在这种情况下,反事实意义的表达往往不如有形态的语言那样明确,听话人常常需要根据语境进行推理,从而识解出反事实意义。在这种情况下,使用完整表达反事实思维过程的条件句似乎比只表达反事实思维结果的愿望句更能明确表达反事实意义;对于听话人来说,识解出其中的反事实思维过程也更加容易。

同时,倾向于用条件句来表达反事实愿望可能也与汉语的表达习惯有关。上文中,我们分别讨论了愿望句和愿望条件句反事实意义的产生和发展。我们发现,汉语在先秦时期就开始用假设条件句表达愿望;并且,这种形式相对于愿望句更加委婉,常常用于表达"不奢求愿望实现"的意义,带有虚拟性。同时,汉语从先秦时期就已经可以用条件句进行反事实表达;到了晚清,出现了用愿望条件句的形式表达反事实愿望的用法。可见,在现代汉语之前,反事实意义几乎都用条件句的形式来表达。作为反事实意义的一个特殊类别,反事实愿望的表达在较晚的时代才出现在汉语中,而这一意义在最开始,也是通过愿望条件句的形式表达的。

到现代汉语中,受到其他语言的影响,汉语反事实愿望的表达更加频繁,表达形式也更加丰富成熟,出现了由愿望句表达的反事实愿望。但受到语言

---

① 原文如下:Possibly they should make us suspect that the only true CF environment is the CF conditional and that CF wishes are counterfactual because they contain CF conditionals as part of their meaning.

② 下列解释摘自 Iatridou, Sabine, 2000, The Grammatical Ingredients of Counterfactuality. *Linguistic Inquiry*, 31 (2): 231-270。

惯性和语言特点的影响，汉语母语者似乎还是习惯性地倾向于用条件句的形式表达反事实意义。

具体到"（假设连词+）P+就好了／（该）多好"这一形式对反事实意义的推动作用，我们认为，这是由后附成分"就好了、该多好"带来的。我们同意张新华（2013）的判断，即"就好了"[①] 已经虚化，成为表示祈愿义的粘附性语法形式。我们认为，在"就好了"的虚化过程中，条件句表达愿望时的虚拟性被继承下来，使得虚化的"就好了"在指向过去时，产生反事实意义；在指向未来时，也往往暗示祈愿结果对主体来说无法掌控，愿望带有虚拟性。对比没有虚化和虚化后的"就好了"在汉语中的使用情况，可以更加清楚地看到这一点：

(35) a. 甲：他如果昨天喝了药，今天就好了。
乙：*你是怎么知道他昨天喝没喝药的？（自拟，句式①）
b. 甲：他只要没有告我的密就好了。
乙：*你是怎么知道他告没告密的？（自拟，句式②）
c. 甲：要是他没有告我的密就好了。
乙：你是怎么知道他昨天告没告密的？（自拟，句式③）

只有虚化后带有祈愿功能的"就好了"才能推动句子产生反事实意义。因此在上面三组对话中，只有 c 组，听话人才能直接提出预设甲知道事实的问题。

在此基础上，这一形式本身也与反事实思维的推理形式和汉语的反事实表达习惯相合。因此，愿望条件句能够比较自如地表达反事实意义，并且相对于反事实愿望句来说，使用更加频繁。

四 结语

我们考察了反事实愿望表达的两种形式：愿望句和愿望条件句。首先，我们从历时的角度梳理了这两种形式的产生与发展。愿望句在很早就能够表达指向未来的虚拟愿望，但是表达与实际情况相反的反事实愿望是在现代汉

[①] "该多好"与"就好了"功能相似，但语法化程度似乎稍低一些，意义相对更实在。

语中才产生的，这可能是受到了其他语言的影响。同时，汉语很早就有通过假设条件句表达愿望的用法，并且这种表达也带有一定的虚拟性。真正的反事实愿望条件句出现于晚清，比反事实愿望句稍早。

从共时层面来看，虽然愿望条件句在语义上基本相当于一个愿望句，但相对于愿望句，愿望条件句更倾向于表达反事实意义，许多用愿望句表达不带有反事实意义的愿望内容，通过愿望条件句却能够表达反事实意义。当然，这种反事实意义也可以被语境取消。

通过对历时语料的梳理和对共时语料的观察，我们认为，反事实意义与条件句这一形式的联系，从源头上就更加紧密。条件句的形式能够更加完整地反映反事实思维的过程，对于没有形态变化的汉语来说，这种完整的表达能够帮助听者推理出语言表达中的反事实意义。同时，从汉语的语言习惯来说，用条件句的形式表达反事实意义和虚拟愿望都有悠长的历史，人们在实际的语言使用中也会受到惯性影响，倾向于使用条件句的形式表达反事实意义。最后，愿望条件句有较为固定的结构，其后附成分已经虚化；它继承了以往使用中虚拟性的部分，在指向过去时，能为句子带来反事实意义。这一功能与反事实思维方式和汉语反事实表达的习惯相合。可见，反事实愿望表达的形式特点是多种因素共同作用的结果。

参考文献

贝罗贝、李明：《汉语意愿动词的历史演变》，《汉语史学报》第八辑，2009年。

陈国华：《英汉假设条件句比较》，《外语教学与研究》1988年第1期。

高亮：《汉语意愿情态动词研究》，硕士学位论文，重庆师范大学，2015年。

谷峰：《先秦汉语情态副词研究》，博士学位论文，南开大学，2010年。

蒋严：《汉语条件句的违实解释》，《语法研究和探索（十）》，商务印书馆2000年版。

李泉：《"要是S就V了"句式语义语用分析》，《中国人民大学学报》1993年第4期。

林若望：《"的"字结构、模态与违实推理》，《中国语文》2016年第2期。

强星娜：《上海话过去虚拟标记"蛮好"——兼论汉语方言过去虚拟表达的类型》，《中国语文》2011年第2期。

王春辉:《"假设性等级"与汉语条件句》,《汉语学报》2010年第4期。
邢向东:《陕北晋语语法比较研究》,商务印书馆2006年版。
袁毓林:《汉语反事实表达及其思维特点》,《中国社会科学》2015年第8期。
袁毓林、张驰:《中国大学生反事实思维及其表达的乐观主义倾向》,《汉语学报》2016年第4期。
张文琴:《反事实条件句和大卫·刘易斯的逻辑哲学》,博士学位论文,华东师范大学,2012年。
张新华:《论"就好了"的祈愿功能》,《语言研究集刊》(第十一辑),上海辞书出版社2013年版。
张雪平:《现代汉语非现实句的语义系统》,《世界汉语教学》2012年第4期。
张雪平:《"要是P就好了"句式的情态表达功能》,《语文研究》2015年第4期。
邹燕:《视觉动词到心理动词的语义演变研究》,硕士学位论文,湖南师范大学,2017年。
Iatridou, Sabine, 2000, The Grammatical Ingredients of Counterfactuality. *Linguistic Inquiry*, 31(2): 231-270.
Roese, N. J., 1997, Counterfactual Thinking. *Psychological Bulletin*, 121(1): 133-148.

(作者单位:北京大学中文系)

Clause Linkage in Discourse and Syntactic Categories in Spanish

María Victoria Pavón Lucero

1. Introduction[①]

Clause linkage mechanisms is an area of study that lies halfway between sentence grammar and discourse grammar. While the first of these disciplines has a fairly precise object of study and limits, irrespective of the disparity between the various language schools that have dealt with their study, the second one is a heterogeneous field of inaccurate boundaries. This is pointed out, for example, by Schiffrin, Tannen and Hamilton (2001: 1), who synthesize the different definitions offered for the term *discourse* into three main categories: (1) something beyond sentence level, (2) the use of language, and (3) a diversity of social practices that includes non-linguistic and non-language uses. For our purposes, since we are going to talk about mechanisms for connecting the sentences that constitute discourse, the first of these categories will be relevant: discourse as a linguistic construct that is beyond the limits of sentence.

The objective of this paper is to review the boundaries between Sentence Grammar and Discourse Grammar, by considering the various particles whose function is to connect clauses. Let's see the following sequences:

(1) a. La pasión del animalito es un fuerte sentimiento innato, que enciende la luz del deseo; *pero*, como en la vida real, no todos son correspondidos. (*Los Tiempos*, 03/02/1997; CREA)

---

① The research behind this work has been funded from the project *From Sentence to Speech: Contrasting Study* (FFI2015-65189-P, MINECO/FEDER, EU).

('The passion of the little animal is a strong innate feeling, which ignites the light of desire; *but*, as in real life, not all of them are returned')

b. Forman un equipo de virólogos poco común, *ya que* cada uno cubre un área distinta de la especialidad. (*Revista Bioplanet*, 11-12/2001; CREA)

('They form a rare team of virologists, *since* each covers a different area of the specialty'

c. Todo comenzó hacia finales de 1967, *cuando* un radiotelescopio interceptó un extraño mensaje procedente del universo, sorprendente y completamente desconocido. (Miguel Ángel Sabadell, *El hombre que calumnió a los monos*; CREA)

('It all began by the end of 1967, *when* a radio telescope intercepted a strange message from the universe, surprisingly and completely unknown')

d. Ahora venga usted, colega, sólo nos falta contemplar a un grupo de los enfermos que padecen el delirio de tocamiento, *para* salir al jardín que nos llevará al último pabellón del hospital. (Fernando del Paso, *Palinuro de México*; CREA)

('Now come, my colleague, we only need to contemplate a group of the sick who suffer from the delirium of touching, *to* go out to the garden that will take us to the last ward of the hospital')

e. El área petenera ha sido la más saqueada en este campo, han señalado los grupos ecologistas; *sin embargo*, ahora los pocos bosques que aún quedan en el país, también han empezado a ser talados. (*La Hora*, 08/04/1997; CREA)

('The "petenera" area has been the most sacked in this field, environmental groups have pointed out; *however*, now the few remaining forests in the country have also begun to be cut')

The textual function of highlighted units in (1) is to establish semantic and formal connections between sentences. [①]In (2), we present these units with the indication of their syntactic class:

(2) a. *Pero* ('but'): coordinating conjunction.

[①] We have excluded some relative pronouns that introduce sentences complementing the name, interrogative pronouns, and conjunctions that introduce complement clauses.

b. *Ya que* ('since'): subordinate conjunction (conjunctive locution).①

c. *Cuando* ('when'): relative adverb.

d. *Para* ('for, to'): preposition.

e. *Sin embargo* ('however'): discourse marker.

Notice that all units in (2) are classified by their grammatical category, except for discourse markers. This is a class of linguistic elements that are not defined according to their categorial properties, but to the function they perform in discourse: that of establishing semantic-pragmatic relations between sentences.② But that function is also carried out by the rest of the elements noted in (2). Why, then, discourse markers are to be studied by discourse grammar, while prepositions, relative adverbs and conjunctions are to be studied by sentence grammar?

In next sections, we will address the question of the boundaries between sentence and discourse grammar. Firstly, we will review the concept of discourse markers and observe that, according to their usual definitions, it's impossible to distinguish them from other syntactic elements, like conjunctions. In the second place, we will compare the syntactic properties of discourse markers and conjunctions and, finally, we will show other formal elements than can also connect sentences in discourse.

2. The definition of discourse marker

Martín Zorraquino and Portolés Lázaro (1999) define the concept of *discourse marker* as follows (see also Portolés 2016):

(3) Los 'marcadores del discurso' son unidades lingüísticas invariables, no ejercen una función sintáctica en el marco de la predicación oracional – son, pues,

---

① Most of the subordinate conjunctions that introduce Spanish adverbial clauses are actually conjunctive locutions, formed from other elements, such as a preposition or an adverb, followed by the conjunction *que* ('that') (<*por+que*>, <*ya+que*>, <*aun+que*>). There are very few simple conjunctions, such as conditional *si* (*Si llueve, se mojará la ropa*, 'if it rains, clothes will get wet'), conditional *como* ('if') (*Como llueva, se mojará la ropa*, 'if it rains, clothes will get wet') or causal *como* ('since') (*Como llovió, la ropa se mojó*, 'since it rained, clothes were wet').

② Disparity of grammatical elements included in the class of discursive markers is noted in many works on the subject, including Jucker and Zivm (1998) and RAE-ASALE (2009: 30.12a).

elementos marginales-y poseen un cometido coincidente en el discurso: el de guiar, de acuerdo con sus distintas propiedades morfosintácticas, semánticas y pragmáticas, las inferencias que se realizan en la comunicación. ① (Martín Zorraquino y Portolés Lázaro 1999: § 63.1.2)

None of the three properties (invariability, non-performing a syntactic function, and guiding inferences in speech) that, according to this definition, distinguish discursive markers, serves to differentiate them from other kinds of binding elements, such as conjunctions. Indeed, both discursive markers and conjunctions, whether coordinating or subordinate, are " invariant linguistic units ". Secondly, like markers, conjunctions also do not play a syntactic role with respect to the verb, such as subject, direct complement, etc. ; their function is structural, binding. Finally, the task of guiding the pragmatic inferences in communication is also not exclusive to discourse markers. What else do, in the sentences in (1), conjunctions (or conjunctive locutions) as*pero* ('but') or *ya que* ('since')?

3. Formal mechanisms for linking clauses in discourse and their differences: discourse markers and conjunctions

From the point of view of the syntax of the sentence, we can distinguish the following formal mechanisms for clause combining:

(4) a. Coordination (coordinating conjunctions).

b. Subordination (subordinate conjunctions).

c. Asyndetic combination (discourse markers).

There are specific elements that formally mark the link between the sentences in

---

① 'Discourse markers' are invariant linguistic units, they do not exercise a syntactic function in the context of the sentence predicate-they are, therefore, marginal elements-and play the same role in discourse: to guide, according to their different morphosyntactic, semantic and pragmatic properties, the inferences that are made in communication.

coordination and subordination: conjunctions.① As for asyndetic combination, it is characterized by the absence of explicit formal relational elements. In (4c), we have not indicated in brackets 'discourse markers' because these elements are formally necessary, but because they allow us to interpret the semantic relationship between sentences precisely when there are no other formal links. To put it another way, their presence is not necessary from the point of view of syntactic architecture, but they contribute to the semantic cohesion of the text.

We will now review the formal differences between linking clauses mechanisms indicated in (4). As of subordination, we will focus on adverbial clauses. The reason is that these clauses, unlike complement clauses and relatives, do not necessarily form a constituent of the main sentence (as it would happen with the temporal clause headed by *que*— 'that' —in the sentence *Me dijo que tenía que Volver a Londres*- 'she told me she had to go back to London' —), but, in many occasions, they occupy an external syntactic position. Thus, for example, in sentence (1b), *Forman un equipo de virólogos poco común, ya que cada uno cubre un área distinta de la especialidad* ('they form an unusual team of virologists, since each one covers a different area of the specialty'), the subordinate clause headed by *ya que* ('since') is situated in an external position, from which it modifies the whole main clause. To account for this fact, some grammarians, such as Rojo (1978), Moya (1989) and Molina Redondo (1995), add to the concepts of *coordination* and *subordination* that of *interordination*. Interordinate clauses differ from subordinate ones in the fact that neither clause is a constituent of the other (see also RAE-ASALE 2009: § 47.1i). Because of this diversity of degrees of dependence between subordinate and main clause, the study of adverbial subordination is situated halfway between sentence grammar and discourse. Let's review the following text in order to compare the three types of procedures identified:

(5) Aunque algunas facetas de estas teorías basadas en los instintos son atracti-

---

① I will not mention here more than tangentially the fact that most conjunctions, especially those that introduce adverbial subordinate sentences, are in fact conjunctive locutions, with different origins and different degrees of grammaticalization (see Pavón Lucero 2012: 6.2.2). On the other hand, as we will see in the section 4, the phenomenon of so-called adverbial subordination actually comprises a multiplicity of syntactic structures. Pavón can be consulted Lucero (2012; 2016a) And Brucart And Galician (2009; 2016).

vas y poseen una cierta carga de racionalidad, la verdad es que la tesis de las raíces naturales y espontáneas de la violencia humana no es hoy en día defendible. Es cierto que la persona es la criatura más cruel que hay sobre la Tierra, <u>pero</u> también es verdad que sólo algunos hombres y mujeres lo son. Acusar a toda la especie humana por los terribles excesos cometidos por una clara minoría es erróneo e injusto. Todos nacemos con el potencial para ser violentos. <u>Pero</u> también nacemos con la capacidad para la compasión, la generosidad, la abnegación y la empatía.

En definitiva, como ya afirmé al principio de este prólogo, la violencia se aprende y se aprende a fondo. A los pocos días de nacer, las criaturas normales ya se relacionan activamente con su entorno y se adaptan a los estímulos externos. Desde estos primeros instantes, si sus necesidades biológicas y emocionales se satisfacen razonablemente, los pequeños comienzan a desarrollar el sentido de seguridad en sí mismos y en los demás. Si, <u>por el contrario</u>, sus exigencias vitales son ignoradas, tienden a adoptar un talante desconfiado y temeroso.① (Luis Rojas Marcos, "Prólogo", *Las semillas de la violencia*, Madrid, Espasa, 1996)

The text in (5) is interesting for our purposes because it uses the three linking procedures seen in (4) to express the same type of relationships. The text contrasts two hypotheses: that of the spontaneous roots of violence and that of violence as a learned behavior, which is the one defended by the author. Throughout it, the author reviews arguments in defense of the first hypothesis, to which he opposes his own arguments, in defense of the latter. For that purpose, he uses subordination, through subordinate conjunction *though*; coordination, through coordinating conjunction *but*, and asyndetic combination. In this case, the discursive marker *por el contrario* ('on the contrary') is responsible for marking the opposition relationship established be-

---

① <u>Although</u> some facets of these instinct-based theories are attractive and possess some rationality, the truth is that the thesis of the natural and spontaneous roots of human violence is not defensible today. It is true that the person is the cruelest creature on Earth, <u>but</u> it is also true that only some men and women are. Accusing the entire human species of the terrible excesses committed by a clear minority is wrong and unfair. We are all born with the potential to be violent. <u>But</u> we are also born with the capacity for compassion, generosity, self-denial and empathy. In short, as I stated at the beginning of this prologue, violence is learned, and learned thoroughly. Within a few days of birth, normal creatures are already actively related to their environment and adapt to external stimuli. From these first moments, if their biological and emotional needs. are reasonably met, the children begin to develop a sense of self-security and security in others. If, <u>on the contrary,</u> their vital demands are ignored, they tend to adopt a suspicious and fearful mood.

tween the combined clauses.

Let's see now the main divergencies between the three formal linking procedures. For this purpose, we will first contrast the sequences combined by means of discourse markers with those headed by conjunctions. The first difference between them is that discourse markers appear in a more external syntactic position than conjunctions with respect to the clause they introduce: they are parentheticals, so they may appear in different positions, as we can see in (6):

(6) a. Si, *por el contrario*, sus exigencias vitales son ignoradas, tienden a adoptar un talante desconfiado y temeroso.

('If, on the contrary, their vital demands are ignored, they tend to adopt a suspicious and fearful mood').

b. *Por el contrario*, si sus exigencias vitales son ignoradas, tienden a adoptar un talante desconfiado y temeroso.

c. Si sus exigencias vitales son ignoradas, tienden, *por el contrario*, a adoptar un talante desconfiado y temeroso.

Conjunctions, however, whether coordinating or subordinate, should appear at the beginning of the clause they introduce, and they are not parentheticals:

(7) a. Es cierto que la persona es la criatura más cruel que hay sobre la Tierra, *pero* también es verdad que sólo algunos hombres y mujeres lo son.

('It is true that the person is the cruellest creature on Earth, but it is also true that only some men and women are')

b. Todos nacemos con el potencial para ser violentos. *Pero* también nacemos con la capacidad para la compasión, la generosidad, la abnegación y la empatía.

('We are all born with the potential to be violent. But we are also born with the capacity for compassion, generosity, self-denial and empathy')

c. * Todos nacemos con el potencial para ser violentos*pero*. También nacemos con la capacidad para la compasión, la generosidad, la abnegación y la empatía.

('We are all born with the potential to be violent but. We are also born with the capacity for compassion, generosity, self-denial and empathy')

There are also differences[1] between clauses headed by coordinating and subordi-

---

[1] In certain theoretical models, such as Generative Grammar, the conjunction is considered to be the syntactic head of the sequence (see Pavón 2016b and the references indicated therein). Thus, this property of subordinate sentences would derive from a property of its head, the conjunction.

nate conjunctions. First, while the clause headed by the subordinate conjunction (*aunque*, 'althought') can precede or follow the main clause (see (8)), the clause headed by the coordinating conjunction (*pero*, 'but') cannot be placed before the clause with which it is coordinated, as in example (9):

(8) a. *Aunque* algunas facetas de estas teorías basadas en los instintos son atractivas y poseen una cierta carga de racionalidad, la verdad es que la tesis de las raíces naturales y espontáneas de la violencia humana no es hoy en día defendible.

('Although some facets of these instinct-based theories are attractive and possess rationality, the truth is that the thesis of the natural and spontaneous roots of human violence is not defensible today')

b. En el fondo, no le importa, *aunque* el olor a algas frescas a veces lo asquea [···] (Alexánder Obando Bolaños, *El más violento paraíso*; CREA)

('Deep down, he doesn't mind, *although* the smell of fresh algae sometimes makes him sick')

(9) * *Pero* también es verdad que sólo algunos hombres y mujeres lo son, es cierto que la persona es la criatura más cruel que hay sobre la Tierra.

('But it is also true that only some men and women are true, it is true that the person is the cruellest creature on Earth')

We have seen grammatical differences between the various clause linking mechanisms and the particles responsible for them. But what grammatical category do discursive markers correspond to? The RAE-ASALE (2009: 30.12a) says in this regard:

(10) [···] el concepto deconector discursivo (también marcador u operador discursivo o del discurso) no constituye una clase sintáctica de palabras análoga a *verbo*, *conjunción* o *adverbio*, sino un grupo establecido con criterios textuales. La mayor parte de los conectores discursivos son adverbios o locuciones adverbiales, pero algunos son conjunciones, preposiciones, interjecciones o bien locuciones formadas con todas estas clases de palabras[①].

From a grammatical point of view, they can belong to various kinds of words. For

---

① [...] the concept of discourse connector (also marker or discourse or speech operator) does not constitute a syntactic kind of words analogous to *verb*, *conjunction* or *adverb*, but a group established with textual criteria. Most discourse connectors are adverbs or adverbial locutions, but some are conjunctions, prepositions, interjections or locutions formed with all these kinds of words.

example, we can find prepositional phrases (*por un lado*··· *por otro*···, 'on the one hand... on the other...') or adverbial locutions (*sin embargo*, 'however'). Most of them, in fact, are adverbs or adverbial locutions (see RAE-ASALE: 13.12).

It is clear that the class of discourse markers is established according to textual, not grammatical, criteria. However, the question that can be formulated is why, usually, the study of coordination and subordination and, consequently, of the units that introduce coordinated and subordinate sentences, are excluded from the study of the units that serve to "guide, according to their different morphosyntactic, semantic and pragmatic properties, the inferences that are made in communication"①, as discourse markers were defined in (3). And the particles that participate in these linking mechanisms are not just conjunctions, since, as we will see in the following section, there are many other linguistic structures and units included in them.

4. Other syntactic classes in clause combining

We have talked about coordinating and subordinate conjunctions, but more categories participate in the sentence link. In fact, as it has been pointed out in several works (Pavón Lucero 2012, 2016a, and Brucart and Gallego 2009, 2016, among others), the phenomenon of adverbial subordination is very complex and cannot be reduced to a single structure.

As we have seen in (1c), we can find prepositional phrases among the so-called adverbial subordinate sentences. On the other hand, in (1d) we observed a sequence introduced by a relative adverb. And we could add at least one more structure: the adverbial phrase. Indeed, in (11a) we have an adverbial phrase whose head is the adverb *además* ('in addition', 'furthermore'), which takes as a complement a subordinate clause preceded by *que*, 'that'). It is worth noting that this same adverb appears without complement in (11b) and in this case it would be considered a discursive marker. But the semantic relationship established between the two

---

① To give just one example, among the counter-argumentative connectors collected by Portolés (2016: 694) are the adverbial locutions *en cambio* ('on the contrary'), *por el contrario* ('on the contrary'), *sin embargo* ('however'), etc., but not conjunctions like *pero* ('but') or *aunque* ('although').

juxtaposed sentences is the same as in (11a), where the subordinate clause is a complement of the adverb.

(11) a. <u>Además de que tendríamos un apartamento en Caracas</u>, podríamos irnos de temporada [···] [Guillermo Cabrera Infante, *La Habana para un infante difunto*; CREA]

('In addition to the fact that we would have an apartment in Caracas, we could leave on season')

b. Tendríamos un apartamento en Caracas. *Además*, podríamos irnos de temporada.

('We would have an apartment in Caracas. In addition, we could go on the season')

5. Conclusions

From a grammatical point of view, the procedures for linking clauses are very varied, and they involve linguistic units belonging to different types of words, with different formal properties. All of them share, however, the same discursive task: to establish semantic relationships between the sentences that make up the text. This is, as indicated by the usual definitions of this class of elements, the task of discourse markers (see, above, definition in (3)). However, within this kind of textual elements only part of the grammatical units capable of performing this task is usually included, units that generally correspond to the grammatical category of adverb. The aim of our work has been precisely to draw attention to this fact, which leads us to consider where the boundaries between the grammar of sentence and the grammar of discourse truly lie.

References

Bosque, Ignacio and Demonte, Violeta (dirs.), 1999, *Gramática descriptiva de la lengua española*, 3 vols., Madrid, Espasa Calpe.

Brucart, José M.ª and Gallego, Ángel, 2009, "L'estudi formal de la subordinació i l'estatus de les subordinades adverbials", *Llengua & Literatura*, 20, 139-191.

Brucart, José M.ª and Gallego, Ángel, 2016, "Aspectos formales e interpretativos de la subordinación adverbial", in Pavón Lucero, M.ª Victoria (eds.), *Las relaciones interoracionales. Categorías sintácticas y subordinación adverbial*, Berlin/Boston, De Gruyter, págs. 161-199.

CREA = Real Academia Española: Banco de datos (CREA) [on line]. *Corpus de referencia del español actual.* <http://www.rae.es>.

Gutiérrez - Rexach, Javier (ed.), 2016, *Enciclopedia de lingüística hispánica*, 2 vols., London/New York, Routledge.

Holler, Anke, 2008, "German dependent clauses from a constraint-based perspective" in Fabricious-Hansen, Catherine and Ramm, Wiebke (eds.), '*Subordination' versus 'Coordination' in Sentence and Text. A Cross-Linguistic Perspective*, Amsterdam/Philadelphia, John Benjamins, págs. 187-216.

Lehmann, Christian, 1988, "Towards a Typology of Clause Linkage", in Haiman, John and Thompson, Sandra A. (eds.), *Clause Combinng in Grammar and Discourse*, Amsterdam/Philadelphia, John Benjamins, págs. 181-225.

López García, Ángel, 1999, "Relaciones paratácticas e hipotácticas", in Bosque, Ignacio and Demonte, Violeta (dirs.) (1999), págs. 3507-3547.

Martín Zorraquino, M.ª Antonia and Portolés Lázaro, José, 1999, "Los marcadores del discurso", in Bosque, Ignacio and Demonte, Violeta (dirs.) (1999), págs. 4051-4213.

Molina Redondo, José Andrés de, 1995, "En torno a la oración 《compuesta》 en español", in Serra Alegre, Enric, Gallardo Paúls, Beatriz, Veyrat Rigat, Montserrat, Jorques Jiménez, Daniel and Alcina Caudet, Amparo (eds.), *Panorama de la investigació lingüística a l' Estat Espanyol*, vol. I, Valencia, Universitat de València, págs. 19-30.

Moya Corral, Juan Antonio, 1989, "Coordinación e interordinación, dos relaciones conjuntivas", in Borrego Nieto, Julio, Gómez Asencio, José J. and Santos Ríos, Luis (eds.), *Philologica II. Homenaje a D. Antonio Llorente*, Salamanca, Ediciones de la Universidad, págs. 211-226.

Pavón Lucero, M.ª Victoria, 2012, *Estructuras sintácticas en la subordinación adverbial*, Madrid, Arco Libros.

Pavón Lucero, M.ª Victoria (eds.), 2016, *Las relaciones interoracionales. Categorías sintácticas y subordinación adverbial*, Berlin/Boston, De Gruyter,

Pavón Lucero, M.ª Victoria, 2016a, "Relaciones entre oraciones y subordinación adverbial", in Pavón Lucero, M.ª Victoria (eds.), *Las relaciones interoracionales. Categorías sintácticas y subordinación adverbial*, Berlin/Boston, De Gruyter, págs. 11-39.

Pavón Lucero, M.ª Victoria, 2016b, "Conjunciones", in Gutiérrez-Rexach, Javier (ed.), *Enciclopedia de lingüística hispánica*, vol. 1, London/New York, Routledge, págs. 473-483.

Portolés, José, 2016, "Marcadores del discurso", in Gutiérrez-Rexach, Javier (ed.), *Enciclopedia de lingüística hispánica*, vol. 1, London/New York, Routledge, págs. 689-699.

RAE-ASALE = Real Academia Española and Asociación de Academias de la lengua española, 2009, *Nueva gramática de la lengua española*, Madrid, Espasa.

Rojo, Guillermo, 1978, *Claúsulas y oraciones*, Universidad de Santiago de Compostela.

Shiffrin, Deborah, Tannen, Deborah and Hamilton, Heidi E., 2001, "Introduction", in Shiffrin, Deborah, Tannen, Deborah and Hamilton, Heidi E. (eds.) (2001), págs. 1-10.

Shiffrin, Deborah, Tannen, Deborah and Hamilton, Heidi E. (eds.), 2001, *The Handbook of Discourse Analysis*, Oxford, Blackwell.

(**Affiliation**: Facultad de Humanidades, Comunicación y Documentación, Universidad Carlos III)

(作者单位:卡洛斯三世大学人文、传媒和文献学院)

普什图语人称范畴的依附形式

缪 敏 金 鑫

提 要 普什图语人称范畴表现出较强的语法化程度，依附形式就是主要表现。普什图语的依附形式包括零形式、附缀和弱化形式。其中，零形式又可以称为照应省略，即采用独立代词取零形式，动词上有人称标记；附缀主要通过指向前附缀来表现；弱化形式主要通过弱音代词的形式来表现。通过这些依附形式，可以明显区分主格和受格、施格和通格，其中只有主格和通格可以被省略，受格和施格不能省略，但是可以用弱化形式来代替。

关键词 普什图语 人称 零形式 附缀 弱化形式

人称范畴的形式特征反映了一种语言的语法化程度。人称范畴的形式可分为独立形式（independent forms）和依附形式（dependent forms）。前者主要指可带重音、可单独使用的人称代词。与独立形式不同，依附形式通常不能带重音，语音上相对缩减，依附于其他成分（如谓语），或在分布上相对受限，大致可分为：A、零形式（zero forms），B、黏着成分（bound forms），C、附缀（clitics），D、弱化形式（weak forms）。（陆丙甫，2015：145—146）依附人称形式在独立形式以外构成由实到虚的连续统，依次如下：

弱化形式＞附缀＞黏着成分＞零形式

需要指出的是，这一连续统前三项确实存在由左到右逐步虚化弱化的情况，但零形式并不都是前三类弱化消失的产物，而常是一种省略策略或结构缺位。

普什图语人称范畴的依附形式包括零形式、附缀和弱化形式。其中，零形式在普什图语中又可以称为照应省略（anaphoric deletion）；附缀主要通过指向（或称为人称标记）前附缀来表现；弱化形式主要通过弱音代词的形式来表现。

一 零形式

零形式指在表示人称语义的语法位置以非显性形式表示。主要包括三种情况：第一种是绝对零形式；第二种是独立代词取零形式，动词上有人称标记；第三种是人称系统中存在空缺项，不得不采用零形式，或人称词缀系统中某些人称没有实体语素，只是零形式。（刘丹青/强星娜，2009：158）

认知话语分析理论认为，人称形式跟其他直指、回指形式一样也是说/听者使用的一种话语-模式管理程序，这个程序可以调整或维持话语心理模式中不断发展的所指的认知可及性等级（活跃性或凸显度）。被论及实体的凸显度会影响认知可及性。比如，如果人称标记的所指是连续性的主语话题，则其认知可及性高，那么人称标记就可能采用零形式或动词的屈折形态。(Ibid：162)

普什图语是一种双重标志语言，也就是说它不仅在名词短语上，而且在动词上都会标记人称。因此，在普什图语中经常会出现独立代词省略的情况，但完全不影响人们对句子的理解。也就是说，普什图语中的零形式通常采用上述第二种形式，即独立代词取零形式，动词上有人称标记。需要指出的是，普什图语中 S、A 或 P[①] 都有可能被省略。下面我们分别来说明。

（一）S 省略

例如：

(1) 普什图语（David, 2014：161）

(a) .زه امریکای یم

　　zə　　　　　Amirika: yi　　　　　y-əm
　　我 . A. 1SG. DIR　　美国人　　　　是. COP. PRS-1SG
　　我是美国人。(I'm American.)

(b) .امریکای یم
　　Ø　　　　　Amirika: yi　　　　　y-əm

---

① A 表示及物动词句的主语，P 表示及物动词句的宾语，S 表示不及物动词句的主语。

| Ø | 美国人 | 是．COP．PRS-1SG |

我是美国人。(I'm American.)

（a）句是完整句，（b）句的主语 S 省略，但在系词中有表示第一人称单数的词尾"-م"（əm）照应，可以得知主语是"زه"（我）。在该句中，即使省略主语 S，也不影响读者或听者理解这句话的意思。因为，S 作为不及物句中的唯一论元，是动词词尾唯一可以照应的对象。因此，不论不及物句的 ATM（时/体/语气）处于什么状态，S 都可以采用零形式。

（二）A 省略

例如：

（2）普什图语（David，2014：162）①

（a）تاوینم．

ta： wi： n-əm

你．P．2SG．OBL　　看．PRS-1SG

我看你。(I see you.)

（b）ماخوروی．

ma： dzauraw-e

我．P．1SG．OBL　　折磨．PRS-2SG

你折磨我。(You disturb me.)

上述两句是现在时结构，都采用主-受格系统，A 为主格，P 为受格，动词词尾与 A 一致。其中（a）句省略了 A "زه"（我），但通过照应，观察动词词尾 "-م"（əm）可知 A 为 "زه"（我）；（b）句也省略了 A "ته"（你），但通过照应，观察动词词尾 "-ي"（e）可知 A 为 "ته"（你）。可见，在主-受格系统中，主语 A 可以采用零形式。

（三）P 省略

例如：

---

① 这两句为普什图语西南方言。

(3) 普什图语（David，2014：162）

(a) تازه وليدم.

ta:　　　　　　zə　　　　　　　w-lid-əm

你 . A. OBL. ERG　　我 . P. DIR. ABS　　PRF-看见 . PST-1SG

你看见我了。(You saw me.)

(b) تا وليدم.

ta:　　　　　　Ø　　　　w-lid-əm

你 . A. OBL. ERG　　Ø　　PRF-看见 . PST-1SG

你看见我了。(You saw me.)

*（c）زه وليدم.

zə　　　　　　　w-lid-əm

我 . P. 1SG. DIR　　PRF-看见 . PST-1SG

你看见我了。(You saw me.)

　　上述三句都是过去时结构，采用施-通格系统，A 为施格，P 为通格，动词词尾与 P 一致。其中（a）是完整的句子；（b）句省略了 P "زه"（我），但通过照应，观察动词词尾 "-م"（əm）可知 P 为 "زه"（我）；（c）句省略了 A "ته"（你），而动词只能照应 P，所以（c）是不符合语法的。可见，在施-通格系统中，宾语 P 可以采用零形式。

　　综上所述，普什图语中的 S、A、P 都可以采用零形式。其中，S 采用零形式基本不受限制，但 A 和 P 采用零形式是有条件限制的。A 只能在主-受格系统中采用零形式，即 A 作为主格时才能采用零形式；P 只能在施-通格系统中采用零形式，即 P 作为通格时才能采用零形式。

二　附缀法

　　附缀是介于黏着成分和独立代词之间的人称标记。它们可以是普通代词的缩略形式，还可以是其他人称形式的语素变体（allomorphs），包括前附缀（proclitics）和后附缀（enclitics）。顾名思义，前附缀附着在词前，后附缀附着在词后。

　　普什图语中也有这样的附着形式，通常表现为前附缀。普什图语界各学者对这一词类的看法也有些差异：Penzl（1955：92）称之为"小品词"

(particles); MacKenzie (1987: 469) 称之为"假代词"(pseudo-pronouns); Shafeev (1964: 33)、Babrakzai (1999: 33)、车洪才/张敏 (2003: 59) 称为"指向代词"(directive pronouns); Tegey&Robson (1996: 65) 则认为这是弱音代词的间接格形式; Roberts (2000: 105) 认为这是动词词缀 (verbal clitics); David (2014: 169-172) 称之为"伞状的指示词"(the umbrella term deictoids)。具体的表现形式如下表:

表1　　　　　　　　　普什图语的附缀

را	ra:	对、向我(我们)
در	dər	对、向你(你们)
ور	war	对、向他(他们)

这些附缀只表示人称,没有性、数的区别,第一人称"را"表示"对、向我/我们",第二人称"در"表示"对、向你/你们"、第三人称"ور"表示"对、向他/他们"。

笔者认为各位学者对于普什图语的附缀"را،در،ور"有这么多不同的看法应该是由它们的多种用法引起的。具体来看,普什图语中的附缀"را،در،ور"共有三种用法。

(一) 间接格代词附着形式

第一种用法称为间接格代词附着形式 (oblique pronominal clitics),只能和后置词连用,不能和前置词或前后置词 (circumpositions) 连用,作为独立代词间接格的替代词,不能重读。例如:

(4) کتاب می در نه واخیست.
kita: b   me   dər   na   w-akhist-Ø
书.M.DIR　我.WP.ERG　2.CLT　从.POST　PRF-拿.PST-M.SG
我从你那儿拿了这本书。(I took the book from you.) (David, 2014: 170)

句中"در نه"完整的表达应该是"له تا نه",意为"从你那儿"。这类附置词短语通常都直接附着在动词前。如果后置词是单音节的,附置词短语不能重读;如果后置词是双音节的,而且这一短语还处于系动词非重读结构中,那么后置词的第二个音节才可以重读。

（二）指向动词附着形式

第二种用法称为指向动词附着形式（directional verbal clitics），可以和很多动词连用，单纯表示行为方向。这个动作朝向我用"را"，朝向你用"در"，朝向他用"ور"，不能重读。如果该句为完整体结构，则需要加前缀"و"。例如：

（5）普什图语
（a）زه یې راغوارم.
zə　　　　ye　　　　ra:-ghwa:　ṛ-əm
我.1SG　　他.WP　　1.CLT-邀请.PRS-1SG
我请他来我这儿。（David，2014：171）
（b）در ومې باسه!
dar　　　wu　　　mei　　　ba:s-a
CLT　　　PRF　　我.WP　　拉.PRS-2SG
把我拉到你那儿去。（张敏/车洪才，2003：287）

（a）句为现在时非完整体，"را"单纯地表示"请"这个动作朝向我，意为"请到我这儿"。（b）句为祈使式完整体，"در"单纯地表示"拉"这个动作朝向你，在动词前要加完整体标志"و"，意为"拉到你那儿"。

（三）指示前缀

第三种用法称为指示前缀（deicitic prefixes）。相对于前两种附着形式来说，指示前缀更像是一种黏着语素（bound morphemes）。当它们和动词连用时会改变动词的意义，例如"کول"意为"做"，当变为"راکول/درکول/ورکول"时，意为"给我（们）/你（们）/他（们）"。它们可以有重音，在完整体结构中不需要加前缀"و"，这是它和上文中的指向动词附着形式最主要的区别之一。只有附着形式和否定小品词才能置于指示前缀和动词词根之间。

三　弱化形式

弱化形式又称代词短式，它们在语音和形态上不依附于任何其他成分，但在句法分布和语音构成上不同于独立代词。(陆丙甫/金立鑫，2015：147)普什图语中的弱音代词（weak personal pronouns）就属于弱化形式，有以下6个特点：

1) 不能发重音；
2) 没有性的屈折变化；
3) 从不和动词一致；
4) 能出现的位置是有限制的，通常只能出现在小句的第二个成分的位置上；
5) 不能单独出现，需要依附于另一个词；
6) 能用替换规则在小句的固定位置进行替换。

不同的学者们分别从不同的侧重点对这一类代词进行命名，如：Penzl 称之为没有屈折变化的人称代词小品词（uninflected pronominal particles）；Heston 称之为非重读人称代词（enclitic pronominal particles）；Tegey 称之为附缀形式（clitics），但又表示普什图语中的弱音代词和传统的 clitics 有一些差别。Roberts 也延续了 Tegey 的观点，将弱音代词称为附缀形式。Khattak（1988：73-75）也将弱音代词称为附缀形式。与黏着成分和附缀相比，弱化形式在语音和形式上不依附于任何其他结构，这一点跟独立代词相似。但弱化形式并不是独立代词的非重读形式，二者在语音构成、句法分布上有所不同。(刘丹青/强星娜，2009：158)因此，普什图语中的弱音代词应该属于弱化形式，而不是附缀形式。弱音代词的表现形式如下表：

表2　　　　　　　　　　　弱音代词的形式

人称＼数	单数	复数
第一人称	مي	مو
第二人称	دي	مو
第三人称	یی	یی

从形式上看，第三人称单数和复数形式相同，第一人称和第二人称的复数形式相同。这是一种人称聚合（paradigms）现象，它反映人称系统中三身形式的表现。并非所有语言的人称系统都有三身之别，也并非所有语言的人称系统都有数的区分。无法区分三身的情况一般发生于依附性人称标记，有4种情况可能造成三身无法区分：

1) 第一第二身同形，区别于第三身；

2）第二第三身同形，区别于第一身；

3）第一第三身同形，区别于第二身；

4）三个人称全部同形。

四种可能都已有实例证明。其中，第 4 种可能以三种人称可依赖其他范畴加以区分为前提。（刘丹青/强星娜，2009：160）普什图语中的弱音代词的复数部分属于第一种类型，即第一第二人称的复数同为"مو"，区别于第三人称，第三人称为"یی"。

此外，就数的特征而言，人称系统的一种表现是存在单、复数的对立。数范畴在人称系统的表现受人称等级序列（第一＞第二＞第三人称）的影响。根据人称等级序列，数的对立在第一人称上最常见，在第三人称上最少见。第一第二人称区分数而第三人称不区分的情况在语言中已获广泛验证。（ibid：160）普什图语弱音代词的人称情况就属于这一类型，第一人称单数为"می"，复数为"مو"；第二人称单数为"دی"，复数为"مو"；第三人称则不区分单、复数，都表示为"یی"。

弱音代词在普什图语中使用非常广泛，因此其语法地位十分重要。事实上，它是人称代词和物主代词的替代词，主要有以下两种用法：

1）替代人称代词的间接格形式，在句子中作及物动词现在时宾语（即受格）或及物动词过去时主语（即施格）；

2）替代物主代词作定语。

其中，第 2 种用法不在本文的讨论范围内。下面分别介绍弱音代词作受格以及作施格的情况。

（一）弱音代词作受格

弱音代词作受格主要出现在及物动词现在时小句中。比较下面三组例句。

（6）تور ما بنه پېژنی.

（a）Tor　　　　　ma:　　　　ḥə　　　　pezhan-i

吐尔.A.NOM　　我.P.ACC　　很　　　了解.PRS-3SG

吐尔很了解我。（Tor knows me well.）（Tegey，1978：35）

（b）تور می بنه پېژنی.

Tor　　　　　　　me　　　　　　ḥə　　　　pezhan-i

吐尔.A.NOM　　我.P.ACC.WP　　很　　　了解.PRS-3SG

吐尔很了解我。（Tor knows me well.）（Tegey，1978：35）

(7) تور تا بښه پېژنى.

(a) Tor　　　ta:　　　ḥə　　pezhan-i
吐尔. A. NOM　你. P. ACC　很　了解. PRS-3SG
吐尔很了解你。(Tor knows you well.) (Tegey, 1978：36)

(b) تور دې بښه پېژنى.

Tor　　　de　　　ḥə　　pezhan-i
吐尔. A. NOM　你. P. ACC. WP　很　了解. PRS-3SG
吐尔很了解你。(Tor knows you well.) (Tegey, 1978：36)

(8) تور ليلا بښه پېژنى.

(a) Tor　　Layla　　ḥə　　pezhan-i
吐尔. A　莱拉. P　很　了解. PRS-3SG
吐尔很了解莱拉。(Tor knows Layla well.) (Tegey, 1978：36)

(b) تور يې بښه پېژنى.

Tor　　　ye　　　ḥə　　pezhan-i
吐尔. A. NOM　她. P. ACC. WP　很　了解. PRS-3SG
吐尔很了解她。(Tor knows her well.) (Tegey, 1978：36)

在这三组小句中，(a) 句中的 A 都为"تور"（吐尔），P 分别为"我"、"你"和"莱拉"，P 不是强人称代词就是名词；(b) 句的 P 则都采用弱化形式，用弱音代词代替，这些小句在格标志上为主-受格系统。普什图语人称代词的格标志系统显示：只有第一、第二人称单数在非过去时结构中作 P 才采用主-受格系统，第三人称单数不论是阳性还是阴性，都表现为中性系统。但是，如果第三人称采用弱音代词的形式也可以形成主-受格系统，如例句 (8b)。再来看下一组例句：

(9) ولى می مچوى؟

(a) wali　　mei　　machaw-i
　为什么　我. WP　吻. CONT. PRS-3SG
他为什么吻我？(Why is he kissing me?) (David, 2014：167)

* (b) مچولم يې.

machawal-əm　　　　　　ye
吻. CONT. PRS-1SG　　他. WP
他在吻我。(He is kissing me.) (David, 2014：167)

＊（c） نن یی ګډیږی.

nən　　　　ye　　　　　　gaḍegi：

今天　　　　他.WP　　　　跳舞.CONT.PRS-3SG

今天他在跳舞。（Today he is dancing.）（David，2014：167）

上述 3 个例句只有（a）句是符合语法的。（a）句的弱音代词"می"在现在时结构中作 P，充当受格论元，相当于是人称代词"زه"的间接格形式"ما"，A 被省略，由动词词尾"ی"互文得知为第三人称；（b）句的弱音代词"یی"在现在时结构中作 A 以及（c）句的弱音代词"یی"在现在时结构中作 S，都是不符合语法的。这表明在非过去时结构中，弱音代词只能出现在及物动词小句的宾语位置作 P，充当受格论元。

普什图语中"依附性人称形式—弱音代词—作受格"的现象正好验证了 Siewierska（2008）的研究。Siewierska 统计表明："主—宾格①系统的优势在依附性人称形式中表现得比独立代词中更加显著。这就意味着，有些语言独立代词是非主—宾格系统，而依附性人称形式是主—宾格系统。"（Siewierska，2008：导读 p.17）上述例句（8a）采用独立代词，其格标志系统为中性系统，例句（8b）采用依附性人称形式（弱音代词）"یی"（他/她）后，其格标志系统为主—受格系统。

（二）弱音代词作施格

弱音代词作施格主要出现在及物动词过去时小句中。比较下面一组例句，通格（P）都为"پتنګ"（帕坦格），施格（A）分别为"我"和"你"。这两个小句中，（a）句的施格形式都是强人称代词的间接格形式；（b）句的施格则都采用弱化形式，用弱音代词代替，这些小句在格标志上为施—通格系统。

（10） ما پتنګ ولیده.

（a） ma：　　　Patang　　　　w-lid-ə

我.ERG　　　帕坦格.ABS　　PRF-看见.

我看到了帕坦格。（I saw Patang.）（Tegey，1978：35）

（b） پتنګ می ولیده.

---

① 原文中的"主—宾格"即本文的"主—受格"。

Patang　　　　　　me　　　　　w-lid-ə
帕坦格.ABS　　　 我.ERG.WP　　PRF-看见.PST-3SG
我看到了帕坦格。（I saw Patang.）（Tegey，1978：35）
（11）تاپینګ ولیده.
（a）ta:　　Patang　　　　　w-lid-ə
你.ERG　　帕坦格.ABS　　　PRF-看见.PST-3SG
你看到了帕坦格。（You saw Patang.）（Tegey，1978：35）
（b）پتنګ دې ولیده.
Patang　　　　　　de　　　　　w-lid-ə
帕坦格.ABS　　　 你.ERG.WP　　PRF-看见.PST-3SG
你看到了帕坦格。（You saw Patang.）（Tegey，1978：35）

从上面两组例句中还可以看出，所有（a）句语序都是 SOV，所有采用弱化形式的（b）句的语序都是 OSV，这正体现了弱音代词在句中要居第二位的特点。

下面，再通过下面几个例句来了解弱音代词在过去时结构中的使用范围。

（12）普什图语（David，2014：167）
（a）مچولم یې.
machawal-əm　　　　 ye
吻.CONT.PST-1SG　　 他.WP
他（过去在）吻我。（He was kissing me.）
＊（b）پرون می مچولم یې.
parun　　me　　　machawal-əm　　　　ye
昨天　　我.WP　　吻.CONT.PST-1SG　　 他.WP
昨天他吻我。（Yesterday he was kissing me.）
＊（c）پرون یې ګډېده.
parun　　ye　　　gaḍed-ə
昨天　　他.WP　　跳舞.CONT.PST-3SG
昨天他在跳舞。（Yesterday he was dancing.）

上述 3 个例句只有（a）句是符合语法的。该句的弱音代词"یې"在过去时结构中作 A，充当施格论元，相当于是人称代词"دی"的间接格形式

"ده";弱音代词"می"在(b)句作P,"یی"在(c)句作S,均不符合语法。这表明在过去时结构中,弱音代词只能出现在及物动词小句的主语位置作A,充当施格论元。

综上所述,我们可以把普什图语弱音代词替代人称代词的用法归纳为下表:

表3　　　　　　　　弱音代词替代人称代词的使用范围

	非过去时	过去时
及物动词主语（A）	不会出现	可以出现
不及物动词主语（S）		不会出现
及物动词宾语（P）	可以出现	

普什图语的弱音代词与上文的指向附缀形式相比,有以下3个特点:

1) 弱音代词则要居于小句第二位,指向附缀形式附着在动词前;

2) 弱音代词对时态比较敏感,在非过去时只能出现在P的位置,作受格,在过去时中只能出现在A的位置,作施格,指向附缀形式对时范畴不敏感;

3) 指向附缀形式附着在及物动词前,通常暗含双宾语,而弱音代词不具有这种特征。例如:

（13）普什图语（Roberts,2000:106）

(a) .احمد (تاته) يوكتاب دركوي

Ahmad　　　(ta:　　ta)　　　yaw　　kita:b　　der-kaw-i

阿赫玛德.A　你.OBL　向.POST　一　书.P　2.CLT-给.PRS-M.SG

阿赫玛德给你一本书。(Ahmad is giving you a book.)

(b) .ميني (مونږ ته) ميوه راوليږله

Mi:ne　　　(mung　　ta)　　　mewa　　ra-wu-li:g-la

米娜.A　我们.OBL　向.POST　水果.FEM.P　1.CLT-PERF-送.PST-FEM.SG

米娜给我们送水果。(Meena sent us fruit.)

由于动词前有指向附缀形式"در"(给你/你们)和"را"(给我/我们),括号中的宾语如(a)句中的"你"和(b)句中的"我们"都可以省略。事实上，这两个句子翻译成汉语为双宾语结构，但"你"和"我们"省略后，在普什图语中可以简单理解为单宾语结构，宾语为"كتاب"（书）和"ميوه"（水果），用"در"（给你/你们）和"را"（给我/我们）暗含了"给"、"送"的对象。

四　结语

综上所述，不同语言有不同的形态配置模式，人称标记的句法功能也因此表现出相应的系统性差异。普什图语人称范畴的依附形式包括零形式、附缀法和弱化形式。通过这些依附形式可以明显区分主格和受格、施格和通格，其中只有主格和通格可以采用零形式（即省略），受格和施格不能省略，但是可以用弱化形式来代替。

参考文献

车洪才、张敏：《普什图语基础语法》，北京广播学院出版社 2003 年版。

刘丹青、强星娜：《〈人称范畴〉介评》，《南开语言学刊》2009 年第 1 期。

陆丙甫、金立鑫：《语言类型学教程》，北京大学出版社 2015 年版。

张敏、车洪才：《普什图语教程》（下册），北京广播学院出版社 2003 年版。

Babrakzai, Farooq, 1999, Topics in Pashto Syntax. Ph. D thesis, University of Hawai'i at Manoa.

David, Anne Boyle, 2014, *Descriptive Grammar of Pashto and its Dialects*. Berlin: De Gruyter Mouton.

Khattak, Khalid Khan, 1988, A Case Grammar Study of the Pashto Verb. Ph. D thesis, University of London.

Mackenzie, D. N., 1987, Pashto. In: B. Comrie (eds.), *The World's Major Languages*. London: Croom Helm. 460–475.

Penzl, Herbert, 1955, *A Grammar of Pashto: A descriptive study of the dialect of Kandahar, Afghanistan*. Washington, D. C.: American Council of Learned Societies.

Roberts, Taylor, 2000, Clitics and agreement. Ph. D thesis, MIT. Distributed by MIT Working Papers in Linguistics.

Shafeev, D. A., 1964, *A Short Grammatical Outline of Pashto*. Translated and edited by Herbert H. Paper. Bloomington: Indiana University.

Siewierska, Anna, 2008, 人称范畴（影印本）. 北京大学出版社.

Tegey, Habibullah, 1978, *The Grammer of Clitics*. Kabul, int. Center for Pashto Studies.

Tegey, Habibullah and Robson Barbara, 1996, *A Reference Grammar of Pashto*. Washington, D. C.: Center for Applied Linguistics.

（作者单位：战略支援部队信息工程大学洛阳校区

（原解放军外国语学院））

《类型学视角下的示证研究》述评

潘家荣[1]　潘奥[2]

引言

《类型学视角下的示证研究》（*The Grammar of Knowledge: A Cross-Linguistic Typology*）是由牛津大学出版社（Oxford University Press）2014年出版的一本论文集，是《语言类型学探究》（*Explorations in Linguistic Typology*）系列丛书的第七册，由詹姆斯·库克大学（James Cook University）的两位学者联合主编，他们是詹姆斯·库克大学的荣誉研究员、特聘教授及语言文化研究中心（Language and Culture Research Centre）主任Alexandra Y. Aikhenvald；詹姆斯·库克大学语言文化研究中心的副教授及副主任R. M. W. Dixon，共xxii+289页。

《类型学视角下的示证研究》共收录了13篇论文，开篇是对所有论文作者的简介，随后第一篇是对示证这一语法范畴的介绍以及对本册的概述，接下来第二篇到第十三篇的每一篇都是以某一种语言为研究对象，介绍该语言中示证范畴的表现情况以及与示证范畴相关的其他语法范畴。下面先对示证范畴及全册内容进行简要介绍，然后逐篇叙述，最后进行简评。

一　《与信息来源相关的语法范畴：跨语言视角下的示证范畴》介绍

《与信息来源相关的语法范畴：跨语言视角下的示证范畴》（"The grammar of knowledge: a cross-linguistic view of evidentials and the expression of information source"，第1—51页）是对示证范畴的简要介绍以及全书的总纲，由主编之一Alexandra Y. Aikhenvald撰写。

《与信息来源相关的语法范畴:跨语言视角下的示证范畴》从五个方面对示证范畴进行了剖析,首先论述了示证范畴与信息来源的区别与联系;然后对示证范畴做了简要概述;随后介绍了没有示证范畴的语言如何表达信息来源;接下来介绍了如何选择和使用示证范畴及如何谈论获取信息。除了对示证范畴的概述,作为本册的引言及总纲,作者在最后还介绍了本册的框架及主要内容。

(一) 示证范畴与信息来源

每一种语言都有方法来表达说话人获取信息的途径,在世界上的语言中,约有四分之一的语言每一个句子都必须明确说明信息来源,否则即是不合语法的,Frans Boas 指出"对于我们来说定指性、数和时间是句子的必要组成部分,但对另外一些语言来说信息来源是句子的必要组成部分"[1]。作者在文中给出了示证范畴的定义:示证范畴是信息来源的语法化标记,是一个与时体态、语气、否定、人称等一样真实存在的语法范畴,人称可以和性、数融合在一起,同理示证范畴也可以和其他语法范畴如时体态等融合在一起。

通常一个语言学术语都会在现实世界中投射一个对应物,示证范畴作为语法范畴在现实世界中的对应物就是信息来源。信息来源可以用多种不同方法来表达,可以用感官动词、认知动词、情态动词、助词或插入语表达,甚至可以用面部表情来辅助表达推断或假设以及对信息的态度。每一种语言都一定有一种方法用于说话人来传达另一个说话人所说的话语,所有语言都有引语结构,某些语言同时有直接引语结构和间接引语结构,示证范畴的使用也许与直接引语与间接引语的选择有关,如第三篇《鞑靼语的示证系统》("The expression of knowledge in Tatar")中提到的美国亚利桑那州特瓦族的塔诺安语(Arizona Tewa)使用直接引语则暗示说话人不保证引语内容的真实性,使用间接引语结构则倾向于表达说话人的中立立场。任何一种表达信息来源的方法都会与说话人对信息的态度以及交流策略产生影响,例如在一种语言中怎样的表达方式会让信息更有价值;怎样的表达才更符合该民族的文化认同。

示证范畴与表达信息来源的非主要示证手段有很大区别,概括来说,语法的示证系统是封闭有限的,语法性示证意义的管辖范围通常是一个从句或

---

[1] Boas, Frans, 1938, Language. In Boas. *General Anthropology*, New York: D. C. Health and Company: 124-145.

一个完整句子，与动词不同的是，很少有名词短语有它独特的示证意义；相反，表达信息来源的其他示证手段根据语义的不同可以有无限多的表达方式，管辖范围也更加灵活；"信息来源"这个表达是异质的，它包括助词、情态动词等表达示证的封闭词类，还包括表达意见想法的开放动词，同样"词汇性示证"也模糊了封闭性和开放性的区别性。然而有示证范畴的语言也不仅仅只有一种方法来表达信息来源，动词、形容词、副词及引语都可以为表达说话人对信息的态度提供细节的补充。示证范畴的标记通常来源于感官动词、情态标记或引语词的语法化，表达信息来源的词汇或其他表达方式可以为溯寻示证系统的本源提供证据。

（二）示证范畴简介

作为一个独立的语法范畴，示证范畴相比于人称、性、数、时态等可以说是一个新兴的语法范畴，"用语法手段标记信息来源"这一概念是 Boas 1911 年在对夸扣特尔语（Kwakiutl）的描写中首次提出的，而"示证范畴"作为标记信息来源的语法范畴则是在 1957 年由 Jakobson 首次提出。有示证范畴的语言根据标记信息来源的个数分为不同的类型，只有一种示证标记的语言在世界语言中广泛分布，譬如 Nhêengatú 语，一种亚马逊西北部图皮语（Tupi）与瓜拉尼语（Guarani）的混合语只有一个表达报道义的示证标记"-paá"；又如台湾南岛语之一沙阿鲁阿语（Saaroa）也只有一个表达报道义的示证标记。有一部分语言属于二分系统，其中一些语言会区分一手信息和非一手信息，如巴西阿拉瓦克诸语言之一 Jarawara 的一手信息标记为"-no"，非一手信息标记为"-are"；有些语言的二分系统会标记非一手信息，其他信息来源则不作标记，如突厥语族的高加索诸语言、乌戈尔语族语言及安第斯山脉附近语言都有这样的标记方式，这里的非一手信息包括报道、听说、逻辑推理及判断，具体情况会在本册第二篇《Hinuq 语的示证系统》（"The grammar of knowledge in Hinuq"）和第三篇《鞑靼语的示证系统》（"The expression of knowledge in Tatar"）中进行描述。还有一部分语言属于三分系统，如本册第六篇《尔苏语中信息来源的表达》（"The expression of knowledge in Ersu"）中提到的藏缅语族的尔苏语（Ersu）标记三种信息来源，通过视觉、听觉、感觉、嗅觉等直接获得的信息在尔苏语中为零标记；推断及假设获得的信息用词缀"-pà"标记；通过报道获得的信息则用语法化的引语词来标记。除此之外，还有一些语言属于五分系统，亚马逊西北部阿拉瓦克语系印第安塔里阿那语（Tariana）以及周边的许多东图卡诺安语系语言都为五分系统。

总的来说，为示证范畴进行分类主要有以下几个语义参数：

1）视觉，通过眼睛看到获取的信息；

2）知觉，通过听觉、嗅觉甚至触觉获取的信息；

3）推断，基于视觉或实物证据得出的信息；

4）假设，基于证据而非肉眼可见的结果得到的信息，其中包括逻辑推理或基本常识；

5）报道，通过报道得到的信息，且没有指明报道者；

6）引用，通过报道得到的信息，且有明确的引用来源。

这些语义参数可以根据语言系统内部构造有不同的组合方式，最简单的组合方式是三分法——感知（视觉和知觉）、推断（推断和假设）、报道（报道和引用），盖丘亚语（Quechua）、希卢克语（Shilluk）及博拉语（Bora）都是这种三分的示证系统；还有许多亚欧大陆的语言将2）—6）都归为非一手信息，构成二分示证系统，如 Hinuq 语、鞑靼语（Tatar）、阿布哈兹语（Abkhaz）以及尤卡吉尔语（Yukaghir）都是一手信息/非一手信息的二分示证系统。

示证范畴在语言中会与其他语法范畴产生联系。和绝大多数语法范畴一样，示证范畴会受语气的影响，大部分示证范畴都会在陈述语气的主句中有所区分，经常出现在命令语气句子中的示证范畴是报道；问句中的示证范畴标记可能会反映出答案的信息来源或者是问话人假设的信息来源。除了受语气影响，示证范畴还会与否定相互作用，如巴西亚马逊的 Mỹky 语在否定句中没有示证意义的区分；Kurtöp 语的否定系词有示证兼认知义，而在肯定句中没有这种用法。另外，在许多语言中示证范畴还会与时态有关系，很多示证范畴都只出现在过去时中，譬如鞑靼语（Tatar）、Jarawara 语、Matses 语都只在过去时中使用示证范畴。

有些语言中动词标记的时间即为动作发生的时间，但在沙阿鲁阿语（saaroa）、印第安塔里阿那语（Tariana）及其他一些语言中，事件发生的时间与说话者叙述它的时间中间有个时间差，叙述的时间和事件发生的时间可以用一个词同时进行标记。譬如印第安塔里阿那语（Tariana），如果说话人刚刚被告知将要发生在将来的消息，则句中会同时使用将来时标记以及最近过去的报道示证标记；又如 Matses 语允许同时使用有不同时间所指的示证标记，还有其他很多语言都有各自不同的方式来表达叙述时间与事件发生时间不同的情况。示证范畴在一个小句可以有双时态，两个示证标记可以同时出现在一个小句中，这是示证范畴不同于其他动词性语法范畴的众多特点之一。

认知情态与示证范畴是不同的语法范畴，但情态与示证标记可以同时出现在一个动词上，还有一些语言中的示证标记也蕴含有情态意义。譬如盖丘亚语（Quechua），表示视觉的示证标记也表示说话人保证叙述信息的准确性；但是印第安塔里阿那语（Tariana）、图卡努语（Tucano）、卡尔梅克语（Kalmyk）等一些语言中示证标记没有情态意义的暗示；有些语言中确定性或不确定性只与推断义示证标记有关系。

在一个语言中，示证意义可以不仅仅只由一种方式来表达，在很多语言中，报道型示证意义因为其独特的语法地位和特点会与其他示证意义的表达方式不同，表达信息来源的不同语法手段可以看作是不同的示证范畴子系统。譬如 Jarawara 语，谓语部分有三个不同的空位可以用来表达不同的示证意义；Hinuq 语和鞑靼语（Tatar）中，中性和非亲见示证意义用合成过去时表达，引语和报道义又各自组成一个独立的系统表达；马卡语（Maaka）中有些信息来源由动词表达，其他信息来源则由名词短语表达。

示证范畴在每一个语系中的分布并不是平均的，绝大部分有示证范畴的语言都分布在亚马逊地区以及安第斯山脉附近，另外一些语言则是以北美印第安语言及藏缅语族语言为主。示证范畴这一语法范畴在欧洲语言、澳大利亚语言以及除了台湾南岛语以外的其他南岛语族语言中比较少见，但是分布在新几内亚高地的大部分巴布亚语言都存在示证系统，但有亲缘关系的一些语族如闪语族语言又基本上没有示证范畴，中美洲地区除了阿兹特克语（Uto-Aztecan）几乎没有发现有示证范畴的语言。示证范畴是突厥语族、伊朗语族、乌拉尔语族以及高加索东北部语言的显著特征，目前只有少数非洲语言被发现存在示证系统。

在语言接触中，示证范畴非常容易受到影响，它会随着说话方式及说话内容进行互相融合和互相影响，目前土耳其语（Turkish）和伊朗语（Iranian）的示证系统可以看作是地域融合的结果，这也是示证系统通常会出现在一片连续地区的原因。亚马逊地区是示证范畴集中出现的地区之一，许多亚马逊语言都共享同一个语言特点，即"表达精确"，这是它们发展出示证系统的原因之一，但并不是所有的亚马逊语言都有语法化示证标记，如 Ashéninka Perené 语和阿瓜鲁纳语（Aguaruna）就是使用示证策略和其他方式来表达信息来源的。通常当一种语言濒临灭亡时，示证系统也濒临荒废，譬如位于亚马逊西北部地区的阿拉瓦克语之一的 Baré 语，它的最后一位母语者已经完全放弃使用示证范畴，而在二十年前他们还会使用报道义的示证标记；

但同为濒危语言的台湾南岛语之一沙阿鲁阿语（saaroa），报道义的示证标记依然在广泛使用，但该语言使用者对于在某些情况下的具体意义以及某些特殊使用方法已经含糊不清了。

（三）示证策略

除了使用语法化的示证标记，很多语言会使用示证策略来表达信息来源，语言中的条件语气、完成态或被动态都可以发展为某些特殊的示证意义。条件语气及其他非陈述性语气可能会蕴含说话人不确定的意味，譬如法语（French）中的条件语气即用于说话人从别处得到的信息且对信息真实性不做保证；在尔苏语（Ersu）中语气标记"*mixa*"也有类似假设示证的意义。完成态在某些语言中会蕴含有非一手信息的示证意义，这种现象在格鲁吉亚语（Georgian）以及附近的突厥语族语言、伊朗语族语言、东北部高加索语言中都有体现。名物化结构和分词结构也经常用于帮助表达隐含的非一手信息的示证意义，譬如立陶宛语（Lithuanian）中的分词结构有推断和听说的意义；欧西坦语（Occitan）有一系列的分词结构用来表达说话人肯定的推测及基本常识；阿瓜鲁纳语（Aguaruna）、曼西语（Mansi）、涅涅茨语（Nenets）以及古吉拉特语（Purépecha）的名物化结构蕴含有非一手信息的示证意义。补语标记或某些补语从句也可以表达信息来源，譬如英语（English）中一个动词"*hear*"可以在不同的补语从句中表达听说或听见的示证意义；卡尔梅克语（Kalmyk）中表达"*hear, listen*"的动词的分词形式的补语意为"真实的听到"，有补语标记的从句则意为"听说"。

示证策略通常表达的示证意义为报道和非一手信息，这种意义是推断和言语报道的综合，同时也不排除表达说话人对信息真实性及可能性的态度，如下图所示，语言中的示证策略包括情态、完成态、结果短语、被动态及名物化结构等，示证策略的语义范围可以由推断到听说。

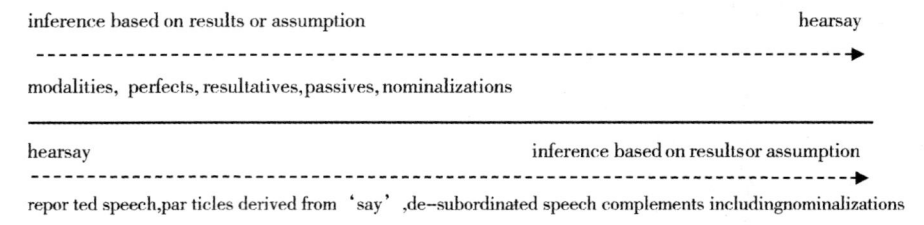

inference based on results or assumption   hearsay
--→
modalities, perfects, resultatives, passives, nominalizations

hearsay   inference based on results or assumption
--→
reported speech, particles derived from 'say', de-subordinated speech complements including nominalizations

图 1　示证策略的语义范围

除了以上提到的各种示证策略以外，每种语言都还会用其他方式表达怀疑、推断和假设等意义，常见的方式有用动词、形容词和副词等开放词类帮助表达；用插入语表达；用情态动词或分词表达等，另外几乎每一种语言都有的一种方式即用引语结构来表达。

目前还没有发现有一种语言可以用特殊的示证策略系统表达上文提到的所有示证意义的语义参数，这些语法示证范畴的语义参数并不适用于示证策略。随着时间的推移，蕴含示证意义的其他语法范畴的表达方式也许会使其示证意义逐渐固化，示证策略逐渐发展为语法化的示证范畴，譬如阿布哈兹语（Abkhaz）的将来时态已经专门用于表达非一手信息的示证意义，因此，示证策略与完全语法化的示证范畴之间的界限是模糊不清的，它们呈连续统状态。

（四）示证范畴的选择及使用

示证范畴还可以表达信息来源以外的其他语义，包括有无确定性，可能性以及惊讶义等，正确地选择和使用示证范畴关乎到交流的顺利完成，不同情况可能需要从不同的示证系统中选择不同的表达手段。

示证范畴在某些语言中有非示证意义的弦外之音。最常见的是用亲见示证范畴或亲身经历示证范畴表达说话人亲眼所见的确定性，当说话人在谈论自己时使用的示证范畴会有不同的言外之意，可以使用非亲见示证范畴表达自己对事件的不可控性。表达内在状态的动词会根据人称的不同需要搭配不同的示证范畴使用，例如说话人会使用非亲见示证范畴来表达自己的观点，用亲见或推断示证范畴来表达其他人的观点立场，因此示证范畴还需要人称标记的隐形价值。

很多语言还会借非亲见示证范畴表达新异义，譬如 Mapudungun 语就使用非一手信息示证标记"-*rke*"表达新异义；Hinuq 语的第一人称作主语的过去式句子有新异的言外之意。新异范畴不同于示证范畴，表达在意料之外的信息，而非信息来源，本册第五篇《Kurtöp 语的示证范畴、新异范畴及对信息的预期》（"The grammar of knowledge in Kurtöp: evidentiality, mirativity, and expectation of knoweldge"）介绍了 Kurtöp 语中这三个密切关联同时又互相区分的概念。

在一个语言中某些具体语境会使用某一固定的示证范畴，这是与文化相关的习惯用法。譬如"梦境"，在 Jarawara 语、盖丘亚语（Quechua）等语言中梦是可以看见的，属于每天都在经历的现实；Shipibo-Konibo 语中的梦并不属于现实世界，因此使用报道型示证标记"=*ronki*"描述。当谈论"精神"

时，迪尔巴尔语（Dyirbal）认为"精神"会被掩饰在实物下，人本身是看不到摸不着它的，因此使用非亲见名词标记，这个标记也通常用于谈论不是真实存在的事物。有示证范畴的语言也可以出现谎言，因此示证意义的真值与小句中动词的真值也许会不一样，示证标记也可以用来撒谎。

示证范畴及其他表达信息来源的手段反映了说话人获取信息的途径以及对信息的态度，示证意义的正确表达会促进双方信息的交流，表达不当会引起社会排斥和社会拒绝问题。在有示证范畴的语言社区中，说话人在表达时既要明确自己的信息来源又要了解当地的习惯用法，类似的习惯用法可能包括：在该语言社团中是否需要尽可能精确地表达信息来源；在正常社交中对信息模糊度的接受程度等等。表达信息来源的精确度同时与该语言社团对信息获取途径的排位有关，而且这个排位在社团成员心中的位置是严格固定的，假如某物同时被看到、被听到、被推断和被假设，亲见这一示证意义会是说话人表达的首选，一般与视觉有关的示证意义在语言社团中会被看作是最有价值的。但是语言社团中这种排位也并不是一定的，随着时代的发展也会发生一些变化，譬如卡拉瓦里语（Karawari）在过去相比于传统知识更相信假设，但随着遍及亚马逊地区的口头文化的传播，目前书面语的可信度急剧增加，可以预见这种势头也会影响到示证系统。

（五）本册内容简介

《类型学视角下的示证研究》旨在对示证范畴这一概念，基于以上提到的各个方面进行跨语言的探讨，本册选取了不同语系不同地区的十二种语言，其中的八种语言存在示证范畴，本册的作者们首次对这些语言中的示证范畴或示证策略进行了深入的剖析。

本册首先讨论了示证系统相对简单的语言。由 Diana Forker 撰写的第二篇《Hinuq 语的示证系统》（"The grammar of knowledge in Hinuq"），其研究对象 Hinuq 语是东北部高加索语言之一，其示证系统属于二分型，区别非一手信息及其他中立的示证意义；第三篇由 Teija Greed 撰写，探讨突厥语族语言鞑靼语（Tatar）的示证系统，与 Hinuq 语有相同的二分型示证系统，同时这两种语言都有如引语结构等的语法型及非语法型的手段来表达信息来源；第四篇《沙阿鲁阿语的示证系统》（"The grammar of knowledge in Saaroa"）由 Chia-jung Pan 撰写，研究对象沙阿鲁阿语（Saaroa）中只有一个报道义的示证标记，文章梳理了这唯一示证标记错综复杂的使用方法以及用于表达信息来源的其他手段。

接下来是有相对复杂示证系统的语言,由 Gwendolyn Hyslop 撰写的第五篇《Kurtöp 语的示证范畴、新异范畴及对信息的预期》("The grammar of knowledge in Kurtöp: evidentiality, mirativity, and expectation of knoweldge") 中 Kurtöp 语有及其复杂的示证系统,示证范畴、信息来源、对信息的态度以及该信息是否符合说话人或听话人的预期互相关联又彼此区别。第六篇讨论的对象是藏缅语族语言尔苏语 (Ersu),它属于三分的示证系统,同时使用示证策略及其他方法表达信息来源及信息的可信度。Elena Skribnik 和 Olga Seesing 在第七篇中分析了位于俄罗斯中部的蒙古语族语言卡尔梅克语 (Kalmyk),该语言有基于直接和间接区分的极度复杂的示证范畴系统,同时在不同的时和体下对应不同的示证标记。第八篇由主编之一 R. M. W. Dixon 撰写,描述的迪尔巴尔语 (Dyirbal) 在示证范畴上有其独特的一点,信息来源标记所管辖的范围只在一个名词短语内。第九篇的研究对象马卡语 (Maaka) 同样也有在小句和名词短语中表达信息来源的复杂示证系统,同时还有示证策略表达言外之意。

以上是有语法化示证范畴的语言,本册还选择了没有示证范畴的语言进行分析。由 Elena Mihas 撰写的第十篇《阿拉瓦克语信息来源的表达》("Expressin of information source meaning in Ashéninka Perené (Arawak)") 详细讨论了阿拉瓦克语 (Arawak) 中的示证策略、插入语及其他与信息来源的表达。第十一篇中 Simon E. 描述了阿瓜鲁纳语 (Aguaruna) 的各种表达信息来源的方法,包括陈述语气和名物化结构等等。接下来 Gerrit J. Dimmendaal 在第十二篇中分析了 Tima 语的信息来源表达方式以及说话者对信息态度的表达方式,如使用语内传递标记、引语结构和模拟音等等。第十三篇为《巴布亚新几内亚卡拉瓦里语中"说、看、知道"的表达法》("Saying, seeing, and knowing among the Karawari of Papua New Guinea"),它与前面的文章都不太相同,它聚焦于社会变动中的信息来源的表达与概念化其价值的联系,和该地区的语言一样,卡拉瓦里语没有示证范畴,但该语言社团表达信息来源及其可信度的方式极其复杂。

《类型学视角下的示证研究》所选取的语言既有有示证范畴的,也有没有示证范畴的,作者致力于在更大的语法和词汇层面上讨论与信息来源有关的问题,言语活动是如何通过语法或其他手段来表达信息获取的?这就是本册讨论的核心问题。

二 各篇述要

第二篇题为《Hinuq 语的示证系统》("The grammar of knowledge in Hinuq")（52—68页），作者 Diana Forker 任教于班贝克大学（the University of Bamberg）的普通语言学系（the Department of General Linguistics）。Hinuq 语属于东北高加索语族，主要分布在高加索山脉的达吉斯坦共和国内的 Hinuq 村，目前有将近 600 位的使用者，Hinuq 语在 Hinuq 村中是日常生活的主要交流工具，但大部分六岁以上的当地人都是 Hinuq 语和俄语的双语使用者。Hinuq 语属于作通格语言，有复杂的格系统，性在 Hinuq 语的语法系统中有很重要的地位，Hinuq 语共有五种性，句中的动词会标记上性和数的一致性、时、体、语气和示证范畴等等，因此每一个动词都有超过 20 种的形态变化。

Hinuq 语的示证范畴包括两个动词后缀及两个附着词（报道义附着词和引语标记词），属于 A2 型示证系统①（非亲见/中立），非亲见的示证标记是在动词词尾加后缀"-n"，中立的示证标记是在动词词尾加后缀"-s"。Hinuq 语的示证范畴与时有关，只允许出现在过去时的句中，不能被省略且一个句子中只能出现一次，示证范畴标记与时标记和其他语法范畴标记在句中的位置是一样的。Hinuq 语的示证标记管辖范围是整个句子，即使只出现在主句中，也同样统摄着从句的语义；句中的否定对示证意义没有影响，仅仅只否定事件内容而非示证意义；问句中示证范畴的选择是基于说话人对听话人的预判，所以第二人称作主语的句子不使用非亲见过去时。表达报道义的附着词"=(e)λ"虽可以和所有的时体态搭配使用，但最常见于传统叙事中，其来源目前并不很清楚，初步判断是来源于动词"eλi-（'说'）"。引语标记词"=λen"在 Hinuq 语中被纳入到示证系统中，可以和其他示证范畴标记和表达示证的词汇同时出现，引语中的示证标记通常反映说话人对引语内容的态度。除了可以用语法化的示证标记和附着词来表达示证意义，Hinuq 语还可以用词汇手段来帮助表达感知、怀疑、假设等示证义，最常见的有"qeba：-"（好像）、"urɣezi-iq-"（想）"pikru-u：-（'想'）""boži-iq-"（相信）等。

第三篇题为《鞑靼语的示证系统》("The expression of knowledge in Ta-

---

① 本文示证系统的分类参照 Aikhenvald 划分的示证系统，具体见附录。

tar"）（69—88 页），由美国国际语言暑期学院（SIL International）的语言学研究员 Teija Greed 撰写。鞑靼语属于突厥语族钦察-保加利亚语言的一支，形态上是黏着语，主宾格语言，用后缀表达各种语法范畴，基本语序为 AOV/SV/Po/GN/AN，目前鞑靼语的使用人口大约为七百万，大部分鞑靼人居住在俄罗斯联邦鞑靼斯坦、巴什科尔托斯坦，构成了俄罗斯联邦的第二大民族，另外还有部分位于乌兹别克斯坦、哈萨克斯坦和吉尔吉斯斯坦。这几个世纪以来，鞑靼人一直生活在东方和西方的交叉地带，他们的文化受到了周边其他民族文化的影响，许多鞑靼人都至少是双语者，特别是生活在城市中的鞑靼人，他们的母语已经变成了俄语。

　　鞑靼语可以用语法化示证手段表达信息来源，同时也可以用开放词类的词语和特殊表达式表达信息来源。鞑靼语有四个语法标记来表达示证意义：动词后缀"$-GAn$"①；助词"$ikän$、dip"和"di"，其中"$-GAn$"与示证意义中立的动词后缀-DY 对立，这些语法标记中只有 dip 和 di 的原始意义就是其示证意义，另外在使用范围上，动词后缀形式的语法标记都只能出现在过去时句中，助词形式的出现不受时体的限制。鞑靼语在 Aikhenvald 的示证系统中属于 A1 型（一手信息/非一手信息），如果考虑到"$-DY$"表达中立的示证意义，那么更准确地说鞑靼语的示证系统为一手信息和中立/非一手信息，与鞑靼语示证系统有关的语义参数有假设、报道/听说和引用，而推断在鞑靼语中没有单独的语法标记。表达示证的动词后缀"$-GAn$"的统摄范围为该句，非限定性从句不能有与主句不同的独立的示证意义；引语助词"dip"统摄的范围为它标记的整个引语；表达报道/听说的助词"di"统摄的范围可以是一个词或词组，也可以扩大到整个文本或对话；助词"$ikän$"统摄的范围通常是该句，但"$ikän$"的其中一个功能是作为条件句的标记，其示证意义为假设，在这种情况下它统摄的范围就只是该条件从句。除了这些语法标记，鞑靼语还可以用表示知觉或意识的动词和表达认知意义的小品词（最主要的有"$-DYr$, $ällä$"和"$-mYni$"）来表达信息来源，另外还有表达认知意义的后置结构也可用来表达示证意义。从历史的角度来看，鞑靼语的示证范畴有两条发展路径：第一种是后缀遵循大多数语言中示证范畴的发展方向，后缀"$-GAn$"的原始意义包括了推断和报道，而后逐渐发展为示证标记，但"$-GAn$"的原始意义目前在学界还有争议；第二是引语词"dip"的原始词汇

---

　　① 本篇中的大写字母表示一个大音位：同一个音位的不同音位变体会因为元音和谐而发生变化。

意义为"说",而后发展为引语标记,逐渐有了示证意义。

第四篇题为《沙阿鲁阿语的示证系统》("The grammar of knowledge in Saaroa")(89—107页),由南开大学(Nankai University)文学院副教授潘家荣(Chia-jung Pan)撰写。沙阿鲁阿语是位于台湾的一种濒危语言,属于南岛语系,据作者调查2012年时该语言社团只有10—15个人会说该语言,沙阿鲁阿语的形态变化丰富,既综合又黏着,通常一个词包含很多个语素但同时这些语素之间的界限又很清楚,基本语序为VAO(及物句)/VS(非及物句)。

在沙阿鲁阿语中每一个句子都可以标示该句信息的获取途径,可以由示证范畴的语法标记来完成,也可以由引语结构、其他标记和表示直觉或意识的词汇表达。沙阿鲁阿语的示证范畴属于A3型(报道/其他),报道型信息用附着词"=ami"标记,来源于动词"amilh(说)",其他类型无后缀标记,报道型示证标记常作为叙述的标志,常见于讲述民间故事,甚至当说话人依据自身生活经历或读的书来编故事时也会使用报道型标记,报道型示证标记暗示对于信息来源的精确性,说话人认为是必需的,这是有效沟通的条件,也可以避免信息传递产生误解。报道型示证标记"=ami"一般接缀在句中第一个成分最右侧,最常见的是接缀在动词后,但也可以接缀在其他成分之后如条件从属连词"maaci(if)"、否定词"ku"、数量词"rianu(all)"等等,不管"=ami"在句中位置如何,其示证意义管辖的范围都是整个句子,但在否定句中示证意义并不在否定范围内。在沙阿鲁阿语中,报道型示证标记在句中不是必需的,因此省略它不会造成语法错误,但示证标记的省略会被看作是语言退化的一种现象。沙阿鲁阿语的报道型示证标记除了可以表达信息来源,还有认知义和新异义的引申,表示说话人不保证所提供信息的真实性或隐含对说话人来说该信息是新的不平常的,另外主语为第一人称并使用报道型示证标记暗含说话人对事件不可控并有新异义。除了使用示证范畴,沙阿鲁阿语还用示证策略表达信息来源,如使用引语结构,但与报道型标记"=ami"有细微差别,引语结构要指明信息具体来源于某人,但"=ami"不指明具体信息来源处;还有一些特殊词缀可以表达示证意义,如经历义词缀"lhi-",推断义语素"='ai",怀疑义语素"=maanai";还可以使用感知动词如"kita(看)""timalha(听)"等来表达。沙阿鲁阿语中的示证范畴和示证意义可以被释义,并用词汇手段加以强调,在讲故事的时候,叙述者会明确地指出信息的来源使故事更加生动精彩。

第五篇题为《Kurtöp语的示证范畴、新异范畴及对信息的预期》("The

grammar of knowledge in Kurtöp: evidentiality, mirativity, and expectation of knowledge")（108—131页），由澳洲国立大学（the Australian National University）亚洲及太平洋学院（the College of Asia and the Pacific）的语言学研究员 Gwendolyn Hyslop 撰写。Kurtöp 语使用于不丹，属于藏缅语族门巴语的一种，目前使用人口大约为 15000 人，大多数不丹人至少会说三到四种语言，因此各种语言之间会相互影响，传统学界一般将门巴语看作藏语的语言学"表亲"，但作者认为 Kurtöp 语受藏语影响较大，二者的亲缘关系已经比较模糊了。Kurtöp 语相对孤立语比较黏着，动词一般由单音节词根和表达时、体、语气、示证意义的词缀或语素组成，与大多数藏缅语族语言一样，基本语序为 SV/AOV，Kurtöp 语有语用作格，即作格标记不需要出现在二价动词上，有时可以出现在一价动词上，作格标记的出现通常有特殊的语用因素。

Kurtöp 语的语法系统中的动词后缀和附着词可以表达信息来源、说话人对信息的预期以及对其他信息的期许，示证范畴、新异范畴以及认知都属于动词系统的一部分，相互交融在一起，一个词缀可能可以同时表达几个范畴的意义，但这些范畴并不局限于只能用动词后缀和附着词表达，还可以使用其他实义动词或助动词等表达，另外这些范畴在句中不是随意的，它们在所有句子包括问句中都是必须出现的。

Kurtöp 语中与新异范畴、示证范畴和认知表达有关的时体有完成体、未完成体、将来时等，表达这些范畴的词缀在不同时体下有相对应的选择。在完成体下对认知的标记见图 2，由此可以看出标记非共知经验的后缀"-shang"除了标记完成体，还表达直接的示证意义，其次它还是自我中心标记；标记共知经验的后缀"-pala"从历时角度看可能是由名词化词缀"-pa"和系动词"-la"组合而成，表示其他人对该事件有直接经验；后缀"-na"只有新异义，无示证意义；表达非个人经验的后缀"-mu"同时表示非直接或推断的示证意义；表达不确定义的后缀"-para"同时表示假设的示证意义，从历时上看由名词化后缀"-pa"和动词"ra"（来）组合而成。

在非完成体下 Kurtöp 语对认知意义的标记有两个，表达新异意义的非完成体标记为"-ta"，可能是由动词"tak"（成为）语法化而来；非新异的非完成体后缀为"-taki"，可能由动词"tak"（成为）和名词化后缀"-ki"组合而成，后缀"-ta"和"-taki"均无示证意义。在将来时下，Kurtöp 语表达认知意义的标记只有一个，后缀"-male"表达确定性；表达非确定性则无标记，同非完成体一样，二者均无示证意义。除了以上语法标记，Kurtöp 语还有一系列系动词、助词和附着词，它们也与示证意义和新异意义等语法

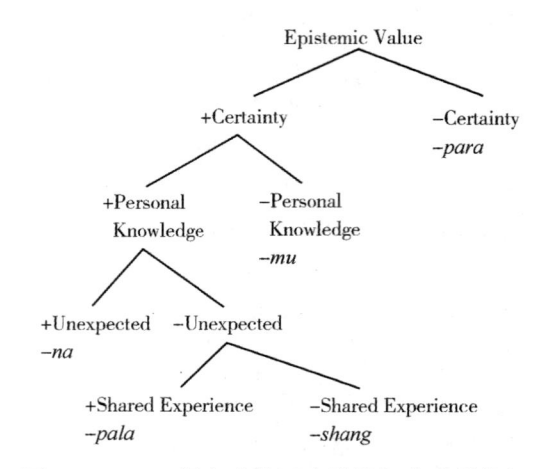

```
                    Epistemic Value
                   /              \
              +Certainty         −Certainty
              /      \             -para
      +Personal    −Personal
      Knowledge    Knowledge
       /    \        -mu
 +Unexpected −Unexpected
   -na        /     \
         +Shared   −Shared
         Experience Experience
          -pala     -shang
```

图 2   Kurtöp 语完成体下表达认知意义的标记

范畴的表达有联系，见表 1、表 2 和表 3①。

表 1   存在系动词②

Form	Source		Certainty		
	Direct	Indirect	Expectation	Event	Result
nawala mû	+				
nâ mutna			—		
nawara mutpara				—	
mutle		+			
mutlera		+			—

表 2   等式系动词

Form	Source		Certainty		
	Direct	Indirect	Expectation	Event	Result
wen min	+				
wenta minta			—		
wenpara minpara				—	

---

① 表 1、表 2 和表 3 中灰色格子表示这个特殊的交叉项目是不存在的，"+"表示对应形式表达该义，"−"表示对应形式是该义的否定。

② 以"*na-*"开头的词为肯定义，以"*mu-*"开头的词为对应的否定义。

续表

Form	Source		Certainty		
	Direct	Indirect	Expectation	Event	Result
minle		+			
minlera		+		—	
weni wenim				—（?）	—（?）

表 3　　与信息表达有关的助词和附着词

Form	Grammatical Function	Expectation of Knowledge		
		Indirect source	Context	Interlocutor
shu	Question Particle		—	
=*ri*	Reported speech	+		
=*sa*	Counter-expectation		—	
=*mi*	Tag			
=*wu*	Tag			+

具体来说，以上系动词中与示证意义有关的有：存在系动词中"*nawala*"和"*mû*"都表示直接的示证意义，"*mutpara*"表示假设的示证意义，"*mutle*"表示非直接的示证意义，"*mutlera*"表示说话人怀疑信息有所遗漏因此需要靠推断来填补；等式系动词中"*wen*"和"*min*"表达直接的示证意义，"*minle*"和"*minlera*"表达非直接的示证意义，"*wenpara*"表达假设的示证意义；助词和附着词中，只有引语助词"=*ri*"表达非直接的示证意义。

第六篇题为《尔苏语的示证系统》（"The expression of knowledge in Ersu"）（132—147 页），由安徽中医药大学（Anhui University of Chinese Medicine）国际教育交流学院副院长及副教授张四红撰写。尔苏语是属于藏缅语族的一种濒危语言，位于中国四川省西南部，据 2010 年的统计数据大约有 25000 人会讲该语言，他们有三种方言：东部尔苏方言；中部方言多续方言和西部栗苏方言，本文提到的尔苏语专指东部尔苏方言，所用到的语料全部来自于四川省越西县保安乡莲花村拉吉沽村民组。尔苏语有很强的孤立语倾向，是一种典型的述题结构语言，其基本语序为 AOV/SV，尔苏语中语序、词汇手段和话语语篇手段可以一同作用来表达语法关系，在谓语中不存在性和数的一致性，但语段中经常出现省略，特别是在叙述和长对话中。

尔苏语的示证意义不仅可以通过示证范畴来表达，属于 C3 型（直接/推断/报道/引用），除此之外还可以借助词汇手段、示证策略、认知策略、指示词和方位词来表达，尔苏语的示证标记出现在时体标记之后，一般位于句末，但当助词作为主题标记、焦点标记或停顿标记时会位于示证标记之后。在尔苏语示证系统中，语用也同样起着重要作用，在长篇语料中，当示证意义在上文中已经明显表达出来了以后，以下的示证标记通常会省略，也就是说，尔苏语的示证标记不是必须出现在每一个小句中，但本质上其实是必须出现的，因为当示证意义不能通过上下文表现出来时就会造成沟通不畅、表意不清。尔苏语示证范畴的表意范围为整个句子，直接示证意义为无标记，表达通过视觉、听觉等其他感官感知到的信息及通过常识得到的信息；表示推断和假设的示证意义在尔苏语中并不区分，都由附着词"=pà"标记，此标记既表达基于对有形或无形事物的推断得到的信息，也表达通过逻辑推理得到的信息；表达报道的示证意义用"dʐɛ̀、dʐigə"标记，这两个词可以看作是动词"dʐi（说）"的语法化，"dʐɛ̀、dʐigə"在句中不能省略，但在长篇语料中可以省略；表达引用的示证意义比较复杂，根据不同信息来源有不同变体，包括"dʐà、dʐɛ̀、tʰə-a-dʐà、tʰə-a-dʐɛ̀和tʰə-a-dʐigə"，通过对语料的分析，"tʰə-a-dʐà、tʰə-a-dʐɛ̀和tʰə-a-dʐigə"几乎都出现在民间传说和神话故事等稍保守的文体中，"dʐà、dʐɛ̀和dʐigə"则更倾向于出现在叙述中。尔苏语中可以通过感官动词表达信息来源："kʰ-ə-dzolo"（看）；"tʰə-ndo"（看）；"kʰa-baɳi"（听）；"kʰə-lia"（感觉）；"da-ŋua"（闻）；"də-ndzlndza"（想）等等。另外，还有"tɕʰi"作为示证策略表达说话人在很久以前的个人经历，有直接示证意义的句子通常有"tɕʰi"标记；动词"mixa"类似英语中的"seem"，在表达句中信息来自说话人的个人推断的同时还表达不确定性；认知策略也可以表达示证意义，"là-ma-ntɕʰi"经常出现在句末，意为"没有人知道"，表达说话人的内心想法，同时也有不确定的含义；尔苏语中指示词和方位词也可用来表达示证意义，它们都与视觉和与名词的空间距离有关，具体语义见表4。

表 4   尔苏语指示词系统

Demonstrative	Gloss
thə	'this', visible and near the speaker
a-thə	'that', visible or invisible and not near the speaker
a：-thə	'that remote', invisible and often in memory

另外，尔苏语的示证范畴与自我/非自我以及言语类型会互相搭配使用，见表5，下表中的"叙述"包括了神话传说、民间故事、程序性叙述，不包括自传体叙述，因为自传体叙述与对话体很类似，也与真实世界有较大的关联，因此属于对话体。

表 5　　　　尔苏语示证范畴与自我/非自我以及言语类型的搭配

	Speech act participant	Non-speech act participant	
Narrative	the speaker/1. SLF （*a*）	1. OTR （*yò*），2	3
Evidential	direct	quotative	reported
Conversation	addresser (1. SLF)，addressee (2)	3	
Evidential	direct/inferential	direat/inferential/reported/quotative	

第七篇题为《卡尔梅克语的示证系统》（"Evidentiality in Kalmyk"）（148—170页），由慕尼黑大学（Ludwig Maximilian University of Munich）芬兰—乌戈尔语族及乌拉尔语族研究院（the Institute of Finno-Ugric and Uralic studies）的教授及主任 Elena Skribnik 和慕尼黑大学博士后及研究员 Olga Seesing 联合撰写。卡尔梅克语属于西蒙古语族语言，使用于卡尔梅克共和国，是世界濒危语言之一，2010年的人口普查显示使用人口大约为180000人。卡尔梅克语是一种黏着语，基本语序为 AOV/SV，属于后置型语言，语音上有元音和谐，名词系统有9个格，动词系统有10种语气。

卡尔梅克语的示证范畴系统很复杂，标记七种示证意义：一方面是没有特别指明信息来源的直接/非直接；一方面是指明信息来源的推断/假设/预期/报道/常识，同时，相同的示证意义在不同的时体或不同的认知下会有不同的标记，见下表6。卡尔梅克语的示证标记不是句中必需的，只有在说话人认为有必要指明信息来源时才会使用，标记信息来源也有两种形式，一种是说话人标记信息来源是否直接；一种是标记信息的具体来源。

表 6　　　　　　　　卡尔梅克语的示证范畴系统

Evidential meaning	TAM/realization	Epistemic/mirative overtones	Marker
Direct	Past		-*lA* (neg.) -*sn uga bilä*
	Past Habitual		-*dg bilä*
	Past Continuative (rare)		-*A bilä*

续表

Evidential meaning	TAM/realization	Epistemic/mirative overtones	Marker
Indirect	Past	mirative	-ž
	Pluperfect	mirative	-sn bää-ž
	Past Habitual	mirative	-dg bää-ž
Inferred	Present (current evidence)	uncertainty	-dg bäädltä
		certainty/mirative	-dg bol-ža-na
	Past (current evidence)	uncertainty	-sn bäädltä
		certainty/mirative	-sn bol-ža-na Ⅰ
	Pluperfect (previous evidence)	certainty/mirative	-sn bol-ža-na Ⅱ
	Future (current evidence)	uncertainty	-x bäädltä
Assumed	Present		-dg bol-x
	Past	certainty	-sn bol-x
Prospective	Future-in-the-past (Previous evidence)		-x bol-v Ⅰ
	Near future (current evidence)	certainty	-x bol- (ža-) na
	Remote future (expected evidence)		-x bol-x
Reported	Past		-ž ginä
	Past based on reliable information source		-sn bilä
	Future based on personal interviews		-x bol-v Ⅱ
Common knowledge	—		-dg ginä

　　卡尔梅克语还可以使用示证策略来表达信息来源，在过去时叙事体中有三种约定俗成的标记来表达亲见和非亲见，后缀"-lA"和上表中直接示证标记的分析型结构（"-dg bilä，-sn bilä 和-A bilä"）在叙述体故事中用于说话人表达亲见的示证意义；民间故事中，非直接示证标记"-ž"用在句首表达非一手信息来源；传统故事和神话故事一般基于历史现在时以使得叙述更生动，因此这种标准的传统故事通常以分析型结构"-dg bolna"开头。卡尔梅克语还有一种示证策略是用补语表达示证意义，分为两种类型，一种是不定的，由分词结构和格标记组成，表示一手信息来源；一种是有定的，由补

语标记"*giž*"引导，表示非一手信息来源。另外一种常见的示证策略是借助指示词表达示证意义，在卡尔梅克语中有两个惯用语："*gidg en*"和"*gidg ter*"，它们由表习惯性的词缀"-*dg*"、引语标记"*gi-*"及指示词"*en*（这）"和"*ter*（那）"组合而成，意为"这/那就是他们所说的……"

第八篇题为《迪尔巴尔语的非视觉标记》（"The non-visible marker in Dyirbal"）（171—189 页），由本册主编之一，同时也是詹姆斯·库克大学（James Cook University）语言文化研究中心（the Language and Culture Research Centre）副主任及副教授 R. M. W. Dixon 撰写。迪尔巴尔语属于帕马-恩永甘语系迪尔巴尔语族，使用于澳大利亚东北部地区，是澳大利亚原住民语言之一，该语言语序自由不固定，句中常出现省略结构，形态上属于分裂作格语言，句法上只能以 S/O 为中心语，只有当两个小句充当 S 或 O 的论元相同时才可以合并为一个句子。迪尔巴尔语有丰富的格位系统，其核心句法格为零标记的通格和有标记的作格，非核心的句法格有工具格和与格，非核心的位置格有向格、离格、位置格，此外还有属格；迪尔巴尔语的代名词分为单数、双数和复数，每一个代名词在主格、宾格、与格和属格下都对应有不同的形式；迪尔巴尔语的名词系统分为四类：阳性（M）包括男性、月亮、彩虹和非人类的生命体；阴性（F）包括女性、太阳、水、火和战斗；食物（E）包括可以食用的蔬菜和水果；中性（N）包括剩下的所有事物。

迪尔巴尔语语言社团中有一个惯例，即在语言表达中要尽可能地具体和精确，因此迪尔巴尔语有一系列与名词和动词有关的语法标记，分为"近指且可见"（以"*ba-*"开头的标记）、"远指且可见"（以"*ya-*"开头的标记）及"远指且不可见"（以"*ŋa-*"开头的标记），这就是迪尔巴尔语的示证范畴，本文着重分析"远指且不可见标记"，以"*ŋa-*"开头的标记在不同格位和不同名词词类下的对应见下表 7，这一标记涵盖的内容包括通过声音得到的信息、之前可见但说话当下只有声音、既看不见又听不到的信息及记忆中的信息等，甚至是与精神有关的内容在迪尔巴尔语中也被看作远指且不可见的。

表 7　迪尔巴尔语表示"远指且不可见"（*ŋa-*开头）的标记

Noun class	ABSOlutive (S and O functions)	Ergative (A function) and INSTrumental	DATive	GENitive
M	ŋayi	ŋa-ŋgu-l	ŋa-gu-l	ŋa-ŋu-l
F	ŋala-n ~ ŋa-n	ŋa-ŋgu-n	ŋa-gu-n	ŋa-ŋu-n

续表

Noun class	ABSOlutive (S and O functions)	Ergative (A function) and INSTrumental	DATive	GENitive
E	ŋala-m ~ ŋa-m	ŋa-ŋgu-m	ŋa-gu-m	—
N	ŋala	ŋa-ŋgu	ŋa-gu	ŋa-ŋu

第九篇题为《Maaka 语的示证系统》("The grammar of knowledge in Maaka (Western Chadic, Nigeria)")(190—208 页),由科隆大学(the University of Cologne)非洲语言及语言学教授 Anne Storch 和科隆大学博士后 Jules Jacques Coly 联合撰写。Maaka 语使用于尼日利亚东北部,属于西乍得语族,Maaka 语语言社团大约有 10000 人,但 Maaka 语并不是该语言社团的特定语言,当地人一般都是多语者,当地的家庭也一般是多民族组合的家庭,而本文将着重关注 Maaka 语的方言 Bara 语,所用语料全部来自 Bara 村。Maaka 语是一种声调语言,且声调有显著的词汇和语法功用,基本语序为 AVO/SV;形态上 Maaka 语有部分黏着语的特点,同时也会使用乍得语族其他语言不常见的复合法来构词,Maaka 语没有格标记这种形态手段,会使用句法结构来表达语法关系。

Maaka 语的表达中很重要的特点之一是要表达说话人的态度及对话语主题的确信程度,这些语义又通常与信息来源有关,因此 Maaka 语发展出了一套比较复杂的示证系统。Maaka 语的示证意义可以通过名词后缀、动词后缀、动词、补语标记、状语性短语和引语标记等等,这些标记可以标记在句中的不同成分上,因此它们在不同成分上会有不同的语义统摄范围,如表 8 所示。

表 8　　　　　　　　　　Maaka 语示证系统

	Source of information	Certainty in truth	Control over knowledge	Scope
Noun suffixes	-mú vision -dìyà joint perception -kà assumption	speak certain speaker/hearer certain speaker certain	noun noun noun	topicalized NP topicalized NP topicalized NP
Reported speech marker	nà heard	speaker certain	by speaker	clause
Complementi-zers	kònò reported kóŋ witnessed	doubt-in-truth speaker certain	noun exclusively by speaker	clause or NP sentence
Adverbial	yàayé inferred	doubt-in-truth	noun	clause

续表

	Source of information	Certainty in truth	Control over knowledge	Scope
Verb suffixes	−ntí inferred −râ intuition	doubt-in-truth speaker certain to be right	by speaker exclusively by speaker	VP sentence
Verbs	kin 'be unable, possess mystical knowledge' nòn 'know'	speaker/hearer certain speaker/hearer certain	by speaker or by third person by community	clause sentence

名词后缀"−mú"常出现在陈述句中，表达亲见的示证意义及说话人对所述内容的确定；名词后缀"−dìyà"表达说话人和听话人都看到或知道所述内容；名词后缀"−kà"与上述两个后缀则不同，它表达说话人对于某个事件或某事发生的地点的直觉，虽然说话人可能没有任何一手信息来源，但依然对所述内容有一种确定性；以上三个名词后缀的示证意义的范围均为该名词短语。很多乍得语族语言的分句都有认知情态，同样在 Maaka 语中也有类似的表达，Maaka 语的引语标记词"nà"可以表达非直接的示证意义同时也表达说话人的确定性，其示证意义的范围为该小句；补语标记"kònò"表示引用内容与谣言有关，而不是与亲见的可相信的事件有关，确定性较低，"kònò"的示证意义的范围取决于它在小句中的位置，位于句首时其范围为整个句子，位于某个名词短语之后时其范围为该名词短语；状语性短语"yàayé"，它表达了对所述内容的怀疑态度，大多数情况下句中还会出现"ʔálá（可能）"；动词后缀"−ntí"一般用于逻辑上的假设，表达说话人对自己假设的确定性。动词后缀"−râ"表达说话人对信息的一种控制，表示某一个行为动作是不能完成的或某一个事件是几乎不可能发生的，因此说话人拥有更多上下文以外的信息；补语标记"kóŋ"表达说话人与其他会话参与者持有不同的观点，且只有说话人知道其他人的观点已经过时了；中间动词"kìn"表示说话人因自己具有某一特殊的技能或能力而区别于其他会话参与者，也强调了其他人没有能力去应对某一事件。除此之外，在 Maaka 语中还可以用感官动词和认知动词来表达示证意义，Maaka 语有六个单词（"móy、wɔk、yèt、kàal、gòkk、jìnd"）可以表达"看"，涵盖了"发现、洞察、幻觉、错觉、想象"等意义；"sòl"意为"感知"，其语义范围包括"嗅觉、听觉、感觉、经历、听从"等，具体语义由上下文决定；认知动词"nòn"意为"记得、知道、认出"，同时表达通过常识得知的示证意义，但这一用

法并不常见，在语料中只发现一处。

第十篇题为《阿拉瓦克语组语言之一 Ashéninka Perené 语的示证系统》（"Expression of information source meanings in Ashéninka Perené（Arawak）"）（209—226 页），由詹姆斯·库克大学（James Cook University）语言文化研究中心（the Language and Culture Research Centre）的博士后，同时也是威斯康星大学密尔沃基分校（UW‐Milwaukee）拉丁美洲和加勒比研究中心（the Center for Latin American and Caribbean Studies）的访问学者 Elena Mihas 撰写。Ashéninka Perené 语是属于南阿拉瓦克语的一种濒危语言，在秘鲁禅茶玛悠的安第斯山脉东部丘陵地带的热带雨林中有大约 1000 人的使用人口。Ashéninka Perené 语属于多式综合语，基本语序为 VOA/VS，语法结构为主宾格，形态上倾向于中心语被标记，名词词缀和动词词缀多为后缀。

Ashéninka Perené 语没有示证这一语法范畴，但 Ashéninka Perené 语倾向于尽可能详尽地表述信息来源，因此有丰富的示证策略来表达示证意义。Ashéninka Perené 语用一些附着语素来表达信息来源，怀疑语气的标记词"＝ma"表示基于亲见的推断；附着语素"＝ratya"由情态标记"＝tya（关注）"和指示词"＝ra（不在那里）"组合而成，表达假设的示证意义；附着语素"＝tyami"由情态标记"＝mi"和"＝tya"组合而成，表达基于常识的假设；表示怀疑义的词缀"-mampy"表达基于直觉的判断。除了以上语素和词缀，Ashéninka Perené 语中的感官动词和认知动词也可以表达示证意义，如"ny"（看）表达亲见的示证意义；"kim（听、闻、尝、感觉）"表达非亲见的示证意义；"yoshiry（直觉）"表达凭直觉得到的信息；"kimi（像）"表达推断的示证意义。Ashéninka Perené 语中还有一些插入动词可以表达示证意义，这些插入动词都是由感官动词"ny"（看）、认知动词"knoy"（好像）和言说动词"kant（说）"组合而成的，"（pi）nyaakiro"意为"你看到过的"，表达亲见的示证意义；"konyaaro"意为"好像见到过的"，表达在不清醒状态下的亲见；"ikantziri/akantziri"意为"他们/我们说"，表达听说或报道的示证意义；"nokantziro"意为"我说"，是一种自述。

第十一篇题为《秘鲁希瓦罗诸语言之一阿瓜鲁纳语的名词化和信息来源的表达法》（"Nominalization, knowledge, and information source in Aguaruna（Jivaroan）"）（227—244 页），由詹姆斯·库克大学（James Cook University）语言与文化研究中心（the Language and Culture Research Centre）博士后研究员 Simon E. Overall 撰写。阿瓜鲁纳语是秘鲁北部希瓦罗诸语言之一，使用人口大约为 55000 人，大部分人居住于马拉尼翁河及其支流沿岸，希瓦罗原住民在文化上有两个特点，一是好战；二是该民族相信从植物中萃取的致幻药可以帮助到达精神世界，而且这一传统观念一直保留到了现代，现代人认为它们可以帮助人们得到先知或克服困难。在希瓦罗文化中有三种很重要的植物：datem（金虎尾科植物的一种）、baikua（曼陀罗）和 tsaaŋ（烟叶），只有在这三种植物的帮助下才能到达精神世界，虽然在语言中没有与在梦境或幻想中获得信息有关的语法或词汇，但是动词"*wainat*"（看、了解到）可以与幻想和梦境搭配使用，从中得到的信息被认为是一手信息。阿瓜鲁纳语是一种黏着语，但也有部分屈折变化，形态变化上几乎是完全使用后缀的，只有某些动词共有一个不能产的前缀，阿瓜鲁纳语是主宾格语言，中心语和从属语都有标记，小句结构并不固定，常见的是谓语后置，在非限定性从句中谓语后置的结构是固定的。

和许多亚马逊语言类似，阿瓜鲁纳语会利用动名化来完成各种语法功能，包括关系从句、从句链、独立小句作中心语来标记非一手信息的示证意义等，阿瓜鲁纳语的名词化后缀见表9。

表9　　　　　　　　　　　　阿瓜鲁纳语的名词化后缀

	Suffix	Stem	Referent	Object marking
A.	-*in*（*u*） -*taĩ*	unmarked unmarked	subject（S/A） non-subject（O/E/instrument/location）	ACC NOM
B.	-*u* -*m*（*a*）*u*	aspectual aspectual	subject（S/A） non-subject（O/E/instrument/locatio）；event	ACC NOM
	-*ch*（*a*）*u* -*haku* -*t*（*a*）	unmarked/aspectual unmarked unmarked	S/A/O participant+NEGATIVE S/A participant+PAST TENSE event	ACC ACC NOM

动词后接缀"-*u*"在独立小句中承担主要动词的功能，可以有系词后缀，也可以没有系词后缀，这样一个独立的名词化结构被用来表达非一手信息的示证意义。语言学家 Talmy Givón 提出了限定性的渐变线，以此来界定沿线的动词语法范畴的标记度，名词化处于渐变线的非限定性的极端位置，即名词没有动词性语法范畴。这一概念并不完全符合阿瓜鲁纳语的情况，阿瓜鲁纳语的名词化结构可以标记体和格，但对于必要的动词语法范畴如人称、时和情态确没有标记，那么这个动词语法范畴的空位就可以被看作是在表达说话人在减少所述事件的一手信息示证意义。在亚马逊语言中用名词化结构表达非一手信息示证意义的情况是比较罕见的，但在藏缅语族语言中比较常

见，阿瓜鲁纳语相比于其他藏缅语族语言有两个显著的不同点：第一，当一个名词化结构修饰一个名词短语时，阿瓜鲁纳语在句法上区别于所有格的名词短语，这与藏缅语族语言中的结构不同；第二，阿瓜鲁纳语中后缀"$-u$"指的是主语，且若后面接缀有系词，则系词要与主语保持一致关系，而藏缅语族语言中倾向于用在独立结构中使用动名化。

第十二篇题为《Tima 语的示证系统》（"The grammar of knowledge in Tima"）（245—259 页），由德国科隆大学（the University of Cologne）非洲语言学教授 Gerrit J. Dimmendaal 撰写。Tima 语在苏丹努巴山脉一带有大约 6000 的使用人口，在苏丹首都喀土穆有 1000 人左右在使用，它的系属有很大争议，最近一些学者的比较研究倾向于把卡特拉语、Julud 语和 Tima 语合并成卡特拉语支。Tima 语有音位降阶和语调下降两个声调系统；语序不固定，有 OVA、AVO、VAO 和 AOV 四种，根据语用需要选择不同的语序；Tima 语在小句层面上是以标记中心语为主；当名词性和代词性施事者接在动词之后要标记为施格。

早期研究 Tima 语的学者提出 Tima 语的时体标记可以用来表达示证意义，目前的研究已经表明 Tima 语的时体标记与示证意义无关，句中的示证意义是由于小句内结构层面的影响造成的，具体来说是动词上时—体—态的标记与副词或副词短语一起在句中起到修饰语的作用，这样的结构在句中有示证的隐含意义。Tima 语有很丰富的位置标记，除了处所副词和指示词以外，还会用语法策略来指示方位，因此句中说话人所处的位置在话语中起到非常重要的作用，如果句中动词接缀有表示说话人所处位置的标记，那么该句即隐含有说话人对该事件是亲眼目睹的，即亲见的示证意义，如果没有表示说话人所处位置的标记，即隐含有非亲见的示证意义。除此之外，Tima 语的感官动词和认知动词可以通过标记语内传递和特殊拟声副词与其他动词的组合来表达示证意义。

第十三篇题为《巴布亚新几内亚卡拉瓦里语中"说、看、知道"的表达法》（"Saying, seeing, and knowing among the Karawari of Papua New Guinea"）（260—277 页），由斯洛文尼亚科学艺术研究院科学研究中心（the Scientific Research Centre of the Slovenian Academy of Sciences and Arts）的高级学者及副教授 Borut Telban 撰写。卡拉瓦里语主要使用于巴布亚新几内亚的八个村落中，使用人口大约为 3000 人，属于巴布亚语的一种，与 Yimas 语有很多相似之处。卡拉瓦里语是一种多式综合语，有名词和动词这两个主要的词类，名词根据语义和音位标准被细分为八个主要的词类；动词有复杂的形态变化，有丰富的前缀和后缀；在该语言中没有明确的名词、动词和形容词的界限，同一个词在不同时态或不同的语法形式下可能分属于不同的词类。

　　卡拉瓦里语和 Yimas 语一样没有示证范畴，但 Foley（1991：112—13）在研究中提到 Yimas 语用系词来区分表达亲见和非亲见的示证意义，本文作者基于自己的田野调查，认为这种表达方式在卡拉瓦里语中并不常见，只在动词"*aykapɨkan*（记得、知道、想）"的相关结构中发现类似用法，卡拉瓦里语中常使用其他方法来表达信息来源及感知和知道的细微差别。卡拉瓦里语表达"说"的词有四个：动词"*mariawkusɨkan*"意为"说、讲"，由名词"*mariawk*"（谈话）和动词"(*w*) *usɨkan*"（低吼）复合构成，是卡拉瓦里语中表达说话的一般用语；动词"*mariawk sukwan*"意为"讲出来、告诉、泄漏、八卦"，由名词"*mariawk*"（谈话）和动词"*sukwan*"（杀死、击打、咬、刺痛）复合构成，卡拉瓦里语中表达谣言、听说或在背后议论他人，具体语义根据句中语境决定；动词"*sɨminggan*"意为"清楚地告诉、解释"，常常被用在说话人被误解或误解他人的情况下；唯一一个表达"说"的及物动词是"*yaykan*"，意为"哭喊、说"，它可以用在直接引语或间接引语中，在间接引语中可以同时使用引语词"*bɨni*"，直接引语中可以省去动词"*yay-kan*"表达说话人内心的想法。随着现代科技和通信工具越来越发达，特别是受到网络和手机的影响，使得卡拉瓦里人认为信息来源表达的不再是该信息真正的来源，而是信息的传播方式，也就是说现代的信息很多都是通过中间媒介所获取的，而中间媒介可以轻易地对信息进行二次加工，对原信息和事实进行自己的假设、释义或论断，当这个假设错误时，该信息会被标记上"*kambra mariawkusɨr-ar/-ma*"或"*kambra mariawk sur-ar/-ma*"，意为"骗子、讲废话的人"。卡拉瓦里语有两个动词可以表达"知道"："*sikan*"意为"感觉、成为"，主要在于表达一种感觉和情感；"*aykapɨkan*"和"*aykapɨkɨnma*"指的是"有知识或有能力的男人/女人"。卡拉瓦里语中与信息可以通过视觉、听觉和触觉获取，其示证策略的表达也是与这三种感官有关的，视觉用动词"*sanggwan*"（看）表达，听觉由动词"*andɨkan*"（听）表达，触觉由动词"*sari-kan*"（抓住）和"*say-kan*"（使用、保持）表达，另外在卡拉瓦里语中味觉的表达属于视觉范围，嗅觉属于听觉范围。

三　简评

　　《类型学视角下的示证研究》是一部跨语言的示证研究专著，以示证范畴、示证策略及信息来源为研究对象，跨语言地研究了语言表达信息来源的共性和特点，总体而言，有以下优点。

首先，示证范畴是与信息来源有关的语法范畴，是语言类型学研究的重要范畴之一，近年来也成为了学界关注的重点和热点之一，《类型学视角下的示证研究》这部论文集综合了不同语系的各种语言，探讨了这些语言表达示证意义的方法，展示了示证研究的跨语言视角，丰富了示证研究的语言多样性。根据 Chafe 和 Nichols（1986）和 Aikhenvald（2004）可知，目前世界上具有丰富示证范畴的区域主要有北美西部地区和南美亚马逊河流域、亚欧大陆的环黑海湖地区和喜马拉雅周围区域，本册讨论的语言也大多属于这三个地区，包括高加索语系的 Hinuq 语；阿尔泰语系的鞑靼语和卡尔梅克语；南岛语系的沙阿鲁阿语；汉藏语系的 Kürtöp 语和尔苏语以及闪含语系的 Maaka 语，除了这几大区域的语言以外，本册还探讨了几种目前系属不太明确的语言，譬如美洲原住民语言之一 Ashéninka Perené 语、巴布亚语之一卡拉瓦里语等等，因此本册选取的语言类型几乎覆盖了示证范畴较发达的所有语系，拓展了示证研究领域，也开阔了读者的视野。

其次，《类型学视角下的示证研究》中的论文所用的语料全部是每一位学者浸入式田野调查所得，他们长时段地参与研究对象的日常和非日常活动，以获取第一手材料。田野调查保证了搜集的语料的量，同时调查者长达数年地生活在该语言社团中并建立密切关系，保证了调查者对该语言和当地文化的了解程度。而示证不单单是一个简单的语法范畴，它的表现形式甚至表达方式还常常与该民族的文化有关，表义有时也和语境有关，因此浸入式田野调查同时保证了论文中语料的质和量，为严密的理论分析提供了坚实的基础。

最后，本册在第一章中全面翔实地介绍了与示证有关的概念以及与之相关的常见的语言共性，这些共性在本册的十二篇论文的论述中都有所体现，譬如示证范畴标记与某些感官动词和认知动词有关，这一特点在卡拉瓦里语、Ashéninka Perené 语、尔苏语和沙阿鲁阿语中都有所体现；示证意义有时可以借助指示词来表达，这一特点也反映在尔苏语的示证系统中，类似例子在本册中还有很多，在此不一一赘述。作者先给出前人得出的结论，而后辅之以实例，以实例来巩固理论，理论又给实例以支撑，在跨语言的框架下以这种相互促进的模式提出相关的语言共性能更加使人信服且使理解更加深入。

虽然本册内容具体丰满，论证严密工整，对不同语言中的示证系统进行了剖析，但笔者认为本册在以下方面还可做进一步完善。

第一，《类型学视角下的示证研究》中的大部分论文都只是着重分析了该语言的示证系统，主要聚焦在某一个语言的分析上，笔者认为在条件允许的情况下，作者可以做一些横向的比较，将同语系或同语族中语言的示证系统进行比较，或许会有一些新发现。譬如本册第五篇《Kurtöp语的示证范畴、新异范畴及对信息的预期》（"The grammar of knowledge in Kurtöp: evidentiality, mirativity, and expectation of knowledge"）（108—131页），其研究对象Kurtöp语为汉藏语系藏缅语族语言，在示证范畴的表达上区别完成体和非完成体，在示证系统中也牵涉到自我中心标记和非自我中心标记，且存在系动词与示证范畴、新异范畴有一定的关系；同为藏缅语族语言的尔苏语也存在自我与非自我，且与示证范畴有搭配关系，而汉藏语系中藏语的其中一种方言——安多藏语阿柔话在示证范畴表达上也区分完成体和非完成体，且与自我中心和新异范畴也有关系，见表10所示①。以以上的汉藏语系语言为例，笔者认为在上例中同一语系的三种语言的示证系统都有部分相似之处，可以进行横向比对，从历史发展和亲缘关系的角度进行更加深入的探讨。

表10　阿柔话完成体/非完成体与示证、自我中心及新异范畴的关系

体	限定动词后成分	示证	自我中心	新异范畴
完成体 perfect	(-taŋ) -Ra -kɯ₂ -jo -jo-kɯ₂ -jo-tha -jo-zɯk -jo-nɯ-re	— 亲知 亲知 亲知 亲知 拟测 —	＋ — ＋ — — — —	— ＋ — ＋ — ＋ —
非完成体 imperfective	-kɯ₁-jo/ko -kɯ₁-jo-kɯ/ko -kɯ₂ -kɯ₁-jo-zɯk -kɯ₁-jo-tha -kɯ₁-jo-nɯ-re	亲知 亲知 拟测 亲知 — —	＋ — — — — —	— ＋ ＋ ＋ — —

第二，《类型学视角下的示证研究》中的论文大部分都只关注到了该语言示证系统共时状态，只有第十三篇《巴布亚新几内亚卡拉瓦里语中"说、看、知道"的表达法》（"Saying, seeing, and knowing among the Karawari of Papua New Guinea"）（260—277页）关注到了示证系统的动态变化，其中明确提到科技的进步和人们获取信息的方式的变化对示证意义的表达起到了一

---

① 邵明园：《安多藏语阿柔话的示证范畴》，南开大学博士学位论文，2014年。

定的影响，即现代的信息很多都是通过中间媒介所获取的，而中间媒介可以轻易地对信息进行二次加工，对原信息和事实进行自己的假设、释义或论断，当这个假设错误时，该信息会被标记上"*kambra mariawkusɨr-ar/-ma*"或"*kambra mariawk sur-ar/-ma*"，意为"骗子、讲废话的人"。Aikhenvald（2004）指出在语言的接触中，示证范畴会发生扩散，可以是示证范畴的形式和意义都直接从一种语言扩散到另一种语言的直接扩散；也可以是仅仅是意义和用法的借鉴而形式不同的间接扩散，Aikhenvald（2004）还提到了语言中的示证范畴除了会有增加，还会有减退的情况，伴随着语言濒危程度的加深，语言的示证范畴也会逐渐简化甚至退化，示证系统的退化是一个语言内部重建调整的过程，而不是直接消失。在本册所描写的语言中有很多都是濒危语言，因此笔者认为在描写分析某一语言的示证系统时，可以从时间和空间的角度出发，从语言的接触和发展的角度探讨示证系统的动态变化过程，做更深入的分析研究。

示证范畴是指语言中信息来源的语法范畴，是语言类型学的重要研究议题，近年来已经成为语言学界的研究热点之一。在二十世纪初期，国内的研究普遍是将示证范畴纳入到动词的式或语气或助词中来研究，未把它独立为一个语法范畴；从二十世纪八十年代末开始，越来越多的学者将示证范畴看作是一个独立的范畴来进行研究，并且研究领域也有所扩展和深入；进入二十一世纪，示证范畴的研究跨越了语言和方言的限制，理论水平也得到了提升，加之语言类型学大量地引入示证研究，使示证现象有了类型学的研究背景，从而大大提高了研究的水平。

中国境内有着丰富的研究资源，很多学者也对各种少数民族语言的示证系统做了研究，例如论文集《阿尔泰语系语言传据范畴研究》、博士论文《安多藏语阿柔话的示证范畴》、论文《满语传据范畴初探》、《凉山彝语的引语标记和示证标记》等等，这些研究取得了一定的成果，推进了国内示证范畴和类型学的研究。《类型学视角下的示证研究》对中国学者的研究也会有一定的启发。Alkhenvald（2004）特别指出，若想对世界上示证范畴有更深入的理论知识，有几大区域目前急需调查，其中之一就是喜马拉雅地区的藏缅语示证范畴，在第十一篇《秘鲁希瓦罗诸语言之一阿瓜鲁纳语的名词化和信息来源的表达法》（"Nominalization, knowledge, and information source in Aguaruna（Jivaroan）"）（227—244页）中提到在亚马逊语言中用名词化结构表达非一手信息示证意义的情况是比较罕见的，但在藏缅语族语言中比较常见，阿瓜鲁纳语与其他藏缅语族语言也并不完全相同，也有着自己的特点，那么是否可以系统地研究藏缅语族语言的示证范畴？是否可以进一步地找到更多的共性？这些都有待进一步研究。又如，中国境内很多地区是少数民族混居的状态，假如某一种或某几种少数民族语言有示证范畴，那么在语言接触的影响下各自的示证系统会如何发生变化呢？在双语环境下长大的儿童在习得示证意义表达时会有哪些特点呢？少数民族语言的示证系统是否在慢慢受到汉语普通话的影响？随着文化程度的提高，不同年龄层的说话者语言中的示证系统是否会发生变化？随着科技的进步，信息传播媒介的介入是否会影响到少数民族语言的示证系统呢？这些问题同样亟待研究。

《类型学视角下的示证研究》是《语言类型学探究》（Explorations in Linguistic Typology）系列丛书的一册，其浸入式田野调查的语料获取方式产生了更细致更深入的研究成果，跨语言的研究成果的集合打开了读者的眼界，关于示证范畴、示证策略以及示证范畴的来源等热点问题上提供了全面深入的分析，这会在学界产生重要的影响，并切实推进了类型学的研究。

参考文献

阿不都热西提·亚库甫、力提甫·托乎提：《阿尔泰语系语言传据范畴研究》，中央民族大学出版社 2013 年版。

阿达来提：《乌孜别克语的传据范畴初探》，《民族翻译》2013 年第 1 期。

江荻：《藏语拉萨话的体貌、示证及自我中心范畴》，《语言科学》2005 年第 1 期。

刘鸿勇、顾阳：《凉山彝语的引语标记和示证标记》，《民族语文》2008 年第 2 期。

刘照雄、林莲云：《保安语和撒拉语里的确定与非确定语气》，《民族语文》1980 年第 3 期。

邵明园：《安多藏语阿柔话的示证范畴》，博士学位论文，南开大学，2014 年。

赵志强：《满语传据范畴初探》，《满语研究》2015 年第 1 期。

Aikhenvald, Alexandra Y., 2004, *Evidentiality*. Oxford: Oxford University Press.

Aikhenvald, Alexandra Y. and Dixon R M W., 2014, *The Grammar of Knowledge: A Cross-Linguistic. Typology*. Oxford: Oxford University Press.

Boas, Frans, 1938, Language. In Boas (eds.), *General Anthropology*, New

York: D. C. Health. and Company.

Foley, William A., 1991, *The Yimas language of New Guinea*. Stanford: Stanford University Press.

Givón, Talmy, 2009, *Syntax: An introduction*. Amsterdam/Philadelphia: John Benjamins Publishing Company.

Hristo, Kyuchukov and Jill De Villiers, 2009, Theory of Mind and evidentiality in Romani – Bulgarian bilingual children. *Psychology of Language and Communication*, 13 (2): 21-34.

Mario, Squartini, 2012, Evidentiality in interaction: The concessive use of the Italian Future. Between grammar and discourse. *Journal of Pragmatics*, 44 (15): 2116-2128.

Vittorio, Tantucci, 2013, Interpersonal evidentiality: The Mandarin V – 过 guo construction and other evidential systems beyond the 'source of information'. *Journal of Pragmatics*, 57: 210-230.

附录

Aikhenvald 关于示证范畴的语义学分类（Aikhenvald，2004：65）

		亲见	非亲见	推断	测度	传闻	引述
		VIS	NVIS	INF	ASSP	REP	QUOT
两分	A1	第一手信息		非第一手信息			
	A1	第一手信息		非第一手信息			
	A1	第一手信息		非第一手信息		异系统/无	
	A4		非亲见			报道	
三分	B1	亲知		拟测		报道	
	B2	亲见	非亲见	拟测			
	B2	亲见	非亲见	拟测			
	B3	亲见	非亲见			报道	
	B4		非亲见	拟测		报道	
四分	C1	亲见	非亲见	拟测		报道	
	C2	亲知		推断	测度	报道	
	C3	亲知		拟测		传闻	引述

续表

		亲见	非亲见	推断	测度	传闻	引述
		VIS	NVIS	INF	ASSP	REP	QUOT
五分	D1	亲见	非亲见	推断	测度	报道	

本研究获洪波教授所主持的 2015 年国家社科重大项目"中国境内语言语法化词库建设"（15ZSB100）（第一作者担任其子课题"中国境内南岛语语法化词库"负责人）以及黄成龙教授所主持的 2018 年国家社会重大项目"中国民族语言形态句法类型学研究"（18ZDA298）（第一作者担任其子课题"南岛、南亚形态句法类型"负责人）的研究经费资助。

（作者单位：1. 北京师范大学高研院；2. 南开大学文学院）

《引述语：新趋势及社会语言学意义》述评[*]

潘家荣[1]　姚桂林[2]

一　前言

《引述语：新趋势及社会语言学意义》（*Quotatives：New Trends and Sociolinguistic Implications*）由 Wiley-Blackwell 公司 2014 年出版，全书分为六个章节，共 306 页，是社会语言（Language in Society）系列第 41 本，作者是 Isabelle Buchstaller。第一章开篇简要介绍新式引述语的情况，并回顾了两个引述语变体 be like 和 go 的研究历程，作者提出疑问英语中出现的新式引述语是各语言中孤立现象还是英语语言中跨语言发展趋势。第二章把引述语定义为一种现象，借鉴众多语言学子学科的研究。第三章作者全方位考察了世界范围内新的引述语形式。第四章作者考察了新式引述语纵向传播的结果。第五章讨论了新式引述语所附带的态度与意识形态。第六章回顾本书的主要发现并从更宏观的角度对之进行观察。作者书中对引述语系统分析的主要方法框架是采自变体社会语言学。文中所得结论也基于其他的方法，如语言类型学、构式语法、语法化、语料库语言学及用于社会心理学的话语分析和方法，如社会认知理论。作者指出目前研究主要集中于英语的不同变体，但书中也兼顾从类型学和跨语言角度的考察。书中涉及一系列新的引述语，但主要聚焦于通用的 be like 和 go 两种形式。这两种形式在引述语领域具有独一无二的地位，成为公众意识的一部分，经常诱发消极评价。作者不仅考察 be like 和 go

---

[*] 本研究获洪波教授所主持的 2015 年国家社科重大项目"中国境内语言语法化词库建设"（项目编号：15ZDB100）（第一作者担任其子课题"中国境内南岛语语法化词库"负责人）以及黄成龙教授所主持的 2018 年国家社科重大项目"中国民族语言形态句法类型学研究"（项目编号：18ZDA298）（第一作者担任其子课题"南岛、南亚形态句法类型"负责人）的研究经费资助。

两种新的引述语形式，也注重整体研究引述语变体之间的接触和竞争。下面对本书逐章简要叙述，最后进行简评。

二 各章述要

(一) 第一章引言

引言篇包括三部分内容：(一) 介绍引述语的新情况；(二) 回顾新式引述语历史；(三) 探究引发引述语研究热潮的原因。

1) 介绍新的引述语的新情况。英语语言中 be like 和 go 和 be all 是众所周知的用来引述言语、想法和行动的新式引述语。引语范围是动态的，但是除了 be like 和 go，其他的引述语所受关注较少。可能由于两种因素：(i) 大部分新的引述语变体出现频次少于 be like 和 go；(ii) be like 和 go 用于世界范围内讲英语的社区（参见 Single & Woods, 2002），而其他引述语变体受区域局限。新出现的引述话语、想法、态度和行为活动的新方法并不局限于英语语言。非典型的引述语新形式在一系列类型上无关的语言中（如希伯来语、德语和日语）被证实。引语系统中新的引述语形式不断出现引发了一系列问题。对于诸多问题的回答具体见本书后面各章节，作者据此表明本书的研究价值。

2) 回顾新的引述语历史。

作者分别回顾了引述语 be all、be like 和 go 的历史。

书中指出 be all 首次被 *The Newsletter of Transpersonal Linguistics* 提到，(Alford 1982-83) 历时研究表明 be all 是源于加利福尼亚的新的引述语变体。(参见 Buchstaller & Traugott, 2007, Waksler, 2001: 4—5)

Butter（1982: 149）最早指出 be like 充当引述语的功能，并指出美国说话人使用该引述语（通常后跟 to be）表未言说的想法。牛津英语词典在 2010 年 6 月的增版中才收录 like 作为引述语功能的例子（第 5 页）。早期 be like 往往用于引述内心独白、想法、态度和观点。（参见 Haddican, 2012; Tagliamonte & Hudson, 1999）至 20 世纪 90 年代中期，be like 既可引述话语也可引述想法重现（thought re-enactments），这表明引述语 be like 已扩展其功能，可以快速编码外在出现的相关言语。（第 7 页）

Go 最早充当引述语功能始于 1791 年。Go 充当引述语功能至少始于 18 世纪，这表明引述语变体不能称之为创新形式。Butter（1980）指出该形式最初局限于模仿性引述语，表示先前事件的再现。社会语言学认为 Butter（1980）最早确认 go 充当语言引述语，但作者却认为 Partee（1973：412）是最先提到 go 可引入转述语的。Partee 所举例子也表明模仿性引述语与话语引述之间的联系（第 9 页）。作者基于以往研究总结到 go 作为非模仿性引述语很可能始于 20 世纪后半叶。值得一提的是 go 并没有失去充当模仿性引述语的功能，当代数据显示，变体充当非话语引述语的功能大多是原型用法（第 10 页）。历时来看，引述语 go 用于一系列英语语言变体中（第 11 页）。

3）探究引发引述语研究热潮的原因。

作者试图解释过往 20 年中引语研究如此高涨的原因。作者多角度考察，包括文本的、结构的、语用的和类型的等因素。作者认为是多种因素共同作用所致，不同的趋势所创造的环境有利于提升语言学的创造力。

文本方面：作者指出引语重现具有重要的文本结构功能，通过区分主要叙述事件和非焦点的叙述顺序，引述语可作为向导，吸引听者注意力，使之集中于叙述中的关键事件（第 14 页）。引述语可区分故事情节的关键点。（第 15 页）

结构方面：除了传统的言说动词，目前引述语结构类型包括不及物非叙述动词（如 go）、系动词 to be（如 be like/all）及指示成分（代词）。英语说话人使用一系列的引述语结构，如 NP+go/be（like）/报道及物动词+引语（第 16 页）。

Vandelanotte 对引述语结构分类指出：构式语法中重要的一条原则是结构的能产性（第 16 页）。作者总结了新式引述语结构的一般模板：NP+系词+（话语标记）+引语。该模板的好处在于最大限度的概括了两种结构类型：一是依赖词汇 go（NP+go+引语）的结构；二是以"NP+be+话语标记+引语"顺序为中心衍生的子结构（第 17 页）。

跨语言方面：类型上相关/非相关的语言同时发展出引述语的原因有两种可能：一种是语言相互借用；另一种是不同语言独立平行发展而来。为了探究该问题，作者考察了引语的词汇来源（第 19 页）。新的引述语绝大部分来源于表比较、类似或接近义的词汇形式（词项），Tannen（1986）称之为"建构的对话"（constructed dialogue）；第二主要来源是表指示或直证功能的词汇形式（词项）；第三来源是表量化语义成分。作者随后指出类型学研究表明 1/4 词项来源近期都发展出引语引述策略，即泛义动词（generic verbs），当然在传统结构中泛义动词是有争论的（第 23 页）。作者指出大量事实证明英语中引述语变体结构来源类型在相关/非相关语言中类似。这同时也有效说明英语引语系统的扩展并非独立发展而是不同语言中大型的、跨语言的发展趋势（第 24 页）。最后作者指出典型的引述语框架（结构）包括说话者和言语动词。

（二）第二章：定义引语

第二章主要包括三节内容：（一）定义引语；（二）直接引语与间接引语；（三）变量定义的分支。

1. 定义引语

- 引语与示证

引语是言语行为的特殊类型。认知语言学和语言人类学的研究表明引语的功能之一是表示示证范畴。示证范畴是表信息来源的一种语言范畴，这包括信息获取的方式（Aikhenvald，2004：3）。引语也即听说示证，信息由听某人说而获取。引语被看作"非亲见"示证的一种特殊类型（Aikhenvald, 2004）。模仿性转述，即基于听到或看到的面部表情与手势（Aikhenvald 称之为"亲见示证"）重现事件。总之，转述构成示证范畴的不同类型（第 37 页）。

通过引述可以向对话者传递交谈中的信息并非来自我们。引述语结构表明引述的声音是转述信息的来源（第 38 页）。那应如何进一步表述两种"声音"（即引述及被引述）的关系？Maynard（1996：210）称之为言语内部的"插页和框架"。Partee（1973）最早尝试从句法角度定义引语，把引述内容概念化为转述动词的直接宾语（第 38 页）。

转述成分在句法功能上是否充当直接宾语是经验性问题（第 38 页）。句法测试表明英语中依赖引语动词的引语结构并不是及物宾语补充结构的典型代表（第 39 页）。

- 引语的及物性

跨语言角度考察引语及物性的问题，Munro（1982）指出大量谱系不相关语言的材料表明言说动词通常及物性较弱（不完美），被调查的每种语言中的引语动词具有不及物性（或弱及物性）特点，且转述动词所引的引语往往与宾语或宾语从句不同。（de Rock，1994，Güldemann & von Roncador，2002）

作者介绍了 Munro 评定转述从句及物性的九个标准（第 39—41 页）：

（1）缺少形态标记

（2）言说动词带宾语有限制

（3）缺少言说动词宾语的形态论元

（4）言说从句为不及物性

（5）引语结构被动化的局限性

（6）引语内容为斜格

（7）引语内容为非组成成分

（8）引语和其他宾语从句间的语序不同

（9）引语句法与不及物结构相似

总之，跨语言证据表明带有引语成分的引语结构在句法测试方面与及物结构不同。

- 引述语的结构属性

接着作者提出需考察（说话人在转述言语和想法时使用的）多种引语的结构属性（第 41 页）。

作者首先举例说明引述语 be like 和 go 也并不一定用于及物结构中。英语中引述语架构和引语之间的关系并不能通过及物性概念判定。Clark 和 Gerrig（1990：771—722）指出引语可出现于"外部结构的多种类型结构里"。后面作者寻求了跨语言的证据。Munro（1982：314 ff.）认为通过引述语的引语架构来表达引语并非常见，反之，最常见的类型是带词缀或小品词的引述语结构。整体来讲，从句法角度来看，"引语"现象并不常见（第 42 页）。

- 引语的语义、语用功能

众多研究者认为，跨语言考察，应该从话语功能及其语义和语用功能来描述引语结构，而不是基于句法角度。

语义角度来看，引述语结构至少包括：（i）转述的信息；（ii）表明该信息并非来自 t_0 的转述者。

Vandelanotte（2008，2012）基于概念依存的 Langackarian 理念或"大量不对称"提出引语的功能分析。Vandelanotte（2012：181）指出引语从句出于自身语义完整而概念上依赖于被引用从句，反之则不然。Fauconnier 和 Sweetser（1996）提出心理空间模式。不论心理空间模式或架构基础模式都有助于理解多重引语和递归引语。Fauconnier 和 Sweetser 的嵌入式空间模式对引语的界定具有最要作用：引语是独立的句法结构，允许递归，允许在空间中的来回所指。

- 引述语与转述者

Bal（1985）表示引语是指讲述和引用为现在同一叙述者。许多学者提出需要把讲述者和被讲述者划分为不同的说话人（Clark & Carlson, 1982; Hymes, 1972: 58—60, Levinson, 1983: 72; Goffman, 1981: 144—145）。提出引语中两个重要概念，即讲述者（animator）和当事人。引语是讲述者和当事人角色不能合并的言语事件。

引语转述者经常参与引语内容和形式的形成。

Spronck（2012）指出每一个引语形成都不可避免地（有意或无意）受引语转述者影响。

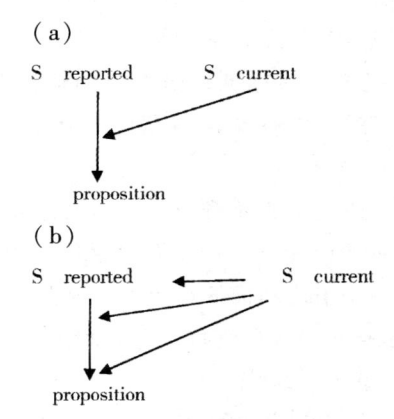

(a)
S reported   S current
         ↓ ←
      proposition

(b)
S reported ← ← S current
         ↓ ←
      proposition

(a) 决定引述命题的形式（Spronck, 2012: 72）。

(b) 引语包括评价立场

引语是"多角度结构"（Evans, 2006），包括讲述者和被讲述者的角度。

但目前除了 Spronck 的近期研究，引语说话者的态度（情态）的话题研究较少。

综上所述可知，引语是说话者再现之前行为（言语/想法/声音/手势），同时假定引语行为最初来源的角色。Güldemann（2008）基于类型学角度，提出引语定义的主要标准：

1）引语不要求嵌入结构，如谓语（Cameron, 1998）；

2）与话语引语结构共现时，与之并无句法关系（或至少不是简单从形式上界定的，Munro, 1982; Partee, 1973）；

3）通过停顿或其他超音段特征与上下文相区分；

4）自身有独立的焦点语调。

最后作者强调，引述语并非最初言语的逐字逐句重复，但与原始事件有内在相似和概率关系。

2. 直接引语与间接引语

作者首先指出直接引语与间接引语的区分来之已久。

区分直接引语与间接引语的四个不同标准：（ⅰ）类型因素；（ⅱ）引语的观点和角度；（ⅲ）引语所含句法；（ⅳ）表述的体。下面分别讨论：

（ⅰ）类型因素（第55页）

类型学研究表明直接引语的重要性。直接引语在语言中是普遍存在的，但间接引语在大量语言中却并没有发现。间接引语由直接引语发展而来。儿童语言习得首先学会直接引语。

（ⅱ）视角/指示方向（第56—57页）

直接引语中被引述言语行为的经历者有指示方向（如人称、空间、时间指示等）。间接引语中转述者在经历者的话语和引语听话人中间充当翻译者角色。直接引语是从经验者的角度引述。间接引语是从转述者角度引述。

但作者也指出有些情况下也是难以区分直接引语和间接引语的。如，由于时间指示和人称指示的内在不明确，有时仅依靠引语的指示方向难以区分直接引语和间接引语；当引语动词是对话历时现在时 CHP（conversational historical present）时，也会难以区分直接引语和间接引语。

（ⅲ）形式特点（第58—60页）

跨语言研究表明直接引语句法相对自由。间接引语往往句法合并，且在大量特定语言中受限制。如许多印欧语言中，间接引语句法上从属于引述动词，间接引语内容为完整陈述从属句的句法形式。理论上，不符合该句法要求的引语需要重组。

因为引语的形式要求，间接引语不能带有话语标记。理论上直接引语和间接引语在形式特点的区分是清晰的，但现实语言事实中也存在反例。据此，作者指出不能把补语标记 that 作为区分直接引语和间接引语的标准。首先，补语标记并不是强制性的，间接引语中经常会省略。其次，补语标记 that 通常与直接引语共现。

与此同时，作者提到新的引语标记 go 在一些英语变体中与间接引语共现。是否可以把 go 看作充当引述语的功能？作者认为这是说话者的经验问题，取决于讲话者规则使用 go+间接引语的顺序。依据浮现语法，作者认为引述语 go 处于演变为间接引述语的模式化过程中，这意味着 go 在某些类型中充当间接引语的导入语。

（ⅳ）表述/模仿特点（第60—64页）

许多学者认为直接引语具有表现（表演）特点（如 Clark & Gerrig, 1990; Wierzbicka, 1974）。直接引语和间接引语之间的区别在于模仿和叙述的区别、表现和描写的区别、戏剧性和描述性的区别,也在于引述原始事件的"方式"和"内容"的区别。

但作者指出从该角度并不能有效区分直接引语和间接引语,因为间接引语中也经常会有模仿。因此模仿性成分并不能作为判定直接引语和间接引语的标志,把两种引语模式看作表现连续统的两个极端可能更合适(Güldemann, 2001, Marnette, 2005, Yule, 1993: 236),直接引语更倾向带有声音或手势。

作者总结到,如果不能提出明确和有效的标准,则很难区分直接引语和间接引语。考虑到众多社会语言学的引语研究都基于直接引语,作者在自己的研究分析中也集中在直接引语。

总体来讲,间接引语往往有结构要求限制,对转述者有指示方向性,但是并不包括语言外部的语用成分。直接引语往往与重现先前行为共现,句法形式自由,经历者有指示方向性,可与语言外部成分和语用标记组合。

3. 变量定义的分支及其重要性

作者在本节重点讨论两个问题:直接复述和转述内在状态和心理活动。

(i) 直接复述(第65—68页)

引语通常包括重复。在直接引语中,有一种特殊的重复类型,Hymes (1987) 称之为"回应提述"(echoic mention):相同的话语中小规模的逐字复制。

作者考察了1960s/70s 和 1990s/2000s 的数据后,总结了直接引语重复出现的复杂条件。

表1　　　　不同话题类型中直接引语重复情况分布表

	重复				不重复			
	元语言		其他		元语言		其他	
	数量	占比(%)	数量	占比(%)	数量	占比(%)	数量	占比(%)
1960s/70s	209	53	63	25.5	185	47	184	74.5
1990s/2000s	11	16.9	220	29.3	54	83.1	532	70.7

资料来源:Buchstaller, Isabelle. 2011, 'Quotations Across the Generations: A Multivariate Analysis of Speech and Thought Introducers Across 5 Generations of Tyneside Speakers'. *Corpus Linguistics and Linguistics Theory*, 7 (1): 59-92.

有关复述内容的选择在数据库的量化分析中有着巨大反响。

(ii) 转述内在状态和心理活动(第68—75页)

作者援引例子并结合其他语言学家的观点指出引语导入语 be like 的定位并不明确,在许多语言例子中介于语气标记(stance marker)和引语之间。

作者接着指出介于引语导入语和语气标记间的语用模糊性/不确定性对于界定引语有重要意义,由此需要考虑研究时是否包括此种歧义句例,还是要排除歧义句例。但基于社会语言学变异/变体研究方法,需要排除歧义句例。

作者后面介绍并不是所有的研究都会有如此严苛的界定,接着作者对比了广义与狭义引语界定方法带来的不同的研究结果。具体情况见表2、表3。

表2　　　　社会语言学变异方法所测引语话语转述与
内心转态表达的频率对比(见 Buchstaller, 2011)

	1960s/70s		1990s		2000s	
	数量	占比(%)	数量	占比(%)	数量	占比(%)
话语	578	90.2	760	78.8	666	81.5
内心状态	63	9.8	204	21.2	151	18.5

表3　　　　兼容方法(即包括歧义句例)所测引述语转述与
内心转态表达的频率对比(Buchstaller, 2011)

	1960s/70s		1990s		2000s	
	数量	占比(%)	数量	占比(%)	数量	占比(%)
话语	579	59.9	760	65.4	668	63
内心状态	388	40.1	403	34.7	392	37

表2与表3的对比可以清楚表明说话者用于转述内心状态的方式随时间而变。20世纪60/70年代,说话者大量使用插入语(附加语 parenthetical strategy)方式来表达态度、想法、观点和立场,如表3中的比例40.1%,但与此相对的表2,由于除去了歧义句例,说话者表达自己想法的比例降到9.8%。而20世纪90年代和21世纪的数据表明,是否排除语气标记的句例,话语引述和内心活动的比例并无巨大差异。

作者与此同时也指出上述两种方法都不能揭示说话者转述想法、内心状态和态度的方式的历时发展。作者提出分析方法与社会语言学相结合可以窥探历时面貌。作者援引数据表明定义引语变体的不同策略会影响调查的结果。说话者越来越倾向用引语表达想法。

（三）引述语系统的变体与变化：世界的与局部的

第三章主要包括以下几部分：（一）追溯世界范围内新的引述语的认证；（二）考察引述语扩散方式；（三）考察世界范围内新的引述语的现状。

1. 追溯世界范围内新的引述语的认证（第 90—93 页）

非典型的话语和想法引入语通称为"新的引述语"，历史研究表明它们在地域上的扩散是彼此独立的。过去的三十年中，be like、be all 和 go（与词汇引语）同一时间段内出现于英语语言的变体中，它们的扩散依赖于两种不同的机制：一种隐蔽的语用扩散，即从引介模仿性引语扩展至引介所有类型（引述语言内容和声音，见 Butters，1980），引语 go 即采用这样的扩散方式；另一种是因 be like、be all 发展过程更加复杂采用的更为显著的，即具有对比/比较义或量化语义的词在特定结构中（NP+be+like/all+Quote）创造性地用作引述语。

作者下面分别介绍了世界范围内引述语 be like、be all 和 go 的情况。

Be like 在美国首次被提及比其他英语语言变体中至少早 7 年，随后在其他英语语言区域陆续认可该形式。Be like 作为英语形式在世界各地被认可的同时，也有一些社群不接受该形式。Be like（和其他新的引述语）不被采用主要是囿于它们固有的用法和传统使用者的刻板印象。

相比其他形式 go 作为新的引述语形式被认可更困难。大部分研究在提及引述语形式 go 的时候都不会明确该形式作为英语使用的范围。据作者考察 Butters（1980）在美国英语首次提到了 go 作为引述语使用。在英格兰 go 做语言转述在 20 世纪 90 年代早期被确认。Go 虽然作为模仿性引述语的历史悠久，但却不被看作地域扩散的其他竞争形式的变体。

Be all 作为引语被 Danny Alford（1982—1983）首次提到，美国传统词典第四版收录了 be all 充当引述语功能的用法。

2. 考察引述语扩散方式（第 93—97 页）

新式引语传播的两种潜在的互相关联的渠道：一是传统的大众媒体（如肥皂剧、电影、明星采访、音乐电台等）；二是社交媒体的虚拟社群（邮件、微博及其他社交软件）。众多研究表明测试大众媒体对人们元语音感知的影响即便可能也是很难进行的。（Stuart-Smith，2007，Stuart-Smith & Ota，待出版，Kristiansen，待出版）网上社群支持并维持共享的语言表达形式与行为，我们可以假设通过虚拟网络新的引述语形式得到共享和传播。但仍存在一个未解决的问题：即说话者对语言新形式的认知及对该形式的使用之间的联系。

值得注意的是，引语新形式的采用得益于跨语言趋势。这里引出一个问题：如何区分接触引发的语言变化和语言内部自身的变化？

当然有些学者并不认同语言新形式通过媒体传播的观点，如 Trudgill（1986：40，1988），Milory（1985），Dion & Poplack（2007）发现的反例也对"媒体传播语言新形式"的假说提出了质疑。如果要考察引语新形式在世界范围内的使用情况，则必须要考虑对语言新形式产生影响的局部/当地的社会因素和语言因素。

如果媒体在新的引述语发展过程中只充当辅助作用，引述语变体在其他英语语言变体中独立发展，则可以推测更加本土化的发展导致了 be like 和 go 受局部区域性制约模式的限制。

3. 考察世界范围内新的引述语的现状

该小节主要讨论两部分内容：一是讲英语的范围内引述语变体的模式；二是从历时角度考察引语形式在世界范围内的传播。

（1）讲英语的范围内引述语变体的模式（第 97—118 页）

本小节讨论限制 be like，be all 和 go 使用条件的社会因素和语言因素。主要目标为了考察引语模式新形式在英语语言变体的相似程度以及所受社会因素和语言因素的限制是否不同。其中社会因素（即语言外部因素）包括年龄、性别和社会地位，语言因素（即语言内部因素）包括模仿性复述、引语内容、人称和时态等方面。下面分别讨论：

1）社会因素（语言外部因素）

在英语社群内使用引语形式 3/4 的人主要是年轻人。相比其他因素，说话者年龄是影响引述语使用的稳定因素。

（i）年龄

虽然 be like、be all 和 go 三者在说话者年龄因素方面表现有差别，但总体来看，三种引述语变体形式都表现出相同的与年龄相关的模式，年轻人使用引述语更多。

（ii）性别

有些研究表明女性说话者更倾向使用 be like，也有一些研究表明美国社群中 be like 被男性使用更频繁，也有学者认为 be like 的使用并未表现出性别差异。

在美国 go 更多被下等阶层男性所使用。但作者（Buchstaller，2004，2008）指出引述语 go 在美国女性使用相对更多一些，但没有明显的性别限制。这也表明引述语 go 与 be like 在英语语言不同变体中都没有稳定的性别模式。

Be all 同样也没有一致的性别模式。

性别因素对三种引语形式的影响并不一致，只能描述为缺乏概括性的模式。

(ⅲ) 社会地位

与性别因素相比较，引述语形式 be like 的使用受社会地位影响更不稳定。有学者认为引述语 go 被蓝领阶层使用，作者研究表明 go 的使用并不受阶层影响，英国中等阶层使用 go 更频繁。无相关研究表明 be all 的使用受社会阶层影响。

2）语言内部因素

(ⅰ) 模仿性重复/复述

说话者在引述"引语内容"时往往会通过韵律、音高或重音来改变所引述的声音。引语包括位置的、手势的和模仿性效果。Be like 通常用于模仿性引语。历时考察，go 具有模拟性声音的引述功能。没有太多证明 be all 用于引述模仿性内容。

(ⅱ) 引语内容

直接引语既可引述言语行为也可引述内心活动。当引述不同内容时所使用的引语不同。

Be like 可引述言语行为和内心活动，引述不同的内容时所使用的 be like 形式并不相同。近期研究表明不同引述内容对引语使用的影响随时间而减弱。Go 一般用于引述外部的言语行为，开始是表述不清的声音，后来是话语引述。Singler（2001：263）研究表明 be all 在纽约市年轻人中既可用于引述话语也可以用于引述内心活动。

(ⅲ) 人称

大量研究表明 be like 相比第三人称更倾向用于第一人称主语。也有学者认为人称的影响有所减弱。需要说明的是，众多研究者结论不同由于各自分析中所使用的 NP 类型不同。如果把所有短语类型都考虑在内，则第三人称出现频次高于第一人称。不同语言变体间结果不一致，不仅仅是人称定义缺乏统一性/连贯性原因，不同语言变体间的差异也是事实存在的。Go 在第三人称中性代词环境的变体较少，主要出现在指称性第三人称代词。Be all 受地域限制的形式，在大部分不同地域中更倾向出现在第三人称的语境中。（参见 Barbieri 2005）

(ⅳ) 时态

早期研究表明在美国 be like 用于现在时而非过去时或其他时态。Singler

（2001）指出纽约调查数据显示 be like 受时态影响主要是现在时标志通常为 CHP 的事实所致，这一事实在世界范围内英语语言变体中得到证明。但是将 CHP 及现在时标志与现在参照相区分时，be like 更倾向出现在现在时和过去时的语境中而非 CHP。Go 主要出现在 CHP 语境中。Be all 在纽约英语中倾向用于现在时。（参见 Singler 2001）

针对上述列举的社会因素和语言内部因素，作者分别总结了 be all，be like 和 go 的情况。

Be all 一般用于第三人称，可以引述模仿性引语和非模仿性引语。Go 倾向用于第三人称和言语引述的上下文中。在英语语言变体中，go 用于模仿性转述，用于现在时。社会因素对 be like 的影响并不稳定一致。

总而言之，相比社会因素，一些语言内部因素对引语的影响具有相对一致性。如 be like 在每个变体中倾向用于模拟性复述，可看作引述想法的标记，用于现在时。但人称因素对引语影响并不一致，这主要取决于如何定义中性代词 it 及完整 NP。语言内部因素对引述语的影响在英语变体中是连续的。新的引述语的限制性因素在不同地域或不同形式中是可概括的。

Be like 和 go 被地域复杂因素和通用限制所约束。之所以出现这种情况，可从两个方面进行解释：一是新的引述语形式受地域形式和限制条件影响而进行调整；二是需要重新考虑引语形式在世界范围内扩散。

作者下面分别考察这两个方面。

- Negotiation in situ（第 111—114 页）

既要了解当地固有的引述语，也要掌握新的引述语的竞争变体。研究表明进入地方的新的引述语具有稍微不同的功能性和社会补缺性。新的引述语进入当地引语系统，打破了原系统的平衡，但随着语言的自身调节，新的引述语和原有的引语各司其职，产生新的系统平衡。

- Revisiting models of diffusion（第 114—118 页）

新引述语的社会和地域现实在它们各自出现的当地系统中需要调整。Meyerhoff（2009）根据新的引述语及进入的引语系统之间的互动结果分为两种：弱传递和强传递。Be like 和 go 是弱传递类型。语言符号（形式）包括形式、语义-功能价值和社会价值。当语言形式局限性地传播甚至没有人际接触时，决定语言形式使用的社会和语言限制因素主要由三方面因素决定：一是适应系统的功能平衡；二是社会和意识形态因素；三是自然因素，非限定性类型因素。

（2）从历时角度考察引语形式在世界范围内的传播——15 年之后发生了

什么？（第118—134页）

作者介绍了两种不同的量化方式：一种是把引语的某一变体形式的总数作为分母；另一种是计算在个体语言环境中某一变体出现的频率。采用不同的方法，得出的结果会不同。

作者分别从性别、引语内容、人称、时态、模仿性复述等几个方面来考察引语的变化。

（i）性别

引语变体中性别模式在不同英语语言变体中并不稳定。Be like 主要被男性使用，like 用法的性别差异从历时角度看并没有被中和。性别因素对 be like 的影响既无减弱也无增强。go/be all 更多被女性使用，但性别差异并不明显。总体来讲，引语系统模式与早期研究一致。女性更易于接受非典型词汇选择（be like，go 和 be all），男性往往更多使用无限性（unframed）引语形式。

（ii）引语内容

Be like 在美国和英国两种语言变体中都更倾向用于引述想法。Be all 和 go 更倾向用于言语环境中。

（iii）人称

第一人称对引述语的影响在世界范围内英语语言变体中是一致的。人称因素对年轻人引语选择并无太大影响。中性语境在引述语系统中的作用不可忽视。

（iv）时态

Be like 在美国说话者中倾向用于现在时，反映了世界趋势；在英国 be like 更多与过去时形态标志共现。使用 Be all 过去时和现在时标志的区别很小。Go 用于过去时语境中。

（vi）模仿性复述

Be like 用于模仿性复述的频率高于语言引述。Be all 并不受模仿性复述因素的影响。Go 受模仿性复述因素的影响较小。

（四）第四章　代际引语：言语和思想引述简史

本章是基于 Buchstaller（2011）分析的扩展，意在探究过去六十年间引语系统的纵向竞争和系统内的调整。主要包括三节内容：（一）追溯过往60年泰恩赛德英语的引语；（二）过去几十年里的引语：追溯引语变化；（三）一个低熵系统中如何创建可变性。

1. 追溯过往 60 年泰恩赛德的英语引语

主要包括以下几个方面：①建立 20 世纪 60 年代和 21 世纪间的表格清单；②重新审视偏斜数据：历史分析的意义；③界定起点：开拓 20 世纪六七十年代的变量语法；④年龄效应的发展。

（1）建立 20 世纪 60 年代和 21 世纪间的表格清单（第 153—157 页）

作者通过对比 60 年间 Tyneside 说话人数据来考察引语形式的纵向变化。总体来看，过去 60 年间引语系统的成分变化巨大：从最初受限制到三个主要变体（say，think 和非框式引语），引语形式系统增加了由年龄分层的 be like 和 go 两个新成员。新的引语变体看似已经进入所有形式的领域。

接着作者考察调查数据覆盖的时间跨度中制约引语系统的变量（variable）语法。但在做纵向分析前，还需要解决影响计算的一些重要方法问题。

（2）重新审视偏斜数据：历史分析的意义（第 157—161 页）

作者指出使用两种量化方法：以社会语言学变量或各自变体做分母会导致不同的分析结果。文中通过对比不同表格中的众多偏斜数据表明结果不同取决于计算方法。作者接着提出，如何通过数据表明预测变量对个体变量的影响。以变量或个体变异做分母？作者最后指出多元回归分析可以有效解决上述问题。多元回归分析广泛用于社会科学研究中，考察复杂的相关制约因素。

（3）界定起点：开拓 20 世纪六七十年代的变量（variable）语法（第 161—164 页）

本节意在建立引语系统的历时基准，基于可获取的最早记录确定变量最早的语法。纵向分析的起点：1960s/70sTyneside 引语系统被五个主要因素制约——阶层、性别、时态、人称和关于言语和想法转述的引语内容。分析的下一步是发现哪些限制因素随时间而变。

（4）年龄效应的发展（第 165—166 页）

年轻人（尤其是青少年中期）往往率先采用语言新形式。众多研究表明引语新形式也首先被年轻人使用，而大部分年长者语言使用上相对保守。引语形式是对年轻人引语系统的持续影响，代际之间的引语系统差异日益增加。作者对比了三个数据库发现，两组年龄群在引语选择上差异日益加大。考虑到随时间而增加的年龄差异，作者认为考察引语选择的纵向发展时，需要分别考察年轻人和年长者的引语系统。日益增加的年龄差距导致一系列包括年龄因素在内的相关影响。

2. 过去几十年里的引语：追溯变量语法中引语的变化（第 167—183 页）

主要包括两部分：一是考察 1960s/70sTLS 和 1990sPVC 之间引语的变化；二是考察 1990s PVC 和 2000sNECTE 之间引语的变化。1960s/70sTLS 和 1990sPVC 之间引语变化的调查主要包括社会地位和模仿性复述两方面，1990s PVC 和 2000s NECTE 之间引语变化的考察主要从性别、引语内容、类型、人称等几个方面进行。

历时发展的主要趋势如下：（i）引述语新形式的出现并未导致其他竞争引语变体的消失，说话者有更大的引述语系统可供选择；（ii）新的引述语计入系统导致各引语变体功能的再分配。与此同时，引语系统也发展出新的平衡。

总之，引语系统从只有一个变体 say 发展为更加多元的系统，不仅在变体选择的数量方面也体现在引语形式扩展到语用和语法功能。

3. 一个低熵系统中如何创建可变性（第 183—189 页）

作者从三个方面去考察 Tyneside 数据库跨时间范畴内语言形式多样性的结果，主要有引语框架的时体标记、引语从句的位置和引语从句的归一性。经过对比分析作者指出 1960s/70s 和 1990s 数据显示引语历时差异很小。时体标记、句法复杂性和引语框架位置三个方面的综合因素的影响才使得说话者在低熵系统中创建引语变体。单一因素不会产生引语选择的多样性。

（五）第五章　对新式引述语的观念和态度

第五章作者首先考察了世界范围内引语新形式传播的意识形态基础，如前所述，新的引述语形式主要被年轻人认可。接着作者透过感知信息的角度去分析语言使用者如何看待语言系统发生中的变化。对于语言新的引述语形式的态度和成见使得我们得以窥见语言社群中持反对和消极态度的人。作者基于自己的调查材料分析 be like 和 go 分别在英国和美国的接受度。作者特别强调了对语言引语新形式成见的来源。最后考察对待语言新的引述语消极态度的现实反映，尤其是教育系统。

1. 新的引述语遭受的消极评价（第 198—201 页）

对于语言引语新形式的使用态度通常分两种：一种持开放态度，接受新形式；另一种持批评态度，认为语言形式有正误之分。新的引述语 be like 和 go 最初遭到批评，人们对之持消极态度。

2. 语言意识形态：事实与虚构（第 202—206 页）

语言学家认为语言态度和大脑思维固化导致不同群体对语言变化的态度

不同。青少年（一般指 13—17 岁）时期往往在语言新形式的使用方面比较活跃。青年群体中高频率使用的语言变体新形式是语言变化的象征。年长者在推动语言变化方面往往并不积极参与。有些语言学家认为对于语言新的引述语形式所持的消极态度跟年长者主张年少时生活方式有关，也是受其影响所致。社会固有成见是对待社会语言变体消极态度的根本。总体来讲，如同大部分正在发生的语言变化现象，年长者对引语变体持否定态度。

由社会理论可知，被采用和促进的新形式语言积极容纳。持积极态度的社会群体把新形式看作时尚或竞争形式。语言变化发展为类似方言的状况：不积极参与变化趋势的年长者往往以消极态度对待语言新形式和语言变化。有些甚至把语言创新形式看作影响语言社群凝集的威胁，相反年轻人对于语言创新形式持积极态度。

3. 测试对待新的引述语形式的态度（第 207—210 页）

作者做了关于 be like 和 go 语言使用者的态度测试和使用频率测试。

● 态度测试

测试显示年长者不喜欢 be like，而年轻人对 be like 持积极或中立态度。年长者从不或很少使用 be like，而年轻人几乎全部使用过，有些年轻人（尤其美国）甚至频繁使用。相比英国，be like 在美国更受青少年和青壮年欢迎。研究表明对待引语新形式的态度与使用该形式并不是相互独立的。

● 使用频率测试

对引述语 be like 或 go 持消极态度的受访者的引语使用频率低于持积极和中立态度的受访者。Trudgill（1972）虽指出语言行为和认知并不一定密切相关，但研究发现语言变体的使用与语言态度是相关的。

4. 什么类型的人使用该引语形式？测试与性格特点的联系（第 210—220 页）

作者采用言语伪装测试，也称"主观反应测试"去考察英美两国说话者是否对语言新形式具有不同的固有印象和意识形态。

英美两国的测试结果和数据对比结果：新的引述语具有"时髦的""外向的"等积极评价，但不同的年龄段的说话人对上述特点态度却不同。英美两国的说话人都把 be like 分别看作自己语言的特点。在英国 be like 与城市言语环境相关，在美国只出现于城市高度接触的年轻人中。引语 go 相关联的消极评价有：缺少自信、不专业、不善言辞，be like 具有后两个特点。

由此作者也考察到说话者行为与他们对该言语行为的认知有关：说话者认为使用某一语言特征会听起来感觉教育程度低，则会避免使用该形式；若使用某些语言特征对特定人群有积极意味，则他们会倾向使用该特征。

在英国 be like 和 go 被认为相似，具有相同的意识形态（包括积极和消极的联系）。在美国这两个形式的关联较少相同。由此可知在英国两种引述语形式被看作一种，而在美国两种不同的引语被认为是不同的现象。

5. be like 和 go 来自哪里？考察新式引语的地缘感应（第 221—226 页）

作者根据自身的调查数据显示：美国和英国的受访者都不认为 go 是自己国家语言变体，而都认为 be like 是自己语言的变体。相关研究（Singler & Woods, 2002, Tagliamonte & Hudson, 1999）认为 be like 是从美国向外传播的。作者通过三种方式来考察地缘感知：主观反应测试考察受访人是否把某一语言形式与特定国家相联系；问受访者开放性问题-"认为使用某一语言形式的说话者来自哪里"；"你认为该语言形式来自哪里"。调查结果显示英国和美国的绝大多数受访者或者把引语形式 be like 和 go 与他们周边的说话人相联系，或者简单地把引语变体当作英语的一部分。

虽然美国受访人提到最多的 be like 来源地是加利福尼亚和纽约，但是作者基于自身的调查并没有得出媒体宣称的等式：like = 硅谷女孩（Valley girl）= 加利福尼亚（California）。美国和英国的受访人总体并未回答 like 与加利福尼亚有关。

6. 与 be like 和 go 相关的社会观念（第 227—233 页）

本节作者考察 be like、go 与社会因素（如说话者性别、年龄和社会背景等）之间的联系。相关研究表示美国的受访者往往认为 be like 是女性言语的特征。（参见 Dailey-O'Cain, 2000, Dougherty & Strassel, 1998, Romaine & Lange, 1991）。也有类似研究表示 be like 是中产阶级年轻女性的标志。（参见 Blyth, Recktenwald & Wang, 1990：224）

作者分别考察了美国和英国 be like 和 go 的使用中所受的社会因素。

美国和英国年长者认为新的引述语形式 be like 为受教育程度低的年轻工薪阶层女性所使用，而年轻的受访者并没有表现出强烈的社会固有成见（第 228 页）。受访者自身使用引语的情况也会影响他们对于 be like 相关的阶层和教育程度的评价。调查结果表明与语言变体相关的认知或社会角色并不是静态的，而是随不同年龄群体分层的。

美国和英国的受访者认为 go 更多用于后青春期/青壮年年龄范围的人，这与 Buchstaller（2006）之前的预测相符合：在美国使用引语 go 的人群的年龄段相对高（第 231 页）。Go 与 be like 具有相同的社会观念。美国受访人认为 go 用于受教育程度低的年轻工薪阶层女性。be like 的社会观念相对稳定，但是 go 的社会观念并不稳定，这取决于 Alex D'Arcy 称为的"时代文化观念"。

Be like 和 go 的社会心理是相当复杂的问题，在英国 be like 与 go 诱发具有相似的联系，但在美国对两种引语形式的认知却大相径庭。Be like 在青少年中具有清晰的（明确的）社会功能，即看似酷酷的、时髦的和城市用语，成年人的态度往往更消极；go 的社会联系更自由，目前主要是消极观念。

综上所述，年长的人往往对正在发生的语言变化持消极态度，认为语言变化对语言整体性造成了威胁。事实上，尤其在北美，规范主义者把 Mallspeak 称为言语碎片/言语垃圾。

7. 年轻人不善言辞及教育讨论（第 234—244 页）

Be like 与语言不连贯及缺乏修辞技巧的联系在北美对教育制度化产生了影响。在美国和英国，成年人对新式引述语持相似的轻视态度。但两国公众和制度化反应的范围和程度却不同。在美国，be like 引发的高度反应推动了教育政策的改变；在英国，教育机构和媒体并没有发生反对该形式的改革运动。

（六）第六章　研究所得的经验

本章作者回顾本书之前所述的一些主题，考察新的引述语形式对语言变化和语言全球化、理论化有何贡献。主要从三个方面来考察这个问题：一是所观察的跨语言一致的过程是多大范围的；二是被各地采用的引述语形式是属于哪个层次的语言结构；在引语系统内解读"创新性"。本章最后总结到对于本书讨论的焦点——引述语形式的未来趋势。

1. 新的引述语：一种新的、一致的、独特的现象

由于以系词为基础的新式引述语类型的产生，引语系统在英语语言过去的六十年中发生了巨大变化。回溯变量语法中引述语变化可知，引述语新形式和传统形式间不断寻求概率和功能平衡。若解释由新的引述语引发的变化，则需关注采用及吸收引述语变体的系统的发展（第 250—251 页）。

2. 引语在语言中的定位

基于语言社区、标准化对引语变体的影响、引语的类型和使用频率、显著性和处理效应、形态句法和话语中的变体受限制，不仅受语言内部因素也受语言外部因素影响。多重交叉的因素使得该问题难以概述。事实上 Cheshire、Kerswill 和 Williams（2005）指出我们还远不能总结哪种现象类型受语言因素或社会因素限制更多。该问题仍然存在，是一种经验之论。总之，

鉴于不一致和无结果的经验事实，我们还不能就语法不同层次的引语变体类型和数量而建立一般原则（第 256 页）。

3. 解决一些错觉（第 256—28 页）

引语系统中的"创新"并非事实。引述语 be like 和 go 早就出现。D'arcy（2010）指出 like 作为话语标记用法至少在 20 世纪 50 年代，go 甚至可以追溯至 1791 年。因此，所谓的语言创新特征不可能是随着年轻说话人一代而进入语言的。

这就引出一个问题，为什么这些语言形式被认为是新的？我们需要诉诸于两个错误意识。一种错误意识是有选择性的语言关注效应，Zwicky（2005）称之为"近因错觉"，即人们最近注意到的事情事实上是最近的。但是为什么某些特定的语言特点会引起人们的关注？一种可能是基于作为引语和话语标记的 like 的频繁使用。另一种可能是 Milory（2007）认为的：有些存在已久的现象在不同的时间变得或多或少凸显。因为媒体报道对语言新形式，如引语和话语标记 be like 的学术讨伐，被攻击的语言特征也被认为是新的，从而无视它们真正的内在发展期。另一种错误意识是有选择性的社会关注效应，Zwicky（2005）称之为"青春期错觉"，青春期错觉使得人们格外关注青少年及他们的话语。超出青春期的人往往关注自身使用的语言与青少年使用语言的差异。忽略了语言变化的本质，许多说话人把语言的变化责怪于年轻一代。值得一提的是选择性关注效应会被认定的语言创新形式的搭配模式而强化。年轻人使用词汇形式的非典型的引语和话语标记。

4. 追溯引语形式的现状和未来（第 258—259 页）

追溯引语形式的现状和未来需要考虑显性时间问题。引述语形式变体是年龄分层的还是进行中的变化？我们需要考虑年龄分层和进行中的变化以及寿命的改变三个因素。

说话者进入中年时逐渐放弃使用引语新形式。说话者意识到引语 be like 不适应专业用语时会相应地调整语言使用。某些特定类型的职业会导致 be like 使用频率的高低。娱乐行业工作使用引语新形式更多，而教育系统和专门事业的人较少使用 be like。一个人的职业与其言语行为密切相关（参见 Labov，1972：45）。年轻人到中年后更多采用保守的言语习惯。

go 的使用情况相对稳定。引语 go 使用增加是由于其竞争者 be like 的出现。放弃使用 go 的人群也是首先采用 be like 的人群。Go 在最年轻的人群中再次流行是因为 be like 所含消极联系。因为 go 也带有消极态度义，所以不会成为文化性修辞。

be like 证取代 go 的猜想并不存在。在 be like 的短暂流行后，be all 看似已经取代 be like，其他一系词为基础的引语形式看似并没有广泛采纳和使用。引语 go 并不稳定但却持续存在。Be like 进入引语系统的过程因最初的年龄分层而中止。引语系统中各变体之间的竞争是地域特定的，受意识形态和系统因素影响。未来需要考察时空中引语系统不同变体正在发生的变化。

5. 小结

尽管许多人（尤其年长者）认为引语新形式破坏了语言，但这些新式引语对引语系统产生了巨大影响。引语系统最近的扩展特殊之处在于其速度和类型角度：源自相同的语义概念的引语形式在其他众多有关/无关的语言中有类似发展，引语新变体形式在世界语言中普遍存在。该书对现存引语做了深入分析，从跨语言角度、多变体、共时和历时考察引语报告言语和想法的引语新形式。有关新式引语的争论表明对于这些新式引语的研究对目前语言理论化提供了重要和丰富的方法。引语系统的纵向分析使得我们可以聚焦于进行中的全球语言变化。有关引语的最新研究有助于拓展语言扩散和语言接触的研究视角和方法，尤其关于跨国界和世界范围内的"语言流动"及语言资源的全球化。

总之，有关引语的研究力图对引语现象进行全面描绘，聚焦于言语和想法转述系统新进变化的社会语言学和类型学意义。

三　简评

《引述语：新趋势及社会语言学意义》是关于引述语的新著，该书介绍了新的引述语形式并从社会语言学角度对之进行全面考察。该书的学术特点主要体现在内容、材料、方法等方面。

内容：翔实介绍了新式引述语的起源、多角度定义引述语、新式引述语在英语国家的传播与发展及在该过程中所受的因素（语言外部因素即社会因素及语言内部因素），并从社会学角度考察潜藏在新式引述语背后的社会态度及意识形态。

研究材料：作者以新式引述语 be like/all 和 go 为例，研究分析的材料一部分基于语料库，如 1960s/70sTLS、1990sPVC 和 2000sNECTE，更重要的是来自于作者自身调查所获的语言数据材料。

研究方法：书中对引述语系统进行分析的主要方法框架是采自变体社会

语言学。此外，还结合其他的方法，如语言类型学、构式语法、语法化、语料库语言学及用于社会心理学的话语分析和方法，如社会认知理论等。值得一提的是虽然新式引述语的目前研究主要集中于英语的不同变体，但作者并非局限于某一特定的国家，而是采取宏观角度着眼于世界范围内的英语国家进行全方位考察，并结合类型学方法及跨语言角度考察其他非英语国家引述语的情况，从而得出更加客观的研究结果。

结论：全书考察了几乎席卷所有英语国家的新式引述语发展的"热潮"，结合社会语言学、跨语言角度类型学的方法研究得出：众多国家广泛运用的新式引述语，如 be like 等并非单纯的语言传播所致，其中也存在不可忽视的语言内部自身发展的趋势等因素。新式引述语的发展有相同之处也存在各自差异。新式引述语的发展受所在区域的语言引语系统的限制，同时也受不同国家区域文化意识形态的制约。

作者对新式引述语的研究是考察语言扩散及接触，尤其是世界范围内"语言流动"和传播的研究新案例，在一定程度上丰富了社会研究理论和社会语言学的研究方法。

反观汉语的引述语研究，目前国内的研究多是囿于文本、话语分析及相关认知的研究，并没有采用社会语言学方法系统研究汉语引语变体及发展的成果。作者立足印欧语系中英语语言为研究出发点，而汉语作为典型的汉藏语的代表又有何特点？二者引述语的使用及制约条件是否有异同？若有不同是语言自身特点所致还是其他因素导致？这些都是有待于考察的问题。

基于引述语自身的特点，书中研究亦存在扩展之处：如从类型学角度讨论引述语与示证范畴的关系，二者有何相同之处？又有何不同之处？是否存在蕴含关系？

综上所述，《引述语：新趋势及社会语言学意义》是引述语研究的新的阶段性成果，代表了新式引述语研究的趋势。

参考文献

刘丹青编著：《语法调查研究手册》，上海教育出版社 2008 年版。

徐大明、陶红印、谢天蔚：《当代社会语言学》，中国社会科学出版社 1997 年版。

Knowles, Elizabeth, 2009, *Oxford Dictionary of Quotations*. Oxford: Oxford University Press.

Armstrong, Neil, 1997, *Social and Stylistic Variation in Spoken French*, Amstrdam/Philadlphia: John Benjamins Publishing Company.

Buchstaller, Isabelle, 2004, The Sociolinguistic Constraints on the Quotative System-British English and US English compared. Ph. D. thesis, University of Edinburgh, Edinburgh.

Buchstaller, Isabelle, 2006, Diagnostics of Age Graded Linguistic Behavior. *Journal of Sociolinguistics*, 10 (1): 3-30.

Buchstaller, Isabelle, 2013, Age Grading or Change in Progress? Revisiting Diagnostics of Language Change in the Quotative System. *The International Conference on Language Variation in Europe* 7, Trondheim.

Buchstaller, Isabelle and Alexandra D'Arcy, 2009, Localised Globalisation: A Multi-local, Multi-variate Investigation of be like. *Journal of Sociolinguistics*, 13 (3): 291-331.

Buchstaller, Isabelle, John Rickford, Thomas Wasow, Arnold Zwicky, and Elizabeth Traugott, 2010, The Sociolinguistics of a Short-lived Innovation: Tracing the Development of Quotative all across Spoken and Internet Newsgroup Data. *Language Variation and Change*, 22: 1-29.

Buchstaller, Isabelle and ElizabethTraugott, 2006, "The lady was all demonyak." Historical Aspects of Adverbial all. *English Language and Linguistics*, 2: 345-370.

Güldemann, Tom, 2001, Quotative Constructions in African Languages: A Synchronic and Diachronic Survey, Unpublished 'Habilitationsschrift', University of Leipzig, Leipzig.

Labov, William, 1972, *Sociolinguistic Patterns*. Philadelphia: University of Pennsylvania Press.

Labov, William, 2001, *Principles of Linguistic Change (Vol. 2): Social Factors*. Amsterdan; Philadelphia: J. Benjamins.

Labov, William, 2008, Cognitive Capacities of the Sociolinguistic Monitor. *Plenary held at the Sociolinguistics Symposium* 17, Amsterdam.

Lakoff, George, 1987, *Women, Fire, and Dangerous Things*. Chicago: University of Chicago Press.

Milroy, Lesley and Matthew Gordon, 2003, *Sociolinguistics: Method and Interpretation*. Oxford: Blackwell.

Moore, Colette, 2011, *Quoting Speech in Early English*. Cambridge: Cambridge University Press.

Rickford, John, Isabelle Buchstaller, Thomas Wasow, Arnold Zwicky, and Elizabeth Traugott, 2007, Intensive and Quotative ALL: Something Old, Something New. *American Speech*. 3-31.

Rogers, Everett, 2003, *Diffusion of Innovations*. New York: Free Press.

Singler, John, 2001, Why You Can't Do a VARBRUL Study of Quotatives and What Sucha Study Can Show Us. *University of Pennsylvania Working Papers in Linguistics*, 7(3): 257-278.

Tagliamonte, Sali, and Alexandra D'Arcy, 2004, He's like, she's like: The Quotative Systemin Canadian Youth. *Journal of Sociolinguistics*, 8(4): 493-514.

(作者单位：1. 北京师范大学高研院；2. 南开大学文学院)

《英国英语方言的对比语法》述评

阮桂君　崔自欣

《英国英语方言的对比语法》（*A Comparative Grammar of British English Dialects*）是 Mouton de Gruyter 2005 年出版的一本论文集，由伊丽莎白·克劳斯·特劳戈特（Elizabeth Closs Traugott）和贝恩德·科特曼（Bernd Kortmann）编辑，共收录了 4 位学者的文章。包括塔贾·赫尔曼（Tanja Herrmann）、卢卡斯·皮奇（Lukas Pietsch）、苏珊娜·瓦格纳（Susanne Wagner）和德国弗赖堡大学（University of Freiburg）的语言学教授贝恩德·科特曼（Bernd Kortmann）。

开篇是弗赖堡英语方言项目与语料库的介绍，之后三篇论文皆以该数据库为研究基础，分别从关系从句、一致性及性范畴三个角度展开论述：第一篇讨论英伦诸岛方言的关系从句，第二篇研究-s变体，第三篇则考察了英格兰西南部代词的性范畴，全书共计 371 页。

一　弗赖堡英语方言项目与语料库（FRED）

弗赖堡项目始于 20 世纪 90 年代末，以类型学理论为研究基础，重点关注世界语言的形态和句法变化的模式及边界条件，以功能类型学作为辩证研究的另一个参照，对现有的研究方法进行有益的补充。

其项目下的弗赖堡英语方言语料库（FRED）数据主要来源于 20 世纪 70 年代和 80 年代在不列颠群岛口述史研究项目过程中收集到的大部分口语材料。共有 370 个文本，约 250 万字。其中包含了 420 名不同口述人，268 人（63.8%）为男性，127 人（30.2%）为女性，其余人不知道性别，从性别比例上来看 77.2% 的文本材料来源于男性，21.4% 来源于女性。且口述者的年龄从 6 岁到 102 岁不等，平均年龄为 75.2 岁，约四分之三的文本材料是由 60 岁以上的人口述的，这些老年人通常是当地居民，从未较长时间地迁出该地区，人员流动性差且大部分没有受到高等教育，虽然这限制了在数据材料下进行社会语言学调查的范围，但却保证了数据的方言性。

从涵盖范围来看，按照 Trudgill's 对大不列颠"现代方言"的划分，弗赖堡英语方言语料库（FRED）材料大致可以细分为 9 个主要方言区，其材料分布和占比如下：

表 1　　　　　*FRED* word counts and areal distribution

dialect area	size（in thousands of words）	% of total
Southwest（SW）	571	23
Southeast（SE）	643	26
Midlands（Mid）	359	15
North（N）	434	18
Scottish Lowlands（ScL）	169	7
Scottish Highlands（ScH）	23	1
Hebrides（Heb）	151	6
Isle of Man（Man）	10	1
Wales（Wal）	89	4
total	2449	100%

在整个口述史材料的转述过程中，研究人员首先仔细地比较了现有的副本和原版磁带，发现在原带之中，口述人的犹豫、重复、同一个句子的错误开头等都包括在内，其实际记录稿相当于口头版本的逐字记录。因而在对这些材料进行数字化转录时，重新插入所有形态、句法和语篇特征，去掉不相关的语音或语音特征。对于那些没有录音的材料，则在母语人士的帮助下，研究人员自己转录原带。此外，为了达到研究目的，所有的形态句法的方言功能都已被重新插入且保留了各种形态合成的语音特征。最后某些副语言特征，如笑声、长时间停顿或模糊的对话片段都标记为空白、不清楚的段落或截短的单词。所有的这些特征都采用特定的标记来表示，这样可以尽量降低产生歧义的风险，这为在语用或语篇层面进行分析开辟了可能性，同时也尽可能地弥补原口述史料的语言缺陷。

最后相比于英语方言调查（SED）招募的对象，弗赖堡英语方言语料库（FRED）大多数的采访者出生于 1890 年至 1920 年间，要更年轻一些。通过两种数据的对比，我们可以很明显地看出英语方言中的一些形式变体的历时发展，尤其在苏珊娜·瓦格纳（Susanne Wagner）的论文中，运用几种数据来源，从历时的角度考察了英语代词的性范畴变化。

当然，以口述史访谈为基础的材料，会使整个数据中个人叙述的内容大增,或多或少会影响语言素材的某些特性,不过从弗赖堡英语方言语料库(FRED)基础上产生的四篇博士论文和十多篇硕士论文来看,该语料库的数据依然有着很强的参考性,能够反映语言的实际应用。

二 英伦方言中的关系从句

《英伦方言的关系从句》从名词性关系从句的跨方言现象入手,运用类型学视角考察了英伦诸岛方言关系从句标记词隐现的情况,结合地理分布建立了一个可及性等级(AH)模型,以此来验证和说明所有关系从句的形成策略(包括零相对标记策略)。

从研究的事实来看,大部分符合 AH 等级的基本设定,然而代词保留策略却并没有跟从 AH 的语法颠倒顺序,尤其是非限定性关系从句中的复指代词,由于它们主语位置的普遍性存在,与 AH 的基础设想不一样。此外,由于它的解释性功能,复指代词还会进一步嵌入关系从句和其他非标准关系结构中。接下来对其内容进行简要说明:

(一) 总体分布

在数据库所调查的六个地区之中,标记词(零标记,that、what、as)总共出现的数量为 1874 个,而关系代词(who、which、whom、whose)则是 638 个,前者是后者的三倍。其中语料库中最常见的相关标记比重为 that (39%),其次是零形式(28.1%),再然后是 which (15.1%),who (10.1%),what (6.8%) 和 as (0.8%)。而 "wh-" 类代词中的 whom (0.2%) 和 whose (0.1%) 在方言中并不常见。所有标记词反映在地理上有一个总体趋势:标记词从南到北移动逐渐增强。

表 2　　Distribution of relative markers along the North-South axis in percentages

		zero	that	what	as
North	Northern Ireland	46.9%	50.1%	—	0.5%
	Scotland	23.6%	46.2%	0.4%	—
	Central North	34%	43.5%	2.4%	1.4%
	Central Midlands	17.7%	40.3%	5.8%	2.4%
	East Anglia	20.4%	22%	15.9%	—

		zero	that	what	as
South	Central Southwest	28.9%	26.5%	22.3%	—

(二) 可及性等级（AH）理论

可及性等级是 Herrmann 对于名词性从句研究提出的一个最重要的理论，它体现名词成分之间的依存关系及对句法规则的适用性，其基本序列等级为：

主语＞直接宾语＞间接宾语＞斜宾语＞属式宾语＞比较宾语

在其序列之中，任何关系从句的形成必须是处于 AH 的一个连续语言段中，且左侧要比右侧的成分在句法规则的适用上更自由；同时就某一成分来说，若适用于 AH 上的某一位置，则其在任何较低的层级也可能适用。

由于在比较宾语中 than 一般充当连词和介词，和其他关系从句相比不能用相同的方法进行识别，且其在方言中很少出现，因而将其归入斜宾语之中。除此之外，间接宾语实际上被介词宾语所覆盖，而斜宾语则被介词补语覆盖，这二者也同样被排除在此文中的 AH 版本之外。最后呈现的更新版的 AH 为：

主语＞直接宾语＞介词补语＞属式宾语

其中介词补语之下又分为介词宾语、介词状语、介词属式这三类。

在这个模式之中，属式宾格处于最低的层级。从调查数据看，这是因为在现实交际中，人们总是采用 and 创造新的并列结构，致使在 AH 中创造出一个更高的层级，从而回避了属式宾格。

为了更加清楚地了解单个关系从句中标记词的存在情况，作者将其出现与否进行逐一标记，最后发现："wh-" 代词（即 whom 和 whose）、who、which、that、what、as 以及零标记形式都满足 AH 的基本设想和等级序列，且零形式在非传统言语之中还可以通过标准语对主语的补位来满足 AH。

至于每一个标记词的形成策略和使用时的适用条件，则显示 who 可以在 AH 中的任何一个层级出现，whom 和 whose 不适用于 AH 中的属式宾格。而 that 和零形式不仅仅只局限在较高的层级位置中，也可以存在于属式宾格这个最低的层级中。在整个 AH 发展的过程之中，由于 what 属于非正式口语中的形式,其辐射地很远,并扩散到其他层次,使得它在直接宾语和介词补语中也占据着很强的地位,但却在使用中有明显的年龄差别,深受年轻一代的欢迎,却不被年老人喜欢。相反,as 则几乎快要消失,现如今只出现在一些限定性从句之中,What 正在逐渐覆盖和代替着 as 的位置。

(三) 复指代词:规则的反叛者

当所有的标记词与 AH 的基础设想一致时,复指代词却显示出自己与众不同的一面。在 AH 之中,复指代词从主语到属式宾语层级,其数量都是稳步下降的,Keenan and Comrie 认为这与其代词保留策略相关。在二语习得中,复指代词和 AH 呈现明显的反比关系,尤其是在非限定性关系从句之中。由于非限定性关系从句在口语中是非典型性的,在传统方言之中甚至是不常见的,因而它常常需要一个复指代词来指明先行词,而在传统方言之中,又由于主语位置的心理亲近度相比其他更高,因而复指代词经常在主语的位置出现。这一点与 AH 建立在有明确先行词的限定性从句上有着极大的不同,Keenan and Comrie 认为这就是其代词保留策略与 AH 相反的原因。

而这一类特殊形式的存在通常可用来解释一些非标准形式的关系从句,尤其是在有 and 连接的并列结构之中。有时两个并列的从句其标记和语法功能都不一样,但为避免歧义和误会常常会使用复指代词保持一个共指关系,来解释和说明其标记词的语法功能,将其从并列结构的束缚中解救出来。

除此之外,由于复指代词常常出现在主语的位置,也可被用来补救句子之中缺失的主语部分,这一功能和作用主要在标准英语中出现。因为在标准语的关系从句之中,主语常置于宾语的位置上,因此当关系从句之中的 that 被省略时,句子会缺失一个主语,此时复指代词则会作为一个主语插入宾语从句之中补救缺失的部分。

三 北部英伦群岛方言的言语和谐变异

这篇主要研究英语口语中"-s"这个形式的主谓一致模式及其变异现象。在英国北部方言口语中,当动词直接和单纯的人称代词搭配在一起时,这种主谓一致的协调关系会发生改变。作者认为这种变化主要因为在北部方言中存在一个北部主语规则(The Northern Subject Rule),即 NSR。它在整个变体之中起主导作用,是英语北方方言中的一个普遍模型。该模型在口语中存在若干变异性，也对特殊句式具有约束作用。文章还对形式句法理论的三种解释作了批判性的介绍。其主要内容如下：

（一）北部主语规则系统（NSR）

此系统在发展过程中经历了两个时期：早期用法类似于现在标准英语的规则，即除却人称代词 I、we、you、they，其他的主语都用"-s"形式；在之后的发展过程中，则有所改变，大致可划分为三点：

a：所有的第三人称单数主语总是用"-s"形式；

b：主语类型约束（Type-of-Subject Constrain）：除却人称代词 I、we、you、they，其他的主语偶尔不定地采用"-s"形式；

c：主语位置约束（Position-of-Subject Constraint）：非邻接的主语和动词采用"-s"形式。

其中主语类型约束和主语位置约束是 NSR 的主要规则体现，实际上和早期的规则大同小异，可以看出是北方方言中一个稳定且相当明确的特征。

不过主语位置的约束在实际运用中却包含着多种变体，且不同句法环境表现不一，大致包括：两个联合的单数名词短语；主谓倒装；it's 或者 there 的存在句；副词插入；并列的动词短语等。其中副词的插入一些古老的北方地区存在，但在现代方言中却很少出现。并列的动词短语则是第二个以及后面的主语共享一个动词，这是最富特色的表现。不难看出主语的位置约束是几种不同模式和不同程度规律的组合效应，其中有一些是北方方言的具体特征，而另一些则与其他许多变体有共同之处，只有在那些最不受南方或其他类似方言影响的较古老语言中，才可以说 Position-of-Subject Constraint 是其语法系统的一个统一的、紧密结合的特征。

（二）NSR 的几个模式变异

（1）复数形式与人称代词的组合变异

此模式是 NSR 的一个次要模式，主要是"Verbal-n"或"Verbal-s"形式与其他一些人称代词的组合变异。其中"Verbal-n"是中西部中古英语中复数"-en"的遗留变体，它在地图上与"Northern Subject Rule"影响的地区重叠，这意味着非标准形式的-n 和-s 在某些领域相互竞争。

"Verbal-n"形式可以发生在所有的复数环境中，与代词 we、you、they 以及复数名词短语搭配，但后者很少见，在 SED 中的 335 个案例中只有一例。Shorrocks（1999：114）认为-n 形式只出现在第一、第二和第三人称的复数上，而-s 则不会出现在代词主语之后。但是这种形式在分布上，-s 和-n 是根据相同的模式交替进行的，且主要出现在中古英语晚期的北部和中部边境地区。在单数环境之中，"Verbal-n"形式则似乎只出现在动词 be（I/he bin）和 have（I/he han）的范式中。其中"bin"只在调查区的西南部地区出现，在更往南的地区人们则倾向于使用"be"形式而不是"bin"，但是在什罗普郡和斯塔福德南部重叠的"-n"地区里，bin 和 be 范式相互竞争。

而"Verbal-s"形式与 thou（you 的一个古老变体）的组合主要出现在北部的大部分地区，其无论 Position-of-Subject 的约束如何，thou 总是与-s 保持一致，但是 Hence 指出当其与第三人称单数 he/she/it 组合时却遵循 NSR。I/You/we/they 这些人称代词对语言"-s"的认证有出现，但在 NITCS 和 FRED 语料库中都是微不足道的，只有在 SED 数据中一些较古老的方言里有很好的记录，且比较符合 Position-of-Subject Constraint 的用法，即并列短语模式（they sing and dances）。另一方面其对 NSR 的反叛则主要体现在现在时态的陈述从句中，这种用法的典型使用条件是在叙述中引入直接引语的从句。FRED 的数据显示大部分形式为：I shouts/says，对于一些年长者来说，它的出现则在倒置的主谓"V-S"形式之间（says I; says he etc.）。总体上"Verbal-s"的变异偶尔会出现在英格兰北部的大片地区，但在北部坎伯兰、威斯特莫兰和达勒姆大部分地区缺失。Wright 指出，Type-of-Subject Constrain 的例外（即"Verbal-s"模式和 I/we/you/they 的组合）只在 Yks 的部分地区（即南部地区）"偶尔发生"，并没有深入北方（1905）。

最后作者简单介绍了在这种模式下因副词（never, always, often, etc.）介入而形成的对"-s"形式的认证，但是副词介入本身就符合 NSR，因而无法确定这种认证是由说话者叙述的时间语义引起还是因为 NSR 规则触发的。只有在北爱尔兰之中，同一方言在没有干扰副词的情况下偶尔表现出的动词"-s"形式，则确实是 NSR 规则影响的选择，但其他情况却不能确定。

（2）was/were 的单复数错杂

这一模式描述了 was/were 的中和现象，即 was 泛化为复数，were 应用于单数的情况。在北方方言中，was/were 的这个变异是一个非常复杂的领域。这是因为它倾向于部分遵循 NSR 所定义的模式，was/were 就像动词的"-s"和零形式。这种模式总是会和其他互补或竞争的一些变异规则叠加在一起。对于其形成原因，作者从历时的角度进行了考察。

首先，过去时的范式和现在时态动词的模式不同。在现代标准英语中，was/were 范式依然应用于第一人称和第三人称单数，而在现在时态动词中，

"-s"形式是第三人称特有的。这是过去时态中旧英语范式的最后一个残余，第一和第三人称单数与其他单数有规律地结合在一起。但当考虑到旧英语中第二人称单数时，它原来的旧有形式（U W Re）则比其他单数形式更像复数形式。

其次，这两个动词的历时发展与其他动词完全相反。在词汇学中，动词的（现在的非标准）"-s"形式在单数和复数中都代表了一种较老的、保守的形式，而复数中的零形式（现为标准）则是中古英语的一种创新。与此形成对比的是，is 和 was 在起源上只指代单数，后来又通过与其他形式的类比，才扩展到 NSR 的复数用法。

而在整个调查区域中无论是 was 泛化为复数，还是 were 应用于单数，was/were 都呈现水平上升的趋势。但在不同的地区，二者的使用偏好不同。首先在以南兰开夏郡、约克郡西南部和德比郡为中心的地区，人们更倾向将 were 用于单数形式。但从这一地区到中北部的一个宽阔的过渡地带，were 的单数形式的使用也偶尔出现，只是频率很低。而在东部的一个较小的地区，尤其是在林肯郡北部，人们似乎更倾向于将 was 泛化为复数而不是选择 were。在中南部的大多方言点则存在高度可变或混合的情况，其中 was 的复数和 were 的单数用法同时发生，但在这些方言中却有一个共同趋势，即 were 在否定的环境中是首选的。

（3）there 结构的存在句式

作者讨论了存在句式的历史发展路径，认为 there 结构长期语法化是导致形成存在句式的原因。在标准英语中该句式一般有两个主语：there 为语法上的虚主语，NP 为意念上的主语。动词常与意念主语而不是 there 在数量上保持一致。但是通过采用不变的单数动词可以打破这种规则，促使 NP 的主语地位逐渐消失，而 there 则逐渐从指示副词的地位上升为主语。与前一模式相同的是，there 的单数和复数在存在句式中也有着中和现象，但是这种中和不支持一般单数动词形式 is/was，而是支持复数动词形式 are/were。

在地理分布上，there 和 "-r"（is、's 和 was 的集合标记）集中在 Ulster 的北部和西北部，在东南方向非常少，即从地理语言学上看，在 Ulster 内部对于 there 存在句式有一条方言分界线。

除此之外社会语言学还认为 "-r" 标记具有明显的社会属性。在 NITCS 语料库中，老年人更多地使用 "-r" 形式，而年轻人则更倾向于使用一般化的 "-s" 形式。此外，男性相比于女性来说更多地使用 "-r" 形式。原因在于，社会语言学认为女性比男性更倾向于遵循有声望的标准语言模式，而在农村社会中，男性在保留当地非标准形式方面往往更为保守。因而在这种情况下，女性比男性更适应正式英语的标准，同时引领这一潮流。这一点在年轻的人中也是如此，正如北爱尔兰存在句中一般化的"-r"形式逐渐被"-s"形式所取代一样。

通过以上几个变异模式可以看出，在现代方言的可变语法中，使用或不使用"-s"形式受一组原型条件（即NSR）的制约。在句法、词汇或者语义来定义的语言环境类型下，使用保守的"-s"形式与其方言选项的相对偏好有关。对于其他特殊句型来说，是否采用"-s"形式似乎取决于它们接近这些原型条件的程度。从历时的角度来看，一些特殊变体可以看做是失去普遍模型的产物，从长远来看这可能导致它在一组高度受限的环境中逐渐被抛弃，成为历史；而在共时的角度下，由于个体口语者的语法效应，任意关联属性都可能被凸显。

（三）理论解释

对于NSR的理论解释，作者主要介绍了Henry、Börjars、Chapman和Hudson这四位学者从形式句法的角度给出的解释。其中Henry（1995）采用生成语法的参数原则来分析，她通过对贝尔法斯特英语中可选复数的口语"-s"现象与其他一些不规范的语法现象之间的假定参数性联系进行了广泛的讨论，是迄今为止最全面也可能是经验性最好的形式分析。其不足之处主要是未能提供对NSR中所有单数范围下主谓一致关系的分析，在研究方法上也没有将地域多样性的历史或地理分析结合起来。除此之外，她也没有详细说明调查者的人数和其选择以及抽样方法和测试所用的一套句子。同时对调查者对每个测试句子的反应也没有给出任何详细的定量或定性的描述和解释。

Börjars和Chapman（1998）则构架了一个形式句法模型，认为代词主语和临近的动词在语法上的联系更紧密。他认为语法环境下有两组代词（形式一样但在句中的位置不同），第二组必须始终与动词相邻，不能与动词词干另一侧相互竞争的屈折词缀（即"-s"词缀）同时出现。这两组可以是相互发生的，也可以是与另一个公开的主语出现，但却不能同时发生。有词缀的代词是在V节点下产生的，使得这些句子缺少一个规范主语。因此主语脱落的两种语法结构如下：

    a.　［NP they1］［VP often［V talks］］
    b.　［NP e］［VP［V they2 = talk］］

Börjars and Chapman 虽然提供了一个新的模型，但忽略了词缀与音韵依赖相冲突时的情景假设。而且该提案在系统可变性的描述问题上也可能并不充分，其数据相对来说十分粗略。作者的目标只是描述一个理想化的系统，且其只适用于每个方言中的主语子集或动词子集。对于不符合其结构原则的非语法形式例句，模型本身也不能做出很好的解释。

　　Hudson（1999）同样也从形式句法的角度给出自己的分析，并将其称之为词汇语法（Word Grammar）。在词汇语法中，特征和句法范畴可以是特定语言的，也可以由特殊规则自由组配的。单词和语法实体构成一个分类层次，每一个成分可以继承其上一层级的默认属性，或通过特定规则推翻这些属性。另外他还构造了一个与传统数量特征并存的专属的"数量一致关系"特征。在这个框架中，主题类型约束的形式描述变得非常简单：在北方方言中，所有名词在默认情况下要么都具有单数的"数量一致关系"特征，要么就根本没有"数量一致关系"，只有 I、you、we、they 有例外的复数"数量一致关系"特征。

　　Hudson 的研究是当下最新的形式主义理论分析，但其理论只是一个草图，总体上比较粗略，也没有解决主语位置约束问题。该模型中所有形式上的区别都与词库中的个别特征有关，因此没有一种方法来解释因偶然的句法环境因素而导致的差异。

　　从以上可以看出，这三个研究都从形式语言学的不同角度给出了自己的理论解释，提供了新的思路。但是现有的每一个理论解释都在描述是否充分的层面上存在问题。且形式理论的现有建议大多集中在 Type-of-Subject Constrain 和 Position-of-Subject Constraint 其中之一，并未成功地将两者整合起来。

四　英格兰西南部英语代词中的性范畴

　　一般来说，在英语表达中，"he"表示阳性，"she"代表阴性，而"it"则是中性。但在实际的运用过程中，这些性别代词并没有按照其本身的性范畴去指称，常常出现混用或替用的现象。作者从类型学入手，以 SED、FRED 以及新西兰的历史数据为语料分析了其指称的分类，尤其对于一些特殊的无法判断其类别的指称物给予了详细说明，并从社会语言学的角度进行理论解释。另外，作者还介绍了性范畴的发展及其分配系统，并通过古今对比指出传统对现代的影响和现代对口语和标准化对语言本身的侵蚀。

（一）指称物的分类

在现今文献中，最早提到性别代词这一术语的是 William Marshall（1789），但是作者当时并没有提供详细的描述，也没有具体的例子。直到 1877 年 Elworthy 在其著作 *Outline of the Grammar of the Dialect of West Somerset*（1877）中才提供详细的描述，且基于可数名词与物质名词之间的对立建立了一个语义上的性范畴系统，其中可数名词采用阳性或阴性的代词，而物质名词则是中性的。这一分类原则影响了后来所有的研究。作者的分类也基本上沿袭这一做法，针对 SED 的基础数据和工作人员的笔记材料，指称物可分为阳性指称物和阴性指称物，其中阳性指称物占据大多数，其下又大致可以分为人造物体、自然和身体部位（包括动物和人类等）三类。这些在 FRED 和新西兰数据库中也可以找到例子。

除了这些规范的、极易分辨的之外，作者还考察了一些特殊的不易分类的选项并给予了详细说明。

（1）拟人化

拟人化通常被归类为一种修辞格，它将人的特性应用于非人类的事，包括动物、植物、自然事物和抽象观念。但作者强调我们要将其与隐喻区分开来。隐喻也可以看做一种拟人化，但大部分都只是一种临时的借用，且借用之时其性范畴形式和其本来的形式没有区别。拟人化的用法在本次研究材料之中的例子非常少，即使在现代英语之中也很少存在。能找到的只有船名和城市名字这两例，采用了阴性形式"she"。这种手法的使用可以从句中的阳性代词推断出来，但是它通常更多的是和阴性联系更密切。

（2）动物

对动物名词来说，"it"是最适合的代词（除非这个动物的性别是确定可知的），但是在实际的语言应用中，"he"和"she"的使用在数量上要远远多于"it"。MacKay 和 Konishi 以及 Marcoux 的研究和数据发现，人称代词通常更多地用来指代未知性别的动物，专有名词更倾向于使用阳性或阴性代词，而不是中性形式，且阳性代词比阴性代词更受欢迎。而宠物作为一种特殊的情感陪伴，对其指称时通常会选择阳性或阴性形式，而不使用"it"。

（3）she 的虚指

"she"常用于这一类特殊的虚指：通常指称的是抽象的情景或个人情感表达的体现，而非具体的事物。它的最大特点是会发生词序颠倒，经常以 X-S-V 的形式出现，而不是以 S-V-X 的模式。X 通常为空间副词或指示副词

（here/there），介词短语中的介词需要前置，常用于"up she V/down she V"的模式中。

当然，通过实地调查显示，这种模式真正使用得并不是太频繁，且并未完全被接受。不过作者认为，这类用法将逐渐扩散，融入日常英语结构之中。对其结构的解释还需要进一步的调查。

虽然在自然的分类中有些采用中性形式，但总体来说，阳性指称物占据主体，其中又以人造物体为主，尽管在一些例子中也有中性和阴性形式的出现，但传统的方言系统依然存在，且除此之外阳性形式在指称可数名词时依然占据着主流地位。而数据库分析显示，阴性形式代词在西部方言中是比较罕见的，所能找到的例子大概只有船名和城市名两例，但是通常多是出现在中古英语的材料之中，现在基本上已使用"it"来代替"she"，在现代标准英语中则已经消失。总体上传统西方的性范畴系统在对今天指称物的分类上依然影响很大。

（二）影响的因素

对指称物的性范畴形式的选择，作者主要从美式英语出发，借助社会语言学对其进行理论解释。学者 M. Mathiot 认为最大的影响因素是个人态度和情感表征。亲密模式下的"he""she"被用来指代无生命的实体，而"it"则用来指代人，且同一指称物在同一说话者中可能有这三种任何形式的表达，"he/she/it"的选择取决于发言者对所指实体的总体态度或他对该实体的当下感受。

在这个模式中有两种基本对立：he and she vs. it 和 he vs. she。第一种对立基本上属于语义范畴，即语义上升（it—he/she）和下降（he/she—it）。上升是因为说话者的"积极参与（即个人情感的参与）"，下降则是因为"消极参与"。he vs. she 的对立则是源于对女性和男性不同性别的心理形象差异所致，女性的心理形象常被定义为软弱，而男性则是代表勇敢等心理形象。这种模式以及相关研究虽然提供了大量的例子，但是对于代词的用法还是没有形成一个清晰的系统，且其观点有些受到女性主义语言学的影响。

除此之外，对于同一指称物采用不同的代词形式也与说话者的职业、环境或其他因素相关。对于一个在城里长大、从来没有在乡下住过的人来说，其接触的动物很有可能只有宠物，甚至仅限于狗和猫。对于这些有个人情感参与的事物，说话者会使用"he"或"she"来指称，而獾或狐狸，从来没有在他们的生活领域中出现过，则会使用"it"。除此之外，农夫会把农场上的动物称为"he"或"she",渔夫指他捕获的鱼为"he",而猎人则会用来指代被其猎杀的动物,这些都表明了说话者的个人特征和背景会影响性别代词的选择。

总体来说,个人情感在性别代词选择的过程中占据最重要的地位,体现了说话者对于指称物的事件参与度或情感态度,同时其职业、生长环境和其他因素也可能导致实际言语活动中的变体。

(三) 性范畴系统

10世纪之前在Elworthy分类的基础上,早期现代英语体系基本上确立了一个语义的性范畴系统。在类型学中,其语义上的系统也基本沿袭之前的结果,但也有些改变。其中阳性性范畴通常指代男性而女性性范畴则指代中立。对于指称物的划分标准也不一样,但基本上首先分为人类与非人类,人类范畴下又分为男性和女性子集。而有时候人类和非人类的对立也可以用有生命和无生命来代替。

除此之外还有一个形式上的系统,一般是根据音韵或形态特征来划分,但是其实质上的划分还是建立在语义的基础上。Corbett根据形式和语义两个因素提出了一个可及性的等级:

定语<谓语<关系代词<人称代词

在这个等级之中,越往右移,语义的可能性增大,在人称代词中语义的因素凌驾于形式的因素。他还将一致关系作为性范畴的分类尺度。且不同的总类,其一致关系不同,即形容词与名词一致,动词与主语或宾语一致等。

而从10世纪到14世纪,英语的性范畴由形式系统向语义系统发展过渡。而最后音节中语音的改变直接导致了形式系统的消解和死亡。

基于之前的文献研究和各地数据库显示,作者最后提出了三个性范畴系统,即:传统西方系统、自发的口语标准系统和书面标准系统(即现在的标准系统)。传统的西方系统中,性范畴系统以阳性形式为主,可以表示所有的可数名词,物质名词或抽象名词采用中立的形式,阴性形式则多数只表示女性。但是自发的口语标准系统却以阴性形式为主,可以指代任何事物,抽象的情景采用虚指"she"的形式,动物常常用阳性代词来指代。

其中,因为一些指称物同时采用阴性和阳性两种指代方式,使得出现了性别扩散,因而自发的口语标准和标准英语系统慢慢地入侵了传统的方言口音。根据现代新西兰语料库和FRED数据库，阳性形式在现如今越来越少，总体上形式系统逐渐被语义系统所代替，传统西方的性范畴系统受到来自后面两个系统的侵袭和威胁。

五 简评

2005年出版的论文集《英国英语方言的对比语法》以大不列颠群岛上的英语方言为研究对象，从关系从句、一致关系和性范畴等角度来观察和分析其地域分布，总结其语言内部差异性及规律性。在研究方法上将类型学和对比语言学结合起来，既突破了对比语言学之前只限于二语习得和翻译的限制，关注一种语言内部的方言对比研究，又避免了类型学之前只运用在应用型研究方面而缺乏理论支撑的短板。将语言对比放在类型学的视野下，这种交互性可促进两种学科的相互支撑和相互发展。

在研究角度和语言现象的解释上，本文借鉴了多个语言学科的理论。在第三篇分析指称物的变异现象时，借用了社会语言学的理论，指出在性别代词的实际使用过程中个人情感起着主导作用，同时成长环境、职业等也会对其有影响。而第二篇关于NSR模式的解释，作者详细介绍了三种形式句法的理论模型并逐一指出其缺点和漏洞，最后期待新兴的功能语言学的解释。除此之外对于一种语言变体的描述上，作者历时、共时相结合的研究视角，也值得肯定。

而在全文的结构上，三篇文章既有各自独立的语言现象分析，又在行文之中相互联系。正如第一篇中提到标记词的人称化，由于which在语义上的有界性，通常会用来指代具体的环境，而第三篇论文里关于人称代词的性范畴问题上，也提到了拟人化的问题，并称其为"无奈之举"。除此之外，在第一篇中十分重要的AH理论思想在第三篇的系统划分上也被提及，并确立自己的序列等级。三篇文章不仅在共同的数据库基础上对比研究英语方言的不同问题，而且在行文内容上相互照应，使得整个论文集构成一个紧凑的整体而非只是单篇的合集。

但是除以上之外，也不能忽视此论文集的数据问题。由于口述史的转录问题，三篇文章的研究数据在一定程度上都有所疏漏，尤其是第三篇，该篇文章采用不同的数据类型，使得有些数据材料和结果不能同处于一个界面进行对比和分析，同时也会造成同一地区数据不一致的情况。

但总体上瑕不掩瑜,整本论文集以类型学切入问题,对其相关语言现象给予句法上充分的描写,并提供相关的句法和语义上的解释,不仅将语言的各个层面结合起来,还在此过程中运用地理语言学、历史语言学、社会语言学、形式主义语言学等多个学科的理论知识,促进各种流派的互相借鉴和吸收,有助于语言学研究的创新。

参考文献

刘丹青:《语言库藏类型学构想》,《当代语言学》2011年第4期。

尚新:《语言类型学视野与语言对比研究》,《外语教学与研究》2008年第1期。

王勇、徐杰:《系统功能语言学与语言类型学》,《外国语》(上海外国语大学学报)2011年第3期。

Chambers J. K. and Peter Trudgill, 1998, *Dialectology*. Cambridge: Cambridge University Press.

Chapman, Carol, 1995, A subject-verb agreement hierarchy: evidence from analogical change in modern English dialects. In Richard Hogg, and L. van Bergen (eds.), *Current Issues in Linguistic Theory*: *Historical Linguistics Vol.* 2. Amsterdam: Benjamins. 35–44.

Fox, Barbara A., 1987, The noun phrase accessibility hierarchy reinterpreted: Subject primacy or the absolutive hypothesis? *Language* 63: 856–870.

Henry, Alison, 2004, Variation and syntactic theory. In Jack K. Chambers, Peter Trudgill, and N. Schilling - Estes (eds.), *The Handbook of Language Variation and Change*. Oxford: Blackwell. 267–282.

Hudson, Richard, 2000, Subject - verb agreement in English. *English Language and Linguistics* 3: 173–207.

Tagliamonte, Sali, 2002, Variation and change in the British relative marker system. In Patricia Poussa (ed.), *Relativisation on the North Sea Littoral*. München: Lincom Europa. 147–165.

Wagner, Susanne, 2003, Gender in English pronouns. Myth and reality. PhD thesis, Englisches Seminar, Albert–Ludwigs–Universität, Freiburg. http://www.freidok. uni-freiburg. de/volltexte/1412.

Wagner, Susanne, 2006, "Gendered" pronouns in English dialects – A typological perspective. In Bernd Kortmann (ed.), *Dialectology Meets Typology*: *Dialect*

Grammar from a Cross - Linguistic Perspective. Berlin/New York：Mouton de Gruyter. 479-496.

（作者单位：武汉大学文学院/中国语情与社会发展研究中心）

鄂西北方言"不唠"假设复句

苏俊波

提　要　鄂西北方言中有一种由否定词"不"和语气词"唠ᵧ"直接组合作前呼句构成的假设关系复句。"不唠"既对上文进行否定，同时还带有假设语义，表示一种假设否定。"不唠"的否定对象，既可以是先行句命题本身，也可以是先行句中的某个信息，还可以是先行句表达的动作行为，通过后应句才能确切地把握。根据先行句的语义表现，"不唠"与其后应句之间有"单纯假设""假设+并列""假设+选择""假设+递进""假设+推断""假设+条件"等六种逻辑语义关系。假设义是"不唠"作为条件小句和后应小句组合在一起后产生的，并不是"唠"本身所具有的语义。"不唠"作为联系先行句和后应句语义的纽带，具有连词的功能。说话人使用"不唠"假设复句是为了达到"强调""列举""对比""解释"等四种交际目的。

关键词　鄂西北方言　"不唠"　假设复句

一　引言

我们有时候要提出一个自己的认识、意见或建议，又想得体有礼，不强加于人，会选择使用一个假设关系的复句"如果不这样的话，……"或"要不然的话，……"，强调否定这种认识、意见或建议会出现的情况。假设，意味着可能发生，也可能不发生。在话语中使用假设，缓冲了言语双方之间的对立或矛盾，使得自己的观点有理有据，不那么咄咄逼人。复句的前一分句"如果不这样的话""要不然的话"，是对某种认识、意见或建议的否定，语义重点实际落在它的结果分句上，因此，使用中可以在保留否定词"不"的基础上，简省为"如果不的话""要不的话""要不然""要不""不这样的话""不然的话""不的话""不然""否则"等形式。

　　已经有学者注意到这些形式，分别从语义功能和形成来源等方面进行了考察。比如：陈若君（2000）分析了"要不（要不然）"的篇章连接功能。史金生（2005）指出"要不"有连词"否则""或者"和副词"建议""难怪"等四种用法，并对"要不"的语法化过程进行了考察。王灿龙（2008）讨论了"否则"在篇章中的回指作用，认为将其看作"否定代词"更符合语言事实。王志英（2014）提出表示"建议义"的"要不"已经虚化为一个话语标记。徐式婧（2017）对"如果……的话"的产生及演变过程进行了考察，指出这一表示假设的结构最早出现于民国时期。

　　鄂西北方言用由否定词"不"和语气词"唠了"直接组合而成的"不唠"作前呼句构成假设关系复句来表示否定假设，与这些形式的用法不完全相同，较有特点。例如：

　　（1）你赶紧走！不唠要迟到。
　　（2）我们只能照他说的办。不唠，你说咋搞？

　　"不唠"既对上文进行否定，同时还带有假设语义，表示一种假设否定。

二　"不唠"假设复句的句法分析

　　我们先来看看"不唠"的使用环境。

（一）"不唠"的先行句

　　"不唠"前面要有表明否定对象的上文，即先行句。"不唠"的先行句，可以为任何语法形式或语义的句子，只要能加以否定即可。从构成上看，可以是体词、谓词光杆形式、各种组合结构构成的小句，也可以是各种复句、句群。例如：

　　（3）蒸，不唠吃不到鲜味。
　　（4）明的（明天），不唠，后的（后天），不唠，大后的（大后天），一定还你钱。
　　（5）好好学习，不唠，你考不上大学。
　　（6）晚饭吃得少点。不唠，你会越来越胖。

（7）要是你努力学习，你斗{就}会考一百分。不唠，你得不到奖励。
（8）因为你对我好，我才对你好。不唠谁理你！
（9）你从屋的{家里}出来，先穿过广场，再顺到大路一直走，走到第一个路口左拐，看到一个院子斗{就}进去，右手的第一栋楼斗{就}是。不唠，你说在哪儿？

从句子类型上看，可以是陈述句、疑问句，也可以是祈使句、感叹句。例如：

（10）电视机坏了。不唠，我们还可以看会电视。
（11）谁个儿跟你说的？不唠，你咋知道的？
（12）快说对不起！不唠，我生气唠！
（13）她太肥{胖}唠！不唠早斗{就}结婚唠。

从句子形式上看，可以是判断句、处置句、被动句，也可以是双宾句、主谓谓语句等。例如：

（14）他肯定是你爸爸。不唠，咋长得阵{这么}像。
（15）你给灯关到。不唠，我睡不着。
（16）舌头叫狗吃唠？不唠，你咋不说话？
（17）正这儿现在我每月给他一点生活费。不唠，早斗{就}饿死唠。
（18）老王钱肯定没少挣。不唠，又买房又买车的。

从语义上看，可以是肯定句，也可以是否定句。例如：

（19）你放心，我保证做到！不唠，你再不相信我唠！
（20）我作业还没写完。不唠早回家唠。
（21）看来，他不是没得钱。不唠，还买唠阵冈{这么}大的房子。

可以是现实句，也可以是非现实句。例如：

（22）我昨晚熬唠一个通宵。不唠作业做不完。
（23）你最好听他的，不唠，啥事也办不成。

可以是过去、现在、将来发生,以及各种体态的句子。例如:

(24) 路去年斗_就_修好唠。不唠,我们要弯个大圈子。
(25) 我正在吃饭,不唠斗_就_跟你一起去。
(26) 明天让小王试试。不唠,小李也可以。
(27) 我读唠三遍。不唠老是记不住。
(28) 我在哪儿见过你。不唠,咋阵闷_这么_眼熟。
(29) 灯让它亮倒的。不唠,晚上回来看不见。

还可以是动作、眼神、手势等身体语言。例如:

(30)(抢别人的东西)不唠,打死你!
(31)(招手示意过来)不唠,你到哪儿去?

(二)"不唠"作前呼句

"不唠"作假设复句的前呼句,一般单独出现。如果场合正式、态度严肃,或有意加重语气的话,也可以在前面加上表示假设关系的关联词语"如果""要是""要"等,或在后面加上或同时加上表示假设语气的助词"的话"(江蓝生,2004),构成"如果不唠(的话)""要是不唠(的话)""要不唠(的话)""不唠的话"等形式。与后应句之间一般有语气停顿。有时说话人情绪激动、心情急切,或者后应句形式简短,也可以没有停顿,直接与后应句构成紧缩复句。如上例(3)(8)(13)(20)(22)(25)(27)等。有时,在连续的假设情况下,"不唠"可以连续出现。如例(4)。

(三)"不唠"的后应句

"不唠"的后应句,构成上也可以是体词、谓词光杆形式、各种组合结构构成的小句,以及各种复句、句群等。例如:

(32) 你到底图啥?钱?要不唠,权?
(33) 打得过斗_就_打,不唠,跑!
(34) 这是谁的照片?我猜是你妹妹。不唠,你女朋友?
(35) 你快好好吃饭,不唠,饿你几顿。

（36）你快点！不唠，要是迟到的话，你可要罚站唠。

（37）从小要教育孩子孝顺父母。不唠的话，长大斗_就算赚再多的钱，他也不会孝敬你。

（38）你让他现在来。不唠，只有到下个星期一，我们才上班。

（39）你可要好好学习呀！不唠，考试考不到好成绩，上不了好学校。毕业唠找不到好工作，也找不到好老婆。斗_就算父母能帮你，你还指望管你一辈子？

也可以是陈述句、疑问句、祈使句、感叹句等各种类型的句子。例如：

（40）还是你去试试。不唠，没得人会。
（41）要不让小王去。不唠，你说让谁去？
（42）你们要好好听讲。不唠，都出去！
（43）你们都再吃点儿。不唠太浪费唠！

也可以是判断句、处置句、被动句、双宾句、主谓谓语句等不同句式。例如：

（44）你说话可要算数。不唠，你是小狗。
（45）可不准拿别人的东西！不唠，给你手打断！
（46）你也穿得像样点儿。不唠，叫人家看不起。
（47）你生日我给你买件衣服。不唠，给你一个红包。
（48）写字注意姿势。不唠，你学习好唠，身体坏唠。

也可以是肯定句、否定句，或现实句、非现实句。例如：

（49）你可要按时还我的钱，不唠，我没得用的唠。
（50）不能太溺爱娃子。不唠，你不是一个好家长。
（51）是你搞的吧？不唠，你脸红啥子。
（52）我的车坏唠。不唠，我早去找你们唠。

也可以是各种时体的句子。例如：

（53）我昨下午斗_就给作业做完唠。不唠，晚上咋会跟你一起看电影？
（54）他昨晚上肯定出去玩唠。不唠，现在还在那儿赶作业。
（55）菜一定要吃完。不唠，天阵冈_{这么}热，明_{明天}肯定坏唠。
（56）我跟你说，这个电影真的好看。不唠，有人咋会连看唠三遍？
（57）我在哪儿见过你，不唠，在哪儿看过你的照片，眼熟得很。

在某种特殊的情况下，后应句可以省略，只是通过说话人的动作、眼神、手势来表达，或同时加上语气词。例如：

（58）你敢去！不唠……（瞪眼或扬手作打状）
（59）赶紧还钱！不唠……哼！

三 "不唠"假设复句的语义分析

再来看看"不唠"与先行句之间，以及作为假设复句的前呼句与后应句之间的语义关联。

（一）"不唠"的否定对象

从语义上看，"不唠"是对先行句进行否定，准确地说，是对先行句提供的否定对象进行否定。"不唠"的否定对象，既可以是先行句命题本身，也可以是先行句中的某个信息，还可以是先行句表达的动作行为，通过后应句才能确切地把握。

"不唠"对先行句命题本身进行否定的，如例（1）。先行句"你赶紧走"是说话人提出的建议或要求，希望听话人能够按此建议或要求行事。同时，说话人觉得正面要求对方可能不会重视，为了达到目的，说话人试图从反面进一步进行强调，接着用一个假设关系复句，指出如果不按此建议或要求行事的话，会出现"迟到"的后果。正反两个方面配合，令人信服。"不唠"引出的"迟到"结果，是假定它对先行句命题进行否定"你不赶紧走"而造成的。

先行句是复句或句群时，"不唠"可以针对其中一个分句或小句进行否定，也可以对整个复句或句群进行否定。如例（7），先行句是个假设关系复句,表达在"努力学习"的假定条件下产生"考一百分"的结果。说话人又从反面进一步补充,让听话人了解"不考一百分"的假定条件下会有"得不到奖励"的结果。"不唠"否定的是先行句的后一个分句;这个例子的后应句可以改为"考不到一百分",这时,"不唠"否定的就是先行句的前一个分句,让听话人了解"不努力学习"的假定条件下会有"考不到一百分"的结果。例(8)中先行句是个因果关系复句,说话人指出造成结果"我对你好"的原因是"你对我好",又从反面进一步说明,如果否定这个原因,会有另外的结果。"不唠"否定的是先行句的表原因分句。再如例(9),先行句用一个句群表达说话人建议听话人行走的路线,如果对此建议进行否定,"不唠"否定的就是整个句群。

"不唠"针对先行句中的某个信息进行否定的,如例(2)。说话人提出自己的意见"只能照他说的办",希望听话人予以认同。同时,说话人又从反面进行强调,指出如果不"照他说的"办的话,自己不知道该怎样办,希望对方提出意见。"不唠"否定的不是先行句命题,而是先行句中的一个信息"照他说的";"不唠"引出的结果,也是假定否定这个信息"不照他说的"而造成的。再如例(49),说话人正面提出了自己的要求"你可要按时还我的钱",希望听话人按要求行事。为了达到此目的,说话人进一步从反面说明不"按时"还钱的后果"我没得用的",让对方顾及这个后果。"不唠"否定的是先行句命题中的焦点信息"按时",引出的后果也是否定这个焦点信息而造成的。反过来,我们从后应句也可以知道说话人在先行句中要求的焦点是"按时"。如果后应句改为"还我的货也行","不唠"否定的就是先行句命题中的焦点信息"我的钱"。

"不唠"针对先行句表达的动作行为进行否定的,如例(30)(31)。有时,说话人不用言语而是直接用动作行为表达自己的意愿、要求,也可以进一步从反面进行强化。用"不唠"假定对动作行为表达的意愿、要求进行否定,引出意愿、要求不被满足后出现的后果,让听话人了解此后果,从而按说话人的要求行事。例(30)"抢别人的东西"的动作实际上是要别人东西的要求,为了达成这一目的,说话人明确提出不满足要求会有的后果"被打死",让听话人知难而退。例(31)"招手"的动作是表达让对方过来的要求。说话人用"不唠"进行否定,强调如果不满足这一要求,会出现无处可去的后果,让听话人顾忌这种后果,最终满足说话人的要求。

(三)"不唠"与后应句的逻辑语义关系

根据罗进军(2012),有标假设复句前呼句与后应句之间的关系分为单纯语义关系和复合语义关系。单纯语义关系是指前呼句与后应句只有一种假设语义关系；复合语义关系是指前呼句与后应句之间除了假设关系外，还有其他类型的关系。"不唠"作假设关系复句的前呼句，既是后应句的条件，也是对先行句的否定，从语义关联上看，它是联系先行句与后应句的纽带。不管带不带标记，其与后应句之间也具有单纯语义关系和复合语义关系。

根据先行句的语义表现，"不唠"与其后应句之间有以下六种逻辑语义关系。

（一）单纯假设关系。"不唠"与其后应句之间存在"假定→结果"关系。例如：

（60）给花浇点水。不唠，斗_就叫太阳晒死唠。
（61）幸亏你还没走。不唠，我见不到你唠。

例（60）中"不唠"对先行句进行否定假定"如果不给花浇点水"，表示在此假定下会出现后应句"叫太阳晒死"的结果；例（61）中"不唠"对先行句进行否定假定"如果你走唠"，表示在此假定下会出现后应句"我见不到你唠"的结果。

（二）"假设+并列"关系。"不唠"与其后应句之间存在复合语义关系，既有假设关系，也有并列关系。例如：

（62）你可以开车，也可以骑车，不唠，还可以走去。
（63）这个虾子吃法很多。炸，不唠，炒，不唠，蒸也行。

例中"不唠"是对先行句进行否定假设，但后应句却不表示这种否定假设下出现的结果，而是提供与先行句不同的其他选项。说话人在各选项之间没有倾向性。

（三）"假设+选择"关系。"不唠"与其后应句之间既有假设关系，也有选择关系。例如：

（64）你在这儿斗_就好好搞，不唠，你可以走。
（65）你如果想听，斗_就留下来；不唠，先出去。

这种关系与"假设+并列"关系不同,"不唠"只提供与先行句相反的选项,表面上供听话人选择,实际上带有说话人的选择倾向。

(四)"假设+递进"关系。"不唠"与其后应句之间既有假设关系,也有递进关系。例如:

(66) 你一定要帮我!不唠,还有谁帮我?
(67) 我们先要学会爱人、爱家。不唠,怎么去爱国?

这种关系的后应句要比"不唠"对先行句的否定意思更进一层。

(五)"假设+推断"关系。"不唠"与其后应句之间既有假设关系,也有推断关系。例如:

(68) 患难见真情。不唠,肯定不是真心爱你。
(69) 好哥们可不会见死不救。不唠,一定不是我好哥们。

这种关系的后应句都是在"不唠"对先行句所作的否定假设下推导出来的。

(六)"假设+条件"关系。"不唠"与其后应句之间既有假设关系,也有条件关系。例如:

(70) 这件事他不想出面干涉。不唠,早斗就解决唠。
(71) 你的能力还没得他的一半。不唠,你也能当个小领导啥的。

这种关系后应句的实现是以"不唠"对先行句的否定为条件。但因为说话人明明知道后应句为假,在现实中根本无法实现,"不唠"对先行句的否定表达的只是一种假定条件。

这六种逻辑关系暗含在"不唠"的上下文中,通过"不唠"外显出来。"不唠"成为联系上文先行句和下文后应句语义的纽带,具有连词的功能。普通话"如果不的话""要不的话""要不然""要不""不这样的话""不然的话""不的话""不然""否则"等形式应该也是如此。《现代汉语八百词》把"不然""要不然""要不""否则"等定性为连词,指出"不然""要不然""要不"等有两种用法:如果不这样;否则。1. 引进表示结果或结论的小句。"不然"后面可带"的话",加强假设语气。2. 引进与上文交替的情况。前面可加"再",后面常用"就"呼应。看起来好像只认为"不然""要不然""要不"等的用法1与"否则"同。但在对"否则"进行解释时,却指出其用法为:如果不是这样。连接小句,用在后一个小句的头上。后句指出从前句推论的结果,或提供另一种选择。前后有些不一致。同时,《现代汉语八百词》也注意到"否则"除了表现"结果""选择"两种关系外,还能用于"除非……,否则……(=除非……,才……,否则……)"关系复句,表现条件关系。但也仅限于此,没有进一步考察是否还能表现其他逻辑语义关系。史金生(2005)发现,"要不"除《现代汉语八百词》提到的两个义项以外,还有表示醒悟和建议的用法。冶艳杰、高水云、冶慧颖(2014)也指出,"否则"句隐含二重层次性,除了假设关系外,前半部分还隐含着因果或条件关系。看来,因为汉语复句关系复杂多样且层次丰富,在考察其连接成分时,有必要把它们置于上下文语篇中,全面分析它们与语篇中其他句子之间的内部互动关系。

四 "不唠"假设复句的语用分析

人们的言语交际活动都带有一定的目的性,那么,"不唠"构成的假设关系复句的使用具有什么语用价值和功能呢?

从说话人的显性意图上看,"不唠"的使用是对先行句进行否定,并主观假定这种否定情况出现时,会产生什么相应的结果。那么,既然已经有了先行句,为什么还要对先行句进行否定假设呢?这取决于说话人的隐性意图。从上文可知,"不唠"的先行句既可以是现实句,也可以是非现实句。不管是什么,"不唠"对先行句做出的否定假设都是说话人的一种主观假定,在此假定基础上引发的结果,也是说话人的主观判断。说话人明明知道自己做出的假定与先行句事实相反,说话人在先行句之后,提出一种主观假定并明示带来的后果,就是借此来传达自己的观点、意愿和态度等,这才是说话人向听话人传达的并希望听话人明白的隐性意图。

一般来讲,说话人使用"不唠"构成的假设关系复句是为了达到以下四种交际目的。

一是强调。说话人陈述一个事实,或表达一种观点、意见、判断、猜测,或提出一个建议、命令、劝告、提醒、打算、计划等时,希望引起听话人注意,给以认同,就会用语法手段加以强调。要么用重音,要么用助词、副词,要么附加插入语，还有就是运用假设关系复句。从对先行句否定的角度进行假定，明示否定先行句会造成的后果，让听话人认识到此后果的不利和严重性，从而反过来证明先行句的合理。如上例（1），说话人提醒听话人"你赶紧走！"，担心听话人对此提醒不在意或不重视，就用"不唠"进行否定假设，假定听话人"不赶紧走"会造成"迟到"的后果，希望听话人忌惮此后果，重视说话人的提醒，并按照说话人的提醒行事。再如例（17），说话人陈述一个事实"正这儿_{现在}我每月给他一点生活费"，暗示说话人对某人的关心和照顾，又怕听话人忽视自己的良苦用心，就用"不唠"进行否定假设，假定没有这个事实会造成某人"早斗_就饿死唠"的后果，使听话人对此可怕后果感同身受，认识到这一事实的重要性。"不唠"与其后应句构成的单纯"假定→结果"关系、"假设+递进"关系、"假设+推断"关系，以及"假设+条件"关系等假设复句，都具有强调功能。

二是列举。说话人提出一个选项，怕不被选择，自己对此选项进行否定假设，假定除此选项外还有其他选项，希望能在这些选项中进行选择。如例（4），说话人提出一个还钱的日期"明的_{明天}"，怕自己无法实现，又对此选项进行否定，提出新的选项"后的_{后天}"，又怕自己无法实现，再对此选项进行否定，提出新的选项"大后的_{大后天}"，表明自己会在这些选项中进行选择。再例（62），说话人提出一个建议选项"开车"，怕听话人不予认同，自己对此选项进行否定假设，假定除此选项外还有其他选项"骑车"，又怕听话人不予认同，再对此选项进行否定假设，假定除此选项外还有其他选项"走"，希望听话人在这些选项中进行选择。"不唠"与其后应句构成的"假设+并列"关系假设复句，具有列举功能。

三是对比。说话人提出一个建议、命令、劝告、提醒等时，希望听话人能照此行事。同时主动对此选项进行否定假设，假定除此选项外还有与先行句相反的选项，通过对比，希望听话人不要选择与先行句相反的选项。如例（64），说话人劝告听话人"在这儿斗_就好好搞"，同时提供一种相反的假设选项"不好好搞可以走"，希望听话人对比正反选项做出选择，听从说话人劝告。"不唠"与其后应句构成的"假设+选择"关系假设复句，具有对比功能。

四是解释。说话人陈述一个事实，或表达一种观点、意见、判断、猜测，或提出一个建议、命令、劝告、提醒、打算、计划等时，为了让听话人接受或认同，对先行句进行否定假设，明示否定先行句会出现什么不利后果，以此来解释先行句的合理。如例（22），说话人为了解释"昨晚熬唠一个通宵"

的事实，用"不唠"进行否定假设，假定"不熬一个通宵"会造成"作业做不完"的后果，让听话人明了造成事实的原因。再如例（43），说话人提出"你们都再吃点儿"的建议，怕听话人不照此建议行事，就用"不唠"进行否定假设，假定不照此建议行事的话，会有"太浪费"的后果，以此来解释自己为什么会提出这个建议。

从上述四种交际目的来看，"不唠"构成的假设关系复句的使用体现了信息传递的要求：一个是信，一个是实。信，即真实；实，即完满。说话人为了达到交际目的，试图为对方提供真实而全面的信息。为了真实，不仅从正面直述，而且从反面证明；为了全面，不断否定原有选项，提出不同选项。同时，还能考虑对方、顾及礼貌。用假设的方式，在主观上进行假定推论，缓冲了交际双方之间的对立或矛盾，使得自己的观点显得有理有据、得体有礼，对方更容易接受，更有利于交际目的的达成。

五 "不唠"的性质

《现代汉语八百词》把"不然""要不然""要不""否则"等定性为连词，邢福义（2002）也明确指出，现代汉语中的否定假设连词包括五个：否则、不然、要不然、要不、若不。也有学者对此持有异议。王灿龙（2008）认为"否则"旨在回指先行句的否定语义，与一般的连词不能混为一谈，将它处理为否定代词更符合语言事实。吕明臣（2010）也指出，"不然"的连接作用是通过它自身承担的否定意义完成的，这种"实义的否定"不是一般连词所具有的特征，应该是一种特殊意义上的连词。那么，鄂西北方言中的"不唠"的性质是什么呢？

鄂西北方言中，助词"唠"有时用于前一个小句后，带有假设的意味。例如：

（72）好吃唠_{如果好吃}，你回来带点儿。
（73）热唠_{要是热}，斗_就给衣服脱唠。
（74）大唠_{要是大}斗_就换件小的。

据胡双宝（1981），山西文水方言读作 lau 的助词"了"，可以表示假定行为发生。例如：

球场修好 lau_{球场如果修好}，咱们赛一场。
下雨 lau_{如果下雨}，把东西收回来。
西瓜熟 lau_{西瓜如果熟}，请你们尝尝。
李平回来 lau_{李平如果回来}，让他来找我。

山西忻州方言读轻声［lɔ^{20}］的助词"了"，用于小句之后表示停顿，含有假设的意思。（温端政，2002）例如：

你回了_{如果回去}把这本书拿上！
他去太原了_{如果去太原}给我捎封信！
你愿意了_{如果愿意}就真个这样哇！

河南确山方言读作［lau］的"了2"，用于条件复句前一分句的句尾，表示假设动作（变化）发生。（刘春卉，2004）例如：

树叶黄了2再去山上玩。
天气晴了2再去逛街。
他心情好了2才会唱歌。
水凉了2怎么办？

从这些方言事实看，助词"了"似乎有表示假设的意思。鄂西北方言"不唠"带有的假设意味应该就来自"唠"。但上述方言例句普通话基本都能说，却没有研究表明"了"有假设语义。仔细分析上述方言例句，助词"了"的语义应该还是"肯定事态出现了变化或即将出现变化"（吕叔湘，1980），只不过它用于小句后，而该小句又和后续小句一起构成假设关系复句，小句间的组合关系义被误放在小句间的成分"了"身上。

"了"肯定事态出现了变化或即将出现变化，是句尾助词"了"的核心语义，在具体的运用中实际包含三种情况：一是事态已经出现了变化，比如：下雨了。雨在说话之时已经下了了；二是事态尚未出现变化，但将来一定会出现变化，比如：快下雨了。从各种征兆判断一定会下雨；三是事态尚未出现变化，变化只存在说话人的主观意识中，说话人无法确定将来是否一定出现，甚至还有说话人明明知道将来无法出现的情况，比如：该下雨了。说话人希望将来会下雨，但将来是否一定会下雨并不在他考虑之列。也就是说，入句受管控,具体的话语目的、话语行为、上下文关系等,决定了"了"的具体语义。而事态现在或将来出现变化,很可能是因为某种原因引起,或很可能会引起某一情况或某种结果的出现,因此,句尾助词"了"构成的句子很容易作为结果或条件或原因等,与其他小句构成条件、因果等关系复句,表达更加丰富复杂的意思。例如:球场修好了,咱们赛一场。既可以表示球场在说话之前已经修好了,现在就可以比赛;也可以表示球场在说话之后一定会修好,等将来球场修好后再比赛;还可以表示说话人假定将来球场修好了再比赛。说话人也许希望球场将来会修好,也许并不希望修好。"球场修好了"是"咱们赛一场"的条件,这个条件可以是现实中已经实现了的,也可以是将来会实现的,还可以是说话人假定的。当说话人不知将来会怎样而在想象中假定"球场修好了"才会"咱们赛一场",它们之间就构成假设关系。也就是说,假设关系是小句之间的逻辑语义关系,假设义是小句组合后产生的句际关系义,并不是小句内部结构成分本身具有的语义,因此,用作小句句尾的助词"了"不可能有假设义。而正因为"了"居于前后小句之间的位置,很容易把临时产生的句际关系义放在它身上,认为"了"表示或含有假设的意思。吕叔湘(2002)指出,假设句不用关系词,白话和文言都极普通。例如:

这个大礼儿断错不得;错了,人家倒要笑话。(《儿女英雄传》三五)

条件小句和后果小句之间有一个停顿,假设的语气比较明显。并没有提到条件小句句尾助词"了"带有假设的意思。

以此看来,鄂西北方言中"不唠"的"唠"也是如此,它本身还是表示新情况或变化出现的句尾助词,因为先行句已经明确了"不"否定的具体内容,原来应该全式的否定表达简化为"不唠",表示说话人主观想象与某种情况或观点等相反的情况或观点出现时,会带来什么后果,假设义是"不唠"作为条件小句和后应小句组合在一起后产生的,并不是"不唠"本身所具有的语义。由于语形简省,用法固定,且日常使用频繁,"不唠"逐渐凝固在一起,变得像普通话"不然""要不""否则"等形式,不再容易看出"唠"的语义和功能。但因为"不唠"是对先行句的否定,同时带上后应小句后还附加了假设义,它更像一个表示假设否定的固定成分。虽然有时和后应小句紧贴在一起构成紧缩复句,如上例(3)(8)(13)(20)(22)(25)

（27）等，看起来好像连接先行句和后应句的连接成分，但从语义功能和构成来源上看，它不是一个连词那么单纯，还是把它当作一个特殊的固定结构为宜。

参考文献

陈若君：《"要不（要不然）"的篇章连接功能》，《语言教学与研究》2000年第3期。

胡双宝：《文水话的若干语法现象》，《语文研究》1981年第2期。

江蓝生：《跨层非短语结构"的话"的词汇化》，《中国语文》2004年第5期。

刘春卉：《"了"的分类问题再探讨》，《齐齐哈尔大学学报》2004年第6期。

吕叔湘主编：《现代汉语八百词》，商务印书馆1980年版。

吕叔湘：《中国文法要略》，《吕叔湘全集（第一卷）》，辽宁教育出版社2002年版。

罗进军：《有标假设复句的语义关系特征》，《华中师范大学学报》2012年第5期。

吕明臣：《"不然"格式的语义分析》，《郑州大学学报》2010年第5期。

齐沪扬主编：《现代汉语语气成分用法词典》，商务印书馆2011年版。

史金生：《"要不"的语法化——语用机制及相关的形式变化》，《解放军外国语学院学报》2005年第6期。

王灿龙：《"否则"的篇章衔接功能及其词性问题》，《汉语学习》2008年第4期。

王志英：《话语标记"要不"》，《云梦学刊》2014年第1期。

温端政：《忻州方言"了1""了2"和"了3"》，《忻州师范学院学报》2002年第6期。

邢福义：《汉语语法学》，东北师范大学出版社2002年版。

徐式婧：《汉语假设结构"如果……的话"的产生及演变》，《外文研究》2017年第3期。

冶艳杰、高水云、冶慧颖：《也说"否则"类复句》，《语言研究》2014年第4期。

（作者单位：华中师范大学语言与语言教育研究中心）

基于参照点模型理论的日语让步复句初探[*]

孙宇雷

提　要　本文以日语让步复句系统为研究对象，通过参照点模型理论对之展开考察，并通过把握各表达式间的连续性，研究原型与扩展路径，使日语让步复句系统成为一个有机连续统，语义与语用、形式与运用更加生动、系统化。

关键词　参照点　主观性　让步　推论　连续性

本研究旨在使用参照点模型对日语让步复句系统展开考察分析。现代日语中关于让步句的研究始见坂原茂（1985）和小泉保（1987）。坂原茂在《日常言語の推論》中，从逻辑语言学角度，考察了日语复句中条件句、因果句和让步句的关系。而小泉保在此基础上描述了条件句、因果句和让步句相互转化的条件。此后，受到英语理论研究的影响，日本国内关于日语复句的研究多集中在条件句和因果句上，鲜少有人对让步复句展开研究。前田直子（2009）在讨论日语复句的专著中，在条件句和因果句的基础上，提出过"逆条件""逆原因"的句式称谓，这两个概念，均以让步复句为上位概念。但前田直子对于让步复句系统的研究并没有深入探讨。综观日语复句研究的历史，虽有对于日语让步复句中"接续助词"的个别考察，日语让步复句的研究，还缺乏一个系统化的、统一视角的分析考察。这也是本研究的目的所在。

关于让步句概念定义与分类，在英语、汉语中有所论及。Hasbelmath 和 Konig（1998）提出将让步句分为让步句（concessive）和条件让步句（concessive conditional），并将让步条件句分为级差让步条件句（scalar concessive

---

[*] 本文是 2019 年广东省社会科学基金一般项目《基于平行语料库函数检定的汉日转折复句翻译共性研究》（项目批准号：GD19CYY21）及 2019 年国家博士后面上基金项目《日汉转折句目标语形与源语形翻译共性研究》（项目批准号：2019M653250）的阶段性研究成果。

conditionals)、选择让步条件句（alternative concessive conditionals）、普遍让步条件句（universal concessive conditionals）。级差让步条件句以 even if 为主要标记，选择让步条件句以 whether…or 为主要标记，普遍让步条件句以 whatever 为主要标记。谭方方（2015）指出，Hasbelmath&Konig 的分类中，让步句相当于汉语所指的事实让步句，而条件让步句则对应汉语中的假设让步句或虚拟让步句。关于事实让步句，Rudolph（1996）指出，其前后句可互换位置，而在倒装句中，让步标记可与转折标记互换。如：

(1) I didn't lend him any money although he needed it.
(1') I didn't lend him any money, but he needed it.

在汉语复句研究过程中，让步句一直与转折复句有着"不解之缘"。传统语法分析将让步句和转折句分别归入"偏正关系"和"并列关系"，自现代汉语第一部语法巨著《马氏文通》诞生，让步句与转折句就分别有各自的名称与专属"连字"。《马氏》认定"虽"是"推拓连字"，即表让步关系的连词；胡裕树（1981）则将"虽然……但是"归入转折复句。邢福义（2001）将转折句看作让步句的上位分类，认为让步句是转折句的一种类型，让步复句必然是转折句，而转折句则不一定是让步句。金鑫（2016）指出，让步复句的成立要有两个要素，一是"常理"或"共识"，二是"相反"或"相对"。从"相反"或"相对"这个角度来看，让步复句与转折复句重合。

日语中关于让步有相关探讨，而关于转折，则以"逆接"这一概念代之。坂原茂（1985）认定让步句以"pであってもqでない"（即便 p 成立，q 也不成立）为主要形式，承认事实，做出让步，表达对于不得不舍弃 p 与 q 相关性的信念而产生的抵触情绪。小泉保（1987）定义让步句为"表达满足前句条件却不能得出期待结果的句式"。坂原将让步句分为"假定让步""事实让步""反事实让步"三种。在此基础上，小泉将让步进一步划分为"事实让步""预测让步""反事实让步""反预测让步"四种。西原玲子（1985）将"逆接"的形式归纳为三种，即"XでなければYでない""XではあるがYでない""たとえXであってもYとはかぎらない"。而作为这三种形式的前提，则是"XならばY"这一前提。参照坂原总结的让步句形式我们可以看出，让步句与"逆接"在西原的第三个公式上重合。根据《日本语文法辞典》（2014）的定义，我们可知，"逆接"即"二個の文、または連文節を、矛盾、対立する要素があるものとして結びつける形式"（两个句子，或者

两个句节，存在矛盾、对立要素的结合形式）。由此，我们可以看出，在日语语言环境中，让步句亦相当于转折的一种特殊形式，它蕴含了前提、推理、预设以及反差。而在反差这个角度，与转折的基本要素"对比"重合。

一　切入点与研究方法

无论英语、汉语，或是日语，研究复句都离不开对关系标记的分析与考察。英语、汉语复句中，意合句不可不谈。与汉语这种意合句占优势的语言不同，现代日语中，形合是其主要结合形式。因此，作为关系标记，研究日语复句离不开对"接续助词"①的考察。孙宇雷（2015）从主观性角度切入，对日语"逆接"句的接续功能辞展开研究，并初步形成体系，完成"逆接"接续助词的梳理和分析工作。本研究将使用参照点结构模型，对日语让步句系统展开考察，从接续助词的角度切入，厘清日语让步句系统内各种关系标记的原型，其发生扩张的理据，以期形成一个让步复句的生态连续统，使尚未形成体系的日语让步复句研究系统化、体系化。

（一）参照点结构模型

参照点结构模型由 Langacker（1993）提出。Langacker 认为，人们在认知新事物时，往往会参照已知事物。这些已知事物，即参照点（reference point）。对此，Langacker（1993）给出以下图式。（详见图 1）

如图 1，C 即认知主体，或称作概念主体。T 代表认知目标，R 是参照点。人们对新事物 T 的认知过程，如图 1 所示。第一阶段，认知主体首先将意识投射到已知事物 R 上面。第二阶段，经由参照点 R，认知主体再去将意识投射到未知事物 T 上面。D 代表概念领域，是与 R、T 相似的事物之集合。

Talmy（1978）曾在复句研究过程中指出，从句和主句的相互关系就像"图形"和"背景"的关系一样，从句作为背景，凸显主句要描述的图形内容。尾谷昌则（2003）在此基础上提出，在复句结构当中，为使图形更具有辨识度，从句往往会交代一种"联想关系"。尾谷认为，在日语复句当中，接续助词联结两个分句，使两个分句具有一定的"联想关系"，这也是接续助词最重要的作用。

---

① 在日语复句中承接前后小句的关系词，通常出现在前一小句的句末。

```
C=conceptualizer
R=reference point
T=target
D=dominion
daabed arrowa
    = mental path
```

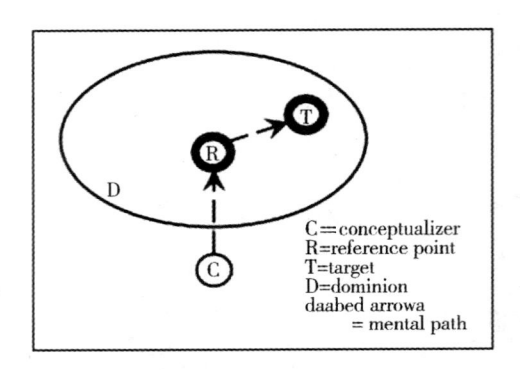

图 1　参照点结构图式（Langacker，1993：6）

将复句研究的内容代入图 1 的参照点结构图式，我们可知，C 仍然是认知主体，可以是说话人，也可以是听话人；R 代表从句（包含接续助词），T 代表主句。由于在日语复句中，接续助词的位置恒定出现在前一小分句的句末，因此当我们读至前一小分句句末，就可以推断出后一小分句可能的结果与形式。而图 1 中的 D，代表的就是该接续助词所承接的"联想关系"。

除普通参照点结构图式外，Langacker（1993）还提出过复杂参照点结构图式（Multiple Dominion Model）。我们已知概念领域（Dominion）是所有潜在的认知对象（Target）的集合。由于对于认知目标存在着多种多样的描述与解释，尾谷将概念领域亦称作认知目标的探索领域。因此，在同一探索领域下，应该还存在着多个下属概念领域。在各个下属概念领域中，亦存在着由认知对象（Target）容易联想到的事物，以及由认知对象不容易联想到的事物。我们称下属概念领域为直接领域（Immediate Dominion），称处于上位的概念领域为上位领域（Maximal Dominion）。复杂参照点结构图式可举例应用于简单的定语结构模式，比如"太郎の本"（太郎的书），我们通过"太郎"这个参照点去认识"书"这个事物。而事实上，在"太郎的书"这个上位概念领域当中，还存在着"太郎が好きな本"（太郎喜欢的书）"太郎の記事が載っている本"（记载着太郎的书）等等下属概念领域。复杂参照点结构图式如图 2。在复杂参照点结构图式当中，上位概念领域 MD 当中，有多个直接领域 ID。在刚才所举的例子当中，R 代表"太郎"，T 代表"书"，在 MD 当中，是"太郎的书"，在各个不同的 ID 当中，分别可以对应"太郎喜欢的书"、"记载着太郎的书"等等。

将复杂参照点结构图式应用于复句中，尾谷昌则（2003）曾使用因果句

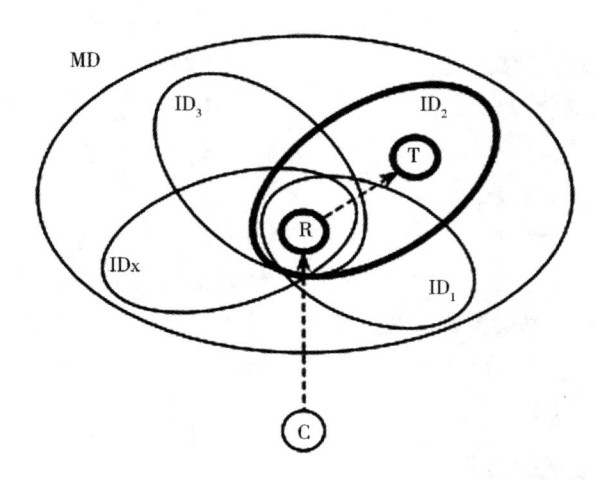

```
               C：conceptualizer
               R：reference point
               T：target
               MD：maximal dominion
               ID：immediate dominion
               --→：mental path
```

图2　复杂参照点结构图式

和"逆接句"举例。

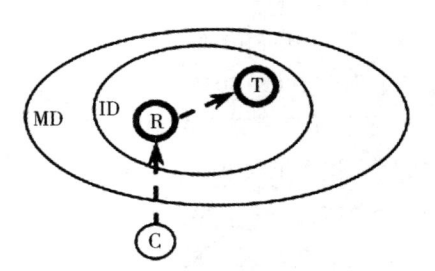

图3　因果句的参照点结构图式

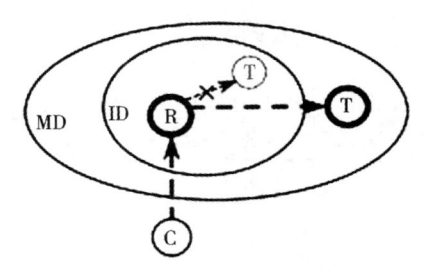

图4　"逆接"句的参照点结构图式

如图3、图4所示，ID代表因果关系的概念领域。图3中，R是从句，T是主句，R与T同处于一个因果关系的概念领域ID内。图4中，R仍是从句，T仍是主句。但T超出了因果关系的概念领域，落在ID之外。T未能落在预设的因果关系概念领域之中，R 与 T 构成"逆接"关系。尾谷指出，R 与 T 虽未能集合在同一个概念领域 ID 当中，R 与 T 仍然存在一定程度的"联想关系"，这种联想关系的概念领域即 MD，是 ID 的上位概念领域。T 虽然超出了 ID 的领域范围，仍然落在一定程度的"联想关系"概念领域 MD 之内。对于以上研究内容，尾谷仅举例日语接续助词"ので"与"けど"，接着便从主观化的角度对"逆接"接续助词"けど"展开了分析，对于"逆接"句中各种接续助词承担着怎样的角色，各种 MD 的概念领域都对应着什么并没有论及。孙宇雷（2015）在此基础上系统化的梳理了日语"逆接"句中的接续助词，完成了体系化分析，并得出初步结论。本研究将在此基础上深化扩展，从理据角度把握让步句的连续统。

（二）主观性与主观化

主观性概念由 Lyons（1982）首先提出，即"自然言语在语言结构与一般功能中体现出的话语人自身的态度、信念的表达"（泽田治美 2011）。而主观化，则指向"意义越来越依赖话语人对命题的主观信念与态度"的过程（Traugott 1982）。另外，Traugott（2010）还提出了交互主观化的概念。Traugott 指出，主观化最终会过渡为交互主观化。交互主观化，指话语人的主观信念、态度开始向听话人作用的过程。

在把握日语让步句与"逆接"句的关系时，不可避免地要论及主观性与主观化。普通的"逆接"句，其所对应的汉语句式涵盖"转折句"与"并列句"。前后小句呈现对比关系时，在汉语中和英语中，均可认定为并列句。在并列句、转折句、让步句之间，主观性渐强，并且可观察到从主观化到间主观化的过程。

二 研究对象与考察资料

本研究在逻辑语句基础上界定日语让步句的研究对象。另外，以日本的国立国语研究所开发的《中纳言》（现代日语均衡语料库）为基础研究资料，辅以北京日本学研究中心开发的《汉日对译语料库》（第一版），和北京大学开发的《现代汉语语料库》为参考资料，对考察结果进行对译角度的检定。

在现代日语中，根据坂原（1985）、小泉（1987）和前田（1985）我们已知，与条件句、原因句这样的顺接形式不同，让步句体现为逆接的逻辑语句形式。以条件句、原因句为前提，其结果为预设，按照孙（2015）整理出的逆接模式结构，可印证前田提出的"逆条件""逆原因"两个大类。事实上，在逆条件和逆原因之间，存在着连续性的过渡。孙宇雷（2019）对此进行梳理总结。

表1　　　　　　　　逆接句式中的连续性考察（孙，2019）

	「テモ」文	「ニモカカワラズ」文	「ノニ」文
話者の態度	確信	賛成	反期待
リアリティ	非事実・事実	事実	事実
相反関係	常識による推論	常識による推論	常識・個人判断

我们已知，前田的"逆条件"与"逆原因"主要表达式为テモ和ノニ。前田认为，"逆条件"与"逆原因"根据真实性（reality）区分，认定テモ存在假定形式，而ノニ则是既成事实。根据孙（2019）的表格我们不难看出，从主观性角度出发在テモ和ノニ之间，还存在着ニモカカワラズ这样的过渡形式。从说话人的态度看，由テモ到ノニ，呈现出由确信到赞成再到反期待的变化；而从与预设的相反关系来看，テモ与ニモカカワラズ依据常识进行推论，而ノニ则源于常识推论或个人判断两种形式。

（2）雨が降っテモ行く。（就算下雨也出去。）

（3）雨ニモカカワラズ、彼が家を出た。（尽管下着雨，他还是出去了。）

（4）雨が降っているノニ、彼が家を出てしまった。（外面还下着雨，他就出去了。）

句（2）使用テモ，表示说话人确信自己是要出门的，不管发生什么。而"下雨"，是作为出行的不利条件被提出的。（3）中，"下雨"与"他出去了"都已发生。与（2）相同，"下雨"作为"出门"的不利条件被提出。在译文中，说话人的态度未能体现。事实上，在原文中，说话人对于"他冒雨出门"这件事是赞同的。（4）中，"下雨"与"他出去了"也同样已经发生，另外"下雨"仍然作为"出门"的不利条件被提出。在说话人看来，"他出门了"这件事是不符合期待的，因此从说话人角度判断，在不利条件下，"他出门了"这个结果不该发生。同样，在翻译成中文时，"反期待"这个强烈的主观态度未能完全翻译出来。

在此基础上，我们对テモ、ノニ与ニモカカワラズ相关联表达式进行考察，以期进一步把握日语让步句系统。

（一）条件集合的扩张

在テモ句式及其相关句式中，一个显著的特点就是，无论前一小句条件如何变化，说话人都确信后一小句的结果会实现。通过参照点图式的例证我们发现，テモ句式的原型即暗示同类存在的提示助词モ。

（5）田中さんの奥さんモ中国人だと。（听说田中先生的太太也是中国人。）

如例（5）所示，提示助词モ最主要的功能即"同类追加"。也就是说，除"田中的太太"外，还有其他人也是中国人。使用参照点图式展示其主要功能，如图5所示。

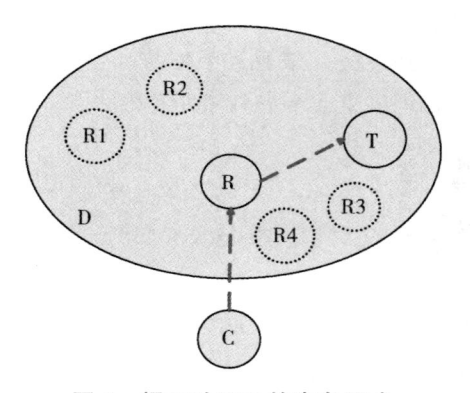

图5 提示助词モ的意象图式

如图5所示，R是被话语人提到的事物。在（5）当中是"田中的太太"。而虚线的圆表示和R的同类事物，即D。D是R的同类事物构成的集合。在这个集合中，还包含着R1、R2、R3、R4等等。在例（5）当中，这些事物都在一个属性上是同类，即"都是中国人"。除此之外，提示助词モ还可以表示"意外""感叹"等等。

（6）猿モ木から落ちる。（即便是猴子也有从树上掉下来的时候＝智者千虑，必有一失）

（7）あの子モ大きくなったね。（那孩子也长大了。）

在（6）、（7）中，我们可以观察到同类集合的扩张。（6）是"意外"用法。猴子擅长爬树，但也会失手从树上掉下来。无论什么人，都会出错。因此（6）的集合相当于"失手、失误"，不管什么样的人都会有失误，因此，我们认定这个"失误"的集合，相较于（5）的情形，发生极致扩张。（7）是"感叹"用法。我们可以推定话语人感慨的缘由——"上次见到的时候还是个小不点"，或者"双亲不在身边，奶奶含辛茹苦地带着他"等等，在这样的预设下，那个孩子"也长大了"。事实上，无论谁家的孩子都会"长大"，（7）虽然是感慨，也是由于和预设的不同产生的。与（6）不同，"感叹"用法体现出集合的扩张并没有到"意外"的程度。因此（5）—（7）—（6）可观测到集合逐渐扩张的过程。即提示助词モ的语义扩张路径为"同类提示"-"感叹"-"意外"。在此基础上，我们观察テモ的用法。我们已知テモ句中存在条件。テモ句和提示助词モ首先最相通的一处，即"同类条件的追加"。

（8）このボタンを押しテモ、スイッチが入る。（按这个按钮也能启动开关。）

在（8）当中，我们可知"启动开关的方式不止一个"。那么，以启动开关为集合，集合内部存在"按这个按钮"以及其他方式。（8）表示单纯的"同类条件追加"。与提示助词モ的不同则在于，テモ句式多出了一组"因果链"。此外，テモ句式使用最多的情形即"逆条件"。

（9）あの店が美味しくテモ、流行っていない。（那家店虽然美味，但没有人气。）

按照常识性推论，"美味"→"有人气"是正常的因果关系。但即便是"美味"这种有利条件存在，那家店依然"没有人气"。因此，在话语人看来，虽然有"美味"这个前提铺垫，"没有人气"依然是话语人所表述的重点。

（10）ご飯を食べテモ酒を飲んデモ太らない。（吃吃喝喝也不长肉。)

是并列逆条件用法。两个逆条件在前，话语人想要表述的是"不长肉"这个结果。因此，由（8）到（10），我们可以观察到导向同一结果的条件集合不断向极致扩张的过程。

将モ、テモ的扩张路径用图式示意，可得图6。

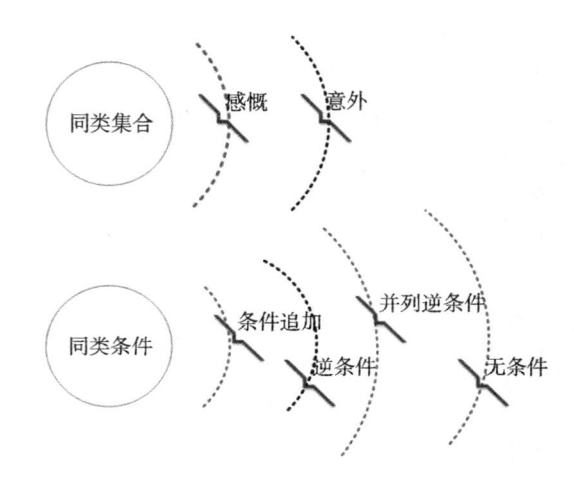

图6　モ、テモ集合的扩张图式

如图，实线圆分别为モ的同类集合与テモ的同类条件集合。同类条件集合的原型即同类追加。在モ的语义扩张路径看来，在"感慨"阶段发生第一次扩张，在意外阶段进一步扩张；テモ句式的集合在条件追加时初步扩张，进而扩张至逆条件、并列逆条件以及无条件①。逆条件的原型是モ的意外用法，テモ句式本身和提示助词モ的使用密不可分。

在テモ句式系统中，还存在着トシテモ、ニシテモ、ニシロ、ニセヨ；トイッテモ、カラトイッテ、トハイエ；トモ、ヨウト、デアロウト、デアレ等关联形式，由于本稿篇幅原因不加赘述，只将テモ句式系统的连续性网络图勾勒出来。

参照图7，在テモ句式系统中，周边形式以トシテモ和ニシテモ为中轴，分别向左右展开。将图7均分为二，左侧为假定域，右侧为确定域。假定域和确定域均存在追加条件的情况。假定域中的否定表达以トモ为主，假定域

---

① 无条件，即普遍让步条件句。在日语中，无条件意味着无论怎样都会实现。

中的肯定表达以ヨウト为主。确定域中，ニシテモ还有"再确认"的功能，这一功能与"イウ+テモ"系列直接关联。在确定域中，追加确定的表达形式还有ニシロ、ニセヨ的表达式。

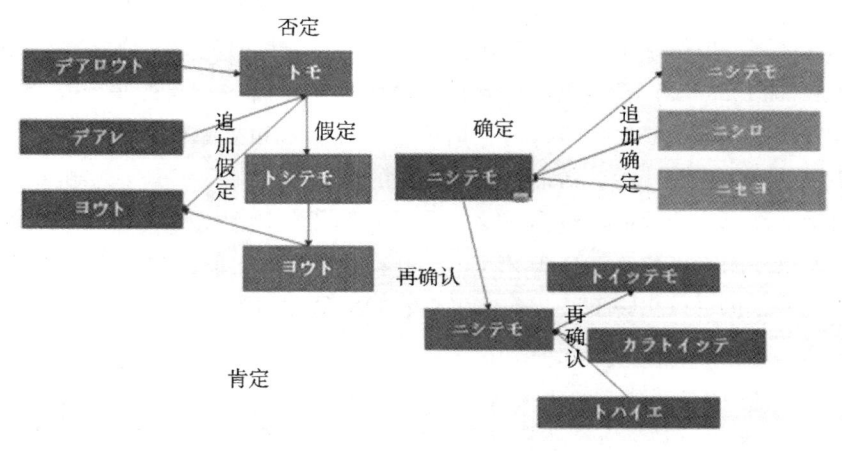

```
                          否定
    ┌─デアロウト─┐     ┌─トモ─┐                    ┌─ニシテモ─┐
    │          │  追  │      │              追加    │          │
    ├─デアレ───┤  加  │ 假定 │    确定       确定    ├─ニロ────┤
    │          │  假  ├─トシテモ─┤─ニシテモ─┤        │          │
    │          │  定  │      │              │        └─ニセヨ──┘
    └─ヨウト───┘     └─ヨウト─┘    再确认  │
                                              ├─ニシテモ─┐再   ┌─トイッテモ─┐
                          肯定                          │确   ├─カラトイッテ─┤
                                                        │认   └─トハイエ────┘
```

图 7　テモ句式系统连续性网络

（二）事实与预设相悖

与テモ句式系统不同，テモ句式的前一小句皆为后一小句必然成立的条件铺陈；而现代日语系统中，剩下的让步句则主要在于强调事实与预设相悖，从而渐次突出话语人的表达意图。

（11）明日試験があるノニ、誰も勉強していません。(明天有考试，可大家谁也不复习。)

（12）あんなに待ち望んだ雪がやっと降ったクセニ、妻はちっともうれしそうじゃなかった。(期盼已久的大雪终于来了，妻子看起来却一点也不开心。)

从以上例句中，我们可以看出，预设分别为"明天有考试→好好复习"、"期盼已久的大雪终于来了→很开心"。如果按照以上例句的汉语译文来看，(11)(12)仅仅是单纯的转折句。事实上，在现代日语体系当中，(11)(12)如若替换成以下接续助词，才在语义上趋向于单纯转折句。

（13）明日試験があるケド、誰も勉強していません。

(14) ＊あんなに待ち望んだ雪がやっと降ったガ、妻はちっともうれしそうじゃなかった。

如（13）（14）所示，在汉译时，（11）（12）与（13）（14）并没有本质上的区别，但由于主观性的存在，（11）（12）与（13）（14）仍然存在不同。从（11）（12）我们也可以看出，说话人对于后一小句的事实持否定态度。当我们使用（13）（14）时，话语人站在客观角度单纯叙述事实；当我们使用（11）（12）时，话语人想要表达的重点隐含在后一小句的结果当中。使用クセニ时，责难的语气强于ノニ。并且预设的因果关系亦从常识性推理向个人角度的判断偏移。鉴于ノニ、クセニ从主观化向间主观化推进的倾向，在使用上，也可以出现倒装、句末省略、紧缩句结构等等。

(15) 最近昼と夜が逆転しまった眠れません。もうすぐ学校が始まってしまうノニ。（最近晨昏颠倒，晚上睡不着觉。明明马上就要开学了……）

(16) 知らん顔どころか中国・韓国の尻馬に乗って日本政府を非難した—自分たちの誤報が原因だったクセニ。（他们没有假装不知道，反而是跟着中国、韩国的屁股后面责难日本政府的作为——这分明是他们的误导。）

(17) もう少しでスッキリ乾くと思っていたノニ。（我还想着再有一会儿就干透了。）

(18) 何だ。ちっとも出て来ないクセニ。（啥呀，什么都不会。）

在倒装句式中，不难看出话语人不满的事实即被倒装的前句。而在（17）句中，短缩形式是反事实假设，也不难看出话语人的期待。（18）当中，短缩形式就是所责难的事实本身。

与以上间主观化的表达式不同，有一部分事实与预设相悖的让步句相对而言主观性不强。其中具有代表性的表达式即ニモカカワラズ。

(19) 営業担当者は、ものすごく苦労したニモカカワラズ、あえなく減俸処分となった。（营业负责人付出了很多辛劳，仍然被降薪处置。）

(20) ものすごく苦労した。苦労しテモ、あえなく減俸処分となった。（付出了很多辛劳。即便是这样，依然被降薪处置。）

（21）営業担当者は、ものすごく苦労したノニ、あえなく減俸処分となった。（营业负责人付出了很多辛劳，却受到降薪处置。）

观察（19）、（20）、（21），我们可知，话语人对于（19），是客观描述；对于（20），是对后句结果发生的必然性加以强调；对于（21），则是对后句结果表示不满。这一点在翻译成中文的时候，并不能够贴切的将这种主观性的变化表述出来。

除ニモカカワラズ外，关于事实与预设相悖，还有ナガラモ、ツツモ、モノヲ、モノノ、ノガ、ノヲ、トコロデ、トコロガ、トコロヲ存在于句式系统当中。由于稿件篇幅所限，亦仅将系统中的连续性网络勾勒如下：

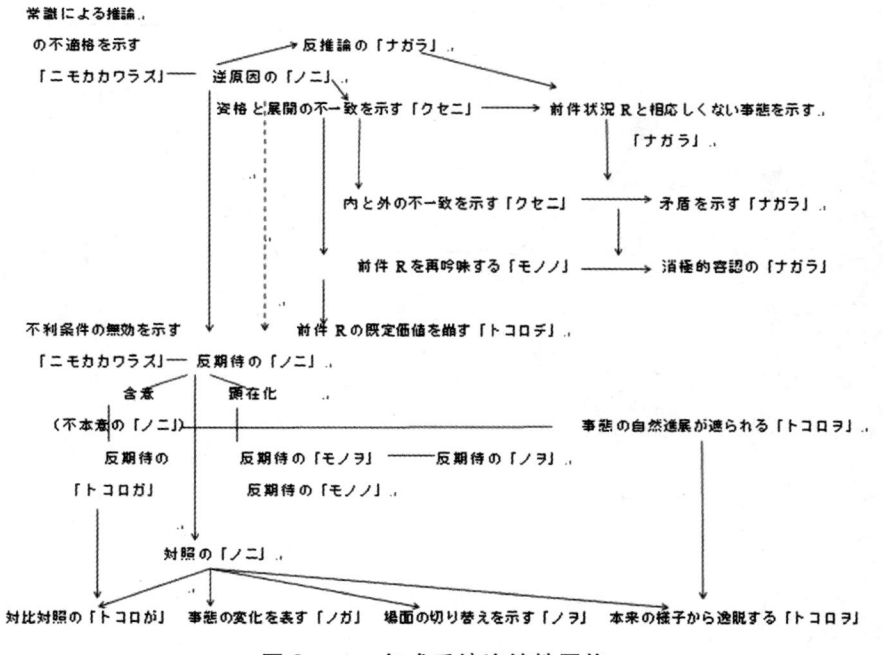

图8　ノニ句式系统连续性网络

如图8所示，由ニモカカワラズ在テモ句式和ノニ句式中间联结，在事实性角度，ニモカカワラズ与ノニ位于同一结构图当中。ノニ在表逆原因的层面上与クセニ、ナガラモ、ツツモ共通；在反期待的层面上，与ニモカカワラズモノヲ、モノノ、ノヲ、トコロガ一致；表对比对照时，又和トコロガ、ノガ、ノヲ、トコロヲ形成扩张。

三　日语让步句系统网络简构

按照以上总结分析，日语让步句系统最终可简化梳理如图9，由于篇幅所限，在本稿内不再展开展示。

如图9所示，自左向右，是由假定过渡到事实的过程。左侧主观性强，使用各种条件证明结果成立的必然性，中间偏右主观性薄弱，以客观描述相悖事理为多，右侧则已趋向间主观化，语气意义作用于听话人的情况更多。本稿由于篇幅所限，未能展开尽言之处，将在今后的研究课题中深化拓展。

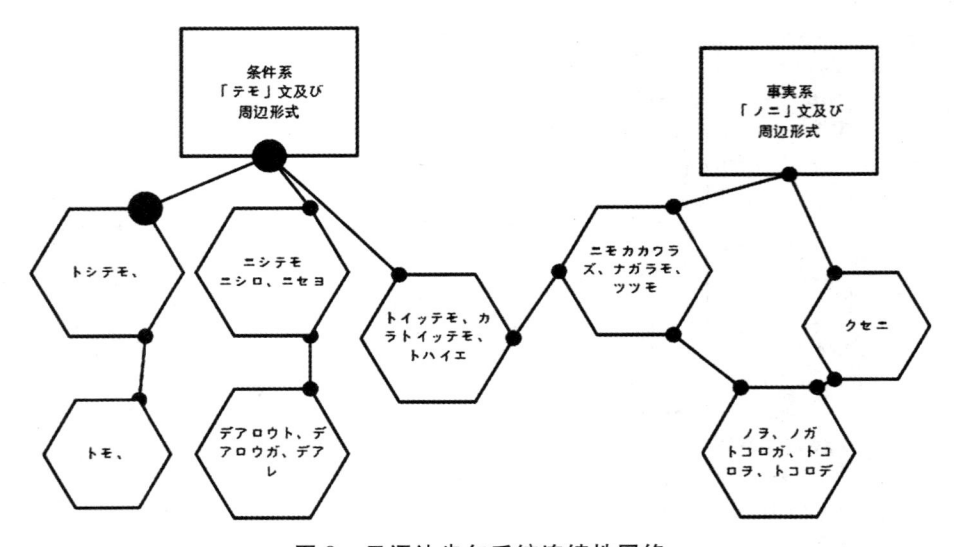

图9　日语让步句系统连续性网络

参考文献

坂原茂：『日常言語の推論』，東京：東京大学出版会1985年版。

胡裕树：《现代汉语》（增订本），上海教育出版社1981年版。

金鑫：《汉语有标让步复句研究》，世界图书出版社2016年版。

前田直子：『日本語の複文—原因・理由文の記述的研究』，東京：くろしお出版2009年版。

孙宇雷：《日语逆接句中接续机能辞的体系化研究》，新华出版社2015年版。

孫宇雷:「逆接構文における連続性についての研究」『比較メディア・女性研究』8, 2019 年。

谭方方:《英汉转折与让步关系辨析》,《上海师范大学学报》(哲学社会科学版) 2015 年第 6 期。

西原鈴子:「逆接表現における三つのパターン」,『日本語教育』56, 1985 年。

小泉保:「譲歩文について」,『言語研究』91, 1987 年。

邢福义:《汉语复句研究》, 商务印书馆 2001 年版。

Langacker, R. W., 1993, Reference-Point Constructions, *Cognitive Linguistics*, 4 (1): 1-38.

Lyons, J., 1982, Deixis and Subjectivity: Loquor, ergo sum?. In Robert J. Jarvella and Wolfgang Klein (eds.), *Speech, Place and Action: Studies in Deixis and Related Topics*, New York: Wiley.

(作者单位:中山大学外国语学院)

《状语从句：欧洲语言中状语性从属连词的类型与历史》述评

万光荣　黄　蓉

引言

《状语从句：欧洲语言中状语性从属连词的类型与历史》（*Adverbial Subordination: A Typology and History of Adverbial Subordinators Based on European Languages*）一书于 1997 年由 Mouton de Gruyter 出版社出版，是 Georg Bossong 和 Bernard Comrie 主编的"语言类型学实证研究"系列之 18，本书作者是 Bernd Kortmann。全书正文分 4 个部分，共 425 页。正文之前有前言、目录、图表索引、缩写，正文之后有注释、参考文献、语言索引。下面逐一解说各部分主要内容，最后对全书作评述。

一　内容述要

第 1 部分　背景概述

本部分共 4 章。

第 1 章是研究范围和目的。

作者首先确定了研究对象——来自欧洲 52 种语言中的 2043 个状语性从属连词，它们一共可以表达 32 种语义关系。然后提出了研究问题：欧洲语言的状语性从属连词是否有共同特点？从属连词的哪些特点属于欧洲语言区特有，哪些特点是其他语言也有并可以概括为世界语言的共性？

随后作者概述了全书的主要观点：从属连词的形态复杂性和句法多功能性、形态复杂性和语义多功能性都不对称，但也是语言象似性和符号原则的表现；欧洲语言可以依据从属连词的句法和语义特征划分为核心区域和边缘区域；小句间的语义关系是人类认知中语义焦点或语义顺序的映射，从属连词表现这些关系；从属连词的总体特征是欧洲语言的共性，也可以称作是世界语言的共性；从属连词在形式、语义和功能上的历史演化路径是中古英语演变到现代英语的一个缩影。

第2章是理论基础。

此研究框架的主要理论有5个。一是功能类型学理论。基于描写、强调功能和意义，对没有亲缘/地域关系语言中总结从属连词的语义和语用功能，并在更广泛的语言中做好共时和历时考察，重点研究其形态和词序上的语言共性，为历史语言学提供新视角。二是象似性原则、标记理论和符号学原则。语言形态简化会使得语义重构，从而导致语义和功能的多样化，是语言使用者认知概念简化的反映，是语言的象似性。从属连词的形式和语义、形式和功能不对称表现在音形简单的连词往往不被标记，但又有较高使用频率和较多表达功能。经济缩写原则和缩减回报法则等为本研究中语言结构的类型学研究提供了外在解释。三是认知语义学理论。认知语义学的假说和研究方法与类型学研究方法相结合，解释基于人类本身感知和认知过程的多义模式、语义变化和语用模糊。四是语法化理论，为状语性从属连词研究提供了共时和历时的动态视角。五是生成语法理论。从属连词如何区别于介词和副词等语法范畴，在生成语法视角下找到了合理的解决方案。状语从句的功能层级如何划分，是内部与外部、中心与边缘，还是实体与认知，生成语法也能给出较好的方法。

第3章是欧洲视角。

本章解释了把注意力放在欧洲地区的原因。第一，此研究是在国际研究项目"欧洲语言类型学研究"下构想的。第二，欧洲地区语言研究的最大优势是它能提供丰富的、高质量的以及可利用的语言描述，同时欧洲语言研究历史悠长，便于做历时研究。第三，欧洲作为一个文化单位，语言的各种影响因素、书写标准的发展等等，在学术研究中都不应该被忽视。

第4章是数据收集和分类。

此研究基于大型数据库，涉及的52种语言样本全部在数据库中，90%的状语性从属连词也在这些语言的数据库中，有着最大程度的可信赖度。

本章节最为重要的内容是基于状语性从属连词分类。根据形态，从属连词可分为2类：自由形式连词和黏附形式连词。欧洲语言中2776个状语性从属连词，2613个是自由形式，163个是黏附形式，但本书只研究其中2043个理想的从属连词。根据形态的复杂度分为单音节（since）、多音节的单语素（after）、多语素的单词（whereas）、短语形式（as soon as）、离散性的多词结构（if...then）等几种从属连词形式。根据表达的语义关系，从属连词可以分为4大类：时间类、情态类、CCC类（原因、条件、让步）和以地点关系为主的其他类。时间类又细分为共时（如 when）、持续（如 while）、起点（如 since）、终点（如 until）、瞬时（如 as soon as）等；情态类又细分为相似（如 as）、比较（如 as if）、比例（如 the…the）等；CCC类具体包含原因（如 because）、条件（如 if）和让步（如 although）等；其他类比较繁杂一点，大致包含地点（如 where）、替代（如 instead of）、倾向（如 rather than）等。在所有从属连词中，大约有63.5%的比例属于单义性质，有36.5%的比例可以表达两个或以上的语义关系，也就是具有语义多功能性质。从属连词的多功能性与一词多义有很大关系。

第2部分　类型学研究

本部分共5章。

第5章是状语从句从属连词的语法范畴。

对52种欧洲语言中2043个状语从句从属连词的调查表明，它们具有以下语法倾向性特征：所有从属连词中，56.2%的是单词素形式（如 because），数量上稍微超过多词素形式（如 in order to）；70.4%的从属连词只有一种句法功能，其他从属连词可能同时兼有介词、疑问标记、标句词、副词等句法功能，每个从属连词的句法多功能性都不一样；大多数从属连词只表达一种句间语义关系，也有一些从属连词表达一种以上句间语义关系。这些倾向性特征是现代欧洲语言中从属连词的共性特征。

状语性从属连词主要是形态上不可再分的单词素或者已经完全语法化的语言单位，灭绝语言中从属连词的数量少于现存的活语言。历时来看，从属连词的数量在增加，尤其是单词素从属连词翻了三番；形式简化往往导致意义或功能的增加。从属连词主要由介词、副词、补语连词和疑问词兼任，或者由它们语法化而来。

第6章是形式和意义的平衡。

大量语言数据表明，单词素形式的状语性从属连词有多种句法功能，多词素从属连词往往只表达一种句法功能，也就是说，它们的形式复杂度与它们的语义/语用多功能性是一种反比关系。一个词汇单位的形态越复杂，其多功能性的可能就越小。功能性越多，形态越简单，称之为倒置关系假说（Inverse Relation Hypothesis)。从属连词的句法多功能性也符合该假说,单元连词倾向于多种句法功能,而多元连词倾向于单一句法功能。这似乎与象似性和标记理论相悖,实则是遵循的:形式与语义、形式与功能有非对称性,形态复杂度增长与多功能性降低有相关联性,整体来看,它们在形式、意义和功能的总量上保持平衡。

英语、德语、法语及西班牙语四种主要欧洲语言中,状语性从属连词遵循 Zipf 的形式语义的平衡。Zipf(1949:120-131)提出"单词缩写法则"(Law of Abbreviation of Words),具体包括追求形式简单的经济性缩写原则、直接表达多项语义的经济多功能性原则、按频率高低排列的经济排列原则和按历史出现顺序的经济专业化原则,这四种原则的核心是经济性。状语性从属连词都不同程度上体现了形态与语义的对称,保持着动态的平衡。

第 7 章是状语从句的语义关系。

状语从句与主句的语义关系一般分为基本语义关系和非基本语义关系。只有一个单词素连词,并且这个连词的词汇化程度高,通常认定为基本语义关系,指由 when, while, after, as soon as, until 引导的 5 种时间状语从句;由 if, because, although, so that, in order that 引导的原因、条件、让步状语从句和由 where, as, like 引导的方式状语从句。其他类的从句属于非基本语义关系类。

状语从句与主句的语义关系与人类认知有关。简单语法结构表达认知上的简单概念,复杂语法结构表达复杂的概念。时间、地点和方式认知简单,所以语言形式简单,是基本语义关系。认知越复杂,使用的从属连词相对也越复杂,表达的复句关系越倾向于非基本关系。小句间的语义关系越具体、越明晰,从属连词越特殊,它们只表达连词这一种功能,并且只表达这一种句间语义关系。认知越简单或者属于人类普遍的认知,此种语义关系中的从属连词也能表达其他种复句关系,而且它们能够作为其他句法范畴。认知复杂的句间语义关系会倾向于使用形态编码更为复杂的从属连词,但是认知基本性不代表认知简单,认知复杂也不说明句间关系是非基本关系。

句间语义关系的亲密度映射句间语义关系。不同语义网络的句间语义亲密度是单方向的;可以按照语义家族性、语义变化相似性分类句间语义关系;原因、条件和让步关系、时间关系有着最强的亲密度,而地点关系和情态关系的亲密度最低。语义亲密度可以解释句中从属连词使用限制和语义变化。

第 8 章是地域模式和基因模式。

欧洲语言状语性从属连词依据其形态和语义特征可以看出它们的地域分

布。从状语性从属连词的形态和语义角度出发，阿尔巴尼亚语、罗马利亚语、现代希腊语和南斯拉夫语组成了著名的巴尔干半岛语言联盟，斯拉夫语的从属连词和大多数巴尔干半岛语言中的使用比例相近。巴尔干地区具有亲缘关系的语言，从属连词的语义结构差别较大。罗马利亚语，根据从属连词的形态特征它属于典型的罗曼斯语，根据语义结构它又是典型的巴尔干半岛语。在巴尔干半岛语言中的形态特征中，混合构成的从属连词，如"疑问代词+程度副词"（如 how much）混合，主要在巴尔干半岛地区，欧洲中部、意大利西南部和希腊东南部也很普遍。原因是这些地区，尤其巴尔干半岛上，不同族群杂居导致语言中混合构词较常见，从属连词的构成也是混合式。

依据从属连词的句法特征，比如，句子的基本语序，状语从句中从属连词的位置，以及状语性从属连词的主要类型（自由形式 vs. 黏附形式）等特点，根据这些特性的共聚现象，将欧洲语言划分为核心区域和边缘区域。核心区域中所展现的语言特点大致也是欧洲语言的主流：它们大都是 SVO 语言结构，大多使用限定从句，语言中从属连词位于句首，一般都兼表其他句法功能。核心区域主要在欧洲西部和中部，边缘区域位于欧洲地理位置边缘。核心区域里从属连词的形态和句法特征相似点较多，边缘区域里相似点较少。在欧洲语言核心区域中，西部受拉丁语影响，东部受古希腊语影响。拉丁语和古希腊语中时间关系复句的使用频率并不相近，从属连词的语义结构总体上形成对比。

第 9 章是欧洲语言从属连词的共性特征。

所有欧洲语言都有状语从句从属连词，它们连接主句和从句，起到确定句间关系的作用。现代欧洲语言中，状语性从属连词主要是单词素形式，并且只表达一种句间关系。所有欧洲语言中都有一个专门的从属连词表示条件。几乎所有欧洲语言中都有一个单词素从属连词表示因果。大多数欧洲语言都有一个专门的单词素从属连词表示同时。大多数欧洲语言的多词素从属连词，都只有一种功能，表达一种语义关系，多功能的单词素从属连词比多功能的多语素从属连词使用频率高。

一种欧洲语言如果有任何表示时间关系的单词素连词，则这些连接词最有可能表达状语从句依次为：共时>并列>持续>瞬时>先后；如果有任何表示原因、条件和让步关系的单词素连词，则这些连接词最有可能表达条件和原因，其次为目的、结果和让步；如果有任何表示情态关系的单词素连词，则这些连接词最有可能表达相似关系，其次为比较关系；如果有任何一个单词素连词表示共延性，则同样有一个单词素连词表示持续关系和一个单词素连词表示同时关系。如果一种欧洲语言中有任何单词素连词表达同时关系，则这些连接词可能担任其他功能，如疑问词；如果一种欧洲语言中有任何单词素连词表达结果或目的关系，则这些连接词可能还是补语标记词。

所有介词前置语言中，状语性从属连词位于句首。如果一种欧洲语言主要使用句尾连词，则这种语言内有介词，并且介词后置。所有欧洲 VO 型语言，从属连词位于句首；OV 型语言，从属连词位于句尾。如果从属连词是黏附形式，则这种语言结构为 OV；从属连词是自由形式，语言结构为 VO。如果从属连词的构成中没有介词或者补语标记词，则这种语言结构为 OV。欧洲语言中，VO 语言的状语性从属连词的形态比 OV 语言复杂。OV 型语言有大量单词素从属连词，非限定连接句为主要连接策略；VO 型语言有大量多词素从属连词，限定连接句为其主要连接策略。

第 3 部分　历时发展

本部分只有 1 章，从古英语到现代英语。

本章重点分析英语状语性从属连词从古英语到现代英语的变化，具体包括不同时期状语性从属连词的数量变化，形态变化、语义变化和表达语义关系的变化。从属连词的形态复杂度与语义/语用多功能性是反比关系。一个词汇单位的形态越复杂，其多功能性的可能就越小。功能性越多，形态越简单，称之为倒置关系假说（Inverse Relation Hypothesis）。

从属连词在古英语中有 37 个，中古英语 74 个，早期现代英语 96 个，现代英语 63 个，中古时期是英语从属连词发展最重要的时期，尤其在 14、15 世纪，从属连词总数增加明显，创造新词达到 75%。语言发展进程中，其总数并没有一直增长。现代英语中几乎 75% 的状语性从属连词可追溯到古英语或中古英语时期，中古英语时期的从属连词对于现代从属连词在总数上影响最大。古英语时期流传下来的从属连词在现代英语中的使用频率非常高，是现代英语从属连词的基石。早期现代英语时期，创造新词只占 27%，这些新词在现代英语的使用率不高。

形态上，从古英语到现代英语，单词素的从属连词数量上总是超过多词素从属连词，单词素的从属连词在形态上也越来越复杂。混合构词是古英语从属连词的主要构词方式，多是介词、名词、动词和补语标记词间的混合，部分还来自于副词、指示代词、格标记的虚化。从属连词的句法来源比较多元化，但呈现出一定的规律性。标句词、副词、介词、关系词和疑问标记是从属连词的五个主要来源，它们是最有可能语法化为从属连词的句法范畴。

古英语时期，副词（32.4%）和指示词（21.6%）是从属连词的主要来源；中古英语时期，副词（29.7%）和介词（20.3%）是主要来源；早期现代英语时期，介词（28.6%）和副词（22.5%）是主要来源；现代英语时期，副词（27.0%）和介词（20.6%）又成为主要来源。综合来看，介词是从属连词最重要的来源。

语义上，中古英语时期大多数从属连词都发生了语义变化，一些从属连词不能再表达其他句法功能，更趋向于只有连接功能，连接小句间的关系也较为固定，尤其是表达原因、条件和让步关系的从属连词，功能单一，一个词项只表达一个语义和句法功能。历时来看，欧洲语言表达原因、条件和让步关系从属连词数量不断增加，中古英语时期增长速度最为剧烈，早期现代英语时期达到了高峰，而表达时间关系的从属连词逐渐减少。

第4部分 总结与展望

本部分也只有1章，概述了全书的主要观点和今后仍需探讨的问题。

总体来看，欧洲语言的状语性从属连词以单词素形式为主，多词素或短语形式为次，大部分欧洲语言中独词性从属连词占据主导地位；约四分之三的从属连词功能单一，只做连词；从属连词的句法单功能性与语义单功能性对称，只表达一种语义关系；从属连词主要来源于介词兼任或介词的语法化。从语言形式与意义关系来看，从属连词的形态复杂度与语义多功能性、形态复杂度与语用多功能性都是倒置关系。连词的形态越复杂，功能性越少；形态越简单，功能性越多。形态越简单，使用频率越高，符合语言的经济性原则。从语言与认知关系来看，句间语义关系是人们对世界的体验和认知方式的映射。体验多，语义关系多，相应的语言结构多；认知加工简单，语义关系表达也简单，体现语言的象似性原则。从欧洲语言划区来看，核心区域中从属连词的数量、种类、位置、表达的句间关系、连接小句的策略等方面比较一致，非核心区域差异较大。VO型语言从属连词位于句首，以自由语素、多词素为主，形态比OV语言复杂，限定性状语句为主要连接策略。从历史演变来看，从属连词有从独词性向多词性发展的趋势，形态变得越来越复杂，主要表现是内部所包含的词素在逐步增加。从属连词的句法多功能性呈下降趋势，越来越具有单一句法功能。不同语义网络的语义关系之间的演化是单向的。从属连词的句法来源主要是标句词、副词、介词、关系词和疑问标记，以介词为最多。

最后，作者提出了未来深入研究的方向。一是黏附形式的状语性从属连词的形态语义特征及其与副词介词的区别；二是状语性从属连词的历时来源；三是此研究未涉及的其他欧洲语言中状语性从属连词的形态语义研究；四是非欧洲语言中状语性从属连词的形态语义研究；五是状语性从属连词在更多语言中的历时研究。

二　简评

《状语从句：欧洲语言中状语性从属连词的类型与历史》一书全面、系统地描写、分析和解释了欧洲语言状语性从属连词的形态、句法、语义特征和历时演变规律，提供了许多理论框架，总结了大量有建设性意义的欧洲语言从属连词的共性，是一部典型的类型学研究范式的著作。

它比较全面、细致地对从属连词进行分类，成为后续研究者参考的重要指南。从属连词的界限不确定，不同学者采用不同标准划分它的类别，导致所收录的连词数量有较大差异。本书在区别连词与副词、介词、标句词、关系词的基础上总结了连词的区别性特征，从形态特征和意义特征两个维度划分从属连词。根据形态的复杂度将从属连词分为五类：单音节、多音节的单语素、多语素的单词、短语形式、离散性的多词结构。根据意义的多功能性将从属连词可以分为四大类：时间类、情态类、表原因、条件、让步的CCC类和以地点关系为主的其他类，并在每一类下面细分出若干小类，共划分了32种语义关系。

它在类型学视域中进行从属连词的语法化研究，总结了关于语序类型、附置词和从属连词标记模式的蕴涵共性，突破了之前学界限于语言基本语序和从属连词语序之间蕴含共性的研究。它不仅详细考察了不同时期从属连词的数量变化、形态变化、语义变化和表达语义关系的变化，还指出从属连词主要来源于标句词、副词、介词、关系词和疑问标记，进而总结出VO型语言中的前置词，语法化为连词后仍然是前置的；OV型语言的后置词，语法化为连词后仍然是后置的。

它做了大规模语种调查，以表格和图片呈现了大量统计分析的数据，并对图表进行了详细解读，直观易懂，观点非常有价值，对于研究欧洲语言中重要的、复杂的语言现象有很高的文献参考和方法指导意义，更是类型学研究不可绕过的参考文献之一。截至2019年1月谷歌学术上显示这本书被引达到440次，中国知网被引24次。作者在序言中指出观点性的内容形成这本书，数据性的内容编成两部字典，因为没有字典的名称，还查不到是否如期出版。如果著作和字典相辅相成，必会有很大的学术价值。

它采用共时研究与历时研究相结合的方法，描写性研究非常深入，在归纳欧洲语言状语性从属连词共性之后，挖掘人类语言背后所隐藏的共性规律，受到学界越来越多的认可。但是，作者强调 Zipf 的经济原则，多从认知语言学视角解释状语性从属连词特点，解释性研究力度显得不够。作者已经注意到了语言形式和意义不可分的根本关系，显然从语义分析的本体角度做出解释更有说服力，但这方面缺乏深度。

另外，本书是在欧洲科学基金资助的"欧洲语言类型学"下完成的，关涉的只有欧洲语言数据，尤其以欧洲核心区域语言为主，欧洲地区其他语言和非欧洲的语言涉及太少，作者也意识到，它的结论推广到人类语言共性的话还需谨慎，并希望在更多语言中的历时研究中得到检验。

从属连词在语言中属于连词大类，数量上比其他连词略多，也是复句研究的核心部分，对它深入系统、从句法、语义、语用到历史演变的研究将极大推动复句研究的深入。

参考文献

邓云华、陈朦:《英汉关联标记与条件小句语序的蕴涵共性》，《外语学刊》2015 年第 3 期。

贺阳:《汉语主从复句的语序变化与印欧语言的影响》，《长江学术》2008 年第 4 期。

王春辉:《时间与条件的交叠》，《中国语文》2013 年第 4 期。

王中祥:《类型学视野下汉英状语性从属连词研究》，博士学位论文，上海外国语大学，2018 年。

邢福义:《汉语复句研究》，商务印书馆 2001 年版。

Diessel, Holger, 2001, The ordering distribution of main and adverbial clauses: A typological study. *Language*, (77): 343-65.

Dryer, Matthew S., 2005, Order of adverbial subordinator and clause. In Martin, Haspelmath, Matthew, S. Dryer, David Gil and *Bernard Comrie* (eds.), *The World Atlas of Language Structures*. Oxfrod: Oxford University Press.

Gijn, Rik Van, Katharina Haude and Pieter Muysken (eds.), 2011, *Subordination in Native South Americam Languages*. Amsterdam-Philadelphia: Benjamins.

Greenberg, Joseph H., 1963, Some universals of grammar with particular reference to the order of meaningful elements. In Joseph H. Greenberg (ed.), *Universals of Human Language*. Cambridge, MA: MIT Press. 73–113.

Quintero, Perez Maria, 2002, *Adverbial Subordination in English: A Functional Approach*. Amsterdam–New York: NY.

Seuren Pieter A. M., 1998, Adverbial Subordinate: A Typology and History of Adverbial Subordinators Based on European Languages by Bernd kortmann (review). *Cognitive Linguistics*, 9 (3): 317–319.

Traugott, Elizabeth Closs and Bernd Heine, 1991, *Approaches to Grammaticalization*, Vol. 2. Amsterdam–Philadelphia: Benjamins.

Zipf, George Kingsley, 1949, *Human Behavior and the Principle of Lease Effort: An Introduction to Human Ecology*. Cambridge, MA: Addison–Wesley Press.

(作者单位：湖南师范大学外国语学院)

20世纪前的西人汉语复句观
——以《汉文经纬》为核心

万晓丽

一 引言

汉语的复句和西方的从句有较大不同，中间经历了借鉴、反省、自我发展的过程。国人最早明确界定复句的是黎锦熙（1924）的《新著国语文法》，他把复句分为等立复句、主从复句和包孕复句，王力（1985）发展了黎氏的复句观，创立了复句二分法；丁声树（1961）《现代汉语语法讲话》将复合句分为并列句和偏正句，赵元任（1968，吕叔湘译，1979：61）《汉语口语语法》的界定是"复句包括复合句和复杂句"，早期的复句划分都是以语义关系为标准的"二分"观。以孙良明（1989）为代表的学者认为汉语中没有单复句之分，指出《文通》的"句读"是沿袭古代汉语中的"句""读"，以换气为主要依据。

关于汉语复句的研究，多数学者一般追溯至国人自撰的《马氏文通》"句读"卷，但"研究中国语言学是不能限定国籍的"（周法高，1980：16）。其实，关于汉语语法的研究自16世纪耶稣会入华已有（贝罗贝，2000；何莫邪，2000；张西平，2003），姚小平（2001、2003）对西人的著书关注较早；蔡建丰、周小兵（2015）对书中涉及的疑问范畴进行研究；李佐丰（2018）对《汉文经纬》中的尾助词进行分析；来静青（2005）、林素娥（2014）分别从《华语官话语法》（瓦罗，1703）、《汉语官话口语语法》（艾约瑟，1857）两部语法专著获得教学方面的启示。虽然大部分文献是面向汉语教学的，但事实上保留了西方学者在拉丁语法体系下对汉语语言规则进行早期探索的珍贵材料，对今天的汉语研究同样具有重要的意义①。

---

① 参见宋桔《〈马氏文通〉前西人的汉语量词研究——以〈语言自迩集〉为核心》，《语言研究》2014年第4期。

德国学者甲柏连孜（Georgvonder Gabelentz）的《汉文经纬》（1881）是畅销欧洲数十年的古汉语语法书，是19世纪末古代汉语语法方面最优秀的著作[①]，何可思在再版序言中说到："在甲柏连孜之前，人们一直无意识地受到一种成见的左右，即认为应该根据拉丁语的模式衡量每一种语言，建立每一语法。甲柏连孜第一个彻底摆脱了这种成见，认识到一种印度支那语言的特性"（详见姚小平，2015，F10）。姚小平（1999）、李开（2018）已将该书与《马氏文通》的语法整体进行了比较，本文主要以句法为着眼点，以《汉文经纬》为核心，结合17—20世纪的域外学者及现代汉语学界对汉语复句的研究成果，在中国语言学史和对外汉语教学史的双重视野下说明西人早期汉语复句研究的特点和价值。

二 17—20世纪的句法研究概述

西方传教士早在17世纪末就开始对汉语句法中的复句进行研究。最早在书中出现个别带有关联词的例句，后来出现了相对集中完整的论述，甚至有些已经对复句有成体系的认识。

白珊在瓦罗（F. Varo）《华语官话语法》（1703，姚小平、马又清译，2003：68—69、78—79）导论中说"瓦罗的语法是现存的第一部关于汉语语法的原始文本"，该书中用传教为主题的口语例句列举了6个单用连词、2个叠用连词及10个常用于条件式的"小词"。在第一章的"诫律之三"的第三条瓦罗说到"一个要素在句子里必须有适当的位置"，可以看出西人在接触汉语之初就已经认识到了"语序"的重要性；18世纪初期，马礼逊（Robert Marrison）的《通用汉言之法》（1815：268，247—256）"句法"章提到了汉语的词无形态变化并指出了语序的重要性，在连词章中列举了8对搭配使用的连词、12个单用连词；法国雷慕萨的《汉文启蒙》将汉语分为古文和官话，但是对于句法关注较少，在连词章仅用一段话说明连词作用，并未举例，在小品词章中提到了"也""又"的叠用，"不是……就是……""还是""却"等词语的用法。这三部语法书都是结合具体例句阐释汉语的复句，连词没有分类，句法研究不成体系，有重复用例的现象。较之《华语官话语法》，《通用汉言之法》关注的词语更多，比如注意到更多的配对关系词语。

[①] 参见贝罗贝《二十世纪以前欧洲汉语语法学研究状况》，《中国语文》1998年第2期。

到了19世纪中期，西人的汉语句法研究已初具规模。艾约瑟（Joseph Edkins）的《汉语官话口语语法》（1857）中和复句相关的章节有"连词""简单句""小句""并列句"四章，在连词章中进行汉英对比后，将汉语的连词分为7类，共38个单用连词，13对搭配使用连词；简单句章分析了主语扩展、谓语扩展、系词扩展、命令和疑问；小句章讨论了9种小句；并列句章中明确指出"并列句不仅指独立的句子，而且包括那些以连词开头的相互呼应的句子"，讨论了主语并列、谓语并列以及带有连接词的小句并列，明确指出了4种语义关系。《汉语官话语法》中的句法观较之以前的汉语语法研究有了更为详尽的描述和质的提升，正如译者序言所说"对汉语句法进行的这种细致忠实的描写使他超越了所有前人"。

出版于1881年的《汉文经纬》是一本立足于汉语高级水平学习者的教学性语法书，分为三卷，其中第三卷"综合系统"是崭新的，基于本国人的语感具有实用价值的一卷，该卷的任务在于，指出一种语言拥有哪些手段来达到自己的目的①，与复句有关的研究包括在第三卷中占两篇，第二篇用了三章论述了"单句"，包括单句中主语、谓语、宾语的各种形式、系词和各种情态词，论及了"倒装句""比较句"两种特殊的句式，包括"命令、请求""疑问句""感叹句"三种句类；第三篇用三大章论述了"复句和句子的组合"，包括"主语从句、谓语从句、宾语从句""定语从句""状语从句和连词"三部分，较之以往，分类明晰，描写细致完善，颇具规模。

到了20世纪，西人对汉语的研究从理论转向应用，更加注重语言的实际交流，因此多以口语教材为主，如威妥玛《语言自迩集》（1867）、翟理斯的《语学举隅》（1873）、狄考文《官话类编》（1898）等，关于句法成体系的论著，据笔者所掌握的材料目前尚未见到。

三　单复句之分

复句相对于单句而言，要弄清复句的概念，首先要明确何为单句。艾约瑟从形式上认定"简单句"为"包含一个主语和一个谓语"。甲柏连孜在单句篇中明确表示"单句的两个主要构成成分是主语和谓语"，并详细论述了

---

①　［德］甲柏连孜：《汉文经纬》，姚小平译，外语教学与研究出版社2015年版，第5页。

谓语扩展之后产生的直接宾语、间接宾语等多种形式；单句的定义无疑是受拉丁语系的影响认识汉语"句"类概念时的必然。

艾约瑟的《汉语官话口语语法》认为"复合句由主句加一个或者更多的小句，或者并列小句构成"，从定义看出艾约瑟所说的"复合句"包含两个部分，一部分是有主次关系的多个小句，一部分是并列关系的小句。这也是早期中国学者对复句的界定，如赵元任（1968/1979：61）指出"复句两种：复合句，复杂句。前者由并列的句子组成，后者由主要的和从属的句子组成"等，同时这也与现代汉语复句传统的"二分"观一致。艾约瑟在释例9种具体的复合句时，将充当句子成分的谓词性结构也看作是句子，构成复合句，将解释性小句、关系小句、比况句、比较句等也纳入到复合句中，可以看出艾约瑟在分析多个谓语出现的情况下的"谓语中心观"。

甲柏连孜的《汉文经纬》没有对汉语复句的概念进行明确定义，但在"复句和句子的组合"开篇就指出"汉语拥有三种手段，以表达观念之间的逻辑关联"，具体如下：（1）一些句子（或谓语）简单地前后相续；（2）独立的句子或代替句子的谓语通过助词建立起相互关系；（3）句子在形式上转变为一个句子成分，使得套叠的长句成为一个扩展的单句。三种手段说明了三种不同的情况，手段（1）是说具有简单逻辑语义关系的句子前后相接，无形式标记，这是汉语复句中连贯句、并列句的常用手段；手段（2）强调了复句和关联词之间的关系，甲柏连孜认识到有些句子之间需要借助"助词"才能建立起相关联系。与手段（1）相比，从形式上看，两种手段的区别在于助词的有无；从内部语义关系看，手段（2）较之手段（1）对逻辑的要求更高，也就是说，只有借助"助词"才能明确句子之间的关系，这时"助词"所起的作用就是现代汉语复句研究中邢福义先生所提的关联词的"显示"功能；手段（3）明确地指出即便是含有谓语的句子充当另一个句子的成分时，所构成的句子是个单句。透过手段（3），我们可以看出甲柏连孜在研究汉语语法时的"去拉丁化"，认识到汉语的语法有别于拉丁语的"谓语中心观"，比之前的西方学者在认识汉语复句时又进了一步。该种界定与现代汉语学界大部分学者划分单句的标准是一致的，而后甲柏连孜具体论述了充当句子成分的单句，即"主语从句、谓语从句、宾语从句""定语从句""状语从句"。

通过上述分析，可以看出在20世纪之前西人的汉语复句划分主要考虑两个因素：一是结构，也就是一个句子是否只能含一个谓语；一是成分，含有多个谓语的结构在充当句子成分后是单句还是复句，而这两个标准同样在汉语学者研究复句的进程中有所体现，也有所改进。《文通》的"句"概念承袭了拉丁语法句子结构观，开篇即曰："凡有起词、语词而辞意已全者曰句，未全者曰读"（1983：385），这里的"起词"是指"主语"，"语词"是"谓语"，与西方学者不同的是《文通》不仅考虑了形式还从语义上将"辞意"是否"全"作为"句"概念的判断标准，体现了母语为汉语背景的人在借鉴拉丁语语法时所做的思考和自省，而后黎锦熙（2007［1924］：17）延续了《文通》的语义标准，对"句"认定为"能够表达思想中一个完整意思的，叫做'句'"。后来的语法学家在定义单复句时也是分为两派，一派是以语音为主要标准，辅之语义，如赵元任（1968/1979：61）关于单句的论述是"一般所谓单句，实际是复杂句（主语谓语各为零句），是起码的复杂句"，赵元任结合汉语的停顿和结构又分出了"零句""整句"，主谓结构齐全的是"整句"，而零句没有主谓语形式，即便是两个成分在语义上具有主谓关系，一旦每个成分都具有完整的语调，那么这就是两个句子，也就是复句；另一派是结合汉语特点承袭了"顿""读"概念，将语音考虑在内，以语义是否完整为标准，如：朱德熙（1961：21—23）《语法讲义》对"句"界定为"句子前后都有停顿并且带着一定的句调表示相对完整的意义的语言形式。"现代学界多数学者认定复句时兼顾音义。

　　单复句的划分问题在 20 世纪 50 年代汉语语言学界曾展开一次大讨论，虽然"最后也没有得出比较一致的意见"（吕叔湘 1979：97 节），但也取得了一些成绩，即明确了汉语中复句的分句在结构上是独立的，相互间不作另一分句的句法成分，但在意义和关系上又是相互依存的，明确了包孕句和兼语式不属于复句的范畴（郭中 2014）。通过梳理，可以看出在单复句划分的问题上，中西汉语复句研究者的探索历程是相似的。

四　复句的分类

　　对复句的分类建立在充分观察、描写的基础上。瓦罗的《华语官话语法》（1703/2003：69）明确提出了汉语中有表选择的"或""或者"和表条件的"若是、若、假如、如、譬如、比喻、比方、既是、虽、虽然"等。列举了连接词项的有"及、亦、与、同、合、共"，连接子句的"而、也"。除了描写，瓦罗还注意到了词语的语体意义，如：这些小词（亦、而）是书面用语，如果用在口语里就显得有些文雅。①

马礼逊的《通用汉言之法》（1815：247—256）中并没有明确分类，只是通过例句释义，涉及的单用关联词有："而""同""及""并""又""亦""以致""不拘"，配对关系词语搭有："虽（然）……尚且/还……""若……必/则……""……如不……""倘……就……""……不然……""是或……是或……"。与瓦罗的复句相比，马礼逊涉及到的语义类型更多，如"不拘""以致"等，开始关注到了配对关系词语使用的情况

艾约瑟的《汉语官话口语语法》（1857/2015：223）关于复句的分类在小句章中指出"复合句"是由主句和小句构成，随后将其分为八种，主要涉及"把""将""用"表工具、方式的句子、主谓短语做主宾语的句子和一些特殊句式，如：倒装句、比较句、比喻句等，这些在现在看来属单句范畴；最后一小节的"条件小句"（1857/2015：264）以连词为形式依据，在现在看来该类仍归属复句，并且在该章节中艾约瑟从条件发生与否的角度论述了假设性的条件小句和事实性条件小句，比较完整全面。

在连词章，艾约瑟通过与英语对比后按照语义将连词分为7类，通过连词的分类能够窥探出艾约瑟对句间关系的认识：

并列连词（名词）	和、与、同、及、以及、并；"连……带……"
并列连词（小句）	还、也、且、而且、还有、再者、
转折连词	但是、但、只、倒、倒底、反
分离连词	或……或者……、不是……就是……、非独……就是……、宁；叠用的"一件、一面、一头、一半"
因果连词	因、因为、为着、之故、的缘故
推论连词	所以、故此、故所、故所以、因此；教、使
假设连词	若……然/是……、既、既然、从、要是、就是、不然、再不然，如

艾约瑟以语义为标准对汉语中的连词进行分类，同时注意到连词的连接成分，如同表"with/and"义的并列连词由于一个主要连接名词，一个主要连接句子，所以分为两类；在同一大类内的也考虑了语义的轻重，在论述转折连词时，明确指出"表示不太强烈的转折意义，这样的词有'倒,倒底'"；同时，地域、语体也是作者兼顾的因素，如指出"故所以"是南方

---

① ［西］弗朗西斯科·瓦罗：《华语官话语法》，姚小平、马又清译，外语教学与研究出版社2003年版，第68页。

话,"'如'用作连词的情况仅见于口语"。

在并列句章中,艾约瑟(1857/2015:268)指出"并列句不仅指独立的句子,而且也包括那些以连词开头的相互呼应的句子"。该章节除了无形式标记的连动句、连贯句,又分出了"连接词""反义连词""转折连词""推论和过渡句""包含两个小句的问句""比较句"六个小节。整体来说"反义连词"的例句释义和现代汉语中的"转折连词"一致,而艾约瑟的"转折连词"在现在看来大部分归入"并列连词",如"或……或……""也……也……""一面……一面……";"推论和过渡句"主要涉及推论连词,接近于现在说的"因果连词";"包含两个小句的问句"在现在看来属于疑问句中的正反问句。

假设类和并列类是早期西方汉学者都关注到的类型,而对因果类和转折类成体系论述较早的当属艾约瑟。可以说受"谓语中心观"的影响,艾约瑟的句法观整体呈现出浓厚的西方色彩,尽管对汉语的词语用法进行了深入细致的刻画,但没有形成一套属于汉语的完备体系。

根据开篇的三种手段可知,甲柏连孜的《汉文经纬》对单复句的界定一目了然,因此,甲柏连孜的复句分类与艾约瑟的复句分类呈现出较大的不同,甲柏连孜的复句分类主要考虑句子之间的逻辑语义关系,通过手段(3)将古汉语中的复句分为六类:

状态类	而、然、夫、所
时间类	未、将、既、已、时、乃、即、继此、继而、既而、方、遂、而遂、从而、然后、而后、而先、竟
因果类	以、为、从、故、所以……以/为……(故……)、以……是以……、是以/用、此以、故、是故、因、是遂、从而
条件类	则……(矣)、斯、即、(不)然则、若、如、苟、自、使、如使;词组:若是、如是、夫如是
让步类	虽(……然/亦/犹……)、纵、犹、抑亦、然而、然且、虽然;习语:必也(……乎)
递进类	且、及、至、抑、况、而况、且……况……

就整体的分类而言,甲柏连孜在第三篇的"复句和句子的组合"章中的手段(3)是复句观核心的部分,他将复句的分类和关联词联系在一起,在第三篇中第三章"状语从句,连词"详细论述。除了"状态类"在今天看来有点陌生,其他五种类的划分都具有较强的理据性,大部分连词是按照语义进行归类的,其中"时间类"大部分对应于今天的"连贯类","让步类"

相当于今天的"转折类"。"状态类"是指连词的前面所描述的内容是一种状态,这种状态可以是后项的原因,如"而$_1$",也可以是前后项之间的对立,如"而$_2$""然",因此,德国学者柏寒夕(2013:221)对《汉文经纬》的复句章节分析时,论及状态类复句时,重点指出"而$_2$""然"的转折义,将其划归到转折类复句。

对于手段(1)是说汉语中句子间的逻辑语义关系除了依靠具有关联手段的助词,还有一些不依靠形式手段的句子,甲柏连孜在第二卷分析卷第七章"句子的顺序"进行了详细的论述:"在其他场合,无论是叙述性或描写性的话语中,还是在格言警句里,所有在逻辑上相互依赖的句子或谓语都是一个接一个简简单单地排列开来。在这方面无法确立专门的规则,事实上在每一具体场合都要凭借上下文的联系才能确定,句子成分之间存在的究竟是时间或因果关系,还是关系从句、条件句或让步句的关系。"①

在开篇中除了提到表达逻辑关联的三种手段,同时也指出三种手段组构成的句子适用的语体,即:"第一种手段用于格言警句,以及叙述性和描写性的话语;第二种尤其多见于描写性和论辩性的话语;第三种则首先适用于论辩性话语,特别是后古典语体。"

这种区分不仅仅在开头做一个总述性的概括,而是作为标准贯穿到关联词区分的始终,这段论述明确指出了语境对无关联标记复句的重要性,同时也明确指出不用关联标记的复句常出现在语体,即叙述性或描写性话语、格言警句中,手段(1)和手段(2)说明了不同的语境、语体要求下表达复句的逻辑的方式不同,这符合汉语的实际使用,在当下看来也是正确的认识。基于手段(3)的认识,之前西人论述的倒装句并没有出现在甲柏连孜的复句论述中,这也是较之前人的一大进步。对于脱离语境的复句具有的多种逻辑语义的理解,国内学者邢福义在《汉语复句研究》(2014:32—37)中也提到了,并且更近一层阐释了关联词对复句语义"显示、选示、转化和强化"的四种功能。

五　西方汉语复句观的价值

20世纪之前的汉语复句研究中,《汉语官话口语语法》开始对连词的语

---

① [德]甲柏连孜:《汉文经纬》,姚小平译,外语教学与研究出版社2015年版,第227页。

义进行分类，《汉文经纬》则明确区分了汉语中的单复句，对汉语复句系统有较为清晰的认识，以下总结了20世纪之前西人汉语复句研究的两点价值。

（一） 复句的实质及分类

关于复句的实质，甲柏连孜认为汉语句子的组合实质是"表达观念之间的逻辑关联"，并从语体和语境对汉语复句中是否出现关联词进行区别，而关联词的语义与复句的逻辑义具有内在的一致性。关于是否需要关联词与句子出现的语境有关，在双方论辩或表达立场的情况下，话主对句子所表达的逻辑要求较高，常需要逻辑意义明确的关联词；而描写性、叙述性的场合，语义的理解主要借助语境，对话双方较为随意、轻松，话主对逻辑要求不高。那么典型的复句研究，似乎就可以划定为在论辩等申诉观点的场合，常带有关联标记的句子。另外，甲文还注意到汉语中的"交叉并列"的现象，这是汉语中的修辞手法"并提"，表现了甲柏连孜对汉语特殊句型的关注。而同样以逻辑语义为着眼点的分类也是邢福义先生复句"三分"的基础，并且进一步明确为"从关系出发，用标志控制"（2014：24），这是间隔一个世纪的中西方学者在复句实质及分类上达成的共识。今后复句的研究也可以从带有关联标记适用的场合进行必要的说明，吕叔湘先生结合汉语口语指出"流水句"这一概念并不意味着汉语中的单复句划分没有意义，"流水句"是由于汉语"语序"等多种因素作用的结果，这种形式正说明了语义对语境的依赖，可以将"流水句"看作是典型的单句和典型复句的过渡地带，因"流水句"的研究而否定汉语单复句划分显然是不够全面的。

（二） 关联词

关于西人对复句中的关联词的研究，可以从关联词区分和关联词构成两个方面来看。

1. 关联词区分

19世纪前对关联词内部的区分最细致的当属甲柏连孜，他从句法位置、语体、语义轻重、常用与否等多方面考察同类关联词的差别，如："'是故'，比单独一个'故'更具有强调的意味，表示正是因为如何如何。"[①] "'即'，义为马上、随即。在后句中，有些作家用这个词替代'则'，意义似乎没有

[①] ［德］甲柏连孜：《汉文经纬》，姚小平译，外语教学与研究出版社2015年版，第767页。

区别，但在高雅的语体中不宜使用。"① "'如'，意义和用法同'若'，但不及后者常用。"②

对于同属于条件类的"若""苟"的区分，作者还提出了"相反事实"的概念："'若'，用于直陈式，义为：如果；也就是说，不应该用于表示相反事实的假设。"③ "'苟'，义为：假定，主要用于表示相反事实的假设，相当于拉丁语 si esset（假设是）、si fuisset（假若曾经是）。"④

按照现在看来，这个"相反事实"其实就是事件发生与否，这一点体现出了甲柏连孜对艾约瑟"虚实"观点的继承发展。艾约瑟在"条件小句"（1857/2015：264）标题部分后用注释性语言标出"上虚下实"，例释中多以假设小句为条件，如："再添一个人热闹些。""或一时逢着凶，必然化做吉。"

艾约瑟所说的"虚"是统括条件是未发生的，而甲柏连孜所说"相反事实"则是针对于已发生的事情的假设，是与事实相反的假设，比艾约瑟的分类更进一步。当然在条件小句中能够精准认识到前句多"虚"，后句多"实"，并且最后又补充了以"既是……何不……"说明小句中的条件也可以表达事实，对一个母语为非汉语的汉学家来说既准确又全面。"虚实""反事实"的提出也为复句分析提供了一个角度，这一角度也为汉语学者邢福义先生等人所用，从这个角度来看，关注汉语复句的"虚实""相反事实"是有价值的。

2. 关联词构成

在 19 世纪末期的甲柏连孜除了注意到副词、连词有表关联功能之外，还注意到了超词形式，明确地用"词组""习语"标出，列在每一种复句词语的最后，如："词组'若是'、'如是'和'夫如是'本身就可以构成条件前句。"⑤ "表示让步的习语，还有'必也'，其后跟有终句的小词'乎'。"⑥

甲柏连孜在关联的类别上意识到了"超词形式"，较之之前的学者对表关联的结构单位有了更高的视野，而这些也是现代汉语复句关联词类型所涉及

---

① ［德］甲柏连孜：《汉文经纬》，姚小平译，外语教学与研究出版社 2015 年版，第 771 页。
② 同上书，第 772 页。
③ 同上。
④ 同上书，第 773 页。
⑤ 同上书，第 775 页。
⑥ 同上书，第 780 页。

的主要大类。① 因为甲柏连孜研究的是古汉语语法，因此没有涉及助词"的话"，但其他的类型都认识到了。

艾约瑟在"条件小句"（1857/2015：265）中提到了官话口语例疑问词"呢""么"具有引导条件句的功能："有时候疑问词也构成条件小句的标记：'天旱了呢，就去求雨。''不肯服么，把他正法。'"

这里的"疑问词"也就是现在所说的表疑问的语气助词。现代汉语复句关联词有很多汉语学者都从词性上进行归类总结（莫超、雷成全2003），关联词的研究大部分集中在"关联连词""关系副词"及某些超词形式，而关于"关联助词"列举的只有"的话"，语气助词能表关联在1857年的时候就已经被发现，但在现代汉语很少涉及该方面的研究，如刘丹青（2003）分析了老上海话的复句连词"咾"和"末"的使用情况；史冠新（2006）描写了临淄方言复句中起关联作用的"的话""啊吧""罢了""么"四个关联语气词；吴翩翩（2009）讨论了武汉方言中用于复句前分句末尾的三个语气词"的话""嚜""吤"的关联作用。在关联词的结构单位上，我们更多关注超词的形式，而对于语气词等虚词的关注较少，艾约瑟的描写对以后关联词的研究赋予启示性意义。

六　结语

通过对20世纪西人汉语复句观的梳理、分析，可以看到中西方学者在认识复句的过程中有很多相似的困扰，相似的历程，同时也有我们忽视的一些东西，这些具有很重要的借鉴意义。关注西方的汉语研究并不是"崇洋媚外""削足适履"。从他人的眼中看汉语，是为了更好地从自己的眼中看汉语。有些学者强调传承，强调汉语特殊，就对西方的研究不管不问，俗话说"知己知彼，百战不殆"，现代学者面对中西不同研究风格存在分歧的实质是如何调和中西两种不同理论来分析汉语复句。正如姚小平（2018）所说："抛弃拉丁语法也未必很难，难的是抛弃之后靠什么来构件'已知'这里说

---

① 黄伯荣、廖序东《现代汉语》（2017：128）认为："关联词语包括关联词和关联短语"，关联词大多是连词，少量副词，和个别助词"的话"。邢福义的《汉语语法学》（2002：322）认为关联词是"根据联结分句、表明结构关系、形成复句格式的共同特点组合拢来的一些词语，没有十分明确的标准，因而也没有十分明确的范围"，包括：句间连词、关联副词、助词"的话"、超词形式。

的已知，不只是作为考察汉语语法的立足点，更是要充当带领外国学习者走进汉语的门径。"

邢福义先生在 2011 年取得了国家社科基金重大项目"全球华语语法"，这说明对于"汉语"这一研究对象的范围已经走出国门，开始"开眼看世界"，那么关于在倡导"一带一路"的今天，在汉语日益走出国门的今天，关于西人研究汉语的资料挖掘研究，也是推动研究汉语的必然。

参考文献

柏寒夕：《德国汉学家甲柏连孜（Georg von der Gabelentz）〈汉文经纬〉研究》，博士学位论文，上海师范大学，2013 年。

贝罗贝：《二十世纪以前欧洲汉语语法学研究状况》，《中国语文》1998 年第 2 期。

蔡建丰、周小兵：《〈华语官话语法〉疑问句系统考察》，《华文教学与研究》2015 年第 2 期。

丁声树：《现代汉语语法讲话》，商务印书馆 1961 年版。

方梅：《浮现语法：基于汉语口语和书面语的研究》，商务印书馆 2018 年版。

高名凯：《简单句和复杂句》，《语文学习》1953 年第 2 期。

高名凯：《包孕句和复合句》，《语文学习》1953 年第 7 期。

郭中：《近三十年来汉语复句关联标记研究的发展》，《汉语学习》2014 年第 5 期。

何莫邪：《〈马氏文通〉以前的西方汉语语法书概括》，北京大学中国传统文化研究中心编《文化的馈赠：汉学研究国际会议论文集（语言文学卷）》，北京大学出版社 2000 年版。

甲柏连孜：《汉文经纬》，姚小平译，外语教学与研究出版社 2015 年版。

来静青：《〈华语官话语法〉中文化教学观念的启示》，《海外华文教育》2005 年第 1 期。

黎锦熙：《新著国语文法》，湖南教育出版社 2007 年版。

李开：《〈汉文经纬〉与〈马氏文通〉比较研究》，《当代语言学》2018 年第 3 期。

李佐丰：《〈汉文经纬〉的尾助词》，《当代语言学》2018 年第 3 期。

林素娥：《艾约瑟〈官话口语语法〉的教学语法特征》，《语言教学与研究》2014 年第 4 期。

刘丹青：《语序类型学与介词理论》，商务印书馆2003年版。

吕叔湘：《汉语语法分析问题》，商务印书馆1979年版。

莫超、雷成全：《关联词语通论》，甘肃人民出版社2003年版。

史冠新：《临淄方言语气词研究》，博士学位论文，山东大学，2006年。

宋桔：《〈马氏文通〉前西人的汉语量词研究——以〈语言自迩集〉为核心》，《语言研究》2014年第4期。

孙良明：《汉语没有单、复句之分主张的先导——纪念〈马氏文通〉出版90周年》，《山东师大学报》（社会科学版）1989年第1期。

王力：《中国现代语法》，商务印书馆1985年版。

吴翩翩：《武汉方言语气词研究》，硕士学位论文，华中师范大学，2009年。

邢福义：《汉语复句研究》，商务印书馆2014年版。

许立群：《从"单复句"到"流水句"》，学林出版社2017年版。

姚小平：《〈汉文经纬〉与〈马氏文通〉——〈马氏交通〉历史功绩重议》，《当代语言学》1999年第2期。

姚小平：《现存最早的汉语语法著作——瓦罗著〈华语官话语法〉简介》，《中国语文》2001年第5期。

姚小平：《16—19世纪西方人眼中的汉语汉字》，《语言科学》2003年第1期。

姚小平：《甲柏连孜论汉语语法研究》，《当代语言学》2018年第3期。

张西平：《西方人早期汉语学习史调查》，中国大百科全书出版社2003年版。

赵元任、吕叔湘：《汉语口语语法》，商务印书馆1979年版。

周法高：《论中国语言学的过去、现在和未来》，周法高《论中国语言学》，香港中文大学出版社1980年版。

朱德熙：《语法讲义》，商务印书馆2014年版。

（作者单位：浙江工商大学人文与传播学院）

《非洲语言述导结构的历时与共时调查》介评

王宇婷

一 引言

汤姆·古尔德曼（Tom Güldemann）是德国柏林洪堡大学亚非研究系教授，研究方向为非洲语言和语言类型学。古尔德曼教授曾就读于莱比锡大学和科隆大学，研究生时期起就致力于非洲语言的研究，曾多次前往非洲进行为期数月的田野调查。《非洲语言述导结构的历时和共时调查》（*Quotative Indexes in African Languages: A Synchronic and Diachronic Survey*）于 2008 年由德国德古意特出版公司（Mouton de Gruyter）出版，属于"语言类型实证研究"（Empirical Approaches to Language Typology）系列，全书共 xxi+686 页，分为 8 章，正文之前的三个部分为前言和致谢，地图、表格、图示列表，以及缩写和惯例，正文最后有附录 1、附录 2、参考文献、语言索引、引文作者索引和被试者索引。

该书是跨语言引语研究的重要学术著作，在对 39 种非洲语言调查的基础上，参考印欧语以及汉藏语等其他语言，进行历时和共时分析。作者在前言部分指出研究的出发点是非洲绍纳语中具有多义性和多功能性的引语标记-*ti*，这是一个高度语法化的标记，作者将对它的兴趣扩展到更大范围的跨语言引语研究，最终构成了非洲语言的类型学研究。非洲语言成为近几十年来引语研究的重视对象，主要原因是非洲语言有印欧语所没有的语言特征，例如直接引语和间接引语通常不能通过主句的结构差异来区分；存在介于直接引语和间接引语之间的引语类型；主句和引语中的参与者通过语内传递代词形成共指关系；标志转述言语的语法化标记在各个语言的语法中具有丰富的多功能性等。对于非洲语言的研究可以用于检验基于印欧语得到的结论，如引语是否是补语成分，直接引语和间接引语的二分法是否正确，引语标记的语法化过程是否只有从言说动词（SPEECH VERB）*say* 发展而来这一种途径等。在语料描写方面，该书尽最大可能汇集语言样本，基本涵盖非洲大陆的所有语言，从而能够对共同和特殊语言现象进行客观格式化阐述；注重语料来源，在实证研究的基础上对前人的理论提出质疑，从类型学角度提出超越研究样本的普遍性规律。下面依次介绍各章的主要内容和重要观点，并对全书做出简要评述。

二 内容述要

第一章 本研究的框架、目的和数据

（一）本书框架

本书要研究的问题是构建一个述导结构的必需语义和形态句法标准是什么？在这些标准中，哪些是根本性要素，哪些是次要的？本书第二章分析述导结构的内部结构和形式特点，第三章讨论述导结构和引语之间的结构关系，以及在大于引语结构的语篇中述导结构的表现。对于述导结构历史方面研究在第四到第七章中进行讨论，包括述导结构在引语结构之外其他范畴的使用，进一步发展成为其他语法功能的过程，并解释述导结构要素的多义性来源。作者认为对于整个现象全面理解的前提是对于述导结构之结构性来源的翔实的跨语言及特定语言的知识。在第五章中作者介绍了包含述导结构的范畴，除了言说动词还有其他选择来构建述导结构，并证明引语结构是摹仿结构（MIMESIS CONSTRUCTIONS）的一种表现，使得直接引语可以被插入文本中。第六章讨论述导结构语法化的发展，第七章指出被错误当作述导结构语法化结果的一些表达式，最后第八章总结全书共时和历时方面的研究成果，简单讨论如何将现有的分析融入到更加完整的转述言语研究以及其相关结构中。

（二）研究对象

本书研究对象是表示引语①（Reported Discourse，RD）的语言学表达形式，称为述导结构（Quotative Index，QI）。本书以述导结构的结构和功能特

---

① 字面意思为"转述的语篇"，我们在此翻译为"引语"，也有学者翻译为"引语结构"。但是我们为了和 Quotative construction（引语结构）进行区分，因此翻译为"引语"。

征为对象，研究视角包括共时和历时研究，研究范围为跨语言，概括地说是研究所有"标志引语的语言形式"。本文聚焦在这些表达方式中标记直接引语的部分，例如 He said to me，"Come back tomorrow！"（他对我说："明天回来！"）中，述导结构 QI 指的是小句 He said to me，和句子的主句相同。从跨语言语料看，述导结构往往不是以 X said to Y 形式出现，不只是关于言语事件简单的谓语断言句。为了分析述导结构的形式特征以及和不同类型的引语配合规律，在第一章中先讨论引语范畴的定义和分类，以及述导结构的特征，介绍语言样本、数据的收集和分析等方法论问题。虽然本书主要关注直接引语结构，不过这部分也简单介绍了数据库中其他引语类型。

本文对前人关于引语定义和范围的争议进行了介绍。早期语言学的引语研究范围较窄，将其看作在语篇中插入不属于交流中话语的现象，但语言中不表达真实言语事件的相关表述难以判断，例如思维活动。作者提出应该使用 Reported Discourse（RD）代替 Reported Speech（RS）作为术语表示引语，并区分出狭义引语和广义引语。引语（RD）包括口说和思考内容的表述，说话者指明它是由某意识源发出的，和即时语篇有所区分，从而把自己和引语间隔开来。正在进行的语篇和引语表现为两种不同的交流语境，分别称为即时（Immediate）和非即时（Non-Immediate）。引语以多种形式出现，可以是含有复杂或简单句子的长语篇，或者是一个词的短结构，但共同点是相关字符串必须保留其独立话语的形态句法特征。在即时语境中，言语参与者包括发出的一方和被动接受的一方，他们分别被称为引语的引述者（REPORTER）和受众（Audience）；而对于非即时语境中的参与者，双方分别被称为说话人（Speaker）和听话人（Addressee）。传统的分类有直接引语（Direct Reported Discourse，DRD）和间接引语（Indirect Reported Discourse，IRD）之分，直接引语是指引述文本中所有指示和表达要素都发生指称转移，其语用因素是说话人和听话人在非即时交流场景中的"此时此地"，因此来自引述者形式上的干扰被极大地限制了。间接引语与直接引语对立，是指转述文本中的指示和表达要素尽可能通过引述者角度来传达，必须有证据证明至少在某种程度上存在引述者干预才能判定为间接引语。此外还有其他无法归类的引语类型，作者将其分析为处于直接引语和最大间接引语之间的渐变性结构。

（三）重要概念及术语

本书把所有用来表达引语的语言形式统称为"引语结构"（RD-CONSTRUCTION），通常由两个部分组成，一个是包含引语的非即时语篇本身，称为"被引信息"(QUOTE);另一个部分可以看作被引信息的索引,本书称为"述导结构"(Quotative Index, QI)①,即"引述者和受众正在进行的语篇中独立的语言学表达单位,标志着相邻出现的是引语"。该定义包含两方面:一是相关部分必须完全从一般语境中独立,即它的使用目的是指称被引信息;另一方面,除了句调、音高等超音段特征,也具有标记被引信息的形式和功能。"相邻"意味着述导结构和被引信息必须可以构成一个复合体,即引语结构。之前大部分研究都认为述导结构是围绕着言说动词的单位,而不是一个结构形式。从命题信息角度看,述导结构包含一个语篇或者认知事件的谓词性断言,以及说话人和听话人信息。述导结构谓语的无标记编码形式应该是使用谓语动词的词汇形式词并且含有"说"的语义,有上述两个特征的要素称为言说动词。英语的 *say* 是通用言说动词,*answer* 是特殊言说动词。还有一些用于引语的动词称作引述动词(Quotative VERB),既表明了其词性,又指出其承担着语法功能。在一些语言中言说动词和引述动词有区别,如祖鲁语(Zulu)。非言说动词(NON-SPEECH VERB)指语义上不是人类声音行为的,例如英语(*re*)*turn*,且不包括引述动词。通常述导结构除了谓语还包含一个语法功能词,位置和被引信息相邻,文中称为引述标记(Quotative Marker),该要素在其他地方通常被称为标句词(Complementizer),如在提卡耳语(Tikar)中的 *lɛ* 既表示引述标记也是标句词。对一些难以判定的词,本书采用引述谓词(QUOTATIVE PREDICATOR)这一概念进行统称。引述谓词和引述动词都是引述标记的次类,本书统称为引语词(Quotative)。

(四)理论方法

本书对非洲语言的研究是基于对 39 个非洲样本语言分析得到的。作者也提出样本并不足以对非洲大陆的共时语言多样性提供完整描写,在实际操作中会考虑到样本选择。语言样本尽可能呈现非洲语言系谱的面貌,所选文本遵循以下标准:①非专家亦可分析的文本语料;②合理的泛化语法描述;③对转述语篇有特别处理的。本书把重点放在实际语篇环境中的述导结构上,包括形式分析、类型分析、与语境或者更大的语篇功能的关系,主要建立在大量的内聚且自然的口语语料上。样本存在的局限有:符合要求的样本数量有限,语料库不平均,语料时间跨度过大,很多文本不是自发的口语形式,并且基本都在某种程度上被编辑过。

---

① 述导结构在其他研究中也称作 quotation/quote/metapragmatic formula, quotaiton indicator, quotation/quotative/speech margin/speech-introducing/reporting clause, reporting/quotative/metagragmatic frame, speech-act expression, reporting signal, speech orienter 等。

样本语言文本按照固定步骤进行识别和归类，得到四类例句：第一类，有述导结构的直接引语结构（语料库核心）；第二类，没有述导结构的直接引语结构；第三类，有述导结构但不是直接引语的引语结构；第四类，有述导结构但不是引语结构的表达。

第二章 述导结构的内部结构

在第一章基础概念和研究方法介绍的基础上，第二章对3225个例句进行分析并讨论述导结构的内部形态句法结构。本章首先分析述谓事件编码的潜在组成成分，然后讨论参与者编码以及分析被引信息定位标记，得到结论为述导结构不能单纯分析为表达事件状态的述谓结构，它首先是引述者用于向受众指出引语出现的标记。从样本语言中总结出四种述导结构原型：单一小句型、两分型、双小句型和无小句型，并且介绍了四种述导结构对应不同的被引信息以及所在语篇语境。述导结构的内部结构应该从语义命题方法着手，通常一个述导结构应该指称一个事件类型，即言语行为或认知行为，对事件作出断言。一个述导结构应当包含以下几个部分：一个表示言语事件的动词并且是谓语的核心；指称说话人的名词性成分；（或）指称听话人的名词性成分。

以谓语结构为主的述导结构占样本语言的绝大部分（80%以上），因此作者推定谓语性在跨语言中是无标记形式。述导结构的谓语性断言特征并不是那么完全，很多述导结构缺少典型的谓语性断言，存在偏离常规的形式，一些动词性谓语具有带标记的词汇特征。这意味述导结构和一般表达事件状态的动词性小句有所不同，更像一个结构性程序化单位，作为断言谓语的功能是次要的。非谓语性述导结构在非洲语言中是普遍存在的，例如乍得语族（Chadic）和汤加语（Tongan）、马萨卡利语（Maxakali）、阿卡得语（Akkadian）等。言说动词主要满足两个功能，一是小句角色，二是论元角色，如果语境文本中已经满足这两个功能了，则不需要言说动词。在一些样本语言中无动词的情况往往是听话人表达成分（AD-expression）包含了动词性谓语。语用方面，没有动词的述导结构是一种话语风格，因此是语用问题。

本章总结了几种谓语形式，包括偏离典型谓语性（带标记的谓语性）、带标记的谓语性项目的词汇和谓语算子。述导结构有动词结构和名词结构，例如在图瓦卢语（Tuvaluan）中存在由名词词组构成的述导结构，标记人类话语和表达说话人领有功能。述导动词（QI-Verb）在某种程度上表达言语事件，但是本身并不含有此内在语义，而是在述导结构获得了这样的用法。判定述导结构中的动词是否是述导动词有一定困难，还要区别词汇义（Lexical Semantics）和语用义（Lexical Pragmatics）。言说动词由意义和形式两方面的特征决定其会在述导结构中使用，它结合了两方面结构特征：语义上指称语言行为，并对言语行为进行述谓性断言。有的语言述导结构没有通用言说动词，如艾科语（Aiki）。英语中通用言说动词有三类，第一类是 *speak* 和 *talk* 类，表示人类的通用交流行为；第二是 *say* 类，着重于具体语言表达事件和传递信息；第三是 *tell* 类，和第一类相似但是聚焦于听话人。通用言说动词第一类不是典型的述导动词，第二、三类才是，在有些语言中第一和第二类共享一个词汇形式。

通用和特殊言说动词之间的区别在于后者传达更为明确的言语事件，在述导结构中出现的频率较低。语音动词（Sound Verb）是指像 *sing*，*weep* 等介于言语和非言语之间动词，并不一定表示有意义的言语但经常在直接引语前出现，和特殊言说动词补充话语环境或者方式信息的功能类似。在一半以上的样本语言中发现含有非言说动词的述导结构，但整体上来说使用频率更低，仅比声音动词高，可以分为以下几类：听觉感官（如 *hear*）、认知或内心感官（如 *think*）、言语行为描写（如 *start*）和通用动作（如 *make*）。

接下来介绍述导结构的结构类型。本节讨论的是述导结构部分没有其他述导成分的结构，也叫做单一小句述导结构，有两种模式。一种是述导结构中有一个专门化的谓语核心标记引语（例如引语动词），和非动词性被引信息定位语的功能相同，都是吸引听者对于被引信息出现的注意，并且可以构成谓语小句。单一小句述导结构除了含有述谓性断言，还有引语动词，后者这样的现象被称为分隔现象（Partition）。含有两个引语动词也叫做双述导结构（Double Quotation Index），这种现象在语料中很常见（仅在5种语言没有发现）。另外一种情况是非谓语结构中的引语成分，通常是动词省略，动词省略通常发生在高度语法化的引语结构中，和说话人指称同现，获得分布性言说动词特征，并且充当小句谓语的角色。

两分述导结构有两个特征：一是在述导结构中和言说动词或同类项目一同出现，二是在被引信息相邻位置或内部。能够构成两分述导结构的项目是多样的，主要有三个次类：语法化的引语标志；向后或向前照应被引信息的代词；动词复制。然后作者介绍了非两分述导结构中的被引信息定位的情况。总的来说述导结构是某一个语言中承担双重功能的语法结构，既表示一个事件状态，也为受众指出引语的出现。主要语义功能成分是指称被编码事件的词汇、作为被引信息定位语的语法化元件、指称说话人的语法或词汇形式、指称听话人的语法或词汇形式。这四个要素在样本语言中的出现频率次序揭示出什么信息对于述导结构更重要，对不符合该次序的语言进行分析后得到更一般性的规律：说话人+被引信息定位语>事件+听话人。这反映出述导结构的两个基本功能：一是在即时语篇中表示转述事件（to represent a RD-referring event within the immediate discourse），二是向受众指出被引信息的出现，伴随着语用解释的视角转换（to orient the audience to the presence of the quote and, concomitantly, to a necessary change of perspective regarding its pragmatic interpretation）。述导结构是即时语篇语境和外来非即时语篇语境之间的枢纽。本节得到述导结构的三种类型：第一种是单一小句述导结构［（SIMPLE）MONPCLAUSAL QIs］；第二种是复杂两分述导结构（COMPLEX"BIPARTITIE" QIS），内部包含单一小句两分和双小句两分；第三种是删减的非小句述导结构（TRUNCATED 'NON-CLAUSAL' QIs）。在语料分析中发现，三个类之间的界限并不清晰，而三者在样本语言中分布频率为：两分述导结构>单一小句述导结构>非小句述导结构。

第三章 述导结构及其语言学语境

本章将从三个方面讨论述导结构和被引信息之间的关系：与述导结构及被引信息句法关系有关的结构特征，述导结构和被引信息的线性位置，述导结构和被引信息的语音整合。3.1节分析述导结构中的动词词组，包括动词的及物性和词组中的其他成分。按照传统的观点，述导结构和被引信息之间是动宾/动补关系，即默认了所有述导结构中的动词都是及物动词，但在语料中发现很多不及物动词的例子，要验证这些动词的及物性需要在述导结构之外的其他语境中考察。述导结构中常见被引信息的形式代词有言语名词、人称代词、指示词和副词，其基本语义是指称被引信息，其使用不仅是句法上的需要。被引信息被表达两次（Double Reference），一次是形式代词，一次是被引信息本身，是为了满足述导结构饱和需要，同时为被引信息提供小句外位置的可能性。动词词组作为述导结构可以插入其他成分，一种类型是听话人指称成分，另一种插入成分是引语定位语。

对述导结构和被引信息的相对位置问题，本节首先根据述导结构是否可以拆分得到两种情况，再根据两种情况下被引信息的相对位置得到可能出现的顺序模式。内部聚合的述导结构和一个单独的述导结构片段表现一致，而不连续的述导结构包含多个片段，由此得到了以下可能性顺序模式：（a）前置式述导结构（PREPOSED QI）；（b）后置式述导结构（POSTPOSED QI）；

(c) 环绕式述导结构（CIRCUMPOSED QI）；(d) 内部式述导结构（INTRAPOSED QI）；(e) 其他：另外三种可能顺序。在样本语言中的分布频率从高到低如下：(a) > (b) > (c) > (e) = (d)。其中比较值得分析的是后置式述导结构向前照应的情况，或者说一般意义上的引语后成分（OFF-QUOTE），和被引信息相比无语音显著性，有别于真正引语后成分（例如 this is what he said）和头尾连接的背景小句（例如 having said this）。大多数语言都同时具有前置和后置述导结构，有时候是完全不同的形态，也存在完全相同的形态。内部式述导结构将被引信息分成两个部分，有时候和后置述导结构难以分清，例如爱尔兰语中的（a）deir se。在讨论顺序类型时还注意到可换位（TRANSPOSABLE）类型的存在。有些述导结构在引语结构中的位置相对自由，可能和语篇语境中的因素有关系，这种情况在欧洲语言中也存在，文中称之为述导结构浮动（QI-FLOATING）。环绕型述导结构在动词后置型语言中较为常见，例如巴布亚语族（Papuan）。述导结构的动词核心可以在被引信息前或者后的位置。典型的环绕型述导结构的核心在引语后的位置，在引语前的成分大部分是表示参与者的名词性成分，有时候是副词和连词，如果引语前的成分缺失了，就形成了后置述导结构。还有一种情况是同时具有前置和后置述导结构，这种称为被引信息框架（QUOTE FRAME）。不同的顺序模式构成四个顺序类型：前置后指类型（PREPOSED CATAOHORIC），后置前指类型（POSTPOSED ANAPHORIC），环绕前指类型（CIRCUMPOSED ANAPHORIC）和可转换/浮动类型（TRANSPOSABLE/ FLOTING）。频率从高到低为：前置后指类型>环绕前指>前置后指，所有语言都有前置述导结构。在一些语言中，前置述导结构只和直接引语一起出现，而环绕型述导结构和不同引语类型一起出现，而这些语言都是动词后置的语言。动词在前宾语在后的语言中，后置顺序类型述导结构倾向于和直接引语一起出现，而前置的能够和不同引语类型一起出现。倾向于直接引语的是在宾语前动词后的语言中的前置述导结构，和动词前宾语后中的后置述导结构。

关于述导结构和被引信息之间的语音方面问题，本书关注两个现象：一方面异化现象的存在用来分隔开被引信息和述导结构，另一方面两者之间又存在连接音变。Haiman (1989) 指出连接音变（超音段的声调）在汉语中也存在，说明了被引信息没有被停顿隔开，声调连接音变在台湾闽南语中也有。使述导结构和被引信息之间连接紧密的因素有：被引信息没有特殊语用显著性；被引信息短；引语表达语速快；引语后面有高度程式化的述导结构要素。

本章讨论引语语法中最为重要的部分，即述导结构和被引信息之间的句法关系。有两种角度,一种是述导结构的动词短语结构(Complementation Approach),另外一种是两个句子成分的连接(Parataxis Approach)。第一种研究角度受到一些研究者的质疑,证据为:土耳其语是一种动词后置的语言,但是在其 18 种引语结构中仅有一半是按照常规动宾结构的顺序,即主语-宾语-动词这一结构,另外一半的情况包括没有动词、被引信息在动词之后、不连续分布等。并且存在很多没有述导结构的直接引语,称为"零述导",还有被引信息本身没有名词化的形式。语调上,述导结构和被引信息之间往往有语调分隔,和动宾结构不同。形式上,述导结构和被引信息之间很少有和动宾结构一致的形式构造。Longacre(2007)和 Halliday(1985)提出述导结构和被引信息之间的关系是句子结构的组合,称之为同级结构(Co-ranking Structure)或者并列(Parataxis)。单纯的引语宾语说和小句组合说都不能解释所有引语结构,可能有更高层级的结构能够统一引语结构,即语篇层。述导结构像是被引信息的标签,McGregor(1994)指出两者的关系就像画框和画的关系,彼此独立,但是共同构成一个裱好的画。因此不同于以上两种分析,标签说(Tagging Approach)能解释更多的引语结构。

第四章 引语历史的前人研究及新方法:摹仿论(MIMESIS)

本章跳出述导结构,从更大的范畴来讨论引语这一语言现象。70—80 年代对语法化问题产生过研究热潮,有很多语法化方面的文献,其中对于引语结构语法化问题的研究呈现出很高的统一性,认为某个元素的功能多样性归因于原先是引语标记或者标句词,最初的演变顺序是:X>引语标记>标句词。引语标记的来源多种多样,最重要的一个来源是通用言说动词 say,还有 resemble 和 be like 类词,thus 类词,以及指示代词,统称为言说动词道(Speech-verb Channel)。传统的历史解释是言说动词经历了语法化过程,从两分述导结构扩张到非言语语境,再到连接词,即作为谓语的功能早于作为两个小句结合语。

述导结构除了能够标记引语以外,还能够用于插入更普遍性的摹仿符号,包括手势、模拟音、非语音声音摹仿等。并且将由此证明引语——尤其是直接引语——是摹仿符号的一个次类。述导结构可以以下四种表达方式前:①人为发出的动作行为(直接引语);②由人发出的非语音声音(例如动物的叫声或者其他声音的拟声词,以及人类的笑声、哭声、歌声等);③摹拟音和类似语言符号;④表征性手势。以往述导结构能够进入非言语范畴被认为是"语义漂白"的结果,是延伸出的功能。作者提出这些所谓的次类和直接引语都属于一个更抽象的类别,在这类表达中说话人得以阐述、举例、摹仿和重现一些事件,并且尽可能和其来源相似,这个抽象的类别就是摹仿(Mimesis)。直接引语是人类言语的摹仿词,手势和摹拟音可以表达更宽范畴的摹仿词。直接引语和声音模拟是平行的概念,但是直接引语更加受限。摹仿语通常表达前景信息,在语用功能上主要是达到生动化的效果。在现代语言中,描述性和摹仿性言语模式是互相补充的,本研究关注的是摹仿模式取代原本的描述性模式的部分。两者之间有点像指称(Reference)和提及(Mention),转述者使用直接引语不是为了直接指称被表达的世界,而是转述文本被提及。

第五章 述导结构的来源

上文讨论了关于述导结构及其历史发展的成果和问题,本章主要集中讨论述导结构元素的词汇来源。基于上文对于直接引语是摹态语范畴下的次类的分析,本节在对于非洲语言样本的分析基础上,重新对于述导结构要素进行历史梳理。章节的一个主要结论是,通用言说动词作为述导结构语法化来源并没有那么重要,此外还有通用的等同、起始、动作和位移动词,以及相似和方式标记,指称被引信息的代词,焦点、展示和认证标记,还有指称说话人的代词等相关要素。

本节详细介绍了十个样本语言中的言说动词,如恩甘贝语(Ngambay)中的 $pà$ 是最常用的述导结构动词,也是通用言说动词(意为"说"),和语义不明的引语标记/标句词 $nà$ 合用,形成引语定位语 $pà\ nà$,在直接和间接引语中都使用。述导结构的动词没有言说意义的主要有三种情况:①等同/起始动词,例如 be 和 become;②语义泛化的动作动词,例如 do;③位移动词,例如 go。Lord(1993:210)在对尼日尔刚果语(Niger-Congo)研究中提到有一种不太普及的标记,表示"相似、像"含义,后来研究者称之为相似标记(Similative Markers)。还有一类更少被注意到,称为方式指示词(Manner Deictic),例如德语 so(thus),和绍纳语 -ti(be/do like this),一般在语言中有前后两个成对出现的标记。

语料中用作引语定位语的要素,第一类是只在二分引语结构中作引语定位语的要素,作者列举17种语言中的语料。并在文中分别列出作为小句核心的要素、指示词以及其他指代引语的代词、语料中用作引语定位语的要素、语料中用作小句核心的要素、作为指示来源的言说动词,以及其他小要素类别，如指说话人的代词。总体来看，言说动词和其他类别在引语结构中出现的比例是 1∶5，其他类别中相似性和方式标记占了大部分。言说动词在引语结构中和其他要素中的语义-功能承载量不同，言说动词在引语结构中着重于语义-命题方面，例如 say，ask，think，而引语本身并不在语篇中被凸显；相比之下，其他引语结构要素不注重语义命题内容的呈现，而是作为引语的背景，只有引语被凸显。两者的区别印证第二章中单句事件定位语述导结构和引语定位述导结构的区别：一个是描写性的，一个是生动的事件重现。语料证据显示，一个普通摹仿结构本质上也是一个引语结构。

关于引语标记的历史演变问题，首先注意到不同的引语标记在一个例句中出现的现象，例如 then he said like this……，但是这些引语标记无一例外地都可以在某些情况下省略。本节从历史演变角度分析要素的融合，述导结构要素的形态句法特征变化，述导结构要素的语义特征变化。最常见的融合是指示要素、相似性或方式要素、人称代词和动词的融合，可以是言说动词，也可能是非言说动词。在很多语言中，述导结构中的动词谓语并不是必需成分。文中介绍了一些逐渐获得动词性的词汇，演变最初的步骤就是在述导结构中作核心，然后和时体、情态、疑问标记等标记同现。最后一个方面是意义的改变，述导结构要素，尤其是言说动词，会丢失语义特征，类似语法化的过程，但是也有逆向的过程。述导结构要素的意义不需要特别清楚，因为和引语共现已经是一种表示述导的结构特征。这是如 Rhodes（1986：8）所说的"从语用到语义的语言变化"。还有一个步骤是引语动词词汇化为一个通用言说动词。本节的语料研究对以往的单向语法化提出了挑战，这些要素来源的多样性和复杂性需要从新的角度被再次审视，不仅是从引语的历史演变研究。

第六章　引语结构的功能扩展

本章讨论和引语结构有共同的语言学表现，甚至结构完全相同的表达，但是在功能上和引语有差别。形式上的相似性可以解释为引语通过语法化向其他功能范畴的"入侵"。研究对象包括命名、报道证据、语内言语行为强化、相似性和方式、内在意识以及小句连接词。本章并没有详尽地分析每种语言中的语法化情况，而是集中在包含述导结构的引语和其他表达类型之间的语义-功能关系问题上。语义变化发生在形式变化之前，这是一个公认的规律。

下面介绍几种结构。首先是命名结构（Naming Construction），通常包含一个述导结构要素，甚至是和引语结构完全相同的结构。Hock（1982）提到的吠陀梵语中的引语标记 iti（thus）在命名范畴中出现，进而语法化成为引入一个名词性成分的标签。命名结构和引语结构之间的连接点是两者都具有语言的自身指称功能（反身功能）。因此在这个意义上，正如 Partee（1973）所说，一个命名结构实际上是"一个词的引语"（word quotation）。谓词性命名结构的特殊之处在于表示习惯上的给某个实体赋予一个名称，按照形式可以分为两类，一类是和二分型述导结构类似的，另一类只含一个述导结构核心。两种命名结构在语料中并存，并且和之前已经注意到的现象有关，即非言语性引语标记被用作引语结构核心，会逐渐变得像通用言说动词。一个结构简单的引语类似一个宾语成分，尤其是当引语只是一个名称的时候。苏匹尔语（Supyire）中的 pyi，本身具有多义性，可以翻译为"do, make, cause"，"be（come）"，"call by name"。由于出现在引语句子中作述导结构，因此才被解读出"call"的词义，可以看作一个由于语用形成的义项。

其次是报道证据（Reported Evidence），除了引语之外述导结构还用于证据性标记，即用固定的语言方式表示交流信息的来源，Willett（1988）最先使用报道证据来指这种结构标记。在有的语言中用表示 say 的词汇来表示，例如英语 *Interest rates will continue to rise, they say*。但是在跨语言的范围内看，报道证据并不是必需的。引语和报道证据的区别在于，前者是非即时性话语，被严格限定地插入到当下的语境中，而后者则本身便是主要内容。从非洲语言语料中可以得到一些规律，这些用于标记证据性的述导结构还具有词汇和形态结构上的透明度，依然可以用作独立小句。

然后是语内言语行为强化和相关语篇功能，语内言语行为（Illocution）强化以第一人称为主语，本身就是显著性的内容，像英语中的 <u>*I am Telling you*</u>, *don't do that again*，这里的画线部分是一种述导结构，其作用是强化了语内言语行为。文章提到闽南语和广东话中，只用一个光杆述导结构要素来表达这种强化，即一个句尾词。

还有相似性和方式标记，述导结构也用于表达相似性和方式概念，像英语的 *you would say* 和 *like*，在非洲语言中也常见，如绍纳语。这些惯用语性的明喻表达修辞逐渐语法化，失去屈折标记，成为类似功能词。相似性标记经常通过多向语法化建立起包含其他功能的网络，因此呈现 ｛相似（like）>其他（other）｝的发展顺序。

最后是内在意识（Internal/Inner Awareness），Larson（1978：95）提出引语的一个重要功能是意识属性，也有研究者称之为内部话语，是广义引语的一个内部组成部分，但是和引语还是有功能和形式上的区别。描绘一个人的头脑里的思想和口中说出的话有类似的功能，都是为了刻画其性格以及解释特定场合下行为的动机。在加胡库语（Gahuku）中，表达内心活动是用-*ti*这个引语标记来表达的。在一些南亚语言中，例如藏缅语族美泰语（Meithei）中，"故意行为"也是由引语标记和小句构成的。述导结构和近似性也有关系，在一些语言中表达 *about to* 的含义，其发展关系是｛引语-意图>近似性>近似的将来>将来｝。

第七章　和报道语篇结构无关的语法功能

本章讨论和述导结构要素在形式上有相似性的其他语法功能。前人曾把这些语法标记纳入引语的框架内，但作者基于其功能和形式特征认为应当分开来分析。该书7.1节讨论述导结构中的动词在复杂谓语句中的使用，7.2节涉及到和述导结构要素有关的名词性形态句法结构，即广义上的名词性认证和罗列以及语法关系标记。

"辅助性前景综合体"涵盖各种共时存在的现象，比如在某个语言中的动词用作一般述导结构谓语（通常翻译为"说"），同时在其他谓语结构中看作助动词（不表达引语）。作者认为在复杂谓语中作助动词是其"本职"，述导动词只是用法，引语结构是易于形成语法化和词汇化的语言环境。本章基于对语料分析，阐述不同语言中述导动词如何用作其他语法语境中的助动词。分两种情况介绍，第一种情况包括多目的性助动词、假性谓语和屈折类型标记，和它一起组成的复杂谓语成分可概括为实词；第二种情况是只和动词核心的表达结构共现，可看作谓语算子（Predication-operator）或者小句算子（Clause-operator），功能包括时、体、情态，例如绍纳语中的-*ti*，一个重要用法是强调或者凸显一个事件状态或者一个意义成分，从本文的观点看来，这和它作为摹仿通用标记的功能有关。基于语料库考察，作者提出观点认为这些助词的功能是前景和焦点算子。

作者把所涉及的动词按功能分为三类：①辖域为整个谓语或小句的焦点算子；②标引直接引语、拟声词等的摹仿谓语；③非谓词、非摹仿符号的谓词化成分。三者在形式和功能上关系紧密，甚至有所交叉。有些语言把第一、二类合并，如绍纳语，称为"班图类型"（Bantu Type）；有些语言把三种功能结合，如阿法尔语，因此称为"阿法尔类型"（Afar Type）；有些语言把后两种功能合并，例如比罗姆语，因此被称为"比罗姆类型"（Birom Type）。作者提出一个历史假设，这些复杂的谓语形式从含有固有表现性元素的概念开始，这个概念在一个语言中和助词的前景功能有密切关系。含有表现性符号的结构以助词的形式扩展到其他类型的实义符号，并且在结构上获得谓语化。并且在样本语言中列举了助词的不同非引语用法合并的历史假设，并提出有待解释的问题：如何和述导结构中的用法相关？基于前文的发现，作者提出在引语内部和外部的助词功能是从某一个源头平行语法化的结果，那个源头基于其语义和语法特征可以渗透到其他范畴。

关于名词性形态句法中的功能，前面作者提出述导结构要素的多功能性是从传统引语复合体结构外的语法化过程中衍生的，在第五章中提到一般语义或功能特征的各种标记进入述导结构，包括状态/动作动词、指示词、相似性/方式标记、人称代词和焦点/显现标记，因此可以看出作为述导结构要素的功能是衍生品，而并非多语法化现象的核心。有两个类别的名词性句法形态，一种情况包括名词性认证、罗列和并列，例如恩古尼语（Nguni）中的 *ngokuthi*（*namely*）用于认证名词性成分，伊博语（Igbo）中的 *kà*（*as*）用于罗列和并列名词性成分。另一种情况是和述导结构要素结合，标记名词性成分之间关系，如贝卡语（Baka）中的 *pe*（*say*），可标记相似性和其他关系。作者提出假设，语法关系范畴和引语之间没有明显语义-功能上的密切关系。

第八章　结语

本章对全书的重要观点进行总结，并且不限于非洲语言的事实，以求对跨语言框架下引语（尤其是直接引语）的共时和历时做出分析。首先对述导结构共时形态方面，基于述导结构形态句法分类和述导结构与引语之间的语序得出初步类型特征，并在一个语言系统中处理引语和句子补语、摹仿。本研究对 39 种非洲语言进行分析，并对述导结构和引语这一表达类型建立普遍性类型学参数。总结出六个述导结构类型：非小句以参与者为导向的述导结构、非小句以引语为导向的述导结构、单句以事件为导向的述导结构、单句以引语为导向的述导结构、单句二分述导结构、双句二分述导结构。其中以"单句以事件为导向的述导结构"最为典型和常见，但是在功能上却和其他几种类型形成对立，它对言语事件轻描淡写，更多集中在引语的显现上，或者引语的来源和对象。作者警惕表面结构和语义上类似引语结构的不同述导类型，避免把它们混为一谈，例如形式为"说话人+引语要素"的非小句以引语为导向的述导结构，以及形式上为"说话人+引语要素+动词"的单句以引语为导向的述导结构，如果忽略它们已经语法化成为引语标记，则会简单等同于单句以事件为导向的述导结构。因此不能只看表面的最终语法化形式，而要看其本质。另一个重要的因素是述导结构相对于引语的位置，即语序问题，文中将其分为四种语序模式：前置-后照应述导结构；后置-前照应述导结构；环绕式-前照应述导结构；插入式述导结构。语料研究中得到的结论是以上四种模式在一个语言中并不是同等显著的，跨语言倾向于前置述导结构，作者提出今后一个研究的方向是从历史发展角度看述导结构单位类型的侵蚀程度和语法化与语序之间的关系，在引语中间和引语之后比在引语之前似乎更易语法化。除了语义-句法和语序类型，还有其他要素可以用来对述导结构进行分类，如述导结构核心和词性、参与者标记、动词的配价等，但重要性不如前两种因素。不同语言的述导结构以不同类型呈现，但是一般都不止一种类型，而是具有多样类型并存。文中提出和引语相关的两个范畴，分别是摹仿范畴和小句补语，其重叠关系如下：

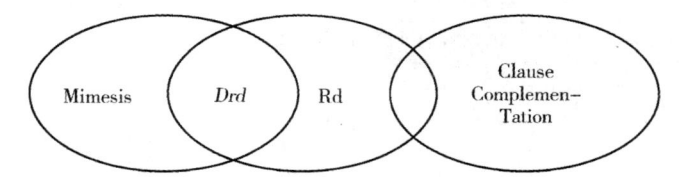

图1　引语结构和摹仿结构以及小句补语之间的关系

本书还强调了不同引语类型之间形式差异的多维度本质。引语的分类也有多种标准，包括形态句法形式、韵律、伴随性的元语言信号，例如人称代词的转移。本书还介绍了不同引语结构形式和功能之间的关系，如述导结构和引语之间语音上联系是松散的等，这些特征是倾向性的，并不是必须要在所有引语结构中存在，可以看出直接引语是被当作语篇中的外来文本对待的，这和直接引语的本质有关，它是某个状态或事件显现标记，和描写模式中的典型语言符号相对，它本质上是一种摹仿表达，这也是本研究最为核心的观点。

然后从历时演变角度对述导结构做出总结，述导结构是不同类型语法化的源头，也是从不同源头语法化而来的结果。对述导结构的内部结构，作者基于形态句法精细化不同程度和述导结构小句地位，以及基础语义方向进行描写。本节从以下几个角度总结：某些述导要素极端多功能性如何从历时角度进行解释？作者认为前人关注的从述导结构发展而来的新语法表达式，尤其是言说动词渠道，需要谨慎考虑，因为述导结构本身经历了高度语法化，已经是语法化的结果。多功能述导要素的表象之下，有两种普遍性演变规律，一种是述导结构中的用法和非引语结构中的用法是平行语法化的结果，另一种是述导结构语法化成为非引语结构中的用法。

在结语中作者对本研究进行了评价和展望,首先是数据库的局限性:语料库大部分是由叙述文构成,因此不能覆盖全面的语体;主要考察直接引语,非直接引语没有得到同等的关注;由引语和述导结构组成的两分型引语结构没有作为整体进行考察,并且研究主要集中在述导结构部分。虽然有以上的数据局限性,但是本文的主要任务正如书名所显示的,是对标引引语显现的语言实体——述导结构的形式和功能特征详尽的共时和历时研究,尤其是超越引语这一狭窄语言范畴限制的历史维度。此外,本文还反复提到了实证性的非直接引语现象,尤其是形式分类和述导结构的历时方面。最后,本研究的结果还提出从引语现象的有限范围开始是一个可行方法,从而促进对整个范畴的了解。本研究虽然是在有限的调查上进行的,但结果可以用于日后进一步的研究,最终形成对语篇类型、引语类别、引语结构的全面性研究,并且将对更大的地域和更广的谱系的世界语言进行研究。

三 简评

(一) 总体评价

总体上说本书是针对述导结构,基于形式结构的历时和共时调查,具有类型学意义和理论意义。虽然标题是对非洲语言的研究,但是其探讨的内容已经超越某一类型的语言,提出具有启发意义的理论观点。首先值得肯定的是本书细致和全面的语料描写,本书是建立在39种非洲语言真实语料基础上进行的历时和共时调查,样本语言涵盖地域广、语言谱系完善,并且作者对于语料来源比较客观和警惕,不急于做出概括性规律,由于作者对于印欧语的熟悉掌握,以及对于包括汉语的其他类型语言的知识,能够进行扩展性比较,发现更加普遍性的规律。因此本文不仅对于那些对非洲语言有兴趣的读者,对关注语言类型学的所有读者都有所助益。作者对从绍纳语的多义性标记-ti的兴趣开始,对庞大的引语结构展开论述,包括引语的定义和分类、形式和功能特征、述导结构的类型,以及与其他结构之间的语法化发展关系,和更大范畴——摹拟之间的关系。

(二) 研究方法

本书的调查部分涉及语料搜集、整理和描写,对语料库本身的局限性有明确的说明，力求在语料有效的基础上涵盖非洲语言所有谱系；理论上先通过文献讨论，对重要概念进行梳理，"引语"这个在所有语言中都存在的范畴实际上定义很模糊，"述导结构"则更是在不同语言中表现差异性大、类型众多、难以判定，作者从广义角度判定引语和述导结构，明确其表达功能为引述者向受众指出其相邻出现的成分是引语。这样做的好处是从本质上找到引语和述导结构的特征，其缺点是考察对象太广，正如作者所说的，他并不打算在书中罗列各类，而是抓住典型，重点讨论述导结构的功能-形式关系。同时通过共时语言现象，来探讨和推定历时发展过程，在这一部分作者尽量避免受到所谓"理所当然"的语言发展规律的干扰，而是围绕语言事实进行归纳，并把历时演变和类型学结合。

（三）创新、不足与展望

本书也就大的理论问题进行讨论，其中最重要的一点就是述导结构和摹仿以及小句补语之间的关系，认为引语结构从功能上看是摹仿的一种，这符合人类认知发展的规律，在概念层次上也可把狭义的"摹仿"看作引语的下位概念，而引语和小句补语之间有明显的形式关联，但是和谓语结构又有本质不同，根本原因是引语本就是一个语用现象。Dmitry Idiatov（2012）提出作者虽然反对言说动词渠道的过度概括，但是文中也有过度概括化的问题；其次作者在分析一个语言中不同的引语结构时，没有足够清楚地解释在不同结构里引语结构以不同形式出现的具体原因；以及在一个语言中这些引述标记本身的词汇义和语用上的差异也可以更加详细一些。本书为引语结构研究提供了详细的语料，文中已经提出以下可以进一步讨论的问题，例如间接引语和其他非直接引语的结构，尚未涉及被引信息以及更大语篇对于引语结构的影响。对汉语研究者来说，引语结构也是值得去考虑的一个问题，但是研究较少，涉及到类型学的研究就更少了，应当重新思考述导结构和引语之间的关系，并对引语类型学问题进行补充和完善。

参考文献

Dmitry, Idiatov, 2011, *Quotative Indexes in African Languages: A Synchronic and Diachronic Survey by Tom* Güldemann (review). *Studies in Language*, 35(2): 445-452 (8).

Güldemann, Tom, 2008, *Quotative Indexes in African Languages: A Synchronic and Diachronic Survey*. Berlin: De Gruyter Mouton.

Haiman, John, 1989, Alienation in grammar. *Studies in Language*, 13 (1): 129–170.

Halliday, Michael A. K., 1985, *An Introduction to functional grammar*. London: Edward Arnold.

Hock, Hans H., 1982, The Sanskrit quotative: a historical and comparative study. *Studies in the Linguistic Sciences*, 12 (2): 39–85.

Larson, Mildred L., 1978, *The function of reported speech in discourse*. Publications in Linguistics and Related Fields 59. Dallas/ Arlington: Summer Institute of Linguistics and University of Texas.

Longacre, Robert, E., 2007, Sentences as combinations of clauses. In Timothy Shopen (ed.), *Language Typology and Syntactic Description* (2nd edition) *Volume* Ⅱ: *Complex Constructions*. Cambridge: Cambridge University Press. 372–420.

Lord, Carol, 1993, *Historical Change in Serial Verb Constructions*. Amsterdam: Benjamins.

McGregor, William B., 1994, The grammar of reported speech and thought in Gooniyandi. *Australian Journal of Linguistics*, 14 (1): 63–92.

Partee, Barbara Hall, 1973, The syntax and semantics of quotation. In Anderson, Stephen R. and Paul Kiparsky (eds.), *A Festschrift for Morris Halle*. New York: Holt, Rinehart and Winston. 410–418.

Rhodes, Richard, 1986, The semantics of the Ojibwa verbs of speaking. *International Journal of American Linguistics*, 52 (1): 1–19.

Willett, Thomas, 1988, A cross-linguistic survey of the grammaticization of evidentiality. *Studies in Language*, 12 (1): 51–97.

(作者单位：南京大学文学院)

假设条件句连词的限制分析和非真实性等级

王宇婷　刘明娅

提　要　本文考察的对象是汉语假设条件连词的命题意义（at-issue meaning）和情态意义（non-at-issue meaning）。假设条件句的语义关系是非真实性条件和结果构成的复句关系，前呼句中的连词体现假设义，后应句中的副词才是条件义的关键要素。本文基于限制分析法的观点，即将条件小句看作情态算子的限制性成分，后应句中的标记如"就"是情态算子，而假设连词"如果"则是其限制成分。假设条件连词的情态意义主要涉及到说话人承诺性（speaker commitment），具体而言是非真实性的等级，本文通过分布考察和语感测试，认为"万一"具有较为特殊的情态意义。

关键词　有标假设句　条件连词　限制分析法　说话人承诺

一　引言

假设范畴和条件范畴普遍地存在于各语言系统中，两者关系密切，假设条件句则涉及这两个范畴，是汉语复句研究的重要对象，典型结构为"如果p，q"。基于不同的研究视角，有的研究将"如果p"称为条件子句、前呼句、前件等，相对应的"q"被称为结果子句、后应句、后件等，由于"如果p"和"q"之间未必是条件-结果关系，而"前件"和"后件"通常是逻辑关系中对条件句的分析，本文分别将其称为"前呼句"和"后应句"。从跨语言范围看，假设条件关系既可以采用虚词手段也可以采用句式手段表达，例如汉语可以通过固定句式表达两个子句的条件关系，如"他来，我走"（如果他来，我就走），"你不答应，我不走"（如果你不答应，我就不走）。但汉语表达假设条件句的主要方式是有标假设复句（即含有假设标记的复句），具体形式包括：前呼句前置连词，一般称为假设条件连词，如"如果、要是、假如、若"，以及特殊的前呼句后置连词，即"的话"，还有后应句中的标记，如"那么、则、就"。以上这些标记可以独立出现也可以共现，但后应句中的标记通常不能省略，如：

（1）a. <u>要是</u>(前呼句前置连词)你不去，我<u>也</u>(后应句情态标记)不去。
　　　b. 老师问起我<u>的话</u>(前呼句后置连词)，你<u>就</u>(后应句情态标记)说我生病了。
　　　c. <u>如果</u>(前呼句前置连词)明天下雨，<u>那么</u>(后应句连词)室外活动<u>就</u>(后应句情态标记)取消。
　　　d. <u>假如</u>(前呼句前置连词)考生被证实作弊<u>的话</u>(前呼句后置连词)，<u>那么</u>(后应句连词)他的成绩<u>将</u>(后应句情态标记)被取消。

以英语为代表的印欧语还可以通过句法手段（时态后移）表示不同级别的假设性，最极端的情况是违实条件句，如：

（2）a. If you translate this for me, I'll give you $ 100.（如果你帮我翻译这个，我就给你100美元。）
　　　b. If you translated this for me, I would give you $ 100.（如果你帮我翻译了，我就给你100美元。）
　　　c. If you had translated this for me, I would have given you $ 100.（如果你当时帮我翻译了的话，我就给你100美元了。）

以上是通过时态后移（Tense back-shifting）来表现不同的非真实性，例（2）a是未来的假设，因此用一般现在时，例（2）b是对过去情况的假设，但是条件是否符合事实并不清楚，采用一般过去时，而例（2）c是违实条件句，和已知事实相反，因此用过去完成时。而汉语没有句法上的时态标记，我们在翻译例（2）c时只能加上"当时"这样的时间副词来表达过去。汉语中存在类似时态的手段表达违实，例如在前呼句中含有完成否定标记"没"，和惯常否定"不"形成对比，如：

（3）a. 要是你没同意，我也不会签字的。
　　　b. 要是你不同意，我也不会签字的。

虽然例（3）a的违实意味更强，表达的含义是"你同意了，所以我签字了"，但是例（3）a的违实性解读并非强制性的，如"我想确认你有没有同意过，要是你没同意，我也不会签字的"。汉语表达特殊的假设只能通过虚词手段，如"要不是"和"早"：

（4）要不是你迟到了，我们现在已经到上海了。
（5）早知道会议取消，我今天就不来了。

违实条件句是非真实性最为极端的一种情况（真实性＝0），本文所关注的问题是汉语假设条件连词是否有非真实性等级上的区别？换句话说，当说话人选择一个假设条件连词时，除了表达一种复句关系，能否对条件发生的可能性或者说非真实性强弱产生影响？下文先介绍国内外关于假设条件句的研究成果，在现有理论背景的基础上，通过条件连接词的分布考察和实证研究，对假设条件非真实性等级的影响因素进行分析。

二　假设条件连词的命题意义

（一）假设、假设句和假设条件句

在进行非真实性等级分析之前，先要厘清假设、假设句和假设条件句的概念。虽然"条件"和"假设"分属两个不同范畴，然而学界对汉语条件句和假设句的关系却仍有争论。前人研究对待两者的关系基本分为两类观点，一类观点认为假设句和条件句是并列的关系，表示不同的复句类型，持此类看法的代表研究有邢福义（2001），将复句的关系类别划分为因果、并列、转折，即复句三种最基本的关系，而条件句和假设句都属于因果复句。其中假设句是根据某种假设来推断事物之间的因果关系，形式为"如果……就……"；条件句是根据某种条件来推断事物间的因果关系，形式为"只有……才……"；还有一种条件假设句，是根据某种条件来推断事物间的因果联系，同时又有明显的假设意味的复句，即前两者的结合，形式为"只要……就……"。可以看出，在邢文分析中语义逻辑类型不仅受到前呼句连词的影响，还和后应句的情态标记有关。第二类观点认为两者是上下位的概念关系，代表研究有王力（1943）、吕叔湘（2004/1944），认为假设句与其他条件句的区别在于假设具有虚拟的条件，即条件与事实相反的或还没有发生的条件句，第一小句提出一个假设，第二小句说明假设的后果，格式为"要是…就…"。两文都关注到条件句的非真实性问题，除了以上两类观点，还有一类认为"假设"和"条件"不是一个层面的问题，如林裕文（1984）认为"假设"是指叙述的内容尚未证实，而"条件"是一种复句关系，两者的联系在于表示假设的句子往往有条件的关系，表示条件的句子常常也就是一种假设，但罗晓英（2007）认为只有表示假设条件的部分不能称为假设句。

基于前人的讨论可以看出"假设"的概念更广，例如下面含有非真实性的句子，但是并不是复句研究中所说的"假设句"：

（6）a. 我怕明天下雨。
b. 小新希望这次考试能简单点。

广义的假设句不一定表示两个分句的因果关系，例如：

（7）a. 如果明天下雨，怎么办？
b. 万一明天下雨就不好了。
c. 如果地上湿了，那么昨天夜里一定下雨了。

罗进军（2012）讨论了广义有标假设句的语义特征，将其分为单纯语义关系和复杂语义关系，单纯语义关系是"假设"，复杂语义关系又有双合型和三合型，而"假设+条件"只是十种双合型语义特征关系中的一种。上文介绍的前人研究中将假设句看作条件句的下位概念，就是针对含有"假设+条件"语义关系的狭义假设句，表示非真实性的因果关系，例如：

（8）a. 如果明天下雨，我们就在室内活动。
b. 万一我迟到了，你帮我跟老师解释一下。

我们将这种狭义假设句称为假设条件句。假设义通过假设连词表达，具体表现为前呼句中的前置和后置连词，而条件关系则需要后应句中的相关标记，如连词"那么、则"，副词"就、也"，情态词"将、会"等。但是大多数研究止步于讨论前呼句连词和后应句连词的搭配，以及共同作用下表达复句关系，但是分别有何语义贡献，以及什么影响假设条件句的非真实性等级很少有研究进行过深入的讨论。

（二）条件小句限制分析法

西方语言学界对英语 *if* 条件句（*if p, then q*）的研究从实质蕴含（material implication）分析开始，实质蕴含曾一度在语义学中占据重要地位，被用在量词的语义分析中。根据 Kratzer（1986），Grice 提出了关于条件句的悖论（Grice's paradox），经典的例子是：甲和乙两人下国际象棋，甲在 10 次中有 9 次执白棋，两人已经下过 100 次，当甲执白棋时 90 次胜 80 次，而当甲执黑棋时，10 次全输。假设甲乙两人昨天晚上下了一局，而我们不知道这局的结果，因此可以说：

（9）If Yog had white, there is probability of 8/9 that he won.（如果甲执白棋，他有 8/9 的概率赢。）

（10）If Yog lost, there is a probability of 1/2 that he had black.（如果甲输了，有 1/2 的概率他执的是黑棋。）

按照传统分析方法，有两种可能的逻辑式：

（11）If A, then x-probably B

（12）x-probably [if A, then B]

可以看出两者的区别是 *x-probably* 位置，在例（11）中位于其表层位置，而在例（12）中被提升到小句的外部。如果采用例（11）的分析，只要 A 为假，则整个句子为真，但是对于例（9）来说，A 为假（甲执黑棋）不能使得句子为真，同样例（10）也不会因为 A 为假（甲赢了）而为真。如果采用例（12）的语义分析，则得到以下的解读：

（13）8/9-probably [if Yog had white, then Yog won]

（14）1/2-probably [if Yog lost, Yog had black]

Grice 认为在象棋比赛中，不是执白棋就是执黑棋，不是赢就是输（该比赛前提规定不能平局），而例（13）和例（14）是对置的，应该是等值的，却有不同的可能性，因此构成悖论。Krazter（1986）认为应该考察条件小句和概率之间的关系，提出条件小句的功能是限制 x-probably 概率算子。在例（9）的推理过程中，说话人首先在 100 次比赛中锁定甲执白棋那 90 次，相当于缩小域，在 90 次中甲赢了 80 次，因此得到 8/9 的概率。因此对于例（9）和例（10）的语义分析应该如下：

（15）[8/9-probably：g is a game and Yog had white in g] Yog won g

（16）[1/2-probably：g is a game and Yog lost g] Yog had black in g

条件小句限制分析法把条件连接词看作一个限制性成分（restrictor）。Krazter 认为不含有量词或概率算子的一般条件句可以看作隐含情态化，从而条件小句用于限制情态算子，情态算子可看作可能世界的量词，if 小句用以限制可能世界的集合。例如：

（17）a. If my hen laid eggs today, the Cologne Cathedral will collapse tomorrow.（如果我的母鸡今天下蛋，科隆大教堂明天就倒塌。）

b. [must：my hen has laid eggs today] the Cologne Cathedral will collapse tomorrow.（[must：我的母鸡今天下蛋] 科隆教堂明天倒塌。）

c. Truth condition：Cologne Cathedral will collapse tomorrow in all those worlds w' that are accessible from w and in which my hen has laid eggs.（真值条件：在所有"我的母鸡今天下蛋"的可及的可能世界 w' 中，科隆大教堂明天倒塌。）

可能世界的可及性通过情态词 must 表达，而这种情态在例（17）中是隐含的，是一种认识必然性（epistemic necessity）。限制分析法的重要贡献是提出在自然语言中的条件句和逻辑关系中的条件"→"不同，不是一个二元条件连项（two-place conditional connective）。

利用限制分析对汉语假设条件复句的研究较少，我们以例（1）中所列举的有标复句形式用限制分析理论来分析汉语的情况。例（1）d 也隐含认识情态，如：

（1）d. 假如考生被证实作弊的话，那么他的成绩将被取消。

（18）[must：考生被证实作弊] 他的成绩将被取消

真值条件：在所有"考生被证实作弊"的可及的可能世界 w' 中，他的成绩将被取消。

除了认识情态自然语言还有其他情态的，如例（1）a "要是你不去，我也不去"隐含的必然性是动力情态（dynamic）的，具体而言是欲求必然性（desire necessity），因此其语义为：

（19）[must：你不去] 我不去

真值条件：在所有"你不去"的可及的可能世界 w' 中，我不去。

例（1）b "老师问起我的话，你就说我生病了"中所隐含的必然性是道义情态（deontic）的，因此其情态不再用 *must* 表达，而是表道义必然性的 *should*，其语义为：

（20）[should：老师问起我] 你说我生病了

真值条件：在所有"老师问起我"的可及的可能世界 w' 中，你说我生病了。

限制分析法解释了假设条件句中的后应句中需要表达情态的副词，而假设连词标记的前呼句功能不是连接两个子句，而是限制后应句中隐含的情态算子。

三　假设条件连词的情态意义——真实性等级

以上是对假设条件连接词命题意义（at-issue meaning）的分析，下面我们将分析条件连接词的情态意义（non-at-issue meaning）。Visconti（1996）提出条件连接词含有情态义，即说话人对于命题的态度，如对条件句的认识、道义、情感等方面的评价。对条件连接词的认识评价（epistemic evaluations）可以通过说话人承诺量级（Speaker Commitment Scales, SCSs）来表示。（Giannakidou, 1998/2014；Giannakidou and Mari, 2017）根据 Liu（2019），德语条件连接词 *wenn* 'when, if' 和 *falls* 'if, in case' 的 SCS 如下：

（21）More committed<*wenn*, *falls*>Less committed

上面的量级左侧是更高的承诺性，右侧是更低的承诺性，当说话人使用 *wenn* 时比使用 *falls* 时对条件的发生更加确定，换句话说，*falls* 的非真实性更高。现代汉语常用假设条件连词有"如果、假如、要是、倘若、万一"等，但是对于这些假设条件连接词的非真实性研究尚不深入。除了说话人承诺和非真实性，还涉及另外一个概念——假设性等级。在很多语言中假设条件句有假设性等级的表达，Comrie（1986）认为高假设性意味着低可能性（probability），以英语为代表的印欧语可以使用时态后移（Tense back-shifting）来提高假设性，如：

（22） a. If you translate this for me, I'll give you ＄100.
　　　 b. If you translated this for me, I would give you ＄100.
　　　 c. If you had translated this for me, I would have given you ＄100.

以上例句的假设性次序为：a<b<c，其中 a 称为开放条件句，c 称为违实条件句，c 是假设性最高的条件句。Comrie 认为汉语没有假设性等级，理由是一个句子可以对应三种假设性等级：

（23） 张三喝了酒，我就骂他。
（24） a. If Zhangsan has drunk, I'll scold him.
　　　 b. If Zhangsan drank, I would scold him.
　　　 c. If Zhangsan had drunk, I would have scolded him.

三种不同的假设性等级在汉语中是同一种形式，因此说明汉语没有假设等级。王春辉（2010）提出其他语言系统中可以通过不同连词区分假设性高低，比如马耳他语中用 *jekk* 表示低假设性条件，*kieku* 用于高假设性条件。那么汉语是否也通过假设连词来表达假设性等级？国内学者对该问题也有不同看法，Chao（1968）认为汉语的条件连词反应假设性程度，"要是、要、若是、倘若、假若、假使、倘使、设若"的假设性逐渐递增，吕叔湘（1944/2004）认为现代汉语条件句可能性高低和关系词没有太大关系，而吕叔湘（1985）认为文言文里使用"使、令、设"等关系词的句子多半表示与事实相反的假设，"向使"只用于与事实相反的假设。王春辉（2010）认为汉语有表达假设性最高级——违实语义的词汇和语法形式，例如"要不是"带有明显的高假设性，以及"早VP"结构，但是不构成违实范畴这一语法实体，只能看作语义范畴。条件连词的假设性和说话人承诺等级成反比,下文我们首先通过对条件连接词在不同类型条件句中的分布限制进行真实性等级的推测,然后通过实验研究对我们所提出的等级序列进行检验。

(一) 从假设条件连词的分布看非真实性等级

汉语假设条件连词数量较多,其中口语语体常用的是"如果、要是、假如、万一"。在相同语体中,这些连词在条件句中可互换,但是在一些特殊的条件句中有分布限制。

1. 陈述性条件句(Indicative conditionals)

陈述性条件句在语境中有条件句真值的支持性证据,不过仍具有非真实性,含有"假"语素的条件连词,如"假如、假设、假若"等,以及"万一"作为假设条件连词的接受度较差,如在某场考试上,两个监考员之间的对话:

(25)监考员 A:"我看见小明考试时偷偷看手机。"
  监考员 B:"如果/要是/？万一/？假如/？假设/？假若他作弊,我们要对他提出警告。"

再例如两个女性朋友之间的对话:

(26) A:我看见你老公和别的女人单独吃饭。
  B:如果/要是/？万一/？假如/？假设/？假若他出轨了,我就和他离婚。

2. 前提性条件句(Premise conditionals)

前提性条件句是以某个语境中已知的前提为前呼句,因此在对话双方的共识(common ground)中是真实的,在这类条件句中"假如"类和"万一"也不能出现,仍以两个监考员和两个女性朋友之间的对话为例:

(27)监考员 A:"我看见小明作弊了。"
  监考员 B:"如果/要是/？？万一/？？假如他作弊,我们要对他提出警告。"
(28) A:你老公出轨了。

B：如果/要是/??万一/??假如他出轨了，我就和他离婚。

以上两类条件句的共同特征是语境中有明显的证据或者事实，因此具有很弱的非真实性，但非真实性≠0，否则就采用"既然"类条件连词。因此我们的预测是"万一"和"假如"除了上文分析的命题意义，还有情态意义，即较强的非真实性。

3. 违实条件句

上文已经提到非真实条件中的一种极端情况——违实条件，即条件所述命题和已知事实相反，此类条件句中"万一"不能出现，如：

(29) a. 如果/要是/假如/*万一我是男生，我就剃圆寸。
b. 如果/要是/假如/*万一可以回到过去，我一定好好锻炼身体。

和违实条件句类似的还有祈愿语态（Counterfactual optatives），都包含一个与已知事实相反的命题，"万一"也不能在其中出现，如：

(30) a. 如果/假如/要是/*万一他刚才没走就好了。
b. 如果/假如/要是/*万一我早点儿出门就好了。

在对违实条件句的研究中一般关注能够用于违实的假设条件连接词，对于"万一"不能用于违实条件的研究较少。张雪平（2009）认为"万一"表达的是"假设性因果依变关系"，不能是已知发生的事情或反事实的事情，具有非现实情态表达功能以及非意志性。张的看法是"万一"的命题意义和其他条件连词有本质不同，而不是情态意义的问题。这一点可以用限制分析理论解释，"如果我是男生，我就剃圆寸"的语义为：

(31) [must：我是男生] 我剃圆寸

真值条件：在所有"我是男生"的可及的可能世界中，我剃圆寸。

例（31）的预设是"我不是男生"，因此"我是男生"的可能世界的集合不包括现实世界 w，而"万一"条件小句所限制的可能世界的集合必须包含现实世界，因此出现矛盾。当条件小句的命题不是明显和现实世界矛盾，可以理解为一般假设条件句，也可以理解为违实条件句。假设一个场景，说话人在谈论一个因灾难失踪的人，如：

（32）如果/万一他没死，他一定会想办法联系家人的。
[must：他没死] 他会想办法联系家人的

真值条件：在所有"他没死"的可及的可能世界里，他会想办法联系家人。

而"他还没死"的可能世界的集合包含现实世界，因为在现实世界"他"的生死未卜。但是当说话人在谈论一个遇难者，可能世界的集合则不包括现实世界：

（33）如果/*万一他没死，他一定能帮助大家渡过难关。
[must：他没死] 他能帮大家渡过难关

真值条件：在所有"他没死"的可及的可能世界里，他能帮大家渡过难关。

但是基于说话人和听话人的共识，例（33）的可能世界的集合中不包括现实世界 w，因为在现实世界"他没死"为假。因此我们认为"万一"的语义和其他假设条件连词有根本的不同。

4. 饼干条件句

饼干条件句（Biscuit conditionals）得名于英语中的一个经典例句：

（34）If you are hungry, there are biscuits on the table.

饼干条件句的特点是前呼句和后应句之间没有因果关系，例如例（35）中"桌子上有饼干"和"你饿了"无关，"垃圾袋在座位下方"和"你晕车"无关。我们发现"假如"在饼干条件句中不太自然，如：

（35）a. 如果/要是/万一/??假如你饿了，桌子上有饼干。
　　　b. 如果/要是/万一/??假如你晕车，垃圾袋在座位下方。

并且"就"也不能出现在饼干条件句的后应句中，如：

（36）#如果你饿了，桌子上就有饼干。

例（36）标为"#"因为虽然句子可以说，但只有在"就"强调"桌子上"时，"如果你饿了，桌子上就有饼干，不用去厨房的柜子里找"，但是作为条件句中的情态算子的"就"不能出现在后应句中。沈家煊（2003）从"三域"角度对此类条件句进行分析，"三域"理论是在 Sweetser（1990）提出语言有 content（行域）、epistemic modality（知域）、speech acts（言域）三个层次的基础上，沈先生认为每类复句都有三个域，但传统复句研究只关注行域，像饼干条件句这样的看似没有条件关系的复句，实则属于"言域"的问题。他认为这类条件句的后应句通常是一个言语行为（speech act），可以插入言语行为的表达，如：

（37）如果你饿了，那么我告诉你桌子上有饼干。

我们同意饼干条件句属于言域问题，但对于后应句中不能出现"就"的问题仍旧没有很好的解释。事实上无论言语行为部分出不出现，其他常用的情态算子的词汇表达也不能出现，如"将、也、一定"：

（38）a.?? 如果你饿了，桌子上就/将/也/一定有饼干。
　　　b.?? 如果你饿了，那么我就/将/也/一定告诉你桌子上有饼干。

通过上文限制条件分析可知条件句需要隐含的情态算子，通常表现为以上的情态副词，但是饼干条件句排斥这些情态副词，因此不能分析为：

（39）a.#［must：你饿了］桌子上有饼干
　　　b.#［must：你饿了］我告诉你桌子上有饼干

因此我们认为饼干条件句并不是真正的条件句，只有假设连词，是只含有单纯语义关系——"假设"的有标假设句。

通过上文的分析，"万一"和"假如"类假设条件连词不能出现在陈述性条件句、前提性条件句中还没有合理的解释，这两种条件句的共同点是非真实性低的语境，或者说假设性低，因此我们提出假设："假如"和"万一"

的非真实性高于其他假设条件连词,本文主要考虑"如果"和"要是"。小范围不同母语者之间的直接语感反馈差别较大,因此我们通过语感测试来检验"如果、要是、假如、万一"四个假设条件连词的非真实性等级。

(二) 实验:假设条件连词的非真实性等级语感测试

本研究选取四个常用的汉语假设条件连词作为测试对象,即"如果、要是、假如、万一",基于上文对于不同连词在条件句中的分布情况分析,我们对四个假设条件连接词的 SCS 进行以下预测:

(40) More committed<要是/如果,假如,万一 >Less committed

实验目的是测试汉语母语者对条件连接词的说话人承诺性(非真实性等级)的语感判断。被试者是来自南京大学的本科生以及研究生共 56 名,母语均为汉语。实验的内容是通过 Ibex Farm 在线系统进行,每一个具体的测试题中被试者会在电脑屏幕上依次看到四个句子:S1 语境,S2 条件句,S3 真实性等级评分(1-5 分),S4 理解性问题。例如:

(41) S1 娜娜有一台旧电脑。
S2 她想:如果电脑有硬件坏了,我就送去修。
S3 娜娜认为电脑有硬件坏了吗?
S4 娜娜有一台旧电脑吗?

其中 S1 引入一个语境,S2 是测试句,S3 需要被试者通过按下按键进行评分(1—5 分),S4 则是针对 S1 所提供的语境进行正误判断,以此测试被试者是否集中注意力在理解测试题上,本研究共得到 54 份有效数据,我们采取线性混合影响分析法(linear mixed effects analysis)对数据进行分析,结果如下:

表 1   "如果、假如、要是、万一"线性混合影响分析结果

Condition	CC	rating	sd	se
1	如果	3.32	0.81	0.06
2	假如	3.29	0.87	0.06

续表

Condition	CC	rating	sd	se
3	要是	3.10	0.92	0.06
4	万一	3.28	0.79	0.05

从表1可以看出三个条件连词"如果、假如、要是"之间没有显著性差异,而"万一"和其他三项有显著性差异($\beta = -0.21$, $t = -2.80$, $p = 0.005$),因此四个假设条件连接词SCS应为:

(42) More committed<假如/如果/要是,万一>Less committed

以上结果表明,当说话人用"万一"作为条件连接词时,说话人对于条件句的可能性预测低于使用"如果、要是、假如"。

四 "万一"的非真实性分析

罗耀华和徐欢(2012)考察了"万一"的语法化过程,认为其来源是偏正的数量短语"万分之一",经历了名词-副词-连词的语法化过程。"万一"在古汉语中的用法如下:

(43) 夫欲治之主不世出,而可与(兴)治之臣不万一。(《淮南子·泰族训》)

上例中"万一"是"万分之一"的缩略形式,随着"万一"使用逐渐固定化,其内部结构更紧密,词汇化的同时使得其"可能性极小的意外变化"的意思凸显,如:

(44) 如有万一,援不朽于黄泉矣。(《后汉书·皇后纪上·明德马皇后》)

"万一"用作副词出现在VP前,表示可能性极小的情况,如:

（45）不如面缚归金阙，万一皇恩下玉墀。（杜甫《青丝》）

"万一"用作连词，连接复句，表示未知的可能性极小的假设条件：

（46）万一有不如意，臣当以死奉明诏。（《三国志·魏书·曹真传附曹爽》）

"万一"的语法化来源和扩展基础决定了其只能表示尚未发生的可能性极小的情况，形成了"非真实性"基础，从而具有扩展为假设连词的条件。"万一"在现代汉语中体现出以上语法化过程的各阶段，具体表现为名词、副词、连词的用法并存，名词用法呈现固化表达的趋势，一般在"以防、怕"等动词后，如：

（47）a. 车里要存放车载灭火器，以防万一。（名词）
　　　b. 兔子躲在洞里不再出来，怕万一遇到狐狸。（副词）

判定（47）b是副词的证据是删除副词"万一"不影响句子的合法性，而词性单一的假设连词"如果、要是、假如"等不能出现在上面例句中的副词位置。"万一"在现代汉语中延续了"非现实的低可能性"，如：

（48）a. 如果硬币是正面，就红方先发球。
　　　b. ?? 万一硬币是正面，就红方先发球。

其中抛硬币行为得到正面的可能性是50%，因此不是可能性极小的假设条件，因此母语者对（48）b的接受度很低。此外，传统语法描写中注意到"万一"的消极含义，如：

（49）a. 如果我考了第一名，爸爸就会奖励我一个玩具。
　　　b. ?? 万一我考了第一名，爸爸就会奖励我一个玩具。

没有上下文语境无法得知"我考了第一名"的可能性，那么（49）b接受度低的原因是条件的积极意义。基于以上分析，我们认为"万一"除了命题意义之外，还有"情态意义"（non-at-issue meaning），我们将其表示为：

（50）λP. unlikely/undesirable（P，x）

其中 P 表示前呼句所包含的命题，x 表示说话人。

五　小结和余论

本文所讨论的是假设条件句，不同于传统语法中把假设条件连词看作两个句子的连接，我们在限制分析法的理论框架下，把条件小句看作是句子情态算子的限制性成分。汉语条件连接词除了能够表达条件关系（命题意义）之外，其说话人承诺性还有内部差异，即非真实性等级。本文通过语感测试实验，得到的结论证实"万一"所表达的说话人承诺较"如果、要是、假如"更低，这则和其语法化来源有关。由于篇幅原因，本文仅讨论"万一"的命题意义和情态意义，而其他假设条件连词尚没有深入分析，有待日后进一步研究。

参考文献

古川裕：《关于"要"类词的认知解释——论"要"字由动词到连词的语法化途径》，《世界汉语教学》2006 年第 1 期。

林裕文：《偏正复句》，上海教育出版社 1984 年版。

罗晓英：《现代汉语假设性虚拟范畴研究》，博士学位论文，暨南大学，2006 年。

吕叔湘：《吕叔湘文集（第 1 卷）：中国文法要略》，商务印书馆 2004 年版。

沈家煊：《复句三域"行、知、言"》，《中国语文》2003 年第 3 期。

王力：《中国现代语法》，商务印书馆 1943 年版。

王春辉：《汉语条件句的结构与功能》，博士学位论文，中国社会科学院研究生院，2009 年。

邢福义：《汉语复句研究》，商务印书馆 2001 年版。

Chao, Yuen Ren, 1968, *A Grammar of Spoken Chinese*. Berkeley/Los Angeles: University of California Press.

Comrie, Bernard, 1986, Conditionals: A typology. In Elizabeth Closs Traugott, Alice ter Meulen, Judy Snitzer Reilly, and Charles A. Ferguson (eds.), *On condi-*

tionals. Cambridge: Cambridge University Press, 77-99.

Giannakidou, Anastasia & Alda Mari, 2017, Epistemic future and epistemic MUST: Nonveridicality, evidence, and partial Knowledge. In Joanna Blaszczak, Anastasia Giannakidou, Dorothy Kilmer-Jankowska & Krzysztof Migdalski (eds.), *Mood, Aspect, Modality Revisited: New Answers to old Questions*. Chicago: University of Chicago Press, 75-124.

Kratzer, Angelika, 1986, Conditionals. *Chicago Linguistics Society* 22 (2): 1-15.

Liu, Mingya, 2019, The Elastic Nonveridicality Property of Indicative Conditionals, *Linguistics Vanguard* 5 (3): 1-10.

Sweetser, Eve, 1990, *From Etymology to Pragmatics: Metaphorical and Cultural Aspects of Semantic Structure*. Cambridge: Cambridge University Press, 111-114.

Wierzbicka, Anna, 1997, Conditionals and counterfactuals: Conceptual primitives and linguistic universals. In Athanasiadou and Dirven (eds.), *Semantics: primes and Universals*. Oxford: Oxford University Press, 15-59.

(作者单位：南京大学文学院)

汉语复句的类别和结构

魏 玮[1] 李艳惠[2]

提 要 本文结合复句的语篇功能和形式句法的短语结构，将汉语复句中的分句划分为四类。通过对比，我们发现汉语和英语中起到语篇衔接组织功能分句的无标记语序是"分句—主句"；限定修饰主句功能的分句在英语中通常位于主句之后，而汉语中此类分句的无标记位置是主句之前。这一分类可以从句法辖域和语音语调的角度得到验证。此外，两种不同语篇功能的分句也对应于句法上内分句（central adverbial clause）和外分句（peripheral adverbial clause）的划分。分句与主句结合时，限定修饰主句内容的内分句在主句中的位置较低，而衔接组织功能的分句处于主句边缘位置，属于外分句。本文对复句的分类揭示了复句的语序、结构、语调和语篇功能之间的系统关联。

关键词 复句 句法结构 衔接组织 限定修饰 内分句 外分句 标记

一 导论

本文参考英语复句的分类手段，探讨汉语复句的分类。复句中的分句根据语篇功能可以分为两类：语篇组织衔接功能和修饰限定主句功能。分句可能出现的位置有主句前和主句后两种，因此理论上有四种类别。在文章第二部分，我们将回顾英语复句分类的相关研究。这些研究普遍将复句分为两类无标记语序和两类有标记语序。语篇组织衔接分句的无标语序是"分句—主句"，而限定修饰主句分句的无标语序是"主句—分句"。只有在特殊条件下，这两种分句会出现在相反的位置。

在第三部分，我们借鉴英语复句的分类手段，考察汉语复句的类型。我们发现，在两种不同的语篇功能下，汉语复句的无标记语序都是分句在复句前。复句的分类揭示出语序、结构、语调和语篇功能之间的系统性关联。在汉语中，"主句—分句"语序属于有标记语序，其使用只有在特定条件下才适宜。在第四部分，通过考察来自会话语料库的语料，我们发现有标记语序出现的两类条件：（1）主句类容为对比焦点，（2）分句类容为补充说明。因此，有标语序的分句也对应分为两类。

第五部分从生成句法角度研究汉语分句的内外结构。分句的内部结构是指分句的短语投射大小。根据Rizzi（1997）年提出的左缘结构，一个句子最大的结构是语力投射（Force Projection），其下有话题投射（Topic Projection）、焦点投射（Focus Projection）和限定性投射（Finite Projection）。在汉语中，根据句末助词的语义和句法共现顺序，语力投射又进一步被分为（说话人）态度投射（Attitude Projection）和语力投射（Paul, 2014; Pan, 2015; Pan & Paul, 2016）。此外，Haegeman（2002, 2010a, b, 2012）在关于英语、德语和法语复句的一系列研究中提出分句可以分为内分句（central adverbial clause）和外分句（peripheral adverbial clause）两种类型。内分句在并入主句时的句法位置较低，而外分句则较高，处于主句的边缘位置。第五部分将复句分类与内外分句的研究相结合，探讨四种分句类型的结构和句法生成过程。

二 从句的语篇功能和句法结构

英语复句的研究认为分句有两种语篇功能（Givón, 1982, 1990; Chafe, 1984; Thompson, 1985; Quirk 等, 1985: 1075—1077; Ramsay, 1987; Ford, 1993; Verstraete, 2004, 2007）。第一种功能是语篇组织衔接。具有这种功能的分句包含已知内容，为主句提供背景信息，是前文和主句内容的桥梁，连贯前后。Chafe（1984）和Ramsay（1987）的定性和定量研究表明，在英语中，语篇组织衔接的分句通常位于主句之前，复句是"分句—主句"语序。这一发现与Haiman（1978）将句首条件句看成整个复句"话题"的观点相契合。

分句的语篇功能与整个复句的层次结构密切相关。语篇组织衔接功能的分句并入主句的句法位置较高，在主句的否定词、情态词、量化词、疑问词等辖域词的辖域之外。例如，在（1）中，由 *while* 引导分句具有篇章衔接组织功能。该分句不能位于主句是非疑问算子的辖域之内；换言之，整个复句不是预设"这些事发生了"，并询问"这些事是否发生在你担任联邦政府的高级官员期间"。时间分句只是为主句的问题（"这些事发生了吗？"）提供一个背景时间范围。

(1) While you were a senior officer in the federal government, did these things occur?
≠ 'was that the time [focus] when these things happened [presupposition]?' (Verstraete 2004: 833)

分句的另一种语篇功能是修饰限定主句内容。分句从时间、条件、地点、方式、原因等角度对主句中所述事件、情况加以限定和修饰。分句内容为新信息，并可以作为整个复句的焦点，处于主句辖域词的范围内。在英语中，这类分句的无标记语序是位于主句之后，即整个复句是"主句—分句"语序。(2) 中由 while 引导的时间分句位于主句之后，是正反问句的疑问焦点。

(2) I think it's very important to measure when and where things occurred. Did they occur when you're a young person, in your formative years, or did they occur while you were a senior official in the federal government?
= 'was that the time [focus] when these things happened [presupposition]?' (Verstraete 2004: 833)

以上两例是英语复句语序中无标记的情况，即表 1 中的第 1 类和第 4 类。Quirk 等（1985：1626—1628）注意到这两类复句语调停顿的不同。第 1 类分句与主句之间有停顿，在书写中反映为逗号的使用。第 4 类修饰限定的分句通常与前面的主句间没有停顿。

表 1　　　　　　　　英语的四类分句

类别	位置	主句辖域	语调停顿	语篇功能	有无标记
1	主句前	外	有	语篇组织衔接	无
2	主句前	内	无	修饰限定主句	有
3	主句后	外	有	语篇组织衔接	有
4	主句后	内	无	修饰限定主句	无

Verstraete（2004）提出英语中存在两类有标记的复句语序。主句前的分句在主句的辖域之内（表1第2类）或者主句后的分句在主句辖域之外（表1第3类），都是有标记的情况，因为这两种类型出现频率低，语调不同，且需要特殊的词语修饰。（3）中的时间分句属于第2类，主句的内容在前文有照应，是已知信息；*especially* "特别"这个词表明时间分句是一个位于主句辖域内的对比焦点。

(3) It is better for me to go ahead slowly and carry everyone with me than to hurry along and cause dissension. <u>Especially when I speak in public</u> I must show that I love all my sheep, like a good shepherd. (Verstraete 2004: 834)

在主句后的分句通常在主句的辖域内（第1类），但在特定条件下，主句后的分句可以位于主句辖域之外（第4类）。（4）中的时间分句前有停顿（标记为"#"），该分句在主句是非问句的辖域之外，即主句的问题是关于说话双方是否要去酒吧，而不是说话双方是否要在酒吧关门前去。

(4) Do you wanna... erm go for a quick one #<u>before it closes</u> #. yeah #. before it closes #. (Verstraete 2004: 832)

表1中的英语复句分类揭示了复句语序、语义辖域、语音停顿及语篇功能之间的系统关联，涵盖了句法、语义、语用和韵律多层面。在下一部分，我们以此为基础，研究汉语复句的分类。

三 汉语中的四类状语从句

Chao（1968: 133）将主句后的分句看作是没有计划好的话语内容，是前一句的补充说明。也就是说，在汉语中，"分句—主句"是汉语复句的无标记语序，而"主句—分句"则是有标记的特殊语序。我们以条件分句为例，以分句内容的新旧为参数，确定分句的语篇功能，进而考察条件分句在两种功能下相对于主句的无标记语序。

在（5）的对话中，条件句的内容为对话中的已知信息，承接前后话语，起到衔接组织功能。（5a）中"分句—主句"的语序比（5b）"主句—分句"

的语序更自然。(5b) 的语序并非不合语法。我们询问的汉语母语者都认为 (5b) 中的条件句像是说话人忘记了说，然后补充说明，这种情况下必须使用"的话"才自然。

(5) (A 说："我一会儿可能要去学校。" B 说：)
a. 如果你要出门的话，顺便把垃圾带出去。
b. %顺便把垃圾带出去，如果你要出门的话。

对比英语复句，(5a) 跟表 1 中的第 1 类相同，具有语篇组织衔接功能，"分句—主句"是无标记的语序。

再看修饰限定功能的分句。在 (6) 中，条件分句是问题的答案，限定修饰"你会去美国"的条件。母语者认为适宜的语序是 (6a) 中的"分句—主句"，而 (6b) 的"主句—分句"语序则不自然。主句的内容为预设的旧信息，条件分句作为特指问的答案，是整个复句的焦点，与主句中的焦点副词"就"相关联。而当条件句出现在主句之后时，条件句不再处于主句中焦点算子"就"的辖域之内，主句中"就"的出现变得不合法。

(6) (A 问："你会在什么条件下去美国？" B 说：)
a. 如果国家给我奖学金，我就会去美国。
b. %我（*就）会去美国，如果国家给我奖学金（的话）。

这里我们观察到汉语和英语的不同：在修饰限定的功能下，英语的无标记语序是"主句—分句"[表 1 的第 4 类，参考 (7) 中的英语例子]，而汉语的无标记语序依旧是分句位于主句之前。

(7) (A: "Under what conditions will you go to the USA?" B:)
a. I will go to the USA if the state gives me a scholarship.
b. %If the state gives me a scholarship, I will go to the USA.

(8) 和 (9) 的对比进一步显示了这一差异。在这两例中，主句的内容为旧信息，而条件句则为疑问焦点。我们询问的英语母语者认为 (8b) 的"分句—主句"语序不自然。相反，在汉语中，(9b) 的"主句—分句"语序不自然。(9a) 中，条件句作为复句的焦点，在疑问算子的辖域内。

(8)(A:"John likes to go jogging in the morning." B:)
a. Will he go <u>if it rains</u>?
b. %<u>If it rains</u>, will he go?
(9)(A 说:"老张早上喜欢去跑步." B 说:)
a. <u>如果下雨</u>他会去吗?
b. %他会去吗,<u>如果下雨(的话)</u>?

综上,汉语的复句可以根据语序、辖域和语篇功能进行分类(见表2)。不管是组织衔接还是修饰限定,汉语复句无标记的语序都是分句位于主句之前。基于母语者语感的判断也与语料库的统计结果相符;参见彭宣维(2000)、Wong(2006)以及 Wang 和 Huang(2006)的语料统计结果。"主句—分句"语序在汉语中是有标记的语序,那么此类复句是否可以进一步分为两类呢?有标记语序出现的动因是什么呢?

表 2　　　　　　　　　　汉语的四类分句

类别	位置	主句辖域	语调停顿	语篇功能	有无标记
1	主句前	外	有	语篇组织衔接	无
2	主句前	内	无	修饰限定主句	无
3	主句后	外	无	语篇组织衔接	有
4	主句后	内	有	修饰限定主句	有

有标记语序可能源于个人说话习惯。Chao(1968:134)认为"主句—分句"的语序听起来像"英式汉语"(Europeanized Chinese)。类似(5b)、(6b)和(9b)的情况如果出现在汉语第二语言学习者的话语中,是会被纠错的。此外,Chao(1968:133)提到了另一种分句后置的情况:"补充说明"(afterthought)。说话人没有提前计划好分句内容,在主句说出后,才对其从时间、条件等方面加以修饰或限定。这是在母语者话语中较为常见的情况。

也就是说,在某些情况下,有标记的复句语序也是可以接受的,母语者不会认为其不自然。我们认为,有标记语序出现的动因与语用及语篇因素有关。在下一节中,我们结合来自口语语料库的例子,证明有标记的"主句—分句"语序可以分为表2中的第3类和第4类两种。

四　两类有标的"主句—分句"语序

我们在媒体语言语料库①的口语语料中检索了"主句—分句"语序的复句，涵盖了条件、时间和原因三类分句。分句的信息内容根据上下文可以分为新旧两类，对应两种不同的复句语篇功能。在有标记的语序中，当分句内容为旧信息时，主句 p 是说话人强调的重点，包含对比焦点。说话人认为听话人对于 p 的预期值低；换言之，说话人主观认为 p 对听话人而言会出乎意料。因此，说话人对 p 加以强调。对 p 的强调体现在语音、词汇手段的使用。我们认为，将主句 p 置于分句 q 之前这种有标记语序是表示强调的句法手段，有标记的"主句 p—分句 q"语序源于说话人对 p 的强调。这种情况属于表 2 中的第 3 类，我们在下面用实例加以说明。

第 4 类分句在汉语中也存在，这类分句就是前面提到的"补充说明"（afterthought），这类分句也产生于会话因素。在主句说出之后，说话人发现需要从特定角度（时间、地点、条件等）对主句所述事件、情况加以修饰限定。不同于第 3 类分句，第 4 类分句内容为新信息，或包含对比焦点。分句与前面的主句之间有一个明显的停顿，而且分句内部有独立的核心重音，是一个完整的句调短语（intonational phrase）。

（一）第 3 类分句

在（10）中，条件分句位于主句之后。分句的内容虽然在前文没有直接出现，但前一句"我一直是这么说话的"暗示了说话人以及他周围的人都习惯了这种说话方式。

（10）（背景：2016 年末，社交媒体上出现了山东人讲话喜欢用"倒装句"的讨论。有网友认为这是山东人特有的用法。山东的一个新闻节目采访路人，询问他们对"倒装句"和社交媒体上相关讨论的看法。）

a. 说话的习惯呢它毕竟人人都不一样嘛对吧，反正我一直是这么说话的，这么多年。

b. 其实还挺萌的听起来，<u>如果您习惯了的话</u>。

---

① 中国传媒大学媒体语言语料库：http: //ling.cuc.edu.cn/RawPub/。

条件句的内容在篇章中是已知信息,条件句起到衔接作用。主句内容是说话人意图强调的部分,说话人认为听话人对主句内容 p "(这种说话方式)挺萌的"的预期值较低,因而对其加以强调。说话人的强调体现在两个方面。第一是副词的使用。副词"其实"和"还"表示承前对比转折,表达情况与所预期相反。这里的对比的是说话人的看法($p \approx 1$)和说话人主观认为的听话人的看法($p \approx 0$)。

第二,说话人的主观强调也体现在语音语调上。从图1可以看出,"还"、"挺"和"萌"这三个字的音节比其他音节长。主句和分句之间几乎没有停顿,主句后的条件分句语速快,整个分句音域压低和下行。主句包含焦点内容"挺萌的",焦点词的音高升高、音域扩大;分句为焦点后内容,整个分句音高下降、音域压缩,这正是焦点标记的语音体现(Xu,1999;Wang 和 Xu,2006)。

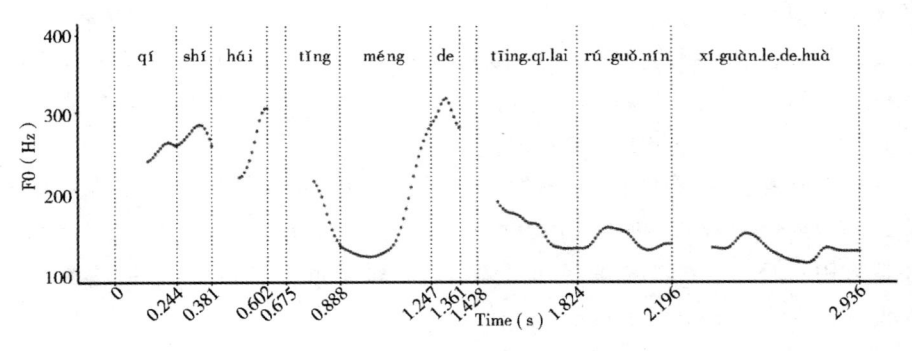

图1　(10b)的基本频率图

我们借用 Zimmerman(2008)的"对比焦点"定义。该定义从语用、篇章和说话人主观认知的角度来界定"对比",对比标记可以出现在名词性焦点之上,也可以是整个命题或言语行为。

(11) a. 原文:Contrastive marking on a focus constituent α expresses the speaker's assumption that the hearer will not consider the content α or the speech act containing α likely to be (come) common ground. (Zimmermann 2008:357)

b. 中文:焦点成分 α 上的对比标记表明说话人认为听话人没有把 α 或包含 α 的言语行为看作话语双方的共同认知基础(common ground)。

在（11）的定义中，产生对比的双方是说话人传递的信息 α 和说话人认为听话人对于 α 的预期值。当说话人认为听话人对 α 的预期值较低时，说话人倾向于使用不同手段对焦点加以标记。根据（11）的定义，我们可以对（10）的例子做出如下分析：

（12）a. 说话人观点：p = 山东人的"倒装句"挺萌的。
　　　b. 说话人认为听话人的观点：山东人的"倒装句"挺奇怪的。
　　　c. 说话人的认知：听话人对 p 的预期值很低。

说话人使用对比焦点以达到特定的语用目的：当说话人预测自己的观点或言语行为会跟听话人的认知产生差异时（如在对比、反驳、更正等语境中），说话人通过使用对比标记来强调自己观点，引起听话者的注意，以便快速地更新双方的共同认知基础，让会话依照说话者预期的方向顺利展开。

词汇上表示强调的标记有副词或焦点标记，语音上的标记包括上面提到的焦点词的音高升高和音域扩大、焦点后成分音域压缩。我们认为，"主句—分句"的有标语序是句法上的一种对比标记。

我们再来看一个时间分句的例子。（13）中的时间分句内容在前文有照应，"拿稿子的时候"和"校内开会"、"一开始"是同一时间。在主句中，说话人用"手一直抖"来解释和强调自己非常紧张。（14）是根据访谈语境对说话人 M 的主观认识的分析。

（13）（背景：D 是谈话节目主持人，M 是受访高中生。M 是模拟联合国的中国学生代表。在这一部分访谈中，M 谈到她参加所在城市的模拟联合国活动，D 询问 M 当时的经历。）

　　D：参加这样的活动的时候，你心里面是，一开始，是发怵吗？
　　M：一开始参加这个活动，在学校里面，校内开会的时候一开始是特别紧张。
　　因为要在所有人面前就是说自己的立场么。
　　所以一开始就是很紧张，很紧张。
　　就是手一直抖那种，<u>拿稿子的时候</u>。

（14）a. 说话人观点：p = 我当时紧张到手都在抖。
　　　b. 说话人认为听话人的观点：听话人可能认为我不紧张。
　　　c. 说话人的认知：听话人对 p 的预期值很低。

（13）中说话人对主句内容的强调也体现在多层面：副词"就是"的使用，"抖"字音节加长，音域阔大，以及焦点后的时间分句音高下降，音域压缩（参考图2）。主句和时间分句之间没有停顿，属于一个韵律短语结构。

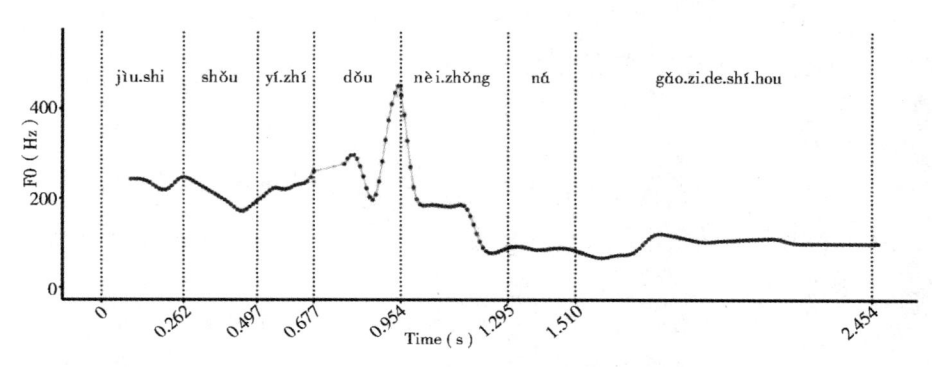

图 2　（14）中目标句的基本频率图

根据以上从语法、语用、篇章和语音层面的分析，我们认为第3类复句"主句—分句"的有标记语序，是说话人表达"强调"的句法手段，其特征可以归纳为（15）中的三点。

（15）汉语复句中第3类分句的特点
　　a. 分句内容为已知信息，在话语中有先行照应，说话人突出对比强调主句内容。
　　b. 分句与主句之间没有语音停顿。
　　c. 分句音高下降、音域压缩。

因为说话人主观认为听话者对主句内容的预期值较低，所以通过使用有标语序，凸显主句命题内容。从句法上看，这种语序不是基础生成，而是由特定的语用和篇章因素触发，转化生成（参见第5部分讨论）。

（二）第 4 类分句

在语料中我们发现另一类有标语序的分句并不具有（15）中的特点。这一类分句特点如下：

（16）汉语复句中第 4 类分句的特点
　　a. 分句内容为新信息，有独立的焦点。

b. 分句与主句之间有明显的语音停顿。

c. 分句音高和音域无明显变化,分句内的焦点有明显的语音标记。

(17)中的 X_2 是这类分句的一个例子。无标记的语序是"如果得罪了你的话,也记仇,对吗"。实际语料中,条件句是对前面是非问的一个限定修饰。

(17)(背景:X 是谈话节目主持人,L 是话剧导演。)

X_1:所以从李国修的话剧里边人们可以得到什么?这也是当年有一个花五百块要买票的妇人,她问你的问题,是吧?

L_1:对。我在这个好像是,应该是 1988 年吧,1 月 27 日。
你不能跟摩羯座的人聊天呀,因为我们都记年月日的。我在 1 月 27 日那天——

X_2:也记仇,对吗?(笑)[如果得罪了]你的话

L_2:[错错错],摩羯座是记账不记仇。

受访者回忆起了十多年前这个事件的具体日期,表明受访者对该事件记得很清楚。从来源视频中可以看出,主持人在受访者说出具体日期之后做出了惊讶的表情动作。根据语境可以推断,主持人会认为受访者可能"记仇"。提出问题后,主持人添加了一个限定条件,强调在"得罪了你"的情况下。从受访者与主持人话轮的重叠(方括号部分)可以看出,在主持人提出问题后发出笑声,问题和条件分句之间有明显停顿,受访者也认为说话人话轮结束。因此,在 X_2 中,主持人的问题一开始是独立的,但后面补充添加的条件应该理解为在是非问的辖域之内。

在书面写作中,这种"补充说明"的后置分句通常用破折号与前面的主句分开。(18)中的例子来自《标点符号的用法》(GB/T15834,2011)

(18)我这么一直坚持读书,也想唤起弟妹们热爱生活的希望——无论环境多么困难。

通过实际语料检索,我们进一步验证了第 4 类与第 3 类分句所存在的差异。因此,分句后置的有标复句语序不能看做一类,而应该分为两种类型,与无标复句语序的两种类型相对应。

五　四类复句的句法结构

Wei 和 Li（2018）参考 Haegeman（2002，2010a，2010b，2012）对于英语、德语和法语复句的一系列研究，提出汉语复句中的分句也可以分为内分句（central adverbial clause）和外分句（peripheral adverbial clause）。该划分基于两重验证手段。第一，内分句在主句辖域词，如焦点、疑问、量化算子等的辖域之内，可以作为整个复句的焦点；参见例（6a）。相反，外分句则在这些辖域词的辖域之外。第二，表达说话人情感的语用副词不能出现在内分句（如时间和条件分句）中，却可以出现在外分句（如推论、转折和原因分句）当中。例如，在（19）中，带"又"的否定句通过否定某一言语行为的适宜条件，对该言语行为加以反驳或否定（马真，2001；史金生，2005）。这样的"又"不能出现在内分句类型的条件句中，如例（20），但可以出现在原因分句中，如（21）。

(19) 小张：小王，明天我们去叶老师家，带一瓶茅台酒吧。
　　 小王：叶老师又不喝白酒。　　（马真2001，(13)）
(20) 如果叶老师（*又）不喝白酒，我们就带瓶别的酒。
(21) 既然叶老师又不喝白酒，我们带白酒做什么？

在句法结构上，一个独立的句子有独立的语气和语调，因此是一个态度投射（AttP）。Hill（2007）和 Haegeman（2014）进一步提出言语行为投射（Discourse Projection / Speech Act Project），这一层句法投射与话语和篇章相接口，为一些表达特定言语行为的成分提供句法位置。结合 Rizzi（1997）提出的句子的左缘结构，句子内部可以有以下的结构层级：

(22) Discourse P>　 Attitude P 　> 　Topic P，Focus P 　　>　 Finite P
　　　言语行为投射　　话语态度投射　　话题/焦点投射　　限定性投射

整个复句的结构可以看作一个话语投射（DiscourseP）。内分句不能出现语用副词，因此句法结构要比 AttitudeP 小，可以看做 FiniteP；在有话题的情况下则是 TopicP。外分句内部可以有语用副词，因此可以看做是一个

AttitudeP。由于内分句位于辖域词（包括焦点算子）的辖域之内，内分句在并入主句时，其句法位置应该低于主句的 FocusP。在内分句并入主句之后，FocusP 上面还可以有其他结构（在（23a）中由省略号表示）。外分句不在主句的辖域范围内，因此其句法并入位置较高，在主句的 AttitudeP 之上，（23b）。

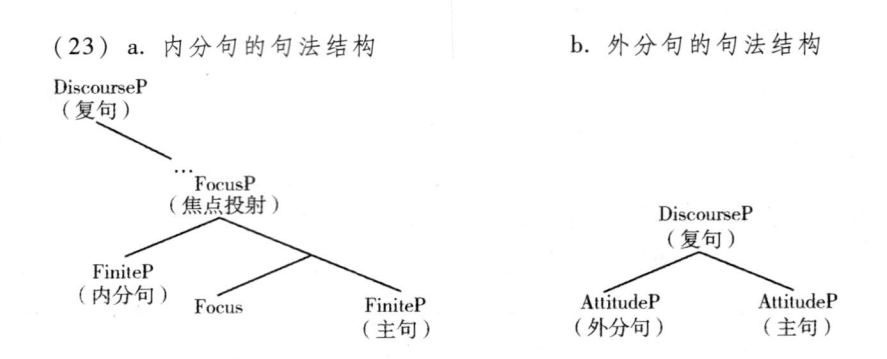

(23) a. 内分句的句法结构   b. 外分句的句法结构

```
      DiscourseP
      （复句）
         |
        ...
         |
       FocusP
     （焦点投射）
       /    \
  FiniteP    \
 （内分句）  Focus   FiniteP
                   （主句）

          DiscourseP
          （复句）
           /    \
      AttitudeP  AttitudeP
      （外分句）  （主句）
```

内分句对主句事件或情况从条件、时间等角度加以修饰和限定，外分句则引入一个背景命题，与主句命题形成对比、顺接或转折关系。这一划分与分句的两种语篇功能一致。因此，汉语和英语中的第 1 类衔接组织功能的分句是外分句，而第 2 类修饰限定分句则是内分句。

第 3 类和第 4 类分句是由特定的语用和语篇因素触发产生的有标语序。第 3 类中的"主句—分句"语序是由第 1 类无标记语序通过主句前移产生。主句前移的动因是主句所带有的对比强调特征；参见 Wei 和 Li（2018）的相关讨论。

第 4 类则是通过复句删略而来。如（24）所示，这类复句中的"主句"其实是作为一个独立的句子生成，句尾有较大停顿和明显的句末语调。在句法上，后置的分句可以看成完整复句的一部分，而这个复句的主句部分由于和前一句相同而被删除；参见 Ott 和 de Vries（2016）对德语和英语中"补充说明"成分的删略分析。

(24) ["主句"]   [分句，主句]

六 结语

复句在语篇中有两种功能：语篇衔接组织和限定修饰主句。这两种功能对应不同的结构和语调。在英语中，语篇衔接组织的分句通常位于主句之前，而限定显示主句的分句则出现在主句之后。在汉语中，"分句—主句"是所有复句的无标记语序，可以根据其篇章功能划分为两类，各自有不同的句法结构大小。而"主句—分句"的有标语序，有两种产生动因。一是说话人利用有标记的"倒装"语序将主句命题内容置于对比焦点位置加以强调，这种情况下主句后的分句具有焦点后音域压缩、音高下降的特征。第二种动因是说话人对前一句子从条件、时间、原因等角度加以补充限定，前一句子被解读为主句。这种情况下，主句与分句间有明显停顿，分句整体音高、音域无明显变化，且分句内有独立的焦点。最后，两类有标语序的复句和"倒装句"或"易位句"（陆俭明，1980；Cheung，2009）在句法和语音形式上都很类似，其产生动因和句法结构上的关联值得进一步研究。

参考文献

陆俭明：《汉语口语句法里的易位现象》，《中国语文》1980年第1期。

马真：《表加强否定语气的副词"并"和"又"——兼谈词语使用的语义背景》，《世界汉语教学》2001年第3期。

彭宣维：《英汉语在语篇组织上的差异》，《外语教学与研究》2000年第5期。

史金生：《"又"、"也"的辩驳语气用法及其语法化》，《世界汉语教学》2005年第4期。

Chafe, Wallace, 1984, How people use adverbial clauses. *Berkeley Linguistics Society*, 10: 437-449.

Chao, Yuen Ren, 1968, *A Grammar of Spoken Chinese*. Berkeley: University of California Press.

Cheung, Lawrence Yam-Leung, 2009, Dislocation focus construction in Chinese. *Journal of East Asian Linguistics*, 18 (3): 197-232.

Ford, Cecilia E., 1993, *Grammar in Interaction: Adverbial Clauses in American English Conversations*. Cambridge: Cambridge University Press.

Givón, Talmy, 1982, Logic vs. pragmatics with human language as the referee: Toward an empirically viable epistemology. *Journal of Pragmatics*, 6: 81-133.

Givón, Talmy, 1990, Syntax: *A Functional - Typological Introduction* (*Vol.* 2). Amsterdam: Benjamins.

Haegeman, Liliane, 2002, Anchoring to speaker, adverbial clauses and the structure of CP. *Georgetown University Working Papers in Theoretical Linguistics*, 2: 117-180.

Haegeman, Liliane, 2010a, The internal syntax of adverbial clauses. *Lingua*, 120 (3): 628-648.

Haegeman, Liliane, 2010b, The movement derivation of conditional clauses. *Linguistic Inquiry*, 41 (4): 595-621.

Haegeman, Liliane, 2012, AdverbialClauses, Main Clause Phenomena, and Composition of the Left Periphery. Oxford: Oxford University Press.

Haegeman, Liliane, 2014, West Flemish verb - based discourse markers and the articulation of the speech act layer. *Studia Linguistica*, 68 (1): 116-139.

Haiman, John, 1978, Conditionals are topics. *Language*, 54 (3): 564-589.

Ott, Dennis and Mark de Vries, 2016, Right-dislocation as deletion. *Natural Language & Linguistic Theory*, 34 (2): 641-690.

Pan, Victor Junnan, 2015, Mandarin peripheral construals at the syntax-discourse interface. *The Linguistic Review*, 32 (4): 819-868.

Pan, Victor Junnan and Waltraud Paul, 2016, Why Chinese SFPs are neither optional nor disjunctors. *Lingua*, 170: 23-34.

Paul, Waltraud, 2014, Why particles are not particular: Sentence - final particles in Chinese as heads of a split CP. *Studia Linguistica*, 68: 77-115.

Quirk, Randolph, Sidney Greenbaum, Geoffrey Leech, and Jan Svartvik, 1985, *A Comprehensive Grammar of the English Language*. London: Longman.

Ramsay, Violeta, 1987, The functional distribution of preposed and postposed "if" and "when" clauses in written narrative. In S. Tomlin Russell (ed.), *Coherence and Grounding in Discourse*. Amsterdam/Philadelphia: Benjamins. 383-408.

Rizzi, Luigi, 1997, The fine structure of the left periphery. In Liliane Haegeman (ed.), *Elements of Grammar*. Dordrecht: Kluwer. 289–330.

Thompson, Sandra, 1985, Grammar and written discourse: initial vs final purpose clauses in English. *Text & Talk*, 5: 55–84.

Wong, May Lai Yin, 2006, Corpora and intuition: a study of Mandarin Chinese adverbial clauses and subjecthood. *Corpora*, 1 (2): 187–216.

Wang, Chueh-chen and Lillian M. Huang, 2006, Grammaticalization of connectives in Mandarin Chinese: ACorpus-Based Study. *Language and Linguistics*, 7 (4): 991–1016.

Wang, Bei, and Yi Xu, 2006, Prosodic encoding of topic and focus in Mandarin. Proceedings ofSpeech Prosody, 35 (1): 694–700.

Wei, Haley Wei and Yen-hui Audrey Li, 2018, Adverbial Clauses in Mandarin Chinese. *Linguistic Analysis*, 42 (1&2).: 163–298.

Verstraete, Jean-Christophe, 2004, Initial and final position for adverbial clauses in English: the constructional basis of the discursive and syntactic differences. *Linguistics*, 42 (4): 819–853.

Verstraete, Jean-Christophe, 2007, *Rethinking the Coordinate-Subordinate Dichotomy: Interpersonal Grammar and the Analysis of Adverbial Clauses in English*. Berlin: Walter de Gruyter.

Xu, Yi, 1999, Effects of tone and focus on the formation and alignment of f_0 contour. *Journal of Phonetics*, 27 (1): 55–205.

Zimmermann, Malte, 2008, Contrastive focus. In C. Féry, Fanselow, G. and Krifka, M. (eds.), Working Papers of the SFB632, *Interdisciplinary Studies on Information Structure* 6. Potsdam: Universitätsverlag Potsdam, 13–56.

(作者单位:1. 南加州大学东亚文化语言系;2. 南加州大学语言学系)

《论述与修辞：英语史上的连接副词》述评

邬 忠

引言

《论述与修辞：英语史上的连接副词》（*Argument and Rhetoric：Adverbial Connectors in the History of English*）为德国德古意特出版社（De Gruyter Mouton）"英语语言学专题"系列之64，2009年出版。作者是德国艾希施泰特大学（Universität Eichstät）的厄休拉·莱茵克（Ursula Lenker）。全书正文部分共250页，由14章组成。正文前有目录、致谢、缩写及符号表，正文后附有参考语料库及参考文献（共25页）、附录、词语索引及重要概念索引，书后附光盘一张。下面依次陈述正文各章主要内容，然后作一个简要的评论。

一 内容介绍

第1章 理论框架

作者开篇简单梳理了连接副词（adverbial connectors/conjuncts/linking adverbials）的研究现状，指出到目前为止，学界尚无基于真实语料库的英语连接副词的历时研究。因此，本书的研究对象是话语层面的连接副词，研究目的是通过分析语料库中连接词的发展过程，填补英语史上相关研究的空白。

在近代英语中，连接副词、并列连词（coordinator）和主从连词（subordinator）界限分明，但是在古代英语中却并非如此。这说明英语在发展过程中，完全重新构建其从句连接体系。这样的重构一方面导致连接词去多功能化，另一方面导致并列连词和从属连词的分化。

作者通过对比两篇实验文本，发现增加连接副词的文本"更权威、更具逻辑、更有说服力"，并据此认为研究英语史上的连接成分，不仅要研究词源学、形态学和语义学，同时还要考虑句法学、语用学、篇章语言学及修辞学等相关学科的影响。英语史上连接副词的发展，很大程度上由英语语篇类型和结构的变化所触发。

近代英语早期及晚期是连接副词系统发展的两个重要阶段，尤其在近代英语晚期发生如下变化：a) 语篇中更偏向使用连接副词，而不是并列连词；b) 连接副词在句中的位置发生变化，书面语中位于句中，口语中位于句尾的用法越来越常见。

除了单词形式之外，连接副词还包括"for that reason"、"in other words"和"on the contrary"之类词化的介词短语。作者以不同英语时期的词典和语料库为基础，研究连接副词在使用上的历时演变。语料库中的文本多是"学术语言"或"科学语言"，如有关训诫、宗教、哲学、教育或文学主题的说理性文本。作者把研究成果总结为正文后附录A.1（连接副词表）、附录A.2（连接副词字母索引表）及光盘中的附录B。附录B按字母顺序分类列出语料库中的连接副词，如：B.1 附加型连接副词、B.2 总括型连接副词、B.3 因果型连接副词、B.4 对比/让步型连接副词及B.5 过渡型连接副词。通过附录，读者还能够观察到各条目在特定历史时期出现的频率。最后，作者简要列出全书的结构，第2-4章是研究现状，第5-13章是主要研究内容，第14章是研究结论。

第2章 从句连接

本章主要概括有关从句连接及连接词分类的研究现状。作者认为从句连接是"从句间的连接或从属关系"，并用5个属性定义连接词，把连接词分为并列连词、从属连词及连接副词三类。在此基础上，作者综述连接词分类的研究现状，给出区分上述连接词的四项标准：

[1] 连接词的位置。并列连词和从属连词在从句的句首，而连接副词在句中的位置较为自由。

[2] 连接成分的位置与顺序。并列连词和连接副词所连接的从句有固定的次序要求，而从属连词引导的从句可位于主句之前，也可以位于主句之后。

[3] 连接词的搭配。并列连词可以和从属连词及连接副词搭配。

[4] 连接成分的语序。

接着，作者从信息处理的角度分析连接词的位置与语序问题，并引用迪塞儿（Diessel）的论断：句子成分的顺序与信息结构和信息处理相关。因为状语从句的语用功能与意义相互影响，因此条件状语从句倾向位于句首，时间状语从句一般在主句之前，原因从句大多数情况下在主句之后（学术文本中原因从句在前以提供背景信息）。简而言之，从属连词向连接副词演化的路径与信息结构的变化相互作用、相互影响。

第3章 副词

本章主要阐述副词的分类和层级。首先，作者给出判断副词的基本标准：1. 副词在形态上不能变化，在句法上为非必要成分；2. 副词在功能上能够修饰谓语成分、其他修饰成分或更高一级的语言单位。

接着，作者根据《朗文语法词典》，从语法角度把状语分为修饰性状语（Circumstance adverbials/adjuncts）、评注性状语（Stance adverbials/disjuncts）和连接性状语（Linking adverbials/conjuncts）。修饰性状语范围最广，与从句结合也最紧密，一般回答"how，when，where，how much，to what extent"之类的问题，如"slowly, briefly"；评注性状语分为两类，一类聚焦于命题的真值，如"命题的必然性、真实性、局限性、准确性或命题的来源"，如"wisely, appropriately"，另一类则表达说话人对话语风格和形式的评论，如"frankly"；连接性状语的主要功能是连接两个语言单位，如"nonetheless, therefore"。连接性状语在两方面与修饰性状语相似：都具有可选性，辖域都是句子。此外，很多新的连接性状语是从修饰性状语演化而来。

然后，作者根据夸克（Quirk）的《英语语法大全》，从语义角度将连接性状语分为六类。除同位关系之外，本研究均进行了详尽讨论（p. 40）：

1. 顺序或增补：

顺序：firstly, secondly, to begin with

增补：again, equally, moreover, too

2. 总括：in sum, all in all, overall

3. 结果/推理/原因：therefore, consequently, thus, hence

4. 对比/让步：

对比：conversely, instead, in contrast

让步：anyhow, besides, still

5. 过渡：now, meanwhile, by the way

6. 同位：in other words, for instance

在上述六类连接性状语中，除表顺序关系是开放词类外，其余均为封闭词类。

最后，作者根据《剑桥语法词典》，把连接词分为只有单一连接功能的"纯粹连接词（Pure connects）"和具有多项功能的"非纯粹连接词（Impure connects）"（P41）。连接副词除具有连接功能之外，还具有让步、条件、原因或结果功能，如"nevertheless，then，consequently"。

作者在对状语进行定义和分类之后，研究分析《朗文语法词典》中近代英语连接副词在语料库中的情况。考察了由对话、小说、新闻及学术4个语域的文本构成的语料库，发现与小说、新闻文本相比，对话及学术文本中的连接性状语更为常见。学术文本中更偏向于运用表顺序、增补和总括的连接性状语，而对话文本中"so，then"的出现频率极高。

以上可见，当前研究应当以单个副词为主，需要仔细分析位于句尾位置的连接副词。观察可知，连接副词在学术文本中出现的频率最高，且学术文本是以显性连接为特征，因此，在四种文体的语料库中，需要以学术文本语料库为重点。因为连接副词的主要属性是程序性而不是概念性，因此在某些研究中被称为"话语标记"，具有"话语标记"的语用功能。

第4章　早期元语言学思潮中的副词和连词

本章主要讨论连接副词在英语语法史上的地位。作者指出，元语言（metallinguistics）文本是理解连接副词发展的重要语料来源。从英语早期发展史来看，直到近代，语法学家才根据句法特点对副词这样的"次要词类"分类。

在英语元语言思潮中，Ælfric的《语法》是关于拉丁——古英语的最早语法学记述。该书原则上遵循拉丁语传统，从功能出发区分副词和连词。他定义连词的基本出发点是连词管辖句子的范围和篇章组织的功能。如"soplice（truly，verily）"以副词后缀 {-e} 结尾，从形态上看明显属于副词，但 Ælfric 在书中并未将该词归入副词，而是归于连接词。他甚至更进一步辨别了"soplice"作为连接词的两种不同用法。总而言之，《语法》一书对分析古代英语副词的句法辖域及功能大有帮助。

汤姆森（Thomson）收集了中古英语的语法文献，这些文献是作为学习拉丁文的"工具"而非用于建立抽象语法系统。该书认为副词只能修饰动词，但是仅说明怎样在拉丁语形容词后增加词缀形成副词，并没有提供英语的例子。有意思的是，同古英语中《语法》一样，副词"forsothe（truly）"也被视为连词。

除了上述片鳞半爪的记述之外，研究者还可以从威克里夫（Wycliffite）《圣经》的修订本序言中获取连接副词的使用信息。因为序言中有两部分明显与拉丁语连接副词的翻译相关。这两部分都把"forsothe"作为拉丁语连词的英语译文，表明"forsothe"是管辖整个句子的连接副词。不过，作者对比"马太福音"一章中连接副词"autem"和"enim"不同时代的英语版本译文时发现，修订者在翻译《新约全书》中的"enim"时，几乎完全放弃"forsothe"一词。由此可以推测，尽管当代作家和语法学家认为在语篇组织功能上，"forsothe"可用于翻译拉丁语连词，但在中古英语翻译文本中却并未使用。

从1560年到17世纪中叶的近代英语早期，主要元语言资料是各类词典。在这些词典中，当时的语法学家并未将连接副词从副词或连词中细分出来。单就语法而言，该时期副词和连词的地位并未改变。

第5章 古英语中的连接成分

本章主要描述古英语中从句的连接系统。作者认为描述古英语中整个连接词系统，是理解连接副词发展史的基础。古代英语中连词可分为五组，仅有"napylœs"、"swapeah"和"swapeahhwœðere"几个复杂形式专门用作连接副词（A组），标记对比/让步关系，其他几组则在语义/句法上具有多重功能。

B组是具有连接作用的修饰性副词（Circumstance adverb）和评注性副词（Stance adverb），包括：

（a）表增补或过渡关系的修饰性副词，如"œrest（first）""pa（then）"等；

（b）表过渡关系的评注性副词：如"eornostlice（earnestly）""soplice（truly）"等；

C组是双重意义副词/连词（Ambiguous adverbs/conjunctions）："nu（now, now that）"等；

D组是代名词性连词（Pronominal connector）："forpœm（therefore, because）"等；

E组是指示词的格形式（Case forms of the demonstrative），包括表因果的连接副词，如："pœ（therefore）""py（therefore, since）"。

接下来，作者详尽讨论了B组中的（a）类表时间和空间的副词及C组中的连接副词。B组中的"nu"又兼属C组，具有多重功能，既可以用作时间词（temporal），表示真实的时间关系，又可以用作语篇指示词（text-deictic），也可用作表示转接和因果关系的连接副词（adverbial connector），还可以在相互补充的结构中用作副词（adverb）或连词（conjunction），甚至可以直接用作从属连词（subordinator）。例句中"nu"是古英语多功能性连接词的代表。语形相同、功能各异的特点也说明现有研究中，机器驱动的语料库研究方法作用不大，研究者只能采用仔细阅读原文的方法进行研究。同样，由于连接词在各时期语料库中出现频率很高，相关研究也只能限于所选的语料库。

紧接着，作者详细分析了 C 组中的连接词"þa"、"þeah"、"swaþeah"和"þeahhwæpere"。该组词在古英语中出现频率很高，地位非常重要，因为没有合适名称，因此暂称为双重意义副词/连词（Ambiguous adverbs/conjunctions）。例如"þa（then）"就极难翻译，因为它具有多重功能，相当于修饰性时间副词"then"、修饰性地点副词"there"，可以等同于话语标记"what's more"，也可以充当表过渡关系的连接副词，还可以充当表时间关系的从属连词"when"，甚至可用于"when...then，then...when"的关系结构之中；在某些叙述性语篇中，"þa"还可用作松散的连接成分，仅仅表示叙述正在进行。而"þeah"、"swaþeah"和"þeahhwæpere"表示对比/让步关系。

作者详尽探讨古英语中连接成分在句法和语义上的区别之后，又讨论了连接副词在句子中的位置问题。根据类型学属性，连词必须位于各连接成分之前，而连接副词在句子中的位置比较灵活。在英语发展过程中，连接副词的位置变化较大，越来越多见于连接成分的中间和末尾。作者借用一个外来术语"紧邻句首位置"（post-first-position）描述位于句首成分之后的某一语法实体。他引用近代德语为例，发现位于该位置的大部分连接副词往往表示对比或结果。古代英语中有 32 个连接副词，其中有 14 个出现在该位置。毫无疑问，话语因素是连接副词出现在该位置的原因。在英语发展的各个时期，连接副词出现在"紧邻句首位置"的现象都非常普遍。从近代英语晚期开始，连接副词变化最大和最频繁的位置都发生在句子中间和末尾部位。

第 6 章 英语史上的连接副词

本章是研究的核心内容，主要通过对比其他连接成分的发展，概括连接副词历时演变的一般格局。作者从不同角度分析连接副词在英语史上各个时期的发展，并分别和并列连词和从属连词进行比较。

首先，作者指出英语史上的并列连词相对稳定，而从属连词变化较大。

中世纪英语是形成从属连词的关键期；近代英语早期虽然产生了大量新从属连词，但是大多数昙花一现，对近代英语影响较小。

然后，作者分析了各历史时期连接副词的发展趋势。附录 A 中总结了英语史上不同时期的连接副词，包括单个副词以及用作连接副词的动词短语和介词短语。研究采用定量定性相结合的方法，描述并评估了连接副词发展历程，并同从属连词发展相比较。作者还发现，"非纯粹连词"（impure connector）的发展反映了英语的类型学变化，而表示各种增补关系和过渡关系的"纯粹连词"（pure connector）的变化及连接副词语序的变化则归因于修辞和语用因素。

接下来作者列表分析英语连接副词的历时演变。最开始部分总括了古代英语中用于连接副词功能的词语，其中大部分不需要词形变化就可以用作从属连词。表中也按时间先后顺序列出英语史上各分支时期（sub-period）新产生的连接副词，分为两栏，分别为当代英语中仍在使用和已经消亡的词语。

作者对比历时资料后发现两点。第一，古代英语中很少有连接副词能幸存至今。32 个古英语连接副词，只有 7 个今天仍在使用，其中部分使用频率较高，如表增补/强化关系的"also"和表结果/过渡关系的"so"和"then"，另外几个使用频率较低，如"else"以及表过渡关系的"here"和"now"。而古英语中表原因、对比和让步（CCC 关系）的连接副词已经消亡。这说明中古英语之后，连接副词所构成的从句连接体系彻底重组。第二，英语史上各分支时期均产生新的连接副词，其总数从古代英语时期的 32 个，发展到当代英语时期的 59 个。另外，作者还发现各分支时期均产生过新的连接副词。当代英语中的连接副词，超过 60% 产生于近代英语早期、近代英语晚期及当代英语时期。

最后，作者重点考察中古英语时期，发现大部分在该时期产生的连接副词均已消亡；与之相反，中古英语时期的大部分从属连词均保存至今。

第 7 章　连接副词：形态学

本章主要是连接副词的形态学分析。作者发现，连接副词在词汇发展方面与整个英语词汇的增长同步，在中古英语时期、近代英语早期和近代英语晚期达到顶峰。连接副词中的外来词很少，大多具有多重功能。其中源于拉丁语的外来词一般限于法律和宗教文本，而来自于法语的外来词只有中古英语时期的"certain"和"certes"。此外，在拉丁语和法语词根后附加后缀"-ly"可形成混合词。这些混合词通常用作修饰副词，在和动词搭配时获得某些连词的性质。总而言之，外来词和混合词并非当代英语连接副词的核心成员。

作者接下来探讨了连接副词的主要形态变化。在列出英语史上连接副词的主要构成来源表之后，作者主要探讨了简单词、复合词和派生词三种构词形式。1. 相当多的简单副词产生于古英语时期及中古英语晚期。而由简单副词构成的派生词及介词词组何时具有连接功能，目前尚未完全清楚。2. 复合副词的数量较少。古代英语时期仅有 3 个，其中 2 个表示强化关系，即："eftsonal-es"和"pœrtoeacan"。中古英语第三期（ME3）对复合副词影响较大，该时期产生了"furthermore"、"furtherover"、"moreover"和"overmore"等词，这些词的共同特点是使用双重比较复合法，都用于增补关系。3. 派生副词是形容词后附加各种后缀产生，主要有"-ly"、"-es"和"-ways/-wise"。古代英语时期在形容词后附加"-lice"形成连接副词，后来则附加"-ly"。以"-lice"结尾的派生副词主要限于过渡语义，如"cuplice（certainly）"；随后以"-ly"结尾的派生副词主要用于结果（consequently）和对比（conversely）语义，却极少用于更复杂的表原因、让步和对比等"非纯粹"语义，因此在连接副词中从未占据中心地位；而以"-es"结尾的派生副词则常用于多重语义。

然后，作者讨论了代名词性连词。他认为代名词性连词及词汇化的短语是连接副词系统变化的指示器，因此地位更加重要。同样，他列表归纳了各时期的代名词性连词及词汇化的短语。在古代英语时期，表原因和结果的"forpœm, forpon, forpy"均包含介词"for"，构成指示词。此外，表让步/对比关系的连词则包含疑问代词"hwœðer（which of the two?）"，而"hwœt（what）"则使用了疑问代词"hwa（who）"的中性词形式。此外，从 LLC 和 LOB 语料库中可以发现，在中古英语时期之后，就很少大规模使用代名词形式的连词了，由此导致中古英语时期大量出现新的连接副词。中古英语时期产生的代名词性连词大都消亡，因此该时期被称为"过渡期和实验期"。

最后，作者探讨了短语的词汇化问题。连接副词最重要的语义关系是连接部分的指示关系，因此在放弃代名词性连词之后，作为补偿，英语选择时间和空间指示词表达指示关系。这些词大部分都是介词短语和其他短语的词汇化，其中以介词+名词构成的介词短语居多，仅有三个是动词短语。连接副词的词汇化主要发生在以学术文本为主的书面语体中。

第 8 章　源认知域

本章主要从认知域角度概括英语连接副词形成过程中的新发现，主要涉及时间和空间源认知域。作者首先引用语言学家科特曼（Kortmann）的研究成果，即根据人类推理的认知基础、认知复杂性或特殊性，把认知关系分为12种，并归入4种网络，即时间、方位、情态和3C关系①，其中3C以及后来的4C关系与时间联系密切，可以并入时间网络。连接副词的源域就建立在关系网络原型之上。作者把英语史上连接副词按起源分为地点/空间、时间、运动和真值/事实四个认知域。其中运动域表示目标在某段时间内的位移，是时间域和空间域的组合；而真值/事实域则和让步、过渡关系相联系。

作者随后探讨了时间认知域和空间/地点认知域。他认为，自古代英语时期开始，时间和空间两个基本认知域就活跃在英语连接副词中，并在口语与书面语中建立了指示系统。如"now then"等词除了用作过渡连接词之外，还在古代英语中用于表达增补关系。在表达增补关系时，时间域往往优于空间域。表时间关系的指示词，如"at the last"、"finally"常用作指示论述的前后次序。基于时间域的新词主要表达对比或让步关系，如从近代英语早期开始，"at the same time"、"（in the）meantime"等词就用来表达同现或同步关系。空间域也在语言认知中占据重要位置，源于空间域的术语大量用于话语结构标记。中古英语时期之后，大量源于空间域的新词用于指示空间框架，主要表达增补关系，在论述中表示顺序，如"furthermore"、"moreover"。

最后，作者指出真值/事实认知域用于会话含意时，一般指让步、对比关系，在传统形式上则是指过渡关系。在对话中，让步关系涉及回答时，常常与表真值或必然语义的副词相联系，如"sure"、"surely"或"of course"。作者考察不同时代的语料库后认为，"soplice（truly）"、"witodlice（certainly）"之类基本含义为"确实（truly）"的连接副词，都是从修饰性副词发展而来，都同样具有多样性功能。文中引用特劳戈特（Traugott）建立的副词渐变群表明这种语言变化（P117）：

小句内部状语（Clause-internal adverbial）＞句子状语（Sentence adverbial）＞话语小品词（discourse particle）

作者还引用语料库中材料，分节例示"soplice-soothly"、"forsooth（e）"、"treowlice-truely"、"indeed"和"in fact"等词的发展过程。这些副

---

① 科特曼3C（CCC）指"CAUSE，CONDITION，CONCESSION"，即原因、条件和让步。作者厄休拉·莱茵克在第12章提出自己的3C（CCC），指"CAUSE，CONCESSION，CONTRAST"，即原因、让步和对比。

词的原始语义，自然而然赋予其语用增强功能，从而转化为强化词，最终变成连接词。在实际对话中，如果对话双方仅仅把这些词视为强化词，则其目的在于通过表示本句的真值来强调另一个短语或句子的断言；如果双方考虑到语用因素，则会超越命题本身，将其视为连接词，否则对话双方就会违背合作原则中的质的准则。总而言之，除时间域及空间域之外，真值/事实认知域是产生新的连接副词的重要来源。

第9章 英语史上因果关系指示词的变迁

不同语义关系的连接副词有着不同的发展历程，而本章主要考察因果关系连接副词的发展变化。作者简单梳理有关因果关系连接词的文献后，指出本研究聚焦于古英语及中古英语之后连接词形式的系统变化，重点关注中古英语早期出现的连接词存亡的原因。

然后，作者探讨因果关系连接词。因果关系可以分为先果后因的原因关系（because，since）和先因后果的结果关系（therefore，so that）。在当代英语语料库中，because 是最常见的连接副词，用于 1/3 以上的因果关系句中。在口语语料中，because 比率高达 45%；在书面语语料中，连接手段呈现多样化，除了连词（because，for）外，还有介词短语（for that reason）、连接副词（therefore，hence）以及与小句一体化的连接形式（the reason is，the result is）。在传统上，区分不同连接词主要取决于类型学标准，如连词的位置、连接成分的位置、顺序以及连接词可能的搭配。但作者认为，对连接词进行分析时还应该考虑语义、语用和篇章因素。从语义-语用角度可以把原因从句分为三个子类，即基于真实世界的外部原因、基于说话者推理世界的内部原因和基于言语行为的修辞原因。有些连词（because）可以用于三种不同类型，而有些连词（since，as）只能用于某一两种类型。选用先因后果或者先果后因连接词，主要取决于说话人选择何种信息结构。主从复合句只有一个信息焦点，句法重点和信息焦点往往位于主句位置；连接副词本身是信息焦点的重要标志，引导的前因后果结构包含两个主句，也就是两个信息焦点，而第二个主句是主题，因此更为重要。

随后，作者分析了古代英语中连词及其话语指示功能。古代英语中的连词系统与近代英语大不相同，只存在一个具有多重意义的多功能词，以"forpœm"、"forpon"和"forpy"三个变体形式出现。从语料及相关文献中发现，古英语中没有严格区分并列原因从句和从属原因从句，因此只使用"forpœm"及其变体标记不同的原因关系。"forpœm"、"forpon"和"forpy"

在形态上由介词"for"及与格"pœm"、工具格"pon"及"py"构成，本质上具有指示功能，或者前指，或者后指。

中古英语时期是"过渡期和实验期"，在此期间产生的连接副词，除"therefore"和"thus"之外，均已消亡。在中古英语早期，因果关系连词与古代英语时期并无太大区别；自此之后，表时间关系和空间关系的指示词日益重要，成为13世纪后连接副词的主要来源。随后，作者用"for that"、"for"、"for as much as"、"since"及"because"为例详细阐释上述发展变化。

最后，作者通过系统分析英语史上因果关系连词的变化，发现自古代英语之后，表达因果关系的连词系统彻底发生变化。古代英语中仅有一个多功能的连词"forpœm"，而近代英语中出现了层次分明的表因果关系的连接词系统。近代英语采用纯粹的词汇手段（consequently, accordingly, because）表明因果关系，这和古代英语及德语完全不同。

第10章 对比与让步

本章主要考察对比和让步关系的连接副词。从连接副词历时研究可以看出，与因果关系和条件关系相比，让步关系与对比关系的联系更加紧密。作者将让步关系定义为由从属连词"although"引导的两个命题，即"although p, q"；而对比则是"q, whereas p"。正常情况下，"p"和"q"两个命题不会伴随发生。这两个命题重要性相等，可处于连接词之前，也可以在后。从信息处理的角度而言，发话者倾向于将"although"或"while"引导的让步关系从句前置，而听话者则可以据此推断第二个命题并未实现。对比/让步关系甚至可用"although...nevertheless"之类的结构来标记。这两种关系可以从动词情态加以区别，让步关系多与虚拟语气连用。

跨语言的历时研究表明，表示让步关系的连接词比表示其他关系的连接词更加复杂。作者首先概括说明，让步/对比类连接词大多数是词汇化的名词短语或介词短语。中古英语之后，英语中新连接副词主要有两种类型，即康尼格（König）提出的类型 I（普遍量化，如 any, all, -ever, all the same, in any case, however）和类型 III（两种事实共现，如 nonetheless, in the meantime）。

然后，作者详细考察"though"的发展历程，发现古代英语中的"peah (though)"的语法化进程是曲折迂回的，没有遵循单向性原则。从语料库及词典中可发现，古代英语中，仅有一个表让步关系的连接词"peah (though)"及其三个变体形式"peahhwœðere, swapeah, swapeahhwœðere"。

在文本中,"peah"既是连接副词,倾向于位于句中或紧邻句首的位置;也是从属连词,可在句首、句中及句尾引导从句。古代英语晚期的作者们不断尝试不同的词汇区分不同的功能,如 Ælfric 将"peah pe"用作从属连词,而将"peahhwœðere"、"swapeah"及"swapeahhwœðere"用作连接副词。从中古英语到近代英语期间,说话人常常将"yet"及"still"用作副词而很少使用"though"。在中古英语晚期和近代英语早期,"howbeit"和"albeit"等词的虚拟语气用法,会产生让步意义。在近代英语晚期(1640–1710),"however"就是让步和对比的标志词。而在当代英语中,它是最重要的表对比意义的连接副词,在句法上,"however"最常见于句首,同时用于句中的用法也越来越多,只有在口语中才用于句尾。

作者随之考察了当代英语中连接词用于句尾的情况。在学术文本语料库中,多数连接副词居于句首及句中,在句中占 40%,仅有 10% 左右连接副词在句尾;在对话文本语料库中,位于句尾的连接副词占 40%,基本与位于句首的持平。从信息结构角度来说,连接副词位于句首,有利于快速处理文本信息;而连接副词位于句尾,则表达原因、对比及让步关系,以对前述断言进行重新处理或重新解释。同其他印欧语系语言(如当代德语)对比发现,只有英语常将连接副词置于句尾。从英语历时发展的角度来看,连接副词位于句尾也是相对较新的语言现象,而且最早的相关记录均见于戏剧或私人信件之类的口语体文本中。

最后,作者探讨了当代英语中连接副词"though"位于句尾的现象。直到 20 世纪 90 年代,"thouth"才大量出现于句尾。考察 LLC 和 LOB 语料库发现,当代英语中,并列连词"but"在口语和书面语中出现的频率最高,分别达到 78% 和 56%。其功能一般用于 3 个层面,即表达对比关系的命题层面(prpositional level)、用于自我纠偏的人际层面(interpersonal level)及改变话题的篇章层面(textual level)。LLC 口语语料库的统计数据显示,1960–1970 期间,"(al)though"在对话中作为从属连词出现的次数远高于作为连接副词出现的次数。在口语中,因为实时处理信息的需要,"(al)though"倾向于位于句尾。从语料库中还可以发现,由"(al)though"引导的后置从句具有"but"的所有功能。而位于句尾的"though"是典型的连接副词,用于标记让步关系。概括而言,当代英语连接副词"though"位于句尾是说话者采用修辞策略的结果。因为近代英语已经失去变化成分顺序以区别从属关系和并列关系的手段,所以选用变换语序,将连接副词置于句尾的方法区分这两种关系。因此,在过去数十年里,英语连接副词也可以出现在句尾。这样的发展变化从口语开始，逐渐传导到书面文本中。

第 11 章 增补

本章主要考察增补关系连接副词。因为从属关系与并列关系的信息结构差异，纯粹的增补关系从未以从属关系出现，所以不存在区分表增补关系的连接副词与从属连词的问题。

首先，作者考察了增补型连接副词的历时发展。无论在短语层面，还是在句子层面或话语层面，"and"都是最重要的增补型连接词。"Eall-swa（also）"是古代英语中唯一表增补关系且幸存到近代英语的连接副词。"Also"自古代英语时期就用作连接副词，但在近代英语晚期的语料库中却并未找到证据。增补型连接副词往往具有修辞功能，即强调命题中已有的关系。大量此类新词来自于空间指示词，仅有的例外是中古时期的拉丁语外来词"item"和当代英语中的"plus"。表空间域或时间域的语素复合是增补型连接副词最常见的造词方法，因此增补功能具有像似性特点，如古代英语中最长的增补连词"pærtoeacan（thereto-also）"就包含多个语素。中古英语以来的新词也多为复合词，如"furthermore"、"furtherover"、"overmore"和"moreover"。甚至近代英语早期的短语也有类似现象，如"over and besides"。因为缺乏其他构词法，增补型连接词多采用较长的词形和多语素结构，像似其强化功能。

接着，作者分别简述了同级连词（equative connectors）、总结连词（summative connectors）、同位连词（appositive connectors）和列举连词（enumerative connectors）。同级连词数量很少，要么由短语转化（in the same way），要么采用其他连词副词很少使用的派生法，如"similarly"和"correspondingly"等词是由形容词派生而来；总结连词是连接副词还是评注性状语尚无定论，其分界并不明显；同位连词词汇化程度较低，多为如"in other words""for instance"之类的短语；而"firstly""secondly"这样的列举连词则是唯一的开放词类，也是连接副词中处于最边缘地位的子类。

最后，作者分析了文体类型对使用增补型连接副词的影响。到近代英语之前，增补型连接副词一直稳步增长。当代英语语料库中的语料表明，学术文体比其他文体更倾向使用增补型连接副词这样的显性连接手段来标记语篇连接关系。这也说明使用增补关系连接副词主要是出于修辞或文体方面的考虑。

第 12 章 过渡

本章主要考察过渡关系连接副词。过渡型连词在连接副词系统中处于次要地位，因为该类词与强化增补、3C（原因、让步、对比）这样的核心语义无关。过渡型连接副词主要起源于空间域（here，now）及真值/事实域（indeed，in fact）。作者随后分析了表不确定关系（uncertainty/doubt）和疑问关系（interrogative）的连接副词。表不确定关系的连接副词包括古代英语时期的"peradventure"，近代英语早期的"perchance"和"perhaps"，该类词的核心语义并非连接两个语义单元，而是作为修饰性状语统辖整个句子。表疑问关系的连接副词包括古代英语时期的"hwœt"，近代英语早期的"why"及"how"，该类词的核心语义也不是连接两个语义单元，而是感叹功能。在古代英语时期，该类词的过渡关系用法与普通疑问用法不一样，是正常的主语—动词语序，而不是倒装。

作者最后考察了过渡型连接副词的历时变化。在中世纪，以真值域为来源的词形主要与宗教与神学相联系；而以事实域为来源的词形则与自然科学与启蒙思想相联系。社会文化的转变体现在词形变化中，因此源于事实认知域的过渡型连接词逐渐取代源于真值认知域的连接副词。自中古英语时期以来，其他语义类型的连接副词至少有一个中心成员活跃至今，如表因果关系的"therefore"和"for"，表让步和对比关系的"yet"以及表增补关系的"furthermore"和"at last"，而过渡型连接副词并非如此。因此，从英语史上的词形历时变化来看，过渡型连接副词与其他类型不同，在整个连接副词系统中处于边缘地位。

第 13 章 表述清晰与"新修辞"

本章探讨不同修辞学派对连接副词发展的影响。18 世纪中期以来，连接副词的用法发生变化，连接副词替代省略连词结构或连词成为主流。这不仅是语法和信息结构的作用，而且受修辞和文体的影响。作者对比中古时期乔叟的作品 *Tale of Melibee* 和近代英语晚期亚当·斯密的 *The Wealth of Nations*，发现 *Tale of Melibee* 中所有的句子都以连词、连接副词或连词搭配这样的显性标记开头，其中连词搭配往往表达附加的原因（and therefore）、增补（and also）或过渡（for soothly）等关系。近代英语早期，句首是连接成分的常见位置。而近代英语晚期，自亚当·斯密的 *The Wealth of Nations* 之后，英语文本中就没有发现类似的连词搭配置于句首的现象。大部分连接副词位于紧邻句首的位置，如"however"和"therefore"等，以此表明句首即焦点。该时期连接副词另一个常见位置是在作用词（operator）之后或在动词及补语从句之间。

观察语料库后发现，英语史上有两个决定性的时期，第一个时期是中古英语时期（1350—1420）。该时期英语散文风格发生巨大变化，由连词（and，but，for）与连接副词搭配后引导的句子数量迅速增加。第二个决定性时期是近代英语晚期（1780—1850），该阶段位于句中的连接副词占比激增，超过50%，句中也被视为连接副词的无标记位置。在当代英语书面语语料库中发现，连接副词位于句中的例子较多，学术文本中超过40%，而在口语语料库中连接副词位于句中的例子少于5%。这也成为书面语与口语的区别特征。

追求表述清晰的文体主要是受到启蒙运动时期的哲学语言影响，其根源可以上溯到古罗马修辞学家昆体良（Quintilian）。表述清晰的思想在两方面影响连接副词的使用：当连接副词位于句中时，可以使用逗号将其与修饰性状语分开，通常情况下，书面语中逗号代表着口语中的停顿。此外，以乔治·坎贝尔（George Campbell）为代表人物的苏格兰学者形成的"启蒙运动"发展了一个新的修辞学派。该学派提倡的风格特点是"准确"和"清晰"，强调句法结构和段落这样的句法、语篇和语用问题，而不是传统的比喻或修辞格。乔治·坎贝尔的代表作《修辞的哲学》（*The Philosophy of Rhetoric*）是第一部元语言的著作，主要研究连词和连接副词及其功能。坎贝尔在书中提出关于连词"and"的7个评论，这些评论对英语散文风格的发展极为重要。其中最重要的两点是：提倡成分顺序的变化（评论3）；反对连词和连接副词的搭配出现在句首（评论4）。此外，他还建议连接副词位置要多样化，认为单词的音节数量对其功能起着决定性作用，多音节的连接副词具有多功能的特点。可能受坎贝尔修辞学说的影响，当代英语书面语中，所有连接副词都可置于句首。

第14章 结论

本研究的目的在于考察英语连接副词的历时发展变化。作者认为传统的类型学标准往往把连词分为并列连词、从属连词和连接副词，但三者的功能并不相同。语篇指示、篇章信息和信息处理是理解三者在英语史上不同发展过程的关键。

作者首先列出了英语史上各个时期的连接副词。在古代英语中，连接副词和从属连词都被称为"模糊副词/连词"。而在当代英语中，这些词大多已经消亡。因此，这两类词语的句法和语义功能减少而数量增加。

其次，中古英语时期产生大量连接副词，但大多数未能幸存至今。因此，历史上各个时期对连接副词均有贡献。从词源学及形态学角度来看，这些连接副词并不符合中古时期和近代英语早期英语词汇扩张的总趋势：新的连接副词通常来自罗马词汇，但鲜见法语或拉丁语外来词。新词大量来自时间认知域或空间认知域的介词短语。本研究使用"指称转移"这一术语概括上述表原因、对比和让步等"非纯粹"语义关系连接副词的产生过程。

连接副词的演变史体现了英语长期演化的主要原则，即连接副词系统的重构或多或少是英语类型学变化的结果。类型学因素，同样也是连接副词出现在句尾的重要原因。连接副词演化史表明，在近代英语晚期之后，英语复合词的重要性超过外来词，如表增补关系的"furthermore""moreover"等较长的复合词不仅像似着认知的复杂性，还强调了文本线性顺序中的语义关系，这也表明连接副词的使用同样受修辞因素的影响。

语言清晰是论述清晰的基础，连接副词是标记话语单位的灵活手段。论述清晰的方针同样导致更系统地使用标点符号，导致连接副词可以在书面语句中出现。因为连接副词是表述清晰的重要手段，因此，它们在18世纪以来的书面语言，尤其在学术文本中成为主要连接词语，其频度甚至超过连词。

二　简评

《论述与修辞：英语史上的连接副词》一书以不同时期多个语料库为基础，考察连接副词在英语史上的发展过程及特点。

首先，本书选题独到。在已有文献中，对英语连接副词的研究较为薄弱。作者以不同时期、不同语言和不同语体的多个真实语料库为基础，全面研究英语连接副词的历时发展，填补相关研究的空白，因此该选题具有重要理论意义及实用价值。

其次，本书结构严谨，资料翔实。本书整体布局清晰，内容详略得当。作者先总述全书框架，再界定研究对象连接副词，概括其总体发展趋势，然后分述连接副词的形态构成、功能及历时发展，最后总结演化特点及动因。其中第8—13章是本书重点，详细考察了因果、让步、增补和过渡四类连接副词的形态、功能、语义、语用及历时发展的特点，并从认知和修辞动因的角度作出解释。另外，本书立足于语言事实，共引用英语和德语不同时代的7个语料库，11部词典以及269种参考文献。由此可见，作者对各年代的语料例证，各流派学者的学术观点了如指掌，从中可以感受到一位德国语言学家深厚的研究功底和严谨的学术态度。

最后，本书论证科学，结论可信。本研究应用英德语各个历史时期的口笔语语料库，重点研究英语连接副词的历时演变。从论证过程中可以看出，作者并不囿于英语本身，而是参考同源的拉丁语、法语及古德语的语料和相关理论观点，从类型学的角度探索英语史上连接副词的演化规律，认为英语类型学变化是连接副词系统重构的重要动因。此外，本书立足于语言事实，采用数学方法对各时期语料库中各连接副词进行统计分析，并辅以大量表格、饼状图、柱状图和点状图等图表，将相关例证和数据直观清晰地呈现在书中，相关结论令人信服。作者除将基于语料库的研究结论，以分类列表的形式在附录列举出来之外，更进一步将自建语料库以光盘形式附于书后，方便读者深入求证与研究，进一步体现了作者严谨的研究风格。

《论述与修辞：英语史上的连接副词》在具体成果与方法论两个方面均有积极作用。在具体成果方面，本书基于语言事实和统计数据，发现英语连接副词历时演化规律，见前人之所未见，其结论可信度高。在方法论方面，本书作者以语料库为基础，以认知语言学、类型学、语料库语言学理论为指导，以真实语言材料、统计数据和图表为支撑，以同源的拉丁语、德语为比较对象，考察英语连接副词的演化规律，论据充分，论证严谨，结论可靠。由此可见，多理论融合是国外语言学界相互借鉴、相互吸收、融会贯通的新进展。在汉语研究中，采用类似的研究方法，基于真实语言材料建立现代汉语、古汉语、方言和民族语言的分类语料库，借鉴不同语言学派的理论，辅以实验和统计、图表等定量研究方法，对汉语语言学中的具体语言现象进行考察分析，必将有助于汉语研究的新发展。

参考文献

何金松：《虚词历时词典》，湖北人民出版社1994年版。

金立鑫：《语言类型学——当代语言学中的一门显学》，《外国语》2006年第5期。

王寅：《认知语言学》，上海外语教育出版社2007年版。

邢福义：《汉语语法学》，东北师范大学出版社1996年版。

张斌：《现代汉语虚词词典》，商务印书馆2001/2005年版。

张道真：《英语语法大全》，首都师范大学出版社2011年版。

章振邦：《新编英语语法教程》，上海外语教育出版社2009年版。

Croft, W., 2003, *Typology and Universals*. London：Cambridge University

Press.

Lakoff, George, 1987, *Woman, Fire and Dangerous Things: What Categories Reveal about the World*. Chicago: The University of Chicago Press.

Langacker, R. W., 1987, *Foundations of Cognitive Grammar (Vol. 1): Theoretical Prerequisites* (《认知语法基础Ⅰ：理论前提》). Stanford: Stanford. 北京大学出版社，2001.

Levinson, S. C., 1983, *Pragmatics*. London: Cambridge University Press.

Quirk, Randolph, Greenbaum, Sidney, Leech, Geoffery and Jan Svartvik, 1985, *A Comprehensive Grammar of the English Language*. New York: Longman.

(作者单位：江汉大学外国语学院)

汉语"三标四句式"复句句法语义关系判定

吴锋文

提 要 复句句法语义关系判定对汉语复句信息处理和篇章语义理解具有重要意义。本论文主要探讨"三标四句式"复句的句法层次和语义关系判定问题。在大规模复句语料分析基础上,总结抽取出 33 种"三标四句式"复句标记序列模式。以"复句关系标记为主,分句关联特征为辅"的研究思路,从标记序列模式信息匹配的角度,划分"三标四句式"复句标记序列的充盈态和非充盈态,确定"三标四句式"复句的 18 种标记充盈态模式,归纳总结了充盈态标记序列中关系词的句序、配位、类别与复句句法层构及语义关联间的映射关系,在此基础上总结制定了有关充盈态"三标四句式"复句的 18 条句法语义判定规则。该规则预期成为后续复句句法语义知识库建设和研发复句句法分析系统的基础。

关键词 "三标四句式"复句 小句关联体 标记充盈态 语义关联

引言

汉语复句句法语义研究,是计算语言学的重要议题,也是中文信息处理领域的基础性课题。目前中文信息处理正处于"句处理"攻坚阶段,要解决好"句处理"问题,加强对复句的句法语义问题的信息化研究很有必要。近十多年间,有关复句信息化的研究逐渐增多,张仕仁(1994:43—54)、胡金柱(2010:133—142)、肖升(2010:552—554)探讨了复句的知识建模及关系搭配求解问题;李文翔(2004:50—52)、舒江波(2009:90—93)、胡金柱(2012:190—194,2016:127—132)、杨进才(2018:1756—

1760）研究了复句关系词的识别与标注规则问题；鲁松（2001：987—995）、周文翠（2008）、李晋霞（2003）、罗进军（2009：83—89）、吴锋文（2012：64—68，2015：13—18，2017：17—26）对复句自动句法分析问题进行了系列探讨，上述成果为后续深入研究复句的句法语义判定问题奠定了基础。

姚亚平（1990：8—14）指出，"对现代汉语多重复句的所有模式进行详尽考察，归纳出几种模式，那无论是对一般人认识多重复句的特点和句型，掌握多重复句的一般的分析方法，还是对计算机的语言处理，都有一定的帮助。"根据邢福义（2001：14—15）、姚双云（2008：19），复句在大规模文本中所占比重达35%—60%，而二重复句、三重复句又是最常见的复句类型，因而加强对多重复句的句法语义研究极有意义。

在前期研究中，我们对三句式复句的句法语义判定问题进行了系统研究，积累了一定基础（吴锋文，2010），并对四句式复句进行了考察，总结得到有关四句式复句的标记序列模式110种（吴锋文，2017：19）。在110种四句式标记序列模式中，包含3个关系标记的复句联结模式和复句实例又是分布最广、使用频率最高的。故本文拟在复句关系词语标注的基础上，采用"小句中枢"说和复杂特征集思想，着重探讨"三标四句式"复句的层次划分和语义关系判定问题。例如：

（1）①马克苏德希望美国能同其他国家采取一致行动，②<u>不仅</u>谴责以色列的侵略，③<u>而且</u>对以色列实行必要的制裁，④<u>并</u>制止以色列再次对黎巴嫩发动袭击。(《人民日报》1981-7-27)

（2）①<u>如果</u>你的想法正确，②你<u>就</u>不怕别人批评；③<u>如果</u>你的想法不正确，④批评正好可以帮助你纠正错误。

例（1）分句①无标，分句②③出现搭配标记"不仅-而且"，分句④有单标"并"，仅以显现的标记序列而言，分句①与分句②③④间的语义关系无法判定，分句④与前面分句间的组合顺序也无法判定，故例（1）标记序列"【kb】-不仅-而且-并"是非充盈态标记模式；例（2）分句①②出现搭配标记"如果-就"，标示（①，②）间是假设关系，分句③复现标记"如果"，分句④无标，（③，④）间是假设关系，（①，②）与（③，④）间是无标并列关系，标记序列"如果-就-如果-【kb】"能够判定例（2）的句法语义关系，故例（2）是标记充盈态复句。

本文探讨例（2）类充盈态"三标四句式"复句的句法语义判定问题，例（1）类的非充盈态复句问题将另文讨论。文章包括三方面内容。

1. 如何形式化地描写和表征"三标四句式"复句的句法语义知识，并由此总结出"三标四句式"复句标记序列模式？

2. 对于不同的复句标记序列模式，复句标记与复句分句间的句法层构、语义关联是如何互动的，标记序列与复句实例间的"表-里"映射关系如何？

3. 如何利用复句标记序列模式与复句实例间的映射关系，归纳提取三标四句式复句的句法语义判定规则？

一 "三标四句式"复句的知识表示及其分类

"三标四句式"复句是汉语有标复句的一个子类，是指由四个分句构成的、显现出三个复句关系词语的有标复句。如上例（1-2）所示。本文采用邢福义（2016：303-325）复句理论体系，将汉语复句分为广义因果、广义并列以及广义转折三大类，分句间的逻辑语义关系设立因果（yg）、推断（td）、假设（js）、条件（tj）、目的（md）、并列（bl）、连贯（lg）、递进（dj）、选择（xz）、转折（zz）、让转（rz）、假转（jz）等12个语义类别。对于复句本体知识，我们首先给出如下约定：

（a）复句 CS 的分句构成函数记为 Numb（CS），且四句式复句的 Numb（CS）取值为 4。

（b）复句 CS 中分句集表示为 $\{C_i \mid i$ 代表分句位序，$i \in N$ 且 $1 \leq i \leq 4\}$。

（c）若分句 C_i 的关系标记缺省，则表示为 kb。

（d）复句关系词 RW 的句法语义信息表示为三元组 <R，i，s>，R 表示关系词词形，Ri 的句法搭配位置（配位）记为 Pos（Ri），Ri 的语义关系类别记为 Sem（Ri），则有 Pos（Ri）$\in \{f$（前）、b（后）$\}$，Sem（Ri）$\in \{yg、js、td、tj、md、bl、dj、xz、lg、zz、rz、jz\}$。

（e）若分句 C_i、C_{i+1} 为相邻分句，则二元有序对（C_i，C_{i+1}）表示 C_i、C_{i+1} 存在语义关联，形成小句关联体 Clause Union（简记为 CU）。

（f）相邻小句关联体 CU1、CU2 的语义规约原则：若 CU1、CU2 结构平行，则 CU1、CU2 规约为并列关系，即 Sem（CU1，CU2）= bl；否则,规约为因果关系,即 Sem(CU1,CU2)= yg。

本文以小句为基本观测点,在胡金柱、舒江波(2009)、杨进才(2018)复句关系标记标注研究基础上,以"标记控制,语义聚类,同构分析"为策略,结合复句关系词语的配位、语义类别以及分句序位,从大量复句实例总结抽取出四句式复句的 33 种"三标四句式"标记序列模式。如下表 1。

表 1   "三标四句式"复句的标记序列模式

序号	标记序列	序号	标记序列	序号	标记序列
M1-24	kb-Rib+Rjf-Rjb-kb	M12-8	Rif-kb-Rib-Rib	M23-38	Rif-kb-Rjb-Rkb
M2-25	kb-Rib+Rjf-kb-Rjb	M13-13	Rif-Rjf-Rkf-kb	M24-39	Rif-kb-Rib-Rjb
M3-45	kb-Rif+Rjf-Rjb-kb	M14-29	Rif-Rib-Rjf-kb	M25-40	Rif-kb-Rib-Rjf
M4-39	Rif-kb-Rjb+Rkf-kb	M15-30	Rif-Rib-kb-Rjb	M26-41	Rif-kb-Rjb-Rib
M5-40	kb-Rif-Rjb+Rkf-kb	M16-31	Rif-Rjf-Rjb-kb	M27-42	kb-Rif-Rjb-Rib
M6-44	kb-Rib-Rjf+Rkf-kb	M17-32	Rif-Rjf-kb-Rjb	M28-43	kb-Rib-Rjb-Rkf
M7-49	Rif-kb-Rjb+Rif-kb	M18-33	Rif-Rib-Rjb-kb	M29-44	kb-Rib-Rjb-Rkb
M8-50	kb-kb-Rib+Rjf-Rjb	M19-34	Rif-kb-Rjf-Rjb	M30-45	Rif-Rjb-Rkf-kb
M9-2	Rif-kb-Rif-Rib	M20-35	kb-Rif-Rjf-Rjb	M31-46	Rif-kb-Rjf-Rjf
M10-3	Rif-Rib-Rif-kb	M21-36	kb-Rif-Rib-Rjb	M32-47	Rif-kb-Rjb-Rkb
M11-4	kb-Rib-Rif-Rib	M22-37	kb-Rib-Rjf-Rjb	M33-48	kb-Rif-Rib-Rjb

对表 1 的"三标四句式"复句标记序列模式进行配位信息、语义类别及句序制约分析,我们发现有些标记序列模式实例化后凭借所显现的三个关系词语能确定该复句的句法层次构造及其语义关系,这类"三标四句式"标记序列是一种标记充盈态模式,其复句实例是充盈态有标复句。以标记序列模式 M5、M17 为例,请看下例:

(3)①身为魔术师,我们一定不会去揭秘和吐槽任何魔术,②<u>因为</u>那违背了职业信条,③<u>但是如果</u>一般观众能从中找到乐趣,④我们<u>也</u>无法阻止。(中新网 2014-1-31)

(4)①<u>就算</u>老虎再大,②<u>只要</u>为非作歹,③触犯党纪,④<u>就</u>难逃铁笼。(人民网 2014-7-29)

例(3)分句①④无标,分句②有因果标记"因为",分句③出现标记连用"但是+如果"。例（4）分句①出现"就算"，分句②④出现标记搭配"只要……就"，分句③空标。其相应的句法分析树如图1、图2所示。

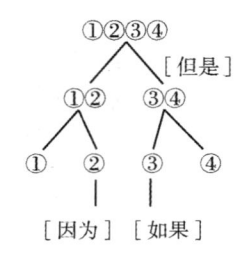

图1 例（3）分析结果

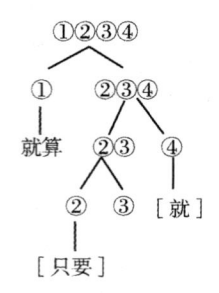

图2 例（4）分析结果

从复句关系词语对相应复句格式句法语义关系的标示能力强弱角度考察，上表1中33种"三标四句式"标记序列模式可分为两类：

（Ⅰ）标记充盈态模式：M2、M4、M5、M6、M7、M9、M10、M11、M12、M13、M14、M17、M20、M22、M24、M25、M30、M31共18种。这些标记序列模式实例化后形成充盈态有标复句，如上例（3-4）。

（Ⅱ）标记非充盈态模式：M1、M3、M8、M15、M16、M18、M19、M21、M23、M26-M29、M32、M33共15种。这些标记序列模式实例化后形成非充盈态有标复句，如上例（1）。

对"三标四句"式标记序列模式及其实例的全面分析后，我们得到"三标四句式"复句的标记序列所能形成的复句层次结构有四种类型。如下表2。

表2　"三标四句式"复句的结构类型及分句组合顺序

复句结构	分句组合顺序
2-2式	（（C_1，C_2），（C_3，C_4））
（1-（1-2））式	（C_1，（C_2，（C_3，C_4）））
（1-（2-1））式	（C_1，（（C_2，C_3），C_4））
（（2-1）-1）式	（（C_1，（C_2，C_3）），C_4）

上述知识表示及其分类目标在于，对给定的任一"三标四句式"复句实例，预期将其化归为表1里某种标记序列模式，并采用"复句关系标记为主，分句关联特征为辅"的研究思路，进而确定该序列模式与相应复句"表-里"间的句法语义关系。

二 充盈态"三标四句式"复句的表里映射关系

在前文表1基础上,我们对充盈态"三标四句式"复句模式的句序、关系标记属性(配位、搭配关系、语义类别)等信息进行描写,以期全面清晰地刻画和揭示复句标记、标记序列模式与复句句法语义间的互动关系,从而建立一个有关复句标记序列与复句实例间的"表-里"映射机制。18种充盈态标记序列模式的表里映射关系归纳如表3。

表3 充盈态"三标四句式"复句的复杂特征描写

标记序列模式	特征描写	层次构造	语义关系
kb-Rib+Rjf-kb-Rjb	C1:空标、c2:b+f型标记连用、C3:空标、c4:b型标记,且与c2中f型标记搭配	$(C_1,\ ((C_2, C_3),\ C_4))$	(C_2, C_3): bl $((C_2, C_3),\ C_4)$: sem(Rjb) $(C_1,\ ((C_2, C_3),\ C_4))$: sem$(Rib)$
Rif-kb-Rjb+Rkf-kb	C1:f型标记、c2:空标 C3:b+f型标记连用、c4:f型标记	$((C_1, C_2),\ (C_3, C_4))$	(C_1, C_2): sem(Rif) (C_3, C_4): sem(Rkf) $((C_1, C_2),\ (C_3, C_4))$: sem$(Rjb)$
kb-Rif-Rjb+Rkf-kb	C1:空标、c2:f型单标 C3:b+f型标记连用、c4:空标	$((C_1, C_2),\ (C_3, C_4))$	(C_1, C_2): sem(Rif) (C_3, C_4): sem(Rkf) $((C_1, C_2),\ (C_3, C_4))$: sem$(Rjb)$
kb-Rib-Rjf+Rkf-kb	C1:空标、c2:b型单标 C3:f+f型标记连用、c4:空标	$((C_1, C_2),\ (C_3, C_4))$	(C_1, C_2): sem(Rib) (C_3, C_4): sem(Rkf) $((C_1, C_2),\ (C_3, C_4))$: sem$(Rjf)$
Rif-kb-Rjb+Rif-kb	C1:f型单标、c2:空标 C3:b+f型标记连用,且f型标记复现、c4:空标	$((C_1, C_2),\ (C_3, C_4))$	(C_1, C_2): sem(Rif) (C_3, C_4): sem(Rif) $((C_1, C_2),\ (C_3, C_4))$: sem$(Rjb)$
Rif-kb-Rif-Rib	C1:f型标记、c2:空标、c3:复现f型标记复现、c4:b型标记,且与f标记搭配	$((C_1, C_2),\ (C_3, C_4))$	(C_1, C_2): sem(Rif) (C_3, C_4): sem$(Rif、Rib)$ $((C_1,\ C_2),\ (C_3, C_4))$: bl

续表

标记序列模式	特征描写	层次构造	语义关系
Rif-Rib-Rif-kb	C1: f 型标记、c2: b 型标记,且与 f 型标记搭配、c3: f 型标记复现、c4: 空标	((C_1, C_2), (C_3, C_4))	(C_1, C_2): sem (Rif、Rib) (C_3, C_4): sem (Rif) ((C_1, C_2), (C_3, C_4)): bl
kb-Rib-Rif-Rib	C1: 空标、c2: b 型标记、c3: f 型标记、c4: b 型标记复现,且与 f 型标记搭配	((C_1, C_2), (C_3, C_4))	(C_1, C_2): sem (Rib) (C_3, C_4): sem (Rif、Rib) ((C_1, C_2), (C_3, C_4)): bl
Rif-kb-Rib-Rib	C1: f 型标记、c2: 空标、c3: b 型标记,且与 f 型标记搭配 c4: b 型标记复现	((C_1, C_2), (C_3, C_4))	(C_1, C_2): bl (C_3, C_4): bl ((C_1, C_2), (C_3, C_4)): sem (Rif)
Rif-Rjf-Rkf-kb	C1: f 型单标、c2: f 型单标、C3: f 型单标、c4: 空标	(C_1, (C_2, (C_3, C_4)))	(C_3, C_4): sem (Rkf) (C_2, (C_3, C_4)): sem (Rjf) (C_1, (C_2, (C_3, C_4))): sem (Rif)
Rif-Rib-Rjf-kb	C1: f 型标记、c2: b 型标记,且与 C1 中 f 型标记搭配、C3: f 型单标、c4: 空标	((C_1, C_2), (C_3, C_4))	(C_1, C_2): sem (Rif、Rib) (C_3, C_4): sem (Rjf) ((C_1, C_2), (C_3, C_4)): yg
Rif-Rjf-kb-Rjb	C1: f 型单标、c2: f 型标记、C3: 空标、c4: b 型标记,且与 C2 中 f 型标记搭配	(C_1, ((C_2, C_3), C_4))	(C_2, C_3): bl ((C_2, C_3), C_4): sem (Rjf、Rjb) ((C_1, C_2), (C_3, C_4)): sem (Rif)
kb-Rif-Rjf-Rjb	C1: 空标、c2: f 型单标、C3: f 型标记、c4: b 型标记,且与 C3 中 f 型标记搭配	(C_1, (C_2, (C_3, C_4)))	(C_3, C_4): sem (Rjf、Rjb) (C_2, (C_3, C_4)): sem (Rif) (C_1, (C_2, (C_3, C_4))): yg
kb-Rib-Rjf-Rjb	C1: 空标、c2: b 型单标、C3: f 型标记、c4: b 型标记,且与 C3 中 f 型标记搭配	((C_1, C_2), (C_3, C_4))	(C_1, C_2): sem (Rib) (C_3, C_4): sem (Rjf、Rjb) ((C_1, C_2), (C_3, C_4)): yg

续表

标记序列模式	特征描写	层次构造	语义关系
Rif-kb-Rib-Rjb	C1: f 型标记、c2: 空标、C3: b 型标记,且与 c1 中 f 型标记搭配、c4: b 型单标	((C_1, C_2), (C_3, C_4))	(C_1, C_2): bl (C_3, C_4): sem (Rjb) ((C_1, C_2), (C_3, C_4)): sem (Rif)
Rif-kb-Rib-Rjf	C1: f 型标记、c2: 空标、C3: b 型标记,且与 c1 中 f 型标记搭配、c4: f 型单标	(((C_1, C_2), C_3), C_4)	(C_1, C_2): bl ((C_1, C_2), C_3): sem (Rif, Rib) (((C_1, C_2), C_3), C_4): sem (Rjf)
Rif-Rjb-Rkf-kb	C1: f 型单标、c2: b 型单标、C3: f 型单标、c4: 空标	((C_1, C_2), (C_3, C_4))	(C_1, C_2): sem (Rjb) ((C_1, C_2), C_3): sem (Rkf) (((C_1, C_2), C_3), C_4): sem (Rif)
Rif-kb-Rjf-Rjf	C1: f 型单标、c2: 空标、C3: f 型标记、c4: 复现 C3 中 f 型标记	((C_1, C_2), (C_3, C_4))	(C_1, C_2): sem (Rif) (C_3, C_4): bl ((C_1, C_2), (C_3, C_4)): sem (Rjf)

三 充盈态"三标四句式"复句的句法语义关系判定

关联词语是复句中标示分句关系的重要构件,它不仅影响着分句的语义,也影响着复句层次关系的识别。如前所述,在充盈态标记序列和复句层次关系之间存在着"一对一"的表里映射关系,可以唯一确定充盈态复句的层次构造和语义关系(吴锋文,2011:69)。本文拟利用这种映射关系,挖掘不同序位关联标记的特征,提取一系列句法语义规则,采用规则方法来判定充盈态"三标四句式"复句的句法语义关系。下面将"三标四句式"充盈态复句句法语义判定规则归纳如下。

规则 1:若任一复句 CS 的 Numb (CS) = 4,分句 C_1、C_3 复现无标,分句 C_2 出现标记连用形式 Rib+Rjf,分句 C_4 出现标记 Rjb,且 Rjf、Rjb 形成搭配关系,则复句层次构造为(C_1,((C_2,C_3),C_4)),小句关联体(C_2,C_3)规约为并列关系,((C_2,C_3),C_4)的关系均由 Sem (Rjf、Rjb)确定,复句关系由 Sem (Rib)确定。例如:

(5) ①现在我已经知道我错了，【②所以我不但要补偿你，③还给你一只手，】bl④而且还要再给你一次机会。（古龙《七星龙王》）

例（5）分句③无标，优先与分句②结合，(②，③)规约为并列关系，"不但-而且"标示((②，③)，④)为递进关系，"所以"标示(①)与((②，③)，④)为因果关系。

规则2：若任一复句CS的Numb（CS）= 4，分句C_2、C_4无标，分句C_1出现标记Rif，分句C_3出现标记连用形式Rjb+Rkf，且标记Rif、Rjb、Rkf间没有搭配关系，则复句层次构造为((C_1，C_2)，(C_3，C_4))，小句关联体(C_1，C_2)的关系由Sem（Rif）确定，(C_3，C_4)的关系均由Sem（Rkf）确定，复句关系由Sem（Rjb）确定。例如：

(6) ①我的兄弟因为看不惯司马家的手段后，②都决定不再铸剑，③不过，如果小姐有需要的话，④我可以请他们来帮忙，重振唐门的铸剑威风。（TVB电视剧《血荐轩辕》）

例（6）分句①"因为"标示分句①②间是因果关系，分句③标记连用中"如果"标示分句③④是假设关系，分句③标记连用中"不过"标示(①②)与(③④)之间为转折关系。

规则3：若任一复句CS的Numb（CS）= 4，分句C_1、C_4无标，分句C_2出现标记Rif，分句C_3出现标记连用形式Rjb+Rkf，且标记Rif、Rjb、Rkf间没有搭配关系，则复句层次构造为((C_1，C_2)，(C_3，C_4))，小句关联体(C_1，C_2)的关系由Sem（Rif）确定，(C_3，C_4)的关系由Sem（Rkf）确定，复句关系由Sem（Rjb）确定。例如：

(7) ①身为魔术师，我们一定不会去揭秘和吐槽任何魔术，②因为那违背了职业信条，③但是如果一般观众能从中找到乐趣，④我们也无法阻止。（中新网2014-1-31）

例（7）分句②出现标记"因为"，标示分句①②是递进关系，分句③中连用标记中"如果"，标示分句③④是假设关系，"但是"标示复句为因果关系。

规则4：若任一复句CS的Numb（CS）= 4，分句C_1、C_4无标，分句C_2

出现标记 Rib，分句 C_3 出现标记连用形式 Rjf+Rkf，且标记 Rib、Rjf、Rkf 间没有搭配关系，则复句层次构造为（（C_1，C_2），（C_3，C_4）），小句关联体（C_1，C_2）的关系由 Sem（Rib）确定，（C_3，C_4）的关系由 Sem（Rkf）确定，复句关系由 Sem（Rjf）确定。例如：

（8）①你故意在脸上嵌起九颗寒星，②<u>并且</u>始终不肯摘下那顶草帽，③<u>只因为</u>你的易容术<u>虽</u>精妙，④还是怕我认出你来。（古龙《九月鹰飞》）

例（8）分句②出现标记"并且"，标示分句①②是并列关系，分句③中连用标记中"虽"，标示分句③④是转折关系，"因为"标示复句为因果关系。

规则5：若任一复句 CS 的 Numb（CS）= 4，分句 C_2、C_4 无标，分句 C_1 出现标记 Rif，分句 C_3 出现标记连用形式 Rjb+Rif，且标记 Rif、Rjb 间没有搭配关系，则复句层次构造为（（C_1，C_2），（C_3，C_4）），小句关联体（C_1，C_2）、（C_3，C_4）的关系由 Sem（Rif）确定，复句关系由 Sem（Rjb）确定。例如：

（9）①<u>若</u>不揭破这些人想出的鬼花样，②当真要被他吓得半死，③<u>但若非</u>如此天寒地冻之时，④他这花样也休想耍得出来。（古龙《武林外史》）

例（9）分句①出现标记"若"，标示（①，②）之间假设关系，分句③出现标记连用"但若非"，"若非"标示（③，④）假设关系，"但"标示复句为转折关系。

规则6：若任一复句 CS 的 Numb（CS）= 4，分句 C_2 无标，分句 C_1、C_3、C_4 分别出现标记 Rif、Rif、Rib，且 Pos（Rif）= f、Pos（Rib）= b、Sem（Rif）= Sem（Rib），则复句层次构造为（（C_1，C_2），（C_3，C_4）），小句关联体（C_1，C_2）、（C_3，C_4）的关系由 Sem（Rif、Rib）确定，复句关系规约为并列关系。例如：

（10）【①上官小仙<u>若</u>不想说的事，②没有人能问得出来，③她<u>若</u>想说，④<u>就</u>根本不必问。】bl（古龙《九月鹰飞》）

例（10）分句①中标记"若"标示（①，②）之间假设关系，分句③的标记"若"与分句④中"就"形成搭配，标示（③，④）间的假设关系，复句规约为并列关系。

规则7：若任一复句 CS 的 Numb（CS）= 4，分句 C_4 无标，分句 C_1、C_3、C_4 分别出现标记 Rif、Rib、Rif，且 Pos（Rif）= f、Pos（Rib）= b、Sem（Rif）= Sem（Rib），则复句层次构造为（（C_1，C_2），（C_3，C_4）），小句关联体（C_1，C_2）、（C_3，C_4）的关系由 Sem（Rif、Rib）确定，复句关系规约为并列关系。例如：

(11)【①<u>虽然</u>是不同的地方，②<u>却</u>是同样的明月，③<u>虽然</u>是不同的人，④有时也会是同样的心情。】bl（古龙《三少爷的剑》）

例（11）分句①②的关系标记"虽然-却"形成搭配，标示（①，②）为转折关系，分句③复现的标记"虽然"标示（③，④）为转折关系，然后（①，②）与（③，④）之间规约为并列关系。

规则8：若任一复句 CS 的 Numb（CS）= 4，分句 C_1 无标，分句 C_2、C_3、C_4 分别出现标记 Rib、Rif、Rib，且 Pos（Rif）= f、Pos（Rib）= b、Sem（Rif）= Sem（Rib），则复句层次构造为（（C_1，C_2），（C_3，C_4）），小句关联体（C_1，C_2）、（C_3，C_4）的关系由 Sem（Rif、Rib）确定，复句关系规约为并列关系。例如：

(12)【①这人走得很慢，②<u>但却</u>绝不停顿，③<u>虽然</u>听到了车铃马嘶声，④<u>但却</u>绝不回头！】bl（古龙《多情剑客无情剑》）

例（12）分句②中"但/却"标示（①，②）为转折关系，分句③④显现的标记搭配"虽然-但"标示（③，④）为转折关系，然后（①，②）与（③，④）之间规约为并列关系。

规则9：若任一复句 CS 的 Numb（CS）= 4，分句 C_2 无标，分句 C_1、C_3、C_4 分别出现标记 Rib、Rib、Rib，且 Pos（Rif）= f、Pos（Rib）= b、Sem（Rif）= Sem（Rib），则复句层次构造为（（C_1，C_2），（C_3，C_4）），小句关联体（C_1，C_2）、（C_3，C_4）均规约为并列关系，复句关系由 Sem（Rif、Rib）确定。例如：

（13）【①只有反复阅读，②反复感受和体验，】bl③才能领略艺术的全部魅力，④才能品尝艺术的迷人的美。】bl（https://wenda.so.com/q/1364581000063126）

例（13）分句②无标，（①，②）规约为并列关系，分句③④复现标记"才"，（③，④）规约为并列关系，"只有-才"形成标记搭配，标示（①，②）与（③，④）之间为条件关系。

规则10：若任一复句 CS 的 Numb（CS）= 4，分句 C_4 无标，分句 C_1、C_2、C_3 分别出现标记 Rif、Rjf、Rkf，且 Pos（Rif）= Pos（Rjf）= Pos（Rkf）= f、Sem（Rif）≠ Sem（Rjf）≠ Sem（Rkf），则复句层次构造为（C_1，（C_2，（（C_3，C_4）））），小句关联体（C_3，C_4）的关系由 Sem（Rkf）确定，（C_2，（（C_3，C_4））的关系由 Sem（Rjf）确定，复句关系由 Sem（Rif）确定。例如：

（14）①我无论生在哪个年代，②就算是生在几百年以前，③只要是我心里想说的话，④我还是一样会说出来。（古龙《多情剑客无情剑》）

例（14）前三个分句依次出现一个单标"无论""就算""只要"，在句法层次上，小句关联体（③，④）优先结合，"只要"标示条件关系，然后"就算"标示（②，（③，④））之间为假设关系，分句①中"无论"标示①与（②，（③，④））间为总让关系。

规则11：若任一复句 CS 的 Numb（CS）= 4，分句 C_4 无标，分句 C_1、C_2、C_3 分别出现标记 Rif、Rib、Rjf，且 Pos（Rif）= f、Pos（Rib）= b、Pos（Rjf）= f、Sem（Rif）= Sem（Rib）≠ Sem（Rjf），则复句层次构造为（（C_1，C_2），（C_3，C_4）），小句关联体（C_1，C_2）的关系由 Sem（Rif、Rib）确定，（C_3，C_4）的关系由 Sem（Rjf）确定，复句关系规约为因果关系。例如：

（15）【①你只要在江湖中混三五年，②就没有别人好混的了，③以后我们若是还有机会见面，④希望还是朋友。】yg（古龙《多情剑客无情剑》）

例（15）分句①②出现搭配标记"只要-就"，标示小句关联体（①，②）为条件关系，分句③中"若"标示（③，④）为假设关系，（①，②）

与（③，④）规约为因果关系。

规则12：若任一复句 CS 的 Numb（CS）= 4，分句 C_3 无标，分句 C_1、C_2、C_4 分别出现标记 Rif、Rjf、Rjb，且 Pos（Rif）= f、Pos（Rjf）= f、Pos（Rjb）= b、Sem（Rif）≠ Sem（Rjf）、Sem（Rjf）= Sem（Rjb），则复句层次构造为（C_1,（（C_2, C_3）, C_4）），小句关联体（C_2, C_3）规约为并列关系，（（C_2, C_3）, C_4）的关系由 Sem（Rjf、Rjb）确定，复句关系由 Sem（Rif）确定。例如：

(16) ①<u>即使</u>他们个个都廉洁奉公和铁面无私，【②<u>如果</u>不加强教育，③不致力于提高广大党员特别是党员领导干部的整体素质，】bl④<u>就</u>会给法制和监督的实施带来难度。(《人民日报》1997-6-23)

例（16）分句③无标，优先与②结合，（②，③）规约为并列关系，"如果-就"标示（（②，③），④）为假设关系，"即使"标示（①）与（（②，③），④）为虚拟性让转关系。

规则13：若任一复句 CS 的 Numb（CS）= 4，分句 C_1 无标，分句 C_2、C_3、C_4 分别出现标记 Rif、Rjf、Rjb，且 Pos（Rif）= f、Pos（Rjf）= f、Pos（Rjb）= b、Sem（Rif）≠ Sem（Rjf）、Sem（Rjf）= Sem（Rjb），则复句层次构造为（C_1,（C_2,（C_3, C_4）)），小句关联体（C_3, C_4）的关系由 Sem（Rjf、Rjb）确定，（C_2,（C_3, C_4））的关系由 Sem（Rif）确定，复句关系规约为因果关系。例如：

(17)【①少昂是比我的生命还重要的存在，②<u>只要</u>有人敢对少昂不利，③<u>就算</u>是我的血亲朋友，④我<u>也</u>不会放过！】yg (左晴雯《还君明珠》)

例（17）分句③④中搭配标记"就算……也"标示（③，④）为虚拟性让转关系，"只要"标示（②，（③，④））为条件关系，分句①无标，①与（②，（③，④））间规约为因果关系。

规则14：若任一复句 CS 的 Numb（CS）= 4，分句 C_1 无标，分句 C_2、C_3、C_4 分别出现标记 Rib、Rjf、Rjb，且 Pos（Rib）= b、Pos（Rjf）= f、Pos（Rjb）= b、Sem（Rib）≠ Sem（Rjf）、Sem（Rjf）= Sem（Rjb），则复句层次构造为（（C_1, C_2）,（C_3, C_4）），小句关联体（C_1, C_2）的关系由 Sem

（Rib）确定，（C_3，C_4）的关系由 Sem（Rjf、Rjb）确定，复句关系规约为因果关系。例如：

（18）【①雄狮堂堂主朱猛是个极不好惹的人，②<u>而且</u>言出必行，③<u>如果</u>他说他要不择手段去对付一个人，④<u>那么</u>无论是什么样的手段他都会用得出来。】yg（古龙《英雄无泪》）

例（18）分句②中"而且"标示小句关联体（①，②）为递进关系，分句③④的搭配标记"如果-那么"标示（③，④）为假设关系，（①，②）与（③，④）规约为因果关系。

规则 15：若任一复句 CS 的 Numb（CS）= 4，分句 C_2 无标，分句 C_1、C_3、C_4 分别出现标记 Rif、Rib、Rjb，且 Pos（Rif）= f、Pos（Rib）= b、Pos（Rjb）= b、Sem（Rif）= Sem（Rib）、Sem（Rif）≠ Sem（Rjb），则复句层次构造为（（C_1，C_2），（C_3，C_4）），小句关联体（C_1，C_2）规约为并列关系，（C_3，C_4）的关系由 Sem（Rjb）确定，复句关系由 Sem（Rif、Rib）确定。例如：

（19）【①美国政府<u>不仅</u>停止了对新芬党的武器禁运，②取消了对新芬党在美国募捐的限制，】bl③<u>而且</u>签发了该党领导人亚当斯赴美签证，④<u>并</u>同他在白宫进行了会谈。（《人民日报》2000-5-25）

例（19）分句②无标，优先与①结合，（①，②）规约为并列关系，分句④中"并"标示小句关联体（③，④）为并列关系，分句①③的搭配标记"不仅-而且"标示（①，②）与（③，④）间为递进关系。

规则 16：若任一复句 CS 的 Numb（CS）= 4，分句 C_2 无标，分句 C_1、C_3、C_4 分别出现标记 Rif、Rib、Rjf，且 Pos（Rif）= f、Pos（Rib）= b、Pos（Rjf）= f、Sem（Rif）= Sem（Rib）、Sem（Rif）≠ Sem（Rjf），则复句层次构造为（（（C_1，C_2），C_3），C_4），小句关联体（C_1，C_2）规约为并列关系，（（C_1，C_2），C_3）的关系由 Sem（Rif、Rib）确定，复句关系由 Sem（Rjf）确定。例如：

（20）【①你<u>不但</u>逼死了她，②逼死了郭庄，】bl③<u>而且</u>迟早会把我也逼死的，④<u>因为</u>你永远都要别人依照你安排的方式活下去。（古龙《英雄

无泪》）

例（20）分句②无标，优先与①结合，（①，②）规约为并列关系，分句①③的搭配标记"不但-而且"标示（（①，②），③）为递进关系，分句④中"因为"标示（（①，②），③）与分句④为因果关系。

规则 17：若任一复句 CS 的 Numb（CS）= 4，分句 C_4 无标，分句 C_1、C_2、C_3 分别出现标记 Rif、Rjb、Rkf，且 Pos（Rif）= f、Pos（Rjb）= b、Pos（Rkf）= f、Sem（Rif）≠ Sem（Rjb）≠ Sem（Rkf），则复句层次构造为（（C_1，C_2），（C_3，C_4）），小句关联体（C_1，C_2）由 Sem（Rjb）确定，（C_3，C_4）的关系由 Sem（Rkf）确定，复句关系由 Sem（Rif）确定。例如：

（21）①小弟的生命<u>虽</u>重，②神剑山庄的威信<u>更</u>重，③<u>若是</u>两者只能选择其一，④他只有牺牲小弟。（古龙《三少爷的剑》）

例（21）分句②中"更"标示（①，②）为递进关系，分句③中"若是"标示（③，④）为假设关系，分句①中"虽"标示（①，②）与（③，④）间为转折关系。

规则 18：若任一复句 CS 的 Numb（CS）= 4，分句 C_2 无标，分句 C_1、C_3、C_4 分别出现标记 Rif、Rjf、Rjf，且 Pos（Rif）= f、Pos（Rjf）= f、Pos（Rkf）= f、Sem（Rif）≠ Sem（Rjf）≠ Sem（Rkf），则复句层次构造为（（C_1，C_2），（C_3，C_4）），小句关联体（C_1，C_2）由 Sem（Rif）确定，（C_3，C_4）规约为并列关系，复句关系由 Sem（Rjf）确定。例如：

（22）①一个女人<u>如果</u>遇到元宝那样可爱的小伙子，②有时是什么事都做得出来的，【③<u>不管</u>她有多大年纪，④<u>不管</u>她是谁都一样。】bl（古龙《七星龙王》）

例（22）分句①中"如果"标示（①，②）为假设关系，分句③④中"不管"标记复现，（③，④）规约为并列关系，"不管"标示（①，②）与（③，④）间为转折关系。

四 结语

本文在大规模语料统计分析基础上，以邢福义小句中枢和复句理论为指导，借助句法描写和特征提取方法，充分观察，充分描写，以"标记控制，语义聚类，同构分析"为策略，系统总结了"三标四句式"复句的33种标记序列模式，分析序列关系标记间的特征信息，寻求复句标记序列与关联模式间的对应关系，确定了18种标记充盈态模式和15种标记非充盈态模式。

针对18种标记序列模式，结合关系词语所处句序、关系标记属性（配位、搭配关系、语义类别）等信息，系统描写、刻画并揭示了复句标记、标记序列模式与复句句法语义间的互动关系，构建一个有关"三标四句式"复句标记序列与复句实例间的"表－里"映射关系表。并以此"表－里"映射关系，制定了一个有关"三标四句式"复句的句法语义判定规则。

我们的研究预期是，通过全面总结分析一定分句数目的复句（分句数）与所显现的复句关系词（个数）之间的所有可能模式，去挖掘复句关系标记对分句组合及语义关联的制约，划分出两种不同类别的有标复句（充盈态有标复句、非充盈态有标复句），从而建立一个面向信息处理的复句句法语义知识库，为复句句法语义自动分析服务。

需要指出的是，对于每种复句标记序列模式，在真实语境中所找到了复句格式及相应语料的分布是有很大差异的，有些复句标记序列模式聚合了大量的复句格式及其实例，有些标记序列模式类聚的复句格式较少甚至仅有一种，这样我们就不能武断地去制定规则。对于这些聚类复句格式较少的标记序列模式，在确定标记序列模式属于充盈态还是非充盈态时，按照从严原则，把这类标记序列模式划归到非充盈态标记模式类别里，这样便于保证判定规则的有效度和准确性。

参考文献

胡金柱、舒江波等：《面向中文信息处理的复句关系词提取算法研究》，《计算机工程与科学》2009年第10期。

胡金柱、吴锋文等：《汉语复句关系词库的建设及其利用》，《语言科学》2010年第2期。

胡金柱、陈江曼等：《基于规则的连用关系标记的自动标识研究》，《计算机科学》2012年第7期。

胡金柱、舒江波等：《复句关系词自动识别中规则的表示方法研究》，《计算机工程与应用》2016年第1期。

李晋霞、刘云：《面向计算机的二重复句层次划分研究》，第7届计算语言学联合学术会议论文，哈尔滨工业大学，2003年。

李文翔、晏蒲柳等：《基于语料库的关联词识别方法》，《计算机工程与应用》2004 年第 7 期。

鲁松、白硕、李素建、刘群：《汉语多重关系复句的关系层次分析》，《软件学报》2001 年第 7 期。

罗进军：《基于句法识别的有标复句层次关系研究》，《汉语学报》2009 年第 1 期。

吴锋文、胡金柱等：《基于规则的汉语复句层次关系自动识别研究》，《华文教学与研究》2010 年第 1 期。

吴锋文：《基于关系标记的汉语复句分类研究》，《汉语学报》2011 年第 3 期。

吴锋文：《面向信息处理的"一标三句式"复句层次关系判定》，《北方论丛》2012 年第 1 期。

吴锋文：《汉语复句信息处理二十年》，《中文信息学报》2015 年第 1 期。

吴锋文：《基于模式识别四句式复句句法语义关系判定》，《汉语学报》2017 年第 3 期。

肖升、胡金柱等：《面向对象有标复句本体建模》，《计算机应用研究》2010 年第 2 期。

邢福义：《汉语复句研究》，商务印书馆 2001 年版。

邢福义：《汉语语法学》（修订本），商务印书馆 2016 年版。

杨进才、涂馨丹等：《基于依存关系规则的汉语复句关系词自动识别》，《计算机应用研究》2018 年第 6 期。

姚双云：《复句关系标记的搭配研究》，华中师范大学出版社 2008 年版。

姚双云、胡金柱等：《关联词搭配的自动发现》，《计算机应用研究》2011 年第 12 期。

姚亚平：《多重复句的分析模型——兼谈语法分析的作用与目的》，《汉语学习》1990 年第 3 期。

张仕仁：《汉语复句的结构分析》，《中文信息学报》1994 年第 4 期。

（作者单位：四川外国语大学中文系）

因果句套然否对照句[*]

伍依兰[1]　朱　斌[2]

提　要　复句的套合现象是复句扩展的一种重要方式,不同复句的套合能力也有所不同。本文考察因果句对然否对照句的套合现象,分为三部分:(一)因果句前套然否对照句;(二)因果句后套然否对照句;(三)因果句前后套然否对照句。其中因果句分因果式和果因式,然否对照句分然否式和否然式。最后有个小结。

关键词　因果句　然否对照句　套层

句联有不同类型的逻辑语义关系,不同关系的句联在相互套层的能力上有差异,套层形成的句序类型和构式也会有所不同。因果句是套层能力很强的一种句联,在句序上有因果式和果因式两种构式。然否对照是是字句的肯定式和否定式形成的一种句联,有然否式对照和否然式对照两种句序构式。本文考察两种因果句序对于两种然否对照句序的套层句序类型和构式,以期探讨句联套层的句序类型和构式的有关规律。

因果句套然否对照句,有三种类型:一是因果句前套然否对照句;二是因果句后套然否对照句;三是因果句前后套然否对照句。

一　因果句前套然否对照句

因果句前套然否对照句大致有四种格式:一是因果式前套然否式;二是因果式前套否然式;三是果因式前套然否式;四是果因式前套否然式。

---

[*] 本文系教育部人文社科重点研究基地重大项目"现代汉语因果表达的多层级研究"(项目编号:15JJD740011)阶段性成果。

(一) 因果式前套然否式

因果式的前因句套然否式的时候，有的后果句没有套层，而有的后果句有套层。有的配合使用因标和果标，例如：

(1) 正是因为文本的意蕴是包含与文学形象之中的，||【对照】而不是直接显豁地言说出来的，|【因果】所以才使文学文本的意蕴显得意味深长。(王先霈、孙文宪主编《文学理论导引》，高等教育出版社 2007 年版，第 59 页)

(2) 大学生大多由于高考考试分数的驱使，||【对照】不是基于自己真正的兴趣而选择大学的专业，|【因果】所以从踏入大学的那一刻起，已经注定欠缺主动积极求学意愿的命运。(郝明文《读书，你比美国大学生落后几步》，《青年文摘》2008 年第 11 期，第 76 页)

有的只使用因标，不使用果标，例如：

(3) 由于大部分资金用于基础建设，||【对照】而不是与生活直接相关的项目，|【因果】中国大多数民众对日元 ODA 的具体情况，缺乏了解。(关林《中国经济告别"日元贷款"》，《特别关注》2008 年第 2 期，第 5 页)

有的只使用果标，不使用因标，例如：

(4) 在美国单栋房子论"套"卖，||【对照】而不是按"平方英尺"出售，|【因果】所以一般人不会为一两个平方英尺较劲。(魏道培《美国人是这样买房的》，《读者》2006 年第 3 期，第 52 页)

(5) BOB 面对的是全世界的广播电视机构，||【对照】而不是专门针对某一个国家、地区的观众，|【因果】因此 BOB 提供的赛事信号和平常观众在电视上看到的经过包装的电视信号有所不同。(颜美惠、陈国强《BOB 的四组关键词》，《中国电视》2008 年第 4 期，第 62 页)

有的既不使用因标，也不使用果标，例如：

（6）枪子炮弹劫掠放火都是真家伙，‖【对照】不是耍的，｜【因果】到底要多打听多走门路才行。（叶圣陶《潘先生在难中》，《中国现代文学作品选》，华中师范大学出版社2007年版，第101页）

（二）因果式前套否然式

有的只使用因标，不使用果标，例如：

（7）因为不那么关注描绘外在的生活现象，‖【对照】而是要表现人的心理生活特别是潜意识心理活动，｜【因果】现代主义文学在艺术表现上更多地采用了隐喻性的表现方式。（王先霈、孙文宪主编《文学理论导引》，高等教育出版社2007年版，第134页）

有的只使用果标，不使用因标，例如：

（8）我们不是姑嫂，‖【对照】只是单纯的朋友关系，｜【因果】所以只考虑做邻居可以得到的那种便利。（朴婉绪《梦中的育婴器》，薛舟、徐丽红译，《世界文学》2008第1期，第163页）

有的否然式有所扩展，大致有五种情况。
1. 前第二层是对照，前第二层的前第三层是平列

（9）评论员走"进"新闻，不是为了叙述事实，‖‖【平列】也不是为了发表感想，‖【对照】而是为了出"观点"、出"思想"，｜【因果】这就需要把握好走"进"的方式方法。（易其洋《走"进"新闻写评论》，《新闻战线》2008年第1期，第41页）

2. 前第二层是对照，前第二层的后第三层是平列

（10）历史主义所作的肯定不是无条件的肯定，‖【对照】而是和具体历史条件联系在一起的，‖‖【平列】这种肯定同时也就是一种限制，｜【因果】所以鲁迅称历史主义本身就是一种可以圈住虎豹的"栅栏"。（严家炎《新时期十五年的中国现代文学研究》，《中国文学研

究丛刊》1995年第1期，第7页）

3. 前第二层是对照，前第二层的第三层是递进

（11）这些剧作家被重新提起，重新发现，重新评估，就不是个别人物的问题，‖【对照】而是大大地改变了话剧史的面貌，‖‖【递进】并发现了新的思潮流派，｜【因果】从而对中国话剧史的发展特点和规律的探讨起了不可忽略的作用。（田本相《话剧研究之回顾》，《中国文学研究丛刊》1995年第1期，第84页）

4. 前第二层是对照，前第三层的前第三层是平列；后第二层是因果

（12）那块被雕成英雄石像的石头既不是圣人，‖‖【平列】又不是傻子，‖【对照】只是一块石头，｜【因果】看见人们这样尊敬他，‖【因果】当然就禁不住骄傲了。（叶圣陶《古代英雄的石像》）

5. 前第二层是对照，前第二层的前第三层是平列，前第二层的后第三层是递进，后第三层的后第四层是解注

（13）由于这段音乐既不是乐器演奏出来的，‖‖【平列】也不是半导体播放出来的，‖【对照】而是从一个少女口中模拟出来的，‖‖【递进】这少女是人们所熟悉的，‖‖‖【解注】无论怎样的人随便都可以轻佻一下的，｜【因果】所以这种表演便具有了一种特殊的吸引力。（梁晓声《苦艾》，《北方文学》2008年第一、二期合刊，第162页）

有的然否对照是否定原因与肯定原因形成的，例如：

（14）不是因为年轻人没钱，‖【对照】而是因为他们太爱乱花钱，｜【因果】所以，如今美国许多大学将消费性负债作为学生退学的评量因素之一。（陈雅玲《你的孩子有童年富裕病吗》，《读者》2006年第18期，第36页）

(三) 果因式前套然否式

(15) 第一个差别说的是着重点，‖‖【对照】不是排除共同点，‖【因果】因为人格心理学家对于人格的其他方面或规律也是要进行研究的。(国家语委现代汉语语料库)

(四) 果因式前套否然式

(16) 不，小鹰在夜里是看不清东西的，它不是"看"到，‖‖【对照】而是想到小猫在舔嘴儿，‖【因果】因为，猫是最爱舔嘴儿的。(国家语委现代汉语语料库)

(17) 他要的不是一时走红，‖‖【对照】而是流传不朽，‖【因果】因为"只有文章能穿梭千年"。(格林《方文山：我用汉字我骄傲》，《青年文摘》2008年5月下，第5页)

有的否然式有所扩展，主要是：前第二层是对照，前第二层的第三层是平列。例如：

(18) 意映没有选择离开，‖‖‖【平列】没有选择视线外的那许许多多倾慕者，‖‖【对照】而是追随林觉民而去，‖【因果】只因为有一种爱叫不可代替。(王艳《有一种爱叫不可代替》，《青年文学家》2008年第3期，第7页)

二 因果句后套然否对照句

(一) 因果式后套然否式

有的配合使用因标和果标，例如：

(19) 电影艺术则由于拥有机械性的媒介工具而能够复现现实物象本

身，│【因果】因此它的特征在于其现实本源性，││【对照】而不在于其逼真性。（修倜、李显杰《电影媒介与艺术论》，华中师范大学出版社2005年版，第93页）

有的只使用因标，不使用果标，例如：

（20）由于理念的尖锐、峻急和容量的狭隘，│【因果】鲁迅适合作为一个批判社会的精神导师来供奉，││【对照】而不宜于作为一个生活中的朋友来加以亲近。（孔见《于无所希望中得救——鲁迅未能完成的革命》，《天涯》2006年第5期，第41页）

有的只使用果标，不使用因标，例如：

（21）她一定已经走过了漫长的路程，│【因果】所以现在她只是走，││【对照】并不问速度和其他。（周佩红《空巷》，《中国现当代文学作品选（散文卷）》，华中师范大学出版社2000年3月第一版，第421页）

（22）知识分子关心的是如何在媒体上扩大自己的影响力和形象，│【因果】因而他们最终目的是自己社会关系的扩大再生产，││【对照】而不是自由的文化价值的再生产。（张建永、林铁《媒体知识分子与经典的危机》，《文艺评论》2008年第1期，第33页）

（二）因果式后套否然式

有的同时使用因标和果标，例如：

（23）因为此时，电视要表现的是对象的个性，│【因果】所以"口述历史"者进入到电视传播环节后，重要的功能已经不是作为史学家的研究方法，││【对照】而是作为一种传播手段被电视人所运用。（许行明、王丽丽《影像还原的历史——山东电视台〈数风流人物〉表现手法分析》，《中国电视》2008年第1期，第45页）

有的只使用果标，不使用因标，例如：

（24）这些被他轻视的画家，基本上都是画院画家，|【因果】所以，实质上他反对的并不是某一个画家，||【对照】而是这些画家所代表的士大夫画家以外的画院的所谓的"富丽精工"的画风。（赵梓钧《谈米芾的绘画美学思想》，《电影评介》2007年第1期，第70页）

有的不使用因标和果标，例如：

（25）父亲终于坚持不住了，|【因果】这一次，他没有能坐到终点站，||【对照】而是在半路上的一站下了车。（周昭义《迷失》，《小说选刊》2008年第6期，第91页）

有的否然式对照有所扩展，主要有以下几种情况。
1. 后第二层是对照，后第二层的后第三层是平列。

（26）因为我算是贵宾，|【因果】不必在楼下柜台办入住手续，||【对照】而是由旅馆人员直接带到房间，|||【平列】并在房间里"办登记"。（刘墉《说到"坐"到》，《文苑》2008年第5期，第45页）

2. 后第二层是对照，后第二层的前第三层是平列。

（27）由于西藏地理文化的相对独立性，|【因果】西藏电影既不同于其他民族的电影，|||【平列】也不同于其他地区的藏民族电影，||【对照】具有独特的地域特征和民族个性。（李晓灵《西藏电影的当代文化境遇与出路》，《电影文学》2008年第2期，第6页）

3. 后第二层是对照，后第二层的第三层是目的。

（28）正因为作见证认可的是这样意中人的存在方式，|【因果】见证的意义就不仅仅在在于见证者说出自己个人的往昔苦难，||【对照】而在于站在人类的普遍立场上，把自己的苦难遭遇当作一个来自非正义世界的真实例证，|||【目的】摆出来警示所有的公众。（徐贲《"记忆窃贼"和见证叙事的公共意义》，《外国文学评论》2008年第1

期，第 85 页）

4. 后第二层是对照，后第二层的第三层是递进。

（29）正因为这样，｜【因果】他给自己定下的目标就不仅仅是"保存"那么简单了，｜｜【对照】而是要让人们从这些保存下来的史料当中，了解"这文学所以写作的动机，和在发表时间上的重要"，｜｜｜【递进】乃至"可见当时文运是在如何的向前发展"。（陆成《阿英的史料学思想》，《中国现代文学研究丛刊》，2005 年第 1 期，第 221 页）

5. 后第二层是对照，后第二层的第三层是解注。

（30）对他的情况我也略有所闻，｜【因果】因此他成为这个样子倒不使我感到意外，｜｜【对照】只是暗暗服膺，｜｜｜【解注】真是什么样的命运便会造就出什么样的人来。（石舒清《黄昏》，《朔方》2008 年第 2 期，第 28 页）

6. 后第二层是对照，后第二层的后第三层是因果，后第三层的前第四层是解注。

（31）语言文字因直接表达概念，｜【因果】读者无法通过感觉器官直接感受领悟其中的文化内涵，｜｜【对照】而必须绕过感觉器官而直接诉诸理智，对它的直接必然结合对一定词语的理解、组织、选择而进行，｜｜｜【解注】即先由概念的领悟再转而联想到具体的情景意味，｜｜｜｜【因果】因此也必然更多地与理性和反思联系在一起。（周海峰《影像的感典——论大众传媒文化的特征及审美取向》，《电影文学》2008 年第 10 期，第 6 页）

7. 后第二层是对照，后第二层的第三层是解注，后第三层的第四层是平列。

（32）马克思哲学由于运用辩证法，｜【因果】不是把研究的对象仅仅当作一个静止、孤立的实体性存在，｜｜【对照】而是把它置于历史发展过程中,把它看成一个动态的过程,‖‖【解注】在不断发展中审视对象,‖‖‖【平列】从其生产发展的具体过程中来予以研究。(杨杰《历史的与美学的观点:当代文学批评的科学武器》,《文学理论研究》2008年第1期,第34页)

(三) 果因式后套然否式

这种套层格式,一般使用因标"因为",例如:

(33) 这种对峙对个人来说当然是危险的,‖【因果】因为到头来真理总是在现实一边,‖‖【对照】而不是在思想一边。(宋唯唯《浮花浪蕊》,《芙蓉》2008年第3期,第169页)

有的使用因标"是因为",例如:

(34) 也如朱正先生刚才讲的一样,我们喜欢鲁迅,‖【因果】是因为我们更需要的,是现代化,‖‖【对照】不是回到传统。(孙玉石《在"鲁迅与书法"学术讨论会上的发言》,《鲁迅研究月刊》2008年第1期,第5页)

有的不使用因标,例如:

(35) 王国维也不喜欢看戏,‖【因果】他研究的是文学的戏曲,‖‖【对照】而不是剧场的戏曲。(安凌《"重新估定一切价值"——论胡适"五四"时期的戏剧戏曲观念》,《中国现代文学研究丛刊》,2007年第2期,第29页)

(四) 果因式后套否然式

有的使用果标和因标关联,"之所以……,是因为/由于……",例如:

(36) 众生的灵魂之所以受到业的束缚,‖【因果】不是"有为"的原因,‖‖【对照】而是对"有为"恋的结果。(李均洋《我就是

佛——〈千羽鹤〉茶心·禅心美学论》,《外国文学评论》2008 年第 1 期,第 76 页)

有的使用果因标记"之所以……,在于……",例如:

(37) 传统诗词之所以有恒久的艺术生命力,|【因果】乃在于抒情所凭借的意象并非纯直观反射的客观具象,||【对照】而是颇有隐喻意味、虚实难分的主观具象。(陈玉兰《论李清照南渡词核心意象之转换及其象征意义》,《文学遗产》2008 年第 3 期,第 77 页)

有的使用果因标记"之所以……,原因是……",例如:

(38) 有的人之所以本事小、办法少、不紧不慢,|【因果】主要原因不是脑子笨,||【对照】而是脑子懒。(谢大光《生命在于开始》,《经典美文》2008 年第 2 期,第 5 页)

有的用果因标记"之所以……,不在于……,而在于……",例如:

(39) 他们之所以能和睦相处,|【因果】不在于耿定理学术理论上的弹性,||【对照】而在于他性格的柔和轻松。(黄仁宇《万历十五年》,中华书局 2007 年版,第 185 页)

较多的是使用因标"因为"标记然否对照做原因,例如:

(40) 他知道韵梅最讨厌这种哭声,|【因果】因为这不是哭,||【对照】而是呼唤祖母与太爷爷出来干涉。(老舍《四世同堂》,人民文学出版社 1998 年版,第 312 页)

(41) 而做好官难,|【因果】因为你的职责,不是为了博个后世好听的名声,||【对照】而是要切切实实做点事情。(六六《蜗居》,《江南·长篇小说月报》2008 年第 2 期,第 214 页)

有的使用析因式标记"是因为"标引然否对照,例如:

（42）说它另类，|【因果】是因为它不再靠惊悚征服读者，||【对照】而是通过对人性的深情解读和严肃思考引起读者的强烈反响。（于志新《〈肖申克的救赎〉：对人性的深层思考》，《当代外国文学》2008年第1期，第60页）

有的使用析因式然否对照"不是因为/由于……，而是因为/由于……"，例如：

（43）只不过一出口就令人崩溃，|【因果】不是因为唱得太难听，||【对照】而是因为唱得太搞笑。（浅草千叶子《大学失恋形状录》，《萌芽》2008年1月，第64页）

有的因标合用转折性词语，形成"但/倒不是因为……，而是因为……"的格式，例如：

（44）当她邂逅台商华圆之后，又为华圆心动，|【因果/转折】但不是因为华圆的财富，||【对照】而是因为她与华圆之间有着似曾相识的情愫。（高和《金钱的背面》，《厦门文学》2008年第2期，第80页）

（45）我哑口无言，|【因果】倒不是因为理屈词穷，||【对照】而是感叹这些轰轰烈烈的治污达标行动宣传效果实在太好了。（苏杨《鱼缸里的江湖》，《文苑（经典美文）》2008年第3期，第12页）

有的不用因果关联标记，例如：

（46）他们从不畏惧灾难，|【因果】并非他们有异于常人的力量，||【对照】而是灾难从来就是他们历史与现实的另一面。（曹筠武《汶川没有死去汶川仍然活着》，《南方周末》2008年5月22日第2版）

有的后因然否对照有所扩展，大致有以下16种情况。
1. 后第二层是对照，后第二层的前第三层是平列，后第二层的后第三层是连贯。

（47）城市之所以让人觉得有家的感觉，|【因果】不是因为身在城市中，|||【平列】也不是因为在这里长大，|||【对照】而是你把自己的爱放进去，||||【连贯】城市就变成了家。(顾北上《爱上一座旧城》，《花溪》2008年第2期，第47页)

2. 后第二层是对照，后第二层的第三层是平列。

（48）我曾经把这种散文叫做"表意"散文，|【因果】因为它既不要全面的抒情，|||【平列】也不跟正式的说理，|||【对照】而是要捕捉情理之间洋溢的那份情趣或理趣。(汪政《散文的田野与中国经验的生长》，《芳草》2008年第2期，第148页)

3. 后第二层是对照，后第二层的第三层是解注。

（49）他沉迷抽象，|【因果】不但不是因为淡远现实，||【对照】恰恰是因为太执着于现实，|||【解注】他的潜入抽象正是因为对于现实的焦虑。(吴效刚《伤怀善美中的叩问和凝眸——再论沈从文小说的叙述形态》，《中国现代文学研究丛刊》2008年第1期，第74页)

4. 后第二层是对照，后第二层的第三层是条件（足够）。

（50）可是我没有哭，|【因果】倒不是我血冷，||【对照】就因为我一想到又要回到我的自由世界当中去，|||【条件（足够）】就有一种说不出来的喜悦和快乐。(丁帆《为了忘却的纪念》，《芳草》2008年第1期，第133页)

5. 后第二层是对照，后第二层的前第三层是平列。

（51）这个世界能够并且将会朝向更好的地方前进，|【因果】并不是因为进步已经预定，|||【平列】也不是因为进步是种天赐之物，||【对照】而是因为人们能够通过自己的贡献取得进步。(薇儿《听大师讲毕业故事——从拿到给走向独立》，《大学生》2008年第12期，第27页)

6. 后第二层是对照，后第二层的后第三层是解注。

（52）称青蚕豆上市时节为蚕豆节，｜【因果】绝不是赶时下这个节那个节的时髦，｜｜【对照】而是源于一本书上的记载：｜｜｜【解注】旧俗四月初八煮青豆黄豆遍施人以结缘，称"缘豆儿"。（施宁《蚕豆节》，《雨花》2008年第6期，第66页）

7. 后第二层是对照，后第二层的后第三层是因果。

（53）实习的时候我发现女同学喜欢和我在一起，｜【因果】并不是因为我像真正的男人，｜｜【对照】而是因为我不像一个真正的男人，｜｜｜【因果】所以让她们觉得安全。（陈丹燕《独生子女宣言》，《读者》1997年第5期，第37页）

8. 后第二层是对照，后第二层的第三层是解注。

（54）对此，中国学者提供的理由也是合情合理的，｜【因果】因为我国的学术期刊不是属于某个学术协会，｜｜【对照】而是由某个学术机构或大学主办，｜｜｜【解注】即所有权归一个具体学术单位。（郭可、张军芳、潘霁《中美新闻传播学学术传统比较研究——兼谈我国新闻传播学的发展》，《新闻大学》2008年第1期，第59页）

9. 后第二层是对照，后第二层的前第三层是平列，后第三层是解注。

（55）实际上很多人清醒地过了一生，｜【因果】倒不是由于他们意志多么坚强，｜｜｜【平列】品德多么高尚，｜｜【对照】而是因为他们没有犯错误的因缘，｜｜｜【解注】或者说没有人肯诱惑他们。（筱陈《从一个忠贞测试谈起》，《青年文学家》2008年第2期，第51页）

10. 后第二层是对照，后第二层的第三层是因果，后第三层的第四层是条件（足够）。

（56）吴卫心惊肉跳，｜【因果】并不是被钱丽的推测吓住，｜｜【对照】而是觉得钱丽的紧张已经到了危险的边缘，｜｜｜【因果】稍有不慎，｜｜｜｜【条件（足够）】她的神经就会崩溃。（胡学文《大风起兮》，《福建文学》2008年第5期，第22页）

11. 后第二层是对照，后第二层的后第三层是解注，后第三层的后第四层是解注。

（57）失去妻女都没太伤心，｜【因果】这并不是因为他太狠心或不正常，｜｜【对照】而是因为他还有一个儿子，｜｜｜【解注】儿子名叫有望，｜｜｜｜【解注】这个名字足以说明他的心态。（曾颖《烂尾楼的名字叫春天》，《钟山：钟山文学双月刊》2008年第1期，第159页）

12. 后第二层是对照，后第二层的后第三层是因果，后第三层的前第四层是平列。

（58）郑氏之所以能赢得皇帝的欢心，｜【因果】并不是具有闭月羞花的美貌，｜｜【对照】而是由于聪明机警，｜｜｜｜【平列】意志坚决，｜｜｜｜【平列】喜欢读书，｜｜｜【因果】因而符合皇帝感情上的需要。（黄仁宇《万历十五年》，中华书局2007年版，第24页）

13. 后第二层是对照，后第二层的后第三层是因果，后第三层的前后第四层是平列。

（59）文学创作中所以会出现"撞车"的雷同现象，｜【因果】根本的原因并不是题材的相似，｜｜【对照】而是由于作家面对着相似的生活，｜｜｜｜【平列】没有自己的感受与体验，｜｜｜｜【平列】没有作家的发现与理解，｜｜｜【因果】他找不到与众不同的"自我"，｜｜｜｜【平列】他与生活没有发生"对象化"的关系。（王先霈、孙文宪主编《文学理论导引》，高等教育出版社2007年版，第146—147页）

14. 后第二层是对照，后第二层的后第三层是因果，后第三层的前第四层是递进。

（60）朱县长本可以将这些学生娃赶出去的，|【因果】因为不能按时分配到位，这并不是他分管副县长一个人的责任，||【对照】而是这种事当时也不仅仅是哪一个县有，||||【递进】全国大多数县市都有，|||【因果】能怪谁？（贺辉军《跑友》，《芙蓉》2008年第1期，第12页）

15. 后第二层是对照，后第二层的第三层是递进，前第三层的第四层是平列。

（61）邓小平在香港问题上之所以采取强硬态度，|【因果】既不是现实实力的粗鲁，||||【平列】也不是鲁莽的冲动，|||【递进】更不是出于名留青史的政治虚荣心，||【对照】而是出于成熟政治家对未来远见以及由此产生的自信、刚毅和决心。（强世功《主权：真挚的智慧与意志——香江边上的思考之六》，《读书》2008年第8期，第33页）

16. 后第二层是对照，后第二层的第三层是递进，后第三层的第四层是让步。

（62）童树兵要炒他鱿鱼，|【因果】并非因我和孟医生，||【对照】而是他干不动活了，||||【递进】而且，就算弄走了我，||||【让步】童树兵还会招新的医生。（史纪、刘显刚《天使与恶魔》，《啄木鸟》2008年第3期，第54页）

三　因果句前后套然否对照句

（一）因果式前后套然否对照

因果式前后套然否对照，主要是因果式前后套否然式，常常使用果标，例如：

（63）这里所说的对书中几个人物之间关系的反映，不是指什么具体的事件，‖【对照】而是纠缠在其中并在不同条件下触动心弦的因素，│【因果】所以不必按图索骥般地从诗句当中去找小说里的某章、某节，‖【对照】而只要想到这些人物之间的情感纠葛，就容易体会到诗人的心怀。（秉衡《〈日瓦戈医生〉的有诗为证》，《世界文学》2008 年第 2 期，第 289 页）

（二）果因式前后套然否对照

果因式前后套然否对照，主要有三种情况。

1. 果因式前后套否然式。

（64）所谓"抽水马桶"实际上不是死抽水马桶，‖【对照】而是"抽气马桶"，│【因果】因为马桶内不使用水，‖【对照】而是用气。（苏辛《宇宙中的痛苦》，《读者》2008 年第 4 期，第 61 页）

2. 果因式前套否然式后套然否式。

（65）这里的"读者"，不是指少数的精英阶层，‖【对照】而是普通的老百姓，│【因果】因为他们认为，文学应该是人民的文学、大众的文学、老百姓的文学，‖【对照】不应该是少数精英的文学。（刘好梅《路遥对当下文学的启示》，《山东文学》2008 年第 5 期，第 62 页）

3. 果因式前套然否式后套否然式。

（66）克罗齐说艺术是一种创造，‖【对照】而不是模仿，│【因果】就是因为艺术作品不是被动地模仿外在的事物，‖【对照】而是主动地运用外在的事物来表现自己的精神和情感。（王文生《论叶维廉的"纯山水诗"论及其以物观物的创作方法（上）》，《文学理论研究》2008 年第 1 期，第 11 页）

四 小结

因果句套层然否对照句，总体上有三大类：（一）因果句前套然否对照句；（二）因果句后套然否对照句；（三）因果句前后套然否对照句。由于因果句和然否对照句在句序上又都有分别，这就造成了因果式和果因式对于然否式和否然式的套层差异。从句序的套层能力上，可以区分为因果式前套或后套然否式和否然式，果因式前套或后套然否式和否然式。表1是我们搜集语料的几种套层的例数。

表 1　　　　因果句套然否句的例句统计

因果句	然否对照句	然否式	否然式	小计	合计
因果式	前套	20	33	53	86
	后套	10	23	33	
果因式	前套	3	11	14	73
	后套	6	53	59	
合计		39	120	159	159

从表1的统计来看，因果句套然否对照句的八种基本模式的等级序列是：果因式后套否然式（53）＞因果式前套否然式（33）＞因果式后套否然式（23）＞因果式前套然否式（20）＞果因式前套否然式（11）＞因果式后套然否式（10）＞果因式后套然否式（6）＞果因式前套然否式（3）。

因果句套然否对照句的套层能力分两个参量等级：

Ⅰ　否然式＞然否式　　Ⅱ　因＞果

第一等级是因果句套否然式的能力强于套然否式的能力，大致是3倍。第二个等级是因句套然否对照句的能力强于果句套然否对照句的能力。这两个等级的套层能力综合起来，就是下面的套层能力等级序列：否然式因＞否然式果＞然否式因＞然否式果。

如果把因果句分别开因果式和果因式来看，它们套层然否对照的能力序列就是：

因果式套然否对照：否然式前因＞否然式后果＞然否式前因＞然否式

后果

　　果因式套然否对照：否然式后因>否然式前果>然否式后因>然否式前果

下面再看然否对照被因果句套层的能力，首先看然否式被因果句套层的能力，分两个参量等级：

　　Ⅰ 因果式>果因式　　Ⅱ 因　>　果

第一个等级是，因果式套然否式的能力强于果因式套然否式的能力；第二个等级是因句套然否式的能力强于果句套然否式的能力。综合起来，就是下面的序列：因果式前因>因果式后果>果因式后因>果因式前果。

再看否然式被因果句套层的能力，也有两个参量等级：

　　Ⅰ 因>果　　Ⅱ 后>前

第一个等级，因句套否然式的能力强于果句，第二个等级，后句套否然式的能力强于前句，这样综合起来就是下面的套层能力序列：果因式后因>因果式前因>因果式后果>果因式前果。

从因果句套然否对照的套层模式和能力，我们还可以分析出原因句和结果对然否式和否然式的套层能力。请看表2的数据：

表2　　　　　　　　因和果套然否句的例句统计

因果句	然否对照句	然否式	否然式	小计	合计
因	前套	20	33	53	112
	后套	6	53	59	
果	前套	3	11	14	47
	后套	10	23	33	
合计		39	120	159	159

第一，原因句套然否对照句的能力，有两个参量等级：

　　Ⅰ 否然式：果因式（后因）>因果式（前因）

Ⅱ 然否式：因果式（前因）＞果因式（后因）

综合起来，得出因句的两种句序对于然否对照句的两种句序的套层能力序列：否然式后因＞否然式前因＞然否式前因＞然否式后因。

第二，果句套然否对照句的能力，有两个参量等级：

Ⅰ 否然式＞然否式　　Ⅱ 后＞前

综合起来，得出果句的两种句序对于然否对照句的两种句序的套层能力序列：否然式后果＞否然式前果＞然否式后果＞然否式前果。

第三，因和果的套层能力，有两个参量等级：

Ⅰ 因＞果　　Ⅱ 后＞前

综合起来，原因句和结果句的各种句序对于然否对照句的套层能力序列为：

后因（37%）＞前因（33%）＞后果（21%）＞　前果（9%）

参考文献

陆丙甫、金立鑫：《关于多重复句的层次问题》，《汉语学习》1988年第5期。

王维贤等：《现代汉语复句新解》，华东师范大学出版社1994年版。

邢福义：《汉语复句研究》，商务印书馆2001年版。

周刚：《关联成分的套用及其省略机制》，《汉语学习》2001年第6期。

朱斌、罗思：《"缘故"组合式定语的因果赋值》，《汉语学报》2019年第3期。

朱斌、伍依兰：《句联层构与"否则"焦点投射》，《汉语学报》2012年第4期。

(作者单位：1. 华中师范大学国际文化交流学院；
2. 华中师范大学文学院)

浅谈汉日两语因果复句关联词使用异同

新田小雨子

提　要　本文从汉日对比的角度对汉语和日语的因果复句关联词进行分析和探讨。旨在全面地论述汉日两语因果复句的相同之处与不同之处。主要从因果复句认知的差异，关联词功能的差异，关联词的使用与句子成分的关系，复数原因小句关联词的使用方法这四个方面来进行分析比较。汉语是孤立语，而日语则是黏着语，比较重视形态。因此，在使用关联词时，两种语言存在着很大的差异。汉语里不能使用关联词的句子，日语则必须使用；汉语有时根据句子的表达内容需要使用不同的关联词，而日语的关联词则不受内容的约束；汉语关联词的使用，有时需要考虑关联词的位置等，而日语有时则需要考虑主语是不是有情物，谓语动词有无意志性以及原因小句与结果小句所阐述的内容的时间关系。

关键词　因果复句　因果复句认知　关联词的功能　句子成分　复数原因小句

一　导论

有关复句的研究，无论是在中国还是在日本都已经各自开展得很深入，而且都取得了颇为丰硕的研究成果。但是基本上都局限于对单方面语言的研究，从对比角度所做的深入研究到目前为止还为数不多。在日语里与汉语关联词相对应的词类是"接续词"和"接续助词"。"接续词"相当于汉语的"连词"，而"接续助词"在汉语里没有与其相对应的词类。"接续词"是独立使用的，一般位于两句话之间，起连接作用。"接续助词"在句子中起承上启下的作用，表示条件、因果、让步、转折、并列等逻辑关系。接续词一般放于句首，而接续助词一般放于句中。

（1）風が強いので、ほこりがひどい。『日中辞典』
因为风大，尘土飞扬。
（2）彼はけちんぼうだ。だから，みなに嫌われる。『日中辞典』
他是个吝啬鬼，所以大家都讨厌他。

例（1）的「のでnode」是表示原因的"接续助词"。例（2）的「だからdakara」是表示前句所述事情是后句所述事情的原因・理由的"接续词"，一般译为汉语的"因此・所以"。无论是"接续词"还是"接续助词"都是具有关联作用的词类，可以认为这两种词类相当于汉语的关联词。日语里文章体裁不同，使用的关联词也就不同。日常会话或者是小说里常使用"接续助词"，而在逻辑性比较强的文章里常使用"接续词"。本文主要对日语里表示原因・理由最具代表性的"接续助词"「から・ので・ため（に）・て」与汉语的关联词进行比较。日语里有关这几个"接续助词"的研究很多，大部分是对如何区分使用所做的论述。「からkara」主要表示主观的原因・理由，「のでnode」则是表示客观的原因・理由。可以说「から・ので」是日语因果复句里使用率最高的"接续助词"，大部分的先行研究都是着眼于主观论和客观论而对其进行论述。「ため（に）tameni」和「てte」也常常使用，这两个"接续助词"除了表原因・理由以外，亦可表其他逻辑关系。与主句句末语气表现不可同时使用，因此认为其所表达的原因・理由是客观的。总体来说，日语在使用关联词时，需要考虑其主观性和客观性，而且还要考虑其是否受句末语气表现的制约。日语为形态语言，主句与从句之间必须使用关联词来表达前后分句的逻辑关系。这一点与汉语完全不同，汉语在很多情况下可以省略亦可使用。这种差异可以说是两种语言最基本的区别，是早已表面化的语言现象。笔者认为若想判明两种语言的因果复句究竟有哪些不同之处，还需对因果复句的认知、句子成分、句式、关联词在句中的作用等方面进行考察分析和比较。在此本文将从对因果复句的认知，关联词在句中的功能，关联词的使用与句子成分的关系，复数原因小句关联词的使用方法来对汉语和日语的因果复句关联词的使用进行论述与对比分析。

二 因果复句认知的差异

日语里在叙述某事物的发生、变化或者是对某种行为状态进行主观评价时,都必须使用关联词来表明事物变化的原因和主观评价的理由。所以这种复句在日语里可以列入因果复句的范畴。但是在汉语里这种复句却很难判断为因果复句。

(一) 表示主观评价的原因・理由句

在主句对人或事物做出某种评价时,必须在从句明确表示做出这种评价的理由。这种复句的主句一般使用形容词或者是形容动词。

(3)「まるで犬に芸を仕込む気でいる<u>から</u>残酷だ。」   『吾』
"简直像教小狗练功,太残酷。"   《我》
(4)「…君は十年前と容子が少しも変っていない<u>から</u>えらい」『吾』
"你和十年前的劲头比丝毫没变,真了不起!" 《我》

(3) 和 (4) 主句的「残酷だ」「えらい」是说话人对听话人的状态、行为所做出的主观评价。从句表示这种主观评价的理由,均使用了表示原因・理由的接续助词「から」,所以可以判断为一种因果复句。但是,这种复句在汉语里却很难判断为因果复句,此种句子里不需要或者是不能使用表示原因・理由的关联词。(3) 和 (4) 的主句谓语前都使用了表程度的副词"太""真",说话人的主观情感完全融入于内。汉语里表示原因・理由的关联词有加强逻辑关系的功能,如果在这样的句子里使用了表原因・理由的关联词,这个句子的重点就会完全倾向于表达从句和主句的因果关系,句子的语感会发生很大变化,而且感到很不自然。(5) 是赵恩芳(1998:99)里的一个例句,这个句子与上面的两个句子为同一类型。引用如下:

(5) 他一个人对付几个带凶器的歹徒,真勇敢!
彼は一人で何人もの凶器を持つ悪者を懲らしめた<u>から</u>、本当に勇敢だ。(笔者译)

日语译文的从句使用了「から」来表示说话人在主句所做的评价「本当に勇敢だ」的理由。但是，在中文原文里却没有使用因标或者是果标。可以看出汉语里在对某事或者是某人某物做出主观评价时，所重视的并不是为何做出如此评价的理由。说话人在有感而发时，好像很难意识到主句与从句的逻辑关系，直截了当地表达情感才是最重要的。这种表示主观评价的因果复句在日语里毫无疑问可以划为因果复句的一种，由此可见在对因果复句的认知方面，日语与汉语存在差异。

（二）表示自然现象变化的原因·理由句

在叙述某种自然现象的形成或者是变化时，日语一般要明确表达其形成与变化的原因。而汉语则不同。汉语在描述一些自然现象的句子里，很少使用表示逻辑关系的关联词，只重视描写而不重视叙述某种现象产生的前因后果。

（6）金色だった夕焼けの雲が徐々にむらさきに変わって行き、林の上にはカラスが群れて、さわがしかった。『氷』

西边天空中的金色浮云慢慢变成紫色，林梢乌鸦成群，哇哇啼叫。《冰》

（7）山峡は日陰となるのが早く、もう寒々と夕暮色が垂れていた。そのほの暗さのためにまだ西日が雪に照る遠くの山々はすうっと近づいて来たようであった。　『雪』

山沟天黑得早，黄昏已经冷瑟瑟地降临了。暮色苍茫，从那还在夕晖晚照下覆盖着皑皑白雪的远方群山那边，悄悄地迅速迫近了。《雪》

（8）その杉は岩にうしろ手を突いて胸まで反らないと目の届かぬ高さ、しかも実に一直に幹が立ち並び、暗い葉が空をふさいでいるので、しいんと静けさが鳴っていた。　『雪』

杉树长得很高，非要把手放在背后，撑在石头上，仰起上半身才能看到树梢。一株株的杉树，排成一行行的，树叶阴森，遮蔽天空，周围渺无声息。《雪》

以上例句的日语原文使用了接续助词「て、ために、ので」，而汉语译文里均未使用关联词。「て」在日语里不只是用于因果复句，也用于并列复句等。其实「て」在句子里只起连接从句和主句的作用，并没有表因果关系的作用。使用「て」的因果复句，若想判别主句与从句的关系，就必须从主句和从句的内容来判别。所以主句和从句如果没有直接因果关系就不能使用「て」。

（7）（8）的日语原文使用了接续助词「ために」和「ので」，这两个接续助词具备明确表达因果关系的功能。从以上三个例句的日语原文不难看出主句与从句的关系为因果关系。但是汉语译文却完全没有将主句与从句的因果关系反映出来。在这样的描写句里，如果使用了表因果关系的关联词，那么这个句子的语感就会由描写句变为说明句。汉语的描写句一般重视形象逼真的描写手法。描写相对静止状态的场面时，复句内的关系一般为并列关系。而日语的描写句一定要强调某种场面的产生是因为某种现象受到另一种现象的影响，所以主句与从句有着明显的因果关系。两种语言在对此类因果复句的认知上亦有差异。两种语言的认知差异如图1所示。

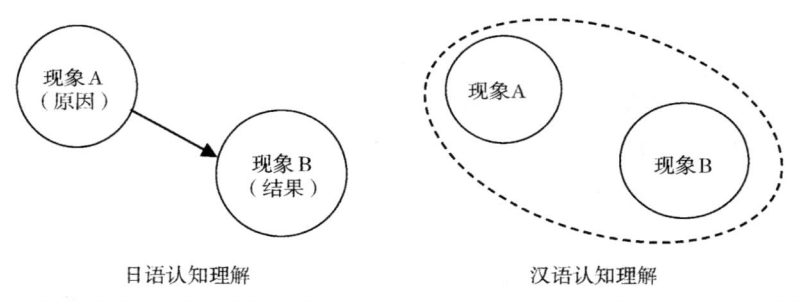

日语认知理解　　　　　　　　汉语认知理解

"现象B"的产生是由"现象A"所引起的。也就是说"现象A"是给予影响的一方（原因），"现象B"是受影响的一方（结果）

"现象A"与"现象B"是在同一空间共存的。不是相互影响的，是独立存在的。

图1　自然现象变化的原因·理由句的认知差异

（三）表示说话和采取某种态度的依据

这是一种表示说话人为什么那样说，或者是为什么采取那样态度的复句。日语里通常使用「から」和「ので」表示说话和采取某种态度的依据。而汉语如果主句句末是表示愿望、意志等情态语境时，则尽量回避使用表示因果关系的关联词。

（9）「写真を仏壇へ祀るなど、縁起が悪い<u>から</u>止めなさい。…」
『黒』

"把相片摆在佛堂里祭奠不吉利，不要这样做，…"　　　《黑》

(10)「…面白そうだから行ってみませんか。…」　　『青』
…听说很有意思，你能去吗？…"　　《青》
(11) "小林，你身体很坏，把这件背心穿在身上吧。"　　《青春》
道静，あなたは身体が悪いから、これをきなさい」　　『青春』

(9)(10) 的原文为日语，(11) 的原文为汉语。(9)(10) 都使用了「から」来表示在主句为何那样说话的依据，(11) 的日语译文里同样使用了「から」。由此可见，汉语里这种复句很难判断为因果复句的一种，但也不能说这种句子里不包含因果关系。如果用"为什么"来测试的话就会发现潜在的因果关系。

(9') 为什么不能那样做？
因为把相片摆在佛堂里祭奠不吉利。

但是不用"为什么"来测试的话，可能很难认识到主句和从句之间的真正关系。

三　关联词功能的差异

日语的「から」和「ので」在很多种语境里都可使用，但是汉语根据语境有时会避开使用逻辑性与说明性较强的表因果关系的关联词"因为"、"所以"等。为了准确表达主句与从句的语感，有时需要使用含主观消极因素的关联副词来表示从句与主句的关系。

(12)「ええ」と仕方がないから降参した。　　『吾』
"是啊。"我无可奈何只好认输。　　《我》
(13) 仕方がないので他の始末に取りかかった。　　『黒』
没有办法，只好去收拾其他东西。　　《黑》

(12)(13) 的原文从句都使用了「しかたがない」，从句的内容含有消极的心理因素。而主句则是动作主体在这种不得已而为之的消极心理因素支配下所作出的行动。汉语里如果想准确地把这种语感表达出来，只能使用自身含有主观因素的关联副词"只好"等。在此需要强调的是，汉语在很多情况下可以省略关联词，但是此类型的复句必须使用表结果的关联词来关联上下分句。另外，主语与从句的语境含有时间因素时，汉语里与日语的「から」「ので」相对应的亦不是表原因结果的"因为""所以"，而是表时间继起的关联副词。

（14）何か私に用事がありげに見えた<u>ので</u>、私はそっとその後を追った。『斜』

我看他仿佛有什么事要找我，<u>于是</u>悄悄地跟在他后面。　《斜》

（15）吾輩も先生と云われて満更悪い気持ちもしない<u>から</u>、はいはいと返事をしている。『吾』

我受她这样称呼，心里当然也满痛快的，<u>便</u>"嗯"的答应。《我》

（14）（15）原文的「ので」「から」都是表示主句某种行动的理由，译文里与其相对应的是既表因果关系又表时间继起关系的"于是"和表时间前后关系的关联副词"就"。汉语里此类型的句子与上述含有主观消极因素句子的共通点是，结果分句需要使用关联词。主句的某种行动是由从句的某种心理变化所引起的句子，为了表达从变化到行动的相关性和时间的继起性结果分句应使用关联词，否则从句与主句的相关性就会变得很弱。

四　关联词的使用与句子成分的关系

日语在使用关联词时，有时会受主语、谓语动词、时态的约束。而汉语在使用关联词时，有时则需要考虑关联词的位置以及主句内容是已然形还是未然形，主句内容是否为意志性行为等。

（一）日语关联词的使用与句子成分的关系

日语表因果关系的接续助词可分为明确表达因果关系和不明确表达因果关系两种。具备明确表达因果关系的接续助词是「から」「ので」「ため（に）」，「から」与「ので」一般不受主语、谓语动词的约束，但是既表因果关系又表目的的「ため（に）」有时会受到约束。此外，不具备明确表达

因果关系的接续助词「て」在某种情况下也会受到约束。

（16）工場長が杉箸でコップのなかを掻きまわした<u>ので</u>、僕もその通りにした。『黒』
厂长用杉木筷子在杯子里来回搅，我也如法炮制。　　《黑》

从句与主句的主语都为有情物，而且从句与主句不是同一个主体，也就是说从句与主句的视点不统一。在这种情况下，「ので」可以使用，但不能使用不具备明确表达因果关系的「て」。

（16'）＊工場長が杉箸でコップのなかを掻きまわし<u>て</u>、僕もその通りにした。

（16'）的从句与主句之间没有逻辑关系，只是不同的两个动作主体顺次所做的动作而已，这个句子作为因果复句已经不成立了。使用「て」的因果复句，主体是有情物时必须要统一视点。

（16"）（僕は）工場長が杉箸でコップのなかを掻きまわしたのを見<u>て</u>、僕もその通りにした。
（我）看到厂长用杉木筷子在杯子里来回搅，我也如法炮制。

（16"）的从句和主句的动作主体都是"我"，统一了视点，具备了使用「て」的条件。有关「ため（に）」的使用方法，于（2000）曾指出「ため（に）」是顺从继起的接续助词，句子成立与否，要看从句与主句是不是先行与后续的时间关系。寺村（1984）也指出从句的谓语为动作性动词，时态形式为基本形式，不适合使用「ため（に）」。

（17）その翌日は芒種の日に当る<u>ので</u>、重松は農家の戸主のお勤めとして百姓道具を整理した。『黒』
第二天是芒种，作为一户农家的户主应做的工作，重松整理了农具。《黑》

（17）的从句与主句的时间关系是后续与先行的关系，可以使用「ので」，但不能使用「ため（に）」。

（17'）＊その翌日は芒種の日に当る<u>ために</u>，重松は農家の戸主のお勤めとして百姓道具を整理した。

（17'）从句的谓语动词虽然不是动作性动词，但是从句所发生的事情是主句之后的事情，所以「ため（に）」句不成立。无论从句所发生的事情是先行还是后续，「から」和「ので」都可使用。而「ため（に）」不但要受从句动词的约束，还要看从句与主句所发生事情的时间先后顺序。

（二）汉语关联词的使用与句子成分的关系

汉语的关联词也可分为明确表达因果关系和不明确表达因果关系两种。"因为""所以""于是"为明确表达因果关系的关联词，但是"因为""所以"只表示因果关系，而"于是"在表示因果关系的同时还表示承接关系。不明确表达因果关系的是关联副词"就""便"。与日语的「て」有共同点也有不同点。接下来通过实例验证一下汉语关联词的使用与主语以及主句语境的关系。

1. 明确表达因果关系的关联词

从句使用表原因的关联词时，如果从句与主句是同一个主语，关联词即可以放在主语前亦可以放在主语后。但是如果从句与主句不是同一个主语，关联词的位置必须是主语前。

（18）a. <u>我</u>因为生病了，所以没去上课。
b. 因为<u>我</u>生病了，所以没去上课。
（19）a. 因为<u>我</u>没去，所以<u>他</u>也就没去。
b. ＊<u>我</u>因为没去，所以<u>他</u>也就没去。

（18）前后分句的主语是统一的，放在句子前面的主语既是主语也是话题，有连接前后小句的功能。关联词放在主语前时，由关联词连接前后分句，（19）的前后分句主语不同，从句的主语不是整个句子的话题，不能连接前后小句，所以必须用关联词来连接整个句子。汉语里，放在主句的关联词较多，有的关联词受主句语境的约束。

（20）"现在到了决定胜负的关头，<u>所以</u>我们要开这个会来研究…"

（20'）＊"现在到了决定胜负的关头，<u>于是</u>我们要开这个会来研究…"

（20）的主句使用了表愿望的助动词"要"，所以主句的"体（aspect）"为未然形。这个句子的语境适合使用"所以"，但是不适合使用"于是"。因为使用表因果关系的"于是"时，主句一般是动态语境，"体（aspect）"为已然状态。

2. 不明确表达因果关系的关联词

汉语里不表因果关系只表前后分句的时间继起关系的关联副词"就·便"，有时在因果复句里使用，有时在假设条件句以及其他复句里使用，只使用"就·便"的句子，必须从语境来判断前后分句的逻辑关系。

（21）"剑云，你近来还在王家教书吗？怎么好多天不看见你来？身体还好罢？"觉新算好了账，忽然注意到剑云有一点局促不安的样子，<u>便</u>关心地问道。《家》

这个句子的动作主体在主句所做出的行动是由从句的"忽然注意到~"这种心理变化所引发的。此类型的句子，从句与主句之间首先是发生了某种变化，然后由这种变化引起某种行动，前后分句明显含有时间因素，所以这种句子的语境比较适合使用"就·便"。同样的语境，在日语里比较适合使用具有表时间继起关系功能的「て」。作为参考，举例如下：

（22）喜助は、遠い雪道を歩いて、わざわざ墓参に来てくれたのだと思うと、茶なりと出さねばなるまいと思っ<u>て</u>、この女を母屋に案内した。『越』

喜助想到女子不辞劳苦，走这么长的雪路，特意前来上坟吊唁，觉得应该沏茶才对，<u>便</u>引女子到正屋落座。《越》

（23）啓造は、徹の目が涙ぐんでいるのに気づい<u>て</u>、ソファから身を起こした。　『氷』

启造看到彻的眼睛发怒，<u>便</u>从沙发坐起来。　《冰》

（22）（23）前后分句的主语是统一的，所以可以使用「て」。日语的

「て」受视点约束，但是汉语的"就·便"不受视点的约束。

（24）他打了我，我也就打了他。
彼が私を殴ったから、私も彼を殴った。

五　复数原因小句关联词的使用方法

从句有两个以上的原因小句出现时，日语与汉语关联词的使用方法存在很大的差异。

（一）日语复数原因小句关联词的使用方法

日语在拥有两个以上的原因小句里使用关联词时，一般是由不明确表达因果关系关联词到明确表达因果关系关联词的顺序来构成整个从句。但是通过实例观察，发现也有［明确表达⇒明确表达］句式和［明确表达⇒不明确表达］句式。［明确表达⇒不明确表达］句式需要在具备某种条件下才能成立。

（25）これは八千代からの依頼であるし、自動車でひっかけたという縁故もあるので、何とかしてやらねばならぬ。　『あ』
这是八千代之托，二来又有被自己车撞过的因缘，要想点办法才是。《情》

（26）克平は会社の客と食事をするといっていたので、どうせ帰宅は遅くなるだろうと思って、八千代は先きに風呂にはいった。　『あ』
丈夫克平说要陪商社客人吃饭，八千代想他反正很晚才能回来，自己便先进了浴室。《情》

（27）その晩は久し振に蕎麦を食ったので、旨かったから天麩羅を四杯平げた。　『坊』
当晚，因为好久才吃到荞麦面，觉得味道极美，一下子吃了四大碗炸虾面。《哥》

（25）从句里包含了两个原因小句，第一个原因小句使用接续助词「し」，「し」有表并列的功能，也有表理由的功能。因为「し」有多种功能，所以「し」表因果关系时语感并不强烈，亦可以理解为不明确表达因果关系的接续助词。这个句子的从句结构为［不明确表达⇒明确表达］。(25)的两个原因小句稍作改动，位置就可以互换，而且是很完整的句子，所以这两个原因小句之间的关系是并列关系。(26)(27)从句结构分别为［明确表达⇒不明确表达］［明确表达⇒明确表达］。这两个句子的原因小句之间不是并列关系，而是因果关系。(26)从句结构虽然是［明确表达⇒不明确表达］，但是因为在「て」小句使用了表心理变化的动词，主句是由心理变化所引起的行动，从句与主句之间含有时间继起因素，完全具备了使用「て」的条件。(27)的两个原因小句分别使用了表因果关系的「から」和「ので」，在这里应该注意的是，在复数的原因小句里绝对不使用同样的接续助词。这是与汉语截然不同的地方。

（二）汉语复数原因小句关联词的使用方法

从句里包含两个以上的原因小句时，关联词的使用方法有两种。一种是使用表原因关联词的，一种是不使用表原因关联词的。如果每个原因小句都使用关联词时，为了保持小句之间的并列关系，必须使用同样的关联词。另外，只有一个原因小句使用表因果关系的关联词时，关联词必须放在第一个原因小句的前面。

(28) 这回<u>因为</u>正气忿，<u>因为</u>要报仇，便不由的轻轻的说出来了。《呐喊》

(29) 大多数孩子<u>因为</u>家里穷，缺劳力，过早地挑起了劳动的担子。《轮椅》

(30) 邓久宽耳朵有点聋，又加上他大声吆喝牲口，<u>所以</u>没有听到高大泉的喊声。《金光》

(28) 原因小句都使用了"因为"，构成"因为P1，因为P2→便Q"句式。日语里原因小句之间的关系为并列关系时通常原因小句P1与原因小句P2所使用的接续助词是不一样的。日语里的「し」「て」都是具有表并列功能的接续助词，原因小句为复数时，有时可连续使用。但是具有明确表达因果关系功能的「から」「ので」是不能连续使用的。

(31) あまりうれしく<u>て</u>，ありがたく<u>て</u>，涙ぐんでしまった。

『斜』
　　　这是多么值得庆幸，多么叫人高兴啊，我情不自禁地热泪盈眶。
《斜》

　　（31）原文使用了同样的接续助词「て」，但是从语境来看第一个小句的「て」与第二个小句的「て」功能不同。前者表示并列，后者因结果句发生了情绪上的变化，可以判断为不明确表达因果关系的「て」。汉语在每个原因小句都使用因标时，必须是同一个关联词。本文的例句只有两个原因小句，其实即使有三个、四个原因小句也必须使用同样的因标。因为只有这样才能保持原因小句之间的并列关系。

　　（28'）＊ 这回因为正气忿，由于要报仇，便不由的轻轻的说出来了。

　　（28'）的原因小句分别使用了因标"因为"和"由于"，两个小句都变得很独立，小句之间的并列关系完全消失了。
　　（29）只使用了一个因标，但是这个因标的位置是在两个原因小句的前面，原因小句之间没有其他关联词，两个小句的位置可以互换，小句之间的关系为并列关系。
　　不难看出因标的功能是贯穿于两个小句的。（30）没有使用因标，但是第二个原因小句前使用了"又加上"，这表明两个小句的关系为递进关系。
　　汉语与日语相同，整个从句的小句之间产生因果关系的亦不少见。

　　（32）夏天死的，运不回来，只好埋在了村后的山坡上。　《插队》

　　此类句子的构造通常是从句为引发主句的某种行动的理由。原因小句使用因标时，必须放在第一个小句，而第二个兼有双重性格的小句不能使用因标。这个句子的结构关系可以分析为：

　　　因为是夏天死的，（容易腐烂）所以运不回来。
　　　因为运不回来，只好埋在了村后的山坡上。

　　此类型的句子在使用关联词时与日语有着明显的不同。日语无论从句间是什么样的结构，每个小句的句尾都必须使用因标。这与日语关联词的位置是有着直接关系的。

六　结语

本文从汉日对比的角度对汉语和日语因果复句关联词的使用进行了分析和探讨。主要从因果复句认知的差异，关联词功能的差异，关联词的使用与句子成分的关系，复数原因小句关联词的使用方法这四个方面进行了比较和分析。结果表明，两种语言之间在关联词的使用方面有相同之处亦有不同之处。分析结果总结如下。

1）日语里对某种现象的产生或变化以及说话人对他人的行为状态做出评价时，必须使用关联词来表示变化的原因或者是评价的理由。而汉语则侧重于对某种现象的形象逼真的描写手法或者是语感。两种语言在对因果复句的认知方面有差异。

2）日语的因标「から」和「ので」在各种各样语境里可以使用，而汉语的表原因的"因为"和表结果的"所以"具有很强的逻辑性和说明性，在含有消极心理因素或者是时间因素的句子里，为准确表达句子的语感不适合使用。需要使用带有心理色彩的关联副词"只好"，或者是使用表时间的前后继起关系的"就・便"等。

3）日语的关联词分为"明确表达因果关系"和"不明确表达因果关系"两种。只表因果关系的「から」和「ので」一般不受主语以及谓语动词的约束。但是既能表原因又能表目的的「ため（に）」容易受到从句动词以及前后分句时间关系的约束。另外"不明确表达因果关系"的「て」容易受主语和谓语动词以及视点的约束。汉语的关联词也可分为"明确表达因果关系"和"不明确表达因果关系"两种。"因为"和"所以"有时会受位置约束，但不容易受句子成分约束。既表因果又表承接的"于是"有时会受主句语境约束。"不明确表达因果关系"的"就/便"有时受主句谓语动词约束，但不受视点约束。

4）从句的原因小句为复数时，日语关联词的使用一般为［不明确表达⇒明确表达］句式，但是实例证明也有［明确表达⇒明确表达］句式和［明确表达⇒不明确表达］句式。原因小句之间的关系除了并列关系以外，也有存在因果关系的。日语在使用关联词时，只表原因的关联词不能重复使用。而汉语在每个原因小句使用表因的关联词时，一定要使用同样的关联词来保持小句与小句之间的并列关系。如果只有一个原因小句使用表因的关联词，一定要放在第一个原因小句的前面。当整个从句的小句之间产生了因果关系时，表原因的关联词必须放在第一个小句，第二个兼有双重性格的小句不能使用因标。这一点与日语不同，日语无论从句间是什么样的结构，每个小句的句尾都必须使用因标。

本文例句出处：

『氷』　　『氷点』三浦绫子 角川書店　1982

《冰》　　《冰点》朱佩兰译　新华出版社 2002

『日中辞典』小学館 1998

【北京日本学研究センター（2003）日中対訳コーパス】
北京日语学研究中心 2003 日中对译语料库

日语原文				汉语原文	
原文略称	原文书名	译文略称	译文书名	原文略称	原文书名
『坊』	『坊ちゃん』	《哥》	《哥儿》	《金光》	《金光大道》
『越』	『越前竹人形』	《越》	《越前竹偶》	《骆》	《骆驼祥子》
『黒』	『黒い雨』	《黑》	《黑雨》	《家》	《家》
『あ』	『あした来る人』	《情》	《情系明天》	《轮椅》	《轮椅上的梦》
『青』	『青春の蹉跌』	《青》	《青春的蹉跎》	《呐喊》	《呐喊》
『雪』	『雪国』	《雪》	《雪国》	《青春》	《青春之歌》
『吾』	『吾輩は猫である』	《我》	《我是猫》	《插队》	《插队的故事》
『斜』	『斜陽』	《斜》	《斜陽》		

参考文献

龚千炎：《汉语的时相 时制 时态》，商务印书馆 1995 年版。

今尾ゆき子：「カラ，ノデ，タメ―その選択制限をめぐって―」，『日本語学』第 12 号，1991 年。

刘宁生：《动词的语意范畴"动态"与"静态"》，《汉语学习》1985a 年第 1 期。

陆庆和：《"于是"与事理承接》，《扬州大学学报》2000 年第 6 期。

前田直子：「「論理文」の体系性―条件文・理由文・逆条件文をめぐって―」，『日本学報』第 10 号，1990 年。

寺村秀夫：『日本語のシンタクスと意味Ⅰ』，東京：くろしお出版，1982年。

寺村秀夫：『日本語のシンタクスと意味Ⅱ』，東京：くろしお出版，1984年。

田窪行則：「統語構造と文脈情報」，『日本語学』第5号，1987年。

通して一」，『日本語教育』第96号。

王起澜：《汉语关联词词典》，福建人民出版社1989年版。

王维贤等：《现代汉语复句新解》，华东师范大学出版社1994年版。

新田小雨子：『因果関係を表す接続表現の日中対照研究』，東京：駿河台出版2013年版。

邢福义：《汉语复句研究》，商务印书馆2001年版。

岩崎卓：「ノデ節，カラ節のテンスについて―従属節事態後続型のルノデ/ルカラ―」，『待兼山論叢』第27号，1993年。

岩崎卓：「ノデとカラ―原因・理由を表す接続助詞―」，『日本語類義表現の文法（下）複文・連文編』，東京：くろしお出版，1995年。

岩崎卓：「従属節のテンスと視点」，『現代日本語研究』第2号，1995年。

岩崎卓：「ノデ・カラ節事態と主節事態の時間的前後関係について」，『京都光華女子大学研究紀要』第39号，2001年。

于日平：《现代日语中原因理由目的句相关性的研究》，世界知识出版社2000年版。

張麟声：「原因・理由」を表す「して」の使用実態について―「ので」との比較を，1998年。

赵新：《"因此，于是，从而"的多角度分析》，《语文研究》2003年第1期。

赵恩芳等：《现代汉语复句研究》，山东教育出版社1998年版。

（作者单位：早稻田大学文学学术院）

《澳洲语言中的复句结构》述评

杨丰榕

一　内容概况

《澳洲语言中的复句结构》(*Complex Sentence Constructions in Australian Languages*) 为《语言类型学研究》丛书 (*Typological Studies in Language*, *TSL*) 第 15 卷，主编为澳洲语言研究专家彼得·奥斯汀 (Peter Austin)。该书是拉筹伯大学 (La Trobe University，又译乐卓博大学) 1983 年举办的关于复句结构句法和语义的研讨会论集，并额外收录相关文章，一起集结成册，于 1985 年由荷兰约翰·本杰明出版公司 (John Benjamins Publishing Company) 出版。

《澳洲语言中的复句结构》共收录 10 篇论文，主要从句法、语义、信息结构等方面对 7 种帕马-恩永甘语 (Pama-Nyungan languages) 和 3 种非帕马-恩永甘语复句结构进行了描写和研究。文集中研究的 3 种非帕马-恩永甘语族语言分别为：热巴尔加语 (Rembarrnga)、库尼亚迪语 (Kuniyanti)，和瓦基曼语 (Wakiman)；7 种帕马-恩永甘语分别为：马图苏尼拉语 (Martuthunira)，帕特威阿兰恩特语 (Mparntwe Arrernte)，扬库塔塔拉语 (Yankunytjatjara)，曼吉加扎语 (Manjiljarra)，沃皮瑞语 (Warlpiri)，卡亚迪尔德语 (Kayardild)，和阿亚曼塔哈语 (Adnyamathanha)。为使读者对书中所提及语言的分布有一个直观的认识，我们将这些语言在澳大利亚的分布图附于本节末，图中数字的位置即为相应语言的地理位置。

本文结构安排如下：第二节为序言介绍，对文集收录的 10 篇论文的具体内容作简要概述，使读者对各篇文章的研究内容有一整体把握；第三节为各篇概述，介绍每篇所研究内容，并对相关内容作简短评论；最后，在第四节中，我们将对文集的研究内容作总体评价。

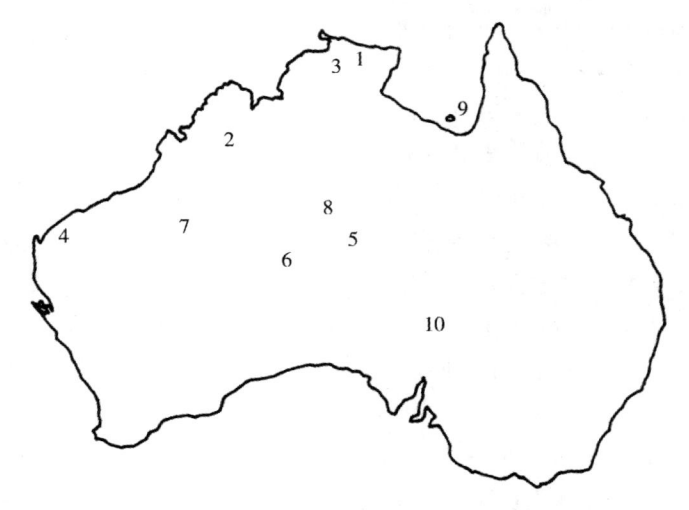

1. 热巴尔加语（Rembarrnga）　　6. 扬库塔塔拉语（Yankunytjatjara）
2. 库尼亚迪语（Kuniyanti）　　　7. 曼吉加扎语（Manjiljarra）
3. 瓦基曼语（Wakiman）　　　　8. 沃皮瑞语（Warlpiri）
4. 马图苏尼拉语（Martuthunira）　9. 卡亚迪尔德语（Kayardild）
5. 帕特威阿兰恩特语（Mparntwe Arrernte）　10. 阿亚曼塔哈语（Adnyamathanha）

二　序言介绍

序言由本卷主编奥斯汀撰写，对文集研究背景进行介绍，并对各篇文章进行了总结性概述。主要内容如下：

在过去的15年内，人们对于澳大利亚土著语言的描写工作为形态-句法方面的类型学研究提供了重要事实依据。关于澳洲诸语的跨语言研究话题有：科姆里（Comrie，1978）和迪克森（Dixon，1979）关于作格性（ergativity）的分析，西尔弗斯坦（Silverstein 1976，1981）关于名词等级的分析，霍珀和汤普森（Hopper & Thompson，1980）关于及物动词的分析，奥斯汀（Austin，1981）关于指称转换（switch-reference）的分析，海勒（Hale，1981，1983）关于词序/组合性（configurationality）的分析，等等。本卷文集对十种广泛分布在澳大利亚的语言的复句进行了描述，为语言学复句研究提供了重要的一手资料。

对澳洲语言复句研究影响深远的一篇文章为海勒（Hale，1976），该文章完成于1973年，并于1974年在澳大利亚土著居民研究协会（Australian Institute of Aboriginal Studies）两年一次的大会上进行了宣读。本卷文集中的多位作者均对该文章进行了引用。海勒援引沃皮瑞语和卡提提语（Kaititj）语料提出，与我们熟知语言中子句和主句通常为嵌入（embedding）关系不同，澳洲语言中有一种复句类型，其子句附接（adjoin）于主句外围，修饰主句中的名词成分或作主句的修饰副词句。海勒将这两类修饰子句分别命名为名词关系子句（NP-relative）和时间关系子句（T-relative）。本卷文集中的多位作者均将嵌入关系应用到相关语言的分析中，从而印证了海勒观点的适用性。

麦凯（McKay）在文中讨论了热巴尔加语的关系复句。热巴尔加语为阿纳姆地地区（Arnhem Land）非帕马-恩永甘语族语言，使用词缀类型为前缀。麦凯认为，该语言中关系子句的作用是为主句提供背景信息（background information，即泰尔米（Talmy, 1978）的"背景"（ground））。麦格雷戈（McGregor）的文章主题为库尼亚迪语中语气种类与从句之间的关系。库尼亚迪语亦属非帕马-恩永甘族语言，使用词缀类型同样为前缀。麦格雷戈试图通过文章证明，库尼亚迪语复句不是由显性关系词缀标记，而是由语气种类选择，复句的预设背景信息只有在特定语气才适合表达。第三个被讨论的使用前缀的非帕马-恩永甘族语言为瓦基曼语。库克（Cook）探讨了该语言中的分词句。与澳大利亚北部土著语类似，瓦基曼语中存在由未屈折变化词根和另一屈折变化动词组成的复合结构。该复合结构通常被分析为助动词（auxiliary）结构或多层小句（multi-clause）结构，但是库克经过讨论认为，该结构中的分词部分应当被分析为限定动词的修饰副词。

文集中的其他语言均为帕马-恩永甘语族语言。登奇（Dench）详细探讨了马图苏尼拉语复句结构中的指称转换系统及其与被动语态的相互作用。该语言中的指称转换系统受其南部近邻语言的浸润影响而得以发展。指称转换也是威尔金斯（Wilkins）关于澳大利亚中部地区帕特威阿兰恩特语（Mparntwe Arrernte）一文讨论的主题。威尔金斯试图通过文章证明，同指的狭义句法定义不能解释详细的语义区别，如包含关系（inclusion），部分-整体关系（part-whole relation），自复动词关系（reflexivization）等等。戈达德（Goddard）研究了扬库塔塔拉语主语指称相同的结构，并对扬库塔塔拉语中的连动结构进行了细分，认为一些复句结构应当被分析为连动动词（serialised verb）结构而非指称转换结构。然而，戈达德试图将澳大利亚其他语言中的相似结构也归结为动词连动化的做法是有争议的。克莱敦（Clendon）简略描述了曼吉加扎语（西部沙漠语中的一种）中的名词化子句。该语言的一个独一无二的特征为，名词子句可以被时态标记。方位格在该语言中有着提供语篇背景信息的功能。

沃皮瑞语（澳大利亚中部土著语）格后缀和补语连词后缀之间的关系是辛普森（Simpson）在文章中探讨的主题。她认为，"同音异义"的格后缀和补语连词后缀可以看作是同一种后缀的不同用法。伊万斯（Evans）讨论了关于卡亚迪尔德语（卡奔塔利亚湾莫宁顿岛地区土著语）中名词性词以及格标记的动词用法。在卡亚迪尔德语中，格词缀在不同层面发挥作用，如标记谓词与论元关系，以及在句法上标记情态等等。伊万斯提供的语料表明，格词缀可以应用到复句中（复句子句的每个词均被格标记），用以标记子句与主句主语不一致的情况。伊万斯对该语言的描述展示了格词缀在话题指称追踪中发挥的作用。最后一篇文章为坦布里奇（Tunbridge）关于阿亚曼塔哈语的研究。坦布里奇在文中讨论了动词指向词缀的用法及其词源。他假设，移动和指向词缀可能来源于包含连动分词的复句结构，经过动词复合及词法缩减，形成了现在的词缀。坦布里奇认为，澳大利亚中部其他土著语的动词指向词缀或许有相同的词源。

三 各篇述要

第一篇文章题目为《热巴尔加语复句结构中的图形与背景》（"Figure and Ground in Rembarrnga Complex Sentences"）（第7—36页），作者为西澳高等教育学院（W. A. College of Advanced Education）语言研究系（Department of Language Studies）学者格拉汉姆·R·麦凯（Graham R. McKay）。

麦凯对于热巴尔加语关系子句的定性遵从了海勒（Hale，1976）关于沃皮瑞语（Warlpiri）关系子句的分析。他认为热巴尔加语关系子句同主句的关系应为"附接"（adjoined）而不是"嵌入"（embedded）。主要原因有三：其一，同沃皮瑞语一样，热巴尔加语的关系子句总是出现在句子边缘而非嵌入在句子之中；其二，有足够证据表明这两种语言中名词可与形容词或限定词构成同一成分，但无证据表明名词可与关系子句构成同一成分；其三，由于关系子句先行词可以包含多个指称（先行词分裂，split antecedents），如果关系子句被分析为嵌入，则有多少个指称就需嵌入多少关系子句，这显然是不合理的。

对于热巴尔加语关系子句的分析，麦凯采取了泰尔米（Talmy，1978）的图形-背景（figure-ground）理论。在该理论中，图形是实际或概念中可移动的物体，背景则为一个参考框架中相对于图形静止的参照物。具体到复句，关系子句被分析为背景，为主句提供背景信息，如事件发生的地点、关系到主句动作参与者的人物信息，等等。但在任何情况下，热巴尔加语关系子句都不构成主句谓词的核心论元，这也呼应了对于热巴尔加语关系子句为"附接"而非"嵌入"的分析。

第二篇文章题目为《库尼亚迪语中的语气与从属关系》（"Mood and Subordination in Kuniyanti"）（第37—68页），作者为澳洲语言学学院（School of Australian Linguistics）学者威廉姆·B·麦格雷戈（William B. McGregor）。与热巴尔加语相同，库尼亚迪语的关系子句与主句的关系同样为"附接"；而《库尼亚迪语中的语气与从属关系》一文与第一篇相同，也关注了复句在语义和语用方面的阐释。

库尼亚迪语的语气有两种：虚拟语气（subjunctive mood）和陈述语气（factive mood），但只有在非陈述语气（non-indicative mood，即虚拟语气）环境下，子句才能得到表达。在作者看来，语气代表了讲话人关于所表达命题的态度。采用陈述性语气时，所表达命题的真值将会被听话人判断，因此命题的真值是重要的；而采用非陈述性语气时，所表达命题的真值并不那么重要，或者说，讲话人认为听话人关于命题真值的判断并不重要，因为在此情景下，命题本身就是一种预设，而高度预设信息总倾向于在子句中得以表述。当库尼亚迪语复句为主-述位结构（theme-rheme structure）时，主位永远在子句中表达。作者认为，正因为在非陈述性语气下所表达命题的重要性不强（预设信息），该命题才表达在子句中。因此，在库尼亚迪语中，非陈述性语气成为表达从句的语气环境。

第三篇文章题目为《瓦基曼语中的分词句》（"Participle Sentences in Wakiman"）（第69—96页），作者为拉筹伯大学学者安托尼·库克（Anthony Cook）。

瓦基曼语中的"分词结构"（participle constructions）或"分词句"（participle sentences）由限定动词（finite verb）和分词（participle）结合得来，包含了多个动词元素。作者特别指出，虽然在文章中与限定词结合的动词形式被命名为"分词"，但在该语言中，分词并非由动词派生而来。瓦基曼语分词句包含了一个限定动词和一个或多个分词。当分词句中只有一个分词时，该分词通常置于限定动词之前；而当分词数目多于一个时，分词和限定动词的位置相对比较灵活。总体来讲，瓦基曼语语序灵活，分词位置并非是一成不变的。值得注意的是，所有限定动词都可以抛开分词单独使用。

作者认为，传统的"助动词结构"（auxiliary construction）并不适用于对瓦基曼语分词句的分析。从限定词角度来看，它与助动词是不同的：限定动词有自己的语义，并不仅是时态或情态词缀的载体；限定动词可以出现在小句中的任何位置；且限定动词的词类为动词而不是助动词。从分词角度来看，它与助动词结构中的主动词也是不同的：分词和限定动词对整个小句的语义均作出贡献；且分词句中的分词可以有多个。

作者对瓦基曼语分词句采取了一种非常简单的分析策略：将分词部分视为限定动词的修饰"副词"，与限定动词一起为整个小句提供语义源。如果采取此种分析方式，则分词句中多分词的现象可以获得合理解释，因为动词可以有多个修饰副词。通过对不同分析方法的讨论，作者指出，对于不同语言的分析应该采取不同的方法，不应当将对英语的分析强加在澳洲土著语言上。

第四篇文章题目为《马图苏尼拉语中的复句》（"Complex Sentences in Martuthunira"）（第97—140页），作者为澳大利亚国立大学（Australian National University）语言系（Department of Linguistics）学者阿兰·登奇（Alan Dench）。马图苏尼拉语属尼亚达语族（Ngayarda Group），目前已经灭绝。

登奇在文中讨论了马图苏尼拉语复句中的指称转换系统（switch-reference system），以及该系统与被动语态的相互作用。马图苏尼拉语复句中，指称转换系统可以与语态转换系统（system of voice alternation）相结合，这在澳洲诸语中是很罕见的。

马图苏尼拉语复句中，子句与主句的句法关系为附接，子句主语通常与主句谓词的某一论元指称一致并可省略。马图苏尼拉语复句指称转换系统存在于非限定性动词关系子句（non-finite relative clauses，即子句动词为非限定性动词）和目的关系子句（purpose clauses）中。如果子句主语与主句主语指称一致，则两种关系子句的动词均不被特殊标记。在非限定性动词关系子句中，如果子句主语与主句主语指称不一致，则关系子句动词被格后缀标记，该格后缀和与子句主语指称一致的主句论元的格后缀保持一致；在目的关系子句中，如果子句主语为主句的宾格宾语，则子句动词被-waa后缀标记，如果子句主语为主句其他语法功能（非主语）或另有所指，则子句动词被-wala标记。

指称转换系统与语态转换系统的相互作用如下：在非限定性动词关系子句中，为使子句主语与主句主语所指一致，子句转为由被动语态表达；另外，为使子句非施事论元主题化，子句也转为被动表达，该情况下被动子句主语与主句主语所指不一致。在子句主语与主句主语指称一致的目的关系复句中，子句是否选择被动语态由语义语用因素决定；当两个主语指称不一致时，子句非施事论元主题化及弱化施事角色为子句选择被动形式的原因。总结说来，通过两个系统的相互作用，复句中事件不同的参与者得以出现在句法轴心（syntactic pivot）位置。

第五篇为《帕特威阿兰恩特语（阿兰达语）的指称转换：形式，功能，与指称问题》（"Switch-reference in Mparntwe Arrernte (Aranda): Form, Function, and Problems of Identity"）（第141—176页），作者为澳大利亚国立大学语言系学者大卫·威尔金斯（David Wilkins）。帕特威阿兰恩特语（以下简称阿兰恩特语）为爱丽丝泉（阿兰恩特语中为"帕特威"）地区所讲土著语，是一种很有代表性的澳大利亚土著语。

阿兰恩特语关系复句由依存子句（dependent clause）和主句（matrix clause）组成，依存子句与主句的关系为附接。关系复句中的指称转换系统用于辨别子句和主句主语所指是否一致。词缀-le 标记指称一致的情况。该词缀同时也是方位格，作格，以及工具格词缀，这印证了奥斯汀（Austin, 1981）一文中方位格与标记主语指称一致的词缀具有普遍联系的说法。词缀-nge 标记复句为否定句时子句主语指称不一致的情况；词缀-rlenge 和-rleke 标记复句为肯定句时子句主语指称不一致的情况。需要指出的是，上述指称转换词缀均标记依存子句而非主句，原因有二：其一，被指称转换词缀标记的动词不能单独出现；其二，指称转换词缀可附着于子句动词的时态词缀之后，用于指示子句相对于主句的相对时态。

在阿兰恩特语中，主语作为语篇主题或背景信息可以省略表达，且主语的省略不影响指称转换的发生。上段提到，被指称转换词缀标记的依存子句动词不能单独出现，但如果主句动词在前文中已经出现，则该主句动词在之后表达中可以省略。

威尔金斯在文中深入讨论了指称相同和相异的一些细微区别，具体有三：如果依存子句主语与主句主语的关系为包含关系（inclusion，如集体中的个体和集体的关系），则指称转换词缀选择同指词缀-le；同样地，如果子句主语与主句主语为部分-整体关系（part-whole relation，如身体某一部分与身体整体的关系），则指称转换词缀选择同指词缀-le；在自复动词关系（reflexivization，如自己看到自己/自己身体的一部分）中，指称转换词缀选择异指词缀-nge，-rlenge，或-rleke。

第六篇为《扬库塔塔拉语中的连动化与情景结构》（"Verb Serialsation

and the Circumstantial Construction in Yankunytjatjara"）（第 177—192 页），作者为澳大利亚本土发展研究所（Institute of Aboriginal Development）学者克里夫·戈达德（Cliff Goddard）。扬库塔塔拉语是南澳西北部密密里-弗雷贡-印杜卡纳地区（Mimili – Fregon – Indulkana）西部沙漠语（Western Desert language）诸方言中的一种。戈达德意在通过本文提出，扬库塔塔拉语中的一些复句结构不应分析为关系复句，而应当分析为连动结构或者情景结构。

连动词的最主要特征为，连动结构整体只有一个主语，该主语出现在所有连动词之前且只出现一次。扬库塔塔拉语的连动化结构可划分为三种：松散型（loose serialisation），紧密型（tight serialisation），以及迂说型（periphrasis）。松散型连动结构的主要特征为：结构中的每个连动词可以带自己的论元（如在两个及物动词构成的连动结构中，两个及物动词可带的宾语不同）并可被不同的修饰词修饰；同时，该连动结构的各个组成部分之间有停顿和语调变化。在紧密型连动结构中，连动动词共享论元和修饰成分，连动动词构成单一发音单位，中间没有停顿和语调变化。迂说型连动结构动词词序严格固定（限定动词在后），连动动词构成单一发音单位，作者指出，此类连动结构还需进一步研究。

与连动结构不同，扬库塔塔拉语情由结构（circumstantial construction）复句中情由小句和结构中另一动词的主语指称相异。情由小句由方位格标记。当方位格标记名词时，该名词角色通常为工具或事件原因；当标记情由小句时，小句通常为另一动词提供背景信息，或蕴含主句发生缘由。作者指出，尽管扬库塔塔拉语的连动结构和情由结构在结构上有所不同，但二者均不是关系复句结构，二者在句法上互补，区别特征在于结构中动词的主语所指是否一致。

第七篇为《曼吉加扎语名词化关系从句的一些特征》（"Some Features of Manjiljarra Norminalised Relative Clauses"）（第 193—204 页），作者为澳大利亚国立大学语言系学者马克·克莱敦（Mark Clendon）。曼吉加扎语为西部沙漠语的一种方言。

克莱敦在文中简要讨论了曼吉加扎语的关系子句标记，名词化词缀-nja/-njan。该词缀在西部沙漠方言中广泛使用，主要有作名词化标记和不定式标记两种用途。在曼吉加扎语中，该词缀只有名词化标记一种用途。

曼吉加扎语名词化关系子句动词可以附加时态（tense）和体态（aspect）词缀标记。可附加的时态有过去与将来，体态有连续体（+continuous）和非连续体（-continuous）。二者组合共有四种形式。名词化动词携带时态标记为该语言独一无二的特征。

除携带时态和体态标记外，曼吉加扎语名词化关系子句动词还可被格词缀标记：当名词化动词用于修饰主句某一句法功能时，该名词化动词携带与之相同的格词缀。需要指出的是，当名词化动词携带方位格但并不修饰方位名词时，该方位格词缀发挥语篇功能：被此类方位格标记的名词化动词为主句动词所指动作提供背景信息。

第八篇为《沃皮瑞语的格和从句连词后缀》（"Case and Complementiser Suffixes in Warlpiri"）（第205—218页），作者为现任教于澳大利亚国立大学学者简·辛普森（Jane Simpson）。沃皮瑞语属于帕马-恩永甘语族。文章讨论了沃皮瑞语的格后缀（case-suffixes）和补语连词后缀（complementiser suffixes）在形态和功能两方面的特征。

从形态学方面来看，两种后缀表现相似。一方面，格后缀和补语连词后缀可以附加在相同的词类上，例如，两种后缀均不能直接附加在动词词根或限定动词上，但是二者均可直接附加在名词或名词化的动词上；另一方面，可附加于格后缀和补语连词后缀的词缀类型相同，比如二者均可再后接其他格后缀（如作格词缀-rlu）或者派生词缀（如-mi，-ni等）。

从功能方面来看，在沃皮瑞语中，无论是格后缀，还是补语连词后缀，都有三种相同的功能：第一，标记谓词论元与该谓词的句法关系（标记谓词论元的功能），如作格词缀-rlu所附加的论元标记该论元为谓词的主语，补语连词后缀-ku所附接的子句为主句的宾语等；第二，指示所附加成分为可带论元谓词，如格后缀-ngka指示物体所在地点，补语连词后缀-rlarni指示伴随动作等；第三，作一致性标记，如格后缀-ngka不仅指示物体所在地点，当该地点被修饰词修饰时，-ngka也附接于修饰词后，而补语连词后缀-ngka-jinta可附接于及物动词及其通格宾语之后，确认通格宾语与及物动词的句法关系。

作者由此认为，沃皮瑞语的格后缀和补语连词后缀本质上为同一种后缀。

第九篇为《卡亚迪尔德语中的旧话题标记》（"Old Topic Marking in Kayardild"）（第219—266页），作者为澳大利亚国立大学语言系学者尼克拉斯·伊万斯（Nicholas Evans）。

伊万斯认为，在卡亚迪尔德语中，对主语和话题进行区分在句法上来讲十分重要。作者重点讨论了三种情况中主语与话题的关系。第一种类型为紧密接合型（tight juncture）复句，包括连动结构，名词化子句和移动目的子句（"motion-purpose" clauses）。后两种子句均为非限定型子句。在紧密接合型复句中，子句的话题即其主语，且必须省略，必要情况下，子句采用被动语态表达来满足此要求。第二种类型为松散接合型（loose juncture）复句，也称作外围复合句（peripheral juncture），包括子句动词为限定动词的复合句，以及先决条件句（precondition clauses）。在子句为限定动词复合句中，话题与主语不一定要一致，当二者不一致时，句子被旧话题词缀标记；先决条件句不被标记。第三种类型为语篇衔接简单句（simplex clauses in connected discourse）。此类句子中话题与主语也不一定一致。文章重点研究了第二和第三种类型句子中话题和主语的关系及话题标记。

松散接合型复合句的子句话题与主语不一定一致。当子句话题与主语一致时，子句不被特殊标记，子句主语可以但非必须省略；当子句话题与主语不一致时，子句的每一个成分均被间接格（oblique case）或方位格（locative case）标记。当主语为第一人称且包含听话人（1+2模式）时，标记词缀为方位格，当主语为第二人称时，间接格与方位格均可；当主语为第一人称或者第三人称时，标记词缀为间接格。在一些特殊情况下，子句的某些成分可免于被标记，如当子句主语为代词且标记词缀为方位格时，标记主语的方位格省略，或当子句某个成分已被间接格标记过一次时，第二次标记该成分的间接格省略，等等。但在任何情况下，子句至少有一个成分一定被标记词缀标记。除子句话题与主语不一致之外，子句话题为主句主语之外其他功能，或者子句和主语无共享论元也是引起子句成分被特殊标记的句法环境。

语篇衔接简单句中，以下三种句子将被特殊标记：第一，本句话题为已出现句子的宾语或工具；第二，宾语排比句（object elaboration chains），排比句中的各个小句用于描述同一主语作出的一系列动作；第三，句子的主语为对比焦点（contrastive focus），突出并确定主语身份。在这三种句子中，句子的主语均不是句子的话题。有证据表明，复句被旧话题标记出现在语篇衔接简单句被旧话题标记之前。作者最后指出，旧话题标记系统和指称转换系统以及先行词一致系统相互发展而来，因此三者之间的紧密联系并非偶然。

第十篇为《阿亚曼塔哈语中的移动与指向词缀》（"Affixes of Motion and Direction in Adnyamathanha"）（第267–283页），作者为澳大利亚国立大学语言系学者多洛西·坦布里奇（Dorothy Tunbridge）。

阿亚曼塔哈语动词复合体（verb complex）的组成形式为"词干±词缀±屈折变化±代词"。从语义角度来讲，阿亚曼塔哈语有一种指向词缀（affix of direction）-na，和三种移动词缀（affix of motion）。移动词缀的划分参照为主动词，因此三种移动词缀分别表示移动发生于主动词所指动作之前、当中，或之后；同时，移动词缀以讲话者为参照，还可进一步划分为动作靠近参照者或动作远离参照者，例如，当动作发生于主动词动作之前且动作远离讲话者时，移动词缀为-vara（走开），或-navara（快速走开）。

坦布里奇对阿亚曼塔哈语移动与指向词缀的形成过程进行了探讨。他认为，在该语言中，移动和指向词缀由连动结构中的实义动词（lexical verb）演变而来，经过词法缩减（morphological reduction）之后，形成移动和指向词缀。作者对于指向词缀-na有较为确定和清晰的假设：-na由实义动词词素yana-（意为"来"）缩减而来。当yana-与其他移动实义动词结合时，词素的移动含义丢失，仅将指向含义保存于-na中，形成现在的指向词缀-na。一些移动词缀形成于早先分词句，例如，分词-ndha有"刚刚"之意，与移动词缀相结合并经过词法缩减后形成新的词缀，如与-mana（过来）/-vara（走远）结合，形成-namana（快速过来）/-navara（快速走远）。对于未从分词句分化而来的移动词缀，作者也给出了相应的假设，认为经过早先移动动词与其他动词的组合（compounding），移动动词形成移动词缀。但总体来说，作者的证据不十分充分，解释未完全展开，假设略显单薄。

四　总评

《澳洲语言中的复句结构》成书于20世纪80年代，正值乔姆斯基生成语法的管约论蓬勃发展的时期，但该书的文章几乎未受乔氏生成语法的影响。相反，从第三节对各篇文章内容的内容介绍中可以看出，作者的侧重点均在于对所研究语言的形态形式与句法结构的描写，描写主义与结构主义对于当时澳洲语言研究的影响可见一斑。

《澳洲语言中的复句结构》一书本身的价值也不容忽略。澳洲土著语有着丰富的形态变化，对于词缀的使用远远超过了"主流"语言的使用程度，因此，详尽、系统且科学的语言描写可以极大地丰富语言学研究的语料，并为其他语言学理论的发展提供论据。例如，辛普森对于沃皮瑞语的研究为布里斯南（Bresnan）和卡普兰（Kaplan）在80年代初发展词汇功能语法（Lexical-Functional Grammar）理论提供了的可靠论据。

同时，《澳洲语言中的复句研究》对于我国少数民族语言及各地语言的研究也很有启发性。书中研究的很多语言，如瓦基曼语，马图苏尼拉语，曼吉加扎语等等，均为现在已灭绝或濒危灭绝的语言。当大量语言随着老一代人的逝去而逝去，而年轻一代没有能力与意愿来维护它们的时候，详细的语言描写和研究将会起到延缓语言衰落和保存濒危语言的重要作用。当然，由于语者有限，对于很多语言的描述无法做到更加全面精准，书中也留下了很多未解决的问题，希望之后可以在对相邻土著语言的研究中得到启发和解释。

参考文献

Austin, Peter, 1981, Switch-reference in Australian. *Language*, 57 (2): 309-334.

Comrie, Bernard, 1978, Ergativity. In Winfred Lehmann (ed.), *Syntactic Typology: Studies in the Phenomenology of Language*. University of Texsas Press. 329-394.

Dixon, Robert, 1979, Ergativity. *Language*, 55 (1): 59-138.

Hale, Kenneth, 1976, The adjoined relative clause in Australia. In Robert Dixon (ed.), *Grammatical Categories in Australian Languages*. Canberra: Australian Institute of Aboriginal Studies: 78-105.

Hale, Kenneth, 1981, *On the Position of Walbiri in a Typology of the Base. Bloomington*. Indiana: Indiana University of Linguistics Club.

Hale, Kenneth, 1983, Walpiri and the grammar of nonconfigurational languages. *Natural Language and Linguistic Theory*, 1 (1): 5-47.

Hopper, Paul and Thompson, Sandra, 1980, Transitivity in grammar and discourse. *Language*, 56 (2): 251-299.

Silverstein, Michael, 1976, Hierarchy of features and ergativity. In Robert Dixon (ed.), *Grammatical Categories in Australian Languages*. Canberra: Australian Institute of Aboriginal Studies, 112-171.

Silverstein, Michael, 1981, Case marking and the nature of language. *Australian Journal of Linguistics*, 1 (2): 227-244.

Talmy, Leonard, 1978, Figure and ground in complex sentences. In Joseph Greenberg (ed.), *Universals of Human Language* (*vol.* 4): *Syntax*. Stanford: Stanford University Press. 625-649.

(作者单位：中国人民大学外国语学院)

《交互语法：美式英语会话中的状语从句》述评[*]

杨 勇[1] 朱 斌[2]

引言

《交互语法：美式英语会话中的状语从句》(Grammar in Interaction: Adverbial Clauses in American English Conversations)（下文简称"交互语法"）一书著者为 Cecilia E. Ford（福特·塞西莉亚），1993 年由剑桥大学出版社出版，全书共计 165 页，是《交互社会语言学研究》论丛中的第九卷。

基于句法的从句结构先前研究中认为"主—从"（main vs subordinate）二分法的逻辑划分理论上的解释已非常充分，然而结合当前语篇分析研究进展来看，"主—从"二分法似有问题：各类从句并非完全相似，相反，其语篇功能彼此间有很大不同（Thompson, 1985）。为了继续探讨，Ford"交互语法"深入研究了美式英语会话中各类状语从句的功能。本研究关注两大功能：信息（或语篇）功能和交互（或会话）功能，其中后者几无前期研究。

一 各章简介

"交互语法"共由七章构成。

第一章导论引领读者就会话分析及状语从句的前期研究进行了回顾，随后提出本书的研究方法是根据 Sacks、Schegloff 和 Jefferson（1974）的理论框架，以民族方法学（ethnomethodology）范式研究会话分析，即通过分析会话

---

[*] 本文得到广东省普通高校特色创新类项目（教育科研）"应用型本科教育的理论解析与实践探索"（项目编号：2016GXJK175）的支持。

参与者意图来评估会话交互。在研究方法论的概述中还论及了一些基本原则，如在交互分析中非常重要的话轮转换体系（turn-taking system）。而对于状语从句的研究概述则包括分布趋向（distributional tendency）和功能趋向（functional tendency），前者如条件状语从句趋向于前置化（Ford & Thompson, 1986），后者如前置化状语从句趋向于发挥语篇构建或生成功能（discourse development），而后置化从句则主要负责完结本语段意义（Ford & Thompson, 1986; Ramsay, 1987）。

第二章概述了研究数据收集程序及最终数据库。"交互语法"语料库数据由自然发生的美式英语会话构成，主要以磁带录音的形式收集了两方主体（two-party）电话会话和多方主体（multi-party）面对面会话。情景语境（situational context）均为随意或休闲性，如野餐中喝啤酒聊天。13组会话中包括33位不同年龄阶段的成年本族语者，其中女性20位，男性13位。这些数据共产生194项状语从句，主要分成三大类，分别为时间状语从句、条件状语从句和原因状语从句。在后续几章里，这些从句根据其位置分布进行分组归类讨论，并进行相应的功能分析，如以连续语调（continuous intonation）为界点分前置化从句和后置化从句，及位于终结语调（ending intonation）之后的后置化从句。

所谓"连续语调"和"终结语调"，根据Ford，实质是言语者在会话中的决策标志，即一段话语（utterance）还没有完成，则为连续语调；反之一段话语可能已经完成，则为终结语调。Schiffrin（1987）用这种语调区分（intonation distinction）手段对其采访数据进行了话语内连接（intra-utterance conjunction）和话语间连接（inter-utterance conjunction）的划分。通过区分语内和语际语调模式，研究者可以描写作为语调连贯单位间的语法链接手段，并将之与跨越终结语调边界的语法链接手段进行对比。

第三章聚焦前置化状语从句，特别是时间状语从句与条件状语从句，从收集的语料库来看，无原因状语从句前置化。关于信息功能的研究发现与前人研究几近，即时间状语从句与条件状语从句趋向于语篇构建功能，时间状语从句改变了语篇发生过程中的时间范围（time frame），而条件状语从句则体现了假设性（hypotheticality）与对比性，以此对语篇发展的方向产生影响。与之相应，通过交互分析则发现了几种不同的功能，大致可分为下列四项：其一，转移会话方向；其二，终结他人话轮；第三，协商发起话轮；第四，作出不合意或非迎合性回应（dispreferred response）。

第四章则基于第三章研究进行了适度拓展，信息功能与交互功能分析涵盖了持续语调内的后置化状语从句。把前置化条件状语从句和时间状语从句同后置化状语从句对比发现，前置化状语从句的功能体现在语篇构建中的信息管控方面，而后置化状语从句发挥完结本语段内句子意义的功能，这与前人研究结果并无二致。交互分析发现，前置化状语从句趋向应用于某一协商发起的拓延话轮（extended turn）之后，且更多独语式（monologue-like）会话正在进行。这项研究发现与预期相左，先前研究表明，前置化状语从句趋向于左缘镶嵌结构（leftward embedding），以便拓展发话者或言语者话轮（Sacks, Schegloff & Jefferson, 1974）。就后置化原因状语从句而言，信息功能方面，主要用于引出新信息，这与前人研究一致，如 Abraham（1991）；交互功能方面，原因状语从句通常是发话者与受话者共同协商的结果。

第五章研究重点是关注终结语调后的后置化状语从句，本研究中主要指原因状语从句。结果发现，原因状语从句有接转（relay）动机或解释的信息功能，是语篇信息交际中的中转服务器。原因状语从句的交互功能，则是继发话者自我纠错（self-editing）、暂停，或者受话者请求澄清后，形成拓延性话轮。研究还发现，一些原因状语从句是发话者与受话者合作而为，预示会话过程中参与主体达成的某种一致性或相互理解，或者合作性的故事讲述。

最后两章讨论并总结了本项研究。主要讨论了位置趋向：所有原因状语从句后置化，大多条件状语从句前置化，大多时间状语从句则属于持续语调后的后置化。研究指出，状语从句分类的固有意义已经部分解释了其位置分布趋向与功能趋向。例如，条件状语从句前置化，发挥影响语篇生成方向的功能，这遵从了条件状语从句语义上对假设性进行编码，改变指称范围的事实。最后两章相对简短，读者不免期待该讨论部分能够持续并解决一些不可避免的问题，而这些问题恰与交互功能分析相关。例如，本次研究语料库数据中，女性参与者远超男性，并且超过一半的数据来自电话会话。由此触发的问题是：1，任何交互功能的分析是否与参与者性别相关？2，任何交互功能的分析是否与情景语境相关（如：电话 VS 面对面）？毋庸置疑，这些信息对研究结果与研究发现的评估至关重要。

二　整体述评

整体而言，Ford 一书言简意赅，构思得体，并且开创性地探讨了前期研究中书面语或口语独白研究者所未及的会话领域。Ford 并非静态地描写时间状语从句、条件状语从句及原因状语从句三大类状语从句的语篇功能，而是将其置于动态的美式英语会话中进行研究。除此，其研究方法或路径也有所拓展：在其研究发现的阐释中，会话分析工具得以应用。即使以导论而言，对并不熟稔会话分析理论原则的语言学者或研究者而言，相关的文献回顾变得不可或缺。

研究数据库共由13组短会话构成，主要为二元主体（dyad）电话会话和多元主体会话信息交际，总计时间约为两小时，并以这些数据为基，形成了本研究中的194项受分析从句的语料库。然而根据Ford研究目标（1993：19），本研究致力于深度质性分析，则随之凸显的问题在于：当Ford展示四至五例前置化when引导的时间状语从句或if引导的条件状语从句的功能时，如何得知研究数据是否穷尽，还是仅取决于手头的数据？尽管Ford声称进行质性研究分析，但本书中大多论证都是基于表格中的频率值和百分比而成，特别是任一单元格中的数目低于5时，读者很难确定这些数字应如何得以计量。

Ford的研究支持并补充了前期会话分析的相关研究成果。例如，会话中时间状语从句和条件状语从句趋向于前置化；或者虽紧随主句（main clause）之后，但话语韵律上（prosodically）他们仍属同一单位。前置化的时间与条件状语从句既有语篇组织与构建功能，也有话轮转换功能。与之相对，because引导的原因状语从句则专门后置化，位于其主句之后——通常会有一定延迟或犹豫，并能充当独立的分隔性语调单位。尤为重要的是，Ford的研究挑战了Sacks、Schegloff和Jefferson三位研究者1974年提出的言论，即*if-then*构式的复合句用来投射（project）一个比句子单位更长的话轮。在Ford数据中，这种构式并没有以快速的"话轮接话轮地信息交换"形式发生，而是被已经成为"主要发话者"（primary speaker）的会话参与者利用，这些主要发话者有权通过其他方式或途径进行话轮拓延。

Ford的研究发现讨论中明显得益于在其研究手法中引入了会话分析。特别是关于because引导的原因状语从句的论调，远远超越了长期以来常被视为发话者"事后添加"（afterthought）的观点。与体现事态发展的原因相比，这类从句更多用来在具体情景中进行阐释说明，或者在同会话参与者协商前置化从句意义时给予解释。根据Lerner（1991）思想，Ford还精细地证明了当会话参与者合作形成话语或语段，如体现彼此间达成一致，或者核实是否相互理解，或者呈现共述者（co-teller）的身份，此时含有because的复合句构式将如何应用。Ford的个别论证中也有不够严谨的解释。例如，对于没有主句的 if 引导的条件状语从句的解释中，Ford 认为"言语者似乎运用了'省力原则'（least effort）"（1993：135）；对于后置化原因状语从句的暂停、不流畅，Ford 则将其归因于"未曾计划好"（1993：92）。

Ford 的该项研究，也有无法回避的问题，即在传统语篇分析方法与会话分析的整合过程中，二者的研究目标如何形成自然的统一类属。换句话说，就交互意义而言，二者并非连贯或一致的受研对象。Ford 本人也指出，信息交互中事件（态）因果性或理由的分析可有多种表达方式；还有，*if-then* 构式可以执行多种交互任务，其中许多也可通过其他路径实现，如"改变会话方向"。因此这类研究会引发一些后续问题。

Ford 的研究是描写性的，甚至达到重复的程度。就其一以贯之的"从句"本质探讨，或者"主—从"二分法的问题而言，尽管有其自身发现，但并未采取明确的立场。比如 Ford 认为，有时原因状语从句的语用"更像并列而非从属连接"（1993：93）；15%的 if 引导的条件状语从句在运用时没有主句，甚至是"完全自主运行"（1993：138）。但是 Ford 并没有考虑到这样一种可能性，即这些成分不应总是被视为口语表达中的连接手段，而是作为话语构件发挥不同的功用。书面语研究中固有的成见也通过"左缘结构化状语从句"（left-placed adverbial clause）这样的表达渗透出来，并从整体上认为这种话语表达现象句法上没有任何问题。还有，以主句为参照把状语从句简单分为前置化与后置化也似有不妥。在较自由的没有过多约束的聊天会话中，根据 Franck（1985）观点，有些句子成分似乎可以"横跨"（straddle）两个句子，而这恰常常是状语从句句法运用的特征。

整体而言，Ford"交互语法"对于状语从句的功能研究是一次有益且深入的探讨，会话分析技术，包括精细转录的数据，也有不错的展示与论证。最具开拓性的，是 Ford 对于状语从句交互功能进行的描写，这是前人研究中尚未深入探索的。

参考文献

Abraham, E., 1991, Why "because"? The Management of Given/New Information as a Constraint on the Selection of Causal Alternatives. *Text*, 11 (3): 323–339.

Ford, Cecilia E., 1993, *Grammar in Interaction: Adverbial clauses in American English Conversations*. Cambridge: Cambridge University Press.

Ford, C. E. and S. A. Thompson, 1986, Conditionals in Discourse: A Text-based Study From English. In E. Traugott, C. Ferguson, J. Snitzer Reilly and A. ter Meulen (eds.), *On Conditionals*. Cambridge: Cambridge University Press, 353–372.

Franck, Dorothea, 1985, Sentences in Conversational Turns: A Case of Syntactic "double bind". In Marcelo Dascal (ed.), *Dialogue*. Amsterdam: Benjamins. 233–245.

Lerner, Gene, 1991, On the Syntax of Sentences-in-progress. *Language in Society*, 20 (3): 441–458.

Ramsay, V., 1987, The Functional Distribution of Preposed and Postposed 'if' and 'when' Clauses in Written Narrative. In R. S. Tomlin (ed.), *Coherence and Grounding in Discourse*. Amsterdam: Benjamins. 383–408.

Sacks, H., E. A. Schegloff and G. Jefferson, 1974, A Simplest Systematics for the Organization of Turn-taking in Conversation. *Language*, 50 (4): 696–735.

Thompson, S. A., 1985, "subordination" in Formal and Informal Discourse. In D. Schiffrin (ed.), *Meaning, Form and Use in Context: Linguistic Applications*. Washington, D. C.: Georgetown University Press, 85–94.

(作者单位:1. 广东白云学院外国语学院;2. 华中师范大学文学院)

非构造性解读和复句中回指的消解*

袁陈杰

提　要　复句中的回指消解长期以来都是自然语言研究的一大难题。语篇表述理论（DRT）、动态谓词逻辑（DPL）和马丁·洛夫类型论（MLTT）均为这一难题提供了各自的解决办法。其中基于马丁·洛夫类型论的回指消解方案最为简洁。近年来，学者们引入了动态命题和匿名证明的概念，进一步发展和完善了基于马丁·洛夫类型论的回指消解方案。本文指出，经典马丁·洛夫类型论无法完全解决回指消解问题，这是因为回指的对象并不一定具备构造性。为解决这一问题，本文引入了虚命题的概念和命题舍去算子，用以在马丁·洛夫类型论中恢复经典逻辑。本文继而定义了非自足动态命题，用以解决由非构造性解读引起的问题。

关键词　回指消解　匿名证明　马丁·洛夫类型论　命题舍去　证明无关性

一　引言

回指（anaphora）的约束（binding）和消解（resolution）长期以来都是自然语言理解研究中的一大难题。这一难题不仅受到了语言学家的关注，逻

---

*　本文受到 2016 年西班牙经济和竞争力部国家级千人博士培养计划"汉语对比范畴的形式和意义"（项目编号：BES-2016-077488）的支持。此外本文还得到了 2015 年西班牙经济和竞争力部研究项目"语境资源和句子信息结构的对应关系"（编号：FFI2015-67991-P）、2017 年中国国家社科基金重大项目"面向计算机人工智能的组合范畴语法研究"（编号：17ZDA027），以及 2018 年西班牙科学创新和高等教育部研究项目"QUD 模型及其语言学效应"（编号：PGC2018-094029-A-I00）的支持。本文的部分章节曾在 2019 年第 31 届欧洲语言、逻辑和计算暑期学校（ESSLLI）宣读，感谢俄亥俄州立大学的 Symon Stevens-Guille 博士提供的建议。

辑学家、哲学家和计算机科学家们也都为解决这一难题前赴后继。其中，最受关注的两个经典问题当属驴子句（donkey sentence）中的回指（Geach，1962）和 E 型回指（Evans，1980），如以下例句所示。①

(1) a. 若一个［农民］$_i$拥有一头［驴］$_j$，则［他］$_i$会卖了［它］$_j$。
b. 一个［农民］$_i$拥有一头［驴］$_j$，然后［他］$_i$卖了［它］$_j$。

理解这两个句子并不难。无论是在（1a）还是（1b）中，第二个小句中的"他"均回指第一个小句中的"农民"，而"它"则回指"驴"。蒙太古语法（Montague Grammar，参看 Montague，1973；Dowty 等，2012）对这两个句子的分析遇到了变量约束的问题。根据字面解读，这两个句子的语义表达式分别如下：

(2) a. $\exists_1 x \exists_2 y$（农民(x) ∧ 驴(y) ∧ 拥有(x, y)）$\Rightarrow$ 卖(x, y)
b. $\exists_1 x \exists_2 y$（农民(x) ∧ 驴(y) ∧ 拥有(x, y)）∧ 卖(x, y)

在（2a）中，尽管两个存在量词 $\exists_1$ 和 $\exists_2$ 分别约束了"农民(x)"、"驴(y)"和"拥有(x, y)"中的两个变量，但却无法约束"卖(x, y)"中的两个变量。因而，（2a）的实际解读是：若一个农民拥有一头驴，那么变量 x 会卖了变量 y。（2b）的问题亦然，$\exists_1$ 和 $\exists_2$ 分别约束了"农民(x)"、"驴(y)"和"拥有(x, y)"中的两个变量，但却无法约束"卖(x, y)"中的变量，进而导致（2b）的实际解读变成了：一个农民拥有一头驴，且 x 卖了 y。若强制将"卖(x, y)"纳入量词的辖域，则可获得（3）中的两个解读：

(3) a. $\exists_1 x \exists_2 y$（农民(x) ∧ 驴(y) ∧ 拥有(x, y) $\Rightarrow$ 卖(x, y)）
b. $\exists_1 x \exists_2 y$（农民(x) ∧ 驴(y) ∧ 拥有(x, y) ∧ 卖$(x,$

---

① 每个名词短语都被分配了一个字母下标（如例（1）中的［　］$_i$ 和［　］$_j$），下标相同表示两个名词短语所指相同，下标不同则表示所指不同。

y))

但（3）中的两个解读依然问题重重。（3a）的实际解读是：若某一特定农民拥有一头特定的驴，则他会卖了它。在这一解读中，无论是农民还是驴均为定指，这显然不是（1a）的正确解读。再来看（3b），（3b）的确是（1b）的正确解读，但它的问题在于，将两个小句合并成一整句后，再无法区分两个小句的独立地位。此外，以上所有的逻辑分析均存在一个显而易见的问题——无一例外地都将代词"他"和"它"分析为变量，未赋予其任何语义表达，且未明确解释这两个代词的消解过程是如何进行的。

回指的约束和消解问题在当代形式语义学（formal semantics）发展的历史上具有极其重要的地位。学者们为解决这一问题展开了前赴后继的工作，开启了形式语义学研究的新时代——从蒙太古语法基于单句的静态语义（Static Semantics）走向了跨越单句的语篇动态语义（Dynamic Semantics）。在模型论语义领域，Kamp（1981）的"语篇表述理论（Discourse Representation Theory）"、Heim（1982）的"资料变更语义（File Change Semantics）"，以及Groenendijk和Stokhof（1991）的动态谓词逻辑（Dynamic Predicate Logic）为解决回指消解问题提供了各自的方案，并联合开启了动态语义研究的时代。在证明论和类型论语义领域，Sundholm（1989）和Ranta（1994）发现用马丁·洛夫类型论（Martin-Löf Type Theory，参看Martin-Löf，1984）同样可以解决回指消解问题，且该方案相较于模型论语义提供的方案更为简洁。马丁·洛夫类型论本为数学和程序语言设计，因而基于马丁·洛夫类型论的回指消解方案深受计算机和人工智能领域学者的青睐。不过该方案也并非毫无问题。这些问题在Dávila-Pérez（1995）、Krahmer和Piwek（1999）、Piwek和Krahmer（2000）陆续得到了解决。近年来，Bekki（2014）、Bekki和Mineshima（2017）、Tanaka等（2017）等进一步完善了前人的研究，并提出了一套用马丁·洛夫类型论解决回指消解问题的新方案。在细致考察Bekki和他的同事们提出的这套新方案的基础上，本文指出了其中存在的一个重大问题——强制性构造（constructive）解读的困境。这亦是所有基于经典马丁·洛夫类型论的回指消解方案都会遇到的棘手问题。鉴于此，本文引入了虚命题的概念和命题舍去（propositional truncation）算子用以在经典马丁·洛夫类型论中恢复经典逻辑，继而定义了非自足动态命题（non-self-sustained dynamic proposition）用以处理强制性构造（constructive）解读的问题。

本文结构如下：本节介绍驴子句中的回指和E型回指现象，以及本文的写作目的；第二节简单介绍马丁·洛夫类型论中类型的定义和构造；第三节介绍 Bekki 及其同事基于经典马丁·洛夫类型论为解决回指消解难题提出的新方案；第四节通过语例分析指出了 Bekki 方案中存在的一个重大问题——证明不一定是构造性的，亦可是非构造性的；第五节首先引入了虚命题的概念和命题舍去算子，继而发展了 Bekki（2014）的自足动态命题；第六节运用第五节中发展起来的理论工具，为 Bekki 方案中存在的问题提供了解法；最后一节总结全文。

二 马丁·洛夫类型论

马丁·洛夫类型论，又称直觉类型论（Intuitionistic Type Theory），是瑞典数学巨擘马丁·洛夫在 20 世纪七八十年代提出的一套数学理论。该理论不仅为数学提供了构造性的基础，还开启了计算机科学领域函数式编程（functional programming）和计算机辅助证明（proof assistant）的新时代。在逻辑学上，马丁·洛夫类型论是一套基于直觉逻辑（intuitionistic logic）和证明论（proof theory）的类型理论。在哲学上，马丁·洛夫类型论主张推导主义（inferentialism）和证明优于真值（proof prior to truth）的原则。在计算机科学领域，马丁·洛夫类型论运用了科里·霍华德同构原则（Curry-Howard isomorphism，Curry & Feys 1958，Howard 1980），将命题视为类型（propositions-as-types），而将命题的证明视为该类型的项（term）。以下我们简单介绍马丁·洛夫类型论的理论设计。

马丁·洛夫类型论中最基础的概念是判断（judgement），如 $\Gamma \vdash a : A$。其中，Γ 表示全局语境（global context），A 为一个类型，a 是类型 A 的一个项，记为 $a : T(A)$，其中 $T(A)$ 表示 A 的项的集合。符号"："表判断关系——a 为 A 的一个项，或 a 属于 A。若 A 为命题，则该判断还可读为 a 为命题 A 的一个证明，即 A 为真。

以上提及的类型 A 为原子类型（atomic type），即无任何（额外）算子构成的类型。[①]马丁洛夫类型论中最基本的原子类型包括以下两种——单位类型（Unit Type 或 1-type）和空集类型（$\varnothing$-Type 或 0-type），其简单定义如下：

[①] 在类型论中，类型算子是一类用以构成类型的算子，在数学上等同于一类函数。若函数的论元数目为 0，则所构成的类型为简单类型；若函数的论元为一个或多个，则所构成的类型为复杂类型。

（i）单位类型，其构成算子为1，简称1类型。1类型通常被视为最基本的类型。1类型只有一个项为 tt，即 $tt:1$。若一个命题的类型为1，则该命题为真。（ii）空集类型，其构成算子为0，简称0类型。0类型无任何项。若一个命题的类型为0，则该命题为假。构造性的否定命题可以分析为一个后件为0类型的普通函数类型。

在马丁·洛夫类型论中，还存在一系列由类型论算子构成的复杂类型（complex type）。本文中，我们会用到的主要是三种复杂类型——依赖值对类型（dependent pair type）、依赖函数类型（dependent product type）和余积类型（coproduct type）。以下我们简单介绍这几种类型（具体的形式规则和技术细节可参看 Ranta（1994）或 Nordström, et al.（1990））：（i）依赖值对类型，其构成算子为 Σ，简称 Σ 类型。Σ 类型由两个原子类型构成，其中后一类型取决于前一类型，如 $(\Sigma x:A)B(x)$。一个 Σ 类型的项是一个值对 $(a, b(a))$，其中 $a:A$ 而 $b(a):B(a)$。若 x 非 $B(x)$ 中的自由变量（free variable），则 $(\Sigma x:A)B(x)$ 为普通值对类型，即 A×B。通过运用两个投射函数 prl 和 prr，可分别获得 Σ 类型中两个原子类型的证明，即 $prl(a, b(a))=a:A$，$prr(a, b(a))=b(a):B(a)$。根据科里·霍华德同构，构造性存在命题可以被分析为依赖值对类型，而构造性合取命题对应了普通值对类型。（ii）依赖函数类型，其构成算子为 Π，简称 Π 类型。Π 类型有两个原子类型构成，其中后一类型取决于前一类型，如 $(\Pi x:A)B(x)$。一个 Π 类型的项是一个方程或 λ 表达式，如 $(\lambda x)b(x)$，其中 $x:A$ 而 $b(x):B(x)$。若 x 非 B 中的自由变量，则 $(\Pi x:A)B(x)$ 等同于普通函数类型，即 $A \rightarrow B$。构造性全称命题可以被分析为依赖函数类型，而蕴含命题则对应了普通函数类型。（iii）余积类型，其构成算子为+，简称+类型。+类型有两个原子类型构成，如 $A+B$。余积类型 $A+B$ 的项可以是任意构成类型的项 $inl(a)$ 或 $inr(b)$，其中 $a:A$ 而 $b:B$。inl 和 inr 为两个单射函数，分别对应两个构成类型。构造性析取命题对应了余积类型。

在马丁·洛夫类型论中，类型也可以被视为项，这样我们就获得了类型宇宙（type universe）的概念，即类型的类型，简写为 U。在马丁·洛夫类型论中，类型宇宙间存在层级关系：

$$U_1:U_2:U_3:\cdots$$

下级宇宙的项属于上级宇宙：若 $A:U_i$，而 $U_i:U_{i+1}$，则 $A:U_{i+1}$。

本节简单介绍了马丁·洛夫类型论的基本理念和概念。须注意的是，为表述清楚，本文将采用一套基于 Bekki（2014）的形式语言来表示依赖类型。

表 1 列出了本文所使用的依赖类型表述和马丁·洛夫类型论中依赖类型的经典表述。除依赖类型外，本文中其他类型的表述和马丁·洛夫类型论中的经典表述一致。

表 1　　依赖类型的经典表述和在本文中的表述

依赖类型		经典表述	本文所用表述
Σ 类型	若 $x \in fv(B)$	$(\Sigma x: A) B(x)$	$\begin{bmatrix} x: A \\ B(x) \end{bmatrix}$
	若 $x \notin fv(B)$	$(\Sigma x: A) B$	$\begin{bmatrix} A \\ B \end{bmatrix}$
Π 类型	若 $x \in fv(B)$	$(\Pi x: A) B(x)$	$x: A \rightarrow B(x)$
	若 $x \notin fv(B)$	$(\Sigma x: A) B$	$\begin{bmatrix} A \\ B \end{bmatrix}$

三　回指消解的构造分析

自 Sundholm（1989）以来，马丁·洛夫类型论被逻辑学家、哲学家、计算机科学家和语言学家用以处理回指消解问题。相较于基于模型论的动态语义理论（如语篇表述理论），马丁·洛夫类型论给出的解决方案简单明了，这在 Ranta（1994）中得到了系统的分析和讨论。Dávila-Pérez（1995）、Krahmer 和 Piwek（1999）和 Piwek 和 Krahmer（2000）进一步优化了 Ranta（1994）的分析，并解决了存在的一些问题。Bekki（2014）总结和比较了前人基于马丁·洛夫类型论对回指约束和消解所作的研究，指出了其中存在的问题，并提供了最新的解决方案。本节首先介绍了 Bekki（2014）及其同事（Tanaka，2014；Tanaka 等，2014；Tanaka 等，2015，2017；Bekki & Mineshima，2017）在前人研究中发现的问题，继而考察了他们提出的新方案。

（一）前人研究中的问题

Bekki（2014）在前人研究中发现的问题可归纳为以下两点：其一，无论是使用动态语义理论还是使用马丁·洛夫类型论，人称代词都被直接处理为变量，其本身的语义被漠视；其二，在处理跨句回指时，前人往往将两个小句简化处理为一单句，或定义一些特设（ad hoc）规则用以处理两句间的辖域关系，忽视了两者的独立关系及合并的机制。

先来看问题一。第一节中我们在用传统逻辑工具对（1）中例句进行刻画时该问题就已出现。在（1）中的两个例句中，指代农民的代词"他"和指驴的"它"均被简单处理为变量 x 和 y。Ranta（1994）基于马丁·洛夫类型论所作的分析实际也作了如是处理。以（1a）为例，Ranta（1994）将其语义分析如下：

$$(4) \quad \left(z : \begin{bmatrix} x : 农民 \\ \begin{bmatrix} y : 驴子 \\ 拥有(x,y) \end{bmatrix} \end{bmatrix} \right) \rightarrow 卖(prl(z), prl(prr(z)))$$

相较于经典的形式语义分析，马丁·洛夫类型论的优势在于多出了项这一层。（4）给出了（1a）的正确解读，即对于任一农民，只要他拥有一头驴，就会卖掉它。这一正确解读在经典形式语义分析中是无法获得的，但在马丁·洛夫类型论中则不费吹灰之力即可得到。Ranta（1994）的这一处理和传统形式语义分析的相同之处在于，第二个小句中的"他"和"它"均毫无例外地被处理成了变量 x 和 y。这等于在说，这些代词本身毫无语义。这显然不是我们想要的分析。

再来看问题二。我们在第一节的讨论中业已涉及这一问题。以（1b）中的 E 型回指为例，（3b）是对（1b）的正确解读，但（3b）的问题在于，将（1b）中两个独立小句并为一个整句，彻底忽略了小句的独立地位，更忽略了第二个小句中代词是如何跨越小句边界得到消解的。这一问题在很多以马丁·洛夫类型论为基础的分析中同样存在。以 Dávila-Pérez（1995）的分析为例，Dávila-Pérez 将（1b）的语义刻画如下：①

$$(5) \ a. \ 卖(r,s) : U_{prop} \left[\left(z : \begin{bmatrix} x : 农民 \\ \begin{bmatrix} y : 驴子 \\ 拥有(x,y) \end{bmatrix} \end{bmatrix} \right), X : U_{CN}, r : X, Y : U_{CN}, s : Y \right]$$

$$b. \ 卖(prl(z), prl(prr(z))) : U_{prop}$$

---

① 本文中，U_{prop} 表示构造性命题所在的宇宙，U_{CN} 则表示普通名词所在的宇宙（参见 Luo, 2012）。

在 Dávila-Pérez（1995）中，回指消解通过对（$X：U_{CN}, r：X, Y：U_{CN}, s：Y$）的去除（discharge）获得实现，即重复 Ranta（1994）对驴子句中回指的处理，使得（$X=$农民：$U_{CN}, r=$prl（z）：$X, Y=$驴：$U_{CN}, s=$prl（prr（z））：Y）。继而将所获替代项（substitution）代入目标命题，获得合格的解读（5b）。在 Dávila-Pérez（1995）的分析中，漠视代词语义的问题自然存在，而另一个问题在于，Dávila-Pérez（1995）并未清楚交代（$X：U_{CN}, r：X, Y：U_{CN}, s：Y$）获得替代项的方式。

（二）Bekki（2014）的解决方案

针对以上两个问题，Bekki（2014）提出了新的分析。Bekki（2014）的方案依赖以下三个理论工具：其一，Bekki（2014）引入了动态命题的概念，区别于静态命题；其二，Bekki（2014）引入了构造性匿名证明@的概念，区别于实际获得的证明；其三，Bekki（2014）引入了语境传递（Context-Passing）机制。这三个理论工具在以上两个问题的解决过程中缺一不可。以下我们分别介绍其定义和应用。

Bekki（2014）首先区分了两类不同的命题——静态和动态命题。静态命题对应的是马丁·洛夫类型论中的类型。而动态命题则对应的是一个函数类型，其定义域是对应的局部语境（local context）的证明，值域则是输出静态命题的证明。这两种命题可分别表示如下：

$$\Gamma \vdash A：U_{prop} \quad \Gamma \vdash (\lambda s) A(s)：\gamma \rightarrow U_{prop}$$

显然，静态和动态命题的核心差异在于命题所含信息是否能为句子提供完整的语义解读。若能提供完整解读，则视之为静态命题；若无法提供完整解读，意为句中存在词项或短语须通过上下语境方能获得解读，此时视该命题为动态命题。这里所谓的"须通过上下语境方能获得解读"的词项或短语，正包含了前文提及的回指代词。

在区分了两类命题后，Bekki（2014）引入了构造性匿名证明@项。所谓"匿名证明"，意为该证明并未明确给出；而所谓"构造性"，则意为该证明与命题的真值相关，是通过直觉构造得来的。@项的形式规则定义如下：

$$\frac{\Gamma \vdash A：U_{prop} \quad \Gamma \vdash A：1}{\Gamma \vdash (@_i：:A)：A}@ \qquad \frac{\Gamma \vdash @_i：A \quad \Gamma \vdash a：A}{\Gamma \vdash @_i = a：A}@$$

规则一乃引入规则，意为若 A 为一类型，且 A 非空，则在语境 Γ 中 A 拥有一个构造性匿名证明 $@_i$。每个匿名证明 $@$ 都会被赋予一个数字标注 i，以便识别和区分。符号"::"为证明的类型标注，若 $@_i :: A$，则指示 $@_i$ 的类型为 A。规则二乃消除规则，意为若 $@_i$ 是类型 A 的构造性匿名证明，当 a 亦为类型 A 的构造性匿名证明时，$@_i$ 可被 a 替换。注意，A 乃直觉类型，因而若已知在 Γ 中 A 非空，则意味着 Γ 中必然存在一构造性证明属于 A。因而，$@_i$ 的去除可在语境 Γ 中完成，无须新信息。我们将此类替换称为自足（self-sustained）替换，将此类命题称为自足（静态）命题。

介绍完以上两个理论工具，我们来考察一下 Bekki（2014）是如何分析（1a）和（1b）的第二个小句中的代词"他"和"它"。据 Bekki（2014）的分析，"他"的出现引入了一个预设，即先前语境中存在一个人类个体：$\Gamma \vdash \gamma_1 \rightarrow 人 : 1$。根据 $@$ 的引入规则，可得：

$$\frac{\Gamma \vdash \gamma_1 \rightarrow 人 : U_{prop} \quad \Gamma \vdash \gamma_1 \rightarrow 人 : 1}{\Gamma \vdash @_1 : \gamma_1 \rightarrow 人}$$

注意，由于该命题是自足的，也就意味着在全局语境 Γ 中，实际存在局部语境 γ_1 的构造性证明，我们将之记为 $s : \gamma_1$。在只阅读第二个小句时，我们不知该句前的语境为何，因而 s 和 γ 的内容在此时都属未知。类似地，"它"引入了另一预设，即先前语境已引入过一个物体，以下表达因而可获得：$\Gamma \vdash @_2 : \gamma_1 \rightarrow 物$。继而我们可以开始进行对（1a）中第二个小句进行类型核查（type checking），我们获得：(λs) 卖（$(@_1(s))::人$），（$@_2(s)::物$））：$\gamma_1 \rightarrow U_{prop}$，整个推导过程如图 1 所示。为节省篇幅，图 1 省略了全局语境 Γ。

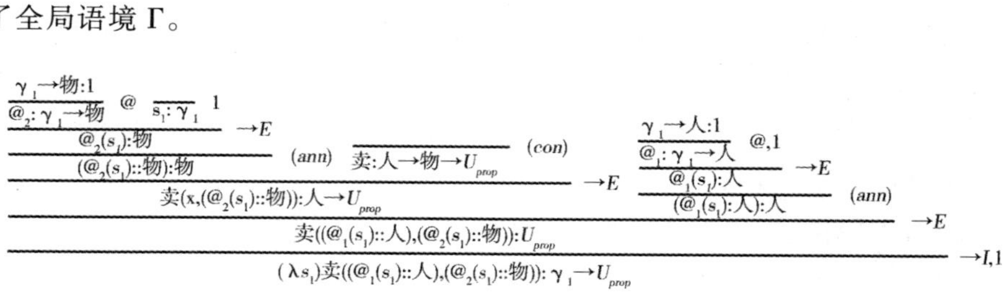

$$\frac{\frac{\gamma_1 \rightarrow 物:1}{@_2:\gamma_1 \rightarrow 物} @ \quad \overline{s_1:\gamma_1}\ 1}{\frac{@_2(s_1):物}{(@_2(s_1)::物):物} (ann)} \rightarrow E \quad 卖:人 \rightarrow 物 \rightarrow U_{prop} \quad (con)}{\cdots}$$

图 1　（1a）中第二个小句的推导

余下的问题是，在获得第二个小句的类型后，该如何和第一个小句进行整合？为解决此问题，Bekki（2014）参考计算续体语义学（Continuation Semantics）（de Groote，2006），引入了语境传递（Context-Passing）机制——两个动态命题通过语境传递机制进行合并。Bekki（2014）定义了两种不同类型的语境传递机制——动态合取和动态析取：

$$M;N \equiv (\lambda s)\begin{bmatrix} u:M(s) \\ N(s,u) \end{bmatrix} \quad M\mid N \equiv (\lambda s)((u:\neg M(s)) \to N(s,u))$$

动态合取和动态析取的运作机制如下：局部语境 γ 的证明 s 首先传递入动态命题 M，继而在获得了 $M(s)$ 的证明 u 后，s 和 u 共同传递入动态命题 N。

有了语境传递机制，现在可以来考察（1）中例句的前后两个小句的整合过程。先来考察（1a），（1a）中第一个小句的形式表达如下：

$$\begin{bmatrix} x:农民 \\ \begin{bmatrix} y:驴子 \\ 拥有(x,y) \end{bmatrix} \end{bmatrix}$$

（1a）中第二个小句的局部语境 γ_1 因而可表达为第一个小句的局部语境 γ_0 和第一个小句的合取式。依此，$@_1$ 和 $@_2$ 的类型核查如下：

$$@_1:\left(s_1:\left[\gamma_0\left[x:农民\begin{bmatrix} y:驴子 \\ 拥有(x,y) \end{bmatrix}\right]\right]\right) \to 人$$

$$@_2:\left(s_1:\left[\gamma_0\left[x:农民\begin{bmatrix} y:驴子 \\ 拥有(x,y) \end{bmatrix}\right]\right]\right) \to 物$$

通过语境传递，可分别获得 $@_1 = \text{prl}(\text{prr}(s_1))$：农民，以及 $@_2 = \text{prl}(\text{prr}(\text{prr}(s_1)))$：驴。再通过强制子类型化（coercive subtyping），定义 c_1：农民→人 和 c_2：驴→物，继而获得 $c_1(\text{prl}(\text{prr}(s_1)))$：人，以及 $c_2(\text{prl}(\text{prr}(\text{prr}(s_1))))$：物。因而，（1a）整句推导如图2所示。

同理，我们可将以上分析扩展至（1b）中的 E 型回指。和（1a）的差异在于，（1b）的第一个小句不再是假言前提（hypothetical assumption），而是知识前提（epistemic assumption）（详见 Primiero（2007）的区分）。（1b）中两个小句的语义表达式分别如下：

$$\begin{array}{c}
\overset{\gamma_0}{\begin{bmatrix} x:\text{农民} \\ \begin{bmatrix} y:\text{驴子} \\ \text{拥有}(x,y) \end{bmatrix} \end{bmatrix}} U_{prop} \quad \overline{c_1:\text{农民}\to\text{人}}^{(con)} \to E,2 \\
\overset{\gamma_0}{\begin{bmatrix} c_1(x::\text{农民}):\text{人} \\ \begin{bmatrix} y:\text{驴子} \\ \text{拥有}(c_1(x),y) \end{bmatrix} \end{bmatrix}} U_{prop} \quad \overline{c_2:\text{驴子}\to\text{物}}^{(con)} \to E \\
\overset{\gamma_0}{\begin{bmatrix} c_1(x::\text{农民}):\text{人} \\ c_2(y::\text{驴子}):\text{物} \\ \text{拥有}(c_1(x),c_2(y)) \end{bmatrix}} U_{prop} \quad \text{卖}((@_1(s_1)::\text{人}),(@_2(s_1)::\text{物})):U_{prop} \to F,2 \\
\overline{s_0:\gamma_0}^{3} \quad (s_0,z):\begin{bmatrix} c_1(x::\text{农民}):\text{人} \\ c_2(y::\text{驴子}):\text{物} \\ \text{拥有}(c_1(x),c_2(y)) \end{bmatrix} \to \text{卖}((@_1(s_1)::\text{人}),(@_2(s_1)::\text{物})):U_{prop} \to I,3 \\
(\lambda s_0)\left(z:\begin{bmatrix} c_1(x::\text{农民}):\text{人} \\ c_2(y::\text{驴子}):\text{物} \\ \text{拥有}(c_1(x),c_2(y)) \end{bmatrix} \to \text{卖}((@_1(s_0,z)::\text{人}),(@_2(s_0,z)::\text{物}))\right):\gamma_0 \to U_{prop}
\end{array}$$

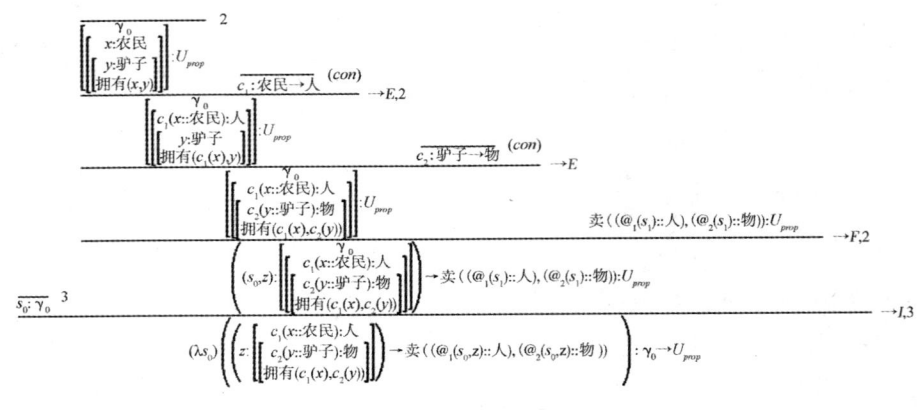

图 2 （1a）整句的推导

$$\begin{bmatrix} x:\text{农民} \\ \begin{bmatrix} y:\text{驴子} \\ \text{拥有}(x,y) \end{bmatrix} \end{bmatrix} \quad \text{卖}((@_1(s_0,z)::\text{人}),(@_2(s_0,z)::\text{物}))$$

此时启动动态合取机制将这两个命题合并，（1b）的完整语义表达式如下：

$$\begin{bmatrix} t:\begin{pmatrix} c_1(x::\text{农民}):\text{人} \\ \begin{bmatrix} c_2(y::\text{驴子}):\text{物} \\ \text{拥有}(x,y) \end{bmatrix} \end{pmatrix} \\ \text{卖}((@_1(t)=prl(t)::\text{人}),(@_2(t)=prl(prr(t)):\text{物})) \end{bmatrix}$$

和（1a）的语义表达式的差异在于，在（1a）的语义表达式（图 2 中推导所获的结论）中，第一个小句的证明是变量 z，而在（1b）的语义表达式中，第一个小句的证明是常量 t。这也是上面所提及的假言前提和知识前提的核心差异所在。

四 构造性分析的问题

上节简单介绍了 Bekki（2014）及其同事基于马丁·洛夫类型论提出的

回指消解的解决方案。由于马丁·洛夫类型论的核心思想在于证明的构造性,我们将 Bekki(2014)提出的解决方案称为"回指消解的构造性分析"。Bekki(2014)的构造性分析成功解决了上节中他在前人研究中发现的两个问题:(1)代词的语义赋值;(2)命题的动态合并。本节中,结合对(1)中语例的分析,我们将揭示回指消解的构造性分析引起的两大问题。这些问题均是由构造性分析对证明构造性的强制要求引起的。

(一) 名词的识别和计数

首先来看(1a)中的驴子句。据 Bekki(2014)的分析,(1a)的语义表达式如下:

$$\left(z:\begin{bmatrix}c_1(x::农民):人\\\begin{bmatrix}c_2(y::驴子):物\\拥有(x,y)\end{bmatrix}\end{bmatrix}\right)\rightarrow 卖((@_1(z)::人),(@_2(z)::物))$$

乍看之初,该语义表达式是对(1a)语义的忠实刻画,但它表达的实际上并不是(1a)的正确语义。问题出在对第一个小句的分析上。该小句的证明包含了三个部分:$(f,(d,p))$,其中 f 为类型"农民"的一个证明,d 为类型"驴"的一个证明,p 为命题类型"拥有(f,d)"的一个证明。若现有以下三个证明 $(f_1,(d_1,p_1))$、$(f_1,(d_1,p_2))$ 和 $(f_1,(d_2,p_3))$,试问到底该算几个"拥有一头驴"的农民呢?据 Bekki(2014)的构造性分析,这三个证明里所包含的应是三个不同的农民,或因他们拥有不同的驴,或因证明该所属关系的方式有差异。这种计数方式显然是错误的,因为我们并不会将 $(f_1,(d_1,p_1))$、$(f_1,(d_1,p_2))$ 和 $(f_1,(d_2,p_3))$ 中出现的农民认为是三个不同的农民,而是将他们算作同一个农民!构造性分析的困境,恰是由于对证明构造性的强制要求造成的——无论一个农民拥有怎么样的驴,也无论证明他拥有该驴的方式如何,他都是同一个农民!也就是说,$(f_1,(d_1,p_1))$、$(f_1,(d_1,p_2))$ 和 $(f_1,(d_2,p_3))$ 这三个证明中唯一和(1a)中"拥有一头驴"的农民的解读相关的只有证明 f_1,余下的证明——驴和该命题的证明,都与其解读无关。Luo(2019)在对量词 most 的分析中一针见血地指出了这一点。

(二) 命题的非构造性解读

再来看 Bekki(2014)对(1b)分析的问题。由于构造性分析对证明构造性的强制要求，Bekki（2014）要求（1b）的第一个小句必须拥有一个构造性证明。亦即，当说话者说出第一个小句时，他实际已知是哪个农民，拥有哪头驴以及如何证明这一所属关系，即：

$$(f,(d,p))\begin{bmatrix} c_1(x::\text{农民}):\text{人} \\ \begin{bmatrix} c_2(y::\text{驴子}):\text{物} \\ \text{拥有}(x,y) \end{bmatrix} \end{bmatrix}$$

其中 f、d 和 p 均非变量，而是常量。这一语义表达显然不完全符合（1b）的第一个小句的解读。这是因为，当说话者说出第一个小句时，他有可能拥有的是构造性证明，也有可能拥有的是非构造性证明。若是后一种情况，说话者只知存在那样一个拥有驴的农民，但并不知他是谁、是哪头驴，亦不知该如何证明这一所属关系。Bekki（2014）的分析显然无法解释第一个小句的非构造性解读。

对构造性证明的强制，不仅是对目标命题的证明而言，也是对目标命题的局部语境的证明的要求。因而，Bekki（2014）在将（1b）的第二个小句分析为"（λs_1）卖（（@$_1$（s_1）::人），（@$_2$（s_1）::物））：$\gamma_1 \to U_{prop}$"时，同时也强制要求其局部语境 γ_1 须为构造性语境——所提供的证明 s_1 须是构造性的。但联系以上我们提出的问题，若（1a）中的第一个小句的证明并不具备构造性，则 Bekki（2014）对语境 γ_1 的构造性要求自然土崩瓦解。

综上，Bekki（2014）对（1a）和（1b）中回指消解的构造性分析存在两个问题：其一，无法获得（1a）中"拥有驴的农民"的正确识别和计数方式 ①；其二，无法获得（1b）中第一个小句的非构造性解读。这些问题均源自构造性分析对构造性证明的强制要求。若想解决这两个问题，就须对这一强制要求松绑，亦即让证明与命题的真值解绑、让证明的内容变得与命题的真值无关。我们将在下一节中考虑该如何实现这一松绑。

---

① Luo（2012，2019），以及 Chatzikyriakidis & Luo（2018）对普通名词和名词组的计数和识别规则作了深入的探讨。Luo（2012）这一规则称作是名词（和名词组）的识别要求（i-dentity criteria）。本文此处提供的分析亦深受 Luo（2019）的分析的影响。

五 证明无关性和非自足动态命题

(一) 证明无关性和经典逻辑的恢复

在上一节中,我们指出了 Bekki (2014) 和 Bekki 和 Mineshima (2017) 对 (1) 中两个例句中的回指消解分析的问题和局限之处。这些问题均源自构造性分析对证明的构造性的强制要求。上一节的分析业已阐明,命题的证明并不一定是构造性的,证明本身的构造方式与命题的真值无关。这在现代类型论研究中被称作是"证明无关性规则"(Proof Irrelevance)——命题的真值只和证明的存在性相关,与证明的构造性无关。该规则的形式表示如下:

$$\frac{P:Prop \quad a:P \quad b:P}{a=b:P}$$

在该规则中,$P:Prop$ 表示 P 是任一命题,$Prop$ 是命题栖居之宇宙,$a:P$ 和 $b:P$ 意为 a 和 b 均为命题 P 的证明,而结论 $a=b:P$ 则表示该命题的任意两个构造性证明在定义上等价。

证明无关性规则可被直接植入非直谓(impredicative)类型论,如 Luo (1994) 的 UTT 类型论或辅助证明系统 Coq 所用的 pCIC 类型论等(The Coq Development Team, 2004)。这是因为在这些非直谓类型论中,存在一个已定义的命题宇宙 $Prop$,辅以高阶逻辑(higher-order logic)做推理。然则,在经典马丁·洛夫类型论中,不存在这样的区分——命题被视为类型(即科里·霍华德同构原则),类型也被同时视为命题。因而,证明无关性规则难以被直接植入马丁·洛夫类型论中。借鉴同伦类型论(Homotopy Type Theory,参看 The Univalent Foundations Program, 2013) 和 Luo (2019),本文引入虚命题(mere propositon)的概念和命题舍去操作($\|-\|$),以获得与证明无关的(proof-irrelevant)命题。

在同伦类型论中,虚命题的形式定义如下:

$$\text{isProp}(P) \equiv (x,y:P) \to x=_P y$$

该定义意为：类型 P 为虚命题，当且仅当 P 的所有证明都等价。虚命题所属的类型宇宙 $Prop$ 因而可以定义为一个 Σ 类型：

$$Prop \equiv \begin{bmatrix} x : U_{prop} \\ isProp(x) \end{bmatrix}$$

该类型意为，当声称一个类型 x 为虚命题时，须提供一组证明：其一，x 属于类型宇宙 U_{prop}；其二，$isProp(x)$ 为真的证明。为方便起见，参考同伦类型论的做法，下文中，我们用 $Prop$ 来表示所有虚命题类型的宇宙，忽略其为虚命题的证明部分。我们使用 U_{prop} 来表示与之对应的（构造性）实命题宇宙，即与证明有关的命题的栖居之所。前文已经说过，这只是一个简化表示，因为在马丁·洛夫类型论中，并不存在一个独立定义的实命题宇宙——实命题宇宙即类型宇宙之一。注意，本文使用的 $Prop$ 和 UTT 及 pCIC 中的类型宇宙 $Prop$ 并不相同——前者是直谓性的（predicative），而后者是非直谓性的。定义了虚命题，我们就获得了与证明无关的命题宇宙。证明无关性规则因而可以毫无障碍地植入该宇宙中。

以上只考察了原子命题（atomic proposition），下面我们来考察经典命题逻辑（Classical Propositional Logic）和经典一阶逻辑（Classical First-Order Logic）中的复杂命题。命题逻辑包含了以下四个连接符：否定（¬）、合取（∧）、析取（∨）、蕴含（→）。其中，除了析取（∨）算子，其余几个算子均能保持（preserve）命题的证明无关性。这是由于，在运用析取算子时，根据析取算子的引入规则（introduction rule），析取命题可有两个证明，即源自左边命题的证明 inl（a）和源自右边命题的证明 inr（b），这就意味着析取命题的真值并非与证明无关。再来考察一阶逻辑，一阶逻辑比命题逻辑多出两个量词：存在量词（∃）和全称量词（∀）。其中，存在量词（∃）同样无法保持命题的证明无关性。这是由于，在运用存在量词时，根据存在量词的引入规则，一个存在命题可以有多个证明，如（a, b），（c, d），（e, f）等，这就意味着存在命题的真值并非与证明无关。

如何才能强制获得这些构造性命题的非构造形式呢？换言之，如何才能获得这些实命题类型所对应的虚命题呢？此处，我们引入命题舍去的操作（‖-‖）。命题舍去源自同伦类型论，但类似操作早已出现，如 Awodey & Bauer（2004）提出的括入操作（[-]）（关于命题舍去操作的历史，可参看 Kraus，2015 作详细了解）。命题舍去（‖-‖）的形式规则如下：

$$\frac{A:U_{prop}}{\|A\|:Prop}\ \|-\|F \qquad \frac{a:A}{|a|:\|A\|}\ \|-\|I$$

$$\frac{B:Prop \quad \begin{array}{c}x:A\\b(x):B\end{array} \quad a:\|A\|}{\kappa(b(x),a):B}\ \|-\|E \qquad \frac{B:Prop \quad \begin{array}{c}x:A\\b(x):B\end{array} \quad a:A}{\kappa(b(x),|a|)=b(a):B}\ \|-\|C$$

其中删除算子 κ 满足以下规则：κ(f, $|a|$) = $f(a)$，而 $f:A\rightarrow B$（Luo, 2019）。命题逻辑和一阶逻辑中与证明无关的命题因而可通过命题舍去操作获得，如下表 2 所示：

表 2　　　　　　　　　　（虚）命题的类型

命题		类型
True	≡	1
False	≡	0
¬ A	≡	(∏x：A) 0
A∧B	≡	(∑x：A) B
A∨B	≡	‖A+B‖
A⇒B	≡	(∏x：A) B
(∃x：A) B (x)	≡	‖(∑x：A) B (x)‖
(∀x：A) B (x)	≡	(∏x：A) B (x)

须注意，只有析取命题和存在命题是通过命题舍去获得的，这是因为，正如前文所述，析取算子和存在量词是仅有的两个无法保持命题证明无关性的算子，而其他连接符均是可以保持该特征的。通过命题舍去获得的与证明无关的存在命题后，两个投射函数 prl 和 prr 不再可用。

通过引入命题舍去操作，我们获得了两套对应于逻辑连接符的类型论算子，第一套是在经典马丁·洛夫类型论中用于定义直觉逻辑的类型论算子（详见本文第二节的介绍），另一套则是此处我们引入命题舍去操作以后获得的经典逻辑对应的类型论算子。在同伦类型论中，使用虚命题和命题舍去操作的逻辑被称作"h-逻辑"，因而 Luo（2019）将引入虚命题和命题舍去操作的修正版马丁洛夫类型论称作"$MLTT_h$"，即含 h-逻辑的马丁·洛夫类型论。Luo（2019）使用的是经典马丁·洛夫类型论的标注体系，如表 2 左栏所示；而在表达 h-逻辑中与证明无关的命题时，他引入了传统逻辑算子符号，即表 2 中右栏的体系。本文中，由于我们对依赖类型的标注基于 Bekki

（2014）的体系，因而在标注与证明无关的虚命题时，须作相应调整。本文所用的标注体系如下表3所示。其中唯一变动的是和依赖类型相关的部分：所有依赖和非依赖的函数类型都使用了蕴含算子"⇒"来表示，而所有依赖和非依赖的值对类型都使用了大括号"{-}"来表示。

表 3　　　　　　　　（虚）命题及其类型在本文中的标注

命题		类型
True	≡	1
False	≡	0
A⇒0	≡	A→0
$\{^A_B\}$	≡	$[^A_B]$
A∨B	≡	‖ A+B ‖
A⇒B	≡	A→B
$\{^{x:\ A}_{B(x)}\}$	≡	$\‖[^{x:\ A}_{B(x)}]\‖$
x：A⇒B（x）	≡	x：A→B（x）

经典逻辑在使用虚命题的 h-逻辑中得以恢复。直觉逻辑和经典逻辑相比，剔除了排中律（law of excluded middle，LEM）和双重否定删除（double negation elimination，DNE）规则。这是由于对构造性证明的强制要求引起的。在 h-逻辑中，由于不再强制要求证明的构造性，经典逻辑得以恢复。这是因为，凡（虚）命题，都须满足定义中的条件，即其所有的证明均等价，因而一个虚命题要么是一个单元素集合类型，要么是一个空集类型。若为前者，则该命题为真；若为后者，则该命题为假。

（二）非自足动态命题

上一小节介绍了解决构造性分析引起的问题的第一个理论工具——证明无关性规则和经典逻辑在马丁·洛夫类型论里面的恢复，本节继续介绍第二个理论工具——非自足动态命题。在介绍之初，先来回忆一下 Bekki（2014）对动态命题的定义，如下所示：

$$\Gamma \vdash (\lambda s)\ A\ (s) : \gamma \to U_{prop},\ 且\ \Gamma = (\Delta,\ s : \gamma)$$

在 Bekki（2014）中，动态命题是一个函数类型，其定义域是其对应局部语境（local context）的证明，值域则是输出命题的证明。据 Bekki（2014）对动态命题的定义，以及在 Bekki 和 Mineshima（2017）和 Tanaka 等（2017）中的应用，在以上所示动态命题中，局部语境 γ 的构造性证明 s 须存在于全局语境 Γ 中，且经由语境传递获得，即（s : γ）∈ Γ。换言之，Bekki（2014）定义的动态命题可以实现自给自足（self-sustained）——前件中局部语境的构造性证明已然存在于全局语境之中，前件因而可以在全局语境中去除。但这显然不适用于与证明无关的虚命题。若已知 A 是一个命题类型，其虚命题形式为 ‖A‖ 且 ‖A‖ : 1，说话者所在的全局语境仅可为 A 提供一个非构造性证明，而无法提供任何构造性证明。Bekki（2014）定义的自足动态命题显然无法满足我们的需求，须重新定义一类非自足动态命题：

$$\Gamma \vdash (\lambda s)\ A\ (s) : \gamma \to Prop，且\ \Gamma = (\Delta, s : \|\gamma\|, x : \gamma)$$

在非自足动态命题中，局部语境 γ 的构造性证明并不存在于全局语境 Γ 中，但 Γ 却包含了局部语境 γ 的非构造性证明，即 s : ‖γ‖。为区分自足和非自足语境，我们将其分别标注为 $\gamma^{\leftarrow}$ 和 $\gamma^{\rightarrow}$。其中，语境上标的左向箭头 $_\leftarrow$ 表示局部语境的去除可以在命题左端（已存在的）语境中实现；而语境上标的右向箭头 $_\rightarrow$ 则表示局部语境的去除只能在命题右端（待补充的）语境中实现。值得注意的是，也可能存在第三类动态命题，即该命题的局部语境不仅包含了自足语境，也包含了非自足语境，记作 $\gamma^{\leftrightarrow}$。我们将拥有这种局部语境的动态命题称作半自足（half-self-sustained）动态命题。半自足语境可以理解为是自足语境和非自足语境的串联（concatenation）。从定义出发，半自足语境依然可以被视为是一类非自足语境。

在定义了三类动态命题后，还须考虑另一问题，即两个动态命题的组合。在 Bekki（2014）的理论体系中，这是通过语境传递机制完成的，包含了两种机制——动态合取和动态析取，其形式重复如下：

$$M;N \equiv (\lambda s)\begin{bmatrix} u : M(s) \\ N(s,u) \end{bmatrix} \quad M|N \equiv (\lambda s)((u : \neg M(s)) \to N(s,u))$$

局部语境 γ 的证明 s 首先传递入动态命题 M，继而在获得 M(s) 的证明 u 后，s 和 u 共同传递入动态命题 N。Bekki（2014）所定义的语境传递机制完全是基于自足动态命题的，不完全适用于本文新设定的体系。在引入了自足和非自足的动态命题的差异后，我们获得了以下多种不同的动态命题组合模式：即：(1) M 和 N 均为自足动态命题，此乃 Bekki (2014) 一文所考虑之情况；(2) M 和 N 均为非自足动态命题；(3) M 为自足动态命题，而 N 为非自足动态命题；(4) N 为自足动态命题，而 M 为非自足动态命题；(5) M 和 N 均为半自足动态命题；(6) M 为自足动态命题，而 N 为半自足动态命题；(7) N 为自足动态命题，而 M 为半自足动态命题；(8) M 为非自足动态命题，而 N 为半自足动态命题；以及 (9) N 为非自足动态命题，而 M 为半自足动态命题。须对 Bekki (2014) 所定义的语境传递机制作以下扩展定义（其中"?"表示任意方向之箭头）：

$$\text{若 } M: \lambda_0^? \to U_{prop}, \text{则 } M; N \equiv (\lambda s)(\lambda t) \begin{bmatrix} u: M(s) \\ N(s,u,t) \end{bmatrix} : \begin{bmatrix} \gamma_0^? \\ \gamma_1^? \end{bmatrix} \to U_{prop}, \text{而 } M \mid N$$

$$\equiv (\lambda s)(\lambda t)((u: \neg M(s)) \to N(s,u,t)) : \begin{bmatrix} \gamma_0^? \\ \gamma_1^? \end{bmatrix} \to U_{prop} \text{。}$$

六　回指消解的非构造分析

介绍完以上新的理论工具，本节将为回指消解提供一个非构造性的分析。为方便讨论，我们将 (1) 中的两个语例重复如下：

(1) a. 若一个 [农民]$_i$ 拥有一头 [驴]$_j$，则 [他]$_i$ 会卖了 [它]$_j$。
　　b. 一个 [农民]$_i$ 拥有一头 [驴]$_j$，然后 [他]$_i$ 卖了 [它]$_j$。

非构造性分析须实现以下两个目标：其一，为 (1a) 的第一个小句中的"农民"提供一个合理的计数和识别规则；其二，给 (1b) 的第一个小句提供一种可能的非构造性解读。以下，我们将分别考察，这两个目标该如何实现。

（一）名词的识别和计数

第四节中提到，构造性分析无法给出 (1a) 中名词"农民"的正确识别和计数规则。这是由于,在(1a)的解读中,拥有的驴以及所属关系的证明不该纳入"农民"的识别和计数之中。换言之,一个农民,无论拥有怎样的驴,无论该拥有方式是怎样证明的,都应只记作同一个农民。从形式的角度来看,在构造性分析中,(1a)的第一个小句的语义表达式如下:

$$(f,(d,p)):\begin{bmatrix} x:农民 \\ \begin{bmatrix} y:驴子 \\ 拥有(x,y) \end{bmatrix} \end{bmatrix}$$

根据构造性分析,只有当左端证明$(f,(d,p))$中的三个元素完全相同时,才能记作同一农民,而当任一不同元素出现时,都会认为是不同的农民。正确的计数方式不该如此——对农民的识别取决于第一个证明f,即有多少个不同的f(如f_1,f_2,f_3等),就有多少个不同的农民。农民的识别和计数方式和余下的两个证明(d,p)完全无关。换言之,在农民的识别和计数过程中,余下的两个证明(d,p)是和命题的真值无关的。

这一难题于Bekki(2014)而言是难于解决的。事实上于任何强制证明必须有构造性的理论而言,均是难于解决的。本文中,由于引入了两套对应于逻辑连接符的类型论算子,第一套用于定义直觉逻辑的类型论算子(详见本文第二节的介绍),另一套则是引入命题舍去操作后获得的经典逻辑对应的类型论算子,我们得以轻松处理这一问题。解法如下:将以上命题中第二部分"拥有驴"转换成证明无关类型,因而(d,p)是经舍去操作后得到的证明因而,(1a)的第一个小句的语义表达式应为:

$$(f,(d,p)):\begin{bmatrix} x:农民 \\ \begin{Bmatrix} y:驴子 \\ 拥有(x,y) \end{Bmatrix} \end{bmatrix}$$

而(1a)整句的语义表达式则应表示为:

$$\left(z:\begin{bmatrix} c_1(x::农民):人 \\ \begin{Bmatrix} c_2(y::驴子):物 \\ 拥有(x,y) \end{Bmatrix} \end{bmatrix}\right)\left(z':\begin{bmatrix} c_2(y::驴子):物 \\ 拥有(prl(z),y) \end{bmatrix}\right) \to 卖((@_1(z)::人),(@_2(z')::物))$$

从表面意思来看,该表达式意为:任意拥有驴的农民,都会把自己所有的驴卖掉。我们可将前件中的第一个表达式理解为是对(1a)的第一个小句中"农民"的语义表达,将第二个表达式理解为是对"驴"的语义表达,后件则和 Bekki(2014)的分析一样,是对(1a)的第二个小句的表达。其中,$@_1(z)$ 和 $@_2(z')$ 的替代项分别为 $@_1(z) = \text{prl}(z)$ 和 $@_2(z') = \text{prl}(z')$。该逻辑式不仅为(1a)中农民的识别和计数提供了正确的解读,而且也同时抓取了(1a)的第一个小句中"一头驴"的自由选择(free choice)解读(参看 Bresnan 和 Grimshaw,1978;Cooper,1983;Tredinnick,1995;Iatridou 和 Varlokosta,1996,1998)。

(二) 命题的非构造性解读

再来看构造性分析遭遇的第二重困境,即命题的非构造性解读。我们在第四节中业已指出,(1b)的第一个小句有两种可能的解读方式:其一,说话者已知具体是哪个农民,拥有的是哪头驴以及该所属关系该如何证明,此为构造性解读;其二,说话者不知具体是哪个农民、拥有哪头驴,亦不知该如何证明其所属关系,此为该命题的非构造性解读。Bekki(2014)的分析并无错漏,只是 Bekki 分析的仅为该句的构造性解读,并不能扩展至该句的非构造性解读。这一困境,诚如第四节中所述,乃因对证明构造性的强制要求而起。因而,若想获得该句的非构造性解读,须对证明和命题真值的关系解绑。

和上一小节一样,在本文所用的框架中,我们采用虚命题和命题舍去操作来处理命题的非构造性解读所引起的问题。(1b)的第一个小句的构造性解读和非构造性解读所对应的两个表达式分别如下

$$\begin{bmatrix} x:\text{农民} \\ \begin{bmatrix} y:\text{驴子} \\ \text{拥有}(x,y) \end{bmatrix} \end{bmatrix} \quad \begin{Bmatrix} x:\text{农民} \\ \begin{Bmatrix} y:\text{驴子} \\ \text{拥有}(x,y) \end{Bmatrix} \end{Bmatrix}$$

其中左侧表达式对应了该句的构造性解读,而右侧表达式则对应了该句的非构造性解读。两者的差别一目了然,在构造性解读中,提供的证明须具备构造性,而在非构造性解读中,提供的证明并不具备构造性。这两个语义表达式及其证明间的关系如下:

$$\frac{(f,(d,p)):\begin{bmatrix}x:农民\\y:驴子\\拥有(x,y)\end{bmatrix}}{|(f,(d,p))|:\left\|\begin{bmatrix}x:农民\\y:驴子\\拥有(x,y)\end{bmatrix}\right\|=\left\{\begin{matrix}x:农民\\y:驴子\\拥有(x,y)\end{matrix}\right\}}\|-\|I$$

(1b) 整句的语义表达式则应表示为:

$$\begin{bmatrix}\left(t:\left\{\begin{matrix}c_1(x::农民):人\\c_2(y::驴子):物\\拥有(x,y)\end{matrix}\right\}\right)\\\left[z:\begin{bmatrix}c_1(x::农民):人\\c_2(y::驴子):物\\拥有(x,y)\end{bmatrix}\right]\left(z':\begin{bmatrix}c_2(y::驴子):物\\拥有(prl(z),y)\end{bmatrix}\right)\to 卖((@_1(z)::人),(@_2(z')::物))\end{bmatrix}$$

这一表达式的一个小问题在于,(1b) 中第二个小句的语义解读被认为是等同于 (1a) 的解读。这在解读上并没有太大问题,因为在 (1a) 的第一个小句中已经明确了存在这样一个拥有驴的农民,因而参照命题舍去算子($\|-\|$) 的删除规则,我们可以将第二个小句中的前件去除,即 κ (b (x), t) = b (t) : 卖 (($@_1$ (z) :: 人),($@_2$ (z') :: 物))。但该分析存在的一个可能的问题是,在前件去除掉以后,卖 (($@_1$ (z) :: 人),($@_2$ (z') :: 物)) 中的两个构造性匿名证明依然无法找到替代项。如何才能解决这一问题呢?

实际上我们知道,在说话者的全局语境中,(1b) 中的第二个小句,即卖 (($@_1$ (z) :: 人),($@_2$ (z') :: 物)) 中的两个构造性匿名证明是永远无法找到替代项的。这是因为,该句的局部语境,即 (1b) 的第一个小句是非构造性的,也就是说,该说话者并不能够给出该命题的构造性证明,因而也无法确定到底是哪个农民、哪头驴以及两者间的所属关系该如何具体证明。这些具体信息实际上都要等待右端待补充的语境提供。试比较以下两个例子:

- 构造性解读的语境：

  说话者知道有一个农民有一头驴，之后该农民卖了这头驴。说话者还知道这个农民是谁，驴是哪头，以及该农民和该驴间所属关系的证明。

  说话者：我知道有一个［农民］$_i$拥有一头［驴］$_j$，而且［他］$_i$卖了［它］$_j$。#但［他］$_i$是谁啊？

- 非构造性解读的语境：

  说话者知道有一个农民有一头驴，之后该农民卖了这头驴。但说话者不知道这个农民是谁，驴是哪头，也不知道该农民和该驴间所属关系的证明。

  说话者：我知道有一个［农民］$_i$拥有一头［驴］$_j$，而且［他］$_i$卖了［它］$_j$。但［他］$_i$是谁啊？

在构造性解读的语境中，即 Bekki（2014）所设定的语境，让该说话者提问"他（=该农民）是谁啊？"是不合理的。这是因为在该语境中，说话者自己清楚知道这个农民是谁。也就是说，第二个小句中的两个代词均可以在说话者自己的语境（即该小句的左端语境）中寻找到替代项。然而在非构造性的语境中，即我们在第四节讨论的第一个小句的非构造解读的案例中，让该说话者提问"他（=该农民）是谁啊？"完全合理。这是因为在该语境中，尽管说话者知道存在这样一个农民，却不知他是谁。因而，说话者完全可以提问，以获得该农民的具体信息。这也就是说，第二个小句中的两个代词无法在左端语境中寻找到替代项，而只能在该小句的右端语境（即待补充的语境）中寻找到替代项。

那么，该如何处理第二个小句的两个构造性匿名证明（@$_1$（z）:: 人）、（@$_2$（z'）:: 物）和前文的回指关系呢？此时我们引入第五节中介绍的非自足动态命题的概念。在第五节中，我们区分了三类动态命题，即 Bekki（2014）原文中定义的动态命题，我们称之为"自足动态命题"，以及本文定义的另两类动态命题，称作"非自足动态命题"和"半自足动态命题"。Bekki（2014）的自足动态命题对构造性证明具有强制要求，因而不适合对非构造性解读进行分析。本文中新定义的非自足动态命题，指的是命题的局部语境 γ 的构造性证明并不存在于全局语境 Γ 中，但 Γ 却包含了局部语境 γ 的非构造性证明，即 s: ‖γ‖。针对非自足动态命题，可有以下判断：

$$\Gamma \vdash (\lambda s) A(s) : \|\gamma^{\leftrightarrow}\| \to Prop, 且 \Gamma = (\Delta, s : \|\gamma\|, x : \gamma)$$

$$\Gamma \vdash (\lambda x)A(x) : \gamma^{\leftrightarrow} \to U_{prop}, 且 \Gamma = (\Delta, s : \|\gamma\|, x : \gamma)$$

判断一意为：$A(s)$ 为一非构造性命题，且可由左端证明已知的非构造性局部语境 $\|\gamma^{\leftrightarrow}\|$ 推得；判断二意为：$A(x)$ 为一构造性命题，且可由右端证明未知的构造性局部语境 $\gamma^{\leftrightarrow}$ 推得。显然，为获得（1b）的第二个小句中的两个构造性匿名证明（$@_1(z)$ :: 人）、（$@_2(z')$ :: 物）的替代项，所需乃构造性证明。因而，此处我们用判断二中非自足动态命题的解读对（1b）中的两个小句进行分析。首先，将（1b）中的两个小句逐次分析为非自足动态命题，其语义表达式如下：

$$(\lambda x)\begin{bmatrix}(@_1(x)::农民):农民\\ \begin{bmatrix}(@_1(x)::驴子):驴子\\ 拥有(c_1(@_1(x)::农民), c_2(@_2(x)::驴子))\end{bmatrix}\end{bmatrix} : \gamma_0^{\leftrightarrow} \to Type$$

$$(\lambda y) 卖(c_1(@_3(y)::农民), c_2(@_4(y)::驴子)) : \gamma_0^{\leftrightarrow} \to Type$$

运用动态合取的语境传递机制，我们可获得：

$$\gamma_1^{\leftrightarrow} = \begin{bmatrix}\gamma^{\leftrightarrow}\\ \begin{bmatrix}(@_1(x)::农民):农民\\ \begin{bmatrix}(@_2(x)::驴子):驴子\\ 拥有(c_1(@_1(x)::农民), c_2(@_2(x)::驴子))\end{bmatrix}\end{bmatrix}\end{bmatrix}$$

继而我们获得了（1b）整句的语义表达式：

$$\begin{bmatrix}\left(t(x::\gamma^{\leftrightarrow}):\begin{bmatrix}(@_1(x)::农民):农民\\ \begin{bmatrix}(@_2(x)::驴子):驴子\\ 拥有(c_1(@_1(x)::农民), c_2(@_2(x)::驴子))\end{bmatrix}\end{bmatrix}\right)\\ [卖(c_1(@_3(y)=prl(t(x)):农民), c_2(@_4(y)=prl(prr(t(x)))::驴子))]\end{bmatrix}$$

（1b）整句的语义表达式的推导过程如图 3 所示（两个小句的推导删略）：

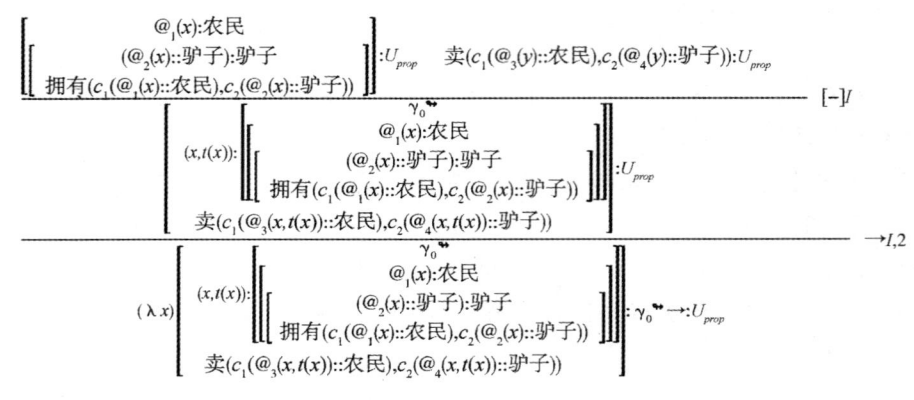

$$\left[\begin{array}{l}\left[\begin{array}{l}@_1(x)::\text{农民}\\(@_2(x))::\text{驴子}::\text{驴子}\\ \text{拥有}(c_1(@_1(x))::\text{农民}),c_2(@_2(x))::\text{驴子}))\end{array}\right]:U_{prop}\quad \text{卖}(c_1(@_3(y))::\text{农民},c_2(@_4(y))::\text{驴子})):U_{prop}\\ \hline \gamma_0^{**}\\ (x,t(x))::\left[\left[\begin{array}{l}@_1(x)::\text{农民}\\(@_2(x))::\text{驴子}::\text{驴子}\\ \text{拥有}(c_1(@_1(x))::\text{农民}),c_2(@_2(x))::\text{驴子}))\end{array}\right]:U_{prop}\\ \text{卖}(c_1(@_3(x,t(x))::\text{农民},c_2(@_4(x,t(x))::\text{驴子}))\end{array}\right]$$
$$[-]I$$
$$\to I,2$$
$$(\lambda x)\left[(x,t(x))::\left[\left[\begin{array}{l}@_1(x)::\text{农民}\\(@_2(x))::\text{驴子}::\text{驴子}\\ \text{拥有}(c_1(@_1(x))::\text{农民}),c_2(@_2(x))::\text{驴子}))\end{array}\right]:\gamma_0^{**}\to:U_{prop}\\ \text{卖}(c_1(@_3(x,t(x))::\text{农民},c_2(@_4(x,t(x))::\text{驴子}))\end{array}\right]$$

图 3 （1b）的整句推导

七 结论和展望

自 Sundholm（1989）和 Ranta（1994）以来，现代类型论（和 Montague（1973）以及 Church（1940）使用的简单类型论相对）被广泛用于语言学和语法推理的研究中。近年来，越来越多的自然语言理解研究（如 Asher，2011；Chatzikyriakidis 和 Luo，2017；Bekki，2014）开始采用现代类型论作为其基础形式语言，打开了基于证明论和类型论的语言学研究的新局面。本文细致考察了 Bekki（2014）为复句和语篇中回指约束和消解问题提出的解决方案，指出了其中存在的诸多问题。这些问题都是由于对构造性证明的强制要求引起的，广泛存在于含 Bekki（2014）在内的使用经典马丁·洛夫类型论作为形式基础的研究中。为解决这些问题，本文引入了两套理论工具：其一，受同伦类型论（The Univalent Foundations Program，2013）和 Luo（2019）启发，引入了虚命题（和实命题相对）的概念以及命题舍去操作，并以此在马丁·洛夫类型论内部植入了证明无关性规则并恢复了经典逻辑；其二，本文拓展了 Bekki（2014）对动态命题的定义，区分了自足、非自足和半自足三种类型的动态命题，并提出了新的语境传递机制。通过这些新的理论工具，本文成功解决了 Bekki（2014）所遭遇的非构造性解读问题，并给出了较为优美的形式化方案。

新理论工具的引入为基于类型论的语言学研究，尤其是复句和动态语篇研究提供了新的视角。首先，在对经典逻辑恢复后，我们获得了两套不同的逻辑连接符，即经典逻辑算子和直觉逻辑算子，这些为理解自然语言中量词辖域和推理关系提供了新的视角。本文对驴子句中"拥有一头驴"的农民的分析业已展现了同时拥有这两套逻辑连接符的便利，以及在理论分析上的灵活性。未来的研究可继续探讨这两套逻辑连接符在自然语言中的应用价值。其次，本文引入了非自足动态命题和半自足动态命题的概念，展现了未来语境对于当下话语可能产生的影响。这对于语篇研究，尤其是研究对话的推进具有极大启发。Yuan（2019）探讨了使用这一概念来分析自然语言对话中疑问句语义的可能，并给出了基于类型论和证明论（而不是基于模型论）的新分析。未来的研究可继续探讨这一概念潜在的理论和应用价值。最后，类型论不仅可以用来研究纯粹的语言学语义，也可以用来做计算机模拟。Bekki（2014）、Bekki 和 Mineshima（2017）等尝试将类型论语义和组合范畴语法（CCG）结合，成功地用于计算机模拟。未来的研究可继续探讨 CCG 和类型论语义结合的潜力。

参考文献

Asher, Nicholas, 2011, *Lexical Meaning in Context：A Web of Words*, Cambridge：Cambridge University Press.

Awodey, Steven and Bauer Andrej, 2004, Propositions as [types]. *Journal of logic and computation*, 14（4）：447–471.

Bekki, Daisuke and Koji Mineshima, 2017, Context-passing and underspecification in Dependent Type Semantics. In Stergios Chatzikyriakidis and Luo Zhaohui (eds.), *Modern Perspectives in Type-Theoretical Semantics*. Heidelberg：Springer. 11–41.

Bekki, Daisuke, 2014, Representing anaphora with dependent types. In Nicholas Asher and Soloviev Sergei (eds.), *Logical Aspects of Computational Linguistics：8th International Conference, LACL 2014, Proceedings*. Heidelberg：Springer. 14–29.

Bresnan, Joan and Jane Grimshaw, 1978, The syntax of free relatives in English. *Linguistic inquiry*, 9（3）：331–391.

Chatzikyriakidis, Stergios and Luo Zhaohui, 2018, Identity criteria of common nouns and dot-types for copredication. *Oslo Studies in Language*, 10（2）：121–141.

Chatzikyriakidis, Stergios, and Luo Zhaohui (eds.), 2017, *Modern Perspectives in Type-theoretical Semantics. Berlin: Springer.

Church, Alonzo, 1940, A formulation of the simple theory of types, Journal of Symbolic Logic, 5 (1): 56–68.

Cooper, Robin, 1983, Quantification and Syntactic Theory. Dordrecht: Reidel.

Curry, Haskell Brooks and Robert Feys, 1958, Combinatory Logic (Vol. 1) Amsterdam: North-Holland Publishing Company.

de Groote, Philippe, 2006, Towards a Montagovian account of dynamics. In Masayuki Gibson and Howell Jonathan (eds.), Proceedings of the 16th Semantics and Linguistic Theory Conference. Tokyo: CLC Publications. 1–16.

Dowty, David, Robert Wall and Stanley Peters, 2012, Introduction to Montague Semantics, Heidelberg: Springer.

Dávila-Pérez, Rogelio, 1995, Semantics and parsing in Intuitionistic Categorical Grammar. Ph. D thesis, University of Essex.

Evans, Gareth, 1980, Pronouns. Linguistic Inquiry, 11 (2): 337–362.

Geach, Peter, 1962, Reference and Generality: An Examination of Some Medieval and Modern Theories. New York: Cornell University Press.

Groenendijk, Jeroen and Martin Stokhof, 1991, Dynamic predicate logic. Linguistics and Philosophy, 14 (1): 39–100.

Heim, Irene, 1982, The semantics of definite and indefinite noun phrases. Ph. D thesis, University of Massachusetts, Amherst.

Howard, William Alvin, 1980, The formulae–as–types notion of construction. In Roger Hindley and Seldin Jonathan (eds.), To H. B. Curry: Essays on Combinatory Logic, Lambda Calculus and Formalism, London: Academic Press. 480–490.

Iatridou, Sabine and Varlokosta Spyridoula, 1996, A crosslinguistic perspective on pseudo-clefts. In Kiyomi Kusumoto (ed.), NELS 26: Proceedings of the 26th Annual Meeting of the North East Linguistic Society. Amherst, MA: GLSA Publications, 117–131.

Iatridou, Sabine and Varlokosta Spyridoula, 1998, Pseudo-clefts crosslinguistically, Natural Language Semantics, 6 (1): 3–28.

Kamp, Hans, 1981, A theory of truth and semantic representation. In Jeroen Groenendijk, Janssen Theo and Stokhof Martin (eds.), Formal Methods in the

Study of Language. Amsterdam: Mathematical Centre Tract, 189-222.

Krahmer, Emiel and Paul Piwek, 1999, Presupposition projection as proof construction. In Harry Bunt and Muskens Reinhard (eds.), *Computing Meaning*. Dordrecht: Kluwer Academic Publishers. 281-300.

Kraus, Nicolai, 2015, Truncation levels in homotopy type theory. Ph. D thesis, University of Nottingham.

Luo, Zhaohui, 1994, *Computation and reasoning*. Oxford: Oxford University Press.

Luo, Zhaohui, 2012, Common nouns as types. In Denis Béchet and Dikovsky Alexandre (eds.), *Logical Aspects of Computational Linguistics: 7th International Conference*, LACL 2012, Proceedings. Heidelberg: Springer. 173-185.

Luo, Zhaohui, 2019, Proof irrelevance in type-theoretical semantics. In Loukanova Roussanka (ed.), *Logic and Algorithms in Computational Linguistics 2018*. Heidelberg: Springer. 1-15.

Martin-Löf, Per, 1984, *Intuitionistic Type Theory*. Naples: Bibliopolis.

Montague, Richard, 1973, The proper treatment of quantification in ordinary English. In Patrick Suppes, J. Morevcsik Michael and Hinttika Jaakko (eds.), *Approaches to Natural Language*, Dordrecht: Kluwer Academic Publishers, 221-242.

Nordström, Bengt, Kent Petersson and Jan M. Smith, 1990, *Programming in Martin-Löf's Type Theory: An Introduction*. Oxford: Oxford University Press.

Piwek, Paul and Emiel Krahmer, 2000, Presuppositions in context: constructing bridges. In Pierre Bonzon, Cavalcanti Marcos and Nossum Rolf (eds.), *Formal Aspects of Context*. Dordrecht: Kluwer Academic Publishers. 85-106.

Primiero, Giuseppe, 2007, *Information and Knowledge: A Constructive Type-Theoretical Approach*. Heidelberg: Springer.

Ranta, Aarne, 1994, *Type-Theoretical Grammar*, Oxford: Oxford University Press.

Sundholm, Göran, 1989, Constructive generalized quantifiers, *Synthese*, 79(1): 1-12.

Tanaka, Ribeka, Koji Mineshima, and Daisuke Bekki, 2017, Factivity and presupposition in Dependent Type Semantics. *Journal of Language Modelling*, 5(2): 385-420.

Tanaka, Ribeka, Yuki Nakano and Daisuke Bekki, 2014, Constructive generalized quantifiers revisited. In Yuki Nakano, Satoh Ken and Bekki Daisuke (eds.), *New Frontiers in Artificial Intelligence: JSAI - isAI 2013 Workshops, Revised Selected Papers*. Heidelberg: Springer. 115-124.

Tanaka, Ribeka; Koji Mineshima and Daisuke Bekki, 2015, Resolving modal anaphora in Dependent Type Semantics. In Mihoko Otake, Kurahashi Setsuya, Ota Yuiko, Satoh Ken and Bekki Daisuke (eds.), *New Frontiers in Artificial Intelligence: JSAI - isAI 2014 Workshops, Revised Selected Papers*. Heidelberg: Springer. 83-98.

The Coq Development Team, 2004, *The Coq Proof Assistant Reference Manual (Version 8.0)*. Paris: INRIA.

The Univalent Foundations Program, 2013, Homotopy type theory: Univalent foundations of mathematics. TechnicalReport. Institute for Advanced Study, Princeton University.

(作者单位:复旦大学外国语言文学学院)

语义极性特征及映射机制

云兴华

提　要　语义组合是人类认知规律指引下语义成分由简单向复杂、由低级向高级突变的语义实现过程。语义组合的内在动力来源于语义成分所具有的语义极。语义极是语义成分所特有的极性语义特征，可分为左极、右极、正极、负极、功能极、概念极、下位极、上位极等不同类型。语义极之间存在语义映射关系，表现为语义成分之间在功能和概念上所具有的选择性和对应性。不同类型的语义极构成不同的语义映射，并最终形成言语表达的符号形式和语义内涵。语义极隐含于语义成分之中，可以通过大数据语料库提取并形成语义库，为言语智能生成提供重要保障。

关键词　语义极　左极　右极　正极　负极　功能极　概念极　下位极　上位极　语义映射

引言

语义组合是言语表达由低级向高级、由简单向复杂的实现方式。语义组合是个老问题也是个新问题。说它老，是因为词语搭配一直是传统语言学研究的重要内容；说它新，是因为随着信息技术的高速发展，语言自动分析、人机对话已经成为人工智能的重要课题之一。现代语言研究可分为两大流派：一是功能派，不论是布龙菲尔德为代表的结构主义语言学，还是乔姆斯基为代表的转换生成语言学，以及韩礼德为代表的系统功能语言学，都努力从语言成分的功能关系寻找语言组合的规律，毕竟，语言成分所具有的功能特征是比较明显的，主语、谓语、宾语等句法成分能够明显、直观地告诉人们某些共同特性以及它们之间的结构关系；二是语义派，以菲尔墨为代表的格语法，通过体词性成分对于谓词性成分具有的"格"探讨语义特征，认知语言学从认知角度探讨语义生成，构式语法从共有句法结构探讨语义分化。各家侧重点不同，但仍然存在的问题是，语义组合的根本动力是什么，语义成分之间能否组合、怎样组合的本质是什么？语义组合如何从低级单位向高级单位、简单结构向复杂结构实现突变？本文提出"语义极"这一概念，拟从语义成分的极性特征、相互之间的映射机制等几个方面进行一些探讨。

一　语义极及其形式化描写

语义成分在语义组合过程中表现出强烈的选择性和方向性，表现在一个成分能与哪些成分组合、不能与哪些成分组合，以及在具体语境下只能与哪些成分组合。不仅如此，这种选择还是双向的，甲选择乙的同时，乙也在选择甲，语义成分之间只有满足对方的语义要求才能实现组合，由此又产生了选择的方向性问题。语义成分的这种特性与磁铁 N 极与 S 极的关系相似。两块磁铁同性相斥、异性相吸，是因为磁铁各自具有 N 极和 S 极，一旦磁性消失，相斥、相吸的关系就不存在了。语义组合与磁极吸引有着本质的不同，但磁极之间相斥与相吸的原理，可以成为语义成分形式化表达与内在机制描写的一种启发：语义成分存在极性，极性之间具有有向选择。为此，我们提出"语义极"这一概念。

语义成分在语义组合过程中表现出不同的情况。如：

（1）　熊猫看。/看熊猫。/＊熊猫说。/说熊猫。
（2）　熊猫跑。/＊跑熊猫。/＊材料跑。/跑材料。
（3）　＊熊猫只。/＊只熊猫。/熊猫一只。/一只熊猫。

例（1）中"熊猫看""看熊猫"都是合理的组合，但语义关系不同。前者是具有支配与被支配关系的动宾结构，后者是具有陈述与被陈述语义关系的主谓结构。"熊猫看"中"熊猫"是施事，而"看熊猫"中"熊猫"是受事。如果把动词"看"换为"说"，"说"可以陈述"熊猫"而不能支配"熊猫"。例（2）中"跑"一般认为是不及物动词，可以陈述"熊猫"却不能陈述"材料"，可以支配"材料"却不能支配"熊猫"。例（3）中的"熊猫"与"只"不能组合，但能与"一只"组合，即使二者在排列上没有发生任何变化，但不产生直接的语义关系。

语义极是语义成分所具有的一种具有方向性的选择与被选择、组合与被组合的能力，是实现语义组合由简单向复杂、由低级向高级突变的根本动力。一个语义成分，从它进入语言交际的那一刻起，就被人们赋予了必要的语义极。最典型的是人的姓名。比如一个人叫"张阳"，那么"张阳"在语言里就代表着这么一个人，也代表着这个人所具有的相关属性。因为用这个专用名词的时候，人们就通过将"张阳"纳入"人"这个范畴获得相应的语义极。尽管因"张阳"还没有上学使得"张阳是学生"这个句子的意义为假，但并不影响"张阳"与"是"之间语义组合的正确性。

语义极是隐性的，不是显性的。语义极隐含于语言成分中，语言表达式中不会出现任何形式化符号。对普通交际者来说语义极是一种只可意会不可言传的属性。但作为计算机语言信息处理来说，形式化表示方式能给计算机提供诸多操作上的便利。比如，采用"﹡→""←﹡"表示有方向性的语义极。其中"﹡"表示语义成分，"→"表示右向语义极，"←"表示左向语义极，同向语义极不能组合，异向语义极可以组合，"熊猫→""←看"是两个不同向的语义极，组合为"熊猫→←看"。"看"具有"←看""看→"两个不同向语义极，其属性也自然不同，因而"熊猫→←看"与"看→←熊猫"内部语义关系并不相同。

方向性是语义极属性之一。一个语义组合是多种语义极共同作用的结果。同一个语义成分可能具有多个不同的语义极，表现为与不同的语义成分组合为不同的语义关系。不同的语义成分具有不同的语义极，也可能具有相同的语义极。具有相同语义极的语义成分与不同的语义成分组合时产生相同的功能关系但无法产生相同的概念关系。如：

（4） 作业完成/完成作业
（5） 写作业/布置作业
（6） 写文章/﹡写任务/﹡布置文章/布置任务

例（4）中"作业"具有两种不同的语义极，组合为"作业完成"与"完成作业"两种不同的语义关系；例（5）中"写、布置"具有相同的语义极，"写作业""布置作业"都是动宾结构，但它们的语义关系并不相同，也就是说"写作业""布置作业"并不是一件事；例（6）表明"写、布置"还有其他的语义极，但它们在与"文章、任务"这些语义成分组合时表现出的语义极并不相同，但"写文章""布置任务"是合理的组合，"写任务"

"布置文章"是不合理的组合。

二 语义极的主要类型及其特点

语义成分的多样性和语义组合的复杂性决定了语义极的多样性和复杂性。根据不同的标准，语义极可以分为不同的类。

（一）左极和右极

语义极隐含于语义成分之中，总是与语义成分相伴随。从言语表达的自然顺序看，先表达语义成分所包含的语义极总是居于后表达语义成分所包含的语义极之前。根据这一特点，我们把先表达语义成分所包含的语义极称为左语义极，简称"左极"，把后表达语义成分所包含的语义极称为右语义极，简称"右极"。左极、右极的区别，是为了解决言语表达中的语序问题。这看似简单，却体现了言语表达在时间、空间上的自然排列顺序，是语义组合的物质形态。从语言表达形式来说，所有语言都是与时间链条一致的，先发出的语义成分必定包含左极，后发出的语义成分必定包含右极。但从书面形式来说，由于排列顺序的不同，有的语言表现为从左到右的排列顺序，有的语言却正好相反。

（二）正极和负极

语义组合中语义成分的排列顺序有时会因语用因素的影响而产生某些变化，但语义关系往往是比较稳定的。这种稳定性，实质上是语义成分所包含的语义极在作用方向上的稳定性。这种稳定性，也是语言使用者普遍的、一致的认识规律。如"打"这个语义成分在汉语中一定会存在动作的发出者和动作的接受者，其最基本的认知模式是"动作发出者→打→动作接受者"。按照这种认知模式生成的语义组合，语义成分所包含的语义极就会具有明确的方向性，即"动作发出者→←打""打→←动作接受者"。如，"张三打李四"这个组合按照语义极作用方式可表示为："张三→←（打→←李四）"，"张三""李四"在两个语义组合中分别体现出"张三→""←李四"两种不同的语义极。即使将"张三打李四"变换为"李四被张三打"或"李四张三打""张三把李四打"，仍然不会改变"张三打李四"这样的基本认知结构。我们把其中所包含的"张三→""打→"称为正语义极，简称"正极"，而把与"张三→"相对的"←(打→←李四)"和"打→"相对的"←李四"称为负语义极,简称"负极"。正极和负极体现了一种语言所蕴含的内在语义认知规律,有助于确定言语表达中各种句型变换和语用变化所遵循的基本语义关系。语言形式所包含的语义关系与语言内在语义关系并不完全对应。

(三) 功能极和概念极

言语表达中常常遇到这样的情况:如果问"熊猫"这个词是否有意义,回答是肯定的;但问"的"这个词是否有意义,回答可能就不同了。词汇研究往往把"的、地、得、着、了、过"这类词因只具有"语法意义"而不具有"词汇意义"而加以回避。问题是,"语法意义"是意义吗?"语法意义"是"意义","词汇意义"也是"意义",那么,"意义"又是什么?事实上,像"的"这样的词在汉语表达中具有非常重要的作用,使用频率非常高,甚至离开它们无法表达正确的意思。如"他的"与"他"意思不同,而"的"只能放在"他"之后组合为"他的",放在"他"之前则无意义。传统语法认为"的"这类词不是句法成分,往往被排除在"主语、谓语、动语、宾语"等"句法成分"之外。语义研究把注意力集中在与"词汇意义"相当的概念意义上,而对"的"这类只具有"语法意义"的成分仍然采取回避的态度。我们认为,语言中的每个组合只要具有合理性,其构成成分一定都是有意义的,语义组合中的每个成分都是语义成分。但是,不同语义成分所起的作用并不相同。事实上,语义成分具有双重性,包含功能义和概念义两种不同的意义。功能义是语义组合中语义成分在结构上具有的外在语义角色和语义关系,承载着语义组合中组合什么、怎么组合的实现任务。我们把具有功能义的语义极称为功能语义极,简称功能极。概念义是语义组合中语义成分在内容上所具有的内在语义角色和语义关系,承载着语义组合中表达什么、怎么表达的实现任务。我们把具有概念义的语义极称为概念语义极,简称概念极。

功能极体现了语义组合中外在的语义角色和语义关系。如:

(7) 水平高
(8) 分析问题
(9) 他的

例(7)中"水平"具有被陈述的功能极"水平→",即主语的语义角色,"高"具有陈述的功能极"←高",即谓语的语义角色。例(8)中"分析"具有支配的功能极"分析→",即动语的语义角色,"问题"具有被支配的功能极"←问题",即宾语的语义角色。例(9)中"他"具有被附着的功能极"他→","的"具有附着的功能极"←的"(这两个语义成分在现行语法体系中没有统一的名称,为不引起争议,暂不提出它们的语义角色)。

根据语义组合的不同情况,功能极可分为不同的类型。汉语功能极可分为陈述、被陈述、支配、被支配、修饰、被修饰、限制、被限制、补充、被补充、约束、被约束、连接、被连接、附着、被附着等不同类型。

概念极体现了语义成分内在的语义角色和语义关系。人类借助各种感官直接或间接地感知世界,不论是真实的还是虚拟的,客观的还是主观的,在语言交流的共同背景下形成了彼此一致的语义角色和语义关系。这为概念极的形成和发展奠定了坚实的基础。世界由各种各样的对象构成,各个对象在运动、变化、区别、联系的过程中形成了各种属性和相互关系,同时又受到时间、空间、条件、情感、习惯等诸多因素的影响,促成了言语表达的多样性和复杂性,形成了不同的语义角色和语义关系。这些语义角色与义位、义丛等语义单位相对应形成了语义成分,而语义关系则与义丛、句子相对应形成了语义组合的具体内容。概念极与语义角色和语义关系紧密结合,形成了语义组合中内在的极性特征。言语表达可能因语用影响而出现某些表达风格上的变化,但概念极在一定时期内具有相对的稳定性。正是这种稳定性,保证了人类语言交际的顺利进行。

较之于功能极,概念极要复杂得多。不同的语义成分具有不同的概念极,而不同的语义成分还可能具有相同的概念极。如"松树、榆树"是不同的语义成分因而具有不同的概念极"松树→""←松树""榆树→""←榆树",组合中表达不同的语义内容。但是,它们都属于"树",因而具有相同的概念极"树→"或"←树"。如:

(10) 松树结松子。/﹡榆树结松子。
(11) ﹡松树结榆钱。/榆树结榆钱。
(12) 松树是树。/榆树是树。

概念极在语义成分的类别上形成共性。存在于体词性语义成分之中的概念极,与施事、主事、遭遇、受事、说明、客事、与事、结果、工具、方位、材料、目的、原因、时间、数量等语义角色相联系,存在于谓词性语义成分之中的概念极，与动作、行为、存在、变化、性质、状态等谓词性语义角色相联系。不同语义成分具有共同概念极的特点，有效地简化了语义组合的复杂性，有利于言语交际的顺利进行。

（四）上位极和下位极

语义范畴化使语义成分之间具有种属关系。若甲语义成分所指称的对象全部包含于乙语义成分所指称的对象，且乙语义成分所指称对象包含着多于甲语义成分所指称的对象，则甲乙语义成分之间具有种属关系。甲语义成分是乙语义成分的种，而乙语义成分是甲语义成分的属。具有属特征的语义成分所包含的语义极，我们称为上位语义极，简称上位极。具有种特征的语义成分所包含的语义极，我们称为下位语义极，简称为下位极。下位极包含上位极，上位极包含于下位极。上位极体现了语义成分的共性，下位极体现了语义成分的个性。上位极与下位极形成了语义极的层级关系。如"人"对于"好人、坏人、大人、小孩儿"等语义成分而言，"人"具有上位极，而"好人、坏人、大人、小孩儿"则具有下位极。

三 不同语义映射的相互影响

语义极不能独立存在。一个语义极只有伴随语义成分进入语义组合且与其他语义成分所包含的语义极形成对应关系才能实现自身价值。语义极在语义组合中是一对对相辅相成、相反相对、共生共存的偶极。有左极就有右极，有右极就有左极，有正极就有负极，有负极就有正极。语义映射就是语义成分所包含语义极之间互相选择、互相匹配、互相作用并最后融为一体的语义实现过程。语义映射体现了语义极相互作用、对立统一的存在方式。一个语义组合至少包含一种语义映射，复杂语义组合包含更多的语义映射。

（一）左右映射和正负映射

左右映射是左极与右极之间的语义映射，是言语交际中语义组合实现并形成语义表达形式的重要作用方式。多层左右映射产生复杂话语结构。左右映射看似简单，却是其他所有语义映射的形式基础，任何语义映射都离不开左右映射。正负映射是正极与负极之间的语义映射。正负映射体现了一种语言所具有的常态化表现，是没有语用影响下产生的言语表达形式。一般情况下,正负映射与左右映射具有一致性,即正极与左极、负极与右极具有一致性。但在语用影响下,正负映射会偏离左右映射,出现负极在左、正极在右的变异现象。

(二) 功能映射和概念映射

功能映射是功能极之间的语义映射,概念映射是概念极之间的语义映射。功能映射和概念映射是语义组合中形成的语义关系。所有的语义组合必须首先合乎功能映射,其次是概念映射。功能映射决定了语义成分在最一般语义关系上的相互匹配,是构成语义组合的内在基础,也是句法结构生成的内在动力。概念映射决定了两个语义极在概念上形成的语义关系,是语义组合中形成的表达内容。概念映射建立在功能映射之上,没有功能映射,概念映射无法存在,而没有概念映射,功能映射没有任何存在价值。

功能映射和概念映射都存在类映射和实例映射。类映射是语义组合的基本模型,是一类语义成分与另一类语义成分之间普遍存在的功能映射和概念映射。实例映射体现了一个语义成分与另一个语义成分之间存在的具体的功能映射和概念映射,是语义组合最终实现的结果,是类映射总结归纳的对象。类映射是有限的,而实例映射数量众多。

功能映射与概念映射各有不同的映射类型。不同语言所包含的功能映射类型具有差异性,但也有很多共同性。常见的功能映射有:

功能极	功能极	功能映射(类)	功能映射(实例)
陈述	被陈述	被陈述→←陈述	他→←说
支配	被支配	支配→←被支配	写→←小说
修饰	被修饰	修饰→←被修饰	好→←书
限制	被限制	限制→←被限制	快→←走
补充	被补充	被补充→←补充	抓→←来
约束	被约束	约束→←被约束	对→←你
连接	被连接	连接→←被连接	你→←我
附着	被附着	被附着→←附着	他→←的

常见的概念映射有:

概念极	概念极	概念映射（类）	概念映射（实例）
施事	谓项	施事→←谓项	他→←说
主事		主事→←谓项	天气→←冷
遭遇		遭遇→←谓项	碰上→←它
受事		谓项→←受事	骗→←她
说明		谓项→←说明	属于→←我们
客事		谓项→←客事	输→←钱
与事		谓项→←与事	给→←你（一本书）
结果		谓项→←结果	做→←家具
对象		谓项→←对象	访问→←客户
处所		谓项→←处所	坐→←家里
目的		谓项→←目的	拉→←关系
修饰项	中心项	修饰项→←中心项	好→←风光
限制项		限制项→←中心项	快→←跑
补充项		中心项→←补充项	做→←完

概念映射依附于功能映射，但概念映射并不完全受制于功能映射。概念映射具有一定的灵活性，可以借助不同的功能映射实现。这种现象表现为功能映射与概念映射在语义对应上的不平衡性，并最终形成不同句式。如：

（13）他找到了书。
（14）书被他找到了。
（15）他把书找到了。
（16）书他找到了。

例（13）到例（16）是语法分析中常见的主动句、被字句、把字句和主谓谓语句，结构不同，功能映射有同有异，但概念映射却是一致的。例（13）是最基本的语义关系。

同一个功能映射可能包含多种概念映射。如：

（17）鸡不吃了。

例（17）可以表示"吃→←鸡"或"鸡→←吃"两种相反的概念映射，

但它们在功能映射上却是相同的。

（三）简单映射和复杂映射

语义成分的复杂性决定了语义组合中功能映射和概念映射的复杂性。不同语义成分所包含的语义极在数量、类型、强度等方面并不相同。有的包含语义极数量多，可以与较多的语义极建立映射关系，有的数量较少，只能与少量的语义极建立映射关系。有的组合强度较大，映射关系紧密，有的组合强度较小，映射关系比较松散。

从语义映射的类型看，有的语义组合比较简单，功能映射或概念映射只包含一个层次、一种类型，而有的则包含多个层次、多种类型。只包含一个层次、一种类型的语义映射可称为简单映射，而包含多种类型、多个层次的语义映射则称为复杂映射。复杂映射是由简单映射复合而成的。如：

（18）找妈妈／（找→←妈妈）
（19）小蝌蚪找妈妈／（（小→←蝌蚪）→←（找→←妈妈））

例（18）只有一个层次、一种功能映射和概念映射，属于简单映射；例（19）有两个层次、三种功能映射和概念映射，属于复杂映射。

从语义映射的对象看，一个语义成分所包含的语义极与另一个语义成分所包含的语义极在映射关系上存在多种不同情况，大体可分为一对一、一对多、多对一、多对多等几种。一对一，就是一个语义极只跟另一个语义极保持映射关系，如支配语义极只能跟被支配语义极保持映射关系，"鞠→"只能跟"←躬"保持映射关系；一对多，就是一个语义极与多个语义极保持映射关系，如"学→"可与"←文化、←科学、←知识、←礼仪"等多个语义极保持映射关系；多对一，就是多个语义极与一个语义极保持映射关系，如"认真→、反复→、经常→、偶尔→"等与"←学"保持映射关系；多对多，就是多个语义极与多个语义极分别保持映射关系，如"写→、读→"与"←文章、←小说"保持着"写→←文章""写→←小说""读→←文章""读→←小说"等多个映射关系。

语义映射需要注意其有效性。有效映射不仅体现在功能映射上，还体现在概念映射上，甚至会发生因某一语义成分的相关性而产生更多、更复杂的语义约束。如：

（20）王强会抽穗。
（21）王强不会抽穗。

例（20）（21）在功能映射上都没有问题，但在概念映射上受"会""不会"这些谓项的影响，使得"王强"与"抽穗"在概念映射上产生了有效性问题，例（20）是无效的，而例（21）是有效的。可见，有些在肯定语义映射中不能成立的语义组合，在含有"不能、不可、不会"等排斥性语义映射中却可能成立。

从语义映射的结果来看，言语表达中每次形成的语义映射是确定的，两个语义成分各自包含的语义极虽然较多，但在组合过程中都只有一对功能极和概念极参与语义映射，而其他语义极并不参与。这体现了特定语境下语义组合的语义单一性。言语表达中产生的一切歧义现象，都是在判断语义映射时出现了错误导致的。

四 余论

每一种语言都是一个完整的语义系统，其中有多少语义关系、多少语义成分、多少语义极，单靠人工无法解决，必须借助计算机强大的运算能力和大数据语料库才能完成。语义极隐含于语义成分之中，理清语义组合中的语义关系，提取各种语义极并建立系统的语义库，还需要做大量的工作。

参考文献

［美］布龙菲尔德：《语言论》，袁家骅等译，商务印书馆1980年版。
范继淹：《多项NP句》，《中国语文》1984年第1期。
冯志伟：《自然语言的计算机处理》，上海外语教育出版社1996年版。
高更生：《汉语语法专题研究》，山东教育出版社1990年版。
［法］格雷马斯：《结构语义学》，蒋梓骅译，百花文艺出版社2001年版。
胡裕树、范晓主编：《动词研究》，河南大学出版社1995年版。
贾彦德：《汉语语义学》，北京大学出版社1999年版。
蒋严、潘海华：《形式语义学引论》，中国社会科学出版社1998年版。
李福印：《语义学概论》，北京大学出版社2006年版。

［英］利奇：《语义学》，李瑞华等译，上海外语教育出版社1987年版。

吕叔湘：《汉语语法问题分析》，商务印书馆1979年版。

［美］乔姆斯基：《句法结构》，邢公畹等译，中国社会科学出版社1979年版。

［美］乔姆斯基：《句法理论的若干问题》，黄长著等译，中国社会科学出版社1986年版。

沈家煊：《不对称与标记论》，江西教育出版社1999年版。

石安石：《语义论》，商务印书馆1993年版。

石毓智：《语法的认知语义基础》，江西教育出版社2000年版。

束定芳：《现代语义学》，上海外语教育出版社2000年版。

王军：《汉语词义系统研究》，山东人民出版社2005年版。

王寅：《简明语义学词典》，山东人民出版社1993年版。

王寅：《语义理论与语言教学》，上海外语教育出版社2001年版。

王寅：《认知语言学探索》，北京大学出版社2005年版。

［英］维特根斯坦：《逻辑哲学论》，王平复译，九州出版社2007年版。

翁富良、王野翎：《计算语言学导论》，中国社会科学出版社1998年版。

伍谦光：《语义学导论》，湖南教育出版社1987年版。

徐烈炯：《语义学》，语文出版社1995年版。

俞士汶主编：《计算语言学概论》，商务印书馆2003年版。

云兴华：《汉语语义研究》，北京教育出版社2008年版。

张乔：《模糊语义学》，中国社会科学出版社1998年版。

张志毅、张庆云：《词汇语义学》，商务印书馆2001年版。

朱德熙：《语法讲义》，商务印书馆1982年版。

朱德熙：《变换分析中的平行性原则》，《中国语文》1986年第2期。

朱跃：《语义论》，北京大学出版社2006年版。

（作者单位：山东师范大学文学院）

谈社论标题复句的适应性[*]

曾常红

提　要　基于《人民日报》语料库，从结构、语义和表达等方面论述社论主标题复句的简省性、凸显性和对称性。由于语体因素的制约，此类复句简约而不简单。主语和关联词等成分省略较多，不使用缩写词，简称也很少用，没有转折类和感叹语气复句，祈使语气和肯定口气居多。对言结构标题可凸显多语脉社论各要点，有时甚至复现同一关键词语和语素，再现相同相近语义内容。所谓简省只是社论标题的表象，并不是制约标题长度和句式选择的重要因素。追求凸显性、对言性和灵动性才是言者选择复句标题的主要动因。

关键词　社论　标题复句　适应性　凸显性　对言性　灵动性

一　引言

句式的语用研究是句式研究中不可或缺的。而语用研究中，句式的适应性问题尤为重要。句式的适应性研究已有一些成果（吕叔湘，1979；邢福义，1979；张先亮、范晓，2008；朱斌、伍依兰，2009 等），但大多限于正文中的句式，探讨标题（篇名）句式特点及其适应性的成果（尹世超，2001；刘云，2005；刘禀诚、肖九根，2007；韩书庚，2014；王芳，2018）较少。本文探讨作为主标题的复句句式的适应性问题。文中所引标题主要来自《人民日报》（1946—2019）社论，个别出自一般评论性文章。

---

[*] 本文受到湖南省哲学社会科学研究基金项目"名谓句构件的功能研究"（项目编号：16YBA288）、湖南社会科学成果评审委员会课题"'S 不 NP'句式的演变与识解研究"（项目编号：XSP19YBZ191）、国家社科基金项目"汉语句子里表达话语转述的语法形式研究"（项目编号：17BYY144）的支持。

二　标题复句的是与非

典型的复句是核同质、有核距、无共同包含核层的多核句（邢福义1993）。属于这一类复句的标题不多，如例（1—2）；大多是核同质、有核距、有共同包含核层的多核句，如例（3—5）。

（1）政策要保持稳定，问题要抓紧解决——论总结、完善农业生产责任制（1982/4/3）
（2）团结就是力量　民主可收众益——热烈祝贺全国政协九届四次会议开幕（2001/3/3）
（3）齐心协力　推进养老保险改革（1997/7/30）
（4）建设草原，发展畜牧业（1978/10/15）
（5）认真学习《决议》，团结一致向前看（1981/7/6）

形名词组和之字词组都有一定的分句功能（邢福义1979、1995，邓思颖2005，沈家煊、完权2009）。主标题由多个这样的词组构成一个并列复句作为述题，一般可以从其副标题中提取或概括出相应的话题。如例（6—7）。

（6）伟大的丰碑　辉煌的岁月——纪念党的十一届三中全会二十年（1998/12/18）
（7）友谊之行　开拓之行——祝贺赵紫阳总理圆满结束拉美四国访问（1985/11/16）

主谓句、单个词组和紧缩句、流水句都不是复句。主谓句如：

（8）让伟大祖国更加生气勃勃（1987/10/1）
（9）春节，重新看见"我们"（2019/2/3）
（10）小康大业　人才为本（2003/12/21）
（11）社会主义现代化：一个延续的历史强音——纪念"四·五"十周年（1986/4/5）
（12）"我必有应"，重在效果（2019/3/1）

以上例（8—9）为兼语句，例（9）省去了使令动词和兼语"让我"，（10—12）分别是主谓谓语句、名谓句、主谓主语句。单个词组构成的标题如（13），紧缩句、流水句标题分别如（14）（15）。

（13）和平、友谊、发展——祝贺"亚太地区青年友好会见"揭幕（1985/5/10）

（14）欲速则不达（1980/6/12）

（15）男女并驾如日方东——热烈祝贺中国妇女第七次全国代表大会召开（1993/9/1）

可见，本文的标题复句就是由 2 个以上小句组成的核同质、一般有核距、非话题—说明关系的多核句。

三 标题复句的简与繁

无论报道性标题还是称名性标题，单句形式占大多数①。刘禀诚、肖九根（2007）认为新闻标题是简约与繁复的有机统一②。而据我们统计，社论标题中复句占有一席之地，8 个主标题至少有 1 个标题为复句形式。复句是仅就句子结构而言的，其句式成分不一定复杂多样。汉语篇章中零句和流水句多（赵元任 1979，沈家煊 2012），递归较少使用，这些特点在一定程度上制约着社论标题复句。简省与繁复在标题分句的形式和内容等方面都有较全面的体现。

（一）关联词语的去留

一般新闻标题的简省，表现在大量省略某些词类（关系动词、介词、动态助词等），大量使用简称、缩写词（尹世超 2001，刘云 2005）。与此不同的是，社论主标题复句不使用缩写词，简称很少见，而"发展""好""新""团结""加强""抓""搞"等与内政外交关系密切的谓词使用频率较高。

---

① 据韩书庚（2014：128）对 2010 年 2 月《环球时报》的统计，17 个主标题全部为单句，没有复句。

② 刘禀诚、肖九根（2007）论述的新闻标题绝大多数是单句，只列举了 1 个复句："我参与 我奉献 我快乐"。

没有"不过""虽然""但是""然而"等表转折关系的连词;"得""地"等结构助词和"应该(应)"等助动词极少见,表其他结构关系的关联词语及"和"类连词也都少见。

社论主标题复句数据库(1946—2007),没有出现"应该(应)"①,"地""和"都只出现3次。关联词语"才能""只有""才有"也只分别出现了12次、3次和2次。值得注意的是,标题中不乏助动词"要"和存在动词"有","要"字句式和"有"字句式分别出现的复句标题有13个和6个。也有"共同(共)""再""必须(必)""可(可能)""是""更""而且""为了"等词,其中"可(可能)"一般要与"不可(可能)","(不)是"要与"不(而)是"对举使用②。另外,"和"连接的词语大都不是分句宾语,它处于宾语内部,为定语的连接成分③。例如:

(16)既要做好粮食收购工作又要达到农业增产的目的(1953/12/2)
(17)有真才实学才能建设四化(1980/5/21)
(18)抓住机遇,更快更好地发展(1993/3/11)
(19)求同存异　共同发展(1995/11/21)
(20)再接再厉　开创就业和再就业工作新局面(2004/9/5)

由此可见,相比单句,复句标题简省的词语更多。然而,为了较直接而准确地表达社论主旨,对照正文,仍有一些表并列、条件、递进和目的关系的关联词语("要""有""才能""必须(必)""更""为了"等等)和意愿动词("要""敢于"等)以及情态副词"共同(共)"、表将来重复义的副词"再"等保留了下来。

(二) 主语省略与词语重现

1. 主语大多省略

社论主标题复句与单句相比,实形式的句法成分更少。上述标题中,仅

---

① 数据库中仅发现一个疑似复句的"应该"类标题:创造一个五好车间　应该建设一个坚强的支部(1964/3/18)。笔者把它分析为一个话题(结果)—说明(条件)关系的单句。
② 如"头可断,血可流,祖国尊严不可侮(1966/4/27)"。
③ 主标题复句语料库中只有极少数的"和"直接连接宾语,如"团结奋斗　共同创造幸福生活和美好未来——热烈祝贺十届全国人大三次会议胜利闭幕(2005/3/15)"。

例（1—2）和例（16—17）出现了分句主语。主谓分句中，主语、状语和补语都不常见。《人民日报》（1976—2007）数据库中共有236个复句，其分句中出现了主语、状语和补语的标题数分别为21、24、29，都只占总复句数的10%左右（8.9%、10%、12.3%）。例（21—23）分句中分别出现了补语、主语和补语、状语。

（21）尊重科学，尊重群众，搞好安全生产（1980/9/19）
（22）书记挂帅，全党动手，进一步搞好计划生育（1978/7/9）
（23）与国家同发展　与时代同进步——祝贺中国侨联成立50周年（2006/9/29）

2. 词语重现

从结构关系来分类，复句有并列类、因果类和转折类。社论标题复句中没有转折类。并列类中的选择复句极少（数据库中仅1个，见例51），递进复句也不多，而并列复句和连贯复句较多。有些复句中同一词语可重现于前后分句的相同句法位置上①。因此，我们根据前后分句同一句法位置上词语的异同和对应关系，把后3类再细分为若干小类。

① 连贯复句：1）异动异宾；2）异动同宾；3）异动同补同宾；4）同动异宾②。1）2）3）类如：

（24）认真学习　深刻领会　狠抓落实（1992/3/13）
（25）正确认识农业　全面发展农业（1979/2/28）
（26）多看几步棋，走好几步棋——再论从全局看对外经济贸易（1983/4/20）

例（25）分句动词的宾语"农业"复现，例（26）动词后的补语和宾语"几步棋"也复现了。

② 并列复句：1）异动异宾；2）同动（介）异宾；3）异动同宾；

---

① 重现主要存在于分句之间。不过，标题分句内部其实也有词语复现："丰收再丰收，跃进再跃进（1957/12/28）""晚稻赶早稻　丰收再丰收（1959/07/28）"。

② 社论标题数据库中，没有"同动异宾"类连贯复句。一般评论性报道标题是有的，例如：无悔　无怨　无憾（人民论坛2019/4/12）（正文有提示分句结构关系的词语："青春无悔、中年无怨、到老无憾"）。

4）回环；5）互文；6）同主异谓（核）；7）同状异心；8）异状同心；9）异形同名；10）同形异名（动）。属于第1）类的标题比较多，例（1-2）就是。第2）至5）类如：

(27) 维护大局 维护稳定（1989/4/29）
(28) 为人民服务 为社会主义服务——纪念本报创刊四十五周年（1993/6/15）
(29) 学习新宪法 宣传新宪法 遵守新宪法（1978/5/3）
(30) 改革需要妇女 妇女需要改革——热烈祝贺中国妇女第六次全国代表大会召开（1988/9/1）
(31) 军爱民 民拥军（1978/2/4）

例（27—28）分别是同动异宾、同介异宾（异状同心），例（29）为异动同宾，而例（30—31）分别是回环、回环兼互文。其共同点是为了构成对言结构，重复使用同一个动词或名词。第6）至10）类也有类似情形，例如：

(32) 生产必须安全 生产必须文明（1980/5/1）
(33) 共同团结奋斗 共同繁荣发展——热烈庆祝内蒙古自治区成立60周年（2007/8/8）
(34) 勤奋劳动 诚实劳动 创新劳动（2011/5/1）
(35) 光辉的旗帜 胜利的旗帜（1997/10/5）
(36) 新形势 新任务（1979/11/28）

以上5个标题为了构建对言结构，至少有一个词语重现，例（32）"生产""必须"都重现了。
③递进复句：1）同动异宾类；2）异动同宾类；3）异动异宾类。1）2）类如：

(37) 热爱集体 更热爱国家（1963/5/29）
(38) 不是亲人 胜似亲人——论全社会都要尊重护士爱护护士（1981/5/7）

例（38）的副标题有并列小句异动同宾现象①，这是十分少见的。顺便提一下，社论标题和一般标题中都存在不复现谓核的表差比义的单句：

（39a）一年更胜一年绿（1984/3/12）
（39b）胜似亲人——"飞"来闺女精心照护老人王曾吾夫妇（1982/1/28）

与并列类复句一样，因果类复句标题也有词语复现，只是比较少。例如：

（40）毛主席为我们撑腰　我们要为毛主席争气（1967/8/2）
（41）是可忍，孰不可忍！（1962/9/22）

例（40）为因果复句，前后分句的主语和介词宾语换位，例（41）来自《论语》，是个假设复句，有强烈的反问语气，前后分句的谓核"可忍"复现。

另外要注意，社论标题和一般标题中，同一语素都有重现：

（42）增产节约　增收节支（1980/4/28）
（43）前程远大　大有可为——热烈祝贺五届政协五次会议胜利闭幕（1982/12/12）
（44）医者仁心　患者安心（2019/4/1）
（45）虽然有实力　还是很努力（2016/2/25）

例（42—43）是社论标题，后一例中的语素"大"与形容词"大"构成顶针。例（44）为评论语篇标题，是个条件复句，例（45）则是体育新闻标题，为转折类复句。

由以上论述可见，主标题复句有不少重现的词语和语素，主要是分句宾语、动词的再现。

其实，不仅词语可以重现，相同或相近的语义内容也可依托对言结构再现。

---

① 副标题不是本文的研究对象，然而，它跟主标题有密不可分的关系。因此，考察主标题，不得不联系副标题和引题。此副标题为有评论性标记的标题，标记词后是一个主谓句，"要"管控着后面的两个并列小句。

(三) 同义再现

为了强调主旨,社论标题往往依托对言结构再现核心观点。再现的方式有3种:① 肯定式同义组合,如例(46);② 否定式同义组合,如例(47)①;③ 肯否定同义组合,如例(48—49)。

(46) 开好头　起好步(1995/12/08)
(47) 改革不停顿　开放不止步(2013/1/31)
(48) 牢记历史 不忘过去 珍爱和平 开创未来——纪念中国人民抗日战争暨世界反法西斯战争胜利六十周年(2005/9/3)
(49) 只有一个中国　没有两个中国(1961/7/14)

例(47)为互文结构,可看作同义组合。例(48)前两个分句的语义相近,而例(49)是其宾语中的量名复现。依据合作原则,"没有两个"的否定量域是大于2,后分句的语义就是"只有1个中国"。

(四) 祈使和肯定

社论标题的政治性和号召性颇强,大多为祈使语气和肯定口气,陈述语气较少(如例49),疑问和感叹语气极少。否定式分句一般要与肯定式分句配合使用,如例(48—49)。标题句式的语气类型不同之处在感叹和疑问语气,单句有而复句极少。例如:

(50) 坚持什么,反对什么?——五论量力而行的指导思想(1980/6/26)
(51) 做无产阶级革命派,还是做资产阶级保皇派?(1966/6/5)。
(52) 经济改革的动力是"一切向钱看"吗?(1983/6/27)
(53) 中华人民共和国万岁(1949/10/1)
(54) 奋发向上,开拓前进!——祝贺五届全国妇代会胜利闭幕(1983/9/13)

---

① 我们在社论复句标题中没有检索到属于否定式同义组合的实例,此例是评论性语篇的标题。

例（52）（53）分别是疑问句和感叹句。语料库仅有的 3 个疑问复句，例（50—51）是其中的两个①。例（54）是祈使语气。

标题复句的简与繁，让我们看到其对言结构跟社论内容的对立与统一。简约而不简单。

四 标题句式的单与复

《人民日报》（1946—2007）社论的标题共 6953 个。1976.10.1—2007.12.31 期间有 1862 个，其中主标题为复句句式的有 236 个，占所有句式的 12.67%（超过八分之一）。这 236 个复句标题涉及的事件主要有以下 4 类，且大多数是前两类。

这 4 类是纪念类、庆贺类、学习类和评论类，共 118 个，占了复句标题的一半。① 纪念类社论有 85 篇，其中复句标题 22 个（占比 25.9%），纪念重大的历史事件如辛亥革命、五四运动、抗日战争胜利和十一届三中全会等；② 庆贺类社论 438 篇，其中复句标题 77 个（占比 17.6%），如庆贺中国共产党诞生、中华人民共和国成立、民族自治区成立以及两会的开闭幕等；③ 学习类社论 41 篇，其中复句标题 10 个（占比 24.4%）；④ 评论类社论 59 篇，其中复句标题 9 个（占比 15.3%）。纪念类和学习类复句类标题相对较多，占比排前两位。此外，还要指出的是，《人民日报》（1946—2019）元旦社论共 71 篇，复句主标题 11 个，占比 15.5%。

标题无疑有语篇性，有人称之为亚语篇（白丽娜 2014）。它既独立，又受制于正文内容和形式以及版面空间。拟制标题要有一定的依据，主要是作品的内容要素，有时还要兼顾其形式要素。依据内容要素的命题方法主要有 3 种：一是以作品的主题入题的主题法；二是以作品的课题入题的课题法；三是以作品的材料入题的材料法（夏侯炳 2015：347）。社论标题采用第一种方法。社论的主旨一定程度上决定了其标题句式的选择。而主旨又与社论的语脉联系密切。

任何文章都有语脉（张寿康 1983：342，吴启主 2001：12—15）。从语脉分布的形式上看，社论语篇的语脉类型不外乎两种，即单语脉和多语脉，大部分属于多语脉类。多语脉又可分为平列式语脉和复合式语脉等。下面就

---

① 还有 1 个疑问语气的标题是：怎样才能使新建企业更快地投入生产？（1958/11/14）

对主标题选择复句句式的动因进行简要分析。

（一）空间不重要

从社论标题实例来看，复句标题不一定比单句标题更占版面空间。就标题长度的两极来看，复句比单句稍长。对《人民日报》（1946—2007）调查的结果显示，复句主标题大多 8 字 1 空格或 1 标点，如例（19）（27）；字数最少的标题 6 字 1 空格，见例（31）（36）（46）。复句标题（含标点、副标题）最长的是（55），达 49 个字，单句标题（含标点、副标题）最长的是（56），有 44 个字，最短的是（57），仅 3 个字。

（55）高举爱国主义旗帜，振兴中华，团结奋斗——祝贺全国青联六届一次会议和全国学联第二十次代表大会胜利闭幕（1983/8/25）

（56）伟大的战略思想——纪念毛泽东同志关于帝国主义和一切反动派都是纸老虎的英明论断发表二十周年（1966/8/25）

（57）阶级性（1947/12/20）

然而，若把主旨相近的社论进行比较，会发现单复句标题（含副标题）差别不大，如例（38）（39b）。再如关于纪念朝鲜祖国解放战争的标题：

（58a）纪念朝鲜祖国解放战争十五周年（1965/6/25）

（58b）反对侵略的正义事业是不可战胜的——纪念朝鲜祖国解放战争二十二周年（1972/6/25）

（58c）胜利属于英雄的朝鲜人民——纪念朝鲜祖国解放战争二十三周年（1973/6/25）

（58d）朝鲜人民反帝革命斗争的伟大胜利——纪念朝鲜祖国解放战争二十五周年（1975/6/25）

（58e）朝鲜人民的伟大胜利——纪念朝鲜祖国解放战争二十六周年（1976/6/25）

（58f）英雄人民的辉煌胜利——纪念朝鲜祖国解放战争二十七周年（1977/6/25）

（58g）历史性的伟大胜利——纪念朝鲜祖国解放战争二十八周年（1978/6/25）

（59a）英雄的人民　正义的事业——纪念朝鲜祖国解放战争二十四

周年（1974/6/25）

（59b）英雄的人民　伟大的胜利（1979/6/25）

值得注意的是，主旨相近的一些社论的复句标题比单句标题还要短：

（60）粮食计划收购和计划供应是总路线的一个重要组成部分（1954/3/1）

（61）既要供应　更要收购（1965/6/16）

（62）少花钱多办事是可能的——谈我国基本建设的初步经验（1957/4/11）

（63）少花钱　多办事（1964/6/4）

例（61）（63）的字数明显少于（60）（62）。这主要是社论语脉的类型及要点的差异造成的。对照各社论正文发现，例（60）"粮食的计划收购和计划供应"是过渡时期中的一项重要政策，文章虽然先后论述收购和供应，但并没有侧重于哪一方面，全篇可归为复合式语脉。而例（61）是平列式语脉，正文强调了"收购"的重要性。例（62）（63）的都强调"少花钱多办事是能够做到的"。不同的是前者侧重提高"办事"的效益，以"少"博"多"；后者强调节约钱干大事，把不该用和可缓用的钱节约下来，多办正事、要事。这两则社论的语脉类型也不同。

由此看来，版面空间是制约标题长度的因素之一，然而它不是制约标题句式选择的重要因素。

（二）凸显语脉重要

社论主题入题的方式主要有 3 种，后面两种是复句标题主旨入题的方式：① 直截了当地把社论主题作标题，如例（58a），这类标题不多；② 社论主题作副标题，从正文中提取词语或句子作主标题，此类标题较多。单、复句标题分别如例（58b-g）、（59a）；③ 无副标题和引题，用概括全文主旨的词句或者用从正文中提取的词句作标题，此类标题最多，单、复句标题分别如例（64）和（65）（66），日期后面的括号内是正文里含有语脉（粗体字部分）的句子。

（64）为了友谊、团结和和平（1963/4/12）（刘少奇主席的这次访问，是增进**友谊**的访问，加强**团结**的访问，也是维护亚洲和世界**和平**的访问。）

（65）为了友谊为了和平——热烈祝贺江泽民总书记访朝圆满成功（2001/9/6）（这是新世纪初中朝两党、两国关系中的重大事件，是体现中朝**友好**、加强中朝关系的成功访问，是促进朝鲜半岛**和平**稳定、推动地区以及世界和平与发展事业的重大行动，必将对21世纪的中朝关系、朝鲜半岛的和平稳定、中朝两国的繁荣发展产生重要而深刻的影响。）

（66）把握大局 再接再厉 同心同德 开拓前进——元旦献辞（1997/1/1）（在新的一年里，全党同志特别是各级领导干部要牢牢**把握大局，再接再厉，同心同德，开拓前进**，这是做好1997年各项工作的根本要求和重要保证。）

个别复句标题属于第2类和第3类的综合，例（67）就既有副标题，又有从正文中概括出来的关键词"再展宏图"，还有拟制者依据社论语境增添的词语"满怀豪情"。

（67）满怀豪情 再展宏图——祝贺六届人大四次会议开幕（1986/3/25）（我们相信，全体人大代表一定能很好地行使自己的权力，完成好这次会议的既定任务，把又一个五年计划的**宏伟蓝图展现**在全国人民面前。）

从以上对比中可见，主标题无论是单句还是复句，都离不开社论的语脉，离不开社论语篇的大小语境。标题选取复句句式，主要是为了凸显平列式语脉。

（三）拟题偏好有影响

诚然，由于每一个作者的拟题风格不一，在遵循文题相符原则的基础上，对同一主旨的社论可能选择不同的句式。前述实例（58—59，64—65）已证实了这一点。

然而，复句标题有着单句标题所不具备的功能和魅力。下表（表1）有助于我们了解《人民日报》（1946—2019）70多年来两种社论主标题句式选择的趋势：改革开放以后，元旦和五一社论主标题复句数都有明显的递增。

单纯从数据来看，五一社论类的这种趋势不明显。具体分析所有标题后，笔者发现1954年前的3个标题中都包含有社论主题"纪念（庆祝）五一"①，而这类主题在其他标题中除独自成题外，要么充当副标题要么被省略，因此应排除这类标题。剔除这3条数据之后，五一社论类主标题复句数递增也就明显了。

表1　《人民日报》（1946—2019）各时期两类社论主标题单复句数

时期	1946—1976		1977—2007		2008—2019	
句式	单句	复句	单句	复句	单句	复句
元旦社论	25	3	25	6	10	2
五一社论	20	5（2）	20	6	10	2

由以上分析可见，社论作者的拟题偏好对句式选择的影响是有限的，复句句式对各类社论标题的适应性越来越受到拟题者的重视并加以适当使用。

五　标题复句对而有序

汉语以对言结构为主干，以对为本，对而有续，对而有序。汉语"大语法"决定了这种"对"是多重性的，不仅是语法和语义的对，也是风格和声韵的对②。

无论是形式还是内容，社论主标题复句都对而有序。

（一）对称

从第二部分可以看出，复句标题的对称稀松平常，既有分句内部的对称③，又有分句之间的对称。分句两两对称最为常见，（1）（6）（23）（25）等20余例都是。三个或四个分句对称少见，前述仅例（29、34）和（48、66）属于这一类。对言结构中语素和词语的复现又可建构出回环（例30）、

---

① 这3个复句标题是：纪念"五一"继续扩大增产立功运动（1947/5/1）｜纪念"五一"国际劳动节，为世界持久和平而奋斗（1952/5/1）｜庆祝"五一"，争取全面完成国家的计划（1954/5/1）。

② 沈家煊《超越"主谓结构"》，第337次中国社会科学院语言研究所语言学沙龙（2017年12月7日上午）。

③ 例如：丰收再丰收，跃进再跃进（1957/12/28）｜晚稻赶早稻　丰收再丰收（1959/07/28）

互文（例31、47）和顶针（例43）等修辞格。

不过，复句标题的对言结构不等同于对仗，在音韵和词性方面没有严格的要求，它只求结构均衡和要点明确。其分句结构可能大同小异，如例（68-69）中的分句都是述宾结构，但宾语并不对仗，长度和结构类型不同。例（70）前两个对称，末分句宾语比前面的宾语长。例（71）后两个分句基本对称，末分句的宾语稍长而已，首分句结构类型与其他两个又有所不同。

（68）扫除官商作风，学会做生意（1979/3/11）
（69）解放思想，搞好综合平衡（1979/2/24）
（70）加强党纪，搞好党风，保证四化建设（1980/1/28）
（71）种草种树　发展牧业　改造大西北（1983/9/18）

社论要点过多时，若不设置副标题，其主标题一般就得采用单句的形式。比如例（64），与其把它改为（64a）："为了友谊 为了团结 为了和平"，不如改为（64b）："增进友谊 加强团结 维护和平"，即使后者不如原题简洁。语料库缺这一类标题也许就是因为（64a）介词重复多次而略显冗余。再如：

（72）继承和发扬中国工人运动的光荣传统——庆祝"五一"国际劳动节、纪念中华全国总工会成立六十周年（1985/5/1）
（73）全党为整顿党风、严肃党纪而战斗（1979/1/25）（**整顿党风、严肃党纪**，单是依靠纪律检查委员会是不够的，还要依靠**广大党员的努力**。）

若把例（72）（73）改为（72'）："继承光荣传统 发扬光荣传统"和（73'）："整顿党风 严肃党纪"都不好，因为（72'）既跟其副标题不太契合，又遗漏了"中国工人运动"这一重要信息，（73'）则缺失了"全党"这一施事性主语和"战斗"这一强动作性动词。

另外，若去掉例（74）中的"与"，以空格替代，则题意大变，题不对文了。把例（75）改为（75'）："关心农民工 保护农民工"，虽然保留了社论的部分重要信息，却遗漏了社论主旨中的施事"全社会"及强调无一例外的副词"都"。可见标题要把确保社论要点完整和明确放在第一位，不可能为对称而对称，因形害意。

（74）深化改革与工人阶级——庆祝"五一"国际劳动节（1997/5/1）

（75）全社会都要关心和保护农民工（2006/3/28）（**社会各个方面都应该尊重农民工、理解农民工、保护农民工**，在全社会形成关爱农民工的舆论氛围。）

以上论述说明，主标题复句各分句大多对称，这种对（对言结构）既要是语法和语义的对，也要是拟制者风格的对。在诸多因素制约下，标题复句句式占比始终较小。

（二）显豁

前面的论述说明，社论主标题复句既简省又繁复。简繁的目的只有一个：显豁。也就是说，标题的显豁得益于作减法和加法。先说减法的效果：能省的都省了，简洁。

第二部分对此已有所论述。与正文和单句标题比较，复句标题主要删减了 3 类成分：① 主语（话题）和修饰成分；② 关系词语和介词；③ 逗号和句号。

从动态的角度看，关系词语有显示、选示、转化、强化等功能（邢福义 2001：31—37），主标题中的关系词语主要有选示和显示功能。表示条件、递进和选择关系的词语因为其选示功能而保留，分别如例（17）（61）（51）中的"才能""既……更……"和"还是"，成对使用的关系词语可删前项，不能删后项，如例（17）。为了显示并列关系，也可以不删除，并成对使用，如例（16）的"既……又……"。是否删除前项关系词语，主要依据是前后分句是否均衡和顺口，例（76）前后两项关系词语后接的部分字数相等，若仅删除前项，读起来不顺口。若两项全都删去，分句之间的逻辑关系不明确了。例（77a-b）中"才能"之前部分比之后部分都长一些，所以"只有"无保留的必要。

（76）只有坚决斗争才能保卫和平（1958/8/8）

（77a）干部经常参加劳动才能密切联系群众（1964/8/30）（**各级领导干部只有**认真地**长期地**深入基层和**参加劳动，才可能**有效地抗御和克服官僚主义毒菌的腐蚀，**才可能**使自己的思想和工作同社会主义革命深刻化的新形势相适应，也**才可能**以领导作风的更加革命化来保证基层干部经常参加集体生产劳动,以自己参加劳动的榜样来促进基层干部坚持参加劳动。)

(77b) 冲破条块分割才能发展生产力——二论发展横向经济联系的重要意义(1986/4/18)

泛指性、周知性的主语常省略。若副标题中有明确的话题,如重大会议(如例2)、重要事件和纪念日(如例65、6、48、59a)、法定节日(如例38)及领袖讲话(如例56)等,主标题的主语、宾语和修饰语一般蒙后省略,这是由标题内部语境(引题、副标题构成主标题语境)引起的省略;比较多的是主语和修饰成分因正文提供了语境而省略。如例(78a)和(78b)。

(78a) 学根本 见行动——再论向孔繁森同志学习(1995/5/8)(各级党委要组织**全体党员特别是领导干部**,认真学习题词,积极响应号召,**以实际行动向孔繁森同志学习**,做孔繁森式的共产党员,做孔繁森式的领导干部。|向孔繁森同志学习,**最根本的**是要学习他那崇高的理想和坚定的信念,正确的世界观、人生观和价值观,更好地实践党的全心全意为人民服务的宗旨。|向孔繁森同志学习,要落实到无私奉献,全心全意为人民服务的**行动**上。|向孔繁森同志学习,要落实到反腐倡廉,促进党风和廉政建设的**行动**上。|向孔繁森同志学习,要落实到艰苦奋斗,为改革、发展、稳定建功立业的**行动**上。)

(78b) 解放思想 实事求是(1978/12/29)(三中全会和在这以前召开的中央工作会议开得很好,很成功。到会的同志**解放思想**,畅所欲言。敢于**讲心里话、讲实在话**,讨论和解决了许多有关党和国家命运的重大问题。三中全会决定,一定要把这种风气扩大到**全党全军和全国各族人民**中去。这对于健全党内外的民主生活,发展生动活泼、安定团结的政治局面,加快四个现代化的步伐,是极为重要的。)

《人民日报》是中国共产党中央委员会机关报,其社论所面向的读者和所号召的对象就是全体党员。因此,主标题的主语(主题)往往因泛指全党和各级党委机关而省略。如果与默认对象有一点差别,正文中会稍加说明,如例(78a-b)中的粗体字就是主标题的主语和语脉。非泛指性主语,如周遍性、照应性、相关相对性的主语才有保留的必要。

其次,不能省的就不省,保留有价值的词语和符号,确保题文语脉完整贯通和表意明确。

（79a）正确地使用祖国的语言，为语言的纯洁和健康而斗争！（1951/6/6）（学习把语言用得**正确**，对于我们的思想的精确程度和工作效率的提高，都有极重要的意义。很可惜，**我们**还有许多同志不注意这个问题，在他们所用的语言中有很多含糊和混乱的地方，这是必须纠正的。｜**正确地运用**语言来表现思想，在今天，在共产党所领导的各项工作中具有重大的政治意义。｜**我们**在语言方面存在着许多不能容忍的混乱状况。｜**我们**应当坚决地学好**祖国的语言**，为祖国**语言**的**纯洁和健康而斗争**！）

（79b）我们播下汗水，才能收获现代化——"五一"节致劳动者（1988.05.01）（又在这万物生长的季节迎来了**我们劳动者自己**的节日。｜现代化不是从天上掉下来的，也不是什么人可以奉送我们的，而是要靠我们全体人民的辛勤劳动去创造。｜中国一切问题的答案都在改革事业之中，一切蓝图的描画尽在劳动者的**汗水**之中。让我们以更高的热情、更为严肃负责的态度，投入到劳动中去吧。对**劳动者**来说，春天，是鸟语花香的季节，更是耕耘**播种**的季节。**我们播下汗水，才能收获现代化**。）

（80）发扬优良传统　青春奉献中华——纪念五四运动71周年（1990/5/4）（今后在建设国家的过程中，青年知识分子要**继承**光荣的革命**传统**，将自己的青春年华奉献给振兴中华的宏伟事业。）

前两例的两个分句之间都留有逗号，复句的整体性强，例（79a）还使用了感叹号，增强祈使语气。例（79a）和（79b）的主语都是"我们"，为什么后一例保留了呢？一个是互动因素，副标题有"致劳动者"，而社论作者也是其中的一员，因此不省比省要好，可拉近与读者的距离；另一个是均衡顺口因素，不删除"我们"，可以保持前后分句长度相当，方便阅读。与此不同的一个实例是例（17），主标题"有真才实学才能建设四化"中间无停顿，"才能"前后均衡，对主语又没有特别的语用需求，因此删去"我们"很有必要。至于（79a）前后两分句留有状语"正确"及"为语言的纯洁和健康"等词和词组，例（80）删去了介词"将"，留下了其后接宾语中的"青春"，也都是为了表意明确、题文语脉的贯通以及对称。

最后，还要说的是该重复的重复，该添加的添加，即加法的功能。

第二部分已经指出，主标题复句除同义分句组合，还可重现宾语、动词、主语和修饰成分，较多的是同宾、同动，分别如例（25、29）和（21、27、34）等。也有同主、同状语或重现同一介词、名词、形容词，分别如例（32）（33）（28、65）（35）和（36）等。这些都是为了凸显社论要点。

标题复句中的同义分句并列结构无疑是为了从肯定和否定等角度论说社论主旨，起强调的作用。大部分有复现的复句都来自社论的主题句，或者从中直接提取，或提取一部分再适当概括而来，如例（81—82）。只有个别的复句标题是拟题者依据全文内容概括而成的，如例（36）。这说明社论的主旨在正文和主标题中大都通过复现这一手段得以凸显，不同之处是，删减和概括之后的主标题能够使社论主旨表达更加简明。

（81）人人学习宪法　人人掌握宪法（1982/12/24）（**我们每一个公民都要通过学习宪法**，了解它的基本内容，它同治国安邦、实现四化的关系，同实现人民当家作主的关系，把自己的命运和宪法密切联系起来，从而增强国家主人翁的责任感，增强法制观念，提高遵守宪法和维护宪法的自觉性。｜**人人掌握宪法**，运用宪法赋予的当家作主的权利，就能掌握自己的命运，掌握国家的命运。）

（82）新世纪　新形势　新行动——热烈祝贺江泽民主席出访圆满成功（2002/10/30）（这是在当前国际局势复杂多变的**新条件**下，在全国各族人民迎接中国共产党第十六次全国代表大会召开的重要时刻，中国领导人的一次重要出访，中国在外交上采取的一次**重大行动**。）

（三）灵动

不少标题复句中各分句独立而有序地合作，既表达社论主旨，又追求互动效应。所谓互动，指标题与读者之间的交流。好标题能吸引读者，勾起阅读欲望。前述所举绝大多数复句标题直截了当地摆出社论核心信息。经过删减的信息总是依赖语境的，而这种依赖使标题有一定的吸引力，尤其是具有"新""共同（共）"等词的标题以及具有回环、互文和顶针修辞格的标题。另外，条件句（79b）、差比句（38）、反问句（41）和疑问句（50）（51）等都有一定的互动功能。不得不承认，相比文学作品和新闻的标题，社论标题的互动性要弱一些。如果缺少引题和副标题的辅助，疑问句凸显社论主旨的功能相当弱，因此，疑问复句标题极少。要注意的是，主标题复句中，

"疑问代词"还可成对使用，例如：

（83）哪里有工地，哪里有菜吃（1958/7/21）（为了配合和促进社会主义建设的大跃进，必须增产更多的蔬菜，供应城乡人民的需要，做到**哪里有工地，哪里有菜吃；哪里有工厂，哪里就种菜！**）

为了构成一个整齐的对言复句格式，也为了增添互动效应，例（83）有意省略了"就"这一选示条件关系的副词。单句标题也不乏互动功能，然而，它缺乏复句标题所具有的在对言中呈现互动的灵巧和韵味。

六 结论

社论与一般评论不一样，它有相对明确的受众和较严谨务实的语体风格。社论主标题复句在结构形式和语义表达上都有一定的规律。为探求这些规律，笔者依据《人民日报》数据库由表及里论述了关于主标题复句的3个观点：① 结构形式简约而不简单。主语和关联词等省略较多，不使用缩写词，简称也很少用，没有转折类和感叹语气复句，祈使语气和肯定口气居多。可复现同一关键词语和语素，再现相同相近语义内容。② 制约结构"不简单"的重要因素，不是空间因素，也不是拟题者的偏好，主要动因是凸显平列式多语脉社论的要点。③ 对而有序：对称、显豁和灵动。对称是为了显豁，不能因形害意。灵动是在显豁基础上的一种附加效应。在表达经济性原则制约下，标题复句显得直白简约，在明确性、凸显性和互动性等因素制约下，标题复句又呈现出对比和铺张的一面。

总之，复句具有相对独立的多核结构，适合作多要点社论语篇的主标题。因为这些要点可在对称中连贯、对照和映衬，相得益彰。对言结构中诸多语素、词语甚至语义内容的复现，无疑有凸显各分句语义从而强调社论核心信息的功能。追求凸显性、对言性和灵动性是标题选择复句句式的主要动因。

参考文献

白丽娜：《作为亚语篇的报刊新闻标题》，上海社会科学出版社2014年版。

邓思颖：《从生成语法学观点看"小句中枢说"》，《汉语学报》2005年第 1 期。

韩书庚：《新闻标题的句式修辞》，《新闻爱好者》2010 年第 1 期。

韩书庚：《新闻标题语言研究》，知识产权出版社 2014 年版。

刘云：《汉语篇名的篇章化研究》，华中师范大学出版社 2005 年版。

刘禀诚、肖九根：《新闻标题的信息凸显》，《东南传播》2007 年第 9 期。

吕叔湘：《现代汉语八百词》，商务印书馆 1979 年版。

沈家煊、完权：《也谈"之字结构"和"之"字的功能》，《语言研究》2009 年第 2 期。

沈家煊：《"零句"和"流水句"——为赵元任先生诞辰 120 周年而作》，《中国语文》2012 年第 5 期。

王芳：《名谓句式在新闻标题中的使用研究》，硕士学位论文，湖南师范大学，2018 年。

吴启主：《汉语构件语法语篇学》，岳麓书社 2001 年版。

夏侯炳、吴乔生、谢丹丹：《新志编纂通论》，江西科学技术出版社 2015 年版。

邢福义：《论定名结构充当分句》，《中国语文》1979 年第 1 期。

邢福义：《汉语复句与单句的对立和纠结》，《世界汉语教学》1993 年第 1 期。

邢福义：《小句中枢说》，《中国语文》1995 年第 6 期。

邢福义：《汉语复句研究》，商务印书馆 2001 年版。

尹世超：《标题语法研究》，商务印书馆 2001 年版。

曾常红：《汉语论辩体语篇研究》，湖南师范大学出版社 2007 年版。

赵元任：《汉语口语语法》，商务印书馆 1979 年版。

张寿康：《汉语学习丛论》，山东教育出版社 1983 年版。

张先亮、范晓：《汉语句式在篇章中的适用性研究》，中国社会科学出版社 2008 年版。

朱斌、伍依兰：《现代汉语小句类型联结研究》，华中师范大学出版社 2009 年版。

（作者单位：湖南师范大学文学院）

推断句群的分类

曾常年

提 要 推断句群可以从不同的角度进行分类：推断性质、句意关系、语气组配、组合方式等。推断句群和推断复句在类型上有同有异。

关键词 推断句群 推断性质 句意关系 语气组配 组合方式

一 导论

推断句群是指句子和句子之间具有对某种情况进行推测或断定关系的句群。例如：

（1）有的序跋，不惜以"吹捧""溢美"之词，为作者充当"王婆"，对书中明显的不足与瑕疵，只字不提。难道是没有发现吗？抑或有意遮掩？①

（2）这条胡同，在元时，确是戏曲演出者居住地，今天还保存原来名称。可见"胡同"是元时开始使用的居住点的代称。

例（1），后句是对造成前句所表示情况的原因进行推测；例（2），后句是根据前句所表示情况来断定结果。

本文着重从推断性质、句意关系、语气组配、组合方式四个角度来考察推断句群的分类。

---

① 本文语料均来自"北京语言大学语料库中心"。

二 推断句群的推断性质类型

推断性质,指句子和句子之间的关系侧重于推测还是侧重于断定。根据句子与句子之间推断性质的不同,推断句群可以分为推测句群和断定句群。推测句群和断定句群既相对立,又相包含:一方面,"推测"重在表明推断内容的不定性,"断定"重在表明推断内容的可定性;另一方面,"推测"也是对某种情况一定程度上的断定,"断定"其实也是对某种情况的一种推测。

(一) 推测句群

推测句群,指侧重于推测句子和句子之间关系的推断句群。一般是句群的前半部分表示推测的根据或对象,后半部分表示推测的具体内容。常见情况有两种:一种是单项推测,即句群的后半部分用疑问方式提出一个推测选项。例如:

(3) 她沟沟坳坳、坎坎塄塄跑了个遍,还是没寻见小花脸。莫不是摔进峡谷里啦?

另一种是多项推测,即句群的后半部分用疑问方式提出两个或两个以上的推测选项。例如:

(4) "你到底是谁?是敌还是⋯⋯"(对方仍然没有答话。)
(5) 可是生命真正意义是什么?是节制还是奔放?是矜持还是疯狂?是一个故事还是一种事实?

例(4),提供两个选项,只不过后一个选项"友"隐含;例(5),提供六个选项。

(二) 断定句群

断定句群,指侧重于断定句子和句子之间关系的推断句群。根据所断定内容必然性的不同程度,断定句群主要有两种情况:一种是完全断定,即断定内容具有绝对必然性。例如:

（6）山间有一小亭，上书一联："茶品可清心，趣言能适意"。想必这亭即著名的"茶趣亭"也。

（7）我们看见不少有名的人的手写字，其中就有不少别体、破体、俗体，或竟臆造一种写法。至于民间新造的写法，更不知凡几，都是向简化这一条路走的。可知简化这一趋向是不可抑制的。

另一种是不完全断定，即断定内容具有或然性。例如：

（8）这次登临莲花峰，得知此亭名"太极亭"，亭前小池，方圆近三百米，名为"莲花池"。大概"莲池流芳"即由此池而来。

（9）遗憾的是，我在这次展览会的编目上没发现这两幅画。可能也是在一九三七年日机空袭南京时毁了。

三 推断句群的句意关系类型

句意关系，指句子和句子之间的逻辑语义关系。根据句子与句子之间句意关系的不同，推断句群主要可以分为因果推断句群、解注推断句群和类比推断句群，最常见的是因果推断句群。

（一）因果推断句群

因果推断句群，指句子与句子之间具有因果关系的推断句群。常见情况有两种：一种是根据原因推断结果，句群语义结构是"因+果"；另一种是根据结果推断原因，句群语义结构是"果+因"。此外，句群语义结构还可以是"果+因+果""因+果+因"等。例如：

（10）我曾写信问过语言文字学家朱德熙，是不是古代没有"烤"字，德熙复信说古代字书上确实没有这个字。看来"烤"字是近代人造出来的字了。

（11）客厅右侧的房子，传来了吉他和提琴声。楼上传来了歌舞声。想必是住在亨德拉家里的青年艺术家在练习音乐和歌舞。

（12）还要提及的是，现在不少书刊中多有把"濠濮间"误写为

"濠濮涧"者。想来是这里有一条小涧,就把间误为涧了。

(13) 某日在北京乘电车经过新街口,忽然瞥见"顾荣"正在人行道上走,就像电视剧里他在古陵县街道上踱方步一样。我猜想那大概是演员鲁非同志,从"北影"进城不正是要通过新街口吗?

例(10),句群语义结构是"因+果"。例(11),句群语义结构是"果+因"。例(12),句群语义结构是"果+因+果",结果"间误写为涧",分别以单句和分句的形式前后出现。例(13),句群语义结构是"因+果+因",结果是"我猜想那大概是演员鲁非同志",其原因分别以复句和分句的形式前后出现。

因果推断句群和因果句群有同有异。它们的共同点在于句子与句子之间都存在因果关系。但对这种因果关系,因果推断句群重在"推断",而因果句群重在"说明"。正因为二者之间的这种联系,因果推断句群和因果句群存在着一些纠结现象。第一种纠结现象是,句群的后半部分用疑问语气表述原因或结果,同时使用原因标记"因为、由于"或结果标记"所以、因此"等,从而将句子之间的因果关系由"说明"变为"推测"。比较:

(14) 为什么西湖的声名特高,吸引着特多的游人?是因为湖山掩映,相得益彰么?是因为阴晴明晦,湖山的变化四时无穷么?

——为什么西湖的声名特高,吸引着特多的游人?是因为湖山掩映,相得益彰。是因为阴晴明晦,湖山的变化四时无穷。

——为什么西湖的声名特高,吸引着特多的游人?是湖山掩映,相得益彰么?是阴晴明晦,湖山的变化四时无穷么?

(15)"二十八吧,是个特别能干的人呀。""所以你想和他见面了?"

——"二十八吧,是个特别能干的人呀。""所以你想和他见面了。"

——"二十八吧,是个特别能干的人呀。""你想和他见面了吗?"

例(14)、(15),句群的后半部分若用陈述语气表述原因或结果,则是典型的因果句群;若去掉"因为、所以",则是典型的推断句群。这种纠结现象的特点是:若推测内容表示结果,则结果常常是事实。若推测内容表示原因,则可以是真实的原因,也可以是虚假的原因。在虚假原因之后,说话人一般会接着对其予以否定,甚至说明真正原因,从而利用设问这种辞格来强化突出真正原因。比较:

（16）"我不是贤妻良母型的。""所以才离婚？"（"也许吧。我的事业心太强。我们是好聚好散，互道珍重后才各奔前程的。"）

（17）可以说，中华民间故事在当代生活中已严重失落。是因为中华民间故事不够精彩吗？显然不是。

（18）可是，出乎人们的预料，本市水利部门撇开近在咫尺的厂子，转而从千里之外的塑料厂进货。是因为本市产品规格不对路？质量不好？还是价格太高？都不是。据说，是因为两家的关系没弄"明白"。

例（16），从括号内的下文可知"离婚"是事实；例（17），先推测一个原因，接着予以否定；例（18），先推测三个原因，接着予以否定并说明真正原因。对于例（18），若只观察前四个句子，是典型的因果推论句群；若观察整个语言片段，既不是典型的因果推断句群，也不是典型的因果句群。

第二种纠结现象是，表示推断的词语与"（是）因为"在同一小句内连用或者在不同的句子中合用，从而将句子之间的因果联系由客观变为主观。比较：

（19）可在环顾四周后，发现与我一同围观的人少得可怜。我猜想也许是因为旁观者的存在会打扰到摄制，只好一步三回头地悻悻离去。

——可在环顾四周后，发现与我一同围观的人少得可怜。是因为旁观者的存在会打扰到摄制，只好一步三回头地悻悻离去。

（20）我估计他不会拒绝一位老校友。因为，我听说，几年前他造访母校时，曾邀请这位校友与他一同唱校歌。

——他不会拒绝一位老校友。因为，我听说，几年前他造访母校时，曾邀请这位校友与他一同唱校歌。

例（19），"我猜想也许"与"是因为"连用于同一小句；例（20），"我估计"与"因为"合用于前后句。

第三种纠结现象是，同一个关联词语既可以关联因果推断句群，也可以关联因果句群。这样的关联词语如：如此一来、这样一来。例如：

（21）由于侨民常年身处异国他乡，对于中国的违规违禁产品缺乏了解，往往消费者指定的代购商品很可能就属于违规违禁产品的范畴。如此一来，代购者在承担高风险的同时，还很有可能会招致牢狱之灾。

(22) 居民日常大量使用的含磷洗衣粉自然也必须改用无磷的绿色产品。如此一来,不少消费者担心:产品"绿"了,质量会下降吗?

例(21),是因果推断句群;例(22),是因果句群。

(二) 解注推断句群

解注推断句群,指句子与句子之间具有解注关系的推断句群。主要有两种情况:一种是陈述式解注,即解注推断句群的后半部分使用陈述语气。常见的是句群前、后部分都使用陈述语气,后半部分对前半部分中的某个词语所表示对象进行解注。有时,陈述式解注推断句群的前半部分也使用疑问语气。例如:

(23) 我们正好在花园口大堤见到了直接受到当年决口之灾的人民公社社员邵世敬老大爷。看上去他已年逾花甲。

(24) "将来会怎样?谁也不知道。说不定会把我们从这儿赶走呢!"(他似乎担心政策会变。)

例(23),是"陈述+陈述";例(24),是"疑问+陈述+陈述"。

另一种是疑问式解注,即解注推断句群的后半部分使用疑问语气。常见的是句群的前半部分提出疑问,后半部分也用疑问的方式提供一个或几个选项来对前半部分中的疑问词语进行解注。例如:

(25) 京子兴高采烈地说,"今天你怎么办?还是跟希金斯一道行动?"

(26) 今朝是何年?是1988年还是1958年?

例(25),后句提供一个选项;例(26),后句提供两个选项。

解注推断句群和解注句群有同有异。它们的共同点在于句子与句子之间都存在解注关系。但对这种解注关系,解注推断句群重在"主观推断",而解注句群重在"客观说明"。所以,疑问式解注推断句群不能直接转换为解注句群;陈述式解注推断句群去掉表示推断的词语后可以转换为解注句群,但主观推断性消失。比较:

（27）临近6点闭馆时分，图书馆大门走出很多人来。看样子大部分是在阅览室用功的高中生。

——临近6点闭馆时分，图书馆大门走出很多人来。大部分是在阅览室用功的高中生。

（三）类比推断句群

类比推断句群，指句子与句子之间具有同类相比关系的推断句群。主要有两种情况：一种是"同质"类比。即句群的前半部分说明某类中的一个或多个个体现象，后半部分则对此类的其他个体进行类比推断，其他个体与句群前半部分的个体具有相同的情况。例如：

（28）这位乡长来信倾诉的肺腑之言，虽然不一定全都正确，但很实在。想必很多在农村基层工作的干部，都有同样的酸甜苦辣。

另一种是"异质"类比。即句群的前半部分说明某类中的一个或多个个体现象，后半部分则对此类的其他个体进行推断，其他个体与句群前半部分的个体具有不同的情况。例如：

（29）想想20年前香港与内地遥远的心理距离，两地间的融合演绎了沧海桑田。那么20年后呢？"我们都是湾区人"绝非口号。

"同质"类比和"异质"类比之间存在中间地带，即句群后半部分其他个体的情况与前半部分个体的情况有同有异。例如：

（30）我们经常可以听到上一辈经济学家的感叹与鼓励："我们这一代的宝贵时间给'文革'荒废了，知识结构也老化。中国经济学发展要靠你们了。"那么，我们这一代又怎么样呢？虽然近些年是出现了一些才华横溢、富有创新精神的中青年经济学家，但总体上看也存在知识结构的缺陷。

类比推断句群与平列式并列句群有相通之处，都是平等地列出两种或两种以上的情况。但二者之间的区别也较为明显：首先，类比推断句群的后半部分虽对某类的其他个体进行推断,但对此推断的表述有时运用设问的方式,即先用疑问句引出被推断的个体,再具体说明。如例(29)、(30)。其次,类比推断句群的后半部分有表示推断的词语,用以保证句子之间推断关系的成立。若去掉表示推断的词语,有些类比推断句群可以转换为平列式并列句群,但"推断"性消失。比较:

(31)任何一种文化想在世界上唯我独尊,是断然行不通的,欧洲迪斯尼的厄运就是明证。推而广之,在国际政治经济等领域内,道理也是这样。

——任何一种文化想在世界上唯我独尊,是断然行不通的,欧洲迪斯尼的厄运就是明证。在国际政治经济等领域内,道理也是这样。

最后,类比推断句群前半部分的说明对象和后半部分的推断对象是不同的,而平列式并列句群前后两部分的说明对象可以不同,也可以相同。例如:

(32)27岁的王勇不久前通过了电子专业的博士学位答辩,成为清华大学自1978年设立博士学位后培养的第1700名博士。同时,他也是改革开放20年北京为全国培养的4万多名博士中的一个。

例(32),前句的说明对象是"27岁的王勇";后句的说明对象是"他",即"27岁的王勇"。

四 推断句群的语气组配类型

语气组配,指句子和句子的语气使用模式。根据句子与句子的语气组配类型的不同,推断句群可以分为陈述推断句群、疑问推断句群和异类推断句群。

(一)陈述推断句群

陈述推断句群,指每个句子都使用陈述语气的推断句群。这是最常见的语气组配类型。例如:

（33）他们不但能打仗，还能帮助老百姓生产。我想世界上恐怕没有比这再好的军队了。

（34）有三位年轻的中国同志也排到队里来了。看起来他们都是大学生。

（二）疑问推断句群

疑问推断句群，指每个句子都使用疑问语气的推断句群。这是较为常见的语气组配类型。例如：

（35）"（不，事实上正好相反。你大可以拿孩童来证明休姆的理论。）如果石头浮在空中一两个小时，你想谁会比较惊讶？是你还是一个一岁大的婴儿？"

（36）鸡蛋价格疯降狂跌，养鸡户是怎样应对的？是在消极观望还是"挥泪斩鸡"？

（三）异类推断句群

异类推断句群，指使用两种或两种以上不同语气的推断句群。常见的是使用陈述和疑问两种语气：可以是"陈述+疑问"，可以是"疑问+陈述"，有时也可以是"疑问+陈述+疑问、陈述+疑问+陈述"等。例如：

（37）一场百年不遇的大雪在他们踏上归程时从天而降。难道上苍真的有情？

（38）在这寒冷的车厢，在这冰冷的衣兜里，怎么会有温热呢？我想它吸纳了日月的精气，也尽收了祖先的神魂吧。

（39）吐鲁番干旱少雨，火焰山烫如高炉，滴水难存，即使冬天也少有积雪，这溪水从何而来？真让人匪夷所思。想必是火焰山地下深处藏有涓流，而在此汇聚成河流出地面了吧？

例（37），是"陈述+疑问"；例（38），是"疑问+陈述"；例（39），是"疑问+陈述+疑问"①。

此外,有的异类推断句群还可以是"祈使+陈述"或"陈述+感叹"等。例如:

(40)(然后她又催他:)"你说有好多话,快说嘛。说不定三表妹等不得又会跑来找我的。"

(41)我们知道,骨头里含有磷,没有磷,骨头就不能长得那样结实。大脑也含有很多的磷,没有磷,思想工作就不能进行。这样看来,人体是多么需要磷的滋养啊!

例(40),是"祈使+陈述";例(41),是"陈述+陈述+感叹"。

五　推断句群的组合方式类型

组合方式,指联结句子和句子的手段。根据句子与句子的组合方式的不同,推断句群可以分为词语标记推断句群、句式标记推断句群和意合推断句群。

(一)　词语标记推断句群

词语标记推断句群,指使用关联词语来联结句子的推断句群。标明推断关系的关联词语,可以分为两类:一类是关联词。从词性来看,常见的关联词有动词、副词和连词三种。常见的关联动词有:想来、看来;常见的关联副词有:想必、说不定;常见的关联连词有:可见、可知、那么。② 关联词一般都位于句首,居于所在小句的主语(显现或隐含)之前。例如:

(42)现在国家木材的供应仍是很紧张的,如果我们从小处着眼,将每根火柴杆适当缩短些,这样既可为国家节省木材,也可降低火柴的成本。想来群众是会举双手赞同的。

(43)七月间,北京市判处了一起贪污大案,罪犯是某医院住院处主

---

① "真让人匪夷所思。"也可以看作是陈述语气和感叹语气的兼用。
② 关联词的词性采用中国社科院语言研究所词典编辑室编《现代汉语词典》(第7版)的观点。

任，即一个科级干部。她贪污金额达一千多万元，使国家遭受重大损失。可见"小官"同样能带来大害。

另一类是关联短语。从结构类型来看，常见的关联短语有偏正短语、动宾短语和正补短语三种。常见的关联偏正短语有：这样看来、可想而知；常见的关联动宾短语有：看样子、推而广之；常见的关联正补短语有：看起来、看上去。关联短语一般都位于句首，居于所在小句的主语（显现或隐含）之前。例如：

（44）记者明察暗访得来触目惊心的事实是：良心好点的直接在自来水上灌装，不好的直接把江水、河水打来沉淀后灌装。而这样的水大量卖到士多店、小食店、发廊、酒店等公众场所。可想而知，这种质量的水能让消费者满意吗？

（45）有人把蒸汽机发明后的工业社会，称为煤文化；把最近几十年来汽车工业的黄金时代称为石油文化。推而广之，如果今后有人把电子信息时代称为计算机文化，似也在情理之中。

此外，还有一类较为特殊的词语标记，即超词形式，包括：由此可见、由此可知、由上可见、由上可知。例如：

（46）三月中旬，文化部文物局革命博物馆筹备处，举办了首次革命史料展览，二十余天中，参观人数共达十余万人。由此可知各界对革命史料的要求是怎样迫切。

（二）句式标记推断句群

句式标记推断句群，指使用特色句式来联结句子的推断句群。用于推断句群的特色句式，主要有两类：一类是疑问句式。常见的有是非问"难道（是）/难不成/莫不是/莫非……"，选择问"是……还是……"等也较为常见，正反问"是不是……"有时也用于推断句群。这三种疑问句式一般用于推断句群的后半部分，表示推断的具体内容。例如：

（47）眼下，庄稼正需要追肥，却不见动静。莫非他们积的追肥不够用?

(48) 拍卖的意义是什么?是交易本身还是"做秀"?

(49) 她来到通讯组,高加林不在办公室,门上还吊把锁。是不是下乡去了?

另一类是陈述句式,即小句"既然这样/如此,……"。这种句式用于推断句群后半部分的开头,引出推断的具体内容。例如:

(50) 一些研究表明,语言习得的关键期可能有多个。既然如此,那么不同的语言成分,如语音、句法、词汇等的关键期究竟在什么时间,或者关键期对学习这些不同的语言成分有什么不同的影响也是值得研究者进一步探讨的问题。

(三) 意合推断句群

意合推断句群,指没有使用上述词语标记和句式标记的推断句群。在意合推断句群中,有两类比较突出:一类是句群的后半部分使用一般是非问来表示推测。例如:

(51) 天还是这块天,地还是这块地,人还是这些人,为什么今朝绿了荒山、满了粮囤?有神助么?

另一类是句群后半部分的句首使用"可能、大概、肯定是、我想、我猜想、我估计、我觉得"等词语来表示推断。这类词语也可以看作"类词语标记"。例如:

(52) 它停了一会儿,带着自己的猎物飞走了。肯定是去找一个没人打扰的地方好好享受美餐了。

这种"类词语标记"有时连用,可以强化推断。例如:

(53) 我转身一看,发现这是一位看上去 50 岁上下的中年妇女,脸上写满了忧伤。我猜想可能是这幅照片触动了她的伤心处。

推断句群中常见的关联词语、特色句式与推断句群的推断性质类型、句意关系类型、语气组配类型之间的主要关系如下：

推断标记	常见推断性质类型	常见句意关系类型	常见语气组配类型
（由此/由上）可见、（由此/由上）可知	断定	因果	陈述
想必	断定	因果、类比	陈述
（这样）看来	断定	因果	陈述
想来	断定	因果	陈述
说不定	断定	因果、解注	陈述
可想而知	断定	因果	陈述
推而广之	断定	类比	陈述
看样子/看起来	断定	因果、解注	陈述
看上去	断定	解注	陈述
难道（是）/难不成/莫不是/莫非……	推测	因果	异类、疑问
是……还是……	推测	因果、解注	疑问、异类
既然这样/如此，……	断定、推测	因果	陈述、异类
那么	断定、推测	因果、类比	陈述、异类

六 推断句群和推断复句的类型比较

推断句群和推断复句在分类上有相同点，也有不同点。

（一）推断句群和推断复句分类的相同点

推断句群和推断复句在分类上具有以下四个相同点。

第一，在推断性质上，二者都有推测和断定两种类型。例如：

（54）进到睡屋的开田这时又摔了一件东西，是碗还是丹根喝水的杯子？

（55）俗语说"熟能生巧"，可见"巧"是在实践过程中逐渐形成的。

例（54），是推测复句；例（55），是断定复句。

第二，在句意关系上，二者都有因果推断、解注推断、类比推断三种类型。例如：

（56）一次，我说我爱我的祖国，想必你们也爱自己的祖国吧？

例（56），是类比推断复句。因果推断复句如例（55），解注推断复句如例（54）。

第三，在语气组配上，二者都有陈述推断、疑问推断和异类推断三种类型。例如：

（57）为什么这批器材从批拨到提运竟拖了半年之久，是生产不需要吗？

例（57），是疑问推断复句。陈述推断复句如例（55），异类推断复句如例（56）。

第四，在组合方式上，二者都有词语标记推断、句式标记推断、意合推断三种类型。例如：

（58）看他们一脸困惑的表情，我估计听写情况可能不会太好。

例（58），是意合推断复句。词语标记推断复句如例（56），句式标记推断复句如例（54）。

（二）推断句群和推断复句分类的不同点

推断句群和推断复句在分类上具有以下四个不同点。

第一，提出三个或三个以上推测选项的多项推测复句少见。常见的推测复句是单项推测，如例（56）；有时是两项推测，包括正反两项，如例（54）。如果推测选项为三个或三个以上时，一般选用推测句群来表述。例如：

（59）（这两个姑娘的喜悦传到了观众心中:）她们在谈论什么？是讲今年收成比去年好？是幻想祖国或者自己的未来？是互相取笑对方爱

人捎来的口信还是……？

——？她们在谈论什么，是讲今年收成比去年好，是幻想祖国或者自己的未来，是互相取笑对方爱人捎来的口信还是……？

第二，"异质"类比推断复句少见。"异质"类比推断中，不同的个体虽属同类，但不同个体的具体情况并不相同；同时，句群可以满足更多语境或表现方式的要求。所以"异质"类比推断常用推断句群来表述。例如：

（60）"形训"建立在汉字形义统一的基础之上，这是由汉字的表意性所决定的，因此，根据字形分析可以推求和说明字（词）义，即"据形说义"。

"声训"建立在同根词音近义通的基础之上，因为词义的发展变化在本质上是依靠声音的，所以，可以通过分析古音以求得词义，即"因声求义"。

那么"义训"呢？"直陈词义"的根据何在？（似乎缺乏理论上准确而充分地阐述。）

（61）泰戈尔说："果实的事业是尊贵的，花的事业是甜美的，叶的事业是谦虚的。"那么，根的事业是什么呢？有人说：根的事业是艰辛的。那么，种子的事业又是什么呢？我想啊想，我看到了金灿灿的种子，看到了它在发芽、生长，看到了它在为生存拼命地向上生长，看到了它那强大的力。

例（60），"形训""声训""义训"三种训诂方法的内涵各不相同，且"形训""声训"的解说并不简短，作者用两个自然段来表述。三种训诂方法分属三个自然段，构成一个推断句群。例（61），句群的前半部分是引用他人话语，后半部分主要是作者话语，所以选用推断句群。此外，此例的后半部分是二次推断：第一次推断"根的事业"，第二次推断"种子的事业"。

第三，异类推断句群的类型更丰富。异类推断复句受句子身份的制约，所容纳的语气类型一般为两种，而异类推断句群在语气类型的组配上则更多样。比较：

（62）可出乎意料的是，想象中的风卷残云并未出现，他反而停杯投箸，连连道："饱了、饱了，吃不了了。"仔细一看，竟不及平时饭量的一半。怪哉！是"佳肴"难以下咽？

例（62），四个句子分别使用了陈述、感叹和疑问三种语气。

第四，同一关联词语用于推断句群和推断复句，其使用频率或用法有所不同。从使用频率来看，"看来、这样看来、由此可见、由此可知、由上可见、由上可知"，用于推断句群的频率高于推断复句；"想必、想来"，用于推断复句的频率高于推断句群。从用法来看，"既然"可用于推断句群和推断复句，但有不同之处：一是位置不同，"既然"在推断复句中一般位于复句前半部分，而在推断句群中位于句群后半部分；二是后接成分不同，在推断句群中，"既然"后面接代词"这样、如此"，用来复指句群的前半部分，从而起到联结句子的作用，在推断复句中，"既然"后面所接具体成分丰富多样，包括代词"这样、如此"。例如：

（63）按照这个说法，短语就是词组。既然这样，为什么不沿用《暂拟系统》仍叫词组而一定要改称短语呢？

例（63），若只看后句，是一个推断复句，"既然"位于前分句；若联系前句来观察，是一个推断句群，"既然这样"是一个关联句式。

七　结语

推断句群可以从不同的角度进行分类。从推断性质来看，可以分为推测句群和断定句群；从句意关系来看，可以分为因果推断句群、解注推断句群和类比推断句群；从语气组配来看，可以分为陈述推断句群、疑问推断句群和异类推断句群；从组合方式来看，可以分为词语标记推断句群、句式标记推断句群和意合推断句群。

推断句群和推断复句在类型上有同有异。二者的相同点为：都有推测和断定两种推断性质类型，都有因果推断、解注推断、类比推断三种句意关系类型，都有陈述、疑问和异类三种语气组配类型，都有词语标记、句式标记、意合三种组合方式类型。二者的不同点为：提出三个或三个以上推测选项的多项推测复句少见；"异质"类比推断复句少见；异类推断句群的类型更丰富；同一关联词语用于推断句群和推断复句，其使用频率或用法有所不同。

参考文献

陈海娟：《推论性话语标记研究》，硕士学位论文，扬州大学，2015 年。

刘楚群：《"看起来"与"看上去"、"看来"差异浅析——兼论趋向短语的语法化》，《江西师范大学学报》（哲学社会科学版）2009 年第 4 期。

邢福义：《汉语语法学》（修订本），商务印书馆 2016 年版。

邢福义、刘培玉、曾常年、朱斌：《汉语句法机制验察》，生活·读书·新知三联书店 2004 年版。

杨婉萍：《推论性话语标记研究》，硕士学位论文，上海师范大学，2014 年。

张谊生：《"看起来"与"看上去"——兼论动趋式短语词汇化的机制与动因》，《世界汉语教学》2006 年第 3 期。

中国社会科学院语言研究所词典编辑室：《现代汉语词典》（第 7 版），商务印书馆 2016 年版。

（作者单位：华中师范大学文学院）

Turkic Participial Relative Pattern in Bukharan Arabic?*
——A reassessment of the contact influence
Hongwei Zhang (张泓玮)

Abstract　Bukharan Arabic is one of the two dialects of Uzbekistani Arabic. Being one of the Central Asian Arabic varieties, its word order is well-known to be remarkably V-final; several features not found in other Neo-Arabic varieties are generally attributed to contact influence. In a recent analysis of Bukharan Arabic, it has been suggested that its relative clause pattern follows the Turkic type. However, when compared to the Turkic relative which is peculiar in itself for being the participial pattern, Bukharan Arabic relative formation does not seem to conform to that in Turkic. The mini-corpus investigation conducted for this paper yielded more frequent postnominal relative clauses, also unlike the pan-Turkic prenominal pattern. The finite relative verbs as well as the resumptive elements found on the relative verbs all seem to show a recycling of existing grammatical structures in Arabic (and in Semitic in general), rather than simple borrowing of the Turkic structure.

Key words　Bukharan Arabic　Relative clause　Word order　Language contact

---

* The mini-corpus investigation conducted for this paper would not have been possible without the help from Prof. Kees Versteegh who generously made for me a copy of his former student's unpublished MA thesis. My gratitude also goes to Prof. Ulrich Seeger who kindly put me in contact with Prof. Versteegh. This paper constitutes part of my ongoing Ph. D. dissertation project and I thank Prof. Rebecca Hasselbach-Andee for commenting on an earlier draft of it. All remaining flaws and errors are mine.

1. Bukharan Arabic

Central Asian Neo-Arabic varieties are the vernaculars of Arab minorities living in several villages of Central Asia. Historically settling in Khanate of Bukhara and the northern plains of Afghanistan - Turkistan, speakers of Central Asian Arabic have been reported mainly dwelling in present-day Uzbekistan, Iran and Afghanistan.

Bukharan① Arabic is the one of the two dialects of Uzbeki Arabic, with speakers in several villages [*qishloq*]② in G'ijduvon District [*G'ijduvon tumani*] and Vobkent District [*Vobkent tumani*] of the Bukhara Region [*Buxoro viloyati*]. Zimmermann (2009, 613) keeps the demographic data that he cited (2002, 13) from Schippers

---

① No true consensus has been reached in academia regarding the terminology. "Bukhara Arabic" has been relatively more widely used to refer to this particular variety of Central Asian Arabic dialect in Uzbekistan. Publications in Russian invariably use derived adjectival modifiers such as Бухарский. Similarly, on the higher level, "Uzbekistan Arabic" seems to be used slightly more often, but c. f. also "Uzbeki Arabic" used by Hammarström, Forkel, and Haspelmath (2019). Considering the fact that it seems more conventional to refer to regional varieties of Neo-Arabic using a derived adjective, e. g. "Cairene Arabic" for the Egyptian variety of Cairo, "Maccan Arabic" for the Saudi variety in Macca etc., the present author opted for "Bukharan Arabic" to designate the Uzbekistani variety in Bukhara, which is also in accordance with the recent publications on "Bukharan Tajik," the Tajik vernacular in the same region (e. g. Ido, 2007). See also the discussion of the terminology by Zaborski (2008, 409).

② Zimmermann (2009, 613; 2002, 13) lists the villages "Djogari, Tchardari, Shahan-Bek" of G'ijduvon District, and the village "Arabkhona" of Vabkend District, citing census data from Schippers & Versteegh (1987). The list of villages seems to be adapted transliterations from Fischer (1961, 233), which apparently ultimately go back to the list provided by Tsereteli (1941, 134). However, it seems that the initial report does not completely confirm it: "Сопоставив те и другие сведения, можно заключить, что 705 чел. Гиждуванского района приходятся на 145 арабских хозяйств кишлаков Джугары в Шахан - Баг, 207 чел. Вобкентского района - на 53 арабских хозяйства в кишлаке Шанигар и Шит - мама, 296 чел. Кассанского района - на большее число (около 1500) арабских хозяйств в кишлаках Джейнау, Чандыр и т. д., 407 чел. Бешкентского района на 224 арабских хозяйств кишлака Мушкака и на 176 арабских хозяйств кишлака Кохляк" (Burykina and Izmajlova, 1930, 528 - 529). That is: Džugari and Shaxan - Bag in G'ijduvon District, Shanigar and Shit - mama in Vobkent District, Džejnau, Chandyr in Koson District, and Mushkaka and Koxljak in Beshkent District, with the first two districts in Bukhara Region. Likely due to changes in administrative nomenclature, none of the names of the G'ijduvon or Vobkent villages are identifiable with those (14 for G'ijduvon and 11 for Vobkent) listed in the *ўзбекистон миллий энциклопедияси* (electronic version).

and Versteegh (1987, 136), which is almost certainly outdated, and it is likely that the number of speakers has been in constant and rapid decrease: Chikovani reports that during his fieldwork in 2000, it was established that speakers were living in G'ijduvon villages of "*šohanbeg*" and "*čagdarē*" (Chikovani, 2003, 3), whereas Zimmermann reports that during his fieldwork in 2002, he found Arabic no longer spoken in "Shahan-Bek" (Zimmermann, 2002, 69-70), presumably the same village as "*šohanbeg*" mentioned by Chikovani. It is incredible that Bukharan Arabic disappeared from this village in only about two years.

Traditionally receiving less attention than other Neo-Arabic varieties, since its discovery (Burykina and Izmajlova, 1930), Central Asian Arabic has been studied mostly by former Soviet Union scholars, such as Tsereteli (1940), Vinnikov (1949), etc., with Fischer (1961) and Versteegh (1986) among the few European scholars having studied Bukharan Arabic in some details after Tsereteli's (1954) report presented at the International Congress of Orientalists. More recent studies include several unpublished MA theses and multiple publications by the Georgian scholar Guram Chikovani (e. g. Chikovani, 2003, 2009, 2017, etc.), continuing the academic tradition initiated by Tsereteli in Georgia.

Bukharan Arabic-and Central Asian Arabic in general-is described with the peculiar word order of SOV (Versteegh, 1986, 443; Kieffer, 2000, 186; Zimmermann, 2009, 621; Akkuş, 2018, 462) as well as several head-final features that have been attributed to its contact with the surrounding V-final languages, namely Iranian and Turkic. The following chart displays the major typological word order parameters of Bukharan Arabic:

Table1 Major typological word order parameters of Bukharan Arabic

Tajik	Uzbek	Bukharan Arabic
SOV	SOV	SOV, commonly $SO_i V = pron_i$ ①
N-*i* Adj	Adj N	N-*in* Adj
N-*i* Gen	$Gen_i N = poss_i$	N Gen, $Gen_i N = pron_i$, N-*in* Gen

---

① The subscript $_i$ in the chart is used to denote the coreferential relationship of the elements while the non-subscript italics are transliterations of morphemes involved in the structures. The subsequent glossing for the examples (in small caps) is in accordance with the Leipzig Glossing Rules, c. f. https://www.eva.mpg.de/lingua/resources/glossing-rules.php.

		continued
Tajik	Uzbek	Bukharan Arabic
Prep N	N Postp	Prep N
Dem N	Dem N	Dem N
Num N	Num N	Num N
N *ki* Rel	Rel$_{ptcp}$ N	N (*-in*) Rel, *il*-Rel N [rarely N *ki* Rel]

2. Relative clause in Bukharan Arabic

In a recent analysis, Ratcliffe (2005) has covered major peculiarities of Bukharan Arabic, lining them up with roughly equivalent features and structures in Iranian and Turkic in an attempt to compare the influence of from two groups onto Bukharan Arabic. In his brief discussion of Bukharan Arabic relative clauses, Ratcliffe (2005, 148) cites three illustrating examples:

(1) *Iskandar   muqūl-un   fad   amīr   kon*
    Alexander   saying-pl (?)   one   prince was
    "There was a prince (whom they) called Alexander."

(2) *fi   ide-h   wōquf   qūš-u   il-dabba   zarabu*
    in   hands-his   standing   hawk-his   against-horse   he struck
    "His hawk which was standing (i. e. sitting) on his arm, he struck against the horse."

(3) *min   nahar   ġōdi-yam   šajar   kōn*
    From   river   going- (?)   grass   was
    "There was grass which extended (lit. went[①]) from the river."

Then he provides a Turkish translation (Ratcliffe 2005, 148) obtained via personal communication for (1), as evidence for attributing the prenominal-ness of

---

① Ratcliffe (2005) correctly notes that *ġōdi* here is literally "went" if this PTCP is actually used as a finite verb. I consider this example better interpreted as a circumstantial expression: "There was grass going from the river."

Bukharan Arabic relative clause to Turkic influence:

(4) *Iskandar   derler   bir   amir−di*
    Alexander   say−pl   one   prince−was

Furthermore, he notes that "[t]he normal pattern in Uzbek is the same", citing an example from Ismatulla (1995, 430)①:

(5) *kitåb oqiyåt−gan yigit   özbek   tilini   biladi*
     book read−part youth   Uzbek   language−poss−acc   knows
    "The young man who is reading a book knows Uzbek."

Akkuş (2018, 462) rearticulates this contact influence from Turkic, citing Ratcliffe's (2005) first example, namely (1) above, as illustration. Unfortunately, Akkuş (2018) only alters the transcription conventions, but has kept the Ratcliffe's (2005) incomplete and erroneous morphemic analysis as quoted above.

The relative pattern of Turkic languages is remarkable in typology (Csató 1996; Comrie 1997, 20ff), and the "reduced relative clause" in Turkish is particularly well−known to syntacticians, with a large number of dedicated dissertations and publications attempting to account for its structure, e.g. Underhill (1972), Zimmer (1987), Kornfilt (1997, 2000, 2005), Krause (2001), Cagri (2005, 2009), to name a few.

However, a couple issues are worthy of noting here. Firstly, speakers of Bukharan Arabic as reflected today, have been living in present−day Uzbekistan. If any Turkic speakers had come into contact with them and affected their language, they would have most likely been speakers of Uzbek (Karluk branch of Turkic), which

---

① Ismatulla (1995) follows the Cyrillic orthography of Uzbek; cited here is the transcription by Ratcliffe (2005) who has not provided the original (Китоб ўкиётган йигит ўзбек тилини билади). The analysis for the participle is partially correct in that *−gan* (−ган) is indeed the Uzbek participial suffix, but the segmentation and the glossing is problematic: the verb root "read" should be *o*ʻ*qi−* (ўки−), rather than "*oqiyåt−*", which wrongly contains the converbial prog construction: *o*ʻ*qiyotgan* (ўкиётган) <*o*ʻ*qi+y+yot+gan*, with the conditioned elision of the converbial affix, c.f. the analysis below (my transcription using the 1993 Uzbek Latin orthography): *kitobo*ʻ*qi−yot−ganyigito*ʻ*zbektil−i−nibil−a−di* bookread−prog−ptcpyouthUzbeklanguage−poss−accknow−pres−3sg

differs from Turkish (Oghuz branch of Turkic) in at least some aspects. Comparing Bukharan Arabic to (modern/standard) Turkish would be potentially problematic. For example, the Turkish in (4) above in the "traditional story-telling style" may well seem paralleling Bukharan Arabic in (1). However, the structure of (4) should be analyzed differently and the semantics is also different from (1):

(6) *Iskandar   de-r-ler   bir   amir-di*
   Alexander   say-aor-pl   one   prince-pst
   "The one [whom] they call Alexander was a prince." ①

Whereas the intended existential meaning would be rendered in Uzbek with the typical Turkic participial relative as:

(7) *Iskandar   de-gan   bir   emir   bor   e-di*
   Alexander   say-ptcp   one   prince   exist   be-pst
   "There was a prince [whom they] called Alexandar."

Besides, although the latter two of Ratcliffe's (2005) examples, namely (2) and (3) above, do reflect comparable participial formation (*wōquf* and *ġōdi*), resonating with participial relativization in Turkic languages, their clausal status is actually highly questionable, especially considering the fact that the finite verb *muqūlun* in example (1) has been wrongly parsed as if it were an active participle. As a result, Akkuş (2018, 462) is actually right in citing it to illustrate relative clause formation. See below my analysis and glossing for *m-u-qul-ūn*:

(8) *Iskandar   m-u-qul-ūn   fad   amīr   kon*
   Alexander   ind-3-call\ipfv-mpl   indf   prince   be\pfv.3msg
   "There was a prince (whom they) called Alexander."

My morphemic analysis agrees with the intended analysis by Versteegh (1986):

---

① My literal translation for the purpose of reflecting the Turkish sentence structure is confirmed by both an advanced second language learner (August Samie, personal communication) and a native speaker (Ömer Eren, personal communication) at the University of Chicago.

while Ratcliffe (2005) gives the segmentation as "*muqūl-un*," Versteegh (1986, 450) makes no segmentation but does gloss "*muqūlūn*" with the translation value of "they call." Akkuş (2018, 462) cites Ratcliffe (2005) verbatim except that macron is replaced by doubling of the vowel letters in transliteration (as "*muquul-un*"). However, the theme vowel of the verb in question is actually not long but short in the original publication while the suffix vowel is long, c. f. Vinnikov (1969, 266), with my emphasis:

"*Iskandár muḵulūn fad amīr kon.*"

The same form is listed in the II - *w/y* (глаголы пустые) indicative (c частицей mi//m) paradigm by Axvlediani (1985, 71), where the short theme vowel for forms with suffixes (-*ūn* and -*īn*) is in contrast with the long theme vowel for forms without suffixes①:

Table 2 **Indicative paradigm of II-w/y verbs**

	ед. число		мн. число	
3 л. м. р.	mišīl	muḵūl	mišilūn	muḵulūn
3 л. ж. р.	miššīl	mitḵūl	mišilīn	muḵulīn
2 л. м. р.	miššīl	mitḵūl	miššilūn	mitḵulūn
2 л. ж. р.	miššilīn	mitḵulīn	miššilīn	mitḵulūn②
1 л.	mašīl	maḵūl	ninšīl	ninḵūl

The PL and 2FSG suffixes (-*ūn*/-*īn* here) in Semitic prefix-conjugations generally receive stress: at least Arabic, Aramaic, and Hebrew all attest such a stress placement, triggering changes in the theme vowels. With the stress shifting to the ultimate syllable, the penultimate long vowel is easily reduced in quantity. Therefore, "*muḵulūn*" (my emphasis) is conceivably expected, conforming to the regular indicative form of a finite verb with an *m* (*i*) - prefix.

Thus, it can be seen that in previous discussions on Bukharan Arabic relative

---

① The paradigm is cited verbatim from Axvlediani (1985, 71); grammatical abbreviations: л. for person (лицо), м. р. for masculine (мужской род), ж. р. for feminine (женский род), ед. число for singular (единственное число), and мн. число for plural (множественное число).

② Sic, also as such in the paradigm VERBA MEDIAE INFIRMAE given by van Thiel-Gnyp (1995).

formation, its peculiar word order is pointed out and attributed to Turkic influence. However, potentially erroneous analyses seem to draw a faulty comparison between the Turkic participial relative and examples in Bukharan Arabic containing participles which may likely not be a clausal construction at all.

Apart from the asyndetic relative pattern mentioned above, it is also important to note that there is also a syndetic relative pattern in Bukharan Arabic, using the relative marker *il* (Fischer 1961, 245; Vinnikov 1962, 17; Versteegh 1986, 450; Zimmermann 2009, 622). The generalization observed by Versteegh (1986) and Zimmermann (2009) is that when *il* is used to mark the relative clause, the relative construction is mostly head-final.

3. (Mini-) corpus examination and analyses

For the present study, I have selected the longest narrative from Dereli's (1997) unpublished fieldwork as a mini-corpus. Dereli (1997) records three narratives from "Djogari," one of the villages from which Bukharan Arabic speakers were first reported by the former Soviet Union scholars. The name of this village was adapted to Dutch; the Russian transcription "Джугари" is not exactly reflected in Fischer's (1961, 233) rendering "Ǧōgarī" either. Official maps published in Uzbekistan provide "Djougari" in the English version (The Tashkent Cartographic Factory, 2002) and "Jovgari" in the Uzbek version ("Kartografiya" ilmiy-ishlab chiqarish davlat korxonasi, 2011).

The narrative is a story told by a 63-year-old man, fluent in (Bukharan) Arabic, Tajik and Uzbek, still having childhood memories of Tsereteli doing fieldwork in the village. The man has a household of almost exclusively of individuals of Arab origin. Hence, the storyteller's domestic language is Arabic. The story is about a boy who went to the market for his mother on an errand, during which he kindly helped a thief who cunningly tricked him and stole his horse. Fortunately, the boy was offered advice by a fox to become a lord. Whereas the thief, with all his evil deeds done to the boy, later sought to duplicate the boy's experience, but ended up eaten by the beasts (Dereli 1997, 19ff).

Apart from translating into Dutch, Dereli (1997) glosses the text with some idiosyncrasy and indicates little morphological segmentation. Therefore, I have decided to analyze the chosen text thoroughly again in SIL Fieldworks (Version 8.3). The examples below are all glossed to reflect my own analyses; the numbers in parenthesis are indications of the occurrences of the sentences in the corpus. Following is a chart displaying statistics reflecting the corpus size as calculated by SIL Fieldworks:

Table 3   Size of the corpus

Total number of unique words (types):	710
Total word count (tokens):	1629
Total number of sentences (segments):	147

In the corpus examined in this study, including questionable cases, the following seven instances of relative clause are found, analyzed as follows:

(9) šöh   suff-āt   fȫ   q=inqa'd-īn   bobo-yīn   kul=um   nās-āt   qa'd-īn
    shah   estrade-pl   on=3fpl   sit \ ptcp-mpl   grandfather-mpl   all=3mpl   people-pl   sit \ ptcp-mpl

"The main/greatest estrade on which old men were sitting, there were all people." (11.5)

(10) handūk   dabt=in   handūk   mašdūd   illa=y   int=uh
     that. m   horse=IN   3msg①   tie \ pp   to=1sg   give \ impv=3msg

"Give me that horse that's tied up." (11.13)

(11) ḥarāmi   in=sorq=innu   dabba
     thief   IN=steal \ ptcp=3msg   horse

"The horse that the thief had stolen." (11.16)

(12) hād   zīb-āt   tāl-ahān=in   kul=in   m-i-hrib-in   mi-yo-ġd-in
     this. m   wolf-pl   stay \ ptcp-inf=3fpl   all=3fpl   ind-3-flee \ impf-fpl   ind-3-go \ impf-fpl

"The wolves that were left all fled away." (12.5)

---

① Bukharan Arabic pronouns have a supleted paradigm in the 3rd person forms; not only the distant but also the near demonstrative can be used as 3rd person personal pronouns. C. f. also the *hād* in (14) below, originally this. M.

(13) ana,   hāt   čoyhūriya   min   dasti   rumolt=u   ū/hō   min   dōk
     there this.m   teacup   from   manual①   handkerchief=3msg ***   from that.m
     ġaraba   varaqt=in   qōti‘=a   m-ə-vudd-in=a
     tree   leaf=IN   cut\ ptcp=3fsg   ind-3-carry\ impf-fpl=3fsg

"They brought her the teacup in which the leaf he had picked from that tree had been taken out of his handkerchief." (14. 3)

(14) handūk   ḥarāmi=yin   dabt=u=yin   min   hād=in   sorq=innu,   kul   fat
     that.m   thief=IN   horse=3msg=IN from3msg=IN   steal\ ptcp=3msg all   indf   nail=3msg
     fat   bilis   sōyir,   kullə   šiy-āt   maharrat-āt,   iġr-āt   ġalmūd-āt   m-i-ġi
     indf   span   become\ ptcp   all   clothes-pl   tear\ pp-pl   leg-pl   rock-pl   ind-3m-come\ impf

"That thief, who had stolen his horse from him and whose nails became a span long and whose clothes became torn and whose legs became rocks, came."② (16. 2)

(15) min   rās=u   in=‘abr-ū   kull=u   m-ə-qul=u
     from   head=3msg   IN=pass\ perf-3mpl   all=3msg   ind-3m-say\ impf=3msg

"He told everything that happened to him." (16. 8)

---

① Dereli (1997) analyzes *dasti* as *dast-i* and glosses it with "hand (IZ)" (Dereli 1997, 45), which implies a borrowed *ezafe* structure, best known from Iranian languages. However, apart from the problematic semantics (expected "hankerchief of hand" rather than "hand of hankerchief"), the general pattern of the Iranian *ezafe* phrase should be head initial and the *ezafe* -i/-e should be marked on the head, which is against the head final situation here. Thus, I suggest to trace *dasti* to an Iranian adjective *dastī* with the meaning "manual, pertaining to hand", as in Persian (c. f. Hayyim, *New Persian-English Dictionary*, s. v. دستی) and Tajik (c. f. Назарзода et al, *Фарҳанги тафсирии забони тоҷикӣ*, s. v. дастӣ), as well as that being passed on to other languages, e. g. Hindi (c. f. Caturvedi, *A Practical Hindi-English Dictionary*, s. v. दस्ती).

② The translation is my own rendering for the purpose of reflecting the original lexical items, c. f. Dereli's (1997) translation: "··· kwam die dief, die zijn paard van hem had gestolen en wiens nagels stuk voor stuk net zo lang waren als een hand en wiens kleren gescheurd en wiens voeten gebarsten waren" (Dereli 1997, 64). The word *bilis* is plausibly a measure loanword, but it should be better kept as its original meaning "a span" (c. f. Steingass, *A Comprehensive Persian-English Dictionary*, s. v. *bilist*) than Dereli's (1997) rendering "maat/lengte" (Dereli 1997, 52); I was not able to find a proper source for *ġalmūd* as a passive participle (ibid.), but Arabic *ġalmad/ġulmūd* "rock" (c. f. Lane, *Arabic-English Lexicon*, s. v. جلمد) is readily available to describe the thief's callous leg/feet.

In the above-cited examples, I have skipped all *in*-affixes in glossing, leaving all instances as "IN." This *in*-affix, usually showing up attached to the nominal head in adjectival or genitive phrases, has been generally analyzed as a LINKER or a CONNECTOR. See Versteegh (1986) and Dereli (1997). For several instances above, *in-sorqinnu* in (11), *varaqt-in* in (13), *hād-in* in (14), *in-'abrū* in (15), as well as the two instances of the phonetic variant *-yin* in (14), Dereli (1997) glosses "REL."

The general observations emerging from this mini-corpus examination are as follows:

First of all, we do not find a frequent employment of relative constructions. This may have something to do with the narrative genre, although the text is indeed a coherent and descriptive story.

Secondly, in terms of word order patterns, we find head-initial relative in (9), (10), (12), once or twice in (13), and in (14), while we find head-final relative in (11) and (15). This distribution matches the statement of Zimmermann (2009) that "[i]n general, relative clauses follow" (Zimmermann 2009, 622).

Thirdly, there are no *il* relative clauses, unless the instances with prefixed *in-* should be considered *il* relative with a partial assimilated form of the relative marker. If we consider the IN particle a true relative marker, we then find only two instances of true asyndetic relative clauses in (9) and (12). In addition, the IN marker does not behave consistently in terms of its position: it seems possible to be prefixed to both the prenominal relative verb or suffixed to the pre-clausal head noun. In this regard, it seems that this "relative" IN overlaps with the IN marker on the nominal head for N-Adj and N-Gen phrases.

Furthermore, unlike (2) and (3) in which the finiteness of the PTCPs is uncertain, attested relative clauses in our corpus arguably all contain a finite verbal forms: the (originally) non-finite PTCP and inf formations, i.e. *in-sorq-innu*, *tāl-ahān-in* etc., all contain identifiable affixes for finite usages: *-innu* being the 3MSG object suffix on (finite) PTCPs denoting perfective semantics; *-in* is the subject suffix on conjugated-*ahān* INFs①. Besides, the only other instance of pre-

---

① The form itself is problematic in that the INF derivation should not be expected on a PTCP base.

verbal relative in (15), with its $-\bar{u}$ conjugational suffix for 3MPL (common Semitic) is not the fitting form for a PTCP, even if Dereli (1997) notes that this example "precisely matches" the expression in Uzbek, as in (16a) (cf. Dereli 1997, 54):

(16) a. *bosh-i-dan*   *o't-gan-lar-ni*①
     head-3. poss-dat   pass-ptcp-pl-acc

b. *min*   *rās=u*   *in='abr-ū*
   from head=3msg IN=pass \ perf-3mpl

Again, we fail to find the participial construction in this calque expression. Crucially, PTCPs in the attested examples express the perfective semantics, rather than the progressive/circumstantial semantics as in (2) and (3).

Lastly, the relative clauses from the corpus show diverse word order patterns apart from the order of relative clause and head noun mentioned above. Although the sentence itself is problematic in some details, the clausal word order in (9) is especially interesting – there seems to be a V–S or rather Predicate–Subject order within the relative clause:

(17) *šōh suffāt*   *föq=in*   *qa'dīn*   *boboyīn*
    N_i [Prep=pron_i V_{ptcp} Subject]$_{\text{rel}}$

In addition, it could be argued that the V-final word order is not yet completely settled based on the post-verbal marking that reflects a resumptive pronoun coreferential with the nominal object (Tsereteli, 1941, 143; Versteegh, 1986, 452; Ratcliffe, 2005, 144; Zaborski, 2008, 418), e. g. in (10):

(18) *handūk dabtin* *handūk* *mašdūd* *illa=y*   *int=uh*
    NP_i [Pron_i Pred]$_{\text{rel}}$ Prep=pron V=pron_i

Thus, we see the nominal object *handūk dabtin* resumed by the object

---

① My rendering of the original sentence into the 1993 Uzbek Latin orthography.

pronominal suffix −*uh*. This pattern precisely matches the commonly attested topicalization pattern in Arabic/Semitic, where a topicalized NP is resumed by an object suffix on the verb. Similar resumption strategy is found in Arabic/Semitic relative formation is also found in Bukharan Arabic as marked by the co-indexing in (17) and (18) above, as well as the pronominal suffixes on the transitive relative verbs above.

4. Conclusions

In the corpus examination, we find little support for the claim that Bukharan Arabic adopted the Turkic participial relative formation. Finiteness seems to be a recurring feature in all the relative clauses we encounter in the corpus.

Undoubtedly, the word order of Bukharan Arabic has been greatly restructured in general, with V-final patterns widely attested. However, it seems that the relative clause pattern in Bukharan Arabic remains the Arabic/Semitic finite type, instead of the Turkic participial type. Even relative verbs in their PTCP forms show various features of finiteness, including peculiar object affixes and conjugational suffixes, matching the fact that active ptcps in Bukharan Arabic grammaticalized to adopt finiteness expressing perfective semantics. In addition, participles taking oblique arguments, such as the prepositional phrases in (2) and (3), are by no means foreign to Semitic languages. Considering the progressive/circumstantial semantics, cases like (2) and (3) simply reflect the Adj-N word order in harmony with the adopted "V-final" word order.

Among the examples from the corpus, we also find evidence for the V-final word order being not completely settled. Pronominal markings show great resemblance to the well-attested pattern in Arabic/Semitic, i.e. topicalization and relative resumption, which seem to suggest that in contact with speakers of non-Semitic languages, Bukharan Arabic speakers were recycling the pre-existing grammatical Semitic patterns.

References

Akkuş, Faruk, 2018, Peripheral Arabic dialects. In Elabbas Benmamoun and Reem Bassiouney (eds.), *The Routledge Handbook of Arabic Linguistics*. London:

New York: Routledge. 454-471.

Axvlediani, Vladimir G. 1985 *Buxarskij Arabskij Dialekt (fonologija i morfologija)*. Tbilisi: Mecniereba.

Bodrogligeti, András J. E., 2003, *An Academic Reference Grammar of Modern Literary Uzbek*. Munich: Lincom Europa.

Burykina, N. N. and M. M. Izmajlova, 1930, Nekotorye dannye po jazyku arabov kišlaka Džugary Buxarskogo okruga i kišlaka Džejnau Kaška – Dar'ninskogo okruga Uzbekiskoj SSR. *Zapiski Kollegii Vostokovedov pri Aziatskom Muzee AN SSR* 5: 527-538.

Cagri, Ilhan M., 2005, Minimality and Turkish relative clauses. Ph. D thesis, University of Maryland.

Cagri, Ilhan M., 2009, Arguing against subject incorporation in Turkish relative clauses. *Lingua* 119 (2): 359-373.

Comrie, Bernard, 1997, Turkic languages and linguistic typology. *Turkic Languages* 1 (1): 14-24.

Chikovani, Guram, 2003, Central Asian Arabic Dialects: The Main Lexical Peculiarities. In I. Ferrando and J. J. Sanches Sandoval (eds.), *AIDA 5th Conference Proceedings*. Cádiz: Publicaciones Universidad de Cádiz. 1-12.

Chikovani, Guram, 2006, *Buxarskij Dialekt Arabskogo Jazyka*. Tbilisi: Institut Vostokovedenija Imeni Akad. G. V. Tsereteli, Tbilisskij Institut Azii i Afriki.

Chikovani, Guram, 2017, Dialectological Material as a Source to Study Central Asian Arabs' History, Ethnography and Culture. In Muntasir Fayez Faris Al-Hamad, Rizwan Ahmad, and Hafid I. Alaoui (eds.), *Lisan Al-Arab: Studies in Arabic Dialects. Proceedings of the 10th International Conference of AIDA Qatar University*, 2013. Zürich: Lit Verlag. 135-149.

Csató, Éva Á., 1996, A typological review of relative clause constructions in some Turkic languages. In Bengisu Rona (ed.), *Current Issues in Turkish Linguistics: Proceedings of the Fifth International Conference on Turkish Linguistics, 15-17 August 1990, School of Oriental and African Studies*. Ankara: Hitit Yayinevi. 28-32.

Dereli, Belgin, 1997, Het Uzbekistaans Arabisch in Djogari, veldonderzoek 1996. Master's thesis, Katholieke Universiteit Nijmegen.

Fischer, Wolfdietrich, 1961, Die Sprache der arabischen Sprachinsel in Uzbekistan. *Der Islam* 36 (3): 232-263.

Hammarström, Harald, Robert Forkel, and Martin Haspelmath, 2019, Uzbeki Arabic In*Glottolog* 3.4. https://glottolog.org/resource/languoid/id/uzbe1248 (accessed on 2019-05-19).

Ido, Shinji, 2007, *Bukharan Tajik*. München: Lincom Europa.

Ismatulla, Khayrulla, 1995, *Modern Literary Uzbek I*. Edited by Walter Feldman. Bloomington, IN: Indiana University, Research Institute for Inner Asian Studies.

"Kartografiya" ilmiy - ishlab chiqarish davlat korxonasi, 2011, *Buxoro Masshtab* 1: 18 000, *Shahar Plani*. Toshkent: O'zbekiston Respublikasi Yer resurslari, geodeziya, kartografiya va davlat kadastri davlat qo'mitasi.

Kieffer, Charles M., 2000, The Arabic speech of Bactria (Afghanistan). In Jonathan Owens (ed.), *Arabic as a Minority Language*. Berlin; New York: Walter de Gruyter. 181-198.

Kornfilt, Jaklin, 1997, On the syntax and morphology of relative clauses in Turkish. *Dilbilim Araştırmaları Dergisi* 8: 24-51.

Kornfilt, Jaklin, 2000, Some syntactic and morphological properties of relative clauses in Turkish. In Artemis Alexiadou, Paul Law, André Meinunger, and Chris Wilder (eds.), *The Syntax of Relative Clauses*. Amsterdam: John Benjamins. 121-159.

Kornfilt, Jaklin, 2005, Agreement and its placement in Turkic nonsubject relative clauses. In Guglielmo Cinque and Richard S. Kayne (eds.), *The Oxford Handbook of Comparative Syntax*. Oxford; New York: Oxford University Press. 513-541.

Krause, Cornelia A., 2001, On reduced relatives with genitive subjects. Ph. D thesis, Massachusetts Institute of Technology.

Perry, John R., 2005, *A Tajik Persian Reference Grammar*. Leiden; Boston: Brill.

Ratcliff, Robert R., 2005, Bukhara Arabic: a metatypized dialect of Arabic in Central Asia. In Éva Ágnes Csató, Bo Isaksson, and Carina Jahani (eds.), *Linguistic Convergence and Diffusion: Case studies from Iranian, Semitic, and Turkic*. London: Routledge. 141-159.

Schippers, Arie, and Kees Versteegh, 1987, *Het Arabisch: norm en* realiteit. Muiderberg: Coutinho.

The Tashkent Cartographic Factory, 2002, *Bukhara City Plan: Scale* 1: 13 000. Tashkent: Central Board of Geodesy, Cartography, and State Cadastre at the Cabinet Ministers of the Republic of Uzbekistan.

Thiel-Gnyp, Marta van, 1995, Het Bukhara-dialect: een creooltaal of een gemengd dialect (Master's thesis submitted to Universiteit van Amsterdam, Faculteit der Geesteswetenschappen).

Tsereteli, George V., 1941, K xarakteristike jazyka sredneaziatskix arabov. In I. Ju. Kračkovskij (ed.), *Trudy Vtoroj Sessii Arabistov*, 19 - 23 oktjabrja 1937 g. Moskva; Leningrad: Izdatel'stvo Akademii Nawk SSSR. 133-148.

Tsereteli, George V., 1954, Arabskie dialekty v Srednej Azii. In *Doklady sovetskoj delegacii na XXIII Meždunarodnom kongresse vostokovedov*. Moskva: Izdatel'stvo Akademii Nawk SSSR. 7-36.

Underhill, Robert, 1972, Turkish participles. *Linguistic Inquiry* 3 (1): 87-99.

Versteegh, Kees, 1986, Word order in Uzbekistan Arabic and universal grammar. *Orientalia Suecana* 33-35: 443-453.

Vinnikov, Isaak N. 1949, Materialy po jazyku i fol'kloru buxarskix arabov. *Sovetskoe Vostokovedenie* 6: 120-145.

Vinnikov, Isaak N., 1962, *Slovar' Dialekta Buxarskix Arabov*. Moskva; Leningrad: Izdatel'stvo Akademii Nawk SSSR.

Vinnikov, Isaak N., 1969, *Jazyk i Folkl'or Buxarskix Arabov*. Moskva: Nauka.

Zaborski, Andrzej, 2008, Árabe de Asia central. In Federico Corriente, Ángeles Vicente, and Farīda Abū - Haidar (eds.), *Manual de dialectología neoárabe*. Zaragoza: Instituto de Estudios Islámicos y del Oriente Próximo. 409-437.

Zimmer, Karl, 1987, Turkish relativization revisited. In Hendrik E. Boeschoten and Ludo Th. Verhoeven (eds.), *Studies on Modern Turkish: Proceeding of the Third Annual Conference on Turkish Linguistics*. Tilburg, the Netherlands: Tilburg University Press. 57-61.

Zimmermann, Gerit, 2009, Uzbekistan Arabic. In Kees Versteegh (ed.), *Encyclopedia of Arabic Language and Linguistics*, Volume 4. Leiden:

Brill. 612-623.

(**Affiliation**: Department of Near Eastern Languages and Civilizations, Division of the Humanities, The University of Chicago)

(作者单位:芝加哥大学人文学部近东语言文明系)

《补足语结构：跨语言类型学》述评

张泓玮

一 引 言

《补足语结构：跨语言类型学》（*Complementation: A Cross-Linguistic Typology*）是由牛津大学出版社出版、由亚历山德拉·阿罕瓦尔德（Alexandra Aikhenvald）与罗伯特·迪克森（R. M. W. Dixon）主编的类型学书系"语言类型学探索"的第三卷。两位主编是澳大利亚拉筹伯大学（La Trobe University）语言类型学研究中心的奠基人：阿罕瓦尔德是北亚马孙阿拉瓦克语（Arawak）的权威，2009 年受聘为詹姆斯·库克大学（James Cook University）教授[①]、研究带头人，与迪克森一同在詹姆斯·库克大学凯恩斯学院（Carins Institute）建立了语言与文化研究中心；迪克森，前拉筹伯大学语言类型学研究中心主任、现詹姆斯·库克大学凯恩斯学院语言与文化研究中心教授，是著名的理论、田野语言学家，对澳大利亚的原住民语言有深入的研究。

全书正文部分 279 页，共 12 章，由 10 位作者合著。正文前为目录、前言、文集作者简介以及缩略语表；正文后为作者索引（第 281—282 页）、语言索引（第 283—284 页）和概念词语索引（第 285—288 页）；截止本书付梓为止已出版的"语言类型学探索"的丛书清单列于题名页之前。以下为各章概述及简评。

[①] 本书出版后，各位作者职位和所属单位均已有一定的变动，以下除戴维·弗莱克（David W. Fleck）外，作者信息均取自各位作者的个人网站以及其所在大学院系的相关介绍，与文集作者简介部分内容大多有出入。

二 《类型学视角下的补足语小句类型与补足语策略》述要

文集第一章《类型学视角下的补足语小句类型与补足语策略》(第 1—48 页) 由迪克森主笔, 是全书的理论、结构统领, 包括: 对支配补足小句 (complement clause)、要求补足语策略 (complement strategy) 的动词的语义分类, 识别补足语小句的语法标准, 不同类型补足语小句间的语义联系, 支配补足语小句的动词类型, 以及补足语策略的分类。

(一) 小句类型

迪克森首先从小句连接的角度, 将复合句分为三类: ①并列 (coordinate) 及非内嵌从属 (non-embedded subordinate) 小句结构——小句以并列或不构成主句核心论元的方式与主句连接; ②关系小句 (relative clause) 结构——小句与主句核心论元 NP 连接, 该 NP 为核心, 小句为修饰语; ③补足语小句 (complement clause) 结构——小句直接作为主句的核心论元, 与主句连接。迪克森指出, 补足语小句的特别之处在于, 可以用于其主句的动词通常非常有限, 而其他类型的复合句则主、从句事实上均无针对动词的限制。此外, 不同类的复合句可能有相似乃至相同的表层结构, 以英语为例:

(1) (a) I dislike [that man [(who is) painting his front door blue]]。

(b) I dislike <that man ('s) painting his front door blue>。

(c) [He ran] [(in order) to catch a glimpse of the King]

(d) [He wanted <to catch a glimpse of the King>。]

当 (1a) 的 who is 与 (1b) 的 's 被省略时, 原本不同类的关系小句 (1a) 和补足语小句 (1b) 的表层结构就变得完全相同, 只能靠语境区分; 当 (1c) 的 in order 被省略时, 原本不同类的表示目的的非内嵌从属小句 (1c) 和补足语小句 (1d) 的表层结构就变得非常接近。当然, 在后者的情况下, 动词的及物性本身足以区分两种小句类型。

迪克森通过对比英语中不同小句类型可能存在的接近或相同的表层结构,

引出无补足语小句的语言处理补足语结构的方式,即补足语策略——这些语言的不同小句连接类型往往界限模糊,而类似以上例子的关系小句、目的小句,都可能构成它们的补足语策略。

(二) 核心论元

迪克森借用了传统的语法角色定义的 S(不及物动词主语)、A(及物动词主语)、O(及物动词宾语),但强调这些标签代表的是句法功能,本身不一定包含任何特定的语义角色(施事、受事等)。除此之外,迪克森添加了 E(核心论元的扩展成分),并指出,在一些语言中 E 拥有特殊的地位,往往带有与格(dative)标记,因而为概括这些语言的特征,迪克森将小句的核心论元结构增加到四种:

(2) (a) 不及物句　　　　S
　　(b) 扩展不及物句　　S　E
　　(c) 及物句　　　　　A　O
　　(d) 扩展及物句　　　A　O　E

此外,迪克森还指出,对很多语言而言,系词小句(copula clause)同样很重要,因此 CS(系词主语)和 CC(系词补足语)也应被视为重要的参数。

(三) 动词的语义类型

动词可以分为两个基本类型:①主要型——其论元可以均为 NP(或附着代词);②次要型——其论元不可均为 NP,即其一须为小句。从分布的角度,可以带补足语的动词通常有限,迪克森称之为 R 动词(restricted),而可以出现在补足语结构中的动词通常不受限制,被称为 U 动词(unrestricted)。

主要型动词可进一步划分为:主要 A 类和主要 B 类,前者论元须均为 NP 或代词,后者论元可以均为 NP 或代词,但同时论元之一(或者更多)也可以由小句充当。主要 B 类动词是所有语言中典型的带补足语的动词,有"注意"(ATTENTION)、"思考"(THINKING)、"喜爱"(LIKING)、"说话"(SPEAKING)等主要语义类型。缺少直接引语的语言中,通常"说话"类动词不带补足语小句,也不要求补足语策略。英语中的"短语动词",以及不少语言中的与形容词语义相关的不及物动词,都有支配补足语的属性。

迪克森认为从类型学的角度,称"次要概念"比"次要型动词"更为合适，因为不同语言存在不同的实现模式：动词词缀、动词词缀的次要意义、修饰动词或小句的词（如否定词、助动词）、普通动词（属于 R 动词，须与另一 U 动词关联），都可以表达次要概念。次要概念可以进一步分为三类：次要 A 类——不改变与其相连的动词的论元结构，若为要求 O 的次要动词，主从句的主语须一致；次要 B 类——表达"希望""计划""假装"等意义的动词，主从句主语可不一致，但大多一致，且一致时补足语小句中的主语通常被省略；次要 C 类——表达"使役""帮助"等意义的动词，增加主要动词的配价（valency），大多主从句主语不一致，即便偶尔二者一致，补足语小句的主语也不会被省略。此外，在特定的话语环境中，补足语结构中的动词可能为交际双方熟知，可能被省略。

（四） 补足语小句

迪克森认为补足语小句应满足四个语法标准：

①至少在核心论元方面具备句子的基本内部结构，小句内论元，应与主句相应论元标记一致，具有基本一致的语法属性；

②充当更高一级句子（主句）的核心论元；

③描述一个命题，如事实、活动、可能情况，等等；

④有补足语小句的语言中，该小句可充当一些特定动词的核心论元（通常为 O 或 E）："看见"、"听到"、"知道"、"相信"和"喜爱"；若该语言有间接引语，则还包括"告诉"；若该语言中次要概念是实意动词，则还包括"想要"。

详细讨论了上述标准后，迪克森提出了一些值得思考的问题：补足语小句核心论元是否与主句中相应论元的标记和语法属性完全相同？若该语言为核心标记语言，补足语小句是否可带有与主句中相同的附着代词？补足语小句可否带有与主句相同的外围成分（peripheral constituent）？可否被否定？可否有与主句相同的时、体、情态标记？可否有语气标记？小句动词的派生模式与主句是否相同？补足语小句位于 NP 的句法位置还是须被外置于主句末？其结构与其他从属小句相比有何异同？小句和主句主语的同指（coreferentiality）情况如何？

即便均为存在补足语小句的语言，其补足语小句的种类也不尽相同，迪克森归纳了三个常见类型。

①事实（Fact）型——描述已发生的事实；通常与主句结构相近，无否定、时体标记方面的限制，核心标记语言中亦无附着代词方面的限制；小句时间基

准通常独立于主句;通常有标句词,标句词也可能被省略,另可能有外置移动。

②活动(Activity)型——描述正在进行的活动;通常与 NP 结构相近(如主语为领属标记、动词可能有异于名词化的特殊形式);通常在否定、时体标记方面不如主句详尽,时间基准可与主句不同,时标记的缺失时可能须通过词汇手段弥补;核心标记语言的活动型补足语小句可能无法带有与主句相同的附着代词;小句与主句可有相同或不同的主语,主语相同时可省略。

③可能(Potential)型——描述小句主语参与某活动中的可能性;小句结构与主句和 NP 相比,比以上两种相似度都要低;通常缺失主句的时体标记,若主句有附着代词,小句中同样可能缺失;小句的时间基准或与主句相同,或晚于主句时间;动词通常有特殊形式,有时被称为"不定式"(infinitive),可能带有 NP 的与格(或其他)标记;一些语言中,小句和主句主语必须相同,小句主语可能(甚至必须)被省略。

迪克森进一步组合了以上对动词语义类型和补足语小句类型的讨论,笔者在此以表格形式归纳如下(示例动词保留了迪克森的英语原文):

表 1　　　　　　　　动词语义类型和补足语小句类型

		动词语义类型	补足语小句类型
主要B类	注意	"see"、"hear"、"notice"、"smell"、"show"	活动型,亦可带事实型
		"recognize"、"discover"、"find"	事实型
	思考	"think(of/about/over)"、"consider"、"imagine"、"dream(of/about)"	事实型或活动型
		"assume"、"suppose"	局限于事实型
		"remember"、"forget"	事实型或活动型(英语可带可能型)
		"know"、"understand";"believe"、"suspect"	局限于事实型;"know"亦可带活动型
	喜爱	"like"、"love"、"prefer"、"regret";"fear"	活动型,亦可带事实型;英语 like、love、prefer、fear 可带可能型
	说话	"enjoy"	活动型
		"say"、"inform"、"tell"	局限于事实型
		"report"	事实型或活动型
		"describe"、"refer to"	活动型
		"promise"、"threaten"	可能型
		"order"、"command"、"persuade"、"tell"	可能型

续表

动词语义类型			补足语小句类型
次要概念	次要A类	否定	"not", "don't"	事实型
		情态	"can", "should"	可能型；"can"可带事实型
		开始	"begin", "start", "continue", "stop", "cease", "finish"	活动型
		尝试	"try", "attempt"	可能型；英语 try 可带活动型
	次要B类		"want", "wish（for）", "hope（for）", "intend", "plan（for）", "pretend"	可能型；"promise", "persuade" 亦可带含情态的事实型
	次要C类		"make", "cause", "force", "let", "help"	可能型

（五）补足语策略

所有的语言都有 R 类动词，通过某种方式与 U 类动词相关联，在 R 动词不能带补足语小句的语言中，U 动词会通过其他的语法结构与之相连。迪克森称之为补足语策略，并指出，很多描写语法中所谓的"补足语小句"其实并非小句，而是补足语策略。基于本书中不同语言的情况，迪克森给出了初步的补足语策略分类讨论。

策略1：连动结构——两个（或更多）动词构成单一谓语，描述一个动作；通常两个动词不对称，其一选择受限（R）；

策略2：关系小句——以 R 动词论元的 NP 为核心的关系小句中，由 U 动词充当谓语；通常以关系小句为补足语策略的动词，在存在补足语小句的语言中，会支配活动型补足语小句；

策略3：名词化——不同语言名词化程度不同，动词、带宾语的动词短语乃至整个小句，均有可能名词化；

策略4：同句内小句连接：

（a）同位语——两个小句并列，R 动词为谓语的小句中有一个 NP 或代词或指示词，指代以 U 动词为谓语的整个小句；历时的角度，该指示词往往可能语法化为标句词；要求同位语策略的动词，在存在补足语小句的语言中，往往支配事实型和活动型补足语小句；

（b）小句链——若干描述不同但相关的事件的小句连在一起，往往仅一个主句（多为小句链的最后一个）带有完整的动词标记；也存在其他的小句

链,如连续的从属小句;

(c)目的连接——缺少可能型补足语小句的语言可能采用;要求目的连接策略的动词多为不及物或扩展的不及物动词,未见于注意动词。

在总结本书各章语言的补足语结构的概况之后,迪克森总结了本章的理论框架,并概括了支配补足语小句和要求补足语策略的常见动词,笔者以表格归纳如下:

表2　　　　　　　　　　补足语结构理论框架

补足语小句	事实型小句	主要B类动词,如:"think(of/about/over)"、"imagine"、"dream(of/about)"、"assume"、"remember"、"forget"、"know"、"understand"、"believe"、"recognize"、"discover"、"say"、"inform"、"report"
		次要动词/概念,如:"not"、"can"、"wish"
	活动型小句	主要B类动词,如:"see"、"hear"、"like"、"fear"、"enjoy"、"describe"
		次要动词,如:"begin"、"continue"
	可能型小句	主要B类动词,如:"promise"、"threaten"、"order"、"persuade"
		次要动词/概念,如:"should"、"try"、"want"、"make".
补足语策略	连动结构	次要动词
	关系小句结构	常见于"see"、"hear"、"discover"、"think of"、"dream about"
	名词化和小句链	几乎所有动词
	同位语	支配事实/活动型小句的动词,如:"know"、"see"
	目的连接	非注意动词;尤其常见于"remember"、"like"、"promise"、"threaten"、"persuade"、"tell(to do)"、"order"、"want"、"try"

最后,迪克森对"不定式"(infinitive)和"限定"(finite)两个术语问题做了补充讨论。"不定式"原本是拉丁语法术语,指无人称和数标记、与主句动词相异的动词派生形式;拉丁语的不定式体现时范畴,但本质上是一种名词化,功能上等同于一个无形态变化的中性名词。但是,该术语在英语中的用法(即所谓的"to-不定式")并非名词化,而仅为拉丁语不定式的对应翻译。所谓"限定",追溯到18世纪的英语语法,所指即与"不定式"呈互补分布的动词形式。迪克森认为Matthews(1997)的定义"可独立出现在简单陈述句中的动词形式"最为合适,但指出文献中该术语的所指并不同

意。因此，迪克森建议避免使用"不定式"，若需使用"限定"则须明确定义，并提醒读者应留意文集内各位作者对该概念/术语的处理。

三 各章作者、语言及内容述要

第二章《宾夕法尼亚德语的补足语小句类型》（第 49—71 页）的作者凯特·伯里奇（Kate Burridge）是澳大利亚语言学家，莫纳什大学（Monash University）语言文化语言学学院（School of Languages, Cultures and Linguistics）教授、语言学主任（Chair of Linguistics），主攻日耳曼语的演变。

伯里奇描写的滑铁卢郡宾夕法尼亚德语[①]，是加拿大安大略省滑铁卢郡的瑞士-德国裔移民——重浸派（Anabaptist）门诺会信徒（Mennonite）——所使用的德语变体。19 世纪 70 年代以来，门诺会信徒之间出现分裂，通常被划分为"平原民"和"非平原民"，前者在宗教上更为保守，是完全的英语-宾夕法尼亚德语双语者，后者则存在不同程度的双语能力。Burridge 的语料，一方面来自属平原民的旧教门诺会信徒，另一方面来自非平原民中相对保守的万锦门诺会信徒。

滑铁卢郡宾夕法尼亚德语名词有两个格（普通格、与格）、三个性（阴性、阳性、中性）；代词保留有宾格和与格，但趋于消失；动词依人称和数变位，除系动词 sei 外，动词无过去式，过去时通过助动词 hawwe 和 sei 构成。此外，滑铁卢郡宾夕法尼亚德语有动词"框形结构"（brace construction）[②]：主要动词居于第二位（second position），与居于句末的其他动词性成分构成句框，从句中，句框由从属连词和位于句末的变位动词构成。但滑铁卢郡宾夕法尼亚德语的"框形结构"正在发生变化，一些成分已经开始出现在句框之外：

$$\text{主句} \quad SV^1 X\ V^2 \quad \rightarrow \quad SV^1\ X\ V^2\ Y\ (S\ V^1\ V^2\ X)$$

[①] 今天宾夕法尼亚德语区的语言源自一系列德语方言的融合。从 17 世纪开始，来自德国普法尔茨地区（die Pfalz）和周边的巴伐利亚、黑森、斯瓦比亚（士瓦本）、符腾堡等地区，以及瑞士德语区的移民陆续定居该地区。融合而成的宾夕法尼亚德语尤其接近现代德语的东普法尔茨方言——莱茵-法兰克福话。

[②] 框式结构是标准德语的典型句法特征，德语语法术语称之为 Satzklammer。

从句　　　Conj S X V　→　Conj S X V Y (Conj S V X)

滑铁卢郡宾夕法尼亚德语有三大类补足语类型（第 51—58 页）：AS/WH 型——标句词 *as* 和疑问补足语（如 *eb* "是否"）、BARE 型——即所谓"光杆不定式"（bare infinitive），以及 FER 型。早期文献中记录的 *fer-zu* 补足语小句未出现在伯里奇的语料中，而与光杆不定式配合使用的 *zu* 构成的补足语小句正在淡出日常使用。伯里奇在第 65 页总结了各类补足语和不同的动词类型的配合分布总结。此外，滑铁卢郡宾夕法尼亚德语还有一系列形容词，与主要动词语义对应，这些形容词语对应动词支配的补足语小句类型一致（第 66 页）。最后，伯里奇尝试对三种涉及光杆不定式的"非限定"（non-finite）补足语结构进行了语义区分（第 66—67 页）。

第三章《以色列语（Israeli）的补足语小句类型》（第 72—92 页）作者诸葛漫（Ghil'ad Zuckermann）是以色列语言学家，阿德莱德大学（University of Adelaide）教授、语言学濒危语言主任（Chair of Linguistics and Endangered Languages），上海外国语大学"211 工程"特聘教授。研究方向为接触语言学、词汇学、语言复兴。

诸葛漫曾在不同的场合（Zuckermann 1999，2003，2006）强调现代希伯来语中的非闪语元素，试图推广术语"以色列语"。在其执笔的这章中，诸葛漫再次将该主张融入语言简介中。传统的观点认为"复活"的现代希伯来语属亚非语系闪语族，诸葛漫称之为"凤凰模型"；修正主义者则极端地认为现代希伯来语的底层语言是意第绪语（Yiddish），即其实质上是印欧语，诸葛漫称之为"布谷鸟模型"；诸葛漫则强调宜坚持中庸的"马赛克观点"，认为现代希伯来语既是闪语也是印欧语，因此他认为，从术语的角度，"以色列语"要优于"现代希伯来语"或"希伯来语"。

以色列语有典型的非毗邻性（non-concatenative）词法，较圣经希伯来语和拉比希伯来语有更强的分析性。以色列语是主宾格核心标记语言，句子成分语序为 AVO（E）/SV（E），O 有不对称的标记——定指直接宾语有宾格标记。名词有单、复数，阴、阳性；代词有"格"（事实上为带有附着代词的介词短语），除上述定指直接宾语的宾格、词汇化了的向格（allative）[①]

[①] 诸葛漫引用 Weingreen（1959）的观点，认为"向格"来自原始的宾格，这一点从闪语历史比较语言学的角度基本可以否定。诸如 *ha-báyt-a*（诸葛漫例，*a* 为笔者加粗）等向格形式中，名词的重音不符合共时的重音结构，从历时的角度看，希伯来语格系统的消失源自词末非重读短元音（即历史格元音）的消失，因此原始的宾格即便可以表达向格语义，也很难

外，NP 无格标记。动词有过去、现在、将来三个时态，与主语性、数一致，现在时（源自分词）无人称标记。所谓"不定式"不表达时范畴，前附有与格介词，可表示目的。

以色列语有 6 类补足语小句：*she*-标句词小句、*ki* 标句词小句、*im*"如果"/疑问词、"不定式"、*im*/疑问词+不定式、"降位"（reduced）的补足语小句；不须用补足语策略，但同样可以使用直接引语（第 82—83 页）和名词化（第 86 页）。第 87—89 页列有主要 B 类动词以及其支配的补足语小句类型小结，第 90 页是次要概念及其支配的补足语小句类型小结。诸葛漫指出，以色列语的标句词有众多功能，符合迪克森（1995）的概括，即大多数的标句词与其他的语法形式同形；为体现同形标句词的不同功能，诸葛漫介绍了通过被动化、话题化，并列和疑问测试来区别 *she*-补足语小句和关系小句的方法（第 76—78 页）。同时，诸葛漫还强调，以色列语的补足语结构类型和频率，都与意第绪语和"标准均质欧洲语"（Standard Average European）对应，尽管语法形式都是希伯来语。

第四章《雅拉瓦拉语（Jarawara）的补足语小句类型与补足策略》（第 93—114 页）由迪克森主笔。雅拉瓦拉语是迪克森调研的非澳洲语言之一，分布于巴西亚马孙丛林、濒危语言，在普鲁斯（Purús）河左岸 7 个丛林村落中，约有 170 人以其为第一语言。雅拉瓦拉语与有约 250 使用者的雅马马迪语（Jamamadí）和约 120 使用者的巴纳瓦语（Banawá）可以互通，因此三者被视为同一语言——马迪语（Madi）——的三种方言；马迪语与帕乌玛利语（Paumarí）、库里纳-但尼语（Kulína-Dení）、苏鲁瓦哈语（Sorowahá①）及已消亡的阿拉瓦语（Arawá）共同构成阿拉瓦语系。

雅拉瓦拉语是一种高度综合性的黏着语，有四个元音（*i*, *e*, *a*, *o*），所有音节均为开音节。雅拉瓦拉语是核心标记语言，作为核心论元的 NP 没有

被保留。其次，在使用辅音音素书写系统、与希伯来同属西北闪语的乌加里特语（Ugaritic）中，希伯来语该语素的对应的是辅音 *h*，对应希伯来语 הַשָּׁמַיְמָה（*haš*=*šāmaym*=*āh*）"朝向天空"的乌加里特语拼写 *šmmh*，证明了 *h* 的辅音地位；鉴于 *h* 被加在了标记数-格的后缀-*m* 之后，而希伯来语的"天空"同样已带有（原本）标记数-格的后缀-*m*，再次叠加一个格标记几乎不可能。此外，闪语族东支的阿卡德语中存在含有向格语义的后缀-*iš*，从古阿卡德语可知该语素的应源自 *-is，而考虑到的闪语东支的 *s* 在很多环境中对应闪语西支的 *h*（如第三人称代词、使役动词前缀），学者已在尝试通过规则的历史音变佐证东支-*iš* 和西支 *-ah* 的同源性，参见 Al-Jallad（2016）。因此，希伯来语的所谓"向格"更可能源自原始闪语中独立于原始格系统的一个后缀语素。

① 该语言名称在 Ethnologue 和 Glottolog 中均以"Suruahá"为主词条，另有 Indios do Coxodoá、Suruwahá、Zuruahá 等称谓。

格标记；数不标记在名词上，而是通过谓语所含代词体现；性通过 NP 内一致关系及谓语最末的成分体现，阴性为非标记的性。谓语包含与核心论元 S、A、O 关联的代词，是唯一必要的句子成分；句子一般包括：

1	2	3	4
句首边缘标记	核心论元 NP 和/或补足语小句	谓语	句末边界成分

谓语有复杂的内部结构，不同语素有固定的位置：

A	B	C	D	E	F	G	H	J
O 代词	S/A 代词	前缀	动词词干	助词	一/多个混杂后缀	时-情态	代词 3	情态

C 位置的前缀进一步分为 3 个前缀位置，F 位置分为 6 个梯次位置。

雅拉瓦拉语只有一种补足语小句（谓语最后一个元音若为 a，则升高到 i 即标记该小句为补足语小句），另有一种补足语策略，用于间接引语。补足语小句最常充当 S 论元。对比以上谓语结构，补足语小句谓语呈现不同的结构：

A	B	C	D	E	F
O 代词	S/A 代词	前缀	动词词干	助词	一/多个混杂后缀

除了缺少三个位置外，C 和 F 位置可出现的语素受限。补足语小句可以充当知道、理解、想要、喜欢、听见、看见等动词 O 论元，但更常充当表示运动、休止、数量、状态、开始、结束、耗时等动词的 S 论元，极少情况下可充当不及物动词对应的使役动词的 A 论元。迪克森概括了 6 种判定补足语小句的方法（第 114 页）。

第五章《白苗语（Hmoob Dawb）的补足语小句类型与补足策略》（第 115—136 页）作者内瑞达·贾基（Nerida Jarkey），任职于悉尼大学（University of Sydney）语言与文化学院（School of Languages and Cultures），关注亚洲语言学，语义与认知、文化社会认同的互动，主要研究日语和苗语。

白苗语以及可与之互通的青苗语（Moob Ntsuab）是苗瑶语族的苗语方言。被我国语言学家定名"苗瑶"（Hmoog-Yao）的语族，西方有不少语言学家称之为"苗勉语"（Hmoog–Mien），如 Strecker（1987）、Ratliff（2010）、Mortensen（2017）等，但也有与我国学者一致采用"苗瑶"的，如 Purnell（1970）、Sposato（2012）等。分布于我国境内外的苗语方言属于苗语最重要的一支方言，我国学者称之为"川黔滇次方言"（王辅世、毛宗武 1995），分为三个土语。根据贾基引用的统计，我国西南省份操苗语的人口有 800 多万，18 世纪开始的南下移民给毗邻的缅甸、泰国、老挝、越南增加了近 100 万的苗族，在越南战争的影响下移居西方国家：美国已超 1.8 万，法国有 1 万，另有 1800 人的社区分布于澳大利亚。

白苗语是分析性孤立语，无派生、屈折词缀，除少数复合词和借词外，词均为单语素、单音节，有 7 个声调。苗语为主宾格语言，主要论元语序为 SV 或 AVO 或 CS-系词-CC，除少量例外，核心居于修饰语前；NP 的基本语序为：领属+数词+分类词+名词+定语+指示词。苗语无明确的时标记，时间通过语境、时间词、体修饰表达；除了借自汉语的完成体 *lawm* 位于句末，可能情态的 *tau* 位于动词后，体、情态、状态、语气语素位于动词前，有发达的连动结构。

白苗语所有的补足语结构都充当 O 论元，补足语小句有事实型、可能型和活动型小句，支配小句的动词有主要 B 类和一些次要动词。同类小句可由不同的标句词引导：事实型小句，由（*hais*）*tias* 引导的可确认或质疑一个事实，由 *txog*（*hais*）*tias* 引导的则是话语或想法的主题；可能型小句，由 *kom* 引导的直接表达意愿，由 *tias kom* 引导则为间接表达，涉及另一方的动作或状况（也因此主从句主语须不相同）。活动型小句无标句词。白苗语也采用类似连动结构的补足语策略，但限于次要动词。该 R 动词+U 动词的结构中，U 动词可被单独否定，且可带有自己的地点时间短语，因此不同于普通的连动结构；而 U 动词必须依附支配补足语的 R 动词，因此不同于补足语小句。贾基在第 132—133 页以表格的形式总结了动词语义类型、例词和支配的补足语类型。

第六章《多拉卡尼瓦尔语（Dolkha Newar）的补足语小句类型与补足策略》（第 137—158 页）作者卡萝尔·杰内蒂（Carol Genetti），美国语言学家，加州大学圣塔芭芭拉分校（University of California, Santa Barbara）语言学教授，以其藏缅语、喜马拉雅语言研究著称。杰内蒂关注语言调研记录和濒危语言研究，2008 年创立了国际田野语言学和语言记录工作坊 InField——合作语言研究学院（CoLang, Institute on Collaborative Language Research）的前身。

尼瓦尔语[①]属汉藏语系藏缅语族，在尼泊尔有约 80 万使用者，主要聚居

---

① 吴安其（2002：69）在藏缅语族——藏羌—喜马拉雅语支的喜马拉雅次语支下列有"尼瓦里语"（Newari）。

于加德满都谷地。分布于尼泊尔境内的不少尼瓦尔村落都有不同的变体，位于加德满都东北约140千米的多卡拉村亦不例外。不过多卡拉尼瓦尔语与加德满都谷地的尼瓦尔语并不能互通，因此事实上可被视为独立的语言；然而大多数多卡拉村民背井离乡，其使用人口据估算仅约5000人，虽仍被保留在当地社区，但如今当地儿童已大都不再习得多卡拉尼瓦尔语。

尼瓦尔语在词法方面有更多的分析性：虽然派生有限，但存在屈折变化，这一点在动词上尤为明显；总体上为黏着词法，语素界线比较清晰。动词一致方面呈现核心标记特征，但NP呈现修饰语标记特征——格以附缀的形式标记在NP最后一个成分上；S论元非标记，A论元带作个标记，O论元若为人或是被给予时，带与格标记，无分裂作格性。尼瓦尔语动词居于句末，基本语序SV或AOV，但语用可导致OAV语序；O和A论元常见右移位；系词句主语可省略，系词 *khyaŋ* 常被省略。主语引发动词的人称和数的一致关系，直接宾语和间接宾语无差别。小句连接最常见的是"分词结构"。

尼瓦尔语有4类补足语小句。名词化的小句可充当S或O论元，带有标句词 *khā* 的名词化结构仅限于O论元，不定式补足语可以充当S论元或与格经验者（dative-experiencer）结构中的刺激角色（stimulus role），直接引语也常被内嵌为言说动词的O论元。尼瓦尔语中存在一类补足语策略——很多次要概念动词，以助动词的形式，接在实意动词不定式后；尼瓦尔语助动词有明确的词法特征，该结构符合单句的句法特征。这些次要概念动词有情态、开始、尝试、想要、让、忘记、记得等。杰内蒂归纳了可以带补足语结构的动词的语义类型，以及可支配的补足语小句/策略类型，主要B类动词在第154页，次要概念动词在和第156页。

第七章《阿卡德语（Akkadian）的补足语小句类型与补足策略》（第159—177页）作者盖伊·多伊彻（Guy Deutscher）以色列语言学家，曼彻斯特大学（University of Manchester）荣誉研究员，曾任教于莱顿大学（Universiteit Leiden），有过不少阿卡德语历史语言学研究的论文和专著。

阿卡德语属亚非语系闪语族东支，是闪语族中存世文献最早的语言，也是历史最悠久、存世记录最早的人类语言之一：迄今出土的最早的是公元前三千纪中叶的古阿卡德语文献，在公元前六世纪新巴比伦语、新亚述语淡出口头使用。阿卡德语的故乡在古代美索不达米亚平原，从公元前两千纪开始，可见明显的南（巴比伦语）、北（亚述语）方言分化。公元前两千纪中期到晚期，阿卡德语曾成为近东地区的通用语：两河流域、安纳托利亚、埃及的几大帝国以及地中海沿岸的迦南城邦间的国书往来，以阿卡德语楔形文字封存于泥板之上，出土于阿玛尔纳（今埃及明亚）、乌加里特（今叙利亚拉斯沙姆拉）等地。

阿卡德语是主宾格、综合性语言，句子核心论元为动词句的 S，A 和 O，系词句的 CS 和 CC。名词有主、宾、领三格，单、复两数（古语中存在双数），阴、阳两性，总体上体现修饰语标记特征。所有介词支配领格，代词另有与格形式。动词有过去、完成、现在三个时态形式，另有命令式、目的式（purposive）、状态式（stative）——功能上为谓语动词性形容词，以及一个名词化了的不定式。基本语序方面，阿卡德语动词居于句末，但 NP 和 PP 均体现 VO 语言的特征（N-Gen，N-Rel，前置词，N-Dem），AOV 和 OAV 都是常见语序，仅附着代词可位于动词后。系词小句中，CC 通常带有 -ma 标记，位于非代词 CS 之后，代词 CS 位于 CC 之后。

阿卡德语有两类补足语小句：一类由标句词 *kīma* 引导，属于事实型小句，另一类为"不定式小句"，包括活动型和可能型小句。*kīma* 小句大多充当 O 论元，仅偶尔充当 S 论元；语序通常为 Comp-A-V，动词"知道"的主语可能位于小句外（即 *kīma* 前）；有异于主句的否定词；从句动词大多会带有从属标记，除不可为命令式和目的式外，无受时体限制。公元前 1700 年前，*kīma* 小句开始移向动词后（第 162 页）。多伊彻强调，传统上的"不定式"，指的是无人称和时标记的名词化词法形式，带有名词的格标记，而在句法上，则即可以有小句结构（O 论元为宾格），也可以是 NP 的核心（O 论元为领格）——后者事实上即名词化的补足语策略。其他补足语策略还有：目的结构（第 170 页），-ma 并列和同位（无连词）并列（第 170—171 页），以及关系小句（第 172—173 页）①。最后，多伊彻总结了动词语义分类（第 174—176 页），并指出历时的角度，事实型补足小句及内嵌间接疑问句有逐渐取代不定式和其他补足语策略的趋势。

第八章《塔利亚纳语（Tariana）的补足语小句类型与补足策略》（第 178—203 页）由阿罕瓦尔德主笔，描写巴西亚马孙地区西北沃佩斯（Vaupés）河盆地语言区的一种北阿拉瓦克语。塔利亚纳语极度濒危，使用者仅约 100 人。该地区的塔利亚纳语族群和东图卡诺语（East Tucanoan）族群间，有一种制度化了的"多语异族通婚"习俗——塔利亚纳语使用者只能与非塔利亚纳语使用者通婚，而同时还有针对语素借用层面语言混用的强烈的

---

① 此外多伊彻（第 172 页）还提出了一个"如你所知"（as you know）结构。该句式多涉及动词"知道"和其他注意动词，多伊彻认为该结构——*kīma*+动词+小句，是 *kīma*+小句+动词的变形，即较重的小句成分被移位到动词右侧。

文化抑制，因而塔利亚纳语与东图卡诺语的长期接触带来了大量的语法、语义模式的扩散以及范畴的仿造。

塔利亚纳语是多式综合黏着语，有一定程度的熔合（fusion）；既有继承自原始语的核心标记特征，也有与东图卡诺语接触影响下借入的修饰语标记特征；话语对语序的影响很大，焦点会影响成分内语序。名词类（noun class）、分类词是重要的名词范畴，此外还有数、格，屈折变化复杂；动词时范畴与传据熔合，此外还有体、语气和变更配价的派生词缀，构成的谓语有 1 个前缀位置，9 个后缀位置，还有 10 多个附缀位置，可附着在谓语或焦点成分上。语法关系除了以代词前缀标记，还可以格标记，动词上无宾语标记；复句连接时，主从句主语是否相同会影响主句的标记，阿罕瓦尔德在第 182 页提供了简明的主语和各种从属小句的对比总结.

塔利亚纳语的补足语小句只能充当 O 论元，共有 4 类：①-*ka* 从句——标记与连续从属小句相同，用于动词 *wade* "可能" 带的各种类型的补足语小句（第 184—188 页）；②目的小句——用于表示"难易""保持""似乎""要求"带的可能性和活动型小句（第 188—192 页）；③疑问句——标记与疑问句和关系小句相同，用于注意、说话和知道动词带的事实型和活动型小句（第 192—193 页）；④"混合型"——谓语带 -*ka* 标记同时带有疑问词 *kwe* "如何/什么"，用于理解动词带的可能型小句（第 193—194 页）。此外，塔利亚纳语还有 4 类补足语策略：名词化，连续从属小句（带 -*ka* 标记），连动结构和类连动结构。补足语策略用作不能带小句的动词的补足语，详见阿罕瓦尔德总结的该互补分布列表（第 196—197 页）。动词类型和补足语的句法地位共同决定补足语小句或补足语策略的使用，同位并列小句在叙事中可能替代所有的补足语结构（第 202 页）。

第九章《戈马伊语（Goemai）的补足语小句类型与补足策略》（第 204—223 页）作者比吉特·海尔维希（Birgit Hellwig），科隆大学（Universität zu Köln）语言学系（Institut für Linguistik）教授，研究方向描写语言学、语言记录、田野方法、人类语言学，专注巴布亚新几内亚的拜宁语（Baining）、乍得语族（Chadic）、科尔多凡语族（Kordofanian）和努比亚语族（Nubian）。

戈马伊语属亚非语系乍得语族西部 A 分支①，分布于尼日利亚中部的乔

---

① 海尔维希在其专著《戈马伊语语法》中给出的详细系属分类为：West Chadic A——Angas-Gerka——Angas-Goemai——Southern——Goemai（Hellwig 2011，2）。

斯高原①。在乔斯高原，诸多乍得语（亚非语系）与贝努埃-刚果语（尼日尔-刚果语系）经历了长久的接触，导致本无亲属关系的语言产生了非常近似的语法结构，但海尔维希谨慎地表示目前尚无法确定，乔斯高原的其他语言中，是否也存在本章戈马伊语的这些结构。同时，海尔维希提到，在过去50年左右的时间里，由于豪萨语逐渐取得了区域通用语的地位，诸如戈马伊语的弱势语言正在面临消亡的危险——除了逐步淡出日常使用，当地儿童习得的第一语言乃至唯一母语，已渐渐变为豪萨语。

除了少许新生的名词变化和乍得语族动词变化外，戈马伊语总体上属于孤立语。其基本语序为 AVO/SV、N-Gen、使用前置词；名词除少许数标记外，无性、格标记；动词总体上无标记，通过自由小品词表达时-体-语气范畴，广泛使用连动结构。因此句子成分语序是戈马伊语论元编码的主要手段，个别核心论元在语境清楚的情况下会被省略（如第三人称单数主语和无生命宾语）。

由于戈马伊语动词缺少标记，在形式上，补足语策略与小句很接近，但戈马伊语有一类动词在词干上有数标记，与其主要论元之一一致，这一点可以作为判定补足语结构是否为小句的标准。戈马伊语带补足语的动词全部为主要 B 类动词（第 209 页），有一类补足语小句，由标句词 *goepe/goefe/pe* 引导；常见用作注意、思考动词的 O 论元，偶见于说话、喜爱动词，小句类型为事实型。次要概念均不支配小句（第 210 页），而是采用补足语策略，包括连动结构（第 215—217 页）、同位小句（第 217 页）、名词化（第 218 页）、间接引语（第 218—220 页）、目的结构（第 220 页）、*goe* 连续结构（第 220—221 页）、*yi* 结果结构（第 221 页）多种；戈马伊语的补足语策略不可位于小品词 *yi* 之前，故不构成动词的核心论元。详细的动词语义分类见第 209 页。

第十章《马策斯语（Matses）的补足语小句类型与补足策略》（第 224—244 页）作者戴维·弗莱克（David W. Fleck），2006 年为拉筹伯大学语言类型学研究中心博士后研究员，专注帕诺语（Panoan）研究。

马策斯语属帕诺语系（Panoan languages），旧称马约鲁纳语（Mayoruna）。在秘鲁的洛雷托大区和巴西的亚马孙州，沿雅瓦里（Javari）河及其支流，有

---

① 乔斯（Jos）高原是尼日利亚中部著名的锡矿产地，尼日利亚的"高原州"因其得名，是尼日利亚矿藏资源最为丰富的州之一；高原州首府乔斯伴随锡矿开采而兴起，曾是世界上屈指可数的锡生产地，参见中国驻尼日利亚经商参处（http://nigeria.mofcom.gov.cn/article/ddgk/zwcity/201406/20140600609094.shtml）。

约 2000 到 2200 的使用者以马策斯语为第一语言，其中 70%－80% 仍旧为单语者。马策斯人在 20 世纪 60 年代末与周边族群实现了和平共处，得以延续其传统的生产生活模式，但由于与非部族人口接触频繁，马策斯人的传统文化也在迅速流失。

马策斯语有诸多后缀，高度综合，尽管日常使用中单词通常包含的语素并不太多，但理论上一个动词可包含多达 10 个语素。马策斯语总体上为修饰语标记、呈现作-通格语法关系，但个别动词屈折变化中主语人称一致体现主-宾格特征。数范畴不必须标记，无性范畴，代词有格差异。动词屈折包含时、语气、传据、主语一致、体；中性的成分语序中动词位于句末，但总体上主句语序自由，词组内语序比句子成分语序严格。

马策斯语仅有一种补足语小句，用于唯一支配补足语的动词 bun "想要"；该 "希求补足语小句" 带有标句后缀-te，充当 O 论元，可被归为可能型小句（第 227—233 页）。其他补足语（语义）在马策斯语中，通过不同的语法手段实现，首先是动词词法——许多动词后缀词素涵盖了次要概念的表达，如 "否定" "猜测" "致使" 等（第 243 页）；其次是两类补足语策略：①小句名词化，使用范围有限；②小句副词化，同时也是马策斯语最主要的小句连接手段。小句名词化（第 233—236 页）通过不同的名词化后缀实现，包括表示事件、状态或活动的 "动作名词化"（action nominalization）和表示事件或状态涉及的实体的 "参与者名词化"（participant nominalization），名词化了的动词无法标记情态和人称；小句形副词化（第 236—243 页）通过在从句动词上添加派生副词的后缀实现。弗莱克认为 "希求补足语小句" 从历时的角度源自名词化了的小句。

第十一章《坎贝拉语（Kambera）的补足语小句类型与补足策略》（第 245—262 页）作者玛丽安·克拉默（Marian Klamer），莱顿大学语言学研究中心（Centre for Linguistics）教授，研究方向少数族裔语言描写记录、语言接触和演变、语言类型学，专注巴布亚和南岛语言。

坎贝拉语属南岛语系中部马来-波利尼西亚语族，是印度尼西亚东部的东努沙登加拉省（Nusa Tenggara Timur）松巴岛（Pulau Sumba）东部地区的一种语言，当地人称之为 "松巴语"（hilu Humba，与 hilu Jawa 相对，后者指印尼语）。早期文献中对其称谓，有 "松巴语" "坎贝拉语" 多种[①]。坎贝拉

[①] 克拉默列举了 Sumbaneesch（Wielenga 1909）、Sumba（a）sch（Onvlee 1925）、Kamberaas（Onvlee 1984）以及 Bahasa Sumba/Kambera（Kapita 1982）。

语的使用者约有 15 万，在沿海之外及乡村地区，仍有儿童使用者，这些地区中等教育、媒体资源的缺失，一定程度上制约印尼语扩张影响，因而从使用者数量上看，坎贝拉语并非濒危语言。

坎贝拉语是核心标记语言。动词性或名词性的谓语词组，以及附着在该词组上的附缀，构成坎贝拉语句子的内核；谓语上的代词附缀标记语法关系 S、A 以及直接和间接 O。坎贝拉语的代词指称系统复杂，核心论元以不同格的代词标记在谓语词组的核心上（第 246—247 页），因而语序相对灵活：非标记语序为（A）VO 和 VS，VOA/VAO 和 SV 语序亦有出现。坎贝拉语句子可以不含动词，6 个连词均为并列连词，小句常见并列连接。

克拉默基于在松巴岛田野调查成果中 12 小时的语料，总结了坎贝拉语的补足语结构特征（第 251—252 页）。坎贝拉语有一种补足语小句"名词性小句"（nominal clause）和一种补足语策略"被控制小句"（controlled clause）。名词性小句以领格附缀标记其 S/A，可带有定指标记，内部结构包含 NP 中不可出现的语气、体标记和否定标记（第 254—256 页）；相比之下，作为补足语小句，名词性小句不如并列小句、并列直接引语常见（第 259—261 页）。用作补足语策略的被控制小句非常普遍，位于主句动词后，由从属标记 *pa* 引导，其空缺的 S/A 为主句动词论元之一，与之共指（第 256—261 页）。

第十二章《迪尔巴尔语（Dyirbal）的补足策略》（第 263—279 页）由迪克森主笔，描写的正是其本人于 1972 年发表的迪尔巴尔语。迪尔巴尔语曾分布于澳大利亚东北昆士兰的雨林地区，一系列方言大致构成连续统。1963 年迪克森开始田野调查时，可流利使用迪尔巴尔语的尚有约 100 人，如今所剩无几。迪尔巴尔语为黏着语（仅有后缀），修饰语标记，格标记系统分裂：代词为主-宾格标记，名词、形容词和名词标记、指示词类为作-通格标记（第 267 页）；句法呈现 S/O 中枢（pivot），只有共享 S/O 论元的小句才能并列。

迪克森提到他的迪尔巴尔语语法发表之初，就有一位语言学家致信询问为何他未曾描写迪尔巴尔语的"补足语小句"。而事实上，当时迪克森就已确定，迪尔巴尔语中并不存在小句充当核心论元的结构。随后，70 年代和 80 年代，在其深入调查分析迪尔巴尔语的过程中，迪克森意识到，该语言中，典型的支配补足语的动词，均涉及使用等价于其他语言补足语小句"补足语策略"，总体上分为三类：①目的结构（第 269—272 页）——一个小句的动词带有时或命令屈折语素，另一个小句的动词以目的屈折语素取代时屈折语素；②关系小句（第 273—276 页）；③连动结构（第 276—277 页）——迪克森1972年的语法称之为"状语",两个动词及物性相同、有共同的S/O和外围论元、屈折变化类型(第268页)相同、构成一个语调单位。

四 简评

文集结构严谨,各章重点突出,语料安排有序。这很大程度上得益于该文集的成书过程——每位作者在撰文之初,即收到迪克森的补足语结构理论纲要,从而得以以该类型学框架为纲要,描写各自的语言。从这个角度,全书本身一定程度上直接佐证了迪克森提出的该类型学框架的价值。我们看到该框架在具体语言描写中具有极强的指导作用,无疑为跨语言补足语小句对比研究提供了极其有益的切入点。同时,我们也可以发现,本书的理论框架描写充分性极高,而相对地在解释充分性方面则相对较弱。有些语言中似乎补足语小句和补足语策略界线并非十分清晰,不禁让人联想二者是否构成某种意义上的连续统。

本书包含的语言来自印欧、亚非、汉藏、美洲等众多语系,充分体现了类型学研究对跨语言跨语系的重视。从作者及语言介绍中,我们发现,不少作者都是掌握田野调查一手资料的语言学家,而且有好几位作者调查研究的是濒危语言。不少国外语言学家都曾表示,中国拥有丰富的语言资源,而考虑到人类语言消亡形势不容乐观(Robins and Uhlenbeck 1991,Hale et al. 1992),文集的几位语言学家身体力行、深入田野,丰富类型学语料的同时,为保护人类语言多样性做出了重要的贡献,非常值得我们学习借鉴。从涵盖语言种类的角度而言,笔者认为,亚非语系之外的非洲语言未能被收入文集,略显遗憾。

以下为笔者认为可以加以探讨的三个小问题。

(一)迪克森将E加入小句的论元结构(第8页),并指出存在S E结构的语言,往往支配E的不及物动词与"注意"(Attention)相关。在该框架下,双及物动词(如"给""告诉""展示"等)被视为支配E的及物动词。虽然迪克森明确说明O和E在不同该语言中情况不同,但给出的英语例句事实上存在一定的误导性:

(3) John$_A$ told/showed Mary$_O$ <that the house had burned down>$_E$.

我们不排除这样的语言的确存在，但针对此例（英语），我们可以确定 E 是直接宾语，O 是间接宾语。参考存在格范畴的语言，如德语，通常类似的情况下，直接宾语为第四格（宾格），间接宾语为第三格（与格）。于是，该例与迪克森构建框架时定义的"通常 E 带有与格标记"相悖。类似的例子还有类似第 11 页讨论动词语义类型时列举的英语例句：

(4) (a) John$_A$ told me$_O$ [the news]$_E$
    (b) John$_A$ told me$_O$ <that Fred had broken his leg>$_E$
    (c) John$_A$ told me$_O$ [[the news] <that Fred had broken his leg>]$_E$

（二）语言系属划分属于历史比较语言学的范畴，"谱系树理论"虽然不是语言发展的唯一模型（与之对立的如"波浪理论"），但仍然是历史语言学的重要理论模型。笔者认为，混合语的系属相对难以处理并不意味着其系属划分无法确定——意第绪语作为诸多犹太混合语之一，仍然具备典型的日耳曼语特征。同理，现代希伯来语从古典希伯来语经历中世纪拉比希伯来语至现代复兴，吸收了各种外语元素，有的来自闪语（如阿拉姆语），有的来自印欧语（如意第绪语），却并不足以抹杀其闪语的属性——其核心词法依旧是闪语词法而非印欧词法，而词法可构成更有说服力的谱系划分依据——共同词法创新（参见 Hetzron 1976）。此外，圣经成书时间跨度巨大，所谓"圣经希伯来语"本身亦存在内部分歧；一些与"标准圣经希伯来语"（Standard Biblical Hebrew）相异的语言现象，如诸葛漫提到的语序问题（47 页）以及体时系统的变迁（75 页），事实上在"晚期圣经希伯来语"（Late Biblical Hebrew）中就已可见，甚至趋于稳定（参见 Givón 1977）。

（三）关于阿卡德语。在多伊彻提到的公元前 500 年后，晚期巴比伦语文献持续到约公元 100 年，记录在泥板石刻上的楔形文字阿卡德语时间跨度共有 2500 多年。多伊彻在介绍阿卡德语时也提到，阿卡德语存在方言分化，而该章事实上呈现的仅为古巴比伦语的补足结构。即便古巴比伦语最有代表性，也是所有亚述学学生入门阿卡德语的起点，毕竟南北方言存在明显的差异，存世文献最早的古阿卡德语明显存在更接近巴比伦语的特征（Hasselbach 2005），因此笔者以为章标题明确注明"古巴比伦语"更为严谨。

书中偶尔出现印刷失误，如第 51 页概括滑铁卢郡宾夕法尼亚德语中框形结构的变化时，两种演变结果间有斜线相隔，但最后加了半个括号：S V^1 X

V^2 Y / S V^1 V^2 X),非常明显,并不影响阅读,读者应很容易发觉。

总之,本书基于前人研究以及部分作者自己的田野调查,汇集了大量具体的个体语言材料,为读者呈现了一个综合的类型学分析框架。在理论方面,补足语结构类型涉及到认知问题:支配补足语小句、要求补足语策略的动词,以及这些补足语的语义、结构特征,都与人脑、信息编码,乃至语言习得机制息息相关。因此,本书除了在语言类型学领域内可以发挥巨大的作用外,还可能给心理学、人类学、哲学等方面的研究带来启示。

参考文献

岸本宜久:《アイヌ語沙流方言における動詞の助動詞用法と制約》,《北方人文研究》2016年第9期。

刘丹青:《语法调查研究手册》,上海教育出版社2008年版。

王辅世、毛宗武:《苗瑶语古音构拟》,中国社会科学出版社1995年版。

吴安其:《汉藏语同源研究》,中央民族大学出版社2002年版。

Dixon, R. M. W., 1972, *The Dyirbal Language of North Queensland*. Cambridge: Cambridge University Press.

Givón, T., 1977, The drift from VSO to SVO in Biblical Hebrew: The pragmatics of tense-aspect, In C. N. Li (ed.), *Mechanisms of Syntactic Change*. Austin and London: University of Texas Press. 181-254.

Hale, Kenneth et al., 1992, Endangered languages. *Language*, 68 (1): 1-42.

Hammarström, H., S. Bank, R. Forkel and M. Haspelmath (eds.), Glottolog 3.1 [DB/OL], 2017, *Jena: Max Planck Institute for the Science of Human History*. http://glottolog.org.

Hasselbach, R., 2005, *Sargonic Akkadian: A Historical and Comparative Study of the Syllabic Texts*. Wiesbaden: Otto Harrassowitz Verlag.

Hellwig, B., 2011, *A Grammar of Goemai*. Berlin and Boston: Walter de Gruyter.

Hetzron, R., 1976, Two principles of genetic reconstruction. *Lingua*, 38 (2): 89-108.

Lewis, M. P., G. F. Simons and C. D. Fennig (eds.), 2015, Ethnologue: *Languages of the World*, 18th ed [DB/OL]. Dallas, Texas: SIL International. http://www.ethnologue.com.

Al‑Jallad, A., 2015, Yusap'il or Yuhap'il, that is the Question. Two Solutions to Sound Change $*s^1 > h$ in West Semitic. Zeitschrift der Deutschen Morgenländischen Gesellschaft, 165 (1): 27-39.

Mortensen, D., 2017, Hmong-Mien Languages [EB/OL]. Oxford Research Encyclopedia of Linguistics. http://linguistics.oxfordre.com/view/10.1093/acrefore/9780199384655.001.0001/acrefore-9780199384655-e-341.

Purnell, H. C., 1970, Toward a Reconstruction of Proto-Miao-Yao. Ph. D. thesis, Cornell University.

Ratliff, M., 2010, *Hmong - Mien Language History*. Canberra, Australia: Pacific Linguistics.

Robins, R. H. and E. M. Uhlenbeck (eds.), 1991, *Endangered Languages*. Oxford and New York: Berg.

Rubin, A. D., 2010, *A Brief Introduction to the Semitic Languages*. Piscataway, NJ: Gorgias Press.

Sposato, A., 2012, Relative clauses in Xong (Miao-Yao). *Journal of the Southeast Asian Linguistics Society*, 5: 49-66.

Strecker, D., 1987, The Hmong-Mien Languages. *Linguistics of the Tibeto-Burman Area*, 10 (2): 1-11.

（作者单位：芝加哥大学人文学部近东语言文明系）

目的从句的界定与特征研究综述

张　祺　魏一璞

提　要　目的从句作为重要的从句关系类型之一，其界定与特征分析一直是学界研究的热点。本文从目的从句的界定出发展开综述，虽然西方语言学理论中大多都将目的关系作为因果关系的一个子类，但由于汉语中目的从句在语言标记上的独特性，目前现代汉语领域多将目的从句作为独立的从句类型。在语义特征上，与因果句相比目的从句具有较强的主观倾向性、预期性和能动性；而在句法结构上，目的从句具有与主句结合得更紧密、偏向后置、具备明确标记形式等特征。在语篇语用层面，三域理论可以很好地被应用于分析不同类型的目的从句。

关键词　目的从句　目的范畴　句法语义　语篇语用

一　目的从句的界定

目的性是人类行为的重要特征之一（Schmidtke-Bode, 2009），通过语言来理解和表达目的对于交流互动也至关重要。目的产生于个体有意识的活动，指向通过某种方式或者手段可能实现的行为或对象（赵春利，2005）。除了较鲜明的指向性，目的还具有心理性——如果不通过语言形式进行表达，思维主体的目的是无法被其他人清晰知晓的。而目的从句，则通过语言的形式表达了思维主体的目的逻辑推断过程。

关于目的从句的研究，学界的主要争论点在于目的从句的界定，目的关系是否可以作为一个单独的从句种类，还是从属于其他从句种类？目的从句与因果句的关系和区别是什么？进一步而言，目的从句在句法语义以及语用语篇中有何特性，使其区分于其他的从句类型？西方语言学以及汉语语言学界都对此问题展开了讨论，涵盖历时与共时、理论与实证等多角度的研究。

而本文的研究将从以上几个问题切入，综述目的从句的相关研究。

（一）西方语言学研究中目的从句的界定

目的这一概念与原因、手段、结果等概念紧密相关。在西方语言学界，尤其是英语的相关研究中，目的范畴常被认为是结果范畴的一种，因而目的关系常被当作是因果关系的一种。如 Schmidtke-Bode（2009）将目的定义为有意图的结果，目的关系则被认为是因果关系的子类。现行的诸多涉及关系分类的西方理论也都将目的关系置于结果关系之下，包括：分段式语篇表征理论（Segmented Discourse Representation Theory，简称 SDRT，Asher & Lascarides，2003）、语篇图示标注系统（Discourse Graph Bank Annotations，Wolf & Gibson，2003）以及（Penn Discourse Treebank，简称 PDTB，Prasad et al.，2007）。持这一看法的学者认为，目的是结果的一种形式，因而目的从句也是结果从句的一种子类。

语义范畴的界定常受到语义标记词的影响。将目的从句作为结果从句的子类的观点，便可以体现出西方语言中从句关系标记方式的影响。例如，表达目的所用的连词/短语，如 so 和 so that，通常被看作表因果关系的标记词（PDTB，Prasad et al.，2007；Andersson，2014）。语言标记的模糊性，使得目的与结果在表达形式上具有很大的相似性，进一步影响到了目的从句的归类问题。

亦有一些学者将目的关系单独列出，区别于结果关系，作为独立的一种因果关系类型。持这一观点的学者包括 Grimes（1975）、Martin（1992）以及 Mann 和 Thompson（1988）。其中，Martin（1992）明确地将目的与方式、条件、结果并列，作为因果关系的一个子类。Rhetorical Structure Theory（RST，Mann & Thompson，1988）将因果关系做了更为细致的划分，将目的从句与有意志性原因、无意志性原因、有意志性结果、无意志性结果等几类关系，并列为因果关系的子类。由此可见，西方语言学理论中，大多都将目的关系作为因果关系的一个子类，主要争论点在于目的关系是否从属于表结果的这类因果关系。

（二）现代汉语中目的从句的界定

在现代汉语早期对目的从句的研究中，重点强调的是目的与因果在范畴上的紧密关系。黎锦熙（1924）最早在《新著国语文法》中提出目的从句这一概念，将目的与因对应，行为与果对应，认为"行为的目的就是动机，就是动的原因"——因此目的句就是表达因果关系的原因句的一种。吕叔湘（1944：403—404）也从概念上强调了目的与因果的密切关系，并且指出两者在概念上相通——"来自外界者为原因，存于胸中者为目的"。因而，表示目的关系的从句与表示原因关系的从句常常可以看作是表达同一件事，只是换种说法。类似的观点还有邢福义《复句与关系词语》（1985）：将目的句和因果句、条件句、假设句等并列为因果复句的次类。贾崇柏（1984）以反证目的连词的方式指出目的复句不存在，取之以表示条件和因果关系的复句。

随着现代汉语研究的深入，学界的主流观点逐渐倾向于把目的从句作为一类单独的从句类型，强调目的关系与因果关系的区别。王力（1944）在《中国现代语法》中明确将目的式与原因式并立，作为主从句的两种子类，指出"目的式"的从属部分是作为主要部分的"目的"的。在《汉语语法教材》（1959）中，黎锦熙和刘世儒正式提出"目的句"这一名称，将之与因果句相平等对待，并从历时的角度指出表示原因和目的的两类连词在过去可通用，近来渐趋分化——"这样划分清楚，完全是从原因和目的两个概念出发，是以语义为标准的，不属于语法形式范畴。"（黎锦熙、刘世儒，1959：108）黎锦熙对目的从句的界定的转变，体现了语义标记词对从句界定的影响。

邢福义（2001）在区分目的关系从句与因果关系、条件关系从句的基础之上，归纳出一个大类——广义因果关系。将目的从句归于因果关系大类，但是同时又单独作为一个从句类型。这种划分方式，既考虑到了目的这一概念与原因、结果的密切关联，又考虑到了两者在标记形式上差别。类似的划分还有邵敬敏（2007）提出的复句的四大类——平等、轻重、推理、违理。其中推理大类下包括"原因-结果"复句和"目的-方式"复句在内的五小类复句。具体来看，"原因-结果"复句的语义特征是［顺承］［推理］［因果］，"目的-方式"复句的语义特征是［顺承］［推理］［目的］，目的从句与因果从句的区别主要是子类下具体语义特征的区别。

综上所述，目前现代汉语领域具有较为一致的观点：在概念范畴上肯定了目的与因果的紧密联系，同时又考虑到汉语目的句独特的语义特点和关联词标记系统，倾向于将目的从句作为独立的从句类型。

二　目的从句的句法语义特征

从目的从句的界定来看，目的从句与因果从句既有在内在逻辑上的关联，又有在标记形式上的区别。而在不同意见的背后实际是人们对目的范畴和因果范畴的基本理解，因此，我们将先从目的范畴与因果范畴这两个重要概念入手，分析目的从句在语义上的特征与表达；进而在目的从句的功能、结构等方面具体分析其句法特征。

（一）目的从句的语义特征：目的概念的范畴与表达

在理解目的从句的语义特征及其和因果句的差异时，应该注意到目的从句内部蕴含的认知特点。Schmidtke-Bode（2009）指出，虽然目的从句和其他类型的从句有相同的编码形式（尤其是因果句），但目的从句在从句系统中却有着区别于其他从句类型的特殊性。该研究指出，目的从句特殊性的体现之一是目的从句和主句事件之间存在心理状态和概念上的联系，而这种联系是其他类型的从句所没有的。此外，目的从句具有时间上的预设（多表示未来的事件或行为），传递的是新的前景信息。

朱斌（2013）指出，目的句的基本语义框架模式是"目的-行为-结果"，为实现目的采取某行为，然后行为又可能产生某结果，形成一个完整的事件链；目的句完整的语义框架是"背景-目的-行为-结果"，其中"背景"在具体的言语活动中经常被忽略。毕鸣（1989）认为虽然从逻辑上看，目的和原因有相通之处，但逻辑不是语法，逻辑意义不能作为研究复句关系的唯一标准。王凤兰（2008）认为应从语言形式和心理目的的关联程度出发，确认目的范畴的研究领域。该研究指出，目的范畴内在隐藏着因果性，但其与因果范畴存在一定的差异。首先，目的范畴表现出主观倾向性，而因果范畴则表现出客观倾向性。例如：

（1）工厂为了追求效率，改进了生产设备。
（2）因为工厂追求效率，所以改进了生产设备。

以上两句话表达了不同的语义关系，例句（2）反映了"追求效率"和"改进生产设备"两个事件之间单纯的因果关系，而例句（1）明确反映出了二者之间主观目的和行为的关系。除了在主客观性上的差别之外，目的范畴具有预期性和能动性，因果范畴却没有这两种特点（王凤兰，2008）。其他的研究也有类似的观点，如景士俊（1999）指出，典型的目的句和因果句的句法形式和语义呈现较为清晰，不会造成混淆。而易产生混淆的情况包括兼用关联词语、前后关联词语非常规以及目的、原因分句并列的情况。他认为在判断时应把握住目的句的语义特点——具有主观意图、预期效果,手段、方式动作性较强,此外因果句的结构中心在"结果"部分,而目的句的结构中心在"目的"部分。

赵春利(2005)认为由语言形式直接体现心理目的就是语义目的范畴,而由语言形式间接体现心理目的则属于交际目的范畴。研究提出了自我目的单子(Ego-Intentional Monad——EIM)的概念。目的单子是目的范畴体系中最小的组成单位,具有不可分性、能动性和观念性,由两个具有因果关系的要素组成:自我意识意向(Ego-Mental Intent——EMI)和自我意向行为(Ego-Intentional Action——EIA)。一个 EIM 的符号表达式是 EIM = EMI + EIA,如我想回家 = 我想 + 回家。研究指出,每一个 EIM 在本原上都是"自在且自为的自我目的单子"。基于这套理论,赵春利(2005)认为目的范畴下属于因果范畴,但目的范畴的 EIM 具有较强的能动性。

在语义表达上,目的与因果呈现出更为明显的差异。汉语表示目的关系的标记词非常丰富,韩明珠(2016)通过考查 12 种现代汉语教材,总结出来 30 个可以用来表达目的的标记词,常用的包括:为、为了、为着、为的是、以便、以免、用以、借以等。这些标记词对从句类型的判断具有较大的影响。尹洪波(2011)也对汉语目的句的关系词进行了阐释,指出汉语目的从句使用连词作为标记手段,包括获取性连词标记(如"为""为了""好"等)和免除性连词标记(如"以免""省得""以防"等)。相比于获取性标记,目的从句的免除性标记具有较强的词汇意义和动词性质,语法化程度不高。吕叔湘(1944)根据标记词的差异把目的从句分为积极目的从句和消极目的从句,前者使用"以""为了"等关系词,表示主观上想要取得某种结果,而后者使用"省得""以免"等关系词,表示企图避免某种结果的主观目的。邢福义(1994)从范围和作用两个角度对从句的关系词进行了定位:在范围上,每一从句类型的关系词都不是固定的某种词类,范围也可宽可严;在作用上,从句关系词的静态作用在于表明从句关系,且还具有显示、转化和复现的动态功能。在判断从句类型的具体操作上,邢福义(1994:7)认为应"从关系出发,用标志控制",并把握住同一性、彻底性、切实性和全面性的原则。

目的范畴的标记词并非一成不变,从历时发展的角度,毕鸣(1989)指出虽然"为了"一词既可以表达目的,又可以表达原因,但是以新中国成立时期前后为界,"为了"所表达的语义范畴产生了一个语义转变。在五四时期至建国前后,"为了"可以兼表达目的和原因,如:

（3）当然，为了要建造这个对比，他也有他的一些根据。（郭沫若《青铜时代》）

　　（4）为了我进一女师，妈已经受了不少的闲气。（巴金《家》）

(毕鸣，1989：76)

　　据毕鸣（1989）分析，例（3）表示目的，例（4）表示原因。而在建国后的历史语言发展时期，"为了"和"因为"在使用中的分工逐渐明确，前者只表示目的，不再表示原因。这种分工明确化的趋势与语言发展的内部规律相符合。

（二）目的从句的句法特征：结构、位置与形式

　　目的从句的句法特征主要体现在从句的结构、位置与形式等方面。Schmidtke-Bode（2009）通过调查80多种语言样本中的目的结构，发现目的从句在结构和功能上和其他从句存在交叠现象。这种交叠现象主要源于目的结构和目的标记的多功能性：除了表达目的外，其还具有表达原因、结果、时间、条件和方式的功能。Schmidtke-Bode还指出，目的从句和补语小句在功能与结构上存在相似之处，二者都倾向于使用不定式等动词形式以及相似的关系化小句结构。

　　而另一方面，和从句系统中其他类型的从句相比，目的从句在结构上也有着较为突出的特点。Schmidtke-Bode（2009）从目的从句中动词的编码出发理解其句法特征，指出了目的从句中动词编码的三种类型——完全限定/平衡式（finite or balanced）、降级式（deranked）和连动式（serial verb）。其中，"降级式"是各种语言中常见的、高频的目的性动词编码策略。相比于其他种类的从句，目的从句中的动词更容易"降级"（deranking），也即失去动词的完全限定形式或小句的独立性。"降级"（deranked）和"平衡"（balanced）的动词形式是相对应的情况，Schmidtke-Bode使用这一概念代替了从句中非限定型谓语（non-finite predicates）的说法。"降级"的动词不能充当陈述句的主要动词，通常不用时体标记或情态标记，且主语倾向于采用隐藏形式。目的从句中动词的降级特征使其和主句结合得更紧密。目的从句本身具有时间上的预设，从句的动词多和未来时相关，所以其降级在语气和形态上也有所体现。目的从句在结构上与主句结合密切也有语义上的原因：目的从句体现了主句中主语的心理状态，因而相比于其他从句，更容易和主句发生整合。

针对目的从句所处的句法位置，Greenberg（1963）最先提出语言中存在将表达目的的小句放置于主句之后的趋势。Schmidtke-Bode（2009）在对 80 种语言的取样中发现，64%的目的从句都位于主句的后面。而考察动宾位置不同的语言则会发现，VO 型语言呈现绝对的后置性优势；而 OV 型语言中，前置目的句与后置目的句数量接近，这主要是由于句法的限制。目的从句后置的这种趋势主要是由于逻辑和时间上的象似性（iconicity）：行为在前、目的在后更符合逻辑与时间顺序（Greenberg，1963）。从构式语法（Construction Grammar）的角度来看，这一趋势是由于语篇语用功能使得目的小句更倾向于出现在动词后的重心位置（focus position）而非话题位置（topic position）；而前置目的从句与后置目的从句应当被看作两种不同的构式，各自具有不同的语篇语用功能（Thompson，1985）。关于目的从句在语篇语用层面的分析，我们将在第三部分展开详细论述。

尹洪波（2011）也将汉语的目的从句分为目的句前置和后置两种不同情况：后置的目的句占多数，在功用上相当于句首状语，不具有话题性，只起到了"承上"的作用；前置的目的句主要是"为"类目的句，具有补语的功用，有较强的话题性，具有"启下"的作用。景士俊（1999）则分析了目的句中语序和关系词的作用。后置的目的句通常可以起到强调的作用。关联词语则可以使词义、结构更加清晰，有时也可以增强语势和修辞色彩。

朱斌（2013）以"为了"目的句为例，系统分析了目的项前置与目的项后置两种构式。该研究指出，句法构式、语义关联、信息和焦点结构、语篇功能和认知思维都是制约目的句语序的因素。而前置与后置两种构式也有不同的功能和分布："为了"目的项前置具有承接上文、展示多个目的等功能，多用于书面语体和较为正式的口语体；而"为了"目的项后置时，"为了"一般用于句首，往往与行动结果项的主语不同，具有承上启下和较强的扩展功能，在日常交际中更常用。

关于目的从句的表达形式，Andersson 和 Spenader（2014）通过语料库研究发现，相比于因果从句，绝大部分的目的从句都是被明确标记出来的——即从句关系的表达形式为显性，并未省略隐藏关联词。Andersson & Spenader（2014）认为造成这种表达形式区别的内在理论动机，可能在于目的从句关系的非真实性（nonveridicality）——目的相比于结果，常常是非真实的，所以需要在语言上有所标记。Schmidtke-Bode（2019）总结出了人类语言中五种主要的目的关系表达形式：限定式目的从句、非限定式目的从句、目的兼运动结构、目的推理结构和免除性结构（另见：丁健，2013）。其中典型的目的从句——限定式目的从句，主要使用连词、介词和词缀等形式进行标记。而不同语言中目的从句的标记选择和语言的形态类型与语序等因素有关。

在现代汉语中，目的从句也存在多种标记形式。王凤兰（2011）总结了现代汉语中表示目的关系的三种语言形式，包括由特定标记构成的目的句、由特定句式构成的目的句和由"V+目的宾语"构成的目的结构。其中，第一种——由特定标记构成的目的句，也即我们通常所说的目的从句，典型性最强。表达目的范畴的标记主要有介词类（如"为""为了"等）、短语类（如"是为了"等）、连词类（如"以""从而"等）、动词类和某些固定格式（如"为了……起见"等）。除了标记形式之外，目的句也具有不同的句法格式。

徐式婧（2019）从历时的角度探讨了汉语原因句和目的句在演变上的差异，原因句在语序和关联标记方面发生了显著变化，具有一定的动态性；而目的句的发展过程相对单一，体现出了稳定性的特点。具体来说，原因句的语序由后置句演变为前置句，又进一步发展为前置句和后置句并行，语法标记从"以"系、"为"系标记演变为"为"系、"因"系标记；而目的句的语序一直以后置句为主，到现代汉语中才形成前置句和后置句并行的情况，在关联标记上也一直以"以"系和"为"系标记为主，没有发生明显的变化。

三　目的从句的语篇语用特征：基于三域的分析

复句三域最初由语言学家 Eve Sweetser（1990）提出。该理论认为人类认知系统和语言中的复句系统存在着相互对应的三个域——内容域（content domain）、认识域（epistemic domain）和语言行为域（speech-act domain）。三域理论被广泛运用于词汇语法化研究、复句分析等领域（Traugott, 1989; Sanders, Sanders, & Sweetser, 2009, 2012）。沈家煊在《复句三域：行、知、言》（2003）中将复句三域理论和言语实际相结合，"行"指行为、行状，"知"指知识、认识，"言"指言语、言说。该研究以汉语为例，论证了因果句中的行、知、言三域：

（5）张刚回来了，因为他还爱小丽。（行域）
（6）张刚还爱小丽，因为他回来了。（知域）
（7）晚上还开会吗？因为礼堂里有点远。（言域）

（沈家煊，2003：196）

沈家煊（2003）指出，例句（5）是事理上的因果关系，例句（6）说明一种推理上的因果关系，而例句（7）则不可能按照事理或推理上的因果关系来理解，需要结合具体语境和背景信息。他还指出概念系统中的三域建立在语义、用法上，在语言层面上主要体现在情态动词和复句关联词上。

韩明珠（2016）将复句三域理论应用于目的从句并给出了具体的例句：

（8）为了考上好大学，他努力学习。（行域）
（9）为了妈妈的病快点好起来，他努力学习。（知域）
（10）为了让你妈妈的心情好起来，我建议你必须努力学习。（言域）

（韩明珠，2016：199）

例句（8）中，从事理上来讲"努力学习"的目的可以是"考上好大学"，二者的关系符合一般事理，属于行域；例句（9）中，"妈妈的病好起来"和"努力学习"之间并没有直接联系，需要进行推测，属于知域；而例句（10）中，"让妈妈的心情好起来"和"我建议你必须努力学习"之间没有事理关系，也无法推理出来，且"我建议"属于一种言语行为的标记，因而属于言域。可见，在行域中目的从句的目的和行为具有普遍、密切的直接关系，符合一般事理，人们通常可以预测目的；知域中目的和行为没有普遍的直接关系，需要利用逻辑推理建立关系；而言域中目的与行为反映了说话人一种可促成的言语行为（韩明珠，2016）。

在目的复句的相关研究中还有一些与复句三域类似的理论或定义，有利于我们加深对目的复句的理解。王维贤在《现代汉语复句新解》（1994）中也提出了从事理关系、认识关系和心理关系三个角度理解复句语义。其中事理关系体现客观事物关系，体现在句法句义等平面上；认识关系体现理性认识，体现在句法层面上；心理关系则体现说话人的主观态度，体现在句法和实际话语的使用中。而当主观认识和客观事理不一致时，语言表达通常和人们的主观认识相一致。邢福义（1994）提出了复句句式的表里关系，语里涉及复句句式的成立，是事物间客观存在的逻辑基础；语表涉及复句句式的选用，体现说话人在主观视角上对某种关系的抉择；语值则涉及复句的语用功用等特殊功能。其中值得关注的一点是复句语里和语表的关系，语里具有客观性，而语表体现说话人的心态和视点，具有主观性。不可否认，语里对语表具有制约作用，但这种制约不是绝对的，语表可以对语里进行反制约。实际上，复句所表达的语义关系具有二重性，其既反映了客观实际也反映了说话人的主观视点，但二者相矛盾时，起主导作用的则是说话人的主观视点。从这里我们也可以更好地理解目的复句在篇章语用功能上所具有的主观性。

四　总结与展望

目的关系是人类逻辑关系中的重要部分。目的关系的理解和表达，对于语言理解、交流也至关重要。表达目的关系的从句，在语义范畴、句法结构、语篇语用等方面都有其独特性。而在现代汉语研究领域，目的从句从被作为因果句的次类，到被划归为独立的从句类型，这一过程不但体现了语言研究的不断深化，也是现代汉语研究领域基于汉语自身特点和语言事实的成功探索。

随着语料库方法的普遍应用以及语言学实验方法的推广，对目的从句的句法语义特征、语篇语用功能的研究还应进一步拓展。如，利用语料库方法对目的从句的分布特征与实际运用时的特点展开实证研究，可以更加全面、具象地理解汉语目的从句的句法语义特征。在实验研究方面，在因果关系理解的研究中，已有大量关于隐性因果性（Implicit Causality）的研究，而目的从句，作为与因果从句有相近逻辑关系的从句类型，是否有类似的特征仍有待实验证据。这些探索将加深学界对于目的从句在语义、句法、语篇语用等各个层面的理解，也将从复句关系的表达形式这一角度更好地促进语言多样性的研究。

参考文献

毕鸣：《论目的复句的建立及其界限》，《曲靖师专学报》1989年第2期。

丁健：《汉语目的范畴及其表达手段》，硕士学位论文，上海师范大学，2012年。

丁健：《〈目的小句的类型学研究〉介绍》，《当代语言学》2013年第1期。

韩明珠：《现代汉语目的范畴的认知研究》，硕士学位论文，上海师范大学，2016年。

贾崇柏：《论目的连词和目的复句的今昔》，《汉语学习》1984年第

3 期。

景士俊：《漫谈"目的复句"》，《西安建筑科技大学学报》（社会科学版）1999 年第 1 期。

黎锦熙：《新著国语文法》，商务印书馆 1924/1955 年版。

黎锦熙、刘世儒：《汉语语法教材》，商务印书馆 1959 年版。

吕叔湘：《中国文法要略》，商务印书馆 1944/1982 年版。

邵敬敏：《建立以语义特征为标志的汉语复句教学新系统刍议》，《世界汉语教学》2007 年第 4 期。

沈家煊：《复句三域"行、知、言"》，《中国语文》2003 年第 3 期。

王凤兰：《现代汉语目的范畴研究》，博士学位论文，暨南大学，2008 年。

王凤兰：《谈语言中目的范畴与因果范畴的联系与区别》，《佛山科学技术学院学报》（社会科学版）2008 年第 2 期。

王凤兰：《现代汉语目的范畴的建立及相关问题研究》，《汉语学习》2011 年第 6 期。

王力：《中国现代语法》，商务印书馆 1943/1985 年版。

王维贤：《动词小句的基本短语结构形式》，《中国语文》1994 年第 1 期。

尹洪波：《汉语目的小句的标记、位置及其解释》，《语言科学》2011 年第 4 期。

邢福义：《复句与关系词语》，黑龙江人民出版社 1985 年版。

邢福义：《现代汉语复句问题之研究》，《黄冈师专学报》1994 年第 2 期。

邢福义：《汉语复句研究》，商务印书馆 2001 年版。

徐式婧：《汉语原因句与目的句的演变差异及其动因研究》，《青海师范大学学报》（哲学社会科学版）2019 年第 3 期。

赵春利：《关于目的范畴在句法、延展及其筛选上的理论思考》，《中国海洋大学学报》（社会科学版）2005 年第 2 期。

朱斌：《汉语复句句序和焦点研究》，世界图书出版公司 2013 年版。

Andersson, M. and J. Spenader, 2014, Result and purpose relations with and without 'so'. *Lingua*, 148: 1–27.

Asher, N., and A. Lascarides, 2003, *Logics of Conversation*. Cambridge: Cambridge University Press.

Bodwell, M., 1993, *From Etymology to Pragmatics: Metaphorical and Cultural Aspects of Semantic Structure* by Eve Sweetser (review). *Journal of Linguistics*, 29 (1): 157-163.

Dressler, W., 1977, *The Thread of Discourse* by Joseph E. Grimes. *Journal of Linguistics*, 13 (2): 320-321.

Greenberg, J. H., 1963, Some universals of grammar with particular reference to the order of meaningful elements. In J. H. Greenberg (ed.), *Universals of Language* (2nd). Cambridge MA: The MIT Press. 73-113.

Grimes, J. E., 1975, *The Thread of Discourse*. The Hague: Mouton.

Prasad, R., N. Dinesh, A. Lee, E. Miltsakaki, L. Robaldo, A. Joshi, and B. Webber, 2007, *The Penn Discourse Treebank* 2.0. In *Proceedings of the Sixth International Conference on Language Resources and Evaluation* (LREC), Marrakech, Morocco.

Martin, J., 1992, *English Text: System and Structure*. Benjamin, Amsterdam.

Mann, W., and S. Thompson, 1988, Rhetorical structure theory: towards a functional theory of text organization. *Text Talk*, 8 (3): 243-281.

Thompson, S. A., 1985, Grammar and written discourse: Initial vs. final purpose clauses in English. *Text*, 5 (1-2): 55-84.

Traugott, E. C., 1989, On the rise of epistemic meanings in English: An example of subjectification in semantic change. *Language*, 65 (1): 31-55.

Sanders, J., T. J. M. Sanders, and E. E. Sweetser, 2012, Responsible subjects and discourse causality: How mental spaces and perspective help identifying subjectivity in Dutch backward causal connectives. *Journal of Pragmatics*, 44 (2): 191-213.

Sanders, J., T. J. M. Sanders, and E. E. Sweetser, 2009, *Causal Categories in Discourse and Cognition*. Berlin: Mouton de Gruyter.

Schmidtke-Bode, Karsten, 2009, *A Typology of Purpose Clauses*. Amsterdam/Philadelphia: John Benjamins Publishing Company.

Wolf, F., E. Gibson, 2003, Representing discourse coherence: a corpus-based study. *Computational Linguistics*, 31 (2): 249-287.

(作者单位：北京大学对外汉语教育学院)

南美洲原住民语言的复句研究
——《南美洲原住民语言中的从句》述评

赵晓丽

一 导 论

南美洲大陆具有丰富的语言资源，除了占统治地位的葡萄牙语和西班牙语外，这片大陆上还存在着不同谱系的语言以及孤立语，主要反映为原住民所使用的语言。其中有些原住民语言濒临灭绝或者已经灭绝，只存在于一些历史文献中。对这些原住民语言中的复句进行梳理和研究，是从区域类型学的角度丰富和完善复句研究的必要尝试。西方语言学界主要从并列（coordination）和从属（subordination）两种关系出发研究复句，前者通过相同成分的并置以及并列连词实现，语义类型较为单一；后者则经常表现为不同的实现策略和手段，语义类型也丰富多样，尤其是以黏着语为主要类型的南美洲原住民语言。因此，对这些原住民语言中的从属关系进行专门调查研究，能够进一步推进复句的研究。《南美洲原住民语言中的从句》（*Subordination in Native South American Languages*）一书则是这方面有益的尝试。

该书由约翰·本杰明出版公司（John Benjamins Publishing Company）2011年出版发行，由里克·范·金（Rik van Gijn）、卡塔琳娜·郝德（Katharina Haude）和皮耶特·慕斯肯（Pieter Muysken）3 位类型学家编辑而成，书中集合了这 3 位学者以及其他学者对南美洲原住民语言从句研究的不同成果。本书所涉及的语言一共有 12 种，它们大概的地理位置分布如下图所示。

按照图中的数字顺序，这些语言分别是：柯梵语（Cofán）、厄瓜多尔克丘亚语（Ecuadorian Quechua）、车隆语（Cholón）、美本戈克雷语（Měbengokre）、塔尔玛克丘亚语（Tarma Quechua）、梅肯斯语（Mekens）、卡维内那语（Cavineña）、包瑞语（Baure）、莫维玛语（Movima）、乌鲁语（Uru）、尤拉卡雷语（Yurakaré）、奇帕亚语（Chipaya）。

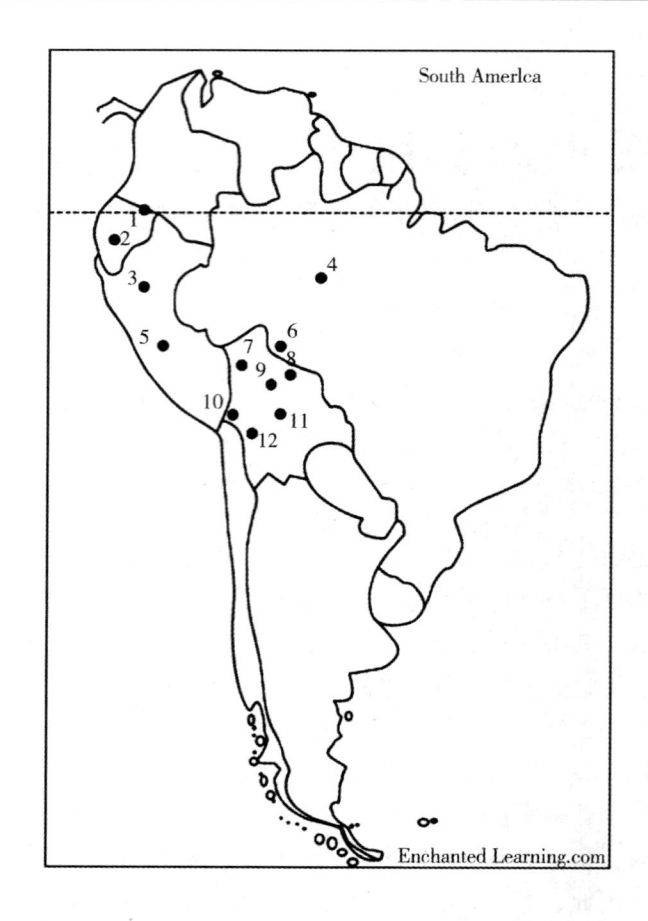

本书正文共 306 页，由 12 部分组成，其中第一部分为概述性内容，其余部分为不同作者的相关研究成果。正文后附有作者索引、语言索引和主题词索引。下文将依次介绍各部分的主要内容，然后对全书内容进行简要述评。在内容介绍时，本文将首先对各部分所涉及的原住民语言作简要介绍。

二　内容简介

第 1 部分　南美洲从句研究概述

该部分具有综述性质，提供了与从句相关的背景知识，对理解全书的内容具有十分重要的作用。首先，作者主要讨论了从句的概念、南美洲语言的从句策略和模式。传统观点将从句看作是一种由两个或两个以上的分句组合而成的结构（construction），其中一个分句（从句）充当另一个分句（主句）的成分；主要包括三种类型：补语从句（complement clauses）、关系从句（relative clauses）和状语从句（adverbial clauses）。补语从句的功能是充当主句中动词的论元成分；关系从句用来充当主句中名词的修饰性成分；状语从句则用来修饰主句中的动词或者整个主句。但是，这一传统视角下的从句概念会受到跨语言材料的挑战，因为不是所有的语言都具备这种类型的结构；问题的关键在于不同的语言对从属性事件进行编码的方式不一样。

基于此，作者简要讨论了不同视角下对从句概念的不同理解。首先，除了传统的句法标准，从语法依存性（grammatical dependency）的角度出发，从句可以分为平衡性从句（balanced clauses）和降级性从句（deranked clauses）。前者中的分句具有各自独立的句法表现，而后者则表现出语法上的依附性。其次，主句和从句具有认知上的差异：前者具有断言（asserted）性质；而从句是非断言（non-asserted）的，其语用勾画依赖于主句中的事件。最后，从属关系与并列关系在语义层面上表现出极大差别：从属关系体现的是非对称性关系，语义随着句法顺序的变化而改变；而并列关系则表现出语义上的对称性。

此外，作者对南美洲原住民语言中的从句策略进行了简要讨论。这些策略主要借助于形态手段来实现，包括名词化标记（nominalizers）、转换指称标记（switch reference markers）以及派生性后缀（derivational suffixes）等；而由连词（conjunctions）构成的从句所占比例相对较少，存在于一些图皮语系的语言中，如梅肯斯语中；本书中将其称为自由的从句标志词（free subordinators）。虽然构成从句的方式各异，但这些不同的策略仍呈现出一定的规律性，包括三种不同类型的模式：第一，名词性策略，从属动词被名词化，但其原本的一些动词性范畴仍然可能被保留；第二，动词性策略，由两个限定结构组成的从句通常需要借助于一个依存标记；第三，综合性策略，主要借助于语法标记以外的手段，如使用连动结构（serial verb constructions）、动词复合式以及词缀等等。不同的语言在构成从句时，有时单一使用某种策略，有时将不同的策略结合起来使用。

在这些不同的模式中，使用最频繁的从句策略是名词化（nominalization），包括参与者名词化以及事件名词化。前者存在于南美洲大多数语系中，如盖丘亚语系、图皮-瓜拉尼语系等；其功能相当于关系从句。后者具有充当补语从句的功能，在圭库鲁诺语言和瓦亚加-盖丘亚语中使用较为广泛。名词化策略还表现在分词形式的使用上：出现在关系从句和状语从句中的动词性范畴（如时态等）可以通过名词化标记进行编码。大多数安第斯山脉的语言和加勒比地区的语言都具有这种形式。

除了名词化策略，南美洲大多数语言中的从句也借助于黏着性从句标志词（bound subordinators）来构成不同语义类型的从句。这些从句标志词通常带有转换指称标记，用来标示从句中动作的指称。这一现象广泛存在于哥伦比亚、厄瓜多尔、秘鲁、玻利维亚、巴西等地区的语言中。

最后，作者对全书所讨论的语言进行了简要的说明。这些原住民语言主要分布于南美洲的三个地区：亚马逊盆地、安第斯山脉地区以及二者之间的丘陵地区。亚马逊盆地所涉及的语言主要有巴西亚马逊境内的梅肯斯语和美本戈克雷语、玻利维亚北部地区的包瑞语等；安第斯山脉地区的语言主要有厄瓜多尔克丘亚语、乌鲁语和奇帕亚语等；位于中间地带的语言主要是一些孤立语，如尤拉卡雷语、柯梵语等。下文将逐一介绍这些语言中的从属关系在句法、语义、语用等方面的不同表现。

第 2 部分　梅肯斯语的从属性状语结构

本章主要讨论了梅肯斯语（Mekens）的从属性状语结构（subordinate adverbial constructions）所使用的形态句法策略。

梅肯斯语是亚马逊流域图皮语族（Tupi family）的分支语言之一，主要在巴西西北部地区使用。类型学上属于 SOV 型语言，名词短语性成分均位于动词之前。在形态句法上，梅肯斯语主要具有图皮语的两大特征。第一，动词性范畴中除了及物动词和不及物动词之外，还存在一类小品动词（particle verbs）。这类动词没有人称、数以及时体的屈折性变化；动词自身并不支配任何论元，与其相关的概念论元通常被省略，或者通过外围短语性成分体现；主要用来表示不同的话语功能。第二，同时具有两组人称代词语素：可以独立使用的人称代词以及与之相对应的代词性黏着语素，即人称代词前缀成分；这两组人称代词语素在功能和形态句法上与不同类型的动词组配使用，体现该语言的作格性。

结合形态句法特征，作者重点讨论了梅肯斯语中三种不同语义类型的从属性状语结构：时间/条件状语结构、原因状语结构以及目的状语结构。前两类从属性状语结构使用相同的形态句法策略，都通过后置短语（postpositional phrase）结构来表示，该后置短语中包含一个去动词化的名词（deverbal noun）或者指示代词。但这两种从属性状语结构所使用的后置词在语义上存在差别：时间/条件状语结构中使用表示处所义的后置词，如例（1）中的后置词"ese"；而原因状语结构则使用离格性后置词，如（2）中的"eri"。

（1） kirit　　se-ayt-kwa-t　　［se-akar-ab = ese］
　　　child　　3c-cry-TR-PST　　3c-fall-NMLZ = LOC
　　　"The child cried when he fell down."（"当小孩跌倒的时候，这个小孩哭了。"）

（2） aose　　se-ekibõ　　noat　　poret　　asoap　　sese = eri
　　　man　　3c-walk　　NEG　　now　　rain［n.］　many = ABL
　　　"People don't go out now because it rains a lot."（"因为经常下雨，人们现在都不出门。"）

梅肯斯语中的原因状语结构还可以通过派生性的动词短语构成。该动词短语由指示代词和动词化标志词（verbalizer）共同构成，而该动词化标志词即由该语言中的小品动词充当。这一形态句法策略也是构成梅肯斯语中目的性从属状语结构的方法之一。此外，还有一种由连续位移动词（serialized motion verb）构成的结构也可以用来表达目的性状语从属结构，如下面的例句所示。

（3） o-ser-a-ra　kot-ke　o-si　o-tak　kaat　so-b-ra
　　　1s - leave - TH. V - REP　　FUT - DESID. 12　　1s - mother　　1s - daughter　　DEM　　see-？-REP
　　　"I want to leave in order to see my mother and my daughter again."（"为了再次看到我的妈妈和女儿，我想要离开。"）

作者在本研究最后指出，在梅肯斯语中，"指示代词（kaat）+后置词（ese）"的组合能够用来表达不同语义类型的从属性事件；因此可以假设，该组合构成的短语"kaabese"正在经历被重新分析为从属性连词（subordinate connective）的语法化演变过程。

第3部分　美本戈克雷语中的关系从句

美本戈克雷语（Mẽbengokre）是位于亚马逊东部巴西境内的两个土著民族使用的语言，使用人口超过一万人。本章主要讨论了该语言中关系从句的一系列形态句法特征。

从类型学的角度来看，依据中心词（head）与关系性从句（relative clause）的不同位置，关系从句通常包括两种类型，即外部型（head external）关系从句和内部型（head-internal）关系从句；前者的中心词位于关系从句的外部，如英语"I gave him the book that I bought last year"；但是，在美本戈克雷语中，关系从句的中心词通常都位于从句的内部，且该中心词没有任何形式的标记，如下例所示：

(4) amrẽ   i-mā   [a-je   tep   bôr]   kwỳ   ngā
    hither I-DAT   2-ERG   fish   roast.PL.N some   give.V
    "Give me some of the fish you roasted."（"给我一些你烤的鱼。"）

由于中心词缺乏标记，因此出现在关系从句中的任何名词性成分都可能成为被关系化的对象，从而导致关系从句的歧义，如下例中的 kube "barbarian" 和 mēkrĩdjà "chair" 都可以作为中心词，使得该句有两种解释，而这种歧义只能通过具体语境来消解。

(5) [kubẽ   ku-te   mẽ   i-mā   mēkrĩdjà nhõr]   nẽ   jā
    barbarian 3-ERG   PL   1-DAT   chair   give.N   NFUT   this
    "These are the chairs that a/the white man gave us."（"这是一个/那个白人给我们的椅子。"）
    "This is the white man that gave us some/the chairs."（"这是那位给我们椅子的白人。"）

此外，作者还讨论了美本戈克雷语关系从句的其他特征，如：作格标记性；从句没有时、体、情态等范畴特征；任何位置的语言成分都可以被关系化；中心词可以省略，从而产生"自由关系性"从句结构等等。句法结构上，美本戈克雷语的关系从句并不是通过附接（adjoin）而形成的，这些关系从句本身就是自足的名词短语（self-contained noun phrases）。基于此，作者认为，带有修饰性成分的名词短语结构也可以分析为述谓型结构，与关系从句的功能相同；如（6）中的例子，该名词短语内部的修饰性成分 mex "beautiful" 是句法结构的核心，整个结构可以看作是内部中心词关系从句的一种特例。因而，在美本戈克雷语中，所有名词性结构的中心词和修饰语之间均存在系统的歧义性。

(6) idij   mex
    name   beautiful
    "beautiful name (s)"（"美丽的名字"）
    "his/her/its name (s) is/are beautiful"（"他/她/它的名字很美丽。"）

第4部分　包瑞语的从句嵌入策略

包瑞语（Baure）是南美洲印第安诸语组中通行最广的阿拉瓦克语言（Arawakan Languages）中的一种，目前处于严重濒危状态，仅在玻利维亚的包瑞城区及其附近的社区使用。

该语言中的复句包括并列句（coordination）和从句（subordination）两种类型，二者在句法构成上显示出较大的差异。并列句主要通过几个分句的并置或者借由并列连词引入，谓词无任何标记。从句的实现方式有三种：（1）无标记从句，通过分句并置或者从属连词引入，谓词无标记；（2）标记性从句，即状语从句，可以用来表示原因、处所、时间、目的等语义关系，谓词分别使用对应的语义标记；（3）嵌入句（embedding clauses），包括关系从句和补语从句。这一类型从句中的谓词都经历了名词化过程，从而转变成主句的论元成分，或者成为论元的修饰性成分。因此，作者认为嵌入句是一种特殊的标记性从句，也是包瑞语中唯一真正意义上的依存性从句（dependent clauses）。

在包瑞语的嵌入句中，谓词的名词化主要使用三种标记："-no""-ri""-cho"。前两种名词化标记主要用来构成关系从句，后者用来构成补语从句。

由"-no"形成的关系从句中缺乏中心词，主要是用来构成参与者名词化，其功能是用来作主句的主语或者宾语论元。如下面例子中的谓词"kotoreko"加上名词化标记之后作整个句子的主语。

(7) ronik   tech   kotorekon.
    ro=nik   tech   kotoreko-no
    3SGM=eat   DEM2m   work-NMLZ

"This worker (lit. the one who works) ate."（"那个工作的人吃了。"）

由"-ri"形成的关系从句通常具备中心词，此时关系从句用来充当该中心词的修饰性成分，整个关系从句在句法上只能充当主句的宾语论元，表示与动作相关的事物、工具和产品等语义内容；如例（8）中的宾语性成分"垃圾"（-ejoviri）便是在动词的基础上经过名词化形成。但这种关系从句仅适用于少数表示特定意义的宾语论元，其能产性低于由名词化标记"-no"构成的关系从句。

（8）*pejevik*　　　　　　　　*ten*　　　　　*pejoviri.*
　　　pi = ejevi-ko　　　　　*ten*　　　　*pi = ejovi-ri*
　　　2SG = throw.away-ABS　DEM3m　2SG = throw.away-PNMLZ
　　　"You threw away the garbage (lit. that which you threw away)."
（"你扔掉了这些垃圾。"）

名词化标记"-cho"主要用来形成补语从句，与前两种类型的关系从句存在较大的区别，即补语从句主要指代事件，而非事件的参与者；它们也不充当中心名词的修饰性成分。

作者最后指出，包瑞语的从句不同于印欧语系诸语言中的从句，无中心词成分的关系从句（headless relative clauses）占据该语言的主要地位，并且被关系化的谓词自身能够充当句子的论元成分。该过程的实现主要借助于名词化，这也是阿拉瓦克诸语言中广泛存在的语言现象。

第5部分　卡维内那语中的从句、转换指称和尾首连接

卡维内那语（Cavineña）的主要使用地区位于南美洲玻利维亚北部的亚马逊平原地区，该语言的使用者大概仅有1200人，是一种严重濒危的土著语言。本章中，作者主要讨论了卡维内那语中三种不同类型从句的话语功能。这些从句通常位于句首的位置，重复前一句子中的主要动词，或者连动词的相关论元也一起重复，这一现象被称为"尾首连接"（tail-head linkage），如下面例句中的黑体部分所示，分句 b 中的从句性成分由重复前一分句中的主要动词构成；其主要功能是话语衔接，保证前后句子在话语中的连贯性，包括参与者的连贯性以及事件的前后连贯。

（9） a. *Amena*　　　*tume*　　　*jara-bute-kware*　　　　　　　　*ike.*
　　　　BM　　　　 then　　　　lie-GO_ DOWN-REM. PAST　　　　1SG
　　　　"Then I lay down（on my raft）."
　　　b. *Jara-bute-tsu*　　　　*betsa-kware.*
　　　　lie-GO_ DOWN-SS swim-REM. PAST
　　　　"Having lain down（on my raft），I swam."（"然后我躺在我的木筏上。躺下来之后我才游泳。"）

尾首连接作为一种话语模式，主要分布于菲律宾、巴布亚新几内亚以及南美洲的一些语言中，首先在20世纪六七十年代由一些传教士语言学家在相关文献中进行了记录，在其他语言中甚为少见，尤其是印欧语系诸语言；而每种使用该话语模式的语言在具体实现策略上存在一定的差异。其中，卡维内那语主要通过从句来实现，包括两种时间状语从句和一种用作状语的关系从句。这两种时间状语从句的主要区别在于前后是否具有相同的主语。例（9）中的从句 b 和前一分句具有相同的主语，通过后缀"-（a）tsu"体现；例（10）则通过附着语素"=ju"表明从句中的主语与主句不一致。

（10） *Chamakama*　　　*apupu-ya=ju*　　　　*ju-diru-kware.*
　　　　finally　　　　　darken-IMPFV=DS　　be-GO-REM. PAST
　　　　"Finally，when it was getting dark，I arrived."（"最终，当天色渐黑的时候，我到了。"）

此外，卡维内那语的尾首连接结构通常也包含转换指称标记（switch-reference markers）。这些标记的主要作用是让听者能够时刻了解句子或者段落中的主要参与者以及主要语义事件；而该结构中的从句则能起到将前一事件背景化、后续事件前景化的效果。

第6部分　状态和事件：莫维玛语的从句研究

莫维玛语（Movima）是玻利维亚低地地区使用的一种濒危语言，目前还没有明确的类型归属。本章主要讨论了该语言中的补语从句和状语从句。

从句法结构的角度来看，莫维玛语中的从句与指称短语（Referential Phrases）的性质和结构表现出高度的一致性。因此，该语言中的从句也被称为"从属性短语"（subordinate phrase），具有指称性质。指称短语由限定词和谓词性成分构成。其中，限定词用来标记时间指称，谓词性成分包括名词和动词；而莫维玛语中的名词和动词性成分在句法语义上非常相似，除了均能用作谓语之外，出现在指称短语中的动词不指代事件，而是同名词一样，指代事件的参与者。指称短语的特征决定了莫维玛语中的从句比主句在句法语义上表现出更多的范畴性特征，具体表现在以下几个方面。

表 1　莫维玛语中主句与从句（补语从句和状语从句）的编码范畴

	主句	从句
不及物分句中对单一论元的编码	−	+
词汇体（情状）的显性标记，如事件/时间状态 VS 存在状态	−	+
时态标记	−	+
支配两个核心论元	+	+
语态标记	+	−

从上表可以看出，莫维玛语中，主要是从句而非主句的谓词性成分承载人称、时、体等语义范畴标记。如例（11）所示，过去时标记以及事件标记都出现在从句成分上。

(11) jayna　　[n-os　　　　　ena'　　　lap-wa=∅]，　　t
　　　DSC　　OBL-ART. N. PST　DUR. STD　bathe-EVENT=1SG　1INTR
tokbaycho　　n-is　　　　　motlo: to
remember　　OBL-ART. PL　earring

"Then, as I was bathing, I remembered the earrings."（"然后，当我在洗澡的时候，我想起了耳环。"）

从跨语言的角度来讲，这种标记类型大多数都是名词化（nominalization）的结果。但是，作者认为，莫维玛语的从句不是来源于名词化；该语言中，从句最显著的特征是指称性，而这一性质是由指称短语中的限定词所决定的。语义层面上，从句性短语主要用来指代情状（situation），包括事件和状态，这一点与指称短语不同。

第 7 部分　尤拉卡雷语从句中语义和语法的整合

尤拉卡雷语（Yurakaré）是玻利维亚中部地区尤拉卡雷原住民使用的一

种濒危语言,目前大约有 2500 位左右的使用者。该语言目前也没有明确的类型归属,大多数学者将其看作是孤立语。作者在这一章中主要讨论了该语言中五种不同类型的从句策略之间的联系以及主句和从句之间概念整合的程度。

句法上,尤拉卡雷语中的从句主要通过不同类型的谓词搭配不同类型的从属标记实现;而主从句中谓词所代表的不同事件在概念整合的程度上存在差别,从而决定了不同从句策略的选取。决定事件整合程度的主要参数包括:时间整合的程度以及参与者整合的程度。

反映在具体的从句结构上,连动结构(serial verb constructions)表达了最高层级的整合,具体表现在:有共同的时间指称;主句和分句中的谓词有相同的时、体、情态等形态标记;事件的参与者具有连续性等。其他类型的从句结构具有较低的语法整合度,处在整合连续统的另一端。导致这一现象的主要原因是主句与从句中事件谓词的时间整合程度较低以及参与者的非连续性。处于整合连续统中间的结构类型主要表现为:主句和从句具有同一个主语、共享事件的参与者;但是从句的时间指称则表现为不同的动词形态标记以及从属标记。

作者最后指出,从认知功能的角度对尤拉卡雷语从句的研究证明了语言中普遍存在的象似性(iconicity)特征:两个事件在概念认知上关联地越紧密,那么它们在形态句法上的联系也越紧密。

第 8 部分 车隆语从句研究

车隆语(Cholón)是秘鲁北部已经灭绝的一种原住民语言。根据作者的记载,最后一位会说车隆语的发音人已经于 1993 年去世。本篇文章中的语料来自于早期留存下来的传教士语法书。类型学上,车隆语属于黏着语,主要语序为 SOV。名词词干和动词词干都包括前缀和后缀:人称标记主要体现为前缀;其他的标记范畴,如格标记、名词化标记或者从句标记,则主要通过后缀表示。词类范畴上,名词和动词是最重要的类别;此外,封闭词类中包括 29 个副词以及 21 个感叹词,但没有形容词。

车隆语中的从句类型主要有三种:关系从句、补语从句和状语从句,它们均由谓词加上后缀性成分组成。基于不同的句法语义性质,这些后缀性成分主要包括两大类:名词化从句标记词(nominalizing subordinators)和非名词化从句标记词(non-nominalizing subordinator)。名词性从句标记词能够派生出名词,能够带格标记;而非名词性从句中的谓词不能带格标记。所有的从属性语素或者从属性后缀都能派生出名词性成分,但这些经过派生而来的名词性成分能够充当分句的主语或宾语，但缺乏时、体、情态标记。

此外，同一个后缀成分附着在不同形式的谓词上通常可以表示不同语义类型的从句，如当后缀-eč附着在完整的动词词干（non-reduced stem of a verb）后时，表示使役性从句；而附着在非完整动词词干（reduced stem of a verb）后时，则表示目的性从句或者结果性从句。

第9部分　类型学视角下的柯梵语

柯梵语（Cofán）是一种孤立语，主要流行于厄瓜多尔东北部和哥伦比亚西南部的交界地区，目前大概拥有1400位左右的使用者。柯梵语在语言类型上属于黏着语，具有十分丰富的后缀和附着成分。主句和从句主要通过语序来区分。其中，主句的语序相对自由，主要由语用因素（如话题、焦点、强调等）而非句法因素决定；而从句最大的特点则是其谓词通常处于分句的末尾。

基于形式编码的角度，柯梵语中的从句主要包括两种不同的类型：平衡性从句（balanced subordinate clauses）和非平衡性从句（或者降级性从句）（deranked subordinate clause）。平衡性从句与简单句具有同样的形式编码，从属关系主要通过连词来表示，或者与主句句法并列；非平衡性从句则依赖于分句中的非自主动词（dependent verb）。该非自主动词通常包含一个显性的形态标记，表示其从属地位。

从类型学既有的研究成果出发，柯梵语的两种从句类型在三个方面表现出一定的区别性特征：一是对参与者的编码；二是对动词的编码；三是格标记的模式。首先，柯梵语的从句对显性参与者的编码方式与主句基本保持一致；其次，柯梵语从句中的一些动词性语义范畴可能丢失，甚至完全不用。最后，Cristofaro（2003：163）指出了格标记的类型学意义是减弱从句谓词的范畴性特征，但柯梵语从句中格标记的使用，尤其是平衡性从句中的格标记表现出与之相矛盾的地方；因为，从认知的角度出发，从句容易被识解为"事物"而不是"过程"。

第10部分　厄瓜多尔克丘亚语中的关系从句

克丘亚语（Quechua）是南美洲克丘亚人使用的一门原住民语言。目前该语言的使用者有800万—1000万，其内部包含许多方言，主要分布于阿根廷、玻利维亚、厄瓜多尔、秘鲁等地方。语言类型上，克丘亚语属于综合语、黏着语。本篇文章介绍了厄瓜多尔克丘亚语关系从句的形成策略，并重点在优选论的框架下探讨了厄瓜多尔克丘亚语名词性关系从句内部的时态与语法关系之间的互动。

在厄瓜多尔克丘亚语中，关系从句主要通过名词化手段而并非动词自身表达时态关系。其中，对关系从句的形成起到至关重要的名词化标记语素主要有-k、-shka和-na三个，在时态上它们分别代表着现在、过去和将来。但是，厄瓜多尔克丘亚语同时区分主语性关系从句（subject relative clause）和非主语性关系从句（non-subject relative clause）两大类型。理论上讲，名词化标记语素与关系从句的组合能够产生六种不同的可能性结果。因此，问题的关键在于解决厄瓜多尔克丘亚语中，哪一种方式是标记时态或者标记语法关系最重要的选择。

基于厄瓜多尔克丘亚语不同方言中关系从句的语料，作者将它们大致分成三种模型，即时态模型、中间模型和语法关系模型；其中最重要的是时态模型和语法关系模型。从优选论的理论框架出发，与这些模型相关的一组限制条件为：

FUNC：区别主语和非主语

REAL：区别实现事件（realized events）和非实现事件（non-realized events）

ANT：区别先前事件（anterior events）和非先前事件（non-anterior events）

结果表明，这些限制条件在不同的方言区具有不同的优先等级。此外，这些层级性限制条件的优选项结果可以用来解释厄瓜多尔克丘亚语北部方言中名词化标记功能的演变，即从标记语法关系转变为标记时态。

第11部分 塔尔玛克丘亚语中的分词性从句

塔尔玛克丘亚语（Tarma Quechua）是克丘亚语系的一种方言变体，主要在秘鲁中部地区使用。这篇文章主要讨论了塔尔玛克丘亚语中一种特殊的从句策略，作者将其称为分词性从句（participial clause）。这类从句的中心词由一个名词化的动词组成，其功能与印欧语中的过去分词相同。

所有的克丘亚语方言中都包括两种主要类型的动词性从句：首先，通过特殊的标记词让一个动词从属于另外一个动词；其次，对动词进行名词化处理；这种情况下，动词后通常都伴随有格标记。塔尔玛克丘亚语中的从句则主要通过不同的名词化过程来实现。这些名词化方式包括五种类型，每一种都通过特殊的词尾形式体现。其中，构成分词从句的是表示静态关系的名词化标记-sha，该标记原本自身的功能是用来标记结构中的分词形式。当其用来表示分词性从句时，该从句的中心谓词后则不再需要任何格标记和指称标记。

理论上讲，通过名词化的手段形成的从句与主句之间的语义关系都需要借助于特定的格标记以及名词化标记的类型来实现；但是，塔尔玛克丘亚语中的分词性从句与主句之间的语义联系则并非通过不同类型的标记实现，而是借助于语境或者话语标记和句中额外的体貌信息。这也就意味着，塔尔玛克丘亚语中这种特殊从句类型的主要功能是语用方面的，即它能够在话语中充当语义背景信息。

第12部分　乌鲁语中的复句——基于与奇帕亚语对比的视角

乌鲁语（Uchumataqu/Uru）是美洲印第安乌鲁人唯一幸存的语言，主要在玻利维亚中西部和秘鲁的东南部地区使用。由于经济压力以及语言环境的影响，乌鲁语在1950年前后已经濒临灭绝，大部分乌鲁人已经改讲艾玛拉语（Aymara）和西班牙语（Spanish）。本文中乌鲁语的语料主要来自于研究者在19世纪末到20世纪中期田野调查的材料。

乌鲁语在类型学上属于黏着语，主要语序为SOV；后缀丰富，但前缀只有两个，其中一个已经词汇化，另一个则用来表示从句中的参与者。奇帕亚语（Chipaya）与乌鲁语非常接近，二者之间具有一定的亲缘关系；和乌鲁语一样，奇帕亚语也属于后缀丰富但只有两个前缀的黏着型语言。但是，奇帕亚语在某些方面也显示出与乌鲁语的区别性特征，比如某些语法标记只存在于奇帕亚语中；或者同一个语法标记在两种语言中代表不同的语义范畴。这两种语言中的从句策略也存在差异。

作者主要介绍了乌鲁语中的状语从句和补语从句，并与奇帕亚语中这两种类型的从句进行了对比。二者的共同点在于都使用不同的词缀来表达时间、条件、目的等语义关系和不同的补语类型；但是奇帕亚语中的从句标记比乌鲁语的从句标记范围更广，所表示的语义类型更丰富。此外，乌鲁语中的补语从句也可以使用连动结构（multiverb construction）来表达，奇帕亚语则没有这一从句策略。因此，作者认为，乌鲁语和奇帕亚语分别属于两种不同的从句系统，前者具有更强的分析性，与孤立语类型更加接近；而后者则具有较强的综合性，属于典型的黏着语，符合安第斯诸语言的类型特征。

三　简评

本书以南美洲12种原住民语言中的从句为专门研究对象，重在探讨构成复句的各个分句之间的关系，取得了一定的开创性成果，主要表现在以下几个方面。

首先，本书着力于从功能的角度来研究南美洲原住民语言中的从句。从句研究首先需要解决的问题是如何界定从句的概念。传统上对从句的理解主要依据的是句法范畴标准，但在此基础上定义的从句结构在某些语言中未必能找到完全相对应的形式，如车隆语主要通过附着在不同词干上的词缀表达不同的从属性关系，很难从句法形式的角度考察该语言中的从句结构。本书结合从句的功能，认为从句是对语言中不同事件之间特定语义关系的编码，不同的语言使用的编码手段不一样，从而使从句在语言类型上表现出丰富的差异性。因此，抛开传统的句法形式标准，探究不同语言中从属性事件的不同表达手段才是研究从属关系的关键所在。

书中对南美洲12种原住民语言从句的分析大多从该角度出发，结合每种语言中不同类型的从属语义关系探究从属事件的结构表达，进而挖掘出该语言中的从句在句法语义或者语用功能方面的特点。这方面最显著的代表是卡塔琳娜·郝德（Katharina Haude）对莫维玛语从句的研究。该语言中的从句在结构形式上与指称短语表现出较高的一致性，如果仅从传统句法标准的角度考量，很难将"名词+指称短语"的结构看成是从句结构；但从事件编码的角度出发，指称短语的事件语义依赖于句中其他成分的事件语义，二者之间表现出语义上的从属性，故而作者将这类指称短语称之为"从属性短语"。这一关系也决定了该语言中从句独特的句法语义特征，如主要由从句中的谓词性成分承载整个句子的人称、时、体、态等语义范畴标记，而且与单纯的指称短语不同，从属性短语主要用来指称事件和状态。

其次，本书从地理区域的角度为复句研究提供了翔实的类型学语料，进一步打开了复句研究的广阔视野。南美洲大陆具有丰富的语言资源。最近几十年以来，对该地区的语言研究虽然取得了丰硕成果，但主要以描写型语法为主；关于复句理论以及类型学方面的研究仍然较为缺乏。本书所收录的研究成果则弥补了这一不平衡性，尤其是关于复句的讨论，书中提出了两个需要解决的基本问题，即构成复句的单位究竟是什么以及如何理解这些构成单位之间的关系。前者涉及到不同语法理论系统下对构成单位的不同理解，而后者则涉及到并列关系和从属关系的连续统。通常来讲，连续统的两端呈现出对称性，并列关系是对称的，而从属关系是非对称的。但这种对称关系并非是绝对的，某些结构可能表现出句法对称而语义非对称的情况。这主要是由于从属关系的复杂性所决定的。为了解决这一问题，本书的主要编者提出了复句的等级观，认为从属关系内部具有等级性，它与并列关系之间的边界是模糊的，二者之间由一系列句法语义语用特征集来决定。汉语学界对复句的分类主要包括三分法（邢福义 2001：38）以及两分法（黄伯荣，廖旭东 2007：123），本书的观点对进一步考虑汉语复句的分类系统也具有一定的启示作用。

最后，需要明确的是，这本书具有一定的阅读难度。虽然整本书的内容均围绕南美洲原住民语言中的从句展开，但每一章节的内容均可以看作是各自独立的研究论文，不仅需要了解新的语言背景，而且每一部分对原住民语言从句的研究都从不同的角度切入，需要读者重新进入到作者对该语言从句研究的思维架构中。但总体而言，这本书对进一步展开复句的类型学研究具有重要的参考价值。

参考文献

黄伯荣、廖序东：《现代汉语》（增订四版），高等教育出版社 2007 年版。

邢福义：《汉语复句研究》，商务印书馆 2001 年版。

Cristofaro, S. 2003, *Subordination*. Oxford: Oxford University Press.

Stenzel, K. 2012, *Subordination in Native South American Languages* by Rik van Gijn, Katharina Haude, Pieter Muysken (review). *Anthropological Linguistics*, 54 (2): 198-201.

Van Gijn, R., K. Haude, and P. Muysken (eds.), 2011, *Subordination in Native South-American Languages*. Amstrdam/Philadlphia: John Benjamins Publishing Company.

Van Valin, R. and R. LaPolla, 1997, *Syntax*. Cambridge: Cambridge University Press.

（作者单位：新加坡国立大学人文社会科学学院）

复句的变形和缩合
——王应伟《实用国语文法》复句分析例说

朱 斌 魏瑞瑞

提 要 本文先简要介绍王应伟和《实用国语文法》的复句系统，重点对该书中复句的变形和缩合句进行举例分析，涉及的变形手段有添加或替换接续词、移位、综合等，变形后复句的结构有些改变有些未改变，只有那些意义无根本性变化的句子才是作者认为的变形。复句可以通过缩合简化为单句或复句，先结合例句分析缩合的原因和过程，然后简单比较缩合和省略。

关键词 王应伟 《实用国语文法》 复句 变形 缩合

一 王应伟及其《实用国语文法》简介

王应伟，字硕辅，清光绪三年八月二十三日（1877年9月29日）出生于江苏省吴县（今苏州市），1964年2月26日逝世于北京，享年87岁，是中国现代天文学、气象学、地磁学的开拓者之一，是中国光学之父王大珩的父亲，王大珩和他父亲的同事席泽宗分别在王应伟所著《中国古历通解》的序中，对王应伟的生平做了简要叙述。王应伟自幼从师学文，以聪颖倍受青睐，喜读古算学，青年家道衰落，设私塾糊口。后外出谋生，在广东潮州某中学教算术，数年后略得积蓄，遂赴日本留学，入东京物理学校数学科，以成绩屡获第一蜚声留学界，得补官费。毕业后由校长推荐至日本东京中央气象台任职，研气象、地球物理、天文诸学科，并做实地观测。1915年回国，1916—1927年在北京中央观象台先任磁力科技正，后任气象科科长，除编辑《观象丛报》，撰写了不少文章外，还先后负责天文、气象、地磁等方面的观测工作。1929年起受聘任青岛观象台气象地震科科长，领导气象观测、天气预报及地震观测等业务，在职期间著有《近世地震学》、《气象器械论》等专著，并主编《青岛观象月报》。1937年，抗日战争开始，王老激于义愤，辞去公职，告老退居北京，潜心钻研中国古代天文学和古历法。新中国成立后，由于其既有古籍根底，又谙近世数理及天文知识，应史学家顾颉刚荐议从事对我国古天文及历书的释义工作，参编《中国天文学史》，并克服种种困难完成了一部遍注群历的鸿篇巨制——《中国古历通解》。

1920—1921年，王应伟讨论语体文（白话文）文法的《实用国语文法》由商务印书馆出版，并由教育部审定批词。上编（1920）批："查该书内容系专门研究词语句组织之方法，体裁新颖切合实用，与寻常文法书迥异，所举例证亦颇周备简明，应该准作为小学教员教授参考用书，并给酬金四十元，以示鼓励。"下编（1921）批："查该书承接上卷解释复句组织极为详细，应准作为小学教员教授参考用书。"吴中名士张一麐为该书做序时写道："吾友王君硕辅，好学不倦，兼通英德日三国文字，于语法的组织，素有研究，现在做成《实用国语文法》一书，上编专述词论及单句，下编专论复句。条理井然，繁简适当，足以供给研究语法的参考。"此书应该是他在北京中央观象台任磁力科技正期间所写，这期间他还在北京师范大学兼课，讲授气象学和天文学等课程。以往的语法学史中有的提到该书是描写现代汉语语法的白话文著作，如《汉语语法学史概要》《二十世纪的汉语语法学》《现代汉语史》等，对其内容未进行详细说明。广梅村（1993）认为该书的系统性不比《新著国语文法》差，体系的完备性超过《新著国语文法》。龚千炎在《中国语法学史》（1997：60）中对其评价为："本书规模宏大，系统性也是空前的，这在中国语法学史上，当然具有重要意义。"海晓芳《文法草创期中国人的汉语研究》（2014）第二章第四节做了专门介绍，包括：王应伟及其语言学思想；白话文的词类；句法成分的分析以及复句的分析等。孙良明（2012，2015）对包括王应伟《实用国语文法》在内的早期语法著作进行了分析说明，并肯定《实用国语文法》复句分类精细，论述时注意语义分析等优点。

《实用国语文法》分上、下两编，共四篇二十八章。上编涉及词论、句论总说和单句三篇。第一篇词论，包括词的定义及分类，名词，形容词，代名词，动词，副词，介词，接续词，助词，感叹词，词论应用的实例等十一个章节。第二篇句论总说，涉及句论的一般定义，句的成分和句的分类三个章节。第三篇单句，包括主语，述语，形容词附加语，宾语，副词附加语，单句的配语法和单句应用的实例七个章节。下编第四篇为复句，有复句的一般定义及分类、复句分类的研究、并立句、合体句、包孕句、缩合句和复句应用的实例七个章节。

二 《实用国语文法》复句系统概述

王应伟认为单句是代表一个完全思想的句子，复句是表示两个以上思想的句子，即组合两个以上单句变成复句，并根据复句内单句能否独立，将复句分成并立句、合体句和包孕句三类。并立句和合体句的区别有两方面：一是文法的区别，依照是否含有对属的接续词和从属的接续词，二是语气上的区别。

（一）并立句

并立句是指句内所含的各单句，有同一的程度及对等的资格，令他互相结合，是从时间、空间和我们思想上的联络关系把他接近成一种形式。

并立句按性质和种类分为对等、反对和因果三类。对等的并立句又分为绝对的对等句、相对的对等句，前者包括等价、两商、分割三种，后者包括渐层、类及、比较、顺序和注解五种。反对的并立句包括直接反对句和间接反对句两种。因果的并立句包括因果倒置句、狭义的因果句和目的句，其中狭义的因果句的原因又分事实的原因、推理的原因和行为的原因。

（二）合体句

合体句是指句内所含各单句，在实际上也有同一的程度及对等的资格，但各单句结合后，生出相互的关系，在句的形式上，表示一个完全的思想，分析开来，一种是不能独立的副句，一种是可以独立的主句。

根据合体句中副句表达的意义，副句分为地所、时间、方法和原因四类。时间的副句进一步分为同时和异时，再分别分为时的限度、持续和反复。方法的副句分为单纯方法、依赖关系、交换关系、性态关系、比较关系和制限关系六种。原因的副句分为狭义的原因句、目的句、假定的原因句和认容句。狭义的原因句中原因又分事实、推论和行为的原因，假定原因句的原因又分确定、可能和假想。认容句分为反对认容副句内全部的意义和反对认容副句内一部分的意义两类，前者中有一小类副句含有疑问词表示不定语气。

（三）包孕句

包孕句是指句内所含各单句完全是从属的性质，不但在句的形式上夺去其独立资格，并且只能在句中当作一种句的成分看待，作者还明确指出若从句的成分解剖上看，实在可以当做一个单句看待。较早把包孕句看做单句的还有易作霖《国语文法四讲》（1924）。《实用国语文法》根据单句的句子成分将包孕句按性质、类别、用法等细分为主语的附属句、述语的附属句、形容词附属句、宾语附属句、副词附属句五类。该书复句的具体分类见附录。

三 复句的变形分析

本节将结合实例对王应伟《实用国语文法》中复句的变形进行分析，内容涉及并立句、合体句和包孕句，变形手段有添加或替换接续词、移位、综合等，接续词在上编第八章已进行过详细论述，是连接，词、语、句以及段落的词，大多从副词及副词和动词的混合转成。因此，接续词可分为副词、介词等，还包括一些短语。由于连接方法不同，接续词分为对属和从属两类，对属的接续词所连接的词、语、句，在语句中含有并立的资格，分为对等、反对、原因三类；从属的接续词用来连接主要语句和从属语句，分为时间、方法、原因三类。移位有整体移位和部分移位两类，综合是指同时运用添加、移位、省略等多种手段。我们从变形方式出发分析每类复句变形前后的结构和意义的差异。

（一）添加或替换接续词

1. 添加接续词

通过添加接续词实现变形，并立句和合体句中都存在这种现象。如：

（1）刮大风，下大雨。
　　→既刮大风又下大雨。

原句为隐性的并立句，通过添加对属接续词"既……又……"，将这种并立关系显示出来，变形后结构、意义未改变。原句也可添加从属接续词"若……那么……"，变成"若刮大风，那么就要下大雨"。变形后，原句由并立句变成合体句，结构和意义都有了变化。再如：

（2）他顶冒我的姓名，到处张罗银钱。

→他若然顶冒我的姓名，也就到处可以张罗银钱。

　　添加表示假定原因的接续词"若然"，原句从方法副句中表示交换关系变成假定的因果关系，结构未变，意义有细微变化。

　2. 替换接续词

　　通过替换接续词来实现变形主要涉及合体句中表示原因的副句，变形主要有以下两类。

　　第一，狭义原因句和目的句变成假定的原因句。如：

　　（3）因为地球的吸引力方向，正对着地心，故高处物件都是铅直落下。

　　　　→若地球的吸引力方向正对着地心，那么高处物件都应铅直落下。

　　用"若……那么……"替换"因为……故……"，变形后，由副句表示事实的原因变成假定的原因，原因由实变成虚，结构未变，意义有细微变化。再如：

　　（4）只为吾人欲达一种改良社会的目的，所以应先矫正自身行为，去作他们的标准。

　　　　→倘使吾人欲达一种改良社会的目的，就应先矫正自身行为，去作他们的标准。

　　用"倘使……就……"替换"只为……所以……"以后，目的句变成假定的原因句，结构未变，意义也未发生明显改变。

　　第二，原因句（狭义、目的、假定）变成认容句。作者认为任何复句若有首尾相应的因果关系，只需在表示原因或结果两事项中，取一项，加上否定语气并使用适当的接续词，就可以变成认容句。如：

　　（5）只因天气忽阴忽晴，道路泥泞，所以我们简直没有出过门。
　　　　→纵然天气忽阴忽晴，道路泥泞，我们也要出门。

　　（6）他因希望在社会上增进地位，故而现在着手办些公益事业。
　　　　→纵然他现在着手办些公益事业，他在社会上也不会增进地位。

（7）倘若今年能再下一场大雨，那么秋收就有十成的年岁了。
→纵然今年能再下一场大雨，秋收也不会有十成的年岁。

原因句通过替换接续词，并改变部分内容变成认容句，变形后，句子的结构未变，意义从肯定变成了否定。

（二）移位

1. 整体移位

整体移位是指复句中的一个小句整体从一个位置移动到另一位置，引起语序的变化。

第一，并立句整体移位。并立句的移位涉对等句和因果句的一部分。绝对并立句中小句整体移位后，结构和意义不变，如：

（8）有时他出门旅行，有时他在家读书。
→有时他在家读书，有时他出门旅行。

相对并立句不能通过移位实现变形，如：

（9）与其注重旧文学的方面，不若顺从新思想的潮流。
→*不若顺从新思想的潮流，与其注重旧文学的方面。
→与其顺从新思想的潮流，不若注重旧文学的方面。

移位后句子不合法或意义发生根本性变化。因果句中的因果倒置句，可通过移位变成狭义因果句。如：

（10）你放了他吧！他是一个无罪的人。
→他是一个无罪的人！你放了他吧。

变形后句子结构未变，意义也无明显改变。

第二，合体句整体移位。表示比较关系的复句和复副句同样可以通过整体移位实现变形。副句移位后凸显修饰主句的作用，复副句的配置法则涉及多类副句或同类副句的语序问题。

A. 比较关系。如：

（11）诸君喝这一回烟卷儿，好似满室中蓬蓬勃勃的起了烟雾。
→诸君好似室中起了烟雾似的喝这一回烟卷儿。
（12）那老人身体健康，竟和少年人差不多。
→那老人身体和少年人差不多的健康。
（13）新思想顺着潮流，灌入一般人的脑海，比那传染病来得更快。
→新思想顺着潮流比那传染病来得更快似的灌入一般人的脑海。

上例分别表示类似关系，同程度比较和异程度比较，副句通过整体移位变成后句，表示比较关系的副句移到主句的谓语或主要成分前，变成了状语或定语，句子结构发生了变化，意义未变。变形后副句的修饰关系更为明显。同时作者也指出变形后句调不顺，变形只是为了说明的便利，一般使用变形前的语序。

B. 复副句的配置法。作者认为表示时间、方法、地所等的副句与单句中的副词附加语相似，在句中的位置可以变化，但又明确指出这些语序的调整没有遍及性，不能任意改变。如：

（14）那些听曲的人，都屏气凝神，不敢稍动，约有二三分钟之久。
→那些听曲的人，都屏气凝神，约有二三分钟之久，不敢稍动。
→那些听曲的人，约有二三分钟之久，都屏气凝神，不敢稍动。
→约有二三分钟之久，那些听曲的人，都在屏气凝神，不敢稍动。

作者指出表示时间的副句"约有两三分钟之久"在句中的位置相当自由，而表示方法的"都屏气凝神"不能出现在句首和句尾，变形只有以上四种形式。移位后，结构未变，主句仍然是"那些听曲的人"，句子的意义只有语气轻重的变化。

（15）这大队军士，自徐州赶到山东，约经过一个多月，才捕住那些越狱的强人。

　　→这大队军士，约经过一个多月，自徐州赶到山东，才捕住那些越狱的强人。

作者指出表示地所和时间的副句"自徐州赶到山东""约经过了一个多月"互换位置后，句子结构改变，表示时间的副句"约经过一个多月"从修饰"捕住"，变成了"自徐州赶到山东"所用的时间，意义发生了明显变化，作者认为此例不是真正的变形。

　　（16）我今日逢他回来的时候，因为恐怕他烦恼，满面带着笑容，一路的走向书房里面去，亲自安慰他一番。

　　→我因恐怕他烦恼，今日逢他回来的时候，满面带着笑容，一路的走向书房里面去，亲自安慰他一番。

　　→我因恐怕他烦恼，今日逢他回来的时候，一路的走向书房里面去，满面带着笑容，亲自安慰他一番。

　　→我今日逢他回来的时候，因为恐怕他烦恼，一路的走向书房里面去，满面带着笑容，亲自安慰他一番。

上面四种句式中，时间副句"今日逢他回来的时候"和原因副句"因为恐怕他烦恼"可以互换先后，方法副句"满面带着笑容"和地所副句"一路的走向书房里面去"可以互换先后，但是前两种副句与后两种副句的次序无法变易。

从上述例句看，整体移位后的结果无外乎三类：一，结构和意义都未变化；二，结构改变，意义未变；三，结构和意义都发生变化。变形的标准是变换前后意义是否有根本性改变，那些变形后意义有显著变化的复句，不是作者所说的变形。

2. 部分移位

部分移位是指句子的一部分移到其他位置以实现变形，主要涉及合体句和包孕句。

第一，合体句副句文法上的变形。如：

　　（17）他正要上火车，因偶不小心，把好些行李，都失去了。

　　→正要上火车，他因偶不小心，把好些行李，都失去了。

前句的主句是"他把好些行李都失去了","正要上火车""因偶不小心"是表示时间和原因的副句，移动共有主语"他"变形后，"正要上火车"是表示时间的副句，"他因偶不小心，把好些行李都失去了"则变成由合体句构成的主句，"因偶不小心"由独立的副句变成附属的副句。变形后，句子的结构改变，意义未明显变化。

第二，包孕句较多的运用部分移位。首先是被性式，被性式是指句中的宾语置于主语位置变成被性主语，如：

（18）人还没知晓他现在究竟逃往何处。
→他现在究竟逃往何处，还没给人知晓。

移位后，句子结构改变，意义只有语气轻重的变化。

另外，包孕句的变例用法同样涉及移位，有形容词附属句和宾语附属句两种，均有全部分离和部分分离两种用法。形容词附属句，如：

（19）到底你们天天研究那无关紧要的学问的目的为什么呢？
→你们天天研究那种无关紧要的学问，到底目的为什么呢？
（20）现在反对他发起这件事情的人很多。
→他发起这件事情，现在反对的人很多。

宾语附属句，如：

（21）你想我方才说的话是不是。
→我方才所说的话，你想是不是。
（22）我至今还记得我少时经过的种种困难情形。
→对于我少时经过种种困难情形，我至今还记得。

变例是将前句中的形附句或宾附句移到句首变成后句，宾附句移位有时还需添加介词，如例中的"对于"，变形后，结构改变，意义无实质性变化。

上文我们先讨论了一部分合体句通过移动共用主语后，复句的结构发生了变化，而意义无实质性改变，然后详细描写了一些包孕句通过部分移动，或移动句中的一部分成分而实现变形，变形后结构改变，而意义只有语气轻重的变化。

（三）综合

综合是指有些复句的变形需要同时运用添加、移位、省略等手段。这种变形多涉及包孕句，如同格和领格。

1. 同格

同格是为增强句中主要成分的语气，加入代名词"这""那"等和句中主语成分相对应，有主语附属句、述语附属句和形容词附属句三种用法，如：

（23）我们现在要制定一种标准国语，非一朝一夕的事。
　　→我们现在要制定一种标准国语，这也非一朝一夕的事。
　　→这也非一朝一夕的事，我们现在要制定一种标准国语。
（24）近来你们常在外面游荡的现象可真是不好。
　　→近来你们常在外面游荡，这现象可真是不好。
（25）吾近来快心的事在乎得了无数益友。
　　→吾近来得了无数益友，快心的事，也就在乎此。

例中前句的后一部分，通过添加"这""那""此"等，代指句中的前一部分，有时还需同时省略"的"和移位来实现变形，如（24）（25）两例。变形后结构改变，意义未变。

2. 领格（添加"的"）

形容词附属句都表示一种领格。如：

（26）那个光棍时常纠众捣乱，昨日已被枪毙了。
　　→时常纠众捣乱的那个光棍，昨日已被枪毙了。
（27）他希望实行男女平权。
　　→他所希望的，就是男女平权的实行。

形容词附属句通过添加"的"和移位后，修饰作用更加凸显，前句中的"时常纠众捣乱"移到主语前，同时添加"的"，后句将"男女平权"移到谓语前，同时添加"的"和"所"，句子结构改变，意义只有语气轻重的变化。

3. 添加具体内容

作者在讨论副句文法上的变形时，认为通过添加具体内容实现变形，如：

　　　　（28）他伸出手来，在腰间摸了半天。
　　　　　　→他伸出手来，在腰间摸了半天，才摸出一文钱。

　　添加"才摸出一文钱"变形后，前句的主句"在腰间摸了半天"变成了后句的副句，句子结构和意义都发生了变化。
　　4. 省"的"
　　作者在讨论形容词附属句加"的"时，同时也提到了省"的"的用法，省略"的"同时，通过移位调整语序，形容词附属句由修饰成分的定语变成具有陈述性的谓语，指称性下降，陈述性增强。

　　　　（29）那沿着堤岸都是半消半凝的残雪，也还没有光照到哩。
　　　　　　→那残雪，沿着堤岸，都是半消半凝的，也还没有光照到哩。
　　　　（30）向东绕一个湾，就看见那个油漆已大半蚀完了的亭子。
　　　　　　→向东绕一个湾，就看见那个亭子，油漆已大半蚀完了。

　　将前句中主语"那残雪"置于句首，后句将"亭子"前移，同时形容词附属句后移，句子结构改变，意义只有语气轻重的变化。
　　本节我们以添加或替换接续词、移位、综合等变形手段为纲，讨论了《实用国语文法》一书中三类复句的变形。其中，并立句中的绝对并立句和因果倒置句可通过整体移位来变形，变形后结构和意义都未改变。合体句可以通过多种手段实现变形，如表示比较关系的副句，移位后结构改变，意义未变。而表示原因的副句通过添加或替换接续词，结构未变，意义有或大或小的变化。另外，在复副句的配置中，副句可通过移位改变次序，但这种语序的变化不是任意的，没有遍及性，同时作者指出只有那些变形后意义无显著改变的句子才是真正的变形。包孕句的变形则主要是通过综合运用各种手段来实现的，如同格、领格等，一般同时使用了添加、移位、省略等，变形后结构改变，意义只有语气轻重的变化。

四　复句的缩合分析

　　王应伟在《实用国语文法》下编第六章论述了缩合句，他认为缩合句是为了文体的简洁和句调的通顺，可以将两个以上并立的单句或复句，缩合成一个单句或复句，缩合后意义不变。缩合的主要途径是合并并立句的共有成分，三类复句都能缩合，缩合后句子形式相对简洁，复句小类有或大或小的变化。本节先结合例句说明缩合的原因和过程，然后简单比较缩合和省略的差异。

（一）复句缩合为单句

凡两个以上的单句，依次连接起来，做成一种并立句，若其中含有相同的主语，述语，形容词附加语，宾语和副词附加语等，在语调上欲免去各成分的重复，往往可以缩成一个单句。

（31）他被人打，他又被人骂。
→他被人打骂。
（32）他是江苏吴县人，我也是江苏吴县人。
→他和我都是江苏吴县人。
（33）这副雕像，是一个极精致的少女像；这副雕像，又是一个极优美的少女像。
→这副雕像，是一个极精致，极优美的少女像。
（34）张某的住宅，在杭州西湖边上；王某的住宅，也在杭州西湖边上。
→张某的住宅和王某的住宅，都在杭州西湖边上。
→张某和王某的住宅，都在杭州西湖边上。
（35）易卜生的文学，只是一个写实主义；易卜生的人生观，也只是一个写实主义。
→易卜生的文学和人生观，只是一个写实主义。
（36）你把祖遗的房产卖尽了，他也把祖遗的房产卖尽了，究竟是为什么？
→你和他都把祖遗的房产卖尽了，究竟是为什么？
（37）我在书铺里买一部书，并且在书铺里买一张碑帖。
→我在书铺里，买一部书和一张碑帖。

以上几例的前句中，主语和被性式，述语和结语，主语的一部分和其他成分，形容词附加语和述语，介词的宾语，副词附加语等分别为并立句的共同成分，可缩合成后句。

（二）复句缩合为复句

凡两个以上的复句，依次连接做成一种并立句，无论所连接的为并立句，合体句还是包孕句，若其中含有相同的句式，那么在文体或句调上，为求简洁或顺利起见，有时可以缩合成一个复句。也就是说，复句内若含有两个以上的并立的主句，副句，或含附属句的诸成分，都可以缩合成一个复句。

1. 并立句的缩合

（38）明明欲解放思想自由，却违反了社会上群众心理；又明明欲解放思想自由，却违反了社会上道德行为。

→明明欲解放思想自由，却违反了社会上群众心理；违反了社会上道德行为。

→明明欲解放思想自由，却违反了社会上群众心理和道德行为。

例（38）中原句是由两个反对的并立句做成一个并立句，因两个句内的前句"明明欲解放思想自由"和后句的一部分"却违反了社会上"相同，故可缩合成中间的句子，为简便起见，可进一步缩合成第三句的形式。缩合前是两个并立的反对句，缩合后成一个反对的并立句。

2. 合体句的缩合

（39）那坛下的人，都屏气凝神，静悄悄儿听他的演讲；并且那坛下的人，都静悄悄儿听他的演讲，约有一点钟之久。

→那坛下的人，都屏气凝神，静悄悄儿听他的演讲，约有一点钟之久。

例（39）中原句是由两个合体句做成一个并立句，因两个合体句中主句"那坛下的人，静悄悄儿听他的演讲"是共有的，故可缩合成后句，缩合后仍然是一个合体句。

3. 包孕句的缩合

（40）自他来北京以后，朋友也渐渐的多了；又自他来北京以后，学问也渐渐的长进了。

→自他来北京以后，朋友也渐渐的多了，学问也渐渐的长进了。

　　例（40）中原句是由两个包孕句组成的并立句，因副词附加语"自他来北京以后"是共有的，故可缩合成后句，缩合后包孕句的主语附属句变成了并立句。

（三）缩合和省略

　　缩合的本质是共用，作者也提到缩合和省略的意义大相径庭，且在第三篇内已经用诸多例子指出主语、述语、宾语等的省略，省略的部分可以补充出来，是汉语中的普遍现象。

　　（41）地球不但能自转，地球并且能公转。
　　　　→地球不但能自转，并且能公转。
　　（31）他被人打，他又被人骂。
　　　　→他被人打骂。

　　作者指出例（41）是省略，例（31）是缩合，因为例（41）前后两句是同形式的并立句，后句省略了主语"地球"，而例（31）中"他"和"被人"为两个单句共有的成分，缩合后由并立的两个单句组成的复句变成了一个单句。缩合最大的特点是缩合前是两个或两个以上的并立句，缩合后是一个单句或复句，缩合的原因是并立的句子内有共用的主语、述语或主句、副句等成分，目的是使语调顺畅，表意明了。

　　本节我们首先介绍了缩合句，并区分了复句缩合为单句和复句两种形式，然后结合实例分析了各类句子缩合的原因以及缩合前后句子形式的变化，缩合是针对并立且有共同成分的句子来说的，缩合后意义未变，句子形式从冗杂变得相对简洁。缩合和省略都是为了语调通顺，表达简洁明了，但省略对语境有较强的依赖性，缩合要求句子有并立的形式，有共同的成分。

五　结语

　　本文先介绍王应伟先生的生平和《实用国语文法》的主要内容，并概述其复句体系，然后重点对该书中复句变形和缩合句进行了分析，变形涉及并立句、合体句和包孕句三类复句，手段有添加或替换接续词、移位、综合等。我们以变形手段为纲通过具体实例分析了三类复句的变形。变形后句子结构和意义有或有或无的变化，需要注意的是，那些变形后意义发生了根本性变化的句子不是作者所说的变形。缩合句是通过合并并立句的共有成分，可将复句缩合成单句和复句两类，缩合后意义不变。除复句变形和缩合外，该书还运用了对比、语体、语频等分析方法，将单句、复句和句群相结合，建立了系统全面的复句分析系统，与之前涉及古代汉语复句的《汉文经纬》《马氏文通》和同时期部分章节涉及现代汉语复句的《国语文典》《中国文法通论》《语体文法》等书相比，《实用国语文法》下编详细论述了现代汉语复句的有关内容，可以称得上是第一部系统研究现代汉语复句的专著。《实用国语文法》值得重视，学术价值有待挖掘。

参考文献

陈昌来：《二十世纪的汉语语法学》，书海出版社2002年版。

刁晏斌：《现代汉语史》，福建人民出版社2006年版。

董杰锋：《汉语语法学史概要》，辽宁大学出版社1988年版。

高更生：《语法学史上有价值的一部专著——读易作霖〈国语文法四讲〉》，《中国语文》1998年第4期。

龚千炎：《中国语法学史》（修订本），语文出版社1997年版。

广梅村：《关于汉语语法学史研究的思考》，《兰州大学学报》（社会科学版）1993年第1期。

海晓芳：《文法草创期中国人的汉语研究》，商务印书馆2014年版。

孙良明：《谈汉语单复句学说"源""流"的方枘圆凿关系长期存在——兼说汉语现代语法学史一个"历史性的大误会"及其原因》，《山东师范大学学报》（社会科学版）2012年第1期。

孙良明：《谈〈马氏文通〉到〈新著国语文法〉前中国的语法研究（下）——纪念劭西师《新著国语文法》出版九十年》，《励耘语言学刊》2015年第1期。

王钰：《现代汉语语法学简史》，上海交通大学出版社2010年版。

王大珩：《中国古历通解》序，辽宁教育出版社1998年版。

王应伟：《实用国语文法》上编，商务印书馆1920年版。

王应伟：《实用国语文法》下编，商务印书馆1921年版。

席泽宗：《中国古历通解》序，辽宁教育出版社 1998 年版。
张一麐：《实用国语文法》序，商务印书馆 1920 年版。

附录　《实用国语文法》下编的复句分类体系

并立句	对等	绝对	等价	
			两商	
			分割	
		相对	渐层	
			类及	
			比较	
			顺序	
			注解	
	反对	直接	后句打消或更正前句	
			只有两种情况无例外	
		间接	反对前句的抽象概念	
			前句表示的事件由人类推量后，所得结果与后句的意义相反	
			后句反对前句的一部分	
	因果	因果倒置		
		狭义的因果	事实	
			推理	
			行为	
		目的		
合体句	地所	运动起点、着点		
		一定范围内静止、运动		
	时间	同时	时的限度	
			时的持续	
			时的反复	
		异时	主句在副句后发生	时的限度
				时的持续
				时的反复
			主句在副句前发生	时的限度
				时的持续
				时的反复

续表

合体句	方法	单纯方法	自动			
			被动			
		依赖关系	正面			
			反面			
		交换关系	利益交换			
			利益报酬			
		性态关系				
		比较关系	类似			
			程度	绝对		
				相对	同程度	
					异程度	
		制限	一定范围内			
			一定范围外			
	原因	狭义的原因	事实			
			推论			
			行为			
		目的				
		假定	确定的原因			
			可能的原因	约束		
				预言		
			假想的原因			
		认容	反对副句的全部意义			
			反对副句内一部分意义			
包孕句	主语的附属句	一般用例				
		被动式				
		同格				
	述语的附属句	一般用例				
		主述二语附属句的连接				
		同格				
	形容词附属句	一般用例	加"的"			
			省略"的"			
		同格				

续表

包孕句	形容词附属句	变例用法	全部分离	
			部分分离	
		性质上分类	领格	一般属性
				形容主语
				形容宾语
				宾语成分
			性状	
		副词附加语内形容词附属句	地所	运动的起点或着点
				一定范围的静止或运动
			时间	时的限度
				时的持续
				时的反复
			方法	单纯的方法
				依赖
				交换
				比较
				制限
		原因		
	宾语附属句	一般用例		
		变例用法	先行的宾语附属句	全部在句首
				部分在句首
			介词的宾语附属句	
	含复宾语			
	复宾语内的宾语附属句			
	副词附属句	地所	一定范围内的静止	
			一定范围内的运动	
		时间	同时	时的限度
				时的持续
				时的反复
			异时	时的限度
				时的持续
				时的反复

续表

包孕句	副词附属句	方法	依赖		
			性状		
			比较	类似	
				程度	绝对
					相对
			制限		
		原因			

(作者单位：华中师范大学文学院)

复句制图初探[*]

庄会彬[1] 马宝鹏[2]

提 要 在过去的半个多世纪里，句法的研究的总体走向是越来越细化深入，越来越向左边缘推进：前者体现在从 Chomsky（1957）的句法结构到 VP-shell（Larson，1988）、Split-IP（Pollock，1989）、CP 分解（Rizzi，1997，2001，2015）的变迁；后者则表现为从 Chomsky（1957）到 Pollock（1989）再到 Rizzi（1997，2001，2015）乃至最近的制图理论会议（司富珍，2018）。句法理论，特别是制图理论发展到今天，事实上已经走到了探索复句制图的边缘。事实上，在这方面，Radord（2018）已经走在了前沿，提出了附属结构短语 SUBP。本文沿袭 Radord（2018）的思想，将制图理论应用于复句研究，进一步提出了复句节点（ComplexP），在这一基础上探讨复句制图的可行性，展示复句制图是句法理论发展的必然性，并结合汉语事实探索这种制图的可行性。

关键词 复句 制图 X-杠理论 ComplexP

一 引言

20 世纪 80 年代，生成语法明确提出以普遍语法（Universal Grammar，简称 UG）为研究对象。普遍语法是一个由原则、参数（Principles and Parameters）所构成的系统。原则是人类所共有的由生物遗传所确定的语言机能，它数量有限，但具有我们在认知系统的研究中所发现的模块式结构，这些模块决定着具体语言的精细规则。参数通过经验而设定，一旦设定，整个系统即开始运作。原则包括多个子系统，Chomsky（1981：5）给出的子系统如下：

---

[*] 本文得到国家社科基金项目（项目编号：19BYY001）的资助。

i. X-杠理论（X-Bar Theory）

ii. 界限理论（Bounding Theory）

iii. 管辖理论（Government Theory）

iv. θ-理论（θ-Theory）

v. 约束理论（Binding Theory）

vi. 格理论（Case Theory）

vii. 控制理论（Control Theory）

其中最为根本的就是 X-杠理论，简图如下：

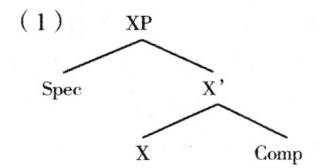

（1）
```
         XP
        /  \
      Spec  X'
           /  \
          X    Comp
```

基于这一基础，NP、VP、AP、PP、IP、CP 等一系列投射得以提出，并解决了格指派、题元角色分配等诸多句法问题，在跨语言研究以及普遍语法探索方面做出了卓越的成就。然而，随着句法研究的进一步发展，面临诸多来自实践或/和应用的挑战，学者们很快就对这一框架提出了修订，先是 VP-shell（Larson，1988），接着 Split-IP（Pollock，1989），进而 CP 也被分解（Rizzi，1997）（当然，期间还有学者提出了 DP 以及后来的 DP 分裂假说）。总体说来，从 Chomsky（1957）到 Pollock（1989）再到 Rizzi（1997,2003），乃至最近的制图理论会议（2015,2017），句法的研究的总体走向是越来越细化，越来越向边缘深入，并不断推进。那么问题是，句法理论，特别是制图理论的下一个突破点应当是什么？当前所面临的亟须解决的理论问题是什么？笔者根据最新句法研究动向，将这一热点圈定在复句制图之上。下面我们将展示这一考察的思路，并初步尝试复句制图的探索。

本文结构如下：在第 2 节我们主要讨论短语的 X-杠理论，第 3 节探讨句子的 X-杠结构，第 4 节超句的 X-杠结构，第 5 节复句制图。其中前三节旨在回顾以往 X-杠理论框架下的制图发展，并将这一思想推演至复句的制图问题。第 5 节则在 Radford（2018）的基础上提出运用 ComplexP，思考从句（subordinate）以及并列句出现的条件。

二 短语的 X-杠理论

（一）X-杠理论的提出

转换生成语法与传统语法存在一点极大不同，那就是，传统语法多以词入句，而生成语法却是以短语入句。生成语法里的短语，是句法研究的核心范畴，句法范畴通常围绕着某些特定的词语建立起来，该范畴的性质由这个词语决定；如果该词是一个名词，那么所建的短语就称名词短语（noun phrase），如果该词是一个动词，那么所建的短语就是一个动词短语（verb phrase）。在早期生成语法的句法分析中，最常用的短语范畴有 NP（noun phrase，名词短语）、VP（verb phrase，动词短语）、AP（adjective phrase，形容词短语）、PP（prepositional phrase，介词短语）。短语可以由一个单独的词构成，也可以包含其他成分，如下：

（2）a. NP：girl、kind girl
　　　b. AP：bad、very bad
　　　c. VP：dream、dream often
　　　d. PP：on the table

不难发现，这些短语都有一个共同特点，即都具备一个核心，如下：

（3）a. NP→…N…
　　　b. AP→…A…
　　　c. VP→…V…
　　　d. PP→…P…

从右往左，我们看到，每个范畴的结构表征式都有一个短语的层面，XP，我们称之最大投射（maximal projection），如 V 的结构表征式含有 VP，N 的结构表征式则含有 NP。从左向右，每个 XP 中都有一个必要的核心成分 X，我们称之中心语（head），如 VP 有一个必要成分 V，NP 有一个必要成分 N。我们把这种关系用一个图式表示（Ouhalla，1999：114）：

（4） XP→…X…

然而，短语结构中不只是有中心语，中心语的前后可以也有一些限定或修饰成分，如英语中的名词短语就可能前面有一个定语，后面有一个介词短语，如 Susan's answer to the question。用图式（5）表示，它的结构就应该是：

（5） NP→D N PP…

这些中心语前后的成分是不是也可以概括地表示出来呢？生成语法将这种中心语左边的成分叫做指定语（specifier），右边的成分叫做补足语（complement）。这样，我们就得到（戴炜栋，2002：47）：

（6） XP→（specifier） X （complement）

用树形图表示，也就是（戴炜栋，2002：47）：

（7）
```
         XP
        /|\
       / | \
  Specifier X Complement
           |
          Head
```

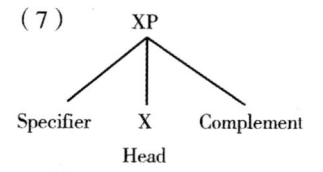

名词短语 Susan's answer to the question 用（7）的结构来表示，即为：

（8） a. Susan's answer to the question
　　　b.
```
         NP
        /|\
       / | \
      NP N  PP
      |  |   \
   Susan's answer to the question
```

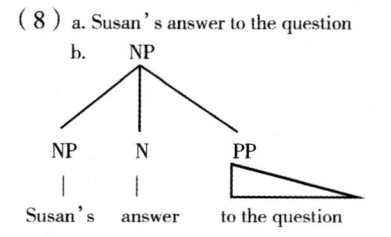

（8）中，介词短语（PP）to the question 即为中心语 answer 的补足语，而名词短语（NP）Susan's 是中心语 answer 的指定语，另外，PP、NP 两个都与中心语 N 为姐妹关系。

然而，这种短语结构似乎并不理想，因为这种句法结构无法反映语法功能，而只是一个简单的成分分析。如果要通过句法结构反映语法功能，我们期望指定语和补足语有着不同的等级结构。如在结构（8）中，answer 与 to the question 之间的关系显然要比 Susan's 与 answer 之间的关系密切。鉴于此，我们可以在中心语与它的最大投射再加一个层面，称之 X-杠（以 X' 表示），规定它仅统制中心语及其补足语。这样就得到（9）：

(9) a. XP→Spec X'
    b. X' →X Comp

用树形图表示，则为：

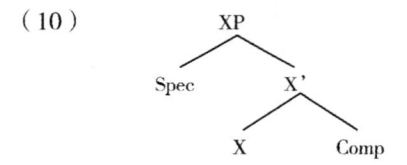

(10)
```
        XP
       /  \
     Spec  X'
          /  \
         X    Comp
```

（二）X-杠的第一次飞跃：VP-壳（VP-shell）

X-杠理论的重要特点是两分支（binary branching）。在（9）或（10）中，XP 只统制两个节点，Spec 和 X'。中心语 X 与其补语 Comp 一起被包含在下一个层面里。这样，X' 也包含两个节点，X 和 Comp。即使句中添加上一个形容词或副词，这种两分支结构也要保持，形容词或副词只能看作是 IP 的一个附接成分，不能改变两分支结构。所以说，X-杠结构有这么一条限制：

(11) 双分支限制原则：一个节点下最多只能有两个分支。

到目前为止，对这一两分支的最大挑战来自像英语的 put、give 这样的带有两个补语的动词；有的学者认为，汉语的"给"也属于这一类，如黄正德（Huang, 1988, 1992）。这些动词的补语在结构上表现为动词的姐妹节点，这暗示了 VP 结构统制三个节点，如下：

(12) a. John put the book on shelf.
b. John gave a book to the student.
c.
```
        VP
       /  \
     Spec  V'
          /|\
         V NP PP
         |  △  △
        put the book on the shelf
        give a book  to the student
```

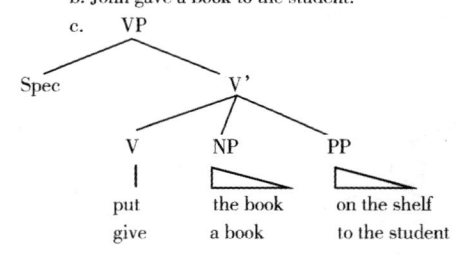

而 give 在接双宾语时与汉语中的"给"相似：

(13) a. John gave the student a book.
b. 张三给李四一本书。
c.
```
        VP
       /  \
     Spec  V'
          /|\
         V NP NP
         |  △  △
        give the student a book
         给   李四    一本书
```

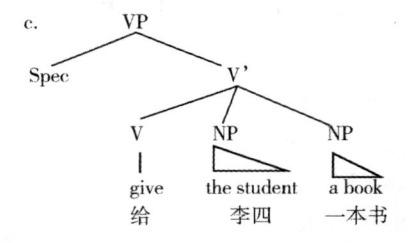

显然，如果按照（12c）、（13c）结构，它们与两分支结构限制条件不符。要维持两分支的限制条件，需要重新分析之。为解决这一问题，Larson (1988；1991) 提出了其著名的"VP-壳分析"（VP-Shell analysis），从两分支的限制条件出发，来解决这个问题。按照他的观点，双宾语动词短语的基本结构为：①

(14) [$_{VP}$ [external argument] [$_{V'}$ e [VP [direct object] [$_{V'}$ verb [indirect object]]]]]

为此，(13) 具有如下所示的结构（参考温宾利，2002：341）：

---

① 外论元（external argument）概念，在题元理论一章出现，这里可以理解为主语或指定语（Spec）。另外，此处还使用了直接宾语（direct object）、间接宾语（indirect object）的概念，需要注意的是：与传统语法不同，转换生成语法中，与动词相邻的 NP 称为直接宾语，而与动词不相邻的 NP 称间接宾语。

(15)

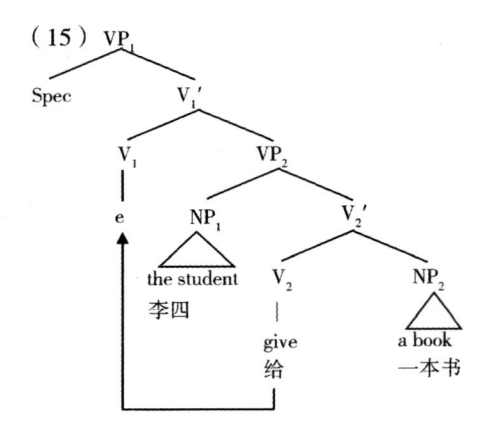

```
         VP₁
        /    \
     Spec    V₁'
            /    \
           V₁    VP₂
           |    /    \
           e  NP₁    V₂'
              △    /    \
          the student V₂   NP₂
             李四    |    △
                   give a book
                    给  一本书
```

Chomsky（1995）认为，上层的动词短语壳并非由空位中心语投射而成，而是由一个语音上为空的轻动词（light verb）v 投射而成。其结构如下：

（16）[[ᵥₚ [external argument] [ᵥ· v [ᵥₚ [direct object] [ᵥ· verb [indirect object]]]]]

也就是说，put、give 这样的词实际由两个动词构成，一个称为轻动词，用 v 来表示，另一个是动词本身枯竭形式，我们用大写的 V 来表示，动词本身我们也用大写。之所以这句子的表层顺序是 Mary gave John a book，是因为轻动词有很强的 [V] 特征，该特征可以使实义动词显性移至其指定语位置，如图所示：

(17)

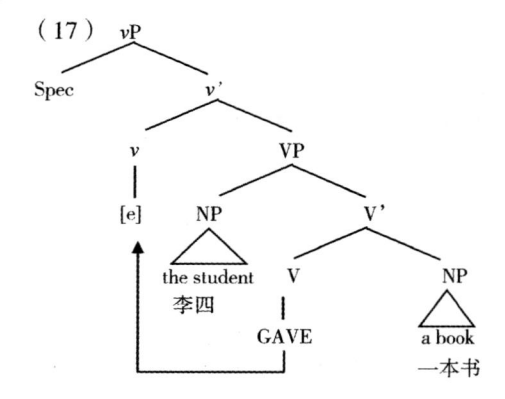

```
         vP
        /   \
     Spec    v'
            /    \
           v     VP
           |    /   \
          [e]  NP    V'
              △    /   \
          the student V   NP
             李四    |   △
                  GAVE a book
                       一本书
```

（17）表明，英语的 give、汉语的"给"这样的词实际由两个动词构成，一个称为轻动词，用 *v* 来表示，另一个是动词本身的枯竭形式，我们用大写的 V 来表示，动词本身我们也用大写。之所以这句子的表层顺序为（13a&b），这是因为轻动词有很强的［V］特征，该特征可以使实义动词显性移位至其指定语位置。也就说，这一结构包含 *v*P 与 VP 两层谓语，下层 VP 是上层 *v*P 的补语。下层谓语以 V 为其核心，而上层谓语的核心 *v* 则是一个不带语音成分的"轻动词"。少了语音成分，*v* 不能独立成词，于是 V 移位补入 *v* 的位置，结果就得到（13a&b）。因此，我们听到的双宾动词 give 其实是轻动词（［e］）与单宾动词词根 give 合并的结果。

同样的道理，我们对（13）进行重新分析，如下：

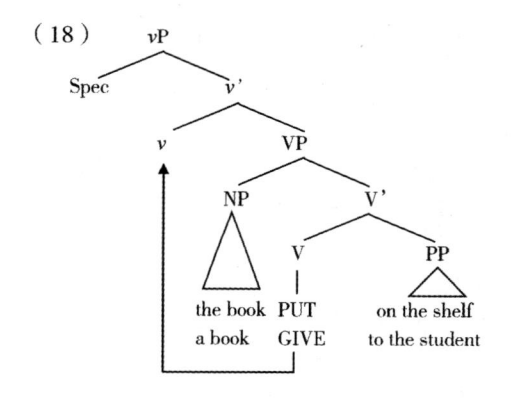

（18）

```
            vP
           /  \
        Spec   v'
              /  \
             v    VP
                 /  \
                NP   V'
                    /  \
                   V    PP
               the book  PUT   on the shelf
                a book  GIVE   to the student
```

（18）表明，上层的 *v*P 以轻动词为中心语，而下层的以 PUT/GIVE 为中心语。补语 NP 位于下层 VP 的 Spec 位置，而 PP 为 PUT/GIVE 的姐妹，词序［V NP PP］由移动 V 到 *v* 派生而成。庄会彬（未刊稿）借此解释了汉语的双宾结构问题。

（19）小明送一个苹果给我。

（20）小明送（给）我一个苹果。

根据第一部分的讨论，我们已经知道，（19）的句法结构应当如下：

（21）

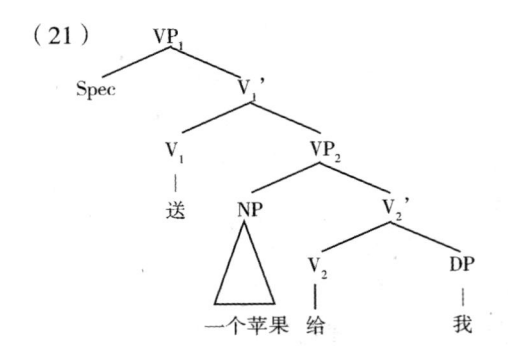

```
        VP₁
       /  \
     Spec  V₁'
          /  \
         V₁   VP₂
         |   /  \
         送 NP   V₂'
            △   / \
         一个苹果 V₂ DP
                |  |
                给 我
```

我们也可以看出，(20) 中的 "送（给）" 这样的词实际由两个动词构成，一个是 "送"，一个是 "给"。之所以这句子的表层顺序为 (19)，是因为下面的 "给" 提升到了 "送" 的位置。如下图所示：

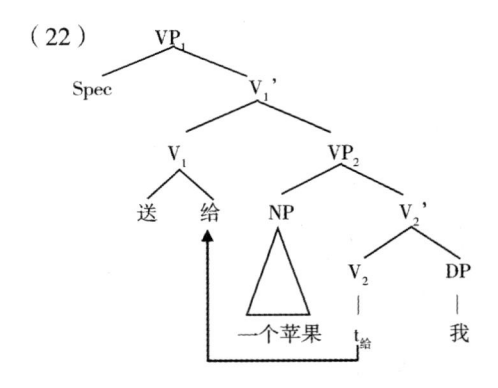

（22）

```
        VP₁
       /  \
     Spec  V₁'
          /  \
         V₁   VP₂
        /|\  /  \
       送 给 NP   V₂'
            △   / \
         一个苹果 V₂ DP
                |  |
                t给 我
```

三 句子的 X-杠结构

（一）IP 概念的提出

以上给出的都是短语结构。我们知道，短语构成的是句子（这里实际上指的是小句），句子的结构又是如何？生成语法同样赋予了句子以 X-杠结构。其中心语是一个抽象范畴 Infl（通常缩写为 I）。那么，这个 Infl 又代表了什么呢？我们以英语为例加以说明。英语分两种情况，定式句（finite clause）和非定式句（infinite clause）。定式句指的是有时态（Tense）的句子；非定式句指没有时态的句子。在定式句中，屈折变化不光是时态范畴，它还包括一致范畴（Agr），如第三人称单数的-s 就属于一致范畴，也就是说，它在主语为第三人称单数时出现，与人称、性、数相对应，因此它被称为一致（agreement）或 φ-特征（φ-feature）。非定式中没有屈折变化，但这并不说明非定式中没有 Infl 这个范畴，它只是没有屈折形式来表现，① 因此，Infl 这个范畴可以是抽象的。既然 Infl 可以是抽象的，那么，就像汉语这样的语言，它的屈折变化贫乏，它也一定有 Infl，当然，它的 Infl 只有一种，即，与英语中的非定式相似，是抽象的。确定了 Infl，一个英语句子的 X-杠结构就是：

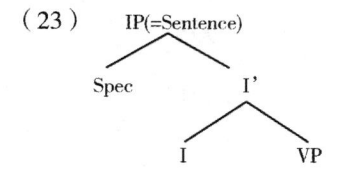

(23)
```
        IP(=Sentence)
        /      \
      Spec      I'
              /    \
             I      VP
```

(23) 的 X-杠结构适用于英语，但这并不意味着它适用于所有的语言。英语是一种中心语在前的语言，其中心语向右选择其补足语，或称右分支（right-branching）语言；然而，世界上还有许多语言是中心语在后的，其中心语向左选择其补足语②，这时它的 X-杠结构上的中心语就有所不同。

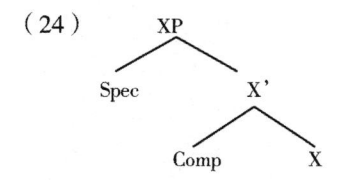

(24)
```
         XP
        /  \
      Spec  X'
           /  \
         Comp  X
```

在原则参数框架里，我们用参数（Parameters）来解释语言间的差异。参数可以理解为与给定原则相联系的选择/值，一种选择会产出这种句型，另一种选择则会产出另一种句型。参数在 PF 层面上设置，语言在 LF 层面上是不应该有差异的。

---

① 我们把英语的不定式标记 to 看成 I，但这并不说明英语的不定式有其屈折形式，这只是一个英语的不定式的标记，因为我们知道，有许多语言的不定式不带有类似 to 这样的标记。

② 有的学者认为汉语的中心语向左选择其补语，以戴浩一（Tai, 1973）、Koopman (1984) 为代表。这一情况，我们在后面再谈。

(二) IP-分裂假说

Pollock（1989）提出 IP 分裂假说之后，许多功能投射被先后提了出来（Belletti，1990；Ouhalla，1991；Chomsky，1991 等），其中有三个对本研究至关重要，它们是 TP、NegP 与 AspP。① 以前我们把时态看作是屈折投射 IP 的一部分，分裂-INFL 假说提出之后，一般都认为它有自己的投射 TP（Pollock，1989；Belletti，1990；Chomsky，1991；Chiu，1993；Haegeman，1994；Bobaljik & Jones，1996；Radford，1997；李梅，2007）；而助动词、否定、体也有自己的投射。因此 IP 句子的 XP 结构应该修改如下：

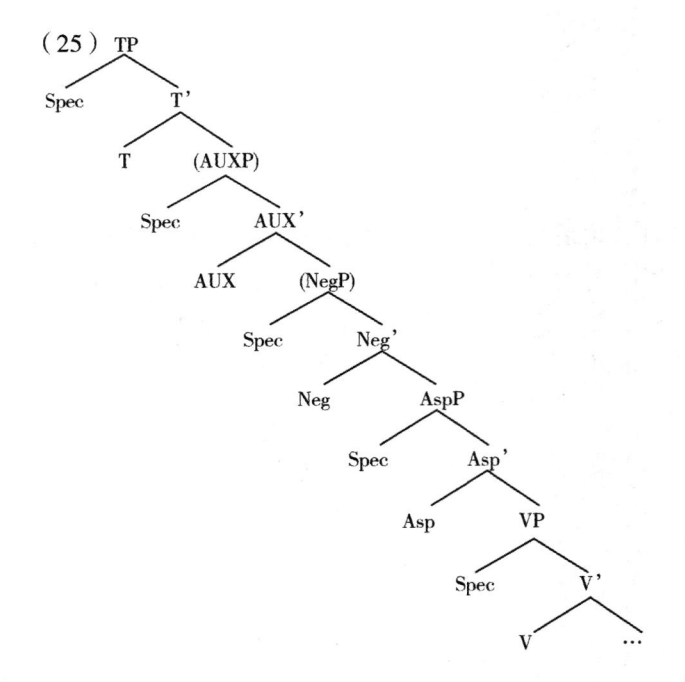

(25)
```
       TP
      /  \
   Spec   T'
         /  \
        T   (AUXP)
            /   \
         Spec   AUX'
               /   \
              AUX  (NegP)
                   /   \
                Spec   Neg'
                       /  \
                      Neg  AspP
                           /  \
                        Spec  Asp'
                              /  \
                            Asp   VP
                                  /  \
                               Spec  V'
                                     / \
                                    V  ...
```

例句如下：

(26) a. John often kisses Mary.

---

① 当然，除此之外，还有许多其他的投射，如 Agr_sP、Agr_oP、MoodP、AUXP 等，甚至还有一些为汉语特设的，如 SuoP、DouP、BaP 等。笔者之所以选这三个是根据 Zanuttini (2001: 511) 的观点，"否定标记出现的位置，在句子结构中应该和其他被认为是句子核心成分（如时、体）的位置是一样的。"

b. DS: * [$_{TP}$ John [$_{T'}$ [$_{T}$ -es] [$_{VP}$ often [$_{VP}$ kiss Mary]]]]

c. SS: * [$_{TP}$ John [$_{T'}$ t$_T$ [$_{VP}$ often [$_{VP}$ [$_V$ [$_V$ kiss [$_T$ -es]] Mary]]]]

d. LF: [$_{TP}$ John [$_{T'}$ [$_V$ [$_V$ kiss [$_T$ -es]] [$_{VP}$ often [$_{VP}$ t$_{[V[Vkiss[T]]]}$ Mary]]]]

(27) a. John does not like Mary.

b. DS: [$_{TP}$ John [$_{T'}$ [$_T$ -es] [$_{NegP}$ [$_{Neg'}$ not [$_{VP}$ like Mary]]]]]

c. DoS: [$_{TP}$ John [$_{T'}$ [$_T$ -es] [do] [$_{NegP}$ [$_{Neg'}$ not [$_{VP}$ like Mary]]]]]

d. SS: [$_{TP}$ John [$_{T'}$ [$_T$ -es] [do] [$_{NegP}$ [$_{Neg'}$ not [$_{VP}$ like Mary]]]]]

至于英语中体标记与动词的结合，则应该是通过体降落完成的，如下：

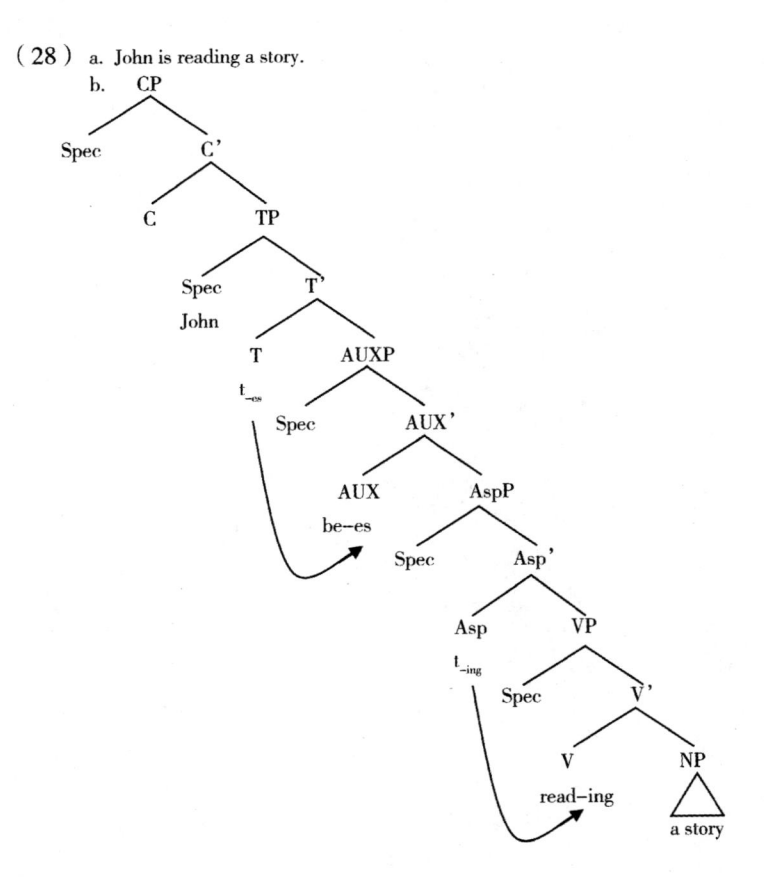

(28) a. John is reading a story.

b.
```
         CP
        /  \
     Spec   C'
           /  \
          C    TP
              /  \
           Spec   T'
           John  /  \
                T   AUXP
              t_-es /  \
                 Spec   AUX'
                       /    \
                     AUX    AspP
                     be-es  /  \
                         Spec   Asp'
                               /   \
                             Asp    VP
                            t_-ing /  \
                                Spec  V'
                                     /  \
                                    V    NP
                                 read-ing a story
```

这样处理的证据来自于英语副词的位置。我们知道，英语中的副词是附接于 V'（VP），而且，相对而言，副词的位置相对固定，句法上的移位操作一般不会影响到副词的位置（话题化等除外，后面会谈及，亦见于李亚非等（Li, et al., 2012），这一点曾广泛被用来论证一种语言是 I-降落语言还是动词提升语言（如 Pollock, 1989）。英语中的副词位置标明，（29）中的 Asp 是降落的。如下：

（29）a. John is carefully reading a book
　　　b. *John is reading carefully a book.

如-ing 降落，所得到的应该是（29a），如果是 read 提升，就会得到（29b）。而其的不合法性则标明，英语是一种体降落语言，而非动词提升语言。

将助动词 be、have 以及情态助动词都置于 AUX 节点之下，也就意味着一个句子结构中可能会存在两个甚至多个 AUXP。也只有这样方能容纳像（30）这样的句子：

（30）a. The car must be doing at least 100 miles an hour.

```
        b. CP
          /\
       Spec C'
           /\
          C  TP
            /\
         Spce T'
        the car /\
               T  AUXP
                 /\
              Spce AUX'
                  /\
                AUX  AUXP
                must /\
                   Spec AUX'
                       /\
                     AUX  AspP
                      be  /\
                        Spec Asp'
                            /\
                          Asp  VP
                          t_-ing /\
                              Spec V'
                                  /\
                                 V  ...
                               do-ing
```

庄会彬（2015）等借助这一结构解释了汉语否定的相关问题。

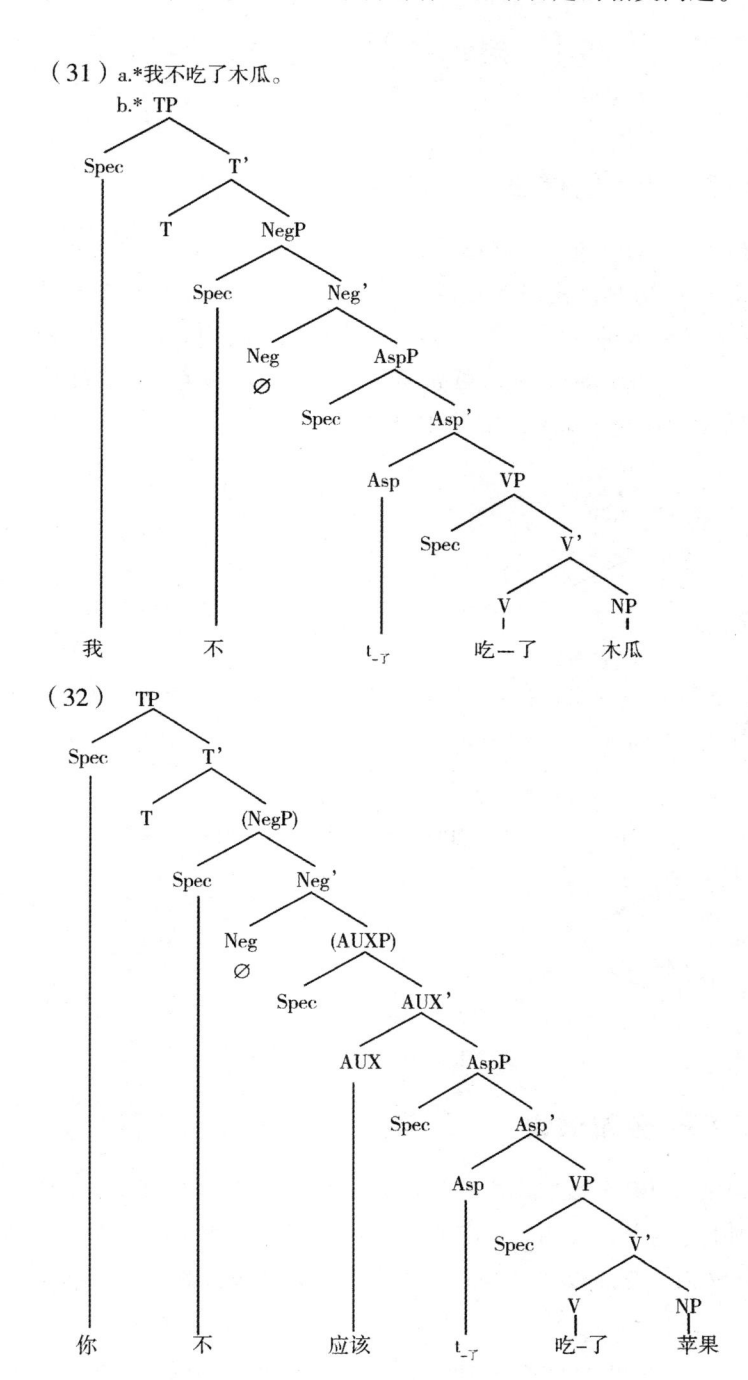

（31）a. *我不吃了木瓜。

b.*
```
            TP
          /    \
       Spec    T'
               /  \
              T   NegP
                  /  \
               Spec  Neg'
                     /  \
                   Neg  AspP
                    ∅   /  \
                      Spec Asp'
                           /  \
                         Asp   VP
                              /  \
                           Spec  V'
                                 /  \
                                V   NP
       我      不       t_了   吃—了  木瓜
```

（32）
```
            TP
          /    \
       Spec    T'
               /   \
              T   (NegP)
                  /   \
               Spec   Neg'
                      /   \
                    Neg  (AUXP)
                     ∅    /   \
                       Spec   AUX'
                              /   \
                            AUX   AspP
                                  /   \
                               Spec   Asp'
                                      /   \
                                    Asp   VP
                                          /  \
                                       Spec  V'
                                             /  \
                                            V   NP
       你     不     应该    t_了      吃—了   苹果
```

四 超句的 X-杠结构

（一） CP 概念的提出

所谓超句，指的是包含内嵌小句的句子，如包含宾语从句的句子。在探讨句子的 X-杠结构时，我们首先需要确定它的中心语是什么范畴。那么这里，我们要探讨超句的 X-杠结构，也要首先确定它的中心语。先看英语，英语的标句语（Complementizer，通常简写为 C）处在小句的句首。观察（33a），我们觉得 Comp 最有可能是中心语。

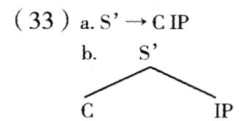

（33） a. S' → C IP
b. S'
　　　／＼
　　C　　IP

这样，超句的 X-杠结构如（34）所示（C 表示标句语，而 CP 是标句语短语的缩写）（Chomsky，1995：55），以树形图表示，则为（35）：

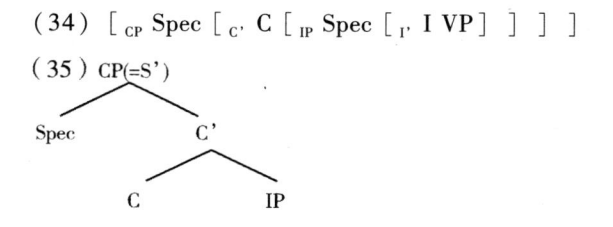

（34） [$_{CP}$ Spec [$_{C'}$ C [$_{IP}$ Spec [$_{I'}$ I VP]]]]
（35） CP(=S')
　　　／＼
　　Spec　　C'
　　　　　／＼
　　　　C　　IP

（二） CP-分裂假说

在 Rizzi 提出 CP 分裂假说之前，句法分析多是在标句短语（即 CP）这一假设的基础上进行的。应当说，标句短语假设用来分析多数的左边缘结构都是成功的，然而，它在处理（36）的内嵌小句时就颇为棘手。

（36） I am absolutely convinced [that no other colleague would he turn to]

我们知道，wh-短语通常要通过 wh-移位移到句首。事实上，不仅 wh-短语如此，有些其他成分也可能会出现在句首，如（36）中的 no other colleague 本是 to 的宾语，却出现在了句首的位置；与此同时，would 也随之提升。这时候问题就来了：如何确定 no other colleague 和 would 的句法地位？如果我们把 would 置于 C 位置上（no other colleague 位于 Spec，CP），that 就无法处理。这是因为，通常说来，that 是一个标句语，占据 C 位置。可是，如果把 that 处理为 C，处理的话，no other colleague 和 would 又无法安置。如此一来，唯一可行的方案就是让句子中出现两个 C，可这又不符合句法通常的做法，如下：

(37) I am absolutely convinced * [$_{CP}$ [$_C$ that [$_{CP}$ no other colleague [$_C$ would] [$_{TP}$ he [$_T$ t$_{would}$] [$_{VP}$ [$_V$ turn] [$_{PP}$ [$_P$ to] t$_{\text{no other colleague}}$]]]]
（Rizzi，1997）

出于这样的原因，Rizzi（1997，2001，2004）提出将 CP 分裂成导句短语（Force Phrase，简写成 ForceP）、话题短语（Topic Phrase，简写成 TopP）、焦点短语（Focus Phrase，简写成 FocP）①、限定短语（Finiteness Phrase，简写成 FinP）等。Rizzi（1997：297）还给出了它们在树形图上的顺序，如下（其中 TopP * 表明可以同时出现多个话题）：

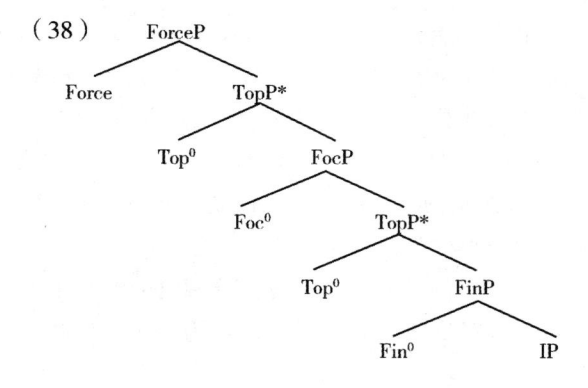

(38)
```
         ForceP
        /      \
    Force      TopP*
              /     \
           Top⁰     FocP
                   /    \
                Foc⁰    TopP*
                        /    \
                     Top⁰    FinP
                             /   \
                          Fin⁰   IP
```

有了 CP 分裂假说，我们再来看例句（36）的内嵌小句。其分析如（39）

---

① 话题短语与焦点短语的区别，根据 Radford（2004）的观点，从语篇的角度看，焦点成分一般传达新信息，而话题（前置宾语）则是前面已经提到的信息。

所示 (Rizzi, 1997; Radford, 2004: 328):①

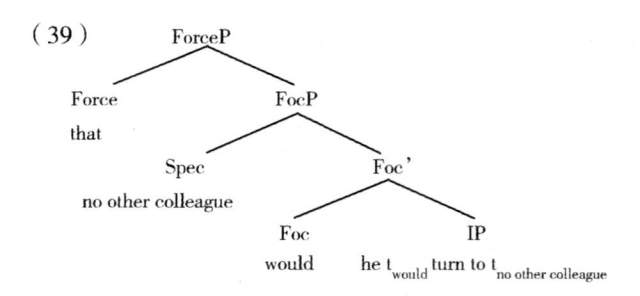

(39)
```
            ForceP
           /      \
        Force     FocP
        that     /    \
              Spec    Foc'
         no other    /    \
         colleague Foc    IP
                  would  he t_would turn to t_no other colleague
```

从上图可以看出，that 占据了 ForceP 的中心语位置，受焦短语 no other colleague 源于 to 的宾语位置，移向 FocP 的标志语，助词 would 源于 T 位置，移向 FocP 的中心语。②

然而，例（39）只涉及两个投射：导句短语和焦点短语。为更好地了解 CP 分裂假说，接下来，我们再来看一个例句：

(40) He had seen something truly evil-prisoners being ritually raped, tortured and mutilated. He prayed <u>that atrocities like those, never again would he witness</u>.

(40) 的画线部分中，前置的宾语 that atrocities like those 是动词 witness 的宾语。它的典范位置应该是在 witness 之后，但却出现在句首。根据 Radford (2004: 329) 的观点，从语篇的角度看，焦点成分一般传达新信息，而这里的前置宾语 that atrocities like those 显然代表着旧信息，即语篇中前面已经提到的信息。所以说，这类前置的成分应视为句子的话题 (Rizzi, 1997; Haegeman, 2000)，相关的移位操作则称为话题化。

按照 Rizzi 的做法，(40) 中的 that 应当位于 ForceP 的中心语；atrocities like those 本来位于动词 witness 的宾语位置，前置后成为句子的话题（回指前

---

① 为方便排版，IP 部分没有进一步展开，读者如有需要，可根据前面的讨论自行展开。
② 值得注意的是，对于该移位的内在动因，Radford (2004: 328) 还在最简方案框架内做出了解释："假定 FocP 的中心语 Foc 自身携带有一个 [EPP] 特征和一个不可解释的焦点特征，两个一起吸引受焦宾语 no other colleague（该短语自身携带与不可解释的焦点特征相匹配的特征）移入 Spec-FocP 位置，而 Foc 是一个带有词缀 [TNS] 特征的强势中心语，吸引助动词从 T 移到 Foc。"

面小句中的 rape、torture、mutilation）；前置的否定状语 never again 是焦点成分位于 Spec，FocP，因倒装而前移的助动词 would 位于 FocP 的中心语位置。这样一来，该部分的结构应当如下所示：

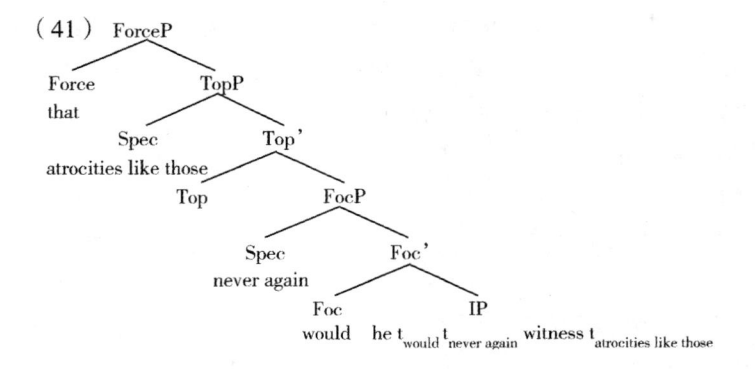

(41)
```
         ForceP
        /      \
     Force      TopP
     that      /    \
             Spec    Top'
      atrocities    /    \
      like those  Top    FocP
                       /      \
                     Spec      Foc'
                  never again  /    \
                             Foc     IP
                            would  he t_would never again witness t_atrocities like those
```

除了 ForceP、TopP、FocP 三个投射之外，还有一个限定短语（FinP）。事实上，Rizzi（1997）提出 FinP 所依据的是意大利语语料。意大利语中存在一个介词性的非定式句标记成分 di，用以引导非定式句（引导定式句则用 che），如下：

(42) a. Credo che loro apprezzerebbero malto il tuo libro.
　　　　'I believe that they would appreciate your book very much.'
　　　b. Credo di apprezzare malto il tuo libro.
　　　　'I believe 'of' to appreciate your book very much.'
(43) a. Credo che il tuo libro, loro lo apprezzerebbero molto.
　　　　'I believe that your book, they would appreciate it a lot.'
　　　b. *Credo, il tuo l ibra, che loro lo apprezzerebbero molto.
　　　　'I believe, your book, that they would appreciate it a lot.'
(44) a. *Credo di il tuo libro, apprezzarlo molto.
　　　　'I believe 'of' your book to appreciate it a lot.'
　　　b. Credo, il tuo libro, di apprezzarlo malto.
　　　　'I believe, your book, 'of' to appreciate it a lot.'

这个 di 的特殊之处在于，它在句法结构上的位置与引导定式句的 che（相当于英语的 that）不同：当有某种句法成分前置时，che 总是出现在该前置成分之前，如（43）所示，il tuo libro（你的书）前置后，che 只能出现在 il tuo libro 之前，而不能出现在 il tuo libro 之后；而 di 却只能出现在该前置成分之后，如（44）所示，il tuo libro 前置后，di 不能出现在 il tuo libro 之前，而只能出现在 il tuo libro 之后。这表明，di 与 che 不能归为一类成分。

以上分析不仅对单一投射的标句短语假设构成了挑战，同时还表明，CP 分裂假说设立一个高位置 ForceP 和一个低位置的 FinP 的必要性：高位置的 Force 可以容纳标句成分 che，而低位置 Fin 则用以标记一个句子是定式句还是非定式句，从而能够容纳 di 这样的成分。

有趣的是，Radford（2004）指出，英语（包括中古英语和现代英语）中也存在类似于意大利语 di 的标记。下面以现代英语为例加以说明：

(45) SPEAKER A: What was the advice given by the police to the general public?
　　　SPEAKER B: *Under no circumstances* for anyone to approach the escaped convicts.

Radford（2004）认为，（45）中的答句结构应该如（46）所示，其中 for 位于 Fin 位置（引自 Radford，2004：334）：

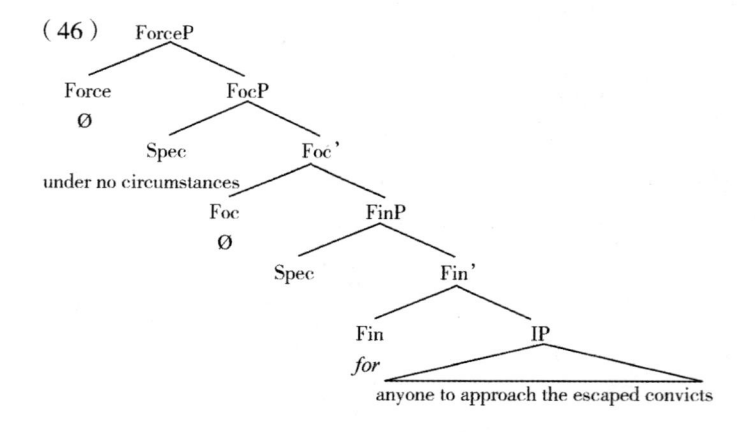

(46)
```
        ForceP
       /      \
    Force    FocP
      ∅     /    \
         Spec    Foc'
    under no    /    \
   circumstances Foc  FinP
                 ∅   /    \
                   Spec   Fin'
                         /    \
                       Fin    IP
                       for  anyone to approach the escaped convicts
```

CP 分裂假说，成功地解决了许多句法上的难题，一经提出，便在跨语言的研究中得到了广泛的应用（如 Frascarelli，2000；Munaro，2003；Newmeyer，2009；Munakata，2006；van Craenenbroeck，2010；Darzi & Beyraghdar，2010；Wakefield，2011；庄会彬，2013）。

庄会彬（2013）便将这一理论应用于"王冕死了父亲"句式的研究。其解释如下：①

（47）[$_{TopP}$ 王冕 [$_{FocP}$ [$_{Foc'}$ 死了 [$_{TP}$ 父亲 [$_{VP}$ t'$_{父亲}$ [$_{V'}$ t$_{死了}$ t$_{父亲}$]]]]] [+Foc]

需要说明的是，庄会彬（2013b）之所以能够给汉语"王冕死了父亲"句式以合理解释，关键在于两点。第一，汉语是一种话题突显（topic-prominent）的语言，它的句子第一个成分通常应当视作话题。② 如此一来，"王冕死了父亲"中的"王冕"无疑应当视作话题成分，居于 Spec，TopP 位置。这种提法实际上与以往的研究并不矛盾，胡裕树、范晓（1995）就曾提出，这类句式是一种话题主语句结构；潘海华、韩景泉（2005）、杨大然（2008）等也认为，"王冕"不是主语，而是一个基础生成的"垂悬"话题成分（dangling topic）；Pan & Hu（2002，2008）亦持类似的观点。第二，汉语可以允准焦点化（focalization）操作。也就是说，"死了"则是经过焦点化操作（或者说出于特征核查的要求），提升到 Foc^0 位置，即"父亲"之上的。

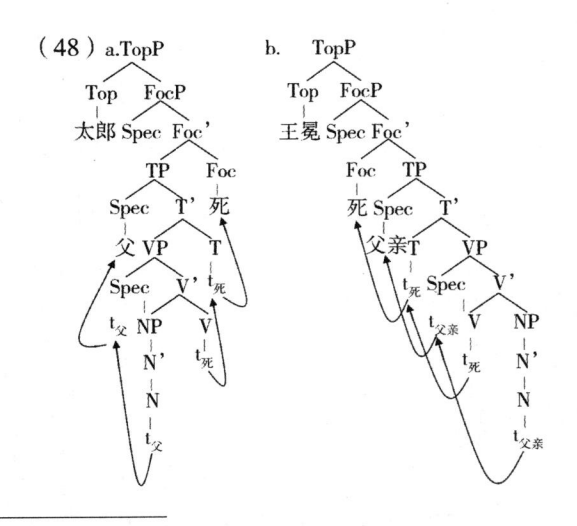

（48）a.TopP　　　b. TopP

[树形图]

---

① 根据庄会彬（2013），"王冕死了父亲"句式中"父亲"的由来只存在两种可能：第一种是视"父亲"为主语，源自 Spec，VP 位置；第二种认为"死"是一个非宾格动词，因此"父亲"源自其补足语位置。鉴于"死"的非宾格身份已得到广泛地认可（特别是徐杰，1999），这里只取了第二种。倘若使用第一种，余下的讨论亦应同样适用。

② 事实上，Li 和 Thompson（1976：467）也指出："汉语中，话题总是居于句首"。

(三) CP 分裂结构的不足与发展

CP 分裂假说虽然解决了上面（37）所代表的问题，但新的问题仍是层出不穷，譬如（49a）的句法分析可能是（49b），也可能是（49c），然而，两者句法结构迥然不同（Radford，2018：199）：

（49） a. He closed the door [before（%that）he left]
　　　 b. [$_{PP}$ [$_P$ before] [$_{CP}$ [$_C$ that] [$_{TP}$ he [$_T$ ø] left]]]
　　　 c. [$_{CP}$ [$_C$ before] [$_{TP}$ he [$_T$ ø] left]]

两种结构在历时视角下是前后相联系的（van Gelderen，2009），（49）的分析显然割断了这种联系。如果通过制图理论，完全可以设置一个 SUB 节，(49b&c) 便可表示如下（Radford，2018：200）：

（50） a. [$_{SUBP}$ [$_{SUB}$ before] [$_{FORCEP}$ [$_{FORCE}$ that] [$_{FINP}$ [$_{FIN}$ ø] he left]]]
　　　 b. [$_{SUBP}$ [$_{SUB}$ before] [$_{FORCEP}$ [$_{FORCE}$ ø] [$_{FINP}$ [$_{FIN}$ ø] he left]]]

更多例句：

（51） a. They got wet [$_{SUBP}$ [$_{SUB}$ because] [$_{FORCEP}$ [$_{FORCE}$ that] [$_{FINP}$ [$_{FIN}$ ø] it was raining]]]
　　　 b. They got wet [$_{FORCEP}$ [$_{FORCE}$ because] [$_{FINP}$ [$_{FIN}$ ø] it was raining]]

有了以上讨论，我们便可以进一步讨论复句制图问题。

五　复句的 X-杠结构

之前在 X-杠理论框架下的句子结构最大做到了超句，那么复句情况该是如何呢？复句就是单句的组合。其组合方式有两种：从属（subordination）和联合（coordination）。前者即为主从复句；后者则是联合复句。对于前者，完全可以处理成附接成分（adjunct）①，后者则另当别论。事实上，对于前者，以往的研究已经给出了其句法结构。当然，这一结构还应该从副词的句法地位说起。

（一）形容词与副词的句法位置

形容词和副词的地位我们很难做出决断，它们是非次范畴化的范畴。由于形容词与 VP-副词不是它们所修饰的词汇范畴的补语成分，我们看到在英语这一类的语言中，形容词，特别是副词的位置很不稳定，有时在中心语左侧，有时在中心语右侧，这样，在 NP 和 VP 的表征式里，很难将它们纳入到单杠统制的范围之内。同时，形容词和 VP-副词也不能看作是指定语，因为，指定语在小句里通常被看作是主语，主语具有唯一性，不能多个同时出现，但形容词和 VP-副词在理论上可以任意多个同时出现，如我们会说出"温柔善良美丽大方的姑娘""彻底地致命性地打击了黑社会组织"这样的短语。

这样，形容词、副词的生成短语结构可表示如下：②

（52）a. $\left\{\begin{array}{l}\text{NP} \\ \text{NP} \\ \text{Det}\end{array}\right\} \rightarrow$ (A)N(A)…

b. VP → (ADV)V…(ADV)

它们被称为附接成分（adjunct）。它们在结构中的位置也很特殊，只能被"加"到结构里，正式一些，称"附接"（adjoin）。附接成分可以理解为是给定范畴的扩展，（53）中的 N'、（54）中的 V' 即为扩展范畴。"扩展"一

---

① Ernst（2002：7）对附接成分做出了如下界定：Adjuncts, … include both adverbials and adjectivals (i. e., AdjPs and phrases that function like them, such as relative clauses), whose main function is to modify a nominal element. Adverbials normally modify verbs or "sentential" objects (IP, CP, and VP if the latter includes all arguments of V, etc.); both of these are assumed here to correspond to events or propositions of some sort. (Some adverbials with appropriate meanings, such as *roughly* or *even*, may adjoin to nominal phrases like DPs, but they still have an adverbial function when doing so.) Adverb refers to phrases of the category Adv, defined primarily as those restricted to adverbial function. Thus in this terminology it is inaccurate, for example, to call *Tuesday* or *every time* an NP-adverb (e. g., as for Larson 1985 or Alexiadou 2000); such phrases are adverbials of the category NP, or DP in more current theory (or possibly PP, if a zero-preposition analysis is adopted).

② 形容词在中心语后面的情况在英语中不多，一般就是几个符合是不定代词要求如此，如 something interesting, nothing bad 等等。

个范畴就是复制它，所以，(53)中有两个 N'，(54)中两个 V'。新创的 N'（或 V'）为附接 AP（或 ADV）的母节点，然而，由于新创的 N'（或 V'）只不过是原有 N'（或 V'）的扩展，所以这种附接结构就意味着 AP（或 ADV）与 N'（或 V'）的关系存在歧义。AP（或 ADV）与 N'（或 V'）既为母女关系，又为姐妹关系。(53)中，N'是一个扩展的范畴。(54)为副词在左的情况，即左侧附接（left-adjoined）到 V'；(55)为副词在右的情况，即右侧附接（right-adjoined）到 V'。

(53) a. Susan's latest answer to the question

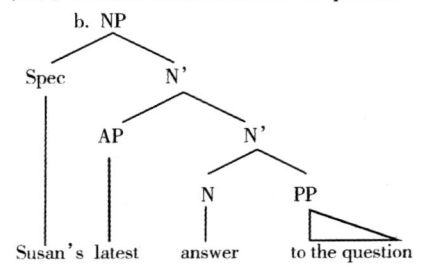

b.
```
            NP
           /  \
        Spec   N'
         |    /  \
         |   AP   N'
         |   |   /  \
         |   |  N    PP
         |   |  |    △
       Susan's latest answer to the question
```

(54) a. Bill quickly repaired the bike.

b.
```
            IP
          / |  \
        NP  I   VP
         |      / \
         |   (ADV) VP
         |         / \
         |      (ADV) V'
         |            / \
         |           V'   
         |          / \
         |         V   NP
         |         |   △
        Bill  (quickly)(quickly) repaired the bike
```

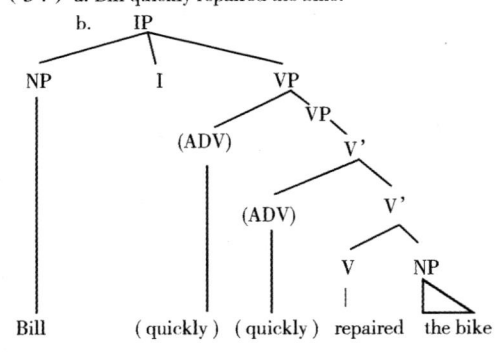

(55) a. Bill repaired the bike quickly.

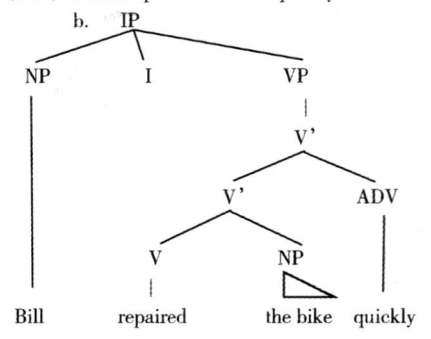

b.
```
            IP
          / |  \
        NP  I   VP
         |       |
         |       V'
         |      / \
         |     V'  ADV
         |    / \   |
         |   V   NP |
         |   |   △  |
        Bill repaired the bike quickly
```

(二) 关系小句的句法地位

看下面一个句子：

(56) a. The suggestion that Bill made is absurd.
　　　b. [$_{NP}$ the suggestion$_i$ [$_{S'}$ that [$_S$ Bill made t$_i$]]] …

(56) 中的小句是一个限定关系小句 S'，它的作用与形容词相似，既不是中心语 N 的补语，也不是指定语，而是一个附接成分，这表明，它附接到 N' 上。其结构如下：

(57)
```
            NP
           /  \
        Spec   N'
         |    /  \
        Det  N'   S'
         |   |   /△\
         |   N  that Bill made
         |   |
        the suggestion
```

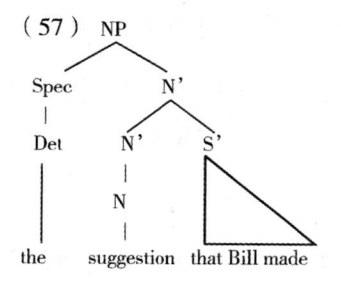

这类附接关系的关系小句要和下面这一类句子区分开。

(58) a. The suggestion that Bill should leave is absurd.
　　　b. [$_{NP}$ the suggestion [$_{S'}$ that [$_S$ Bill should leave]]] …

(58) 中，S' 作为名词的补语，应该处在 N' 下，是 N 的姐妹。所以说，它不是附接关系，它的结构如下：

(59)
```
            NP
           /  \
        Spec   N'
         |    /  \
        Det  N    S'
         |   |   /△\
        the suggestion that Bill should leave
```

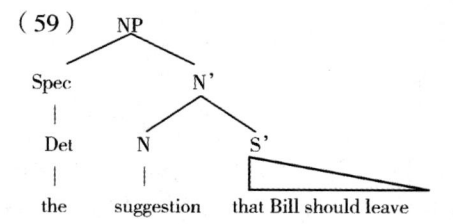

综合以上，附接成分可用模式图表示为：

（60） X' à YP X'（or X' YP）
　　　 XP à YP（or XP YP）

然而，这种处理只适合解决一部分问题，还有很多复句问题并无法得到解决。譬如下面的句子：

（61） 他因为生病，没去上学
（62） 因为生病他没去上学

（三）复句（complex sentences）的句法结构

近年来，句法的研究的总体走向是越来越向左边缘深入，挖掘越来越细化：从 Chomsky（1957）到 Pollock（1989）再到 Rizzi（1997，2001，2015），乃至最近的制图理论会议等（司富珍，2018）讨论，句法研究一路向左推进；期间，先后有 VP-shell（Larson，1988）、Split-IP（Pollock，1989）、CP 分解（Rizzi，1997，2001，2015），树图也越来越细化。其中对句子左边缘研究贡献最为卓越的当属 Rizzi。在过去的二十多年里，他不断革新，提出了句子左边缘的新节点，如下（其中 TOP = Topic、FOC = Focus、INT = Interrogative、MOD = Modifier、FIN = Finiteness，另外，星号表示该投射可以有一个或多个）：

Rizzi（1997）：FORCE>TOP * >FOC>TOP * >FIN
Rizzi（2001）：FORCE>TOP * >INT>TOP * >FOC>TOP * >FIN
Rizzi（2015）：FORCE>TOP * >INT>TOP * >FOC>TOP * >MOD * >TOP * >FIN

其他学者，也纷纷加入这一制图大军，如 Belletti、Cinque、Endo、Franco、Garzonio、Grewendorf、Haegeman、Paul、Roberts、Shlonsky、Tsai、Villa-García、Villalba 等，但是对句子的左边缘探索一直停留在 CP 分裂的既有框架之中，最左节点一直止步于 ForceP。Radord（2018）则首次突破这一局限，提出一个附属结构短语 SUBP（Substitute Phrase），从突破了 ForceP 的

边界——这实际上是突破了以往生成语法与对复句的研究囿于 CP 结构的限制，长期无法做到突破的现实。因为之前的研究对附属从句做到主要考虑使用 Adjuncts，对并列从句则处理为两个 CP（最多以 &P 加以连接），从而导致了很多问题无法做出深刻的探讨，如何元健（2011：335）把上面的原因状语从句处理如下：

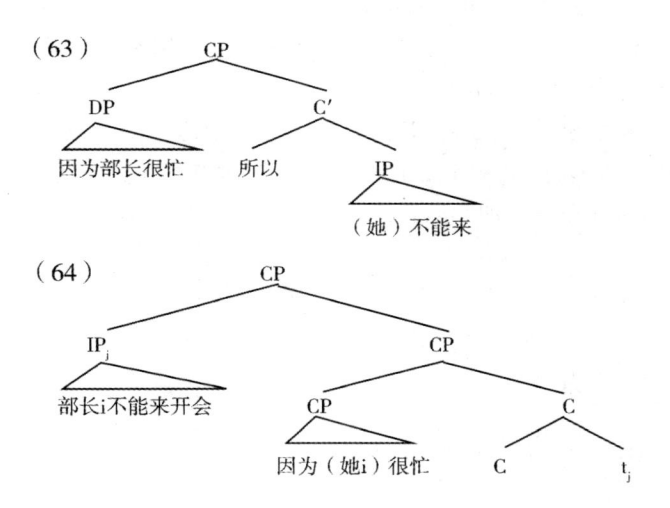

（63）

```
         CP
        /  \
      DP    C'
      /\   /  \
    因为部长很忙  所以  IP
                    /\
                  （她）不能来
```

（64）

```
            CP
           /  \
         IPⱼ   CP
         /\    /\
   部长ᵢ不能来开会  CP    C
                /\    /\
            因为（她ᵢ）很忙  C  tⱼ
```

这种无疑折射出单一 CP 框架的许多无奈，但即便 CP 分裂后这类句式仍是难以很好地顾及。然而，Radford 提出的 SUBP 投射无疑克服了这一问题。按照他的研究，这两个句子的结构当分析如下（参 Radford，2018：202）：

（65）[_SUBP_ [_SUB_ 因为] [_FORCEP_ [_FORCE_ ∅] [_FINP_ [_FIN_ ∅] 部长很忙]]] 所以她不能来

（66）部长不能来开会 [_SUBP_ [_SUB_ 因为] [_FORCEP_ [_FORCE_ ∅] [_FINP_ [_FIN_ ∅] 她很忙]]]

当然，问题并没有完全解决，面对新的语言事实，仍需提升，如下：

（67）（如果）他不来，我不去

要知道，这一句有两种解读，其树形图该如何画？何文的方案则显得有些措手不及。

Radford（2018）致力于解决附属从句的结构，并提出了一个高于 ForceP 的 SubP 节点（199 页）。然而，需要说明一点，所有从属小句（subordinate clause）都不会是单独使用，它必须是在有主句前提下才能出现。

这里就有两个问题，Radford（2018）的讨论没有考虑从属成分（subordinate）出现的条件，而将之扩展到所有句子结构之上——包括了复句（complex clause）中的主句（matrix clause）和简单句（simplex clause）。事实上，后者的句法结构在 ForceP 之上不应自带 Radford（2018）所言的从属节点（Sub）。最高节点应该是 Force。

考虑到句子结构的统一性，我们认为，句子的左边缘最高节点当为 Force，而 Radford（2018）所提的 Sub 节点，应当在句子左边缘之外。谈及复句结构，我们应该为之设置复句节点，即 ComplexP，是以我们有了如下结构：

（68）ComplexP
　　　／＼
　　　CP　Complex′
　　　　　／＼
　　Complex　CP/ComplexP
　　　｜
　　　Sub
　　　｜
韵律成分/语序/词汇标记

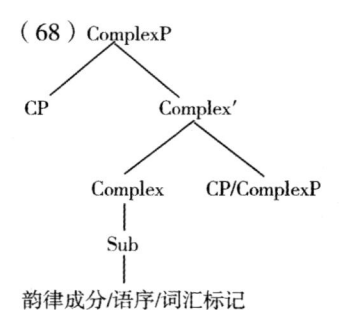

也就是说，当复句为从属结构时该复句的中心语 Complex 实现为一个从属标记（Sub），当然这一标记可能是词汇标记，或者是韵律特征以及语序。并列复句因此也可以纳入进来，从复句为并列结构时，该复句的中心语 Complex 实现为一个并列标记（&），这一标记可能是词汇标记（如 and），或者是韵律特征以及语序。于是有了下图：

（69）ComplexP
　　　／＼
　　　CP　Complex′
　　　　　／＼
　　Complex　CP/ComplexP
　　　｜
　　　Sub/&
　　　｜
韵律成分/语序/词汇标记

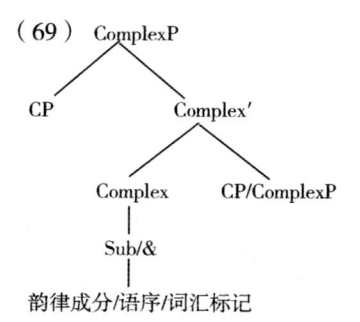

这里顺便反思语力节点（Force）——它不但可以出现在复杂句中，以从属小句的标记呈现，在英语中表现为 that（汉语中则为零标记），也可以出现在简单句中，表现为一个句调素（intonational Q-morpheme/intoneme）（Cheng & Rooryck，2000；冯胜利，2015；Tang，2015；杨洋、郑礼珊，2019）。

至于 Radford（2018）所谈的双填标句语现象：

（70）a. I just don't know〔whether that they will have the same attitude〕（Mark Saggers，Talksport Radio）

b. It's just a question of〔whether that Liverpool can get their money back〕（John Cross，Talksport Radio）

c. I'm not sure〔whether that Spurs fans will accept him〕（John Cross，Talksport Radio）

d. I do wonder〔whether that their squad lacks the depth of City's〕（Dominic Fyfield，Talksport Radio）

e. England have enforced the follow-on.〔Whether that they could have done it had it not been raining〕, I'm not sure（Jack Bannister，Talksport Radio）

f. I just wondered〔whether that as a next step we might look to see why this seems to be the case〕（van Gelderen，2009）

g. It's not clear, though,〔if that they're just infecting the microbes that make us sick〕（Carl Zimmer，BBC Radio 5）

如果我们认为 that 占据了 Force 位置，那么 whether 该如何处理？我们认为应该是 Spec, ForceP。如下：

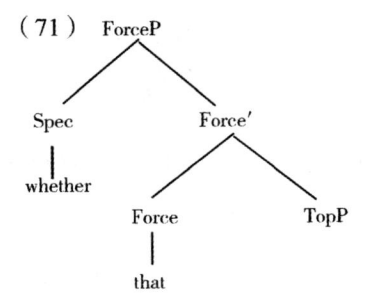

（71）
```
        ForceP
        /    \
     Spec    Force'
      |      /    \
   whether Force  TopP
            |
           that
```

我们这一处理事实上是有其文献传统的，Ouhalla（1999：131-133）便把 whehter 置于 Spec, CP 下，而把 that 置于 C 节点下。

另外，下面的句子来自 Radford（2016：459，2018）：

（72）a. How quickly that people forget!（web）
　　　b. How quickly that people turned this into a totally different place!（naira land. com）
　　　c. How well that they coexist together!（web）
　　　d. How gorgeous that you look!（abbieandeveline. com）
　　　e. How cool that she is!（forums. soompi. com）
　　　f. How pretty that she looks in this photo!（web）

对于（72）这类句式，可以用如下制图结构表示：

（73）[$_{FORCEP}$ how quickly [$_{FORCE}$ that] …

另外，Radford（2018）还提供了介词与 that 连用的现象，如下：

（74）a. I don't see it making a big difference to my life, [purely because that, having lived for so long, the muscles have deteriorated]（Hospital patient, BBC Radio 5）
　　　b. [$_{SUBP}$ purely [$_{SUB}$ because] [$_{FORCEP}$ [$_{FORCE}$ that] [$_{MODP}$ having lived for so long [$_{MOD}$ ø] [$_{FINP}$ [$_{FIN}$ ø] the muscles have deteriorated]]]

根据 Radford 的观点，because 应为一个 SUB 结构，而 because 则要求一个 FORCEP 成分，其中心语为 FORCE，为 that 所占据。至于为什么 that 通常不出现，而有时候 that 会出现，我们的解释是 that 本来有其节点，本来是隐形的（covert），但这里显形（overt）了。

有了以上讨论，现在我们来看汉语的情况，为了更好地说明问题，不妨以一个歧解句"他不来，我不去"（引自 Chao，1968）为例。这一例句有两种解读，一种是：

（75）（如果）他不来，我不去 If he does not come here, I will not go

there.

另一种是：

(76) 他不来，我不去 He does not come here and I do not go there (either).

"他不来"必须高于"我不去"

第一种解读的结构应该如下：

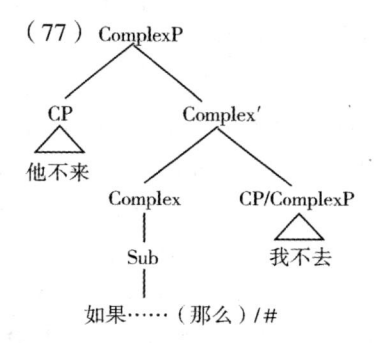

(77)
```
         ComplexP
         /      \
       CP      Complex'
       △      /      \
      他不来 Complex  CP/ComplexP
              |         △
             Sub       我不去
              |
         如果……（那么）/#
```

需要说明的是，我们这里的附属从句标记是"如果……那么……"，而不是"如果"，这样做的好处是：1）照顾到"那么"出现的情况；2）更容易处理语序问题。

第二种解读的结构：

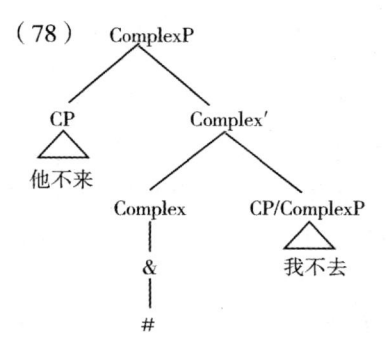

(78)
```
         ComplexP
         /      \
       CP      Complex'
       △      /      \
      他不来 Complex  CP/ComplexP
              |         △
              &        我不去
              |
              #
```

如此一来，复句的制图问题也就得到了初步解决。本研究与以往不同，赋予复句以"句"的名分，而非认定其为附加成分。另外，对并列复句和主从复句的地位，本研究统一处理成为 ComplexP，至于两者之间的差异，则在于其连接手段——连接词或者停顿的差异。

六　结语

在过去的半个多世纪里，句法的研究的总体走向是越来越向左边缘深入，挖掘越来越细化：从 Chomsky（1957）到 Pollock（1989）再到 Rizzi（1997，2001，2015），乃至最近的制图理论会议（司富珍，2018），句法研究一路向左推进；期间，先后有 VP-shell（Larson，1988）、Split-IP（Pollock，1989）、CP 分解（Rizzi，1997，2001，2015），树图也越来越细化。然而，迄今为止，人们对于句子左边缘的探索一直停留在 CP 分裂的既有框架之中，最左节点一直止步于 ForceP。虽然有学者尝试开展复句研究，但囿于理论发展的局限，一直难以对复句顺利定性。Radord（2018）则首次突破这一局限，提出一个附属结构短语 SUBP（Substitute Phrase），从突破了 ForceP 的边界——这实际上为复句的研究发出了先声。本文基于 Radford（2018）的思想，将制图理论应用于复句研究，提出了 Complex 节点，并用它对复句——包括并列复句和从属复句做了句法解释。

参考文献

戴炜栋、何兆熊：《新编简明英语语言学教程》，上海外语教育出版社 2002 年版。

冯胜利：《声调、语调与汉语的句末语气》，《语言学论丛》2015 年第五十一辑。

何元建：《现代汉语生成语法》，北京大学出版社 2011 年版。

胡裕树、范晓：《动词研究》，河南大学出版社 1995 年版。

李梅：《现代汉语否定句法研究》，上海外语教育出版社 2007 年版。

潘海华、韩景泉：《显性非宾格结构的句法研究》，《语言研究》2005 年第 3 期。

司富珍：《句法制图理论在中国的新进展》，《中国社会科学报》2018 年 1 月 2 日。

温宾利：《当代句法学导论》，外语教学与研究出版社 2002 年版。

徐杰：《两种保留宾语句式及相关句法理论问题》，《当代语言学》1999年第1期。

杨大然：《领有名词短语分裂与汉语话题结构》，《解放军外国语学院学报》2008年第3期。

杨洋、郑礼珊：《汉语韵律的标句作用及其实验研究》，《韵律语法研究》2019年第1期。

庄会彬：《"王冕死了父亲"句式的CP分裂假说解释》，《外国语言文学》2013年第4期。

庄会彬：《现代汉语否定的句法研究》，科学出版社2015年版。

庄会彬：《汉语视角下的双宾结构句法探析》，未刊稿。

Belletti, A., 1990, *Generalised Verb Movement: Aspects of Verb Syntax*. Turin: Rosenberg and Sellier.

Bobaljik, J. and D. Jones, 1996, Subject positions and the role of TP. *Linguistics Inquiry*, 27 (2): 195–236.

Borsley, R., 1997, Relative Clauses and the Theory of Phrase Structure. *Linguistic Inquiry*, 28 (4): 629–647.

Chao, Y. R., 1968, *A Grammar of Spoken Chinese*. Berkeley: University of California Press.

Cheng, L. L. S. and J. Rooryck, 2000, Licensing wh–in–situ. *Syntax*, 3 (1): 1–19.

Chiu, B., 1993, The Inflectional Structure of Mandarin Chinese. Ph. D thesis. Los Angeles: University of California.

Chomsky, N., 1957, *Syntactic Structure*. The Hague: Mouton Publishers.

Chomsky, N., 1981, *Lectures on Government and Binding*. Dordrecht: Foris Publications.

Chomsky, N., 1991, Some notes on economy of derivation and representation. In R. Friedin (ed.), *Principles and Parameters in Comparative Grammar*. Cambridge, MA: MIT Press. 417–454.

Chomsky, N., 1995, *The Minimalist Program*. Cambridge, MA: MIT Press.

Darzi, A. and R. M. Beyraghdar, 2010, A minimalist approach to the landing site of Persian topics. *Journal of Researches in Linguistics*, 2 (1): 1–18.

Ernst, T., 2002, *The Syntax of Adjuncts*. Cambridge: Cambridge University Press.

Frascarelli, M., 2000, *The Syntax-Phonology Interface in Focus and Topic Constructions in Italian*. Dordrecht/Boston/London: Kluwer Academic Publishers.

Haegeman, L., 1994, *Introduction to Government and Binding Theory*. Oxford: Blackwell Publishing.

Haegeman, L., 2000, Inversion, non-adjacent inversion and adjuncts in CP. *Transactions of the Philological Society*, 98 (1): 121-60.

Huang, C.-T. James (黄正德), 1988, Wo Pao De Kuai and Chinese phrase structure. *Language*, 64 (2): 274-311.

Koopman, H., 1984, *The Syntax of Verbs*. Dordrecht: Foris Publications.

Larson, R., 1988, On the Double Object Construction. *Linguistic Inquiry*, 19 (3): 335-392.

Li, C. N. (李讷) and S. A. Thompson, 1976, Subject and topic: a new typology of language. In C. N. Li (ed.), *Subject and Topic*. London/New York: Academic Press. 457-489.

Li, Y. (李亚非), R. Shields and V. Lin, 2012, Adverb classes and the nature of minimality. *Natural Language and Linguistic Theory*, 30 (1): 217-260.

Munakata, T., 2006, Japanese topic-constructions in the minimalist view of the syntax-semantics interface. In C. Boeckx (ed.), *Minimalist Essays*. Amsterdam/Philadelphia: John Benjamins Publishing Company. 115-159.

Munaro, N., 2003, On some differences between interrogative and exclamative wh-phrases in Bellunese: further evidence for a split-CP hypothesis. In C. Tortora (ed.), *The Syntax of Italian Dialects*. Oxford/New York: Oxford University Press. 137-151.

Newmeyer, F. J., 2009, On Split CPs and the 'perfectness' of language. In B. Shaer, P. Cook, W. Frey and C. Maienborn (eds.), *Dislocated Elements in Discourse: Syntactic, Semantic, and Pragmatic Perspectives*. London: Routledge. 114-140.

Ouhalla, J., 1991, *Functional Categories and Parametric Variation*. London: Routledge.

Ouhalla, J., 1999, *Introducing Transformational Grammar: From Principles and Parameters to Minimalism*. London: Edward Arnold.

Pan, Haihua (潘海华) and Jianhua Hu (胡建华), 2002, Deriving topic-comment constructions in Chinese. In I.-H. Lee, Y.-B. Kim, K,-S, Choi and

M. Lee (eds.), *Proceedings of the 16th Pacific-Asia Conference on Language, Information and Computation*. Jeju Island, Korea, 31 January - 2 February 2002. 382-390.

Pan, Haihua (潘海华) and Jianhua Hu (胡建华), 2008, A semantic-pragmatic interface account of (dangling) topics in Mandarin Chinese. *Journal of Pragmatics*, 40 (11): 1966-1981.

Pollock, J.-Y., 1989, Verb movement, universal grammar, and the structure of IP. *Linguistic Inquiry*, 20 (3): 365-424.

Radford, A., 1997, *Syntax: A Minimalist Introduction*. Cambridge: Cambridge University Press.

Radford, A., 2004, *Minimalist Syntax*. Cambridge: Cambridge University Press.

Radford, A., 2016, *Analysing English Sentences: A Minimalist Approach*. Cambridge: Cambridge University Press.

Radford, A., 2018, *Colloquial English: Structure and Variation*. Cambridge: Cambridge University Press.

Rizzi, L., 1997, The fine structure of the left periphery. In L Haegeman (ed.), *Elements of Grammar*. Dordrecht: Kluwer Academic Publishers. 281-337.

Rizzi, L., 2001, On the Position 'Int (errogative)' in the Left Periphery of the Clause. In G. Cinque and G. Salvi (eds.), *Current Issue in Italian Syntax*. Amsterdam: Reed Elsevier Group PLC. 287-296.

Rizzi, L., 2003, Locality and Left Periphery. In A. Belletti (ed.), *Structures and Beyond: the Cartography of Syntactic Structures* (Vol.2). Oxford: Oxford University Press.

Rizzi, L., 2004, Locality and left periphery. In A. Belletti (ed.), *Structures and Beyond: The cartography of syntactic structures* (Vol.3). Oxford: Oxford University Press. 223-251.

Rizzi, L., 2015, Cartography, criteria and labelling. In U. Shlonsky (ed.), *Beyond Functional Sequence: The Cartography of Syntactic Structures*, Vol.10. Oxford: Oxford University Press. 314-38.

Tai, J.H.-Y., 1973, A derivational constraint on Adverbial Placement in Mandarin Chinese. *Journal of Chinese Linguistics*, 1 (3): 397-413.

Tang, S.-W., 2015, A generalized syntactic schema for utterance particles in

Chinese. *Lingua Sinica*, 1 (1): 1–23.

van Craenenbroeck, J., 2010, *The Syntax of Ellipsis*. Oxford/New York: Oxford University Press.

van Gelderen, E., 2009, Renewal in the left periphery: Economy and the complementiser layer. *Transactions of the Philological Society*, 107 (2): 131–95.

Wakefield, J., 2011, The English Equivalents of Cantonese Sentence-final Particles: a contrastive analysis. Ph. D thesis, Hong Kong Polytechnic University.

Zanuttini, R., 2001, Sentential negation. In M. Baltin and C. Collins (eds.), *The Handbook of Contemporary Syntactic Theory*. Malden, MA: Blackwell Publishers. 511–535.

(作者单位:1. 山东大学(威海)文化传播学院;
2. 中国矿业大学外国语言文化学院)

后　　记

　　复句的组织法则，是句法和篇法的叠合。复句规律的不断深入研究，对一些语言学理论和观点提出了新的挑战，复句问题越来越引起国内外学者的兴趣和重视，成为语言学研究的重要内容。为推动复句问题的事实发掘和理论探索，加强国内外复句研究学者的交流合作，华中师范大学文学院于2019年6月29日—7月1日举办了"复句问题国际学术研讨会"，这是中国语法学史上第一次以复句问题为专题召开国际学术会议，此次会议是我校中国语言文学一流学科国际学术会议系列之一。

　　研讨会上，来自中国、美国、法国、韩国等国家和地区的60多所高校及科研机构的130多位学者，围绕现代汉语复句、方言复句、古代汉语复句、民族语复句、外语复句、复句的跨语言对比和复句类型学、复句信息处理等问题及相关问题，报告了自己的最新研究成果，进行了广泛深入的交流和讨论。此次会议共做了82篇报告，其中大会报告12篇，小组报告70篇。大会还举行了主题为"多重变奏：复句研究的现状、未来和挑战"青年学者沙龙。

　　研讨会的顺利举行离不开学校和学界的关心和支持。这次复句会议得到与会学者的高度肯定，美国南加州大学李艳惠教授说："复句会议在华师开，是再合适不过的了。希望这次会议能刮起复句研究的国际风。"

　　这本编选的论文集，除了收入本次复句研讨会的部分论文之外，还收了会外的部分复句研究论文，共40篇，希望更广泛地体现国内外复句研究及相关问题研究的最新动态和学术成果。论文集的编辑出版得到论文作者的大力支持，得到华中师范大学中国语言文学一流学科建设项目的资助，得到中国社会科学出版社的帮助，谨此一并致谢！

　　恳请读者对论文集批评指正！

编　者

2020年1月